La fonction du développement dans le droit international des investissements

Coll. « Le droit aujourd'hui »

La collection « Le droit aujourd'hui » regroupe des études juridiques concernant des problèmes d'actualité nationale et internationale, dans divers domaines (éthique, politique, questions de société...).

Déjà parus

Djiby Sow, *La légalité de l'intervention militaire française au Mali. Contribution à l'étude du cadre juridique de la lutte armée contre le terrorisme international*, 2016.
Emmanuel Tessier, *Le stade en droit public. Recherche sur le régime juridique des enceintes sportives*, 2015.
Sophie Huvé, *La Russie et l'ONU. L'Organisation des Nations unies, cadre et instrument de la politique extérieure russe (1999-2015)*, 2015.
Claudine Pérez-Diaz, Marie-Syvie Huré, *Violence conjugale, missions et finalités concrètes de l'intervention pénale*, 2015
Jean-Grégoire Mahinga, *Le statut du tribunal international du droit de la mer, Commentaire article par article*, 2015

Nitish MONEBHURRUN

LA FONCTION DU DEVELOPPEMENT DANS LE DROIT INTERNATIONAL DES INVESTISSEMENTS

Préface d'Hervé ASCENSIO

L'Harmattan

5-7, rue de l'École-Polytechnique ; 75005 Paris
http://www.harmattan.fr
diffusion.harmattan@wanadoo.fr
ISBN : 978-2-343-08372-8
EAN : 9782343083728

Remerciements

Je voudrais, en premier lieu, adresser ma profonde gratitude et mes remerciements à mon directeur de thèse, Monsieur le Professeur Hervé Ascensio, pour avoir dirigé ce travail avec beaucoup de rigueur, avec une grande patience et avec une disponibilité inconditionnelle. Ses fins conseils ont toujours contribué à enrichir et à aiguiser tant mes recherches que l'argumentation générale de cette thèse.

Je suis redevable à L'École doctorale de droit international et européen pour m'avoir attribué une allocation de recherche ayant permis la réalisation de ce travail dans les meilleures conditions, mais aussi avec les meilleurs collègues. Je dois ici remercier les doctorants avec lesquels j'ai pu travailler et échanger. Je pense particulièrement à : Ognyan, Anne, Carolina, Sonia, Thibault et Jenya.

D'autres personnes contribuent aussi par leur soutien à l'avancement de la thèse et c'est ici l'occasion de remercier : Eshan, Nabil, Sharveen, Fabiani, Priscila, Matteo, Paulo, Marcelo, Yordy, Noemy, Francisco, Flavio, Daniel, Tatiana, Anita, Ameerah, Camila, Macha, Nada, Gustavo et la famille « Oliveira ».

Préface

La plupart des traités de promotion et de protection des investissements sont fondés sur la croyance, ou sur l'espoir, qu'ils contribueront au développement économique des Etats parties. Même si les études économiques restent rares et leurs conclusions incertaines à cet égard, le droit international de l'investissement est une branche du droit international en plein essor. L'une des causes réside dans la faculté offerte aux investisseurs étrangers de recourir à l'arbitrage sur le fondement de ces traités en cas de litige avec l'Etat d'accueil de leur investissement. Ce mode de résolution des différends, commun dans le domaine commercial, rassure les acteurs économiques également pour leurs opérations d'investissement. L'existence de tels traités induit aussi, en amont, des phénomènes de structuration de l'investissement et d'organisation des groupes de sociétés afin de bénéficier de la meilleure protection internationale possible. Les négociateurs étatiques ont donc quelques raisons de présumer un effet sur les flux d'investissement et sur le choix d'investir dans tel pays plutôt que tel autre. Il s'agit là d'une fonction du droit international de l'investissement dans le cadre d'une réflexion sur les méthodes du développement.

Le présent ouvrage, issu de la thèse de doctorat de Nitish Monebhurrun, procède d'une démarche intellectuelle différente, en quelque sorte inverse, et relevant de la science juridique. L'auteur s'intéresse à la fonction du développement dans le cadre du droit international de l'investissement. A ses yeux, l'objectif du développement est susceptible de produire des effets sur l'interprétation et l'application des règles de droit propres à ce domaine. Bien sûr, cet objectif n'est qu'« accessoire » ou « secondaire », dit-il en introduction, ou encore indirect, car une fois le préambule du traité passé, le terme ne revient guère dans le dispositif. Le droit international de l'investissement n'est pas une prolongation du droit international du développement, discipline apparue dans les années 1970 et qui plaçait le droit au service du développement en prônant notamment une différenciation des règles entre pays « en développement » et pays développés. Ici, la promotion et la protection de l'investissement constituent un bien en soi, sans doute pour une pluralité de motifs. Pour autant, comme l'affirme l'auteur avec force, il existe un rapport fonctionnel entre développement et droit international de l'investissement. Le développement intervient comme concept juridique destiné à identifier l'objet de la protection offerte par le droit aux investisseurs étrangers – l'investissement au sens du droit international – et à déterminer le contenu de cette protection.

Quoiqu'inverses, les deux démarches ne s'opposent pas. Elles rétroagissent et nourrissent un questionnement plus vaste sur la manière dont les traités d'investissement, les tribunaux arbitraux, les instruments internationaux de financement et de garantie des investissements peuvent contribuer au développement. Mais encore faut-il savoir quel est, ou qu'elle devrait être, ce développement. S'appuyant sur de solides bases en économie du développement, l'auteur montre que trois conceptions transparaissent à travers l'étude des textes juridiques : le développement économique, utilisé comme un des critères de l'investissement ; les différences de niveau de développement, comme moyen de moduler la protection offerte par les traités ; le développement durable enfin, visant à intégrer les préoccupations environnementales dans le droit international de l'investissement. Cette analyse liminaire, ancrée dans la pluridisciplinarité, s'avère essentielle pour la thèse soutenue. L'impact économique, la notion de traitement spécial et différencié, celle de développement durable servent ici à construire un point de vue critique et particulièrement stimulant sur l'état actuel du droit international des investissements.

En effet, prendre au sérieux l'objectif du développement affiché au seuil des traités devrait conduire à intégrer l'expertise économique dans la phase d'identification de l'investissement. Or, tel est rarement le cas. Pourtant, définir l'investissement a des conséquences juridiques majeures, puisque de cette définition dépendent le champ d'application matérielle du traité et la compétence matérielle des tribunaux arbitraux d'investissement. Ne faudrait-il pas, grâce à une définition finalisée de l'investissement, protéger les seuls investissements productifs et écarter les investissements captant abusivement les ressources nationales ? Et peut-on pour cela définir objectivement l'investissement en ajoutant le critère du développement plutôt que de s'en remettre à la volonté des parties au traité ? Cette controverse, on le sait, court d'une sentence arbitrale à l'autre et a déjà fait l'objet de nombreuses études. Le présent travail l'approfondit en se concentrant sur un aspect sous-estimé du problème : en admettant que l'on retienne le critère, comment évaluer la contribution au développement ? Faute d'appréhender le critère du développement de manière technique, en recourant à la science économique, les juristes risquent d'échouer à le rendre utile. Et voilà bien ce qui se produit ! Dès lors, on peut nourrir un fort scepticisme à son égard et conclure, comme l'auteur, qu'il vaut mieux prendre en compte l'objectif du développement à d'autres moments du raisonnement juridique.

Car l'on aurait grand tort de limiter la fonction juridique du développement à un problème de définition de l'investissement. La finalité peut encore jouer un rôle au moment d'interpréter le contenu de la protection offerte aux investisseurs étrangers. Cette piste de recherche prometteuse n'avait guère été creusée jusqu'à présent. Le présent ouvrage, exploitant certaines pages de jurisprudence, montre que l'objectif du développement pourrait être davantage utilisé afin de contextualiser la notion d'attentes légitimes, notion devenue centrale dans l'application du standard du traitement juste et équitable. Le principe de diligence due par l'Etat, au titre de la protection pleine et entière des investissements étrangers, pourrait lui aussi varier selon le niveau de développement.

Enfin, Nitish Monebhurrun se demande si la conception la plus contemporaine du développement, à savoir le développement durable, n'est pas appelée à renouveler profondément la matière. D'aucuns pourraient douter que la question soit mûre pour le spécialiste de droit international de l'investissement. Ce serait méconnaître une tendance profonde dans l'évolution de l'économie mondiale qui ne peut manquer de produire des effets sur la discipline étudiée ici. Au demeurant, les traités d'investissement et les accords de libre-échange les plus récents comportent déjà des clauses environnementales et des dispositions expressément consacrées au développement durable. Le titre entier qui leur est consacré paraît dès lors pleinement justifié. Il ne se contente pas de jeter un pont entre les nouvelles politiques publiques en faveur du développement et leur transcription juridique, mais également entre deux branches du droit international, celle portant sur l'investissement et celle portant sur l'environnement.

Au total, la thèse soutenue est très favorable à la fonction interprétative du développement pour déterminer le niveau adéquat de la protection internationale des investissements étrangers. Le lecteur pourra y adhérer entièrement, partiellement, ou pas du tout. Il ne pourra nier l'importance du questionnement, ni le renouvellement de la réflexion juridique. Ce travail est, à n'en pas douter, une parfaite démonstration de méthode et d'ouverture disciplinaire à bon escient.

Mais le préfacier s'en voudrait de parler de l'œuvre sans parler un peu de son auteur, car la modernité et l'acuité du regard s'expliquent aussi par un itinéraire remarquable. Venu de Maurice pour étudier à l'Ecole de droit de la Sorbonne, Nitish Monebhurrun y a obtenu, après son master, un contrat doctoral lui permettant de se consacrer pendant trois années à la recherche juridique, tout en assurant des enseignements de droit international. Les hasards heureux de l'existence l'ont ensuite conduit au Brésil, pays où il exerce désormais le beau métier d'universitaire, après une expérience auprès de l'autorité brésilienne de la concurrence. Voilà qui incite certainement à une compréhension globale de l'investissement étranger, dans le sens où le regard ne vient pas seulement d'Occident et où les enjeux du développement sont loin de rester abstraits. On le sait, la thèse de doctorat est non seulement l'aboutissement d'une formation consacrée à la rigoureuse maîtrise de l'art, mais aussi la première manifestation d'un tempérament de chercheur. Il est heureux que soit aujourd'hui offerte au public une illustration aussi accomplie de l'une comme de l'autre.

Hervé Ascensio
Professeur à l'Ecole de droit de la Sorbonne
Université Paris 1, Panthéon-Sorbonne

SOMMAIRE

SIGLES ET ABRÉVIATIONS

AGCS	Accord général sur le commerce des services
ALENA	Accord de libre-échange nord-américain
AMGI	Accord multilatéral de garantie des investissements.
ASEAN	Association of South-East Asian Nations
BYIL	British Yearbook of International Law
CARICOM	Communauté Caribéenne.
CIJ	Cour Internationale de Justice
CIRDI	Centre international pour le Règlement des Différends relatifs aux investissements
CJUE	Cour de Justice des Communautés européennes.
CNUCED	Conférence des Nations unies pour le Commerce et le Développement
COFACE	Compagnie française d'assurance pour le commerce extérieur
GATT	General Agreement on Tariffs and Trade
ICJ	International Court of Justice
ICSID	International Centre for the Settlement of Investment Disputes
ILR	International Law Report
JDI	Journal du Droit International
JIA	Journal of International Arbitration
JWIT	Journal of World Trade & Investment
MIC	Mesures concernant l'investissement et liées au commerce
OCDE	Organisations de Coopération et de Développement économiques
OMC	Organisation mondiale du Commerce
ONU	Organisation des Nations unies
Rev. Arb.	Revue de l'Arbitrage
RCADI	Recueil des cours de l'Académie de droit international de La Haye
RGDIP	Revue générale de Droit International Public
SDN	Société des Nations
SFI	Société financière internationale
UNCITRAL	United Nations Commission on International Trade Law

UNCTAD	United Nations Conference on Trade and Development

INTRODUCTION

Pour beaucoup d'États, le développement est un objectif, mais aussi une croyance[1]. La réalisation du développement est un objectif désiré car élevé — dans la logique de toute croyance — à un état de normalité vers laquelle ils doivent tous tendre. Dans une perspective économique, la volonté de développement anime l'esprit rationnel, celui de l'*homo œconomicus* visant à maximiser ses intérêts en utilisant ses ressources de manière optimale pour son bien-être. D'un point de vue philosophique, la volonté de développement de la part des États cache une volonté de puissance : en visant le développement, c'est la puissance qui est recherchée. Aristote écrit : « *la richesse n'est évidemment pas le bien que nous cherchons : c'est seulement une chose utile, un moyen en vue d'une autre chose* »[2]. Dans le langage commun et familier, le développement d'un État s'entend comme son enrichissement à long terme et le rehaussement du niveau de vie de sa population ; la puissance, dans ce contexte, s'atteint notamment par l'enrichissement. Et l'enrichissement est avant tout matériel. Il se mesure en termes de revenus et a une portée économique et monétaire. Cet enrichissement est objectivement et effectivement recherché par tous les États — les plus riches souhaitant faire fructifier leurs richesses, les plus pauvres désirant se hisser au niveau des plus riches. Toutefois, dans le langage technique, la compréhension réelle du

---

1 Sur le développement comme une religion de la modernité, voir : RIST (G.), *The History of Development. From Western Origins to Global Faith*, New Delhi, Academic Foundation, 3e, 2009, p.21 et s.

2 ARISTOTE, *Éthique à Nicomaque*, Paris, Librairie philosophique J.Vrin, 1990, pp.44-45. Dans le même sens, voir : ROSTOW (W.W.), *Les étapes de la croissance économique*, Paris, Seuil, 1963, p.17.

développement passe par plusieurs strates. Elles peuvent, par exemple, être philosophiques, historiques, économiques, politiques, juridiques, anthropologiques, sociologiques, ou critiques. Pour cette raison, il est difficile de formuler une définition complète — et définitive — du développement[3]. Une étude explique que ce concept connaît plus de sept cents définitions[4] ; d'autres font valoir que les définitions existantes sont trop théoriques, trop laconiques, et ne rendent pas compte de la réalité[5]. D'autres encore ne le définissent pas[6]. Cela découle peut-être de la normalité dans laquelle s'inscrit parfois le développement et de la croyance dont il fait l'objet : il semble porter en son sein sa propre légitimité, car sa nécessité est, pour la majorité, une certitude[7]. Aussi, comme toute croyance, le développement et son utilité sont rarement remis en cause ; leur validité est rarement questionnée[8].

Pour cette raison, le concept est souvent utilisé sans être expliqué dans de nombreux travaux dont il est l'objet. C'est notamment parfois le cas en droit international et cette constatation se vérifie, par exemple, dans le droit international des investissements où référence est constamment faite au développement, ce dernier étant, cependant, le plus souvent considéré dans son acception commune et familière — et dès lors, peu ou pas défini. Le développement est présent notamment dans plusieurs accords relatifs à la protection, à la garantie ou au financement des investissements. Ces accords sont

---

3 KNUTSSON (B.), «The Intellectual History of Development. Towards a Widening Potential Repertoire», *Perspective*, no.13, avril 2009, pp.2-3.

4 COWEN (M.), SHENTON (R.), «The Invention of Development», *in*, CRUSH (J.), *Power of Development*, New York, Routeledge, 1995, p.28.

5 RIST (G.), *The History of Development. From Western Origins to Global Faith* », New Delhi, Academic Foundation, 3e, 2009, pp.10-11.

6 Voir à ce sujet : AZOULAY (G.), *Les théories du développement. Du rattrapage des retards à l'exception des inégalités*, Rennes, Presses Universitaires de Rennes, 2002, p.30 ; SANSON (H.), « Le droit au développement comme norme métajuridique en droit du développement», *in*, *La formation des normes en droit international du développement*, Centre de recherches et d'études sur les sociétés méditerranéennes, Table Ronde franco-maghrébine, Aix-en-Provence, Editions du CNRS, 7 et 8 octobre 1982, pp.62.

7 PAYNE (A.), PHILIPS (N.), *Development*, Cambridge, Polity Press, 2010, p.2 ; TUCKER (V.), «The Myth of Development : A Critique of a Eurocentric Discourse», *in*, MUNCK (R.), O'HEARN (D.) [eds.], *Critical Development Theory. Contributions To A New Paradigm*, New York, Zed Books, 1999, p.2

8 PAYNE (A.), PHILIPS (N.), *Development*, Cambridge, Polity Press, 2010, p.1.

considérés comme des instruments de protection des investissements, mais aussi de promotion du développement[9]. Une protection juridique est offerte aux investissements internationaux afin d'attirer les investisseurs dans l'attente d'une contribution — présumée — au développement des États d'accueil[10]. Référence est aussi faite au développement au sein du contentieux arbitral où il est, par exemple, utilisé pour identifier un investissement. Plusieurs tribunaux estiment qu'une activité ne peut être qualifiée d'investissement et ne peut, conséquemment, recevoir de protection juridique que si elle contribue au développement de l'État d'accueil. Par ailleurs, une analyse holiste du droit international des investissements démontre que le développement s'y présente sous plusieurs autres formes et à diverses étapes de la vie de l'investissement. Sous chaque forme, il a au moins deux effets sur cette branche du droit. La première a déjà été mentionnée : la référence au développement se fait lors de l'interprétation des normes pour identifier un investissement. Deuxièmement, le développement est parfois présent lors de l'interprétation et de l'application des normes de financement, de garantie et de protection des investissements : il y a, de la sorte, une référence au niveau du développement des États ou, dans un autre domaine, une référence au développement durable. Toutefois, ces apparitions du développement deviennent problématiques lorsque le concept est utilisé avec une certaine facilité, parfois loin de sa technicité ; cela peut, en effet, faire douter de son utilité dans les fonctions qui lui sont attribuées dans le droit régissant les investissements internationaux. C'est cette configuration qu'étudiera le présent travail en recherchant l'influence qu'exerce le développement sur le droit international des investissements.

Cependant, la grande complexité qui caractérise le concept ne permet pas d'en étudier les implications dans un travail donné sans que son sens ne soit, au préalable, clairement saisi. Comprendre le développement dans le droit international des investissements n'est possible qu'en ayant à l'esprit les différentes théories du

---

9 VANDEVELDE (K.J.), «Investment Liberalization and Economic Development : The Role of Bilateral Investment Treaties », *Columbia Journal of Transnational Law*, vol.36, 1998, pp.503-504.

10 DOLZER (R.), STEVENS (M.), *Bilateral Investment Treaties*, La Haye, Martinus Nijhoff, 1995, pp.11-12 ; DAILLIER (P.), FORTEAU (M.) & PELLET (A.), *Droit International Public*, Paris, L.G.D.J., 8e, 2009, p.1203.

développement. Dès lors, les différentes possibilités de définition du développement doivent être mises en avant (I) pour faciliter la recherche d'une définition au sein du droit international des investissements (II), ce qui permettra d'étudier le rapport entre l'un et l'autre (III).

I. Les possibles définitions du développement

Différentes théories présentent diverses lectures et diverses définitions du développement (A) et la difficulté à en saisir le sens réel et intrinsèque est confirmée par les approches critiques du développement (B).

A. Les définitions techniques du développement

Les définitions habituellement retenues (i) impliquent néanmoins certaines difficultés techniques (ii).

(i) Les définitions habituellement retenues

Si les définitions habituellement retenues sont avant tout économiques[11] (a), leurs horizons s'élargissent de plus en plus pour prendre en compte d'autres éléments qui permettent maintenant de définir ou, du moins, de comprendre autrement le développement (b).

(a) Une définition avant tout économique

Le développement est traditionnellement considéré comme étant une augmentation de la production nationale d'un État qui, suite à une meilleure combinaison des facteurs de productions[12], permet de générer un excédent, utilisé, par la suite, non pas pour la consommation directe, mais comme un moyen permettant d'accroître

---

[11] PIETERSE (J.N.), *Development Theory*, Londres, SAGE Publications Limited, 2ème éd., 2010, p.6.

[12] Les facteurs de production sont : la terre, le capital, la main-d'œuvre et la capacité d'entreprendre.

davantage la production[13]. Le processus de développement dépend ainsi d'une accumulation du capital[14] tendant vers l'enrichissement de l'État et l'augmentation du niveau de vie d'une population[15]. Selon Rostow, le développement de l'économie d'un État se mesure en cinq principales étapes : la société est initialement traditionnelle et pas, ou peu, développée ; elle doit réunir les conditions préalables pour permettre son démarrage ; le démarrage a conséquemment lieu ; l'État progresse vers la maturité ; cela engendre *in fine* une période de consommation de masse[16].

À la lecture de cette théorie, la société traditionnelle est essentiellement agricole, fermée et renfermée (enveloppée), désarticulée. La volonté d'entreprendre y est faible. Elle utilise par la suite ses ressources naturelles et ses capacités de production intérieures qu'elle organise à l'aide des personnes animées par une volonté et un esprit d'entreprendre : elle réunit ainsi les conditions préalables à son démarrage et ce faisant, elle peut avoir recours à des facteurs et à des ressources qui ne font pas partie de son circuit économique interne, mais qui sont exogènes, empruntés de l'étranger ou investis par des étrangers. Cette évolution permet de constituer le moteur économique qui initiera le démarrage vers une augmentation de la productivité, de la production et du revenu national. Dans ce processus, s'ajoute le recours à la technologie et aux méthodes de production plus raffinées ; la technologie et les techniques modernes sont souvent issues d'investissements étrangers[17]. Cette phase est celle du développement industriel et du réinvestissement des fruits de la production[18], c'est-à-dire, du réinvestissement de l'excédent susmentionné. C'est une étape conduisant à terme à la maturité de

---

13 FURTADO (C.), *Teoria e política do desenvolvimento econômico*, São Paulo, Editora Nacional, 1967, p.97, pp.116-119.

14 FURTADO (C.), *Développement et sous-développement*, Paris, PUF, 1966, p.79.

15 MEIER (G.M.), BALDWIN (R.E.), *Economic development : Theory, History, Policy*, NewYork, John Wiley & Sons, 1963, p.135 ; HYDE (J.N.), « Economic Development Agreements», *RCADI*, Tome 105 (1962), p.273.

16 ROSTOW (W.W.), *Les étapes de la croissance économique*, Paris, Seuil, 1963, pp.12-32.

17 FURTADO (C.), *Teoria e política do desenvolvimento econômico*, São Paulo, Editora Nacional, 1967, p.97, pp.116-114 ; PREBISCH (R.), *The Economic Development of Latin America and Its Principal Problems*, New York, Département des Nations unies pour les affaires économiques, 1950, p.3.

18 ROSTOW (W.W.), *Les étapes de la croissance économique*, Paris, Seuil, 1963, p.19.

l'économie ; cette période se caractérise notamment par l'apparition d'industries lourdes. Le résultat de toutes ces étapes est la venue d'une période de consommation en masse, la consommation en raison de l'accroissement de la production et des revenus, mais aussi en raison de la production de plus de biens de consommation allant au-delà des seuls produits de nécessité, et du développement du secteur des services[19]. C'est par ce processus que se développe l'économie d'un État et, par ce biais, la capacité productive qui le nourrit se perfectionne graduellement. Dans cette optique, les investissements privés internationaux ont une fonction déterminante, car ils contribuent souvent à aiguiser cette capacité productive, directement, par le capital injecté et, indirectement, par l'apport en savoir-faire, en technologie et en techniques de production nouvelles[20]. Les investissements internationaux contribuent ainsi potentiellement au développement selon la définition donnée ci-avant[21]. C'est là le premier rapport qui existe entre investissement et développement : un rapport de cause à effet. Une relation proportionnelle est souvent présumée entre eux[22]. L'augmentation du premier a, potentiellement et

---

[19] *Ibid.*, pp.23-24, p.117 et s.

[20] BRAND (W.), *Desenvolvimento e padrão de vida. O problema nas regiões subdesenvolvidas*, São Paulo, Editora Fundo de Cultura, 1964, p.337.

[21] BENNOUNA (M.), *Droit international du développement*, Paris, Berger Levrault, 1983, p.235 ; DUPUY (P.-M.), KERBRAT (Y.), *Droit international* public, Paris, Précis Dalloz, 10e, 2010, pp.773-774 ; FREYSSINET (J.), *Le concept de sous-développement*, Paris, Mouton & Cie, 1966, p.58, p.61 ; KNUTSSON (B.), «The Intellectual History of Development. Towards a Widening Potential Repertoire», *Perspective*, no.13, avril 2009, p.11 ; STIGLITZ (J.E.), *La grande désillusion*, Paris, Fayard, 2002,pp.121-122.

[22] BANQUE MONDIALE, *Rapport sur le développement dans le monde 2005 : Un meilleur climat de l'investissement pour tous,* Publication de la Banque Mondiale, Ed. De Bœck (version française), 2005, voir notamment, pp.24-35 ; FEUER (G.), « Libéralisme, mondialisation et développement. A propos de quelques réalités ambiguës », *Annuaire françaos de droit international*, vol.45, 1999, pp.156-157 ; HARDING (T.), JAVORCIKR (B.S.), « Developing Economies and International Investors : Do Investment Promotion Agencies Bring Them Together? », Banque Mondiale, Policy Research Working Paper, 4339, 207, pp.2-50 ; LEE (Y.S.), « Foreign Direct Investment and Regional Trade Liberalization : A Viable Answer for Economic Development?», *Journal of World Trade*, vol.39, no.4, 2005, pp.701-703 ; MEIER (G.M.), *The International Economics of Development* : *Theory and Policy*, New York, Harper & Row, 1968, p.143 ; MORAN (T.),« Foreign Direct Investment and Development : A Reassessment of the Evidence and Policy Implications», *OECD Conference on the Role of International Investment in Development, Corporate Responsibilities and the OECD Guidelines for Multinational*

prima facie, un effet favorable sur le deuxième. En économie, cette relation s'explique par la théorie de l'effet multiplicateur : un investissement dans l'économie d'un État génère toujours plus de revenus *in fine* que la somme initialement investie. La somme initiale se multiplie en une somme plus élevée. L'implantation d'une société étrangère dans un État ou dans une région génère une augmentation d'offres d'emploi ou une absorption du chômage. Cela enclenche une hausse des revenus et une augmentation subséquente de la demande. Par ailleurs, la société étrangère agit elle-même comme demanderesse dans ses relations avec les fournisseurs locaux qui voient, de leur côté, leurs revenus — et leur demande effective — augmentés[23]. La présence des investisseurs étrangers implique, par ce biais, une injection de capitaux dans le flux financier et monétaire de l'État d'accueil de sorte à dynamiser son économie dans la mesure où les dépenses des uns prennent la forme des revenus des autres et où la consommation des uns implique le réinvestissement des autres[24]. Ce cercle économiquement vertueux conduit à un enrichissement général, et ce procédé est l'un des indicateurs du développement. Par la recherche initiale des investissements étrangers et par leur protection

---

Enterprises, Paris, 20-21 Septembre 1999, pp.1-11 ; ROSTOW (W.W.), *Les étapes de la croissance économique*, Paris, Seuil, 1963, pp.77-85 ; PIMENTEL PUGA (F.) *et al.*, «O Brasil diante de um novo ciclo de investimento e crescimento econômico», *in*, ALEM (A.C.), GIAMBIAGI (F.) [dir.], *O BNDES em um Brasil em transição*, Rio de Janeiro, BNDES, 2010, p.59 ; WELLS Jr. (T.L.), WINT (A.G.), « Facilitating Foreign Investment Government Institutions to Screen, Monitor, and Service Investment from Abroad», Banque Mondiale, *Foreign Investment Advisory Service*, Occasional Paper, pp.1-43.

23 ANDERTON (A.), *Economics*, New Delhi, Dorling Kindersley, 3e, 2006, p.215 ; BOLESŁAW (D.), KRZYSZTOF (G.), « Multiplier Effect in Local and Regional Development », *Quaestiones Geographicæ* ; vol.29, no.2, 2010, pp.28-35 ; HASAN (P.), « The Investment Multiplier in an Underdeveloped Economy », *Economic Digest*, vol.3, no.4, 1960, pp.21-29 ; KAHN (R.F.), « Relation of Home Investment to Unemployment », *Economic Journal*, vol.40, no.162, 1931, pp.173-174 ; KEYNES (J.M.), *The General Theory of Employment, Interest and Money*, New Delhi, Atlantic, 2008, pp.102-110 ; MANKIW (N.G.), *Principle of Economics*, Mason, South-Western Cengage Learning, 6e, 2012, pp.768-769 ; BAUMOL (W.J.), BLINDER (A.S.), *Macroeconomics. Principles and Policy*, Mason, South-Western Cengage Learning, 11e, 2009, p.204 ; SCHWARTZ (J.Z.) *et al.*, « Crisis in Latin America Infrastructure Investment, Employment and the Expectations of Stimulus », Banque mondiale, *Policy Research Working Paper*, WPS5009, juillet 2010, p.6.

24 FURTADO (C.), *Teoria e política do desenvolvimento econômico*, São Paulo, Editora Nacional, 1967, p.99.

juridique conséquente, les États récepteurs s'attendent à une contribution à leur développement[25]. Dès lors, la présence d'investissements étrangers sur le territoire d'un État suppose une attente de développement. Toutefois, la forme de développement à laquelle référence a été faite pour le moment est purement économique ; la définition présentée est, avant tout, celle du développement économique. Ceci dit, le développement, *lato sensu*, ne se comprend pas uniquement sous cette forme[26]. L'utilisation des seuls facteurs économiques pour expliquer le développement ne permet pas de suivre l'évolution du concept dont la définition s'est élargie à d'autres horizons.

(b) Une définition aujourd'hui élargie à d'autres horizons

Le contenu du développement n'est aucunement figé et il a toujours varié en fonction des époques[27]. Les discours sur le développement changent selon la réalité, les données, les préoccupations ou les priorités de chaque époque. Ainsi, une partie de la doctrine a, par exemple, essayé — avec plus ou moins de succès — d'expliquer le développement par la situation géographique et climatique des États, par la présence de gouvernements autoritaires, par l'absence de métissage ou de miscégénation au sein de l'État, par des facteurs religieux[28] ou par la puissance technologique et militaire[29]. Il faut retenir que la seule référence aux outils économiques pour comprendre le développement est une méthode qui prévalait surtout

25 LEE (Y.S.), «Foreign Direct Investment and Regional Trade Liberalization : A Viable Answer for Economic Development? », *Journal of World Trade*, vol.39, no.4, 2005, pp.708 et s.

26 PEET (R.), HARTWICK (E.), *Theories of Development. Contentions, Arguments, Alternatives*, New York, The Guilford Press, 2ème éd. 2009, pp.1-4 ; PELLET (A.), «Contre la tyrannie de la ligne droite — Aspects de la formation des normes en droit international de l'économie et du développement», *in*, *Thesaurus Acroasium*, vol. XIX, 1992, p.324 (Cours à l'Institut de droit international public et des relations internationales de Thessalonique, 1988).

27 KNUTSSON (B.), «The Intellectual History of Development. Towards a Widening Potential Repertoire», *Perspective*, no.13, avril 2009, p.3.

28 BARRAL (W.), «Direito e desenvolvimento : Um modelo de análise», *in*, BARRAL (W.) [ed.], *Direito e desenvolvimento : Análise da ordem jurídica brasileira sob a ótica do desenvolvimento*, São Paulo, Editora Singular, 2005, pp.41-42.

29 HUNTINGTON (S.P.), *Le choc des civilisations*, Paris, Odile Jacob, 1997, p.50.

…narquant le début des décennies des Nations …ent ; la définition du développement s'est … pour autant rendre la référence au … anachronique[30]. Par exemple, dans son …rt de 1991, intitulé « Le défi du …hallenge of Development »), la Banque … déjà l'aspect évolutif du développement en …quant que les paramètres qui devraient être considérés à l'avenir pour identifier le développement étaient l'amélioration de la qualité de vie, ce qui impliquerait une augmentation globale du revenu des États mais aussi la prise en compte de plusieurs autres facteurs tels que l'éducation, la santé, la nutrition, l'environnement, l'égalité des chances, la liberté individuelle ou la vie culturelle[31].

Depuis les décolonisations d'après-guerre, toutes les décennies proclamées par les Nations unies ont été initiées au nom du développement, mais aussi au nom d'une forme spécifique de développement[32]. Pour résumer, la première décennie (1960-1970) avait pour objectif le développement économique et la modernisation de l'État alors que la décennie 1970-1980 a fait apparaître une vision idéologique et militante du développement, surtout avec la proposition du Nouvel ordre économique international[33] et la volonté des États nouvellement décolonisés de s'affirmer comme souverains sur leurs ressources nationales. Le développement des années 1980-1990 fut caractérisé par un (néo)libéralisme économique, notamment avec le consensus de Washington et les plans d'ajustements structurels de la Banque mondiale. Lors de cette même décennie, le développement fut aussi abordé sous sa forme dite durable. Le développement durable marqua aussi la décennie 1990-2000 qui mit en même temps l'accent sur un développement centré sur la personne humaine, le développement humain. Enfin, à partir de l'an 2000 et les objectifs millénaires du développement, d'autres critères ont été ajoutés à la

30 PIETERSE (J.N.), *Development Theory*, Londres, SAGE Publications Limited, 2ème éd., 2010, p.5 et s.

31 World Bank, *World Development Report 1991*, p.4, disponible sur : www-wds.worldbank.org/external/default/WDSContentServer/IW3P/IB/1998/11/17/000009265_3981005112648/Rendered/PDF/multi0page.pdf

32 KNUTSSON (B.), «The Intellectual History of Development. Towards a Widening Potential Repertoire», *Perspective*, no.13, avril 2009, p.3 et s.

33 Voir là-dessus, DUMAS (M.), « Qu'est-ce que le nouvel ordre économique international ? », *tiers-monde*, Tome 17, no.66, 1976, pp.265-288.

définition du développement[34]. Ces derniers sont la réd pauvreté, l'éducation, les questions de genre, la mortalité in santé, la protection de l'environnement et la mise en plac partenariat global pour le développement[35]. Plus récemmen résolution A/RES/66/288, *L'Avenir que nous voulons*, adoptée p l'Assemblée générale des Nations unies après la conférenc dite Rio+20 a, une fois de plus, mis l'emphase sur les objectifs du développement durable tout en rappelant les objectifs millénaires du développement[36]. Sous sa forme durable, le développement « *répond aux besoins du présent sans compromettre la capacité des générations futures de répondre aux leurs*[37]» et il juxtapose développement économique, protection de l'environnement et protection sociale — la recherche du développement économique doit respecter la protection environnementale et sociale en tenant compte des générations futures[38]. Une partie de la doctrine économique française définit d'ailleurs, de nos jours, le développement en se référant aux impératifs et aux trois piliers du développement durable. Le développement durable ne serait que la forme actuelle du développement. Ce dernier serait ainsi :

> « *un processus endogène et cumulatif de long terme, caractérisé par des progrès de productivité et un partage équitable de ceux-ci, permettant, avec des coûts humains et environnementaux acceptables, à un nombre croissant de personnes de passer d'une situation de précarité, de vulnérabilité et d'insécurité à une situation de plus grande*

---

[34] AMIN (S.), *Maldevelopment. Anatomy of a Global Failure*, Tokyo, United Nations University Press, 1990, p.42 et s ; KNUTSSON (B.), «The Intellectual History of Development. Towards a Widening Potential Repertoire», *Perspective*, no.13, avril 2009, pp.8-40.

[35] Les objectifs du millénaire pour le développement sont disponibles sur : www.undp.org/content/undp/fr/home/mdgoverview/.

[36] La résolution A/RES/66/288 du 27 juillet 2012 intitulée *L'Avenir que nous voulons* est disponible sur : www.uncsd2012.org/thefuturewewant.html.

[37] Voir le Rapport : A/42/427, Our Our Common Future : Report of the World Commission on Environment and Development, 1987, Chapitre 8, § 89.

[38] ALLEMAND (S.), *Les paradoxes Du développement durable*, Paris, Éditions le Cavalier bleu, 2007, pp.7-9 ; ASSOGBA (Y.), *Sortir l'Afrique du gouffre de l'histoire. Le défi éthique du développement et de la renaissance de l'Afrique noire*, Saint-Nicolas, Les Presses de l'Université Laval, 2004, pp.54-55 ; RAMLOGAN (R.), *Sustainable Development : Towards a Judicial Interpretation*, Leiden, Martinus Nijhoff Publishers, 2011, pp.12-13.

maîtrise de l'incertitude, des instabilités, de satisfaction des besoins fondamentaux et d'amélioration des conditions de vie matérielle et non[39] ».

Les seuls horizons du développement selon un calcul économique et économétrique sont, ainsi, dépassés[40]. Cela ne facilite par pour autant la définition du développement, car souvent les nouveaux paramètres qui sont pris en compte, comme le concept de durabilité, sont eux-mêmes peu précis. Pour cette raison, certains préfèrent, par exemple, utiliser le concept de micro-développement. Le micro-développement a ses théoriciens et ses défendeurs : il met en avant l'individu comme le principal concerné par le développement ; il en est le récepteur prioritaire. La solidification et l'autonomisation de la base « micro » apportent un développement plus complet, car centré directement sur les individus. Dans ce sens, le micro-développement ne concerne pas uniquement les pays en développement, mais aussi la frange pauvre des pays développés et c'est la raison pour laquelle elle se veut plus concrète[41].

Ces diverses acceptions du développement prennent cependant parfois un aspect excessivement flou lorsqu'elles sont utilisées par les juristes. Or le décalage entre la théorie et la pratique du développement est souvent important[42], ce qui soulève certaines difficultés techniques lors de l'étude du concept.

(ii) Les difficultés techniques

La compréhension et la définition du développement suivent

---

[39] HUGON (P.), *L'économie du développement et la pensée francophone*, Paris, Éditions des archives contemporaines, 2008, pp.8-10.

[40] RAY (D.), *Development Economics*, New Jersey, Princeton University Press, 1998, pp.8-9 ; ZERMEÑO (F.), *Lecciones de desarrollo económico*, Mexico, Playa y Valdés, 2004, pp.28-29.

[41] CAMERON BLAKE (R.), «The World Bank's Draft Comprehensive Development Framework and the Micro-Paradigm of Law and Development », *Yale Human Rights and Development Law Journal*, vol.3, 2000, p.167 et s. ; GORDON (R.E), SYLVESTER (J.H.), « Deconstructing Development », *Wisconsin International Law Journal*, vol.2, no.1, 2004, pp.35-37.

[42] RIST (G.), *The History of Development. From Western Origins to Global Faith* », New Delhi, Academic Foundation, 3e, 2009, p.10.

une logique spatio-temporelle ; elles peuvent varier en fonction de l'espace et en fonction du temps. Premièrement, comme il a été expliqué, chaque époque a sa définition du développement. Il existe, bien entendu, un socle commun de la définition, mais des éléments nouveaux s'y greffent selon les époques. Dans cette mesure, même si le développement est évolutif, toute définition utilisée est plus statique que dynamique, car elle renvoie surtout à l'époque où le concept est défini. Par conséquent, toute définition est potentiellement limitée dans le temps et peut perdre en teneur et en pertinence dans le futur. Deuxièmement, chaque État a, en effet, ses propres paramètres du développement et c'est la prise en compte de l'identité propre de tout État qui permet un développement ordonné, car propre à sa réalité. La géographie, les ressources naturelles, la structure économique et sociale, la disponibilité de la main-d'œuvre, sa formation et ses compétences, l'état de l'environnement, les politiques publiques, les infrastructures, les institutions, la culture sont autant de facteurs qui varient d'un Etat à l'autre et qui influencent ainsi l'état respectif de leur développement. Dans le même esprit, chaque État dispose de ses propres moyens pour assurer son développement durable : la production économique dans un respect environnemental et social nécessite des moyens et des compétences techniques que tous les États ne sont pas en mesure de déployer et souvent, les théories du développement tendent à universaliser la lecture du concept sans s'attarder sur son applicabilité dans des contextes différents. Pour cette raison, certains économistes, comme Samir Amin, proposent un (contre) modèle de développement auto-centré, en tenant compte de la réalité nationale et des conditions locales et non des modèles existants ailleurs — trop souvent importés aveuglément[43]. Toutefois, dans les économies actuelles, l'interdépendance étatique fait que le développement ne relève pas uniquement de la politique intérieure de l'État : les autres économies étrangères avec lesquelles il est lié influencent son système de développement national que ce soit par le biais du commerce, de la finance internationale, de la régionalisation, des aides internationales ou des investissements internationaux[44].

---

[43] AMIN (S.), *Maldevelopment. Anatomy of a Global Failure*, Tokyo, United Nations University Press, 1990, p.152 et s. Dans le même sens : VAZQUEZ-BARQUERO (A.), *Endogenous Development. Networking, Innovation, Institutions and Cities*, New York, Routeledge, 2002, pp.40 et s.

[44] FLORY (M.M.), « Inégalité économique et évolution du droit international », *in*, *Pays en voie de développement et transformation du droit international*, Colloque d'Aix-en-Provence, Paris, Pédone, 1974, p.28 ; FURTADO (C.),

L'espace du développement s'étend principalement sur le territoire national, mais subit des influences exogènes. Par ailleurs, ces divers paramètres du développement ne sont pas que pertinents lorsqu'ils sont comparés entre États ; ils peuvent aussi l'être lorsqu'ils sont utilisés pour comparer les différentes régions d'un même État, surtout lorsqu'il s'agit de grands États. Au Brésil, par exemple, les facteurs influençant le développement varient d'une région à l'autre : ceux qui sont pertinents pour les régions forestières ou marécageuses de l'Amazonie et du Pantanal ne le sont pas nécessairement pour la région sèche du *Sertão* ou pour la région montagneuse du Minas Gerais[45]. La compréhension du développement ne peut, dans de tels cas, se faire par l'utilisation d'une définition qui ignore ces spécificités. Il en ressort que l'explication du développement contient de nombreuses nuances qui doivent être prises en compte. Ces dernières sont davantage creusées par les approches critiques du développement.

B. Les approches critiques

Qualifier un processus de développement est aussi une question d'angle, de perspective. Pour certains, le développement est né de manière négative, en étant présenté comme ce qu'il n'était pas. La doctrine critique date ainsi l'invention du développement au moment de l'élection du Président américain Harry Truman et de l'adoption de son programme en quatre points. Le point quatre faisait justement valoir l'objectif des États-Unis visant à « *embark on a bold new program for making the benefits of our scientific advances and industrial progress available for the improvement and growth of underdeveloped areas*[46] ». Le développement ne faisait pas partie de la

---

Teoria e política do desenvolvimento econômico, São Paulo, Editora Nacional, 1967, p.5, p.81.

45 CAUBET (C.G.), « Le traité de coopération amazonienne – régionalisation et développement de l'Amazonie », *Annuaire français de droit international*, vol.30, 1984, pp. 803-818 ; DROULERS (C.), BROGGIO(M.), « L'espace et le développement au Brésil : de la géophagie à la géosophie ?», *Revue tiers-monde*, vol.42, 2001, pp. 673-688 ; ORDOÑEZ (R.), «Au Brésil, autant en rapporte le vent», *Courrier International*, 26/07/2012 (www.courrierinternational.com/).

46 Committee on Foreign Affairs, *Point Four Background and Program (International Technical Cooperation Act of 1949)*, Washington, United States Government Printing Office, Document 94058, juillet 1949, voir annexe 1 du

réalité des pays dont le processus de décolonisation était enclenché : il s'agissait de pays pauvres, dits à l'époque sous-développés[47]. Ces pays étaient définis par ce qu'ils n'étaient pas, c'est-à-dire, développés. Le développement était, partant, la solution à la pauvreté qui les caractérisait et, pour ce faire, ils avaient besoin de l'aide et de la coopération des États dont le développement était déjà avancé[48]. Les pays développés étaient les sauveurs de ceux qui ne l'étaient pas encore — et qui pour beaucoup ne le sont toujours pas. De cette configuration, la doctrine critique en tire une théorie de la dépendance. Le développement est présenté comme un processus qui n'est aucunement naturel, mais mythologique, fabriqué. Il ferait surtout partie de la croyance occidentale et serait imposé aux autres comme une normalité[49]. Dans ce cheminement, la quête de développement se présente ainsi comme une quête d'identité et comme une quête de puissance pour beaucoup d'États. Certains dictionnaires qualifient d'ailleurs les États en développement comme ceux « *dont le niveau économique n'a pas atteint celui de l'Europe occidentale ou de l'Amérique du Nord*[50] ». La doctrine critique affirme alors que la culture propre aux États en développement ne serait aucunement prise en compte et serait broyée par la machine du développement qui aurait pour conséquences leur asservissement[51]. Ainsi, le rehaussement du niveau de vie et cette idéalisation d'un mode de vie vers un certain

document.

47 ESTEVA (G.), «Development», *in*, SACHS (W.) [éd.], *The Development Dictionary. A Guide to Knowledge as Power*, Londres, Zed Books, 1992, p.7.

48 ESCOBAR (A.), «The Invention of Development», *Current History*, vol.98, novembre 1999, p.382 ; KNUTSSON (B.), «The Intellectual History of Development. Towards a Widening Potential Repertoire», *Perspective*, no.13, avril 2009, p.9.

49 ESCOBAR (A.), «The Invention of Development », *Current History*, vol.98, novembre 1999, p.384 ; McEWAN (C.), *Postcolonialism and Development*, Oxon, Routeledge, 2009, pp.84-85 ; RABBANI (M.J.), *The Development and Antidevelopment Debate. Critical Reflections on the Philosophical Foundations*, Surrey, Ashgate Publishing, 2011, p.9 ; GORDON (R.E), SYLVESTER (J.H.), « Deconstructing Development », *Wisconsin International Law Journal*, vol.2, no.1, 2004, p.9 et s. ; TUCKER (V.), «The Myth of Development : A Critique of a Eurocentric Discourse», *in*, MUNCK (R.), O'HEARN (D.) [eds.], *Critical Development Theory. Contributions To A New Paradigm*, New York, Zed Books, 1999, pp.1-4.

50 Voir par exemple, *Le dictionnaire encyclopédique*, Paris, Hachette, vol.II, p.433.

51 TUCKER (V.), «The Myth of Development : A Critique of a Eurocentric Discourse», *in*, MUNCK (R.), O'HEARN (D.) [eds.], *Critical Development Theory. Contributions To A New Paradigm*, New York, Zed Books, 1999, p.11.

confort matériel — mais aussi social et même psychologique — ne seraient pas, à proprement parler, qualifiables de développement, mais de colonisation : le développement ne serait que la forme moderne de la colonisation ou la suite des politiques coloniales, car la mise en œuvre des politiques du développement refléterait celle des politiques justifiant jadis la colonisation[52]. Il y a l'idée sous-jacente que les colonisations ont bousculé et anéanti les structures traditionnelles des sociétés colonisées en les obligeant, par là même, à adopter une organisation économique et sociale s'apparentant au modèle des puissances colonisatrices[53], choses que ces sociétés ont fini par incorporer en pensant que c'est là le chemin normal à suivre pour leur rayonnement ; c'est la voie menant vers cette organisation qui se qualifierait de développement. Cette position offre une vision sociologique intéressante du développement, car elle déconstruit quelque peu le concept, en en mettant en cause le bien-fondé et la légitimité. Elle remet en cause la nécessité du développement.

Cependant, toute la critique adressée au développement ne l'empêche pas d'exister, que ce soit dans les esprits ou dans la pratique. C'est d'ailleurs au nom du développement que les États adoptent des politiques, prennent des mesures, construisent, détruisent, échangent ou s'endettent[54]. C'est aussi pour leur développement qu'ils acceptent des investissements étrangers sur leur territoire et qu'ils ratifient des accords relatifs à leur protection. Pour cette raison, la théorie critique ne sera pas retenue ici. Sa présentation était cependant utile pour souligner les différentes approches permettant d'aborder le développement, mais surtout, pour mettre en exergue la difficulté qui accompagne nécessairement toute étude du développement et toute définition du développement. Cette complexité est, en effet, normalement mise à l'écart dans la prise en compte du développement dans le droit international des investissements. Dès lors, sur la base des explications et des définitions proposées ci-avant, il convient de présenter la perspective

---

52 ACHARD (P.), « « Sociologie du développement » ou sociologie du « développement » ? *Revue tiers-monde*, tome 23, no.90, 1982, p.258, pp.264-265.

53 Voir plus généralement : ACHARD (P.), « « Sociologie du développement » ou sociologie du « développement » ? *Revue tiers-monde*, tome 23, no.90, 1982, p.258, pp.257-278.

54 RIST (G.), « The History of Development. From Western Origins to Global Faith », New Delhi, Academic Foundation, 3e, 2009, p.11.

qu'offre le droit international des investissements sur le développement.

II. La définition du développement dans le droit international des investissements

La recherche d'une définition du développement dans le droit international des investissements est peu fructueuse. Le développement y est souvent considéré tel que le présente le langage commun, c'est-à-dire, comme un processus d'enrichissement et une augmentation du bien-être — ce qui n'est ni suffisant, ni satisfaisant pour que sa présence puisse être cernée en droit. En effet, la délimitation du cadre du droit international des investissements qui sera étudié (A) ne laisse pas transparaître de définitions claires du développement (B), ce qui n'empêchera pas d'examiner, par la suite, sous quelle forme il se présente dans son rapport avec cette branche du droit.

A. La délimitation du cadre du droit international des investissements étudié

Le droit international des investissements offre un cadre normatif pour la protection juridique des investisseurs et de leurs investissements dans un territoire étranger[55] ; une protection leur est, par exemple, accordée contre un traitement injuste et inéquitable de la part de leur Etat d'accueil, contre une expropriation indirecte ou contre une discrimination en raison de la nationalité. Cette protection se formalise juridiquement par le réseau grandissant des accords relatifs aux investissements[56]. À côté des accords bilatéraux classiques et de quelques accords multilatéraux, se développent de plus en plus — en sourdine — des accords de libre-échange ayant en leur sein un

[55] JUILLARD (P.), «L'évolution des sources du droit des investissements », *R.C.A.D.I.*, Tome 250, 1994, pp.74-75 ; NEWCOMBE (A.), PARADELL (L.), *Law and Practice of Investment Treaties : standards of Treatment*, Alphen Aan Den Rijn, Kluwer Law International, 2009, pp.147-398.

[56] Les accords bilatéraux relatifs à la protection et à la promotion sur les investissements sont disponibles sur : http ://www.unctadxi.org/templates/DocSearch____779.aspx (voir aussi : http ://italaw.com/).

chapitre consacré à la protection des investissements internationaux[57]. Ces textes constituent la source principale du droit international des investissements. C'est aussi le cadre le plus étudié avec les décisions et les sentences arbitrales. Cependant, le droit international des investissements ne se limite pas à ces aspects surtout liés au contentieux. Ce droit est aussi caractérisé par une phase relative à l'accès au marché, au financement et la garantie des investissements internationaux ; cela fait aussi partie du cadre normatif étudié. Dans cette mesure, les accords de prêts ou de garanties signés entre les organisations financières internationales — comme la Banque mondiale — et les États, d'une part, ou les sociétés privées de l'autre, se rattachent aussi à cette branche du droit. De tels accords interviennent normalement en amont, au moment de la constitution même de l'investissement alors que les accords de protection et de promotion des investissements régissent surtout la vie des investissements sur les sols étrangers en leur offrant une protection juridique ; ils encadrent ainsi le comportement des États envers les investisseurs étrangers tout en régissant les éventuelles procédures arbitrales lors de la survenance d'un différend. Partant, le droit international des investissements considéré dans ce travail englobe toutes ces étapes, de la naissance de l'investissement jusqu'au contentieux. Et c'est dans le déroulement de ces différentes étapes — mais non nécessairement sous une forme chronologique — que s'étudiera la présence du développement. Ce dernier se retrouve, en effet, lors de ces différentes phases normatives encadrant et accompagnant les activités d'investissements internationaux. Cependant, le concept n'y est pas clairement défini.

B. L'absence de définition claire du développement

Dans le droit international des investissements, le développement est souvent présenté comme une notion acquise et qui relèverait de l'évidence pure. Peu de définitions claires apparaissent dans les accords relatifs aux investissements. Les préambules de plusieurs accords se réfèrent par exemple à l'utilité des investissements internationaux dans la réalisation du développement,

57 Exemples d'États ayant constitué un réseau d'accords de libre-échange : États-Unis, Canada, Chine, Malaisie, Australie, Japon, Chili, Singapour, l'Indonésie ou le Pérou.

du développement économique ou du développement durable sans y apporter plus de détails, de sorte que ces références apparaissent souvent comme des « slogans » à portée très limitée. L'accord modèle des États-Unis de 2012 fait valoir dans son préambule que la protection des investissements « *will stimulate the flow of private capital and the economic development of the* Parties. »[58]. Le préambule de l'accord relatif à la protection des investissements entre la France et l'Argentine du 3 juillet 1991 souligne que « *l'encouragement et la protection* [des] *investissements sont propres à stimuler le transfert de capitaux et de technologie entre les deux pays, dans l'intérêt de leur développement économique.* »[59] . L'Accord de partenariat économique entre l'Union européenne et le CARIFORUM prend en compte, dans son préambule la différence entre le niveau de développement économique et social des partenaires[60]. D'autres, comme la Charte de l'énergie ou l'ALENA, se réfèrent au développement durable. Cependant, cette référence au développement revêt le plus souvent une valeur symbolique — et le symbole semble se suffire à lui-même.

Des critères d'identification du développement sont disponibles dans la réglementation opérationnelle de l'Agence multilatérale de garantie des investissements. Des facteurs comme les revenus générés par les investissements, la capacité productive des investisseurs, la création d'emplois, le transfert de technologie, la distribution des revenus ou la protection sociale et environnementale sont pris en compte par l'Agence avant de garantir un investissement dans un pays en développement. Toutefois, ces critères se limitent, en pratique, aux seules activités de l'Agence, notamment aux garanties qu'elle accorde. Les tribunaux ne s'y réfèrent pas lorsqu'ils abordent le développement pour interpréter certaines dispositions litigieuses. De manière générale, même s'il est en filigrane de tout le droit international des investissements, le développement est toutefois utilisé comme un simple « slogan » relativement vide dans plusieurs cas. Il est pour beaucoup de juristes — du moins ceux de la branche

---

[58] Accord modèle des États-Unis concernant l'encouragement et la protection réciproque des investissements, 2012.

[59] Accord entre la France et l'Argentine sur l'encouragement et la protection réciproques des investissements (03/07/1991).

[60] Accord de Partenariat économique entre le CARIFORUM et l'Union européenne (15/10/2008).

du droit étudiée — ce que le temps était à Saint Augustin : ils croient le connaître jusqu'au moment où il s'agit de l'expliquer et de le définir [61]. Or la définition est justement importante pour dissocier la connaissance du préjugé[62]. Les parties précédentes ont démontré que définir le développement n'est aucunement une tâche aisée[63] et qu'il est difficile d'établir une définition synthétique convaincante et généralisable à tous les États. C'est souvent l'apparition fréquente du concept dans le langage quotidien qui forge un semblant de connaissance sur la question[64]. Ainsi, dans le droit international des investissements, le développement n'est aucunement éclairé dans sa réalité, mais il est réduit à une image, souvent consensuelle et trop souvent universelle. Il se présente ainsi comme un concept sans limites et est, dès lors, abordé avec une forte dose de subjectivité : certains tribunaux n'examinent pas le développement selon une définition objective, mais en fonction de leurs opinions personnelles, de leurs impressions et de leurs *a priori*. Chacun a son idée du développement et personne, dans le droit international des investissements, ne s'investit réellement pour en préciser les contours techniques. Par exemple, dans une affaire récente relative au non-paiement de certaines obligations financières par l'Argentine à ses créditeurs, un tribunal arbitral a fait valoir que « *there can be no doubt, given the unity of the economic operation at stake, that the funds generated through the bonds issuance process were ultimately made available to Argentina and must be deemed to have contributed to Argentina's economic development*[65]». Il y a une présomption que l'émission d'obligations par l'Argentine ait contribué à son développement économique. Cependant, le tribunal — comme le fait la majorité des tribunaux arbitraux — ne s'attarde pas sur le concept de « développement économique ». La contribution au développement ou au développement économique se calcule ainsi par déduction, mais souvent, sans grande démonstration. Cette approche qui ne convainc

---

61 SAINT AUGUSTIN, *La création du monde et le Temps*, Paris, coll. Gallimard, 1993, p.36 (extraits de *Confessions*).

62 Voir : HART (H.L.A.), *The Concept of Law*, Oxford, Oxford University Press, 2nd, 1994, p.13.

63 AUSTRY (J.), *Le scandale du développement*, Genève, Slatkine, 1987, p.26.

64 *Ibid.*, p.19.

65 *Ambiente Ufficio S.p.A. et autres c. Argentine,* CIRDI no.ARB/08/9, Décision sur la compétence (08/02/2013), §487. Dans le même sens : *Abaclat et autres c. Argentine*, CIRDI no. ARB/07/5, Décision sur la compétence (04/08/2011), §378.

pas, caractérise, à plusieurs niveaux, l'étude du développement dans le droit international des investissements.

L'absence de définition claire ne mène cependant pas à une impasse et c'est d'ailleurs cela qui a, en partie et originellement, motivé ce travail. Le développement n'est pas défini, mais il est très présent au sein de cette branche du droit et sa présence a nécessairement un sens. Ainsi, il est possible de déduire de cette présence l'existence d'un rapport avec le droit international des investissements, mais aussi d'induire qu'il a une utilité en son sein, ce qui se vérifie notamment lors de l'application des accords de protection des investissements.

III. Le rapport entre le développement et le droit international des investissements

Faute de définitions claires, ce sont les formes sous lesquelles se présente le développement dans le droit international des investissements qui éclairent son utilité. Le développement apparaît sous diverses formes, mais avec souvent un objectif similaire : même s'il est avant tout une finalité à atteindre, le développement est surtout utilisé comme un concept-indicateur pour l'interprétation des normes relatives à l'identification, à la protection ou à la garantie des investissements. L'examen de ces formes du développement (A), fait ressortir son rapport fonctionnel avec le droit international des investissements (B).

A. Les formes du développement dans le droit international des investissements

Dans son rapport avec le droit international des investissements, le développement se présente sous trois formes spécifiques : le développement sous sa forme économique ; le développement en tant qu'indicateur de classification des États, c'est-à-dire, le niveau de développement des États ; le développement sous sa forme durable. Sous sa forme économique, le développement est considéré comme un critère pour l'identification d'un investissement

(i) alors que le niveau de développement permet une contextualisation lors de l'interprétation de certains standards de protection (ii) ; le développement durable incite, enfin, à prendre en considération d'autres facteurs, comme la protection de l'environnement, en interprétant ces standards (iii).

(i) Le développement économique considéré comme un critère pour l'identification d'un investissement

Dans un rapport sur *La décennie des Nations Unies pour le développement* du 22 mai 1962, période de la naissance des accords relatifs aux investissements[66], le Secrétaire Général des Nations Unies précisait que :

> « (l)*e rôle que les capitaux étrangers peuvent jouer dans le développement économique est désormais reconnu par un nombre croissant de pays en développement et beaucoup d'entre eux le laissent entrevoir dans leur programme de développement et dans leur législation sur les investissements*[67] ».

Dans le même esprit, la Convention de Washington instituant le CIRDI qui a été adoptée sous l'égide de la Banque mondiale — institution ayant elle-même pour objet le développement[68] — énonce

---

66 Le premier accord bilatéral relatif aux investissements a été signé en 1959 entre l'Allemagne et le Pakistan.

67 Rapport du Secrétaire Général des Nations Unies (Monsieur THANT U), *Décennies des Nations Unies sur le développement. Mesures Proposées,* E/3613, 22 mai 1962, p.144. Dans le même sens : GOZARD (G.), « La Convention de la BIRD pour le règlement des différends relatifs aux investissements », *Tiers-monde,* 1965, Tome 6, n°24, p. 991 ; la RésolutionA/RES/65/1, *Tenir les Promesses : unis pour atteindre les objectifs du Millénaire pour le développement,* du 22 septembre 2010, §56.

68 Aux termes de l'article 1 des Statuts de la Banque mondiale, ses objectifs sont :
« *(i) D'aider à la reconstruction et au développement des territoires des Etats membres, en facilitant l'investissement de capitaux consacrés à des fins productives* (…) ;
(iii) De promouvoir l'harmonieuse expansion, sur une longue période, des échanges internationaux et l'équilibre des balances des payements, en encourageant les investissements internationaux consacrés au développement

dans son préambule « *la nécessité de la coopération internationale pour* ***le développement économique****, et le rôle joué dans ce domaine par les investissements privés internationaux*[69] ». Une protection juridique leur est offerte, car leur apport au développement économique est présumé. Cependant, l'étape préalable logique précédant la protection juridique d'un investissement lors d'un contentieux arbitral est celle de l'identification de l'investissement. C'est dans ce sens que la contribution de l'activité au développement économique de l'État d'accueil agit potentiellement comme un critère de sa qualification comme un investissement.

(ii) Le niveau de développement des États comme un facteur de contextualisation des standards de protection

Le développement est aussi utilisé dans son acception quantitative : le niveau de développement des États peut être pertinent afin d'interpréter les standards de protection. Par ce biais, le niveau de développement permet un traitement différencié et contextualisé des États les moins développés : le faible niveau de développement de certains États a pour fonction de contextualiser et de relativiser l'application des standards de protection. Si cette contextualisation a, pour le moment, surtout été utilisée dans le cas d'États étant en transition d'un système communiste à celui de l'économie de marché — notamment certains États d'Europe de l'Est — il sera démontré que sa logique peut être transposée au contexte de tout pays en développement. En effet, certaines caractéristiques des États en transition vers un système d'économie de marché sont similaires à celles des pays en développement et, dans ce sens, une analogie est possible pour faire valoir comment le niveau de développement justifie aussi dans certains cas un traitement contextualisé des États par l'utilisation de certaines techniques juridiques spécifiques.

---

des ressources productives des Etats membres, contribuant par là à relever, sur leurs territoires, la productivité, le niveau d'existence et la situation des travailleurs (…) *Dans toutes ses décisions, la Banque s'inspirera des objectifs énoncés ci-dessus.*»

69 La Convention est disponible sur : http://icsid.worldbank.org/ICSID/StaticFiles/basicdoc-fra/CRR_French-final.pdf (Nous soulignons).

(iii) Les principes du développement durable comme moyen d'influence sur l'interprétation des standards de protection des investissements

L'analyse du développement durable se caractérise par des difficultés similaires à celles relatives à l'examen du développement. Le développement durable colore les débats de l'actualité, mais son sens demeure souvent nébuleux[70]. Plusieurs études l'ayant mis en relation avec le droit international des investissements l'utilisent dans son acception la plus commune, mais aussi la plus vague : le développement durable intègre les politiques environnementales et sociales aux stratégies de développement économique en les considérant comme un objectif unique et en tenant compte des générations futures[71]. Il s'agit toutefois là d'une acception générique et générale du concept, et sous cette forme, il n'est pas véritablement utilisable en droit[72]. Chacune de ces trois composantes du

---

70 CANS (C.), « Le développement durable en droit interne : apparence du droit et droit des apparences », *Actualité Juridique du Droit Administratif*, 2003, p.210 et s. ; BOURDON (W.), *Face aux crimes du marché. Quelles armes juridiques pour les citoyens?*, Paris, La Découverte, 2010, p.82 ; LATOUCHE (S.), « Développement durable, un concept alibi », *tiers-monde*, Tome 35, n°137, 1994, pp.77-94 ; TOUZET (A.), « Droit et développement durable », *Revue de droit public et de la science politique en France et à l'étranger*, no.2, 2008, p.453 et s.

71 Voir, le Rapport : A/42/427, Our Common Future : Report of the World Commission on Environment and Development, 1987, Chapitre 2, §1. Voir, la décision 20(III) du Conseil d'administration du Programme des Nations unies pour l'environnement, 2 mai 1975, *disponible sur* : www.unep.org/Documents.Multilingual/Default.asp?DocumentID=93&ArticleID=1371. Voir, Déclaration de Rio sur l'environnement et le développement, 1992, voir par exemple, Principes 1, 3 ou 4 (*disponible sur* : www.un.org/french/events/rio92/rio-fp.htm) ; CORDONIER SEGGER (M-C.), NEWCOMBE (A.), « An Integrated Agenda for Sustainable Development in International Investment Law », *in*, CORDONIER SEGGER (M-C.), GEHRING (M.W.), NEWCOMBE (A.) [eds.], *Sustainable Development in World Investment Law*, Alphen aan den Rijn, Kluwer Law International, 2011, pp.107-108 ; SCHRIJVER (N.), *The Evolution of Sustainable Development in International Law : Inception, Meaning and Status,* The Hague, Pocketbooks of the Hague Academy of International Law, 2008, pp.46-47.

72 MARONG (A.B.M.), « From Rio to Johannesburg : Reflections on the Role of International Legal Norms in Sustainable Development », *The Georgetown International Environmental Law Review*, vol.16, 2004, p.29 ; « RATTNER (H.), « Tendances et perspectives du développement durable en Amérique latine », *Revue tiers-monde*, vol.33, no.130, 1992, p.331.

développement durable peut avoir un nombre infini de démembrements, ces derniers pouvant même être contradictoires[73]. Afin de le rendre compréhensible pour la présente étude, il faudra uniquement considérer les principes juridiques du développement durable qui ont le rapport le plus étroit avec cette branche du droit. De manière générale, c'est le principe de la protection de l'environnement qui est le plus visible lorsque le développement durable est invoqué en droit international.

Nombreux sont les accords internationaux faisant référence au développement durable. S'ils relèvent de plusieurs domaines, la composante environnementale est souvent celle qui domine. Ces accords sont, par exemple, relatifs aux domaines suivants : le changement climatique, la conservation de la diversité biologique[74],

---

73 SANDS (P.), « International Courts and the Application of the Concept of "Sustainable Development" », *Max Planck Yearbook of United Nations Law*, vol.3, 1999, p.390 ; voir aussi : SANDS (P.), « Environmental Protection in the Twenty-First Century : Sustainable Development and International Law », *in*, REVESZ (R.L.), SANDS (P.), STEWART (R.B.), *Environmental Law, the Economy and Sustainable Development*, New York, Cambridge University Press, 2000, pp.374-375.

74 Voir : Convention des Nations unies sur la biodiversité, Rio de Janeiro, 5 juin 1992,, article 1, 2 (*disponible sur :* www.cbd.int/doc/legal/cbd-fr.pdf) ; Protocol de Carthagène sur la prévention des risques biotechnologiques, Montréal, 29 janvier 2000, article 1 (*disponible sur :* http ://bch.cbd.int/protocol/text/) ; Convention concernant la conservation de la biodiversité et la protection des aires forestiaires prioritaires de l'Amérique Centrale, Managua, 5 juin 1992 (*disponible* sur : www.ecolex.org/server2.php/libcat/docs/TRE/Multilateral/En/TRE001162.txt) ; Accord de Lusaka sur les opérations concertées de coercition visant le commerce illicite de la Faune et de la Flore Sauvages, Lusaka, 8 septembre 1994 (*disponible sur :* www.lusakaagreement.org/Documents/Microsoft%20Word%20-%20LA%20Final%20Act-upd.pdf) ; Convention régionale concernant la gestion et la conservation des écosystèmes forestiers naturels et le développement des plantations forestières, Guatelamala City, 29 octobre 1993 (*disponible sur* : www.ecolex.org/server2.php/libcat/docs/TRE/Multilateral/Sp/TRE001208.pdf) ; Le traité relatif à la Conservation et à la Gestion Durable des Écosystèmes Forestiers d'Afrique Central et institutant la Commission des forêts d'Afrique Centrale, Brazzaville, 5 février 2005 (*disponible sur* : www.cbfp.org/tl_files/archive/comifac/traitecomifac.pdf) ; Accord International sur les bois tropicaux, Genève, 26 janvier 1994, article 1 (*disponible sur* : http ://www.itto.int/fr/itta/).

l'héritage culturel[75], la protection de la biodiversité marine[76], la pêche[77], les lacs et les cours d'eau[78], la pollution marine[79], la pollution aérienne transfrontalière[80], la désertification[81], la substance et les déchets toxiques[82], les mesures de participation publique[83], les droits humains[84], l'énergie[85], la sécurité[86], la santé[87], la corruption[88], l'intégration régionale[89] ou le commerce international[90]. Le contentieux international fait aussi notoirement apparaître la prise en compte de l'aspect environnemental du développement durable. Cela ressort, par exemple, des affaires portées devant la Cour internationale

---

[75] Convention européenne du paysage, Florence, 20 octobre 2000 (*disponible sur* : http ://conventions.coe.int/Treaty/fr/Treaties/Html/176.htm) ; Convention-cadre sur le développement durable des Carpathes, Kiev, 22 mai 2003, article 2 (*disponible sur* : http ://www.unece.org/fileadmin/DAM/env/efe/Kiev/proceedings/files.pdf/Item %208/8Documents/carpathian.conv.f.pdf).

[76] Protocole relatif aux aires spécialement protégées et à la diversité biologique en Méditerranée, Barcelone, 10 juin 1995, article 3 (*disponible sur* : http ://195.97.36.231/dbases/webdocs/BCP/ProtocolSPA9596_fre_p.pdf) ; Le Protocol relatif à la conservation de la biodiversité et du paysage de la Mer noire, Sofia, 14 juin, 2002, article 1, article 4 (*disponible sur* : www.blacksea-commission.org/_convention-protocols-biodiversity.asp) ; Convention pour la coopération dans la protection et le développement durable de la marine et de l'environnement côtier du Nord-est du Pacifique, Antigua, 18 février 2002 (*disponible sur* : www.unep.ch/regionalseas/main/nep/nepconve.html).

[77] Convention pour la conservation du thon à nageoire bleu du sud, Canberra, 10 mai 1993, article 8(4)(b) (*disponible sur* : http ://sedac.ciesin.org/entri/texts/acrc/Bluefin.txt.html) ; Accord portant création de la Commission des thons de l'Océan indien, Rome, 25 novembre 1993, article V (*disponible sur* : www.iotc.org/files/proceedings/misc/ComReportsTexts/Accord %20CTOI.pdf) ; Accord aux fins de l'application des dispositions de la Convention des Nations unies sur le droit de la mer du 10 décembre 1982 relatives à la conservation et à la gestion des stocks de poissons dont les déplacements s'effectuent tant à l'intérieur qu'au-delà de zones économiques exclusives (stocks chevauchants) et des stocks de poissons grands migrateurs, New York, 4 décembre 1995, article 5 (*disponible sur* : http ://daccess-dds-ny.un.org/doc/UNDOC/GEN/N95/274/68/PDF/N9527468.pdf?OpenElement) ; Convention sur la conservation et la gestion des stocks de poissons hautement migrateurs le Pacifique ouest et central, Honolulu, 5 septembre 2000, article 5 (*disponible sur* : www.wcpfc.int/doc/convention-conservation-and-management-highly-migratory-fish-stocks-western-and-central-pacific-) ; Convention sur la conservation et la gestion des ressources haleutiques de l'Atlantique Sud-Est, Windhoek, 20 avril 2001, articles 2, 3, 23 (*disponible sur* : http ://eur-lex.europa.eu/LexUriServ/LexUriServ.do?uri=OJ :L :2002 :234 :0040 :0055 :FR :PDF) ; Accord-cadre sur la conservation des ressources marines vivantes des Hautes mers du Pacific-Sud, Santiago, 14 août 2000, article 1 (*disponible sur* : www.ecolex.org/ecolex/ledge/view/RecordDetails?id=TRE-

de Justice[91], devant l'Organe de règlement des différends de l'Organisation mondiale du commerce[92] ou dans le cadre de certains arbitrages internationaux[93]. Certaines décisions rendues au niveau national vont dans le même sens[94]. Cela est sans doute dû à une plus grande intégration de l'élément environnemental du développement durable dans des normes juridiques, d'une part, et à la grande préoccupation politique liée à la protection de l'environnement, de l'autre. Dans le même esprit, la présence du développement durable au sein du droit international des investissements se vérifie aussi par la

---

001924&index=treaties) ; Convention-cadre sur la protection de l'environnement marin de la mer Caspienne, Tehran, 4 novembre 2005, article 2 (*disponible sur* : http ://www.caspianenvironment.org/newsite/Convention-FrameworkConventionText.htm).

78 Convention de Helsinki sur la protection et l'utilisation des cours d'eau transfrontières et des lacs, Helsinki, 17 mars 1992, article 1 (*disponible sur* : www.wipo.int/wipolex/fr/other_treaties/details.jsp?treaty_id=263) ; Protocol sur l'eau et la santé, Londres, 17 juin 1999, article 1 (*disponible sur* : www.wipo.int/wipolex/fr/other_treaties/details.jsp?treaty_id=264) ; Accord sur la protection de la Meuse et du Scheldt, Charleville-Mézières, 26 avril 1994, article 3 ; Convention sur la coopération pour la protection et l'utilisation durable du Danube, Sofia, 29 juin 1994, article 2 (*disponible sur* : www.icpdr.org/icpdr-pages/drpc.htm) ; Accord sur la coopération pour le développement durable du bassin de la rivière Mekong, Chieng Rai, 5 avril 1994, article 1, article 18 (*disponible sur* : www.mrcmekong.org/assets/Publications/agreements/agreement-Apr95.pdf) ; Convention pour la protection du Rhin, Bern, 12 avril 1999, article 3, *disponible sur* : www.iksr.org/index.php?id=33&L=3. Voir aussi, Le Pacte sur la sécurité, la stabilité et le développement dans la Région des Grands Lacs, Nairobi, 15 décembre 2006, article 2 (*disponible sur* : https ://cirgl.org/IMG/pdf/pacte.pdf).

79 Convention pour la protection du milieu marin de l'Atlantique nord-est, Paris, 22 septembre 1992, voir préambule et annexes (www.ospar.org/html_documents/ospar/html/ospar_convention_f_actualisee_en_2007s.pdf) ; Convention sur la protection du milieu marin et du littoral de la Méditerranée, Barcelone, 10 juin 1995, article 4 (*disponible sur :* http ://195.97.36.231/dbases/webdocs/BCP/bc95_fre_p.pdf).

80 Accord de l'Association des Nations de l'Asie du sud-est sur la pollution transfrontière de brume, Kuala Lumpur, 10 juin 2002, article 2 (*disponible sur* : http ://www.aseansec.org/pdf/agr_haze.pdf).

81 Convention des Nations unies contre la désertification, Paris, 17 juin 1994, voir par exemple, articles 1, 2, 4, 5, 9, 10, 17, 18 (http ://www.unep.org/french/downloads/Conventions %20textes/Convention_desertification.pdf).

82 Convention de Rotterdam sur la procédure de consentement préalable en connaissance de cause applicable à certains produits chimiques et pesticides dangereux qui font l'objet d'un commerce international, Rotterdam, 10 décembre 1998, voir préambule (*disponible sur :* www.pic.int/LaConvention/Aper

composante environnementale.

L'étude des accords relatifs à la protection des investissements, celle des sentences arbitrales, mais aussi l'analyse des accords et des institutions de garantie des investissements présentent clairement le développement durable sous l'optique de la protection de l'environnement. Certains accords relatifs à la protection des investissements se réfèrent à la protection des droits du travail[95] ; certaines affaires ont fait apparaître le rapport entre le droit

---

%C3%A7u/TextedelaConvention/tabid/1786/language/fr-CH/Default.aspx) ; Convention de Stockholm sur les polluants organiques persistants, Stockholm, 22 mai 2001, voir préambule, article 13, annexe F (*disponible sur* : www.pops.int/documents/convtext/convtext_fr.pdfv).

83 Convention d'Aarhus sur l'accès à l'information, la participation du public au processus décisionnel et l'accès à la justice en matière d'environnement, Aarhus, 25 juin 1998 (*disponible sur* : www.unece.org/fileadmin/DAM/env/pp/documents/cep43f.pdf) ; Protocole à la Convention sur l'évaluation de l'impact sur l'environnement dans un contexte transfrontière, relatif à l'évaluation stratégique environnementale, Kiev, 31 mai 2003, voir préambule, article 1 (*disponible sur* : http ://www.unece.org/fileadmin/DAM/env/eia/documents/legaltexts/protocolfrench.pdf).

84 Protocole à la Charte africaine des droits de l'Homme et des Peuples relatif aux droits de la femme en Afrique, Maputo, 11 juillet 2003, notamment l'article 19 (*disponible sur* : www.africa-union.org/Official_documents/Treaties_Conventions_fr/Protocole%20sur%20le %20droit%20de%20la%20femme.pdf).

85 Traité sur la Charte de l'Énergie, Lisbonne, 17 décembre 1994, article 19 (*disponible sur* : www.admin.ch/ch/f/rs/i7/0.730.0.fr.pdf).

86 Traité sur la zone exempte d'armes nucléaires en Afrique, Addis-Ababa, 21 juin 1995, préambule (*disponible sur* : http ://www.africa-union.org/Official_documents/Treaties_Conventions_fr/Traite%20de %20Pelindaba.pdf).

87 Convention-cadre de l'Organisation Mondiale de la Santé pour la lutte anti-tabac, Genève, 21 mai 2003, article 4, article 26 (*disponible sur* : www.who.int/tobacco/framework/WHO_FCTC_french.pdf) ; Pour une étude sur la question du tabac et des investissements internationaux, voir : VADI (S.), « Reconciling Public Health and Investor Rights : The Case of Tobacco », *in*, DUPUY (P.M.), FRANCIONI (F.), [eds.], *Human Rights in International Investment Law and Arbitration,* Oxford, Oxford University Press, 2009, pp.453-486.

88 Convention des Nations unies contre la corruption, New York, 14 décembre 2005, voir préambule, article 62 (*disponible sur* : www.unodc.org/documents/treaties/UNCAC/Publications/Convention/08-50027_F.pdf).

89 Acte constitutif de l'Union Africaine, Lomé, Togo, 11 juillet 2000, article 3(j)

international des investissements et les droits humains[96]. Cependant, c'est le principe de la protection de l'environnement qui se présente comme l'indicateur principal du développement durable dans le droit international des investissements. Cela ne signifie pas que le développement durable se limite aux aspects purement environnementaux ; cela implique simplement que ces derniers sont les éléments les plus palpables du développement durable dans ce domaine du droit international. Dès lors, l'examen des normes relatives à la protection de l'environnement et ayant un rapport avec le

---

(*disponible sur* : www.africa-union.org/Official_documents/Treaties_Conventions_fr/Acte%20Constitutif.pdf) ; Traité du *Southern African Development Community* (SADC), Windhoek, 17 août 1992, article 5 (*disponible sur* : www.sadc.int/english/key-documents/declaration-and-treaty-of-sadc/) ; Traité Instituant le Marché Commun de l'Afrique de l'Est et l'Afrique Australe (COMESA), Kampala, 5 novembre 1993, article 3 (*disponible sur* : www.wipo.int/wipolex/fr/regeco_treaties/details.jsp?group_id=24&treaty_id=218) ; Traité établissant la Communauté d'Afrique Australe, Arusha, 30 novembre 1999, article 5, article 111 (*disponible sur* : www.eac.int/treaty/) ; Traité d'Amsterdam modifiant le Traité sur l'Union Européenne et les Traités instituant les Communautés Européennes, Amsterdam, 2 octobre 1997, article 1, 2, *disponible sur* : http ://eur-lex.europa.eu/fr/treaties/dat/11997D/htm/11997D.html#0001010001) ; Traité de Lisbonne modifiant le traité sur l'Union européenne et le traité instituant la Communauté européenne, Lisbonne, 13 décembre 2007 (*disponible sur* : http ://eur-lex.europa.eu/fr/treaties/index.htm) ; Charte des droits fondamentaux de l'Union Européenne, 7 décembre 2000, article 37 (*disponible sur* : www.eur-lex.europa.eu/LexUriServ/LexUriServ.do?uri=OJ :C :2010 :083 :0389 :0403 :FR :PDF) ; Accord de Cotonou, Cotonou, 23 juin 2000, articles 19, 29 (*disponible sur* : www.ec.europa.eu/development/icenter/repository/second_revision_cotonou_agreement_20100311.pdf) ; Traité de Chaguaramas établissant la Communauté Caraïbéenne incluant le marché et l'économie unique du CARICOM, Nassau, 5 juillet 2001, articles 15, 51, 55, 56, 58, 60, 61, 64, 69, 71, 135, 140 (*disponible sur* : www.caricom.org/jsp/community/revised_treaty-text.pdf) ; Accord de libre échange nord-américain, Ottawa, Mexico, Washington, 17 décembre 1992, préambule (*disponible* sur : www.nafta-sec-alena.org/fr/view.aspx?conID=590) ; Accord nord-américain de coopération dans le domaine de l'environnement, Washington, 14 septembre 1993, article 1 (*disponible sur* : www.cec.org/Page.asp?PageID=1226&SiteNodeID=567) ; Accord de l'Association des Nations d'Asie du sud-est, Singapore, 20 novembre 2007, préambule, article 1(9) (*disponible sur* : www.aseansec.org/publications/ASEAN-Charter.pdf).

[90] Accord de Marrakech instituant l'Organisation Mondiale du Commerce, Marrakech, 15 avril 1994, préambule (*disponible sur* : www.wto.org/french/docs_f/legal_f/04-wto_f.htm).

droit international des investissements sera le moyen utilisé pour étudier la présence du développement durable en son sein. La référence à cette composante environnementale est suffisante, car elle permet à elle seule de comprendre les effets potentiels du développement durable sur le droit international des investissements[97]. Elle agit comme un indicateur du développement durable dans cette branche du droit.

La référence aux principes de la protection de l'environnement

---

91 *Licéité de la menace ou de l'emploi d'armes nucléaires*, avis consultatif, 8 juillet 1996, C.I.J. Recueil 1996, pp.241-242, §29 ; *Affaire relative au Projet Gabcikovo-Nagymaros (Ho n g r i e / S l o v a q u i e)*, arrêt du 25 septembre 1997, C.I.J., Recueil 1997, §§140-141 ; *Affaire relative à des usines de pâte à papier sur le fleuve Uruguay (Argentine c. Uruguay)*, arrêt, 20 avril 2010, C.I.J.Recueil 2010, p.53, §170.

92 *États-Unis, Restrictions à l'importation de thon*, Rapport, (DS29/R), 16 juin 1994, §5.42 ; *États-Unis, Restrictions à l'importation de crevettes et de produits à base de crevettes*, Rapport de l'Organe d'appel, WT/DS58/AB/R, 12 octobre 1998, note 107 ; *Communautés européennes- conditions d'octroi de préférences tarifaires aux pays en développement*, Rapport de l'Organe d'appel, WT/DS246/AB/R, 7 avril 2004, §94 ; *Chine – Mesures liées à l'exportation de matières premières diverses*, Rapports de l'Organe d'appel, WT/DS394/AB/R, WT/DS395/AB/R, WT/DS398/AB/R, 30 January 2012, §306 ; *Brésil - Mesures visant de pneumatiques réchapés*, Rapport du Groupe spécial, WT/DS332/R, 12 juin 2007, §i.483 ; *Communautés européennes – subventions à l'exportation de sucre*, Rapport du Groupe spécial, WT/DS266/R, 15 octobre 2004, §i.279, §i.372, §i.373 ; Voir la position du Brésil dans l'affaire, *États-Unis – Subvention concernant le coton Upland*, Recours des États-Unis à l'arbitrage au titre de l'article 22 :6 du Mémorandum d'accord sur le règlement des différends et de l'article 4.11 de l'*Accord SMC,* Décision de l'arbitre, WT/DS267/ARB/1, 31 août 2009.

93 Sentence du Tribunal d'arbitrage constitué en vertu du traité conclu à Washington, le 29 février 1892, entre les États-Unis d'Amérique et Sa Majesté la Reine du Royaume-Uni de Grande -Bretagne et d'Irlande (*au sujet des droits de juridiction des États-Unis dans les eaux de la mer Behring et relativement à la préservation des Phoques à fourrure*), décision du 15 août 1893 (*disponible sur* : http ://untreaty.un.org/cod/riaa/cases/vol_XXVIII/263-276.pdf) ; *L'arbitrage relatif à la ligne du Rhin de Fer (« Ijzeren Rin ») [Belgique c. Pays-Bas]*, Cour permanente d'arbitrage, 24 mai 2005, §59.

94 *Juan Antonio Oposa et al., v. The Honorable Fulgencio S. Factoran, Jr., in his capacity as the Secretary of the Department of Environment and Natural Resources, and the Honorable Eriberto U. Rosario, Presiding Judge of the RTC, Makati, Branch 66.* [G.R. No. 101083, 30 juillet1993] ; *ARMADA BACHAO ANDOLAN c. UNION OF INDIA*, Cour suprême de l'Inde, Writ petition (civil) No.319 of 1994, arrêt du 18 October 2000, AIR 2000 SC 3751, §150 ; *Fuel Retailers Association of Southern Africa c. Director-General : Environmental*

dans le droit international des investissements découle de la relation de cause à effet qui existe parfois entre investissement et environnement[98]. Le premier est parfois préjudiciable au deuxième. Plusieurs activités d'investissements (physiques) se font, en effet, au détriment des réglementations environnementales. Pour citer deux affaires marquantes, les activités de la société américaine *Union Carbide Corporation* dans l'État du Madhya Pradesh en Inde ont été à l'origine de la catastrophe environnementale de Bhopal en 1984 et ont en même temps affecté la santé, l'environnement et la vie des habitants de cet État[99] ; celles de *Texaco* dans le secteur pétrolier en Equateur ont causé la destruction de l'écosystème d'une partie du territoire amazonien en attentant, par là même, aux conditions d'existence de plusieurs communautés indigènes[100]. De la sorte, en affectant le cadre environnemental, l'activité se met aussi parfois parallèlement en violation des droits humains[101].

Management, Department of Agriculture, Conservation and Environment, Mpumalanga Province et autres, Case CCT 67/06 , ZACC 13, 7 juin 2007, §45, §93.

95 Voir par exemple, l'article 13 de l'Accord modèle des États-Unis relatif à la protection des investissements ; Chapitre 8 de l'Accord de libre-échange entre le Canada et le Panama (14/05/2010) ; l'Accord de libre-échange entre la Malaisie et le Japon (13/12/2005).

96 Voir par exemple : *Glamis Gold, Ltd. c. Etats-Unis d'Amérique,* CNUDCI, Sentence (08/06/2009) ; *SAUR International SA c. Argentine*, CIRDI no.ARB/04/4 (12/06/2012) ; *Spyridon Roussalis c. Roumanie*, CIRDI n°.ARB/06/01, sentence (07/12/2011). Pour un ouvrage sur ces questions, voir : DUPUY (P.M.), FRANCIONI (F.), [eds.], *Human Rights in International Investment Law and Arbitration,* Oxford, Oxford University Press, 2009, 646p.

97 L'étude du rapport entre les droits humains et le droit international des investissements impliquerait ici l'examen des décisions de toutes les juridictions statuant en matière des droits humains, et cela dépasse le cadre du présent travail et de la présente problématique.

98 Voir : DUPUY (P.M), VINUALES (J.E.), *International Environmental Law*, Cambridge, Cambridge University Press, 2015, chapitre 12.

99 ABRAHAM (C.M.), ABRAHAM (S.), « The Bhopal Case and the Development of Environmental Law in India », *International and Comparative Law Quarterly*, vol.40, 1991, pp.334-365 ; BOURDON (W.)*Face aux crimes du marché. Quelles armes juridiques pour les citoyens?*, Paris, La Découverte, 2010, pp.28-33.

100 BOURDON (W.), *Face aux crimes du marché. Quelles armes juridiques pour les citoyens?*, Paris, La Découverte, 2010, pp.43-46.

101 Voir par exemple : *Affaire Tătar c. Roumanie*, CEDH, Requête no. 67021/01, arrêt, 06 juillet 2009, *disponible sur* : www.echr.coe.int/ECHR/Homepage_FR. Plus généralement : BARRAL (V.), « Le rayonnement intrasystémique du concept de développement durable », *in*, RUIZ FABRI (H.), GRADONI (L.), *La*

Juridiquement, la réglementation du domaine de la protection de l'environnement peut ainsi avoir des interférences avec celle de la protection des investissements. Le droit de l'environnement a été souvent invoqué devant les tribunaux arbitraux statuant sur la violation d'un accord relatif à la protection des investissements. L'argument environnemental est alors utilisé par les États pour justifier l'exercice du pouvoir réglementaire contre les prétentions des investisseurs : ils feront ainsi valoir que la protection juridique qu'ils doivent aux investisseurs n'efface pas les obligations

---

circulation des concepts juridiques : le droit international de l'environnement entre mondialisation et fragmentation, Paris, Société de législation comparée, 2009, p.394 ; BOYLE (A.), « Human Rights and the Environment : A Reassessment », *Communication pour le Programme des Nations unies pour l'environnement*, 2010 (mise à jour de l'article publié dans le *Fordham Environmental Law Review*, vol.18, 2008, pp. 471-511), pp.1-39 ; DESGAGNE (R.), « Integrating Environmental Value into the European Convention on Human Rights », *The American Journal of International Law*, vol.89, 1995, pp.263-294 ; EATON (P.J.), « The Nigerian Tragedy, Environmental Regulation of Transnational Corporations, and the Human Right to a Healthy Environment », *Boston University International Law Journal*, vol.15, 1997, p.293 et s. ; FITZMAURICE (M.), «Case Note : The European Court of Human Rights, Environmental Damage and the Applicability of Article 8 of the European Convention on Human Rights and Fundamental Freedoms », *Environmental Law Review*, vol.13, 2011, pp.107-114 ; GRADONI (L.), « Systèmes juridiques internationaux : une esquisse », in, RUIZ FABRI (H.), GRADONI (L.), *La circulation des concepts juridiques : le droit international de l'environnement entre mondialisation et fragmentation*, Paris, Société de législation comparée, 2009, p.49 ; HECTORS (K.), « The Chartering of Environmental Protection : Exploring the Boundaries of Environmental Protection as Human Right », *European Energy and Environmental Law Review*, vol.17, juin 2008, pp.165-175 ; KSENTINI (F.Z.) [Rapporteur Spéciale], «Droit de l'homme et environnement », *Commission des Droits de l'Homme des Nations unies, sous-commission de la lutte contre les mesures discriminatoires et de la protection des minorités*, 46e session, E/CN.4/Sub.2/1994/9, 6 juillet 1994 ; LENZERINI (F.), « The Interplay Between Environmental Protection and Human and Peoples' Rights in International Law », *African Yearbook of International law,* vol.10, 2002, pp.65-108 ; SHELTON (D.), « Human Rights, Environmental Rights, and the Right to Environment », *Stanford Journal of International Law*, vol.28, 1991-1992, pp.103-138 ; SHELTON (D.) « Human Rights and the Environment : Jurisprudence of Human Rights Bodies », *Joint UNEP-OHCHR Expert Seminar on Human Rights and the Environment, Genève,* Background Paper No. 2 14-16 January 2002, pp.1-15 ; THORME (M.), « Establishing Environment as a Human Right », *Denver Journal of International Law and Policy*, vol.19, no.2, 1991, pp.301-342.

environnementales qui les lient dans leur droit national ou en droit international.

Ces trois formes sous lesquelles apparaît le développement démontrent que, même s'il est *in fine* une finalité, il a une fonction interprétative non négligeable dans le droit international des investissements. Le rapport qu'il entretient avec cette branche du droit est, dans cette mesure, surtout fonctionnel.

B. Le rapport fonctionnel entre le développement et le droit international des investissements

Le développement est par définition un objectif[102]. Les différentes théories du développement ont démontré qu'il est un objectif voulu par quasiment tous les États. Il le demeure dans le droit international des investissements. Il est d'abord un objectif politique et il se présente, dans ce sens, comme la finalité politique des accords relatifs à la protection des investissements. Ces accords sont signés dans le cadre de coopérations économiques internationales dans l'attente que la protection offerte aux investisseurs ait pour conséquences la promotion du développement. Cette finalité est précisée dans le préambule de plusieurs accords bilatéraux ou multilatéraux relatifs à la protection des investissements. Ceci étant dit, les dispositions des accords sur la protection des investissements régissent principalement la protection des investisseurs internationaux

[102] Voir par exemple les résolutions de l'Assemblée générale des Nations unies qui présentent le développement comme un objectif mondial. Dans ce sens : la Résolution AGNU 306 (IV), *Développement économique des pays insuffisamment* développés, du 16/12/1949 ; la Résolution AGNU 824 (IX), *Courant international des capitaux privés destinés au développement économique des pays sous-développés*, du 11 décembre 1954 ; la Résolution AGNU 1316 (XIII), *Coopération internationale en vue du développement économique des pays sous-développés*, du 12 décembre 1958 ; la Résolution AGNU 1707 (XVI) du 19/12/1961, *Le commerce international, principal instrument du développement économique* ; a Résolution AGNU 2626 (XXV), *Stratégie internationale du développement pour la deuxième Décennie des Nations Unies pour le développement,* du 24 octobre 1970 ; la Résolution A/RES/64/172, *Le droit au développement,* du 18 décembre 2009 ; la RésolutionA/RES/65/1, *Tenir les Promesses : unis pour atteindre les objectifs du Millénaire pour le développement,* du 22 septembre 2010. Voir dans le même sens, l'article 55 de la Charte des Nations unies.

et de leurs investissements[103]. En général, elles ne sont pas formulées de manière à permettre à ce que leur application réalise l'objectif du développement. C'est sans doute à ce niveau que se situe l'une des différences entre le droit international du développement et le droit international des investissements dans leur approche respective du développement. Le droit international du développement cherchait à réaliser le développement par le droit[104] : il s'agissait d'un droit militant, pensé pour la prise en compte des intérêts des pays en développement à la sortie des colonisations, allant parfois contre l'ordre juridique établi[105]. Le Professeur Virally le qualifiait de « *droit international des inégalités de développement*[106] ». Des techniques juridiques étaient pensées pour que ce droit prenne en considération les inégalités de développement afin de formuler des normes juridiques[107]. Ont été, dans cette optique, adoptés ou proposés le système généralisé de préférences au sein du GATT[108], le principe d'un traitement spécial pour les pays en développement ou celui d'une double normativité pour régir les relations entre pays développés et

[103] MANN (H.), « Reconceptualizing International Investment Law : Its Role In Sustainable Development », *Lewis and Clark Law Review*, vol.17, no.2, 2013, p.524 ; MUCHLINSKI (P.), « Corporate Social Responsibility, *in*, MUCHLINSKI (P.), ORTINO (F.), SCHREUER (C.) [eds.], *The Oxford Handbook of International Investment Law*, Oxford, Oxford University Press, 2008, pp.638-639

[104] CHEMILLIER-GENDREAU (M.), « Droit du développement et effectivité de la norme », *in*, FLORY (M.) *et al.*, *in*, *La formation des normes en droit international du développement*, Paris, Éditions du CNRS, 1984, p.273 ; DUPUY (P.-M), « Sur la spécificité de la norme en droit international du développement », *in*, FLORY (M.) *et al.*, *in*, *La formation des normes en droit international du développement*, Paris, Éditions du CNRS, 1984, p.131 ; PELLET (A.), *Droit International du développement*, Paris, P.U.F, *Collection* « *Que sais-je* », 1978, p.32.

[105] BENNOUNA (M.), *Droit international du développement. Tiers-monde et interpellation du droit international*, Paris, Berger Levrault, 1983, pp.17-19, p.24 et s. ; BRADLOW (D.D.), «Development Decision-Making and the Content of International Development Law», *Boston College International & ComparativeLaw Review*, vol.27, 2004, p.203.

[106] VIRALLY (M.), «Vers un droit international du développement» *Annuaire français de droit international*, vol.11, 1965, pp.7-8.

[107] PAUL (J.C.N.), «The United Nations and the Creation of an International Law of Development», *Harvard Journal of International Law*, vol.6, no.2, 1996, pp.311-312.

[108] BENNOUNA (M.), *Droit international du développement. Tiers-monde et interpellation du droit international*, Paris, Berger Levrault, 1983, p.213 et s.

ceux ne l'étant pas[109]. C'était un droit né sur la base de ces inégalités, et son objectif politique était la réalisation du développement par des techniques juridiques ; son succès relatif est connu. Le droit international des investissements partage cet objectif politique ; pour autant, l'objectif n'est pas réellement retranscrit dans les règles juridiques. L'objectif du développement existe bien, mais il est accessoire, secondaire et il ne s'agira pas de déterminer, ici, s'il est réalisé par le droit, car entreprendre une telle étude relèverait en grande partie de la science économique[110] et requérait l'utilisation d'outils et de méthodes essentiellement économiques[111] tout en demandant une certaine maîtrise des techniques empruntées, entre autres, à la science politique[112] ou à la sociologie. Cela dépasse le cadre du présent travail qui se limitera à une étude juridique du développement et non à une étude économique ou sociologique du droit.

Pour ce faire, il faudra examiner la raison d'être — juridique et non politique — du développement dans le droit international des investissements et, dans cette optique, le rapport qu'il entretient avec le droit fait ressortir qu'il n'est pas considéré comme un principe contenant un but[113], mais comme un instrument ou un indicateur ayant une fonction ; le développement sera ici considéré comme un concept sous les formes décrites ci-avant. En effet, dans la pratique du droit international des investissements, c'est souvent de la sorte qu'il est — peut-être involontairement — présenté et c'est ainsi qu'il sera étudié. Le développement exerce une fonction : il sert à éclairer et à interpréter les normes du droit international des investissements. Dès lors, le travail soutiendra que c'est un rapport fonctionnel qui existe entre le développement et le droit international des investissements :

---

109 MENTRI (M.), « Le concept de droit international du développement : son évolution et la question de sa spécificité », *in*, FLORY (M.) *et al.*, *in*, *La formation des normes en droit international du développement*, Paris, Éditions du CNRS, 1984, p.57 et s.

110 NECHIFOR (I.), « Culture, développement et tiers-monde », UNESCO, Etudes et rapports de l'Unité de recherche et de gestion culturelle - No 6, Document CLT/CIC/CRM/98/033, 1998, pp.3-4.

111 De telles études sont par exemple menées par la CNUCED.

112 FRIEDMANN (W.), *The Changing Structure of International Law*, New York, Columbia University Press, 1964, p.176.

113 DWORKIN (R.), *Taking Rights Seriously*, Massachussets, Harvard University Press, 1978, p.22.

dans la dialectique qui les unit, le premier influence la réalisation du dernier — et pas le contraire. L'exercice de cette fonction sera examinée afin de comprendre *in fine* l'utilité de toute référence faite au concept du développement et son efficacité comme un outil de l'interprétation et de l'application du droit international des investissements ; le bien-fondé du recours au concept du développement sera, pour ce faire, parfois critiqué. Il faudra plus largement comprendre si le juriste est techniquement compétent — et dans quelles limites — pour traiter de la question du développement. Les arguments qui seront présentés ont pour objectif de contribuer — même si ce n'est que de manière très modeste — à l'élaboration de certaines pistes permettant de mieux lier droit international des investissements et développement pour que la présence de ce dernier ait un effet véritablement utile à la compréhension du premier.

Cette approche adoptée pour étudier le développement dans le droit international des investissements permettra d'en présenter d'autres facettes. Il est, en effet, trop souvent abordé de manière uniforme par la doctrine, donnant par là même, l'impression erronée qu'une seule technique existe pour faire une lecture conjointe du développement et du droit. Ce faisant, ce travail se démarque quelque peu de plusieurs positions doctrinales ayant abordé les questions du développement dans le droit international des investissements. Le débat doctrinal s'arrête souvent aux seules questions de la contribution au développement comme critère de l'investissement ; plus récemment, c'est le développement durable qui y a fait son apparition. Dans les deux cas, le développement est abordé de la même manière : premièrement, il est souvent considéré comme un objectif dont la réalisation — ou la non-entrave — incomberait au droit international des investissements[114] ; deuxièmement, et c'est là, un reproche qui peut être fait, il est traité dans son acception commune et familière, et rarement technique : il est n'est presque jamais expliqué[115]. En

---

[114] SORNARAJAH (M.), *The International Law On Foreign Investment*, U.K., Cambridge University Press, 3e édition, 2010, pp.154-155.

[115] GAILLARD (E.), « Identify or define? Reflections on the evolution of the concept of investment in ICSID practice », *in*, BINDER (C.) *et al.*[eds.], *International Investment Law for the 21st Century. Essays in Honour of Christoph Schreuer*, Oxford, Oxford University Press, 2009, p.413 et s.; HEISKANEN (V.), « Of Capital Import : The Definition of « Investment » in International Investment Law », *in*, HOFFMAN (A.K.), [eds.], *Protection of Foreign Investment Through Modern Treaty Arbitration*, Association Suisse de

étudiant le développement dans le droit international des investissements, la doctrine, mais aussi certains arbitres considèrent parfois qu'il s'agit là d'un but qui doit, à tout prix, être pris en compte par le droit[116]. Certains s'indignent parfois en raison de la valeur marginale qui est accordée au concept dans un système qu'elle juge déséquilibré en faveur des investisseurs ; ils considèrent que l'objectif du développement doit aussi être protégé par le droit international des investissements et que plus d'importance doit leur être accordée ; ils souhaitent que le système soit plus — ou mieux — équilibré en tenant compte des intérêts des pays en développement.

Si certaines de ces préoccupations seront abordées dans la présente thèse, la perspective choisie sera différente. Il ne s'agira pas de faire valoir que la prise en compte du développement est souhaitable ou fondamentale et pour quelles raisons elle l'est ou doit l'être ; l'objectif est d'observer et d'étudier comment il est effectivement pris en considération et quelles en sont les conséquences juridiques pour le droit international des investissements.

Cette prise en compte et ces conséquences se notent à deux moments principaux de la vie juridique des investissements. Le développement participe, à ce titre, à une étape fondamentale de la protection des investissements en contribuant à identifier l'objet de la protection (Première Partie) pour éclairer, par la suite, le contenu de

---

l'Arbitrage Series No.34, mai 2010, pp.51-73; HO (J.), « The Meaning of 'Investment' in ICSID Arbitrations », *Arbitration International*, Vol.6, No.4, 2010, pp.633-647 ; JEZEWSKI (M.), « Development Considerations in Defining Investments » ; CORDONIER SEGGER (M-C.), GEHRING (M.W.), NEWCOMBE (A.) [eds.], *Sustainable Development in World Investment Law*, Alphen aan den Rijn, Kluwer Law International, 2011, pp.215-235; JOUBIN-BRET (A.) *et* al., « International Investment Law and Development », *in*, SEGGER (M-C.), GEHRING (M.W.), NEWCOMBE (A.) [eds.], *Sustainable Development in World Investment Law*, *op.cit.*, pp.15-31 ; LEE (Y.S.), « Foreign Direct Investment and Regional Trade Liberalization: A Viable Answer for Economic Development?», *Journal of World Trade*, vol.39, no.4, 2005, pp.701-717; SCHLEMMER (E.C.), « Investment, Investor, Nationality, and Shareholders », *in*, MUCHLINSKI (P.), ORTINO (F.), SCHREUER (C.) [eds.], *The Oxford Handbook of International Investment Law*, Oxford, Oxford University Press, 2008, pp.49-69.

116 Voir par exemple : *Malaysian Historical Salvors, SDN, BHD c. Malaisie,* CIRDI no. ARB/05/10, Décision d'annulation (16/04/2009), Opinion dissidente du Juge Shahabuddeen.

cette protection (Deuxième Partie).

Première Partie – La fonction du développement dans l'identification des investissements.

Deuxième Partie – La fonction du développement dans la protection des investissements.

PREMIÈRE PARTIE : LA FONCTION DU DÉVELOPPEMENT DANS L'IDENTIFICATION D'UN INVESTISSEMENT

Une question épineuse et très discutée en droit international des investissements est la fonction du développement dans l'identification d'un l'investissement[117]. C'est d'ailleurs la question sur laquelle s'est souvent concentrée la doctrine ces dernières années lorsqu'elle s'est intéressée à la présence du développement dans le droit international des investissements[118]. Dans la mesure où les investissements privés internationaux contribuent potentiellement au développement, certains tribunaux se sont demandé si le développement déterminait à son tour l'identification de l'investissement. Lorsqu'ils sont constitués, les tribunaux doivent avant toute chose déterminer s'ils sont compétents pour connaître de l'affaire qui leur est soumise. L'une des conditions de leur compétence est l'existence d'un investissement : l'activité litigieuse doit, entre autres, recevoir la qualification d'investissement pour que l'affaire soit recevable. Dans le cadre d'un arbitrage CIRDI, l'article 25 de la Convention de Washington dispose que « (l)*a compétence du Centre*

---

117 GILLES (A.), *La définition de l'investissement international. Essai sur un concept juridique incertain*, Thèse, Paris I, 2010, p.223 et s. Voir aussi : *Philip Morris Brands Sarl, Philip Morris Products SA et Abal Hermanos SA c. Uruguay*, CIRDI n°. ARB/10/7, décision sur la compétence (2/07/2013), §207.

118 BEN HAMIDA (W.), « Two Nebulous ICISID Features : The Notion of Investment and the Scope of Annulement Control : *Ad Hoc Committee's Decision in Patrick Mitchell v. Democratic Republic of Congo*», *Journal of International Arbitration*, 2007, pp.287-306 ; BEN HAMIDA (W.), « La notion d'investissement : La notion maudite du système CIRDI ? », *Gaz. Pal.*, nov.-déc. 2007, pp.33-39 ; ENDICOTT (M.), « The Definition of Investment in ICSID Arbitration : Development Lessons for The WTO ?, *in*, GEHRING (M.W.), SEGGER CORDONIER (M.-C.), *Sustainable Development in World Trade Law*, The Hague, Kluwer Law International, 2005, p.379-410 ; GILLES (A.), *La définition de l'investissement international. Essai sur un concept juridique incertain*, Thèse, Paris I, 2010, p.223 et s. ; GIVEN (J.P.), « Malaysia Historical Salvors Sdn., Bhd. v. Malaysia : An End to the Liberal Definition of "Investment" in ICSID Arbitrations? », *Loyola Los Angeles International and Comparative Law Review*, vol.31, 2009, pp.467-500 ; JEZEWSKI (M.), « Development Considerations in Defining Investment », *in*, CORDONIER SEGGER (M-C.), GEHRING (M.W.), NEWCOMBE (A.) [eds.], *Sustainable Development in World Investment Law*, Alphen aan den Rijn, Kluwer Law International, 2011, p.211 et s. ; MORTENSON (J.D.), « The Meaning of "Investment" : ICSID's Travaux and the Domain of International Investment Law », *Harvard Journal of International Law*, vol.51, no.1, 2010, pp.257-318 ; VIS-DUNBAR (D.), « Malaysian Historical Salvors Jurisdictional Award Annulled ; Committee Split on Question of Economic Development as Criteria of ICSID Investments » *Investment Treaty News*, mai 2009, p.1, p.11 (*disponible sur* : http ://www.iisd.org/itn/wp-content/uploads/2009/05/ITN-May-2009.pdf).

s'étend aux différends d'ordre juridique entre un État contractant (ou telle collectivité publique ou tel organisme dépendant de lui qu'il désigne au Centre) et le ressortissant d'un autre État contractant qui sont en relation directe avec un investissement et que les parties ont consenti par écrit à soumettre au Centre[119]». Plusieurs conditions, à la fois *ratione materiae* et *ratione personae* doivent être satisfaites pour asseoir la compétence d'un tribunal CIRDI[120]. La présence d'un investissement est une condition *ratione materiae*[121]. L'article 25 n'apportant pas de précisions ou d'explications sur le sens du terme « investissement », les tribunaux arbitraux en ont interprété les dispositions et l'esprit pour trouver une définition ou des éléments d'identification. C'est, notamment, par cette interprétation que le développement a conquis une utilité. Par ce biais, le développement, en tant que concept, exerce une influence sur la norme dans la mesure où il est utilisé pour interpréter une disposition conventionnelle — l'objectif étant de définir ou du moins, d'identifier un investissement. Ainsi, lorsqu'il est utilisé, le développement contribue indirectement à la détermination de la compétence des tribunaux arbitraux. Ces débats ne se limitent pas aux seules affaires portées devant les tribunaux constitués sous l'égide du CIRDI, mais peuvent aussi concerner d'autres règlements d'arbitrage comme celui de la CNUDCI. Dans la mesure où les accords relatifs aux investissements n'offrent pas de définition des investissements, mais uniquement quelques exemples de ce qui peut être un investissement, les tribunaux statuant hors du système du CIRDI doivent aussi rechercher une définition de l'investissement. Dans cette mesure, ces tribunaux peuvent premièrement se référer aux préambules des accords pertinents qui lient parfois les investissements internationaux et le développement[122] — comme le fait celui de la Convention de Washington ; ils peuvent deuxièmement se référer aux décisions rendues par les tribunaux

[119] La Convention est disponible sur : http ://icsid.worldbank.org/ICSID/StaticFiles/basicdoc-fra/CRR_French-final.pdf (Nous soulignons).

[120] SCHREUER (Ch.), *The ICSID Convention : A Commentary,* Cambridge University Press, 2009, p.82.

[121] SCHLEMMER (E.C.), « Investment, Investor, nationality, and shareholders », *in*, MUCHLINSKI (P.), ORTINO (F.), SCHREUER (C.) [eds.], *The Oxford Handbook of International Investment Law*, Oxford, Oxford University Press, 2008, p.62.

[122] Voir par exemple : *Saluka Investments v. République Tchèque,* CNUDCI, sentence partielle (17/03/2006), §298.

CIRDI pour éclairer leur propre raisonnement[123]. Dans tous les cas, la référence au critère du développement le présente comme un indicateur exerçant la fonction d'identification d'un investissement.

Cependant, les tribunaux arbitraux ne suivent pas un fil conducteur commun dans la prise en compte du développement pour les besoins de l'interprétation des clauses litigieuses. Si certains lui accordent une valeur fondamentale, d'autres le rejettent systématiquement. Il ne s'agira pas ici de faire uniquement état de ces divergences, mais de démontrer, plus généralement, que ces dernières révèlent clairement la difficulté qu'il y a à saisir le véritable sens du développement lors des tentatives d'identification d'un investissement. Les tribunaux utilisent un concept très flou et indéfini pour arriver à des conclusions importantes. Leur démarche est, partant, rarement convaincante et elle sème le doute sur l'utilité d'un recours au critère du développement. Pour comprendre l'enjeu de ces questions, il importe de rechercher les raisons qui justifient, en droit, la référence au développement pour identifier un investissement. Le critère n'est pas apparu *ex nihilo* et sa présence a une explication. Le rattachement du développement au droit international des investissements ne s'est pas initialement fait par le contentieux arbitral. Le développement et le droit international des investissements entretiennent un rapport originel très étroit et de longue date. La naissance du droit international des investissements a eu lieu dans un contexte de recherche de développement : la protection des investissements avait pour finalité originelle, la recherche du développement. Ce rapport historique se formalise parfois en un rapport juridique et c'est là que le développement est appelé — en tant que critère — à identifier un investissement. Le présent travail démontrera cependant que malgré sa validité en droit, le critère convainc difficilement, car face à la familiarité apparente du concept, ceux qui l'utilisent — mais aussi ceux qui le rejettent — le font souvent sans en démontrer une grande maîtrise. Il ne faudra pas se contenter de proposer le rejet de ce critère, mais d'expliquer, de manière plus transversale, que les techniques permettant d'en faire une utilisation efficiente sont, pour le moment, absentes de ce domaine du

[123] *Romak SA c. Ouzbékistan*, CPA no.AA280, CNUDCI, sentence (26/11/2009), §197 et s. (Même si le tribunal affirme dans cette affaire qu'il n'est pas lié par les décisions rendues sous l'égide du CIRDI — ce qui est vrai — il se réfère néanmoins longuement à de telles décisions).

droit international. Dès lors, si la fonction du développement en tant que critère de l'investissement peut être déduite des finalités même du droit international des investissements (Titre 1), l'utilisation qui en est faite par les tribunaux demeure, quant à elle, très contestable (Titre 2). Le passage de la finalité au critère se heurte à plusieurs difficultés et se réalise difficilement.

TITRE 1 : UNE FONCTION DÉDUITE DES FINALITÉS DU DROIT INTERNATIONAL DES INVESTISSEMENTS

L'évolution du droit international des investissements se caractérise par diverses problématiques vers lesquelles le développement est parfois dirigé. Étant l'une des finalités des accords relatifs aux investissements, c'est en toute normalité que sa présence se remarque sur plusieurs pans de cette branche du droit international. Si politiquement, le droit international des investissements est animé par une volonté de développement, en droit, le développement est utilisé pour préciser les contours de certaines notions peu claires et pour certaines, toujours en construction. Dans la problématique relative à l'identification d'un investissement, le développement a été ainsi appelé à jouer un rôle de critère de l'investissement. En d'autres termes, si une activité contribue au développement de son État d'accueil, elle prend potentiellement les formes d'un investissement. Le recours à ce critère se justifie en droit : il est possible de démontrer son rattachement juridique au droit international des investissements. Toutefois, il faut aussi constater que la véritable valeur accordée au développement n'est, en réalité, souvent que symbolique. Même si le concept peut produire des effets juridiques, la véritable contribution au développement se vérifie rarement dans les faits et il demeure, à vrai dire, à l'état d'un simple concept ornant une décision arbitrale. Pourquoi alors y recourir pour identifier un investissement ? Sa fonction dans l'identification des investissements se comprend mieux lorsque lumière est faite sur les liens historiques qui unissent et qui caractérisent « développement » et « droit international des investissements ». Historiquement, le développement apparaît comme étant une finalité inhérente à l'investissement dans le contexte du droit international des investissements, et face aux difficultés que rencontre la pratique pour définir un investissement, le développement a été utilisé comme en étant un critère (Chapitre 1) ; toutefois l'intérêt de ce critère devient douteux lorsqu'il n'est pas clairement défini — et lorsqu'il continue à être utilisé comme un critère indéfini (Chapitre 2).

CHAPITRE 1 : LE DÉVELOPPEMENT, UNE FINALITÉ INHÉRENTE À L'INVESTISSEMENT

Pour atteindre leurs objectifs de développement, les États recourent volontairement aux investissements étrangers lorsque le taux d'investissement national est faible. Il est, sur ce point, intéressant de noter que cette volonté transcende parfois les régimes politiques étatiques. Par exemple, Cuba dispose de plus d'accords bilatéraux relatifs aux investissements que les États-Unis, le Canada ou l'Australie[124]. Il est, en effet, possible de démontrer pourquoi historiquement le développement est un objectif intimement lié aux investissements. Et dans le droit international des investissements, la relation étroite entre développement et investissement nourrit l'histoire des accords relatifs à la protection des investissements, ce qui explique, dans un premier temps, la volonté d'ériger le développement comme un critère de l'investissement (Section 1). Cette relation à portée historique se formalise aussi en droit : il est possible de lier juridiquement « développement » et « investissement » par l'utilisation des techniques d'interprétation (Section 2).

Section 1 : Une finalité propre à l'histoire des accords relatifs aux investissements

L'étude du droit international des investissements dans une perspective historique fait apparaître les origines des références faites au développement et du rapport qu'il entretient avec cette branche du droit. La naissance du droit international des investissements coïncide, à vrai dire, avec celle de la recherche du développement. En analysant l'histoire des accords relatifs aux investissements, il ressort que le développement y apparaît comme en étant, en même temps, la finalité (Paragraphe 1) et le point d'équilibre — ces accords étant souvent critiqués comme étant déséquilibré (Paragraphe 2).

[124] Là-dessus : CNUCED, *World Investment Report : Investing in a Low-Carbon Economy*, 2010, pp.177-181 ; ALVAREZ (J.E.), « The Return of the State », *Minnesota Journal of International Law*, vol.20, no.2, 2011, p.233.

Paragraphe 1 : Le développement comme finalité des accords relatifs aux investissements internationaux

Le rapport entre le développement et les accords relatifs aux investissements se dessine par l'étude les traités d'amitié, de navigation et de commerce qui contenaient déjà des dispositions relatives à la protection des investissements et de la propriété[125], se présentant, sous cette forme et dans une certaine mesure, comme les précurseurs des accords modernes sur la protection des investissements. C'est la transition entre les traités d'amitié, de navigation et de commerce et les accords relatifs à la protection des investissements qui fait apparaître les références au développement ; ces références caractérisent, à vrai dire, la naissance du droit international des investissements.

Les traités d'amitié, de navigation et de commerce liant les États-Unis et de nombreux autres États entre 1778 et 1966[126], protégeaient principalement les droits de navigation, de commerce, les investissements et la propriété, et aussi certains droits humains liés, notamment, à l'accès à la justice et à la propriété[127]. La protection offerte par ces traités a varié selon les contextes[128]. Elle concernait surtout la navigation avant la Première Guerre mondiale — mais aussi avant la Révolution communiste en Russie en 1917 — et elle s'est focalisée sur la protection de la propriété et des investissements par la

---

[125] Voir par exemple l'article V du traité entre les États-Unis et l'Irelande du 21 janvier 1950 : «*Each Party shall at all times accord equitable treatment to the capital of nationals and companies of the other Party. Neither Party shall take unreasonable or discriminatory measures that would impair the legally acquired rights or interests of nationals and companies of the other Party in the enterprises which they have established or in the capital, skills, arts or technology which they have supplied.*». (Ces accords sont disponibles sur : www.tcc.export.gov/Trade_Agreements/All_Trade_Agreements/index.asp).

[126] Le premier traité fut signé avec la France en 1778, et le dernier avec la Thaïlande en 1967 : voir, COLE (J.F.), «The Treaty of Friendship, Commerce and Navigation in the Modern Era», *Columbia Journal of Transnational Law*, vol.51, 2013, pp.307-308 ; JUILLARD (P.), «L'évolution des sources du droit des investissements », *R.C.A.D.I.*, Tome VI, vol.250, 1994, p.111.

[127] COLE (J.F.), «The Treaty of Friendship, Commerce and Navigation in the Modern Era», *Columbia Journal of Transnational Law*, vol.51, 2013, pp.312-314.

[128] WALKER (H.Jr), « Modern Treaties of Friendship, Commerce and Navigation », *Minnesota Law Review,* vol.42, 1958, p.805.

suite[129]. La référence aux investissements et à leur protection apparaît dans un certain nombre de ces accords[130]. Cependant, le rapport entre investissement et développement est ici rarement établi[131] ; et dans tous les cas, il ne s'agissait pas là de l'objectif de ces traités. Cela se justifie eu égard au statut des parties : des quarante-trois traités d'amitié, de navigation et de commerce signés par les États-Unis, seule une minorité concernait les pays en développement[132]. Plusieurs de ces États — dits en développement — n'existaient d'ailleurs pas à cette époque qui connaissait encore la colonisation. Et c'est justement la période de décolonisation qui verra apparaître d'une part, les pays en développement et, de l'autre, les accords relatifs à la protection des investissements. Cette période est caractérisée par des États en formation qui affirment leur souveraineté sur les ressources naturelles tout en cherchant à se développer[133]. La fameuse résolution 1803 de l'Assemblée générale des Nations unies faisait, dans ce sens, ressortir « [l]*e droit de souveraineté permanente des peuples et des nations sur leurs richesses et leurs ressources naturelles doit s'exercer dans l'intérêt du développement national et du bien-être de la population de l'Etat intéressé*[134]».

---

[129] COLE (J.F.), «The Treaty of Friendship, Commerce and Navigation in the Modern Era», *Columbia Journal of Transnational Law*, vol.51, 2013, pp.307-308 ; SALACUSE (J.W.), «BIT by BIT : The Growth of Bilateral Investment Treaties and Their Impact on Foreign Investment in Developing Countries », *The International Lawyer*, vol.24, 1990, p.656 ; SORNARAJAH (M.), *The International Law On Foreign Investment*, U.K., Cambridge University Press, 3e édition, 2010, p.180 ; VANDEVELDE (K.J.), « A Brief History of International Investment Agreements », *University of California Davis Journal of International Law and Policy*, vol.12, 2005, pp.165-166 ; WALKER (H.Jr), « Modern Treaties of Friendship, Commerce and Navigation », *Minnesota Law Review,* vol.42, 1958, p.806.

[130] Voir par exemple, les accords signés entre les États-Unis et la Belgique (1961), le Denmark (1951), la France (1822), l'Allemagne (1954), l'Éthiopie (1953), la Grèce (1951), l'Irlande (1950), Israël (1951), l'Italie (1948), le Japon (1953), la Corée du Sud (1956), le Luxembourg (1962), les Pays-Bas (1956), la Thaïlande (1966) ou le Togo (1966).

[131] Quelques accords mentionnent parfois le développement économique. Voir, par exemple, ceux signés avec l'Irlande, Israël, l'Italie, le Japon, la Thaïlande ou l'Éthiopie.

[132] JUILLARD (P.), «L'évolution des sources du droit des investissements », *R.C.A.D.I.*, Tome VI, vol.250, 1994, p.111.

[133] DAILLIER (P.), FORTEAU (M.) & PELLET (A.), *Droit International Public*, Paris, L.G.D.J., 8e, 2009, p.1156.

[134] Voir : Résolution 1803 (XVII) de l'Assemblée générale des Nations unies du 14 décembre 1962, «*Souveraineté permanente sur les ressources naturelles*», §1.

L'un des mécanismes de leur développement était l'apport en capital, ce qui reposait en grande partie sur les investissements internationaux, le capital endogène étant pauvrement développé. Cependant, vu le contexte nationaliste colorant toute décolonisation et impliquant souvent des vagues de nationalisations et d'expropriations dans les secteurs stratégiques jadis opérés par les sociétés de l'État colonial[135], cet apport en capital étranger n'était possible qu'à la condition de leur protection juridique. Les sociétés étrangères souhaitaient maintenir leurs activités sur les territoires des États nouvellement décolonisés, mais sans être soumis à leur droit national. Telle était aussi la position des États exportateurs de capitaux[136]. La résolution 1803 susmentionnée a tenté de trouver un juste milieu en affirmant que les capitaux étrangers ne pouvaient être acceptés que selon les conditions des États récepteurs,[137] mais que « [d]*ans les cas où une autorisation sera accordée, les capitaux importés et les revenus qui en proviennent seront régis par les termes de cette autorisation, par la loi nationale en vigueur et par le droit international*[138]». Si les ex-États colonisateurs estimaient qu'il existait — ou qu'il existe — un droit international coutumier et un standard minimum de la protection des capitaux étrangers, cette thèse fut contestée par les États nouvellement décolonisés et en recherche de développement. Ces derniers estimaient qu'ils n'avaient aucunement participé à la formation d'une telle coutume[139]. C'est dans ce contexte que naquirent les accords relatifs à la protection et à la promotion des investissements internationaux : il y avait le besoin d'un régime juridique spécifique sur la protection des investissements qui unissent les États exportateurs et importateurs de capitaux et qui ne fût pas

---

135 MANN (H.), « Reconceptualizing International Investment Law : Its Role In Sustainable Development », *Lewis and Clark Law Review*, vol.17, no.2, 2013, p.524 ; NEWCOMBE (A.), PARADELL (L.), *Law and Practice of Investment Treaties : standards of Treatment*, Alphen Aan Den Rijn, Kluwer Law International, 2009, pp.18-19.

136 JUILLARD (P.), «L'évolution des sources du droit des investissements », *R.C.A.D.I.*, Tome VI, vol.250, 1994, p.108.

137 Résolution 1803 (XVII) de l'Assemblée générale des Nations unies du 14 décembre 1962, «*Souveraineté permanente sur les ressources naturelles*», §2.

138 Résolution 1803 (XVII) de l'Assemblée générale des Nations unies du 14 décembre 1962, «*Souveraineté permanente sur les ressources naturelles*», §3.

139 SALACUSE (J.W.), «BIT by BIT : The Growth of Bilateral Investment Treaties and Their Impact on Foreign Investment in Developing Countries », *The International Lawyer*, vol.24, 1990, p.660.

modifiable de manière unilatérale par l'État d'accueil[140]. Par ce biais, la généralité des traités d'amitié, de navigation et de commerce[141] fut substituée par la spécificité des accords portant uniquement sur les investissements[142]. Cette configuration conventionnelle se caractérise alors par ses acteurs : la qualité des acteurs et leur quantité. Un nombre important de pays en développement devient partie à ces accords. Logiquement, le statut de ces États a fécondé le droit international des investissements. Dans la transition faite avec les traités d'amitié et de commerce, deux grands axes apparaissent. Le premier existait déjà, mais avec un degré de sophistication moindre : c'est la protection juridique des investissements ; le deuxième est nouveau et il est justement, contextuel : c'est l'offre de protection des investissements internationaux pour le bénéfice du développement des États récepteurs. Dans cette logique, le développement se présente comme l'une des finalités des accords relatifs à la protection des investissements et le concept du développement est ainsi fortement enraciné dans la notion d'investissement tel qu'il apparaît et tel qu'il est protégé dans les accords sur les investissements. Historiquement, la volonté de développement constitue l'une des raisons d'être de la recherche et de l'acceptation originelle des investissements internationaux et des accords relatifs à leur protection par les pays en développement. Cela va sans dire que de tels accords n'existent pas uniquement entre pays en développement et pays développés. Toutefois, si l'on recherche les origines des références faites au développement dans le droit international des investissements, il faut obligatoirement remonter jusqu'au contexte historique décrit ci-avant, et il en ressort que c'est un domaine du droit né de la dialectique entre ces deux groupes d'États, ce qui justifie que leurs préoccupations mutuelles y soient présentes en filigranes. C'est, par exemple, aussi pour cette raison que la Convention de Séoul instituant l'Agence

---

140 JUILLARD (P.), «L'évolution des sources du droit des investissements », *R.C.A.D.I.*, Tome VI, vol.250, 1994, p.108.

141 Maintenant que les règles relatives à la protection des investissements sont plus ou moins bien établies et connues, il se peut qu'il y ait un retour vers le passé et le modèle d'accord existant auparavant avec l'adoption – toujours à l'initiative des États-Unis – des nouveaux accords de libre-échange.

142 JUILLARD (P.), «L'évolution des sources du droit des investissements », *R.C.A.D.I.*, Tome VI, vol.250, 1994, p.112 ; VANDEVELDE (K.J.), « A Brief History of International Investment Agreements », *University of California Davis Journal of International Law and Policy*, vol.12, 2005, pp.168-169.

multilatérale de garantie des investissements[143] ne garantit que les investissements faits dans les pays en développement. Il y avait la volonté originelle de diriger les investissements vers ces pays afin de promouvoir leur développement ; la garantie offerte n'est pas neutre et le préambule[144] de la convention fait bien ressortir l'importance des investissements dans leur rapport avec les questions du développement. Et par ce biais, le développement s'insère historiquement dans le concept d'investissement, du moins, dans le droit international des investissements. Ce faisant, il se présente même comme le point d'équilibre des accords portant sur la protection des investissements.

Paragraphe 2 : Le développement comme point d'équilibre des accords relatifs aux investissements

Si c'est la recherche du développement qui a initialement motivé les États à signer les accords sur la protection des investissements, ils n'en demeuraient pas moins conscients du déséquilibre les caractérisant : les États s'y engagent en sachant qu'ils auront plus d'obligations que de droits. Mais si les accords relatifs aux investissements sont considérés comme étant déséquilibrés (A), notamment en défaveur des pays en développement, ce déséquilibre est originellement et historiquement volontaire, car en l'acceptant, ces derniers s'attendaient à recevoir plus d'investissements étrangers pour consolider leur développement : la contribution au développement de

143 Adoptée le 11 octobre 1985 .

144 Le Préambule précise:
« *Considérant qu'il est nécessaire de renforcer la coopération internationale pour stimuler le développement économique et d'encourager le rôle joué dans ce développement par les investissements étrangers en général et les investissements étrangers privés en particulier ;*

Reconnaissant que les apports d'investissements étrangers aux pays en développement seraient facilités et encouragés par une diminution des préoccupations liées aux risques non commerciaux ;

Souhaitant encourager la fourniture aux pays en développement, à des fins productives, de ressources financières et techniques assorties de conditions compatibles avec leurs besoins, leurs politiques et leurs objectifs de développement, sur la base de normes stables et équitables pour le traitement des investissements étrangers (…) ».

la part des investisseurs internationaux était en quelque sorte la contrepartie de la protection offerte (B).

A. Le déséquilibre reproché aux accords relatifs à la protection des investissements

En amont, la possibilité d'un déséquilibre est liée à l'inégalité qui caractérise la réalité des relations internationales entre États[145]. Par conséquent, tout ce qui s'y construit devient potentiellement inégalitaire et est aussi potentiellement influençable par les États qui disposent d'une supériorité économique. Le droit vise quant à lui à polir ces différences en créant une égalité juridique entre des acteurs ayant des pouvoirs différents. C'est ce que précise, par exemple, la Charte des Nations unies dans son préambule et à ses articles 1(2), 2(1) et 55[146] sur l'égalité souveraine. Le principe de l'égalité est un principe négatif dans la mesure où il efface théoriquement l'inégalité de fait qui existe en pratique[147]. L'égalité en droit permet de tolérer les inégalités de faits[148] et l'égalité entre les États signifie « *droits semblables, devoirs semblables, traitement semblable*[149]» entre eux. Pour certains, cette « *forensic equality* » ne doit même pas être illustrée ; elle coule de source[150]. Toutefois, malgré l'existence d'une égalité souveraine, la puissance des États influence, en pratique, grandement le processus de formation du droit international et son

---

145 JUILLARD (P.), « Le système actuel est-il déséquilibré en faveur de l'investisseur privé étranger et au détriment de l'État d'accueil ? » (Table Ronde), *in*, LEBEN (C.) [dir.], *Le contentieux arbitral transnational relatif à l'investissement. Nouveaux Développements*, Paris, L.G.D.J., 2006, pp.190-193.

146 Voir la Charte des Nations unies, *disponible sur* : www.un.org/fr/documents/charter/

147 SCHINDLER (D.), « Contribution à l'étude des facteurs sociologiques et psychologiques du droit international », *R.C.A.D.I.*, Tome IV, vol.46, p.261.

148 *Ibid.*, p.263

149 SCOTT (J.B.), « Le principe de l'égalité juridique dans les rapports internationaux », *R.C.A.D.I.*, Tome IV, vol.42, p.477. Voir aussi : OPPENHEIM (L.), *International Law : A Treaties*, vol. I-Peace, Londres, Ronald F. Roxburg, 3e éd., 2008, p.196 ; PREUSS (U.K.), «Equality of States-Its Meaning in a Constitutionalized Global Order », *Chicago Journal of International Law*, vol.9, 2008-2009, p.18 ; VAN WYNEN THOMAS (A.), THOMAS (A.J.), « Equality of States in International Law – Fact or Fiction? », *Virginia Law Review,* vol.37, no.6, octobre 1951, pp.801-802.

150 McNAIR (A.D.), « Equality in International Law », *Michigan Law Review*, vol.XXVI, no.2, décembre 1927, p.136.

respect par la suite[151]. Par conséquent, comme l'explique Hans Kelsen, et il serait difficile de dire mieux :

> « *Cette égalité n'existe que comme une égalité théorique. Elle constitue l'expression d'un principe de théorie juridique et non de fond du droit. C'est pourtant dans ce dernier sens que l'on interprète généralement le principe de l'égalité des États : on obéit, le plus souvent inconsciemment, à une préoccupation de politique juridique. On interprète l'égalité des États comme impliquant l'égalité de leurs droits. Mais on ne peut entendre par là que tous les États ont les mêmes droits et les mêmes obligations. Ceci serait manifestement contraire à la réalité juridique*[152]».

Cette réalité où égalité de droit ne signifie pas égalité des droits trouve, plus généralement, un écho dans la doctrine[153]. Dans cette même veine, l'adoption de plusieurs accords relatifs à la protection des investissements a subi les effets de cette base inégalitaire de fait. Plusieurs accords bilatéraux en matière d'investissement découlaient initialement de modèles des pays développés qui les proposaient à leurs partenaires en voie de développement avant qu'un accord bilatéral ne soit conclu entre eux, souvent, sans négociation aucune et, par conséquent, sans une véritable prise en compte des intérêts des pays en développement dans les normes[154]. Voici comment le Professeur Juillard résumait la

---

151 SCHINDLER (D.), « Contribution à l'étude des facteurs sociologiques et psychologiques du droit international », *R.C.A.D.I.*, Tome IV, vol.46, 1933, p.262. ; VAN WYNEN THOMAS (A.), THOMAS (A.J.), « Equality of States in International Law – Fact or Fiction? », *Virginia Law Review,* vol.37, no.6, octobre 1951, p.802.

152 KELSEN (H.), « Théorie générale du droit international public : problèmes choisis », *R.C.A.D.I.*, Tome IV, vol.42, 1932, p.190.

153 GILBERT (G.), « Droits et devoirs des nations : la théorie classique des droits fondamentaux des États », *R.C.A.D.I.*, Tome V, vol.10, 1925, pp.593-597 ; VERDROSS (A.), « Règles générales du droit international de la paix », *R.C.A.D.I.*, Tome V, vol.30, 1929, p.415 ; SCHINDLER (D.), « Contribution à l'étude des facteurs sociologiques et psychologiques du droit international », *R.C.A.D.I.*, Tome IV, vol.46, 1933, p.262.

154 ALEXANDER (E.A.), «Taking Account of Reality : Adopting Contextual Standards for Developing Countries in International Investment Law », *Virginia Journal of International Law*, vol.48, pp.823-824 ; ROBERT-CUENDET (S.), *Protection de l'environnement et investissement étranger : les règles applicables*

problématique :

> « *Et c'est là, me semble-t-il, qu'est le déséquilibre fondamental : c'est que jamais l'État, même s'il est en position de demandeur, n'a de véritables droits à faire valoir parce que la convention bilatérale ne lui en reconnaît aucun. Et par conséquent, je pense que le déséquilibre fondamental est dans le fait que ces conventions bilatérales sont des conventions par essence inégalitaires : elles ne placent pas l'investisseur et l'État sur le même pied*[155]».

Ce déséquilibre est à la fois procédural et substantiel. Au stade de la procédure, le déséquilibre tient à ce que les investisseurs sont toujours les demandeurs et les États, les défendeurs[156], même si la Convention de Washington et son règlement d'arbitrage leur permet d'effectuer des demandes reconventionnelles[157]. Il n'existe pas de réciprocité dans la capacité à demander la constitution d'un tribunal arbitral[158] — sauf si le fondement de l'arbitrage est une clause

à la dépossession du fait de la réglementation environnementale, Thèse, Paris 1, 2008, p.10 ; JUILLARD (P.), « Le système actuel est-il déséquilibré en faveur de l'investisseur privé étranger et au détriment de l'État d'accueil ? » (Table Ronde), *in*, LEBEN (C.) [dir.], *Le contentieux arbitral transnational relatif à l'investissement. Nouveaux Développements*, Paris, L.G.D.J., 2006, p.191. Plus généralement : VIRALLY (M.), «Le principe de réciprocité dans le droit international contemporain », *R.C.A.D.I.*, Tome III, vol.122, 1967, p.66.

155 JUILLARD (P.), « Le système actuel est-il déséquilibré en faveur de l'investisseur privé étranger et au détriment de l'État d'accueil ? » (Table Ronde), *in*, LEBEN (C.) [dir.], *Le contentieux arbitral transnational relatif à l'investissement. Nouveaux Développements*, Paris, L.G.D.J., 2006, pp.190-191.

156 SORNARAJAH (M.), «Power and Justice : Third World Resistence in International Law », *Singapore Yearbook of International Law,* vol.10, 2006, p.32 ; pour une position contraire, voir : WAELDE (T.W.) « Procedural Challenge in Investment Arbitration Under the Shadow of the Dual role of States. Asymmetries and Tribunals' Duty to Encure Pro-Actively, the Equality of Arms », *Arbitration International,* vol.26, no.1, 2010, pp.3-42.

157 Voir : l'article 46 de la Convention de Washington et l'article 40 du Règlement d'arbitrage ; WALDE (T.W.) « Procedural Challenge in Investment Arbitration Under the Shadow of the Dual role of States. Asymmetries and Tribunals' Duty to Ensure Pro-Actively, the Equality of Arms », *Arbitration International,* vol.26, no.1, 2010, pp.15-16.

158 BEN HAMIDA (W.), « Le système actuel est-il déséquilibré en faveur de l'investisseur privé étranger et au détriment de l'État d'accueil ? » (Table Ronde), *in*, LEBEN (C.) [dir.], *Le contentieux arbitral transnational relatif à l'investissement. Nouveaux Développements*, Paris, L.G.D.J., 2006, p.200. Pour

contractuelle. Mais c'est surtout le déséquilibre substantiel qui peut être mis en rapport avec les questions liées au développement.

En effet, les accords relatifs aux investissements sont souvent critiqués en raison du nombre important de droits qu'ils mettent à la disposition des investisseurs et en raison des infimes obligations qui leur incombent face aux États[159]. La lecture de n'importe quel traité bilatéral ou multilatéral relatif aux investissements confirme l'étendue de la protection accordée aux investisseurs[160] et parfois même leur sur-protection par le jeu de la clause de la nation la plus favorisée. En examinant le modèle américain du traité de protection et de promotion des investissements des années 80, le Professeur Juillard remarquait que les traités américains ont un rôle stratégique pour les entreprises américaines et qu'ils prévoient un niveau maximal de protection avec pour objectif d'encadrer leurs activités sans être nécessairement orientés vers les intérêts des États d'accueil[161]. De manière générale, en droit international des investissements, la majorité des dispositions conventionnelle est orientée vers la protection des investisseurs et de leur investissement. Cela n'efface pas le bilatéralisme des accords dans la mesure où il est aisé d'identifier qui a des droits et des

---

une affaire sur les questions relatives au déséquilibre procédural, voir : *Affaire relative à compétence du tribunal concernant les requêtes iraniennes contre les citoyens américains*, sentence du 21 décembre 1981 (signée le 13 janvier 1982), Tribunal des réclamations irano-américain, *International Legal Materials*, vol.21, 1982.

159 JUILLARD (P.), « Le système actuel est-il déséquilibré en faveur de l'investisseur privé étranger et au détriment de l'État d'accueil ? » (Table Ronde), *in*, LEBEN (C.) [dir.], *Le contentieux arbitral transnational relatif à l'investissement. Nouveaux Développements*, Paris, L.G.D.J., 2006, pp.190-191. ; MUCHLINSKI (P.), « Corporate Social Responsibility, in, MUCHLINSKI (P.), ORTINO (F.), SCHREUER (C.) [eds.], The Oxford Handbook of International Investment Law, Oxford, Oxford Uni- versity Press, 2008, pp.638. ; NEWCOMBE (A.), PARADELL (L.), *Law and Practice of Investment Treaties : standards of Treatment*, Alphen Aan Den Rijn, Kluwer Law International, 2009, p.43 ; SORNARAJAH (M.), « Power and Justice : Third World Resistence in International Law », *Singapore Yearbook of International Law,* vol.10, 2006, p.32.

160 ROBERT-CUENDET (S.), *Protection de l'environnement et investissement étranger : les règles applicables à la dépossession du fait de la réglementation environnementale*, Thèse, Paris 1, 2008, pp.10-12.

161 JUILLARD (P.), «L'évolution des sources du droit des investissements », *R.C.A.D.I.*, Tome VI, vol.250, 1994, p.145.

obligations et qui peut les exécuter[162]. Cependant, selon le Juge Simma, l'effectivité des normes issues de textes bilatéraux est garantie par le principe de la réciprocité[163] et c'est dans ce sens que les traités bilatéraux d'investissements sont parfois considérés comme étant en pratique unilatéraux. Les relations juridiques entre personnes ou entre États n'ont de sens que si ces acteurs se reconnaissent mutuellement, et qu'en même temps ils reconnaissent leurs intérêts respectifs[164].

La réciprocité juridique d'un traité bilatéral d'investissements tient, en vérité, en ce que les investisseurs des deux États parties au traité aient la capacité d'en invoquer les dispositions contre un comportement répréhensible de l'État d'accueil. Ainsi, sur le fondement du traité bilatéral de promotion et de protection des investissements entre le Royaume et la Russie, un investisseur anglais peut engager la responsabilité de l'État russe si ce dernier porte atteinte à une disposition du traité et de la même façon, un investisseur russe qui s'estime lésé par l'État anglais peut demander la constitution d'un tribunal arbitral afin d'engager la responsabilité de l'État hôte. Les deux sont protégés de la même façon. Juridiquement, la réciprocité n'est pas remise en cause et elle ne concerne pas tant ce que peuvent faire les États signataires que ce que peuvent faire leurs sujets, investisseurs. Cette constatation doit cependant être relativisée en tenant compte des États parties à l'accord. Dans son cours de La Haye de 1967, le Professeur Virally s'interrogeait sur la question concernant la possibilité de la réciprocité et le niveau de développement des États parties à un accord[165]. L'égalité juridique entre les États n'est pas une égalité de fait. Le Royaume Uni, pour reprendre l'exemple ci-dessus, dispose aussi de traités bilatéraux avec des États comme Haïti, comme le Népal, le Burundi ou le Cameroun. La question est ici d'ordre pratique et logique[166]. Il y a certainement

---

162 SIMMA (B.), « From Bilateral to Community Interest in International Law », *R.C.A.D.I.*, Tome VI, vol.250, 1994, pp.232-233.

163 *Ibid.*, p.233.

164 VIRALLY (M.), «Le principe de réciprocité dans le droit international contemporain », *R.C.A.D.I.*, Tome III, vol.122, 1967, p.6.

165 *Ibid.*, pp.88-89.

166 Voir dans ce sens : *Affaire relative à compétence du tribunal concernant les requêtes iraniennes contre les citoyens américains*, sentence du 21 décembre 1981 (signée le 13 janvier 1982), Tribunal des réclamations irano-américain, Opinion dissidente des arbitres Kashani, Shafieie et Hossein Enayat, *International Legal Materials*, vol.21, 1982, pp.87-88.

plus d'investisseurs anglais au Népal ou au Cameroun que d'investisseurs népalais ou camerounais au Royaume-Uni. Ainsi, il est plus probable que ce soit l'investisseur anglais qui jouisse du traité[167]. La disparité économique entre les États signataires fait qu'à l'origine, le traité est taillé pour l'investisseur provenant du pays développé, car c'est le seul à disposer de suffisamment de moyens lui permettant d'effectuer un investissement à l'échelle internationale et donc, à être partie à d'un différend arbitrable. Malgré l'existence d'accords relatifs aux investissements entre les pays en développement — mais aussi ceux concernant les États développés entre eux — il y a, pour le moment, plus d'investissements de pays développés vers ceux en voie de développement qu'inversement[168]. Cette configuration est importante pour comprendre l'origine de la référence au développement pour identifier un investissement. En effet, si ce déséquilibre substantiel existe au sein des accords relatifs aux investissements, il est, à vrai dire, volontaire. Au moment de la formation du droit international des investissements, le déséquilibre était originellement accepté, notamment par les pays en développement, qui espéraient en bénéficier indirectement par un rehaussement des contributions à leur développement.

B. Un déséquilibre accepté en raison d'une attente de contribution au développement

Les accords relatifs aux investissements internationaux ont, en effet, été initialement signés entre les États développés et les États en développement souhaitant se développer[169] et si la configuration générale des accords de protection des investissements est examinée de la perspective des pays en développement, plusieurs constatations

167 Voir dans le même sens, la remarque du Professeur Juillard concernant le traité bilatéral relatif aux investissements entre la France et Haïti : JUILLARD (P.), «L'évolution des sources du droit des investissements », *R.C.A.D.I.*, Tome VI, vol.250, 1994, p.107 ; voir aussi : VANDEVELDE (K.J.), « A Brief History of International Investment Agreements », *University of California Davis Journal of International Law and Policy*, vol.12, 2005, p.171.

168 JUILLARD (P.), «L'évolution des sources du droit des investissements », *R.C.A.D.I.*, Tome VI, vol.250, 1994, p.107.

169 VANDEVELDE (K.J.), « A Brief History of International Investment Agreements », *University of California Davis Journal of International Law and Policy*, vol.12, 2005, p.170.

en ressortent. Tout d'abord, en signant et en ratifiant les accords bilatéraux relatifs à la protection et à la promotion réciproque des investissements dans les années soixante, ces États étaient parfaitement conscients de leur incapacité à exporter, à ce moment-là, des capitaux et des investissements à l'étranger : ils avaient connaissance de la portée théorique du bilatéralisme. Ensuite, en sortant du joug colonial, ils n'avaient certainement aucune volonté de se placer dans une relation de servitude volontaire vis-à-vis des pays développés en protégeant — gratuitement — leurs investisseurs. Ils se savaient en même temps liés par le principe de bonne foi et du *pacta sunt servanda*[170], et ils ne pouvaient être engagés sans leur volonté. La Cour permanente de Justice internationale a affirmé dans son arrêt *Lotus* en 1927 que :

> « *Le droit international régit les rapports entre des États indépendants. Les règles de droit liant les États procèdent donc de la volonté de ceux-ci, volonté manifestée dans des conventions ou dans des usages acceptés généralement comme consacrant des principes de droit et établis en vue de régler la co-existence de ces communautés indépendantes ou en vue de la poursuite de buts communs. Les limitations de l'indépendance des États ne se présument donc pas.*[171]».

Dès lors, en acceptant de protéger les investissements internationaux par le biais d'un instrument international, les pays en développement s'attendaient, initialement, à une contre-partie : la croyance d'un apport au développement[172] est l'une des raisons ayant motivé l'acceptation des accords relatifs à la protection des investissements de la part des pays en développement. C'est la raison pour laquelle le rapport entre investissements internationaux et développement est souligné dans le préambule de plusieurs accords. Le préambule de la Convention de Washington instituant le CIRDI —

---

170 Principe affirmé plus tard dans la Convention de Vienne sur le droit des traités. Voir l'article 26 de la Convention de Vienne sur le droit des traités ; voir aussi : *Essais nucléaires (Australie c. France),* arrêt du 20 décembre 1974, C.I.J. Recueil 1974, p.268, §46.

171 *Affaire du Lotus (France c. Turquie)*, arrêt, 7 septembre 1927, Cour permanente de Justice internationale, Série A., no.10, p.18.

172 Voir l'introduction pour une explication économique du rapport entre investissement et développement.

adoptée dans le même contexte historique de la colonisation et de la quête du développement — souligne dans ce sens « *la nécessité de la coopération internationale pour le développement économique, et le rôle joué dans ce domaine par les investissements privés internationaux*[173]». Dans cet esprit, cela signifie que les investissements qui ne contribuent pas à leur développement sont, potentiellement, peu intéressants pour ces États faiblement développés. Certains disposent, pour cette raison, d'une Commission des investissements[174] (« *Board of Investment* ») afin de filtrer et de structurer les investissements étrangers selon les secteurs nationaux pertinents. Il est, ainsi, compréhensible — du moins, du point de vue des États faiblement développés — que l'investissement se définisse par une référence à son apport au développement. Dans le cas contraire, ils n'auraient pas de raisons, autres que celles relevant des pratiques de la diplomatie et du resserrement des liens d'amitié avec des États partenaires[175], de s'engager dans les accords relatifs à la protection des investissements. Dans cette mesure, l'acceptation du déséquilibre substantiel de ces accords se comprend, car ce qui était stratégiquement recherché, c'était le développement. L'objectif du développement est, ici, bien entendu, politique. Cependant, si la pratique éprouve des difficultés — comme c'est souvent le cas — à définir un investissement, l'existence d'une contribution au développement de l'État d'accueil par l'activité litigieuse peut être un indicateur utile pour le droit. Ce contexte historique qui a permis de retracer les origines du développement dans le droit international des investissements est, dès lors, aussi pertinent pour comprendre comment la référence au développement se formalise en droit. Il est, en effet, possible de démontrer comment, juridiquement, le développement est un critère de l'investissement. Cela est, notamment, faisable, en utilisant les techniques classiques de l'interprétation.

---

[173] La Convention de Washington instituant le CIRDI du 18 mars 1965 est disponible sur : http ://icsid.worldbank.org/ICSID/StaticFiles/basicdoc-fra/CRR_French-final.pdf.

[174] Par exemple, des États comme l'île Maurice, la Thaïlande, le Sri Lanka, le Bangladesh, le Pakistan, le Népal, les Philippines, la Jordanie ou l'Indonésie ont un *Board of Investments.*

[175] PAULUS (A.), « Reciprocity Revisited », *in*, FASTENRATH (U.), GEIGER (R.), KHAN (D.E.), PAULUS (A.), SCHORLEMER (S.V.), VEDDER (C.), *From Bilateralism to Community Interest. Essays in Honour of Judge Bruno Simma*, Oxford, Oxford University Press, 2011, p.117.

Section 2 : Une finalité précisée par les techniques d'interprétation

Les règles d'interprétation en droit international sont codifiées au sein de la Convention de Vienne sur le droit des traités. Elles énoncent que l'interprétation d'un traité doit se faire de bonne foi selon le sens ordinaire de ses termes dans le contexte et à la lumière de son objet et de son but[176]. Elle précise, par ailleurs, que les travaux préparatoires et que les circonstances de la conclusion du traité peuvent être utilisés comme un moyen complémentaire d'interprétation afin de confirmer l'interprétation déjà effectuée ou afin d'affirmer le sens du texte litigieux lorsque l'interprétation déjà faite est insatisfaisante et qu'elle [l]*aisse le sens ambigu ou obscur*[177]» ou « [c]*onduit à un résultat qui est manifestement absurde ou déraisonnable*[178]». Le terme qui doit, en l'espèce, être interprété en application de ces règles est celui de « l'investissement ». L'objectif ici n'est pas tant de définir l'investissement que de comprendre la fonction du développement dans la construction de cette définition : aucune définition de l'investissement ne sera par conséquent tentée[179]. Ce qui doit être mis en avant c'est l'utilité et la pertinence de la référence au développement comme un indicateur de l'investissement.

Partant, le concept d'investissement doit avant tout être interprété de bonne foi selon son sens ordinaire dans le contexte et à la lumière de l'objet et du but du texte dans lequel il se situe. Dans plusieurs affaires, notamment celles portées devant des tribunaux CIRDI, c'est surtout l'interprétation téléologique qui justifie le recours au développement dans l'identification d'une activité d'investissement. C'est en suivant la logique de cette interprétation qu'il faudra comprendre le rattachement normatif du critère

---

176 Article 31(1) de la Convention de Vienne sur le droit des traités du 23 mai 1969, *disponible sur* : http ://untreaty.un.org/ilc/texts/instruments/francais/traites/1_1_1969_francais.pdf.

177 Article 32 de la Convention de Vienne sur le droit des traités du 23 mai 1969.

178 Article 32 de la Convention de Vienne sur le droit des traités du 23 mai 1969.

179 Pour un travail sur la définition de l'investissement voir : GILLES (A.), *La définition de l'investissement international. Essai sur un concept juridique incertain*, Thèse, Paris I, 2010, 487p.

(Paragraphe 1) avant d'en vérifier la pertinence au sens des travaux préparatoires (Paragraphe 2).

Paragraphe 1 : Le critère du développement découlant de l'interprétation téléologique de la Convention de Washington

L'interprétation téléologique se fait sur la base de l'objet et du but d'un accord[180]. Elle recherche la raison d'être d'un engagement, la *ratio legis*, pour donner un sens à une disposition. L'objet et le but peuvent parfois figurer dans le contexte de l'accord, notamment le contexte préambulaire. Cela présuppose l'existence d'un contexte et dans cette optique, « (…) *le sens naturel et ordinaire des termes doit être déterminé, non pas dans l'abstrait, mais par rapport au contexte dans lequel ils se trouvent*[181] ». C'est le préambule de la Convention de Washington qui est considéré comme le contexte approprié pour permettre une interprétation téléologique (A), car c'est de lui qu'a été originellement extrait le critère du développement par les tribunaux arbitraux (B).

A. Le préambule de la Convention de Washington comme cadre contextuel

Il existe en vérité une gradation ou un télescopage du contexte. Ce dernier commence à partir du cadre ou des facteurs immédiats qui entoure le terme à interpréter, comme la disposition dans laquelle elle se situe, les dispositions voisines[182], les titres ou la ponctuation, en glissant graduellement vers un cadre plus large, mais bien défini comme le préambule, les annexes, les autres accords existants entre les parties et, finalement, les instruments que les parties ont établis et acceptés lors de la conclusion du traité[183]. Dans son avis

---

180 DAILLIER (P.), FORTEAU (M.), PELLET (A.), *Droit international public*, Paris, L.G.D.J., 8e édition, 2009, p.290.

181 *Annuaire de la Commission de Droit International*, A/CN. 4/SER. A/1964/ADD. 1, vol.2, 1964, p.57.

182 Voir par exemple, *Certaines questions concernant l'entraide judiciaire en matière pénale (Djibouti c. France)*, arrêt, C.I.J. Recueil 2008, p. 222, §123.

183 Article 31(2) de la Convention de Vienne sur le droit des traités du 23 mai

consultatif concernant *La compétence de l'Organisation internationale du Travail pour la réglementation internationale des conditions du travail des personnes employées dans l'agriculture* du 12 août 1922, la Cour permanente de Justice internationale indiquait déjà que le contexte d'une convention pouvait être utilisé pour corriger l'interprétation découlant du sens ordinaire des termes[184]. Dans cette affaire, la CPJI précisait que le contexte était le critère définitif guidant l'interprétation[185] et que les termes devant être interprétés ne pouvaient être séparés de leur contexte[186]. Aucune dissociation ne doit être faite, car le traité est un et indivisible, et telle doit être sa lecture et son interprétation[187]. Dans la disposition textuelle, se reflètent les couleurs du contexte. Dans le droit international des investissements, le contexte qui invite le développement comme un critère de l'investissement est celui du Préambule de la Convention de Washington. Celui-ci mérite d'être rappelé, notamment dans son premier paragraphe :

> « *Considérant la nécessité de la coopération internationale pour le développement économique, et le rôle joué dans ce domaine par les investissements privés*

1969 ; voir aussi : GARDINER (R.K.), *Treaty Interpretation*, Oxford, Oxford University Press, 2008, p.177-189 ; YASSEEN (K.M.), « L'interprétation des traités d'après la Convention de Vienne sur le droit des traités », *R.C.A.D.I.*, vol.151, 1976, p.33.

184 *La compétence de l'Organisation internationale du Travail pour la réglementation internationale des conditions du travail des personnes employées dans l'agriculture*, Avis consultatif du 12 août 1922, CPJI Série B, p.34. (*Disponible sur* : http ://www.icj-cij.org/pcij/serie_B/B_02/Competence_OIT_Agriculture_Avis_consultatif.pdf).

185 *La compétence de l'Organisation internationale du Travail pour la réglementation internationale des conditions du travail des personnes employées dans l'agriculture*, Avis consultatifdu 12 août 1922, CPJI, Série B, p.34. (*Disponible sur* : http ://www.icj-cij.org/pcij/serie_B/B_02/Competence_OIT_Agriculture_Avis_consultatif.pdf).

186 *La compétence de l'Organisation internationale du Travail pour la réglementation internationale des conditions du travail des personnes employées dans l'agriculture*, Avis consultatifdu 12 août 1922, CPJI, Série B, p.22. (*Disponible sur* : http ://www.icj-cij.org/pcij/serie_B/B_02/Competence_OIT_Agriculture_Avis_consultatif.pdf).

187 *Affaire des prises d'eau à la Meuse* (Pays-Bas/Belgique), arrêt du 28 juin 1937, CPJI, Série A/B, p.21 (*Disponible sur* : http ://www.icj-cij.org/pcij/serie_AB/AB_70/01_Meuse_Arret.pdf).

internationaux (…).[188] »

Il y a la conviction que le développement se réalise par la coopération économique et les capitaux privés[189]. Ceci est conforme aux statuts de la Banque mondiale qui précisent, notamment à l'article 1, qu'un des objectifs de la Banque est le développement des États membres par la circulation des investissements[190]. De manière générale, l'objectif de ce type de coopération est de mettre un terme au sous-développement[191]. Sur le plan du droit, lumière doit être faite sur la valeur juridique de ce préambule et sur son utilisation pour conférer une fonction au développement. Le préambule, à proprement parler, ne lie pas les signataires[192], et les parties à la Convention de Washington n'ont pas une obligation juridique de réaliser une coopération économique pour concrétiser un objectif de développement. Il n'y a ni obligation de résultat, ni obligation de moyen. Le préambule se borne généralement à spécifier l'objectif du traité et l'intention des parties signataires. Il précise souvent l'objet et le but du traité[193] et laisse entendre le contexte politique et parfois économique dans lequel celui-ci a été conclu[194]. Tout cela permet de comprendre plus généralement les diverses considérations ayant contribué à la négociation et à la construction du traité[195]. Dans ce

---

188 *Disponible sur* : http ://icsid.worldbank.org/ICSID/StaticFiles/basicdoc-fra/CRR_French-final.pdf.

189 SCHREUER (C.), KRIEBAUM (U.), « From Individual to Community Interest in International Investment Law », *in*, FASTENRATH (U.), GEIGER (R.), KHAN (D.E.), PAULUS (A.), SCHORLEMER (S.V.), VEDDER (C.) [eds.], *From Bilateralism to Community Interest. Essays in Honour of Judge Bruno Simma*, Oxford, Oxford University Press, 2011, p.1081.

190 Voir les statuts de la Banque mondiale, *disponible sur* : http ://go.worldbank.org/PT6EKSE750.

191 FLORY (M.), « Souveraineté des États et coopération pour le développement », *R.C.A.D.I.*, Tome 141, vol.I, 1974, pp. 268-275 ; SACERDOTI (G.), « Bilateral treaties and multilateral instruments on investment protection », *R.C.A.D.I.*, Volume 269, 1997, pp.280-281.

192 MBENGUE (M.M), « Preamble »,*The Max Planck Encyclopedia of Public International Law*, Oxford University Press, 2006, édition en ligne, §14 [*disponible* sur : www.mpepil.com].

193 YASSEEN (K.M.), « L'interprétation des traités d'après la Convention de Vienne sur le droit des traités », *R.C.A.D.I.*, vol.151, 1976, p.35.

194 MBENGUE (M.M), « Preamble »,*The Max Planck Encyclopedia of Public International Law*, Oxford University Press, 2006, édition en ligne, §14 [*disponible* sur : www.mpepil.com].

195 GARDINER (R.K.), *Treaty InterprÉtation*, Oxford, Oxford University Press,

sens, le préambule permet de préciser une disposition substantielle du traité si un doute existe sur sa définition, sa portée, son exactitude[196]. Conformément aux règles d'interprétation susmentionnées, plusieurs tribunaux ont eu recours aux préambules des traités applicables au différend qui leur était soumis afin de préciser le contenu des dispositions litigieuses[197]. Ce moyen d'interprétation est commun[198]. Voici, par exemple, comment l'Organe d'appel de l'OMC utilisait le préambule de l'Accord de Marrakech afin d'expliquer l'applicabilité de l'article XX du GATT sur les exceptions au commerce :

> « *L'article XX n'a pas été modifié pendant le Cycle d'Uruguay, mais le préambule de l'Accord sur l'OMC montre que les signataires de cet accord étaient, en 1994, tout à fait conscients de l'importance et de la légitimité de la protection de l'environnement en tant qu'objectif de la politique nationale et internationale. Le préambule de l'Accord sur l'OMC – qui éclaire non seulement le GATT de 1994, mais aussi les autres accords visés – fait expressément état de "l'objectif de développement durable" (...)*
>
> *Si nous nous plaçons dans la perspective du préambule de l'Accord sur l'OMC, nous observons que le contenu ou la référence de l'expression générique "ressources naturelles" employée dans l'article XX g) ne sont pas "statiques", mais*

2008, p.186.

196 *Affaire concernant un litige entre la République argentine et la République du Chili relatif au canal de Beagle*, Recueil des sentences arbitrales, vol.XXI, 18 février 1977, p.89, §19.

197 Voir par exemple, *Affaire colombo-péruvienne relative au droit d'asile,* Arrêt du 20 novembre 1950 : C.I.J. Recueil 1950, p.282 ; *Affaire relative aux droits des ressortissants des États-Unis d'Amérique au Maroc,* Arrêt du 27 août 1952 : C.I.J. Recueil 1952, p. 196 ; *Affaire relative* à *l'application de la Convention de 1902 pour régler la tutelle des mineurs (Pays-Bas c. Suède),* Arrêt du 28 novembre 1958 : C.I.J. Recueil 1958, p.67 ; *Compétence en matière de pêcheries (Royaume-Uni c. Islande),* Fond, Arrêt, C.I.J. Recueil 1974, p.26, §58 ; *Différend territorial (Jamahiriya arabe libyenne/Tchad),* Arrêt, 3 février 1994 C.I.J. Recueil 1994, p.24, §47 / p.25, §52 ; *Affaire relative à la Souveraineté sur Pulau Ligitan et Pulau Sipadan (IndonésielMalaisie),* Arrêt, 17 décembre 2002, C.I.J. Recueil 2002, p.652, §51.

198 Voir : *Annuaire de la Commission de Droit International*, A/CN. 4/SER. A/1964/ADD. 1, vol.2, 1964, p.58.

plutôt "par définition évolutifs"[199] ».

Le sens du *dispositio* est construit et actualisé par le *narratio*. Le préambule précise le motif du dispositif[200]. La référence à l'objectif du développement durable inscrit au préambule de l'Accord de Marrakech permet de lire de manière plus précise l'expression « ressources naturelles » figurant à l'article XX du GATT. C'est par un procédé similaire que le développement est apparu dans le contentieux sur la compétence en droit international des investissements.

B. La finalité du développement extraite du préambule de la Convention de Washington

Le préambule éclaire l'objet et le but de la convention (i) qui doit aussi être interprétée selon le principe de l'effet utile (ii).

(i) Le contexte du préambule éclairant l'objet et le but de la Convention de Washington

En mentionnant ce qu'il estimait être des critères de l'investissement, le tribunal *Salini* ajoutait :

> « *In reading the Convention's Preamble, one may add the contribution to the economic development of the host State of the investment as an additional condition*[201] ».

Le tribunal affirme l'utilité du préambule, prend en considération la référence au développement économique et en fait un critère. Ce faisant, il développe une méthode pour caractériser un investissement et, par là même, pour établir sa compétence. Cette méthode a été suivie et adoptée par plusieurs autres tribunaux

[199] *États-Unis – Prohibition d'importation de crevettes et de certains produits à base de crevettes*, WT/DS58/AB/R (12/10/1998), §§92-93 (notes de bas de pages omises).

[200] *Affaire relative aux droits des minorités en Haute-Silésie (écoles minoritaires)*, arrêt du 26 avril 1928, C.P.J.I., Série 1, no.15, Recueil des arrêts no.12, p.27.

[201] *Salini Construtorri S.p.A. and Italstrade S.p.A. c. Morocco*, CIRDI n°. ARB/00/4, Décision sur la compétence (23/07/01) [TBI Italie/Maroc], §52.

arbitraux sur la même question[202]. Elle est fréquemment utilisée dans le contentieux arbitral sur la compétence[203].

Dans une affaire *CSOB*, le tribunal affirmait que le concept d'investissement devait recevoir une interprétation large dans la mesure où les négociateurs de la Convention de Washington n'avaient imposé aucune limite définitionnelle. En se référant au préambule, ce tribunal soutenait que le *narratio* justifiait une interprétation libérale du concept. Selon lui, une activité internationale contribuant à la coopération pour promouvoir le développement économique peut être considérée comme étant un investissement au sens de la Convention instituant le CIRDI[204]. Ce dernier fait partie du groupe de la Banque Mondiale qui est spécialisée dans le financement et l'aide au développement[205] depuis l'épuisement de son rôle en matière de reconstruction des pays durant la période de l'après-guerre. Certains le considèrent comme l'agence de développement la plus importante des

---

202 Voir par exemple : *Patrick Mitchell c. République Démocratique du Congo*, CIRDI n°. ARB/99/7, Décision sur l'application d'annulation de la sentence (01/11/06), (TBI États-Unis/République démocratique du Congo), §§28-29 ; *Abaclat et autres c. Argentine*, CIRDI n°. ARB/07/5, Décision sur la compétence et sur la recevabilité (04/08/2011 [TBI Italie/Argentine], §349 ; *Romak S.A. v . Uzbekistan*, CNUDCI, Sentence (26/11/2009), (TBI Suisse/Uzbekistan), §198 ; *Malaysian Historical Salvors, SDN, BHD c. Malaysia,* CIRDI n°. ARB/05/10, Décision sur la compétence (17/05/07), (TBI R.U./Malaysie), §66 ; *Bayindir Insaat Turizm Ticaret Ve Sanayi A.S. c. Pakistan*, CIRDI n°. ARB/03/29, Décision sur la compétence (14/11/05) (TBI Turkie/Pakistan), §137 ; *Renée Rose Levy de Levi c.* Pérou, CIRDI n° ARB/10/17, sentence (26/02/2014), §121.

203 DUGAN (C.), WALLACE (D.), RUBINS (N.), SABAHI (B.), *Investor-State Arbitration*, New York, Oxford University Press, 2008, p.272.

204 *Ceskoslovenska Obchodni Banka, a.s. c. Slovaquie*, CIRDI n°. ARB/97/4, Décision sur l'objection à la compétence (24/05/99), (TBI République Tchèque/Slovaquie), §64, §73.

205 BROCHES (A.), « The Center for the Settlement of Investment Disputes Between States and Nationals of Other States », *R.C.A.D.I.*, vol.136, 1972, p.342 ; CAMERON BLAKE (R.), «The World Bank's Draft Comprehensive Development Framework and the Micro-Paradigm of Law and Development », *Yale Human Rights and Development Law Journal*, vol.3, 2000, p.161 ; LEFEBVRE (M.), *Le jeu du droit et de la puissance. Précis de relations internationales*, Paris, PUF, 3e, 2007, p.252-253 ; SOREL (J.M.), « L'évolution des institutions financières internationales : entre redéploiement et fragilité, une restructuration systémique en chantier », *AFDI*, vol.52, 2006, p.482 ; voir aussi : *Abaclat et autres c. Argentine*, CIRDI n°. ARB/07/5, Décision sur la compétence et sur la recevabilité (04/08/2011) [TBI Italie/Argentine], Opinion dissidente du Professeur George Abi-Saab du 28 octobre 2011, §48.

Nations unies[206]. Par conséquent, il semble normal que, dans l'esprit et selon l'objectif de cette organisation, le CIRDI œuvre dans le sens du développement, tel que l'affirme le préambule de sa convention créatrice.

En adoptant une approche interprétative téléologique, l'arbitre unique dans l'affaire *Malaysian Historical Salvors* utilisait le préambule de la Convention de Washington pour faire ressortir que la notion d'investissement devait être interprétée dans le sens de l'encouragement, de la facilitation et de la promotion de la coopération économique internationale et du développement[207]. Pour d'autres tribunaux, cette méthode d'interprétation s'inspire d'une double logique visant un double objectif et c'est de la sorte que l'investissement se comprend : le même préambule est, une fois de plus, la source de l'explication. Selon ces tribunaux, il y a lieu de promouvoir les investissements pour contribuer au développement et cela se réalise par leur protection juridique[208]. Dans l'affaire *Amco c. Indonésie*, le tribunal arbitral appuyait ce point en expliquant l'utilité du système CIRDI pour les États accueillant les investissements. Le tribunal soutenait que la Convention de Washington protège avec la même intensité les investisseurs et les États hôtes, car, selon lui, la protection des investissements signifie la protection de l'intérêt général du développement et des pays en développement[209].

Par ailleurs, certains tribunaux ont justifié la présence du développement comme un critère en se référant, cette fois-ci, à l'objet et au but de la Convention de Washington. Ils ont eu recours au même cadre contextuel en expliquant que l'objet et le but de la Convention de Washington étaient aussi contenus dans son préambule et qu'ils commandaient la prise en compte de ce critère. Dans une opinion dissidente, le Professeur George Abi-Saab expliquait que l'objectif du développement figurant dans le préambule apparaît clairement[210]. Une

---

206 ZIEGLER (J.), *La haine de l'occident*, Paris, Albin Michel, 2008, p.223.

207 *Malaysian Historical Salvors, SDN, BHD c. Malaysia,* CIRDI n°. ARB/05/10, Décision sur la compétence (17/05/07), (TBI R.U./Malaysie), §66.

208 *Abaclat et autres c. Argentine*, CIRDI n°. ARB/07/5, Décision sur la compétence (04/08/2011) (TBI Italie/Argentine), § 349.

209 *Amco Asia Corp. c. Indonésie*, Décision sur la compétence, 1983, §23.

210 *Abaclat et autres c. Argentine*, CIRDI n°. ARB/07/5, Décision sur la compétence et sur la recevabilité (04/08/2011), Opinion dissidente du Professeur George Abi-Saab du 28 octobre 2011, §§49-50.

convention peut contenir plus d'un objet et plusieurs buts et ces derniers peuvent parfois se heurter et être en conflit[211]. Pour éviter cela, l'exercice d'interprétation doit considérer l'intégralité de la convention[212]. Toutefois, l'objet et le but s'illuminent souvent par et dans le seul contexte[213]. En 1932, dans l'affaire *Interprétation de la convention de 1919 concernant le travail de nuit des* femmes, le juge Anzilotti écrivait dans une opinion dissidente que la clarté d'une disposition conventionnelle dépend de la détermination préalable de l'objet et du but de la convention et il utilisait le préambule pour accomplir cette tâche interprétative[214], ce qui est courant en droit international[215]. Le tribunal arbitral dans une affaire *Patrick Mitchell* a ainsi pu souligner que le préambule de la Convention de Washington établissait un certain nombre de principes qui en reflétaient l'objet et le but tout en se déteignant sur la partie opératoire de la convention[216]. Une fois de plus, ces principes rappellent que la convention a été adoptée sous l'égide de la Banque Internationale pour la Reconstruction et le Développement[217]. Par conséquent, le tribunal a considéré qu'il est parfaitement naturel, pour reprendre ses termes, que le développement soit érigé comme un critère de l'investissement indépendamment de l'existence d'un traité bilatéral sur les investissements ou de quelque autre accord entre les parties[218]. Pour ce

---

211 BUFFARD (I.), ZEMANEK (K.), « The « Object and Purpose » of a Treaty : An Enigma? », *Austrian Review of International and European Law*, vol.3, no.3, 1998, p.20.

212 GARDINER (R.K.), *Treaty InterprÉtation*, Oxford, Oxford University Press, 2008, p.197.

213 JENNINGS (R.Y.), « Treaties », *in*, BEDJAOUI (M.) [eds.], *International Law : Achievements and prospects,* Paris, UNESCO, Vol. I, 1991, p.145.

214 *Interprétation de la convention de 1919 concernant le travail de nuit des femmes*, Avis consultatif du 15 novembre 1932, C.P.J.I., Séries A/B, opinion dissidente (Anzilotti), pp.383-389 (*disponible sur* : http ://www.icj-cij.org/pcij/serie_AB/AB_50/02_Travail_de_nuit_Opinion_Anzilotti.pdf).

215 Voir par exemple : *Affaire relative aux droits des ressortissants des États-Unis d'Amérique au Maroc,* Arrêt du 27 août 1952 : C.I.J. Recueil 1952, p. 196 ; *Plates-formes pétrolières (République islamique d'Iran c. États-Unis d'Amérique),* exception préliminaire, arrêt du 12 décembre 1996, C.I.J. Recueil 1996, p.813, §27 ; *Affaire relative à la Souveraineté sur Pulau Ligitan et Pulau Sipadan (IndonésielMalaisie), A*rrêt, 17 décembre 2002, C.I.J. Recueil 2002, p.652, §51.

216 *Patrick Mitchell c. République Démocratique du Congo*, CIRDI n°. ARB/99/7, Décision sur l'application d'annulation de la sentence (01/11/06), §28

217 *Ibid.*, §28.

218 *Ibid.*, §29.

tribunal, le développement fait partie de l'objet et du but de cette convention. Cette conclusion est souvent reprise par d'autres tribunaux arbitraux[219]. Ils font le choix de guider l'interprétation vers l'objectif général du traité. L'interprète peut procéder de la sorte[220]. Selon la Commission du droit international, « [l]*orsqu'un traité est susceptible de deux interprétations, dont l'une permet et l'autre ne permet pas qu'il produise les effets voulus, la bonne foi et la nécessité de réaliser le but et l'objet du traité exigent que la première de ces deux interprétations soit adoptée*[221] ». Dans le cas contraire, une interprétation qui rendrait un texte sans effet serait peu pertinente et peu utile[222]. Pour cela, l'interprétation selon le principe de l'effet utile ou *ut res magis valeat quam pereat* est aussi un moyen approprié qui confirme la pertinence de la référence faite au développement.

(ii) La référence au critère du développement par le principe d'interprétation *ut res magis valeat quam pereat*

Dans l'affaire des *Zones Franches*, la Cour Permanente de Justice internationale expliquait qu'elle devait faciliter un règlement direct et amiable des différends et ce faisant, « (...) *dans le doute, les clauses d'un compromis par lequel la Cour est saisie d'un différend doivent, si cela n'est pas faire violence à leurs termes, être interprétées d'une manière permettant à ces clauses de déployer leurs effets utiles.*[223] »

---

[219] Voir par exemple : *Abaclat et autres c. Argentine*, CIRDI n°. ARB/07/5, Décision sur la compétence et sur la recevabilité (04/08/2011 [TBI Italie/Argentine], §349 ; *Romak S.A. v . Uzbekistan*, CNUDCI, Sentence (26/11/2009), (TBI Suisse/Uzbekistan), §198 ; *Malaysian Historical Salvors, SDN, BHD c. Malaysia,* CIRDI n°. ARB/05/10, Décision sur la compétence (17/05/07), (TBI R.U./Malaysie), §66 ; *Bayindir Insaat Turizm Ticaret Ve Sanayi A.S. c. Pakistan*, CIRDI n°. ARB/03/29, Décision sur la compétence (14/11/05) (TBI Turkie/Pakistan), §137.

[220] GARDINER (R.K.), *Treaty InterprÉtation*, Oxford, Oxford University Press, 2008, p.160.

[221] Voir : *Annuaire de la Commission de Droit International*, A/CN.4/SE&A/1966/Add.l, vol.II, 1966, p.239, §6.

[222] DE VATTEL (E.), *Du droit des gens, ou principes de la loi naturelle appliquée, à la conduite et aux affaires des nations souveraines*, Paris, Tome II, Guillaumin & cie Libraires, 1863, Livre II, Chapitre XVII (« De l'interprétation des traités »), p.265, §283.

[223] *Affaires relative aux Zones franches de la Haute-Savoie et du Pays de Gex*,

Le principe réside dans la considération des effets pratiques des termes du traité litigieux comme l'a précisé la même cour dans une affaire différente[224]. La Cour internationale de Justice en a fait de même dans son arrêt sur le *Détroit de Corfou*. Suivant sa position, aux termes des règles d'interprétation, une disposition ne saurait rester sans portée et sans effets[225]. Si une disposition existe, cela implique que sa présence au sein d'un traité ait une cause. Dans le cas contraire, les parties au traité ne l'auraient pas incluse. Par conséquent, elle existe pour être appliquée et son application doit être celle qui lui permette d'être la plus effective[226], c'est-à-dire, d'étendre ses effets dans le sens de l'objectif du traité. Ce principe de l'effet utile est un principe d'interprétation qui est aussi reconnu par l'Organe d'appel de l'OMC[227]. Pour l'appliquer, il est important de prendre en considération toutes les dispositions d'une convention en en faisant une lecture unique et harmonieuse qui leur permettrait de déployer leur plein effet[228]. Un sens doit être donné à tous les termes du traité, objet de l'interprétation[229]. Le principe, s'il ne figure pas *expressis*

Ordonnance du 19 août 1929, C.P.J.I., Série A, no.22, p.13 (*disponible sur* : http ://www.icj-cij.org/pcij/serie_A/A_22/68_Zones_franches_Haute_Savoie_et_Pays_de_Gex_Ordonnance_19290819.pdf).

224 Voir : *Affaire relative à la Compétence de l'OIT pour réglementer accessoirement le travail personnel du patron*, Avis consultatif du 23 juillet 1926, C.P.J.I., Série B, no.13, p.19 (*disponible sur* : http ://www.icj-cij.org/pcij/serie_B/B_13/01_Competence_OIT_travail_personnel_du_patron_Avis_consultatif.pdf).

225 *Affaire du Détroit de Corfou*, Arrêt du 9 avril 1949, C.I.J., Recueil 1949, p.24.

226 DAILLIER (P.), FORTEAU (M.) & PELLET (A.), *Droit International Public*, Paris, L.G.D.J., 8e, 2009, p.288 ; ROUSSEAU (C.), *Droit international public*, Paris, Sirey, Tome I (Introduction et sources), 1970, pp.270-272.

227 Rapport de l'Organe d'appel, *Japon-Taxe sur les boissons alcooliques*, AB-1992-2, WT/DS8/AB/R, WT/DS10/AB/R & WT/DS11/AB/R, adopté le 04 octobre 1996, p.16 ; Rapport de l'Organe d'appel, *États-Unis - Normes concernant l'essence nouvelle et ancienne formules*, WT/DS2/9, adopté le 20 mai 1996, pages 25-26 ; Rapport de l'Organe d'appel, *Corée- Mesure de sauvegarde définitive appliquée aux importations de certains produits laitiers*, WT/DS98/AB/R, adopté le 14, décembre 1999, p.27, §80 ; Rapport de l'Organe d'appel, *Argentine - Mesures de sauvegarde à l'importation de chaussures*, WT/DS121/AB/R, distribué le 14 décembre 1999, §88.

228 Rapport de l'Organe d'appel, *Corée- Mesure de sauvegarde définitive appliquée aux importations de certains produits laitiers*, WT/DS98/AB/R, adopté le 14, décembre 1999, p.27, §80.

229 Rapport de l'Organe d'appel, *Communautés Européennes – Classification*

verbis dans la Convention de Vienne sur le droit des traités est appliqué en fonction de la bonne foi et de l'objet et du but du traité litigieux[230] — et il est, par ailleurs, appliqué par plusieurs juridictions internationales[231]. Cette application a, par exemple, été faite par la Cour internationale de Justice dans l'*Affaire du Différend territorial tchado-libyen*[232]. L'inscription du principe de l'effet utile au sein de la Convention sur le droit des traités fut initialement proposée par la Commission du droit international. L'idée fut par la suite abandonnée. Si la Commission préconisait l'application du principe, elle fit néanmoins valoir que la maxime *ut res magis valeat quam pereat* était, de toute façon, incorporée et sous-entendue dans l'interprétation de bonne foi d'un traité en en considérant le contexte, l'objet et le but[233]. La précision textuelle n'était pas utile. Dans le cadre du processus de codification des règles d'interprétation par la Commission du droit international, un article 72 du projet d'article énonçait la chose suivante en reprenant une proposition du Professeur Fitzmaurice, rapporteur spécial de la commission :

> « Article 72.- Interprétation des termes du traité en fonction de l'effet utile (*ut res magis valeat quam pereat*)
>
> *Dans l'application des articles 70 et 71, tout terme d'un traité doit être interprété de manière à lui donner tout le poids et tout l'effet compatibles*
>
> *a) Avec son sens naturel et ordinaire et avec celui des autres termes du traité ;*

---

douanière des morceaux de poulets désossés et congelés, AB-2005-5, WT/DS269/AB/R, WT/DS286/AB/R, adopté le 12 septembre 2005, p.92, §214.

230 GARDINER (R.K.), *Treaty InterprÉtation*, Oxford, Oxford University Press, 2008, p.201 ; SCHREUER (C.H.), « Diversity and Harmonization of Treaty InterprÉtation in Investment Arbitration », *Transnational Dispute Management*, vol.3, no. 2, avril 2006, p.4 (*disponible* sur : www.transnational-dispute-management.com) ; YASSEEN (K.M.), « L'interprétation des traités d'après la Convention de Vienne sur le droit des traités », *R.C.A.D.I.*, vol.151, 1976, pp.71-74.

231 SOREL (J.-M.), « Article 31 – Convention de 1969 », *in*, CORTEN (O.), KLEIN (P.), *Les conventions de Vienne sur le droit des traités : commentaires article par article*, Bruxelles, Bruylant, vol.II, 2006, pp.1326-1329.

232 *Différend territorial (Jamahiriya arabe libyenne/Tchad),* arrêt du 3 février 1994, C.I.J. Recueil 1994, p.25-26.

233 *Annuaire de la Commission de Droit International*, A/CN. 4/SER. A/1964/ADD. 1, vol.2, 1964, p.212 ; *Annuaire de la Commission de Droit International*, A/CN.4/SE&A/1966/Add.l, vol.II, 1966, p.239.

b) Et avec l'objet et le but du traité.[234] »

L'effet utile est pertinent par rapport à l'objet et à l'intention du traité remarquait dans le même sens le tribunal arbitral dans l'affaire du *Rhin de Fer*[235]. Ainsi va la logique du principe qui ayant été présenté doit maintenant être mis en rapport avec le critère du développement.

Si le texte de la Convention de Washington est lu à la lumière de ce principe, il ne peut être privé de ses effets pratiques. Le terme étant, ici, sujet à interprétation est celui « d'investissement ». Pour être effectif, il doit être interprété utilement, en considérant la convention dans son intégralité. Dans cette veine, il n'est pas interdit de conférer un effet utile au texte du préambule pour mieux éclairer le terme à interpréter. Les parties ont souhaité que la convention contienne un préambule avec des paragraphes négociés jusqu'au consensus. Ils résultent ainsi de leur volonté et ont tous une raison d'être[236]. La référence du « développement » au sein du préambule a, par conséquent, un sens et une utilité surtout devant le laconisme de l'article 25 de la Convention de Washington qui ne définit pas l'investissement[237]. L'utilité est d'en permettre l'identification et, ce faisant, cette référence au développement participe à l'effet qui est utilement conféré à l'intégralité de la convention. La maxime *ut res* appuie et renforce l'interprétation du traité à la lumière de son objet et de son but et, partant, le traité acquiert un effet pratique d'ensemble. C'est par ce cheminement que le principe d'effectivité peut justifier l'utilisation du développement pour donner un sens à l'investissement. Dans l'affaire du *Différend frontalier* susmentionné, la Cour internationale de Justice s'était référée au principe de l'effet utile pour valoriser l'objet et le but d'un accord de bon voisinage entre la Libye et le Tchad dans l'objectif de définir leurs frontières. Le préambule de l'accord prévoyait « *le règlement de toutes les questions que posent pour les deux pays leur situation géographique et leurs intérêts en*

---

234 *Annuaire de la Commission de Droit International*, A/CN. 4/SER. A/1964/ADD. 1, vol.2, 1964, p.53, p.56.

235 *Arbitrage relatif à la ligne du Rhin de fer* (Belgique c. Pays-Bas), Cour Permanente d'Arbitrage, sentence du 24 mai 2005, p.25, §49.

236 JENNINGS (R.Y.), « Treaties », *in*, BEDJAOUI (M.) [eds.], *International Law : Achievements and prospects,* Paris, UNESCO, Vol. I, 1991, pp.323-324.

237 *Philip Morris Brands Sarl, Philip Morris Products SA et Abal Hermanos SA c. Uruguay*, CIRDI n°. ARB/10/7, décision sur la compétence (2/07/2013), §196.

Afrique et en Méditerranée[238] » et le resserrement des « *relations économiques, culturelles et de bon voisinage entre les deux pays*[239]». Le préambule dans le viseur, la Haute cour a appliqué le principe de l'effet utile pour conclure que l'objet et le but de l'accord conduisaient « *naturellement à la définition du territoire de la Libye, et donc de ses frontières*[240]. »

Cette théorie de l'effet utile accompagnant la lecture des traités corrobore ainsi l'influence normative de la présence du développement. D'ailleurs, cette référence au développement s'est propagée dans les conclusions des tribunaux arbitraux. Toutefois sa présence n'est pas toujours expliquée de manière extensive. Elle n'est, pour autant, pas mystérieuse. Les moyens habituels d'interprétation des traités en droit international justifient, comme il a été démontré, la référence à ce critère. Cette référence se vérifie aussi par les moyens complémentaires d'interprétation, notamment par l'utilisation des travaux préparatoires.

Paragraphe 2 : Le critère du développement vérifié dans les travaux préparatoires de la Convention de Washington

Les travaux préparatoires sont les recueils d'écrits retraçant les négociations et les discussions ayant précédé l'adoption d'un traité tout en dévoilant les objectifs et les intentions des parties[241]. Ils constituent un moyen complémentaire d'interprétation des traités. L'article 32 de la Convention de Vienne sur le droit des traités l'affirme[242]. Ils sont utilisés soit pour confirmer une interprétation

[238] *Différend territorial (Jamahiriya arabe libyenne/Tchad),* arrêt du 3 février 1994, C.I.J. Recueil 1994, p.25-26.

[239] *Ibid.*

[240] *Différend territorial (Jamahiriya arabe libyenne/Tchad), arrêt du 3 février 1994, C.I.J. Recueil 1994, p.25-26.*

[241] O'CONNELL (D.P.), *International* Law, Londres, Steven & Sons, 2e édition, vol.1, 1970, p.262 ; RIS (M.), « Treaty InterprÉtation and ICJ Recourse to Travaux Préparatoires : Towards a Proposed Amendment of Articles 31 and 32 of the Vienna Convention on the Law of Treaties », *Boston College International and Comparative Law Review*, vol.14, no.1, 1991, p.112.

[242] Voir l'article 32 de la Convention de Vienne sur le droit des traités : www.untreaty.un.org/ilc/texts/instruments/francais/traites/1_1_1969_francais.pdf .

résultant des règles générales d'interprétation figurant à l'article 31 de la Convention soit pour affirmer le sens d'une disposition si les précédents moyens la laissent ambiguë ou la définissent de manière absurde ou déraisonnable[243]. Cela peut contribuer à rehausser l'autorité des décisions adoptées[244]. Leur fonction est confirmative ou supplétive — mais dépendant de leur teneur, ils peuvent éclairer ou obscurcir les débats dans le prétoire[245]. Cela va sans dire que l'interprétation par le biais des travaux préparatoires n'est possible qu'en la présence de ces travaux et de leur disponibilité,[246] mais aussi en tenant compte du décalage éventuel qui peut exister entre le moment des négociations du traité tels qu'ils figurent dans les travaux et la pratique ultérieure des parties[247]. En tout état de cause, les travaux ne peuvent modifier le sens et la portée d'un traité[248]. Leur utilité tient en ce que toute la genèse et que tout l'historique d'une disposition peuvent être examinés dans les moindres détails[249]. Les questions liées à la possibilité du recours aux travaux préparatoires sont loin d'être récentes[250]. Ils ont souvent été utilisés par les tribunaux

[243] Voir l'article 32 de la Convention de Vienne sur le droit des traités. Voir aussi : LE BOUTHILLIER (Y.), « Article 32 – Convention de 1969 », *in*, CORTEN (O.), KLEIN (P.), *Les conventions de Vienne sur le droit des traités : commentaires article par article*, Bruxelles, Bruylant, vol.II, 2006, p.1340, p.1346 ; SCHREUER (C.H.), « Diversity and Harmonization of Treaty InterprÉtation in Investment Arbitration », *Transnational Dispute Management*, vol.3, no. 2, avril 2006, p.9 (*disponible* sur : www.transnational-dispute-management.com).

[244] YASSEEN (K.M.), « L'interprétation des traités d'après la Convention de Vienne sur le droit des traités », *R.C.A.D.I.*, Tome III, vol.151, 1976, p.80.

[245] ROUSSEAU (C.), *Droit international public*, Paris, Sirey, Tome I (Introduction et sources), 1970, p.294 ; SORENSEN (M.), *Manual de derecho internacional público*, Mexique, Fondo de cultura económico, 1973, pp.231-232.

[246] SCHREUER (C.H.), « Diversity and Harmonization of Treaty InterprÉtation in Investment Arbitration », *Transnational Dispute Management*, vol.3, no. 2, avril 2006, p.9 (*disponible* sur : www.transnational-dispute-management.com).

[247] CORTEN (O.), « Les techniques reproduites aux articles 31 à 33 des Conventions de Vienne : approche objectiviste ou approche volontariste de l'interprétation?, *Revue générale de droit international public*, vol.2, 2011, p.357.

[248] LAUTERPACHT (H.), « Les travaux préparatoires et l'interprétation des traités », *R.C.A.D.I.*, Tome II, vol.48, 1934, p.785.

[249] *Ibid.*, p.793.

[250] *Ibid.*, p.716.

internationaux[251] ; ils le sont toujours. Plusieurs tribunaux mixtes[252], la Cour Permanente d'arbitrage[253], la Cour Permanente de Justice internationale[254] ou la Cour internationale de Justice[255] ont pu utiliser cette méthode d'interprétation[256]. Il ressort d'une lecture *a contrario* de la Convention de Vienne que le recours aux travaux préparatoires n'a pas lieu d'être si la disposition litigieuse, sujette à interprétation, est suffisamment claire et précise[257]. La première maxime d'interprétation de Vattel obéissait au même principe : « *il n'est pas permis d'interpréter ce qui n'a pas besoin* d'interprétation[258]». Dans le contexte du présent travail, le recours aux travaux est justifié considérant que le terme à interpréter est relativement obscur.

Les débats interminables portant sur la définition de

[251] *Ibid.*, p.734 et s. ; LORD McNAIR, *The Law of Treaties*, Oxford, Clarendon Press, 1961, p.412 ; YASSEEN (K.M.), « L'interprétation des traités d'après la Convention de Vienne sur le droit des traités », *R.C.A.D.I.*, Tome III, vol.151, 1976, p.81.

[252] LAUTERPACHT (H.), « Les travaux préparatoires et l'interprétation des traités », *R.C.A.D.I.*, Tome II, vol.48, 1934, p.744-766.

[253] *Ibid.*, p.744-766. Dans l'affaire des *Réclamations britanniques dans le Maroc espagnol* du 1e mai 1925, le rapporteur, Max Huber, avait accepté des documents préparatoires de la part des parties avant de donner suite à l'affaire. Voir : *Réclamations britanniques dans le Maroc espagnol*, *Recueil des sentences arbitrales*, Vol.II, p.626.

[254] LAUTERPACHT (H.), « Les travaux préparatoires et l'interprétation des traités », *R.C.A.D.I.*, Tome II, vol.48, 1934, p.767-778.

[255] *Actions armées frontalières et transfrontalières (Nicaragua c. Honduras),* compétence et recevabilité, arrêt du 20 décembre 1988, C.I.J.Recueil 1988,p.85, §37.

[256] LORD McNAIR, *The Law of Treaties*, Oxford, Clarendon Press, 1961, pp.413-423.

[257] Voir par exemple : *Admission d'un État aux Nations unies (Charte,article 4),*avis consultatif du 28 mai 1948 : C. I. J. Recueil, 1948, p.63 ; *Réserves à la Convention sur le Génocide,* avis consultatif du 28 mai 1951,C.I.J. Recueil 1951, p.22, p.25 ; *Affaire relative aux droits des ressortissants des États-Unis d'Amérique au Maroc,* Arrêt du 27 août 1952 : C.I.J. Recueil 1952, p.198, p.209 ; *Compétence en matière de pêcheries (Royaume-Uni c. Islande),* compétence de la Cour, arrêt du 2 février 1973, C.I.J. Recueil 1973, pp.9-10 ; *Activités militaires et paramilitaires au Nicaragua et contre celui-ci (Nicaragua c. États-Unis d'Amérique), compétence et recevabilité,* arrêt du 26 novembre 1984, C.I.J. Recueil 1984, p.406.

[258] DE VATTEL (E.), *Du droit des gens, ou principes de la loi naturelle appliquée, à la conduite et aux affaires des nations souveraines*, Paris, Tome II, Guillaumin & cie Libraires, 1863, Livre II, Chapitre XVII (« De l'interprétation des traités »), p.250, §263.

l'investissement en confirment l'imprécision[259]. Si des doutes ont parfois été portés sur l'opportunité de ces travaux dans la tâche interprétative[260], se référer aux travaux préparatoires pour plus de clarté, ou du moins, pour comprendre le rôle du critère du développement, n'outrepasse pas les principes d'interprétation communément admis. C'est même dans ces circonstances — lorsque le texte est silencieux[261] — qu'il est permis de s'y référer[262]. La Convention de Vienne ne s'y oppose pas et la disposition qui le permet, l'article 32, doit être lue en fonction de son effet pratique et utile. L'article dispose :

> « *Il peut être fait appel à des moyens complémentaires d'interprétation, et notamment aux travaux préparatoires et aux circonstances dans lesquelles le traité a été conclu, en vue, soit de confirmer le sens résultant de l'application de l'article 31, soit de déterminer le sens lorsque l'interprétation donnée conformément à l'article 31 :*
>
> *a) Laisse le sens ambigu ; ou*
>
> *b) Conduit à un résultat qui est manifestement absurde ou déraisonnable*[263]».

L'utilité des travaux préparatoires peut être ici questionnée dans la mesure où les négociations préalables à l'adoption de la Convention de Washington n'ont, dans une démarche volontaire,

---

259 GILLES (A.), *La définition de l'investissement international. Essai sur un concept juridique incertain*, Thèse, Paris I, 2010, pp.9-10 ; MORTENSON (J.D.), « The Meaning of "Investment" : ICSID's Travaux and the Domain of International Investment Law », *Harvard Journal of International Law*, vol.51, no.1, 2010, p.260, p.310.

260 LAUTERPACHT (H.), « Les travaux préparatoires et l'interprétation des traités », *R.C.A.D.I.*, Tome II, vol.48, 1934, p.794 et s. ; RIS (M.), « Treaty InterprÉtation and ICJ Recourse to Travaux Préparatoires : Towards a Proposed Amendment of Articles 31 and 32 of the Vienna Convention on the Law of Treaties », *Boston College International and Comparative Law Review*, vol.14, no.1, 1991, p.113 ; YASSEEN (K.M.), « L'interprétation des traités d'après la Convention de Vienne sur le droit des traités », *R.C.A.D.I.*, Tome III, vol.151, 1976, p.83.

261 Voir le raisonnement de la CIJ dans l'affaire des *Réserves à la Convention sur le Génocide,* avis consultatif du 28 mai 1951,C.I.J. Recueil 1951, p.22 et s.

262 MORTENSON (J.D.), « The Meaning of "Investment" : ICSID's Travaux and the Domain of International Investment Law », *Harvard Journal of International Law*, vol.51, no.1, 2010, p.310.

263 Voir article 32 de la Convention de Vienne sur le droit des traités.

abouti à aucune définition de l'investissement[264]. Les travaux retracent les discussions à ce sujet et relatent la volonté des parties de ne pas proposer de définition de l'investissement. Il serait, par conséquent, incongru de s'y référer afin d'en trouver une. Toutefois, ces travaux sont surtout révélateurs, car ils peuvent confirmer ou infirmer l'utilisation du critère du développement. Le contexte et les circonstances des négociations peuvent permettre de confirmer la teneur et la pertinence du rapport entre investissement et développement dans l'élaboration de la Convention de Washington. Les travaux préparatoires retracent l'historique d'une convention en faisant ressortir les éléments phares et les temps forts et tumultueux des débats. Le contexte du développement est, dans ce sens, visible dans les discussions et les négociations étatiques ayant précédé l'adoption de la Convention de Washington instituant le CIRDI. Il l'est notamment sur la question relative à l'investissement. Premièrement, les acteurs concernés par ces discussions participent à des opérations relatives au développement. D'une part, les débats se sont tenus sous l'égide de la Banque Mondiale qui est une institution du développement concernée par le flux de capitaux des pays industrialisés vers ceux qui ne le sont pas ou qui le sont moins[265]. Dans cette même veine, trois ans avant l'adoption du texte final en 1965, l'opportunité d'une telle convention avait fait l'objet d'échanges et de discussions entre certaines organisations de développement, telles la CNUDED ou l'OCDE[266] et bien entendu, la Banque Mondiale elle-même. D'autre part, le nœud gordien des négociations était constitué par les divergences entre pays développés et pays en développement. Ces derniers souhaitaient une définition taillée et encadrée de la notion ; les premiers défendaient, pour la plupart, une conception large, sans restrictions. Deuxièmement, le développement était présent

---

264 Voir : Rapport des Administrateurs sur la Convention pour le Règlement des différends relatifs aux investissements entre États et ressortissants d'autres États, *disponible sur* : http ://icsid.worldbank.org/ICSID/StaticFiles/basicdoc-fra/CRR_French-final.pdf.

265 BROCHES (A.), « The Center for the Settlement of Investment Disputes Between States and Nationals of Other States », *R.C.A.D.I.*, Tome II, vol.136, 1972, p.342 ; voir aussi ; *Abaclat et autres c. Argentine*, CIRDI n°. ARB/07/5, Décision sur la compétence et sur la recevabilité (04/08/2011) [TBI Italie/Argentine], Opinion dissidente du Professeur George Abi-Saab, §48.

266 MORTENSON (J.D.), « The Meaning of "Investment" : ICSID's Travaux and the Domain of International Investment Law », *Harvard Journal of International Law*, vol.51, no.1, 2010, p.281.

sur la trame des débats de fond. La position du représentant guinéen l'illustre :

> « *economic development could not be achieved without capital and* [...] *developing countries would not obtain capital unless they provided adequate guarantees.*[267] ».

Telle est la croyance de plusieurs États, confirmée par les travaux[268] qui font ressortir la volonté de développement par les outils de protection des investissements[269]. La convention de 1965 s'accompagne d'une double tendance dépendant de l'angle de l'analyse. Pour les États importateurs de capitaux, l'élément le plus important est la promotion du développement qui est favorisée par la protection des investissements. Pour les États exportateurs de capitaux, c'est la protection de leurs nationaux investissant à l'étranger qui prime. Cela doit, bien entendu, être relativisé. L'Espagne, par exemple, soutenait que si définition de l'investissement il devait y avoir, elle devrait inclure la monnaie, les capitaux et tous les biens ou produits contribuant au développement industriel des États[270]. En tout état de cause, la référence au développement est présente dans les documents préparatoires de la Convention de Washington. Ce qu'il faut surtout retenir, c'est que l'exclusion *in fine* de toute autre activité non liée aux investissements de la compétence du CIRDI démontre que pour les États concernés,

[267] Banque Mondiale, « Consultative Meeting of Legal Experts, Addis Ababa (30/04/1964) », *History of the Convention on the Settlement of Investment Disputes Between States and Nationals of Other States*, vol.2, 1968, p.244.

[268] *Ibid.*, p.287 (position de la République Centre Africaine) ; pp.243-246 (position de l'Ethiopie, du Nigéria, du Ghana, de Madagascar) ; Banque Mondiale, « Consultative Meeting of Legal Experts, Santiago (12/06/1964) », *History of the Convention on the Settlement of Investment Disputes Between States and Nationals of Other States*, vol.2, 1968, p.305 (position du Chilie, du Honduras, du Costa Rica) ; Banque Mondiale, « Consultative Meeting of Legal Experts, Bangkok (20/07/1964), *History of the Convention on the Settlement of Investment Disputes Between States and Nationals of Other States*, vol.2, 1968, pp.468-475 (position d'Israël, du Népal, du Liban, du Japon ; p.550 (position du Viet Nam, de l'Arabie Saoudite).

[269] MORTENSON (J.D.), « The Meaning of "Investment" : ICSID's Travaux and the Domain of International Investment Law », *Harvard Journal of International Law*, vol.51, no.1, 2010, p.311.

[270] Banque Mondiale, « Summary Proceedings of the Legal Committee Meeting (25/10/1964) », *History of the Convention on the Settlement of Investment Disputes Between States and Nationals of Other States*, vol.2, 1968, p.705.

c'était surtout l'investissement qui était, en tant que tel, considéré comme propice au développement. Ce sont les activités d'investissement qu'ils voulaient et qu'ils veulent protéger dans l'objectif de favoriser le développement.

Cela explique, en partie, que l'investissement ne soit pas défini au sein de la Convention de Washington. Il ressort, en effet, des négociations que la prévision d'une définition aurait créé un bourbier quant à l'application de la convention, ce qui l'éloignerait de son objectif principal : œuvrer pour le développement en protégeant les investissements[271]. Ceci dit, l'exclusion d'une définition ne facilite pas nécessairement les choses. De toute façon, si le développement est voué à une relation aussi étroite avec les investissements — car il en est une conséquence attendue — cela justifie que les attentes de développement soient considérées dans l'identification d'un investissement. Le raisonnement est ainsi conforme à la volonté des parties à la Convention de Washington et à son esprit intrinsèque. Dans la conjoncture des attentes de protection de certains et des attentes de développement des autres, il est compréhensible que, devant la difficulté qu'ils éprouvent pour définir l'investissement, certains tribunaux aient initialement érigé le développement comme un critère. Cela ne trahit ni l'esprit ni le sens du texte.

---

271 Banque Mondiale, « Preliminary Draft of a Convention on the Settlement of Investment Disputes between States and Nationals of Other States (15/10/1963) », article II, paragraphe 3, commentaire 4, *in*, *History of the Convention on the Settlement of Investment Disputes Between States and Nationals of Other States*, vol.2, 1968, p.204.

Conclusion du Chapitre 1

La relation quasi fusionnelle entre développement et investissement dans le droit international des investissements a été mise en lumière par des références à l'historique des accords sur la protection des investissements, d'une part, et par l'utilisation de certaines méthodes de l'interprétation des traités, de l'autre. La finalité du développement se retrouve dans une grande majorité des accords relatifs à la protection des investissements. Le critère du développement pourrait d'ailleurs être utilisé uniquement en se fondant sur ces accords. Les tribunaux statuant hors du système CIRDI ont aussi la possibilité de se référer à ce critère qui n'est pas limité au seul contexte de la Convention de Washington. Mais comme il a été démontré, c'est la Convention de Washington qui a été dans ce sens la plus importante historiquement. Et dans cette mesure, la référence au développement s'inspire toujours de cette convention et non des accords relatifs à la protection des investissements.

Juridiquement, la nécessité de la contribution au développement de l'État d'accueil pour qu'une activité soit considérée comme étant un investissement se justifie. Cette construction juridique est toutefois pertinente uniquement dans la mesure où il est possible de démontrer que l'activité litigieuse a effectivement contribué, d'une manière ou d'une autre, au développement. Pour ce faire, deux étapes fondamentales doivent être franchies. Premièrement, il faut savoir ce que signifie « développement » et comment il se définit dans le droit international des investissements ; deuxièmement, il faut (savoir) calculer ou évaluer la contribution faite au développement, ce qui n'est nullement une tâche aisée, surtout pour des juristes. Derrière cette trame, se dessine alors les premières complications qu'il y a à qualifier la contribution au développement comme un indicateur des investissements internationaux : il est, en effet, peu pertinent et surtout, pas convaincant de se référer à un outil qui n'est pas connu ou défini. Ou alors, si référence est faite, l'outil doit être défini ou identifié. Cela arrive malheureusement rarement en droit international des investissements. Le développement est une finalité inhérente au concept d'investissement, mais dans cette relation, il est considéré dans son acception large et familière. Dans cette veine, il est, par exemple, peu défini, notamment, dans les accords relatifs à la protection des investissements.

CHAPITRE 2 : LE DÉVELOPPEMENT, UNE FINALITÉ CEPENDANT PEU DÉFINIE DANS LES ACCORDS RELATIFS AUX INVESTISSEMENTS

Les discussions sur le rapport entre le développement et les accords relatifs aux investissements sont toujours d'actualité, notamment à la CNUCED[272]. Le développement (ou le développement économique) apparaît surtout dans le préambule de ces accords et dans la majorité des cas, il se présente de manière statique et, parfois même, de manière décorative. Ces accords et leur rapport avec le développement — et le sens qu'ils lui attribuent — seront étudiés en deux temps. L'étude des accords multilatéraux (Section 2) sera précédée de l'examen des accords bilatéraux, et elle confirmera la portée peu précise du critère du développement (Section 1).

Section 1 : L'absence de définition dans les accords bilatéraux relatifs aux investissements

Aucune définition du développement ou du développement économique n'apparaît dans les accords bilatéraux relatifs aux investissements. Si le développement *lato sensu* est un objectif, il est simplement posé, mais non exposé en leur sein, ce qui laisse apparaître un paradoxe : la finalité n'est pas définie. Toutefois, il arrive souvent que l'objectif d'un accord ne soit pas défini dans son sein et en matière de développement, peut-être est-il attendu que chaque État procède à la définition de son objectif de développement au niveau interne. Il n'en reste pas moins que ce manque de définition pose, juridiquement, certains problèmes, car il est difficile de faire une utilisation précise du concept, et, dès lors, lorsqu'une telle utilisation est faite, elle se présente de manière quelque peu laconique — comme cela sera expliqué plus bas. Peut-être le développement est-il si connu qu'une explication n'a pas été nécessaire. Cette absence de définitions ou de références plus solides au développement enlève ainsi un certain poids au concept, et alors que son ancrage historique le rapproche fortement du concept de l'investissement et que certaines techniques

[272] CNUCED, *Development Implications of International Investment Agreements. IIA Monitor 2 – International Investment Agreements*, Genève, UNCTAD/WEB/ITE/IIA/2007/2, 2007 (*disponible sur* : http ://www.unctad.org/en/docs/webiteiia20072_en.pdf).

d'interprétation en permettent l'utilisation en droit, il faut craindre que le développement n'apparaisse que de manière symbolique dans les accords relatifs à la protection des investissements (Paragraphe 1) alors que le droit international permet aux États de les négocier dans le sens de leurs intérêts (Paragraphe 2).

Paragraphe 1 : Une absence de définition laissant transparaître une présence symbolique du développement

Si les accords bilatéraux relatifs aux investissements se présentent souvent comme des outils à double fonction, de protection des investissements et de promotion du développement, leurs dispositions matérielles sont rarement dirigées vers l'objectif du développement[273]. Substantiellement, un droit au développement ou un droit de réguler dans le sens du développement n'y apparaît pas en tant que tel[274]. S'il serait cohérent qu'un État négocie de tels accords conformément à sa politique de développement[275], il est aussi vrai que plusieurs pays en développement ne sont pas toujours armés techniquement afin d'aligner leurs objectifs aux instruments de protection et de promotion des investissements[276]. Selon la CNUCED, pour articuler les impératifs du développement et les accords portant sur les investissements, il serait important d'y inclure plusieurs éléments. Ils devraient, par exemple, contenir des dispositions sur la solidification des liens entre les investisseurs étrangers et les entreprises locales, sur l'assistance technique, sur le transfert de technologie ou encore sur le mécanisme institutionnel permettant d'encadrer ces mesures[277]. Dans la même veine, le système de règlement des différends prévu dans ces accords peut, toujours selon la CNUCED, parfois être au désavantage des pays en développement vu les coûts très élevés, la longue durée de la procédure et l'impact du différend sur la relation investisseur-État ; l'arbitrage ne serait pas très « *development-friendly*[278] ». *In* fine, la référence au développement

[273] PETERSON (L.E.), *Bilateral Investment Treaties and Development Policy-Making*, International Institute for Sustainable Development, 2004, p.8 (*disponible sur* : http ://www.iisd.org/pdf/2004/trade_bits.pdf).

[274] *Ibid.*, pp.4-5.

[275] CNUCED, *Development Implications of International Investment Agreements. IIA Monitor 2 – International Investment Agreements*, Genève, UNCTAD/WEB/ITE/IIA/2007/2, 2007, p.4 (*disponible sur* : http ://www.unctad.org/en/docs/webiteiia20072_en.pdf).

[276] *Ibid.*, p.5

[277] *Ibid.*, p.7.

[278] CNUCED, *Development Implications of International Investment Agreements. IIA Monitor 2 – International Investment Agreements,* Genève, UNCTAD/WEB/ITE/IIA/2007/2, 2007, p.8 ; CNUCED, Questions concernant les accords internationaux d'investissement. *Différends entre investisseurs et États, et conséquences générales*, TD/B/COM.2/62, 11 janvier 2005, p.10.

serait surtout politique[279]. Cela peut être vérifié en citant quelques exemples.

Le préambule de l'Accord sur la protection et la promotion des investissements du 22 décembre 1974 entre la France et l'Egypte précise que « *l'encouragement et la protection des investissements sont propres à stimuler le transfert de capitaux entre les deux pays, dans l'intérêt de leur développement économique*[280]». L'accord modèle des États-Unis de 2012[281]de la France de 2006[282] fait aussi mention de ce rapport sans apporter de définition du développement ou du développement économique. Depuis 2004, le modèle canadien contient une référence au développement durable[283]. D'autres, comme le modèle colombien de 2007[284] ou comme plusieurs traités du Royaume-Uni[285] se réfèrent à la prospérité ou à la prospérité économique. L'apport potentiel des investissements au développement apparaît aussi, par exemple, dans le traité bilatéral entre la Chine et les Pays-Bas[286] ou sur l'Accord Cadre sur le commerce et l'investissement entre les États-Unis et l'île Maurice du 18 septembre 2006[287] (*Trade*

---

279 CNUCED, *The development dimension of international investment agreements*, TD/B/C.II/MEM.3/2, 2008, p.8 ; CNUCED, *Bilateral Investment Treaties 1995-2006 : Trends in Investment Treaty Rule-Making*, UNCTAD/ITE/IIA/2006/5, 2006, p.145.

280 L'accord est disponible sur : http ://www.unctad.org/sections/dite/iia/docs/bits/egypt_france_fr.pdf. Dans le même sens, voir l'accord franco-indien,(*disponible sur* : http ://www.unctad.org/sections/dite/iia/docs/bits/france_inde_fr.pdf) ; l'accord Franco-algérien (*disponible sur* : http ://www.unctad.org/sections/dite/iia/docs/bits/france_algeria_fr.pdf) ; l'accord franco-argentin (*disponible sur* : http ://www.unctad.org/sections/dite/iia/docs/bits/france_argentina_fr.pdf).

281 *Disponible sur* :http ://www.ustr.gov/sites/default/files/BIT%20text%20for %20ACIEP%20Meeting.pdf

282 *Disponible sur* : http ://italaw.com/documents/ModelTreatyFrance2006.pdf.

283 *Disponible sur* : http ://ita.law.uvic.ca/documents/Canadian2004-FIPA-model-en.pdf.

284 *Disponible sur* : http ://ita.law.uvic.ca/documents/inv_model_bit_colombia.pdf.

285 Voir par exemple l'accord entre le Royaume-Uni et le Bangladesh du 19 juin 1980, *disponible sur* : http ://www.unctad.org/sections/dite/iia/docs/bits/bangladesh_uk.pdf.

286 *Disponible sur* : www.unctad.org/sections/dite/iia/docs/bits/china_netherlands.pdf.

287 *Disponible sur* : www.ustr.gov/sites/default/files/uploads/agreements/tifa/asset_upload_file789_9937.pdf.

and Investment Framework Agreement). Certains comportent, par ailleurs, en leur sein des dispositions relatives à la protection de l'environnement dans un objectif de développement durable,[288] mais sans plus de clarification quant aux définitions. Il est ici inutile d'établir un catalogue des autres accords allant dans le même sens[289]. Un auteur remarque d'ailleurs que plusieurs accords entre pays développés et pays en développement ne contiennent aucune référence au développement[290]. Il faut surtout remarquer et retenir que le développement et le développement économique sont des références figurant, pour la plupart, dans les préambules des accords sans précisions aucunes quant à leur teneur. Ils sont des objectifs souhaitables qui ne sont pas détaillés et ils apparaissent parfois comme la bonne conscience des accords sur les investissements.

Pour autant, même si les accords n'exposent pas les modalités de la réalisation du développement par le droit, rien n'empêche les États qui le souhaitent d'adapter ces accords dans le sens de leurs intérêts de développement.

---

288 Pour le modèle américain voir l'article 12 et l'Annexe B, §5(b) ; pour le modèle canadien voir l'article 11 et l'Annexe B.13 (1)(e) ; pour le modèle colombien voir l'article VII 2(c) et l'article VIII.

289 Il existe plus de 3000 TBI et il convient par conséquent d'en mentionner que quelques-uns à titre illustratif. Ainsi, parmi les TBI établissant dans leur préambule un rapport entre investissements et développement figurent, par exemple, le TBI entre la France et l'Albanie (13/06/1995), entre la République Tchèque et le République Algérienne démocratique et populaire (22/09/2000), entre l'Argentine et les États-Unis (14/11/1991), entre le Bénin et la Chine (18/02/2004), entre la Corée du Sud et la République démocratique du Congo (17/03/2005), entre la Chine et l'Egypte (21/04/1994), entre l'Indonésie et la Malaysie (22/10/1994), entre le Royaume-Uni et l'île Maurice (20/05/1986), entre le Japon et l'Ouzbékistan (15/08/2008).

290 PETERSON (L.E.), *Bilateral Investment Treaties and Development Policy-Making*, International Institute for Sustainable Development, 2004, p.4 (*disponible sur* : www.iisd.org/pdf/2004/trade_bits.pdf).

Paragraphe 2 : L'absence de définition ne freinant pas l'adaptation des accords bilatéraux aux politiques de développement des États

Au-delà du préambule, au moins deux types de dispositions peuvent entretenir une relation avec le développement. Cette relation est indirecte, mais c'est un moyen que les États utilisent parfois. Premièrement, la majorité des accords précise que les investisseurs ont l'obligation de conduire leurs activités conformément à la législation nationale[291]. Il appartient dans ce cas à la législation nationale des États de prévoir des dispositions pour la mise en œuvre de leurs impératifs de développement.

Chaque État a des objectifs différents en matière de développement et il incombe à chaque État de formuler sa législation de manière à les réaliser. La difficulté qui se pose à ce niveau est le risque d'incompatibilité de la législation nationale avec les autres dispositions des accords relatifs aux investissements. Ces derniers énoncent, pour la plupart, que les États s'engagent, dans le cadre de leur législation, à admettre et à encourager les investissements sur leur territoire[292]. L'admission et l'encouragement des investissements doivent se faire conformément au droit national, mais, en même temps, conformément aux accords bilatéraux. Toutefois, et c'est là le deuxième moyen, les parties peuvent joindre des exceptions à certaines dispositions des accords.

C'est ce qu'a, par exemple, fait le Vietnam dans le traité bilatéral d'investissement qui le lie au Royaume-Uni. Certains

---

291 Voir par exemple, l'accord entre le Royaume-Uni et le Chili du 8 janvier 1996, article 1(2), article 2(1) [*disponible sur* : www.unctad.org/sections/dite/iia/docs/bits/chile_uk.pdf] ; l'accord entre la France et le Cambodge du 16 juin 2000, article 1 [*disponible sur* : www.unctad.org/sections/dite/iia/docs/bits/france_cambodia_fr.pdf] ; l'accord entre la France et la Chine du 30 mai 1984, article 1 [*disponible sur* : http ://www.unctad.org/sections/dite/iia/docs/bits/france_china_fr.pdf].

292 Voir par exemple : l'accord entre la France et la Chine du 30 mai 1984, article 2 [*disponible sur* : www.unctad.org/sections/dite/iia/docs/bits/france_china_fr.pdf] ; l'accord entre le Denmark et l'Ethiopie du 24 avril 2001, article 2 [*disponible sur :* www.unctad.org/sections/dite/iia/docs/bits/ethiopia_denmark.pdf] ; l'accord entre l'Allemagne et l'Algérie du 11 mars 1996, article 2 [*disponible sur* : www.unctad.org/sections/dite/iia/docs/bits/germany_algeria_fr.pdf].

secteurs et certaines matières sont exclus de l'application du traitement national. Les secteurs de presse, d'importation et de distribution de services, les services de télécommunication, les services du secteur touristique, bancaire et de l'assurance, l'exploitation du pétrole et du gaz ou de la pêche sont, par exemple, exclus du traitement national. Au niveau des matières exclues, figurent la propriété et l'utilisation des terres et des résidences, les subsides gouvernementaux et l'aide aux entreprises locales, les prix et les tarifs de certains produits et services sous contrôle étatique[293]. Cela s'apparente à un traitement spécial et différentié favorisant une partie de l'industrie nationale. Des réserves similaires se retrouvent aussi dans l'accord anglo-panaméen du 7 octobre 1983 dans lequel le Panama a précisé dans une annexe que les secteurs économiques et les activités qui constituent une exception constitutionnelle et légale sont exclus du champ d'application de la protection due aux investisseurs britanniques. Ces secteurs et ces activités sont la communication, les banques, les sociétés privées d'utilité publique, la production énergétique, l'exploitation des ressources naturelles ou la production hydroélectrique[294]. Un autre accord intéressant signé entre la Jamaïque et la Suisse dispose à l'article 3(4) :

> « *Les incitations spéciales accordées par une Partie Contractante à ses seuls nationaux ou sociétés dans le cadre de sa politique de développement afin de stimuler la création d'industries locales, telles que celle des cottages, sont considérées comme étant compatibles avec le présent article, pour autant qu'elles n'affectent pas de façon significative l'investissement ou les activités des nationaux et sociétés de l'autre Partie Contractante en relation avec un investissement* [295]».

---

293 Voir Accord bilatéral entre le Royaume-Uni et le Vietnam du 1e août 2002, annexe intitulée « *Exceptions to the grant of national treatment to investments and returns of investments of nationals or companies of the United Kingdom* » [*disponible sur* : http ://www.unctad.org/sections/dite/iia/docs/bits/uk_vietnam.pdf].

294 Voir l'annexe de l'accord entre Le Royaume-Uni et le Paname, *disponible sur* : http ://www.unctad.org/sections/dite/iia/docs/bits/uk_panama.pdf.

295 Accord entre le Gouvernement de la Confédération suisse et le Gouvernement de la Jamaïque concernant la promotion et la protection réciproques des investissements (11/12/1990), article 3 (4).

Une exception similaire existe dans l'accord entre les Pays-Bas et la Jamaïque[296] et entre ce dernier et le Royaume-Uni[297]. Ce procédé n'est en rien une nouveauté. Dans un autre cadre, multilatéral cette fois, l'Accord général sur le commerce et les services (AGCS) qui a pour objectif la libéralisation du commerce des services au sein de l'OMC[298] offre des possibilités similaires par une méthode différente. L'accord précise que les différentes politiques nationales des États de même que leur niveau de développement respectif seront dûment considérés et respectés. Il prévoit, dans cette optique, un régime de flexibilité permettant aux pays en développement d'ouvrir leurs secteurs de services et l'accès à leurs marchés en fonction de leur niveau de développement[299]. Les États en général et ceux en développement en particulier ont la possibilité d'inclure dans une liste d'engagements spécifiques les seuls secteurs qu'ils souhaitent soumettre à l'application de l'AGCS[300]. Ils peuvent de la sorte contrôler plus facilement la mise en œuvre de leurs politiques de développement.

L'utilisation d'exceptions jointes aux accords est un moyen que les États, notamment ceux en voie de développement, peuvent utiliser afin d'adapter et de guider les investissements étrangers dans le sens de leur développement et d'affirmer ainsi *ab initio* le type

---

[296] Voir l'article 3(5) de l'accord bilatéral concernant la promotion et la protection réciproques des investissements conclu le 22 septembre 2000 entre les Pays-Bas et la Jamaïque , *disponible sur* : http ://www.unctad.org/sections/dite/iia/docs/bits/netherlands_jamaica.pdf.

[297] Voir l'article 3(3) de l'accord bilatéral concernant la promotion et la protection réciproques des investissements conclu le 20 janvier 2007, *disponible sur* : http ://www.unctad.org/sections/dite/iia/docs/bits/uk_jamaica.pdf
L'expression «*n'affectent pas de façon significative*» n'est pas très précise et contient une forte dose de subjectivité. L'imprécision n'est cependant pas une nouveauté dans cette branche du droit et, de toute façon, les dispositions imprécises s'éclairent par l'interprétation.

[298] Voir le Préambule de l'Accord général sur le commerce et les services, Annexe 1B de l'Accord instituant L'Organisation mondiale du commerce, *disponible sur* : http ://www.wto.org/french/docs_f/legal_f/26-gats.pdf.

[299] Voir l'article XIX.2 de l'Accord général sur le commerce et les services, Annexe 1B de l'Accord instituant L'Organisation mondiale du commerce, *disponible sur* : http ://www.wto.org/french/docs_f/legal_f/26-gats.pdf.

[300] Voir article IV et plus généralement, la partie III de l'Accord général sur le commerce et les services, Annexe 1B de l'Accord instituant L'Organisation mondiale du commerce, *disponible sur* : http ://www.wto.org/french/docs_f/legal_f/26-gats.pdf.

d'investissement qu'ils recherchent. C'est un moyen de définir ce qui, pour eux, est un investissement. Ils sont souverains et peuvent décider d'exclure certaines activités de la sphère des accords afin que ces dernières soient le propre des entreprises nationales et afin de dynamiser l'industrie et la production nationale dans certains secteurs précis et stratégiques. La protection initiale des industries locales est un moyen qui permet de consolider leur compétitivité future et leur ouverture à l'international. C'est de la sorte que des États comme les États-Unis[301] ou le Japon ont pu prendre de la vitesse dans leur processus de développement et de croissance par la suite. Ils ont initialement empêché toute compétition avec certaines industries stratégiques selon une politique de protectionnisme éducateur[302]. Une fois ces secteurs bien bâtis et solidifiés, le terrain était on ne peut plus propice pour une ouverture à la compétition étrangère. Par ailleurs, le Japon et la Grande-Bretagne — mais non les États-Unis — ont pu amorcer leur démarrage économique sans l'apport de capitaux étrangers[303]. Ils ont su s'ouvrir à ces derniers au moment approprié. Ainsi et comme souligné dans l'introduction de ce travail, les États sont les mieux placés pour connaître leurs priorités de développement. Ils peuvent, bien entendu, bénéficier de l'aide, de l'expertise et des conseils techniques d'autres États ou des organisations et institutions internationales, mais en raison de leur proximité plus dense avec la réalité locale, ils sont potentiellement mieux informés sur les aspects industriels, culturels, éducatifs, environnementaux, humains, sociaux ou religieux qui composent leur développement. Par le biais des exceptions que permet le droit international, ils ont ainsi la possibilité de faire valoir ces différents éléments du développement en les excluant ou en en contrôlant l'intégration dans les accords relatifs aux investissements. Il est vrai que l'écart de la puissance politique entre pays développés et pays en développement ne facilite pas toujours la concrétisation de ce procédé[304], ces derniers réussissant rarement à imposer leurs conditions face aux premiers lors des négociations des accords relatifs aux investissements — lorsque négociation il y a. En

---

301 CASSESSE [A.], *Le droit international dans un monde divisé*, Paris, Berger-Levrault [Monde en devenir XIX], 1986, p.309.

302 CHANG (H-.J.), *Chutando a escada. A estratégia do desenvolvimento em perspectiva histórica*, São Paulo, Fundação editora da UNESP, 2002, pp.13-14.

303 ROSTOW (W.W.), *Les étapes de la croissance économique*, Paris, Seuil, 1963, p.66.

304 PETERSON (L.E.), *Bilateral Investment Treaties and Development Policy-Making*, International Institute for Sustainable Development, 2004, p.7.

2006, par exemple, la Bolivie a présenté aux États-Unis un projet de traité portant commerce et coopération équitable. Le projet tenait compte du déséquilibre, notamment économique, entre les deux États, le produit national brut de la Bolivie étant mille deux cents fois inférieur à celui des États-Unis. La Bolivie prétendait qu'un accord bilatéral équitable entre les deux États devrait impérativement avoir pour objets la réduction de la pauvreté, les besoins d'un environnement sain, la promotion de l'agriculture écologique et indigène, l'accès des producteurs boliviens aux marchés américains, la souveraineté bolivienne sur les ressources naturelles, la promotion de la stabilité et de la croissance, l'adoption de normes liées au traitement spécial et différentiel prenant en compte la réalité économique de la Bolivie, la protection du savoir-faire traditionnel bolivien ou encore la protection de la biodiversité et de la diversité culturelle. La proposition essuya un refus de la part des États-Unis[305]. Cette confrontation de puissance n'est pas toujours favorable à l'inclusion de facteurs de développement au sein des accords bilatéraux. Les exemples susmentionnés de la Jamaïque, du Panama ou du Vietnam sont de véritables exceptions. Dans le contexte de cette disproportion, plusieurs États d'Amérique latine sont actuellement dans un processus de dénonciation et de renégociation de leurs accords bilatéraux relatifs aux investissements[306]. Leur but est de construire des modèles d'accords reflétant leurs intérêts en matière de développement ou, comme l'Equateur, de revoir leur législation nationale sur les investissements plutôt que de s'engager conventionnellement[307]. Ce dernier a, par exemple, décidé de dénoncer treize de ses dix-sept traités bilatéraux d'investissement en 2009[308]. Le Brésil, quant à lui, n'a ratifié aucun traité bilatéral relatif à la promotion et à la protection des investissements, ce qui ne l'empêche pas d'attirer les investissements en masse sur son territoire[309].

---

305 FACH GOMEZ (K.), « Latin America and ICSID : David versus Goliath », *Law and Business Review of the Americas,* vol.17, 2011, pp.219-220.

306 *Ibid.*, pp.216-221.

307 VIS-DUNBAR (D.), « Analysis : Latin America's new model bilateral investment treaties », *Investment Treaty News*, 17 juillet 2008 (*disponible sur :* www.iisd.org/itn/2008/07/17/in-depth-latin-america-s-new-model-bilateral-investment-treaties/).

308 MACHADO (D.), « Ecuador y la denuncia de los Tratados Bilaterales de Inversión », *CATDM*, 7 décembre 2009 (*disponible sur* : http ://www.cadtm.org/Ecuador-y-la-denuncia-de-los).

309 Voir : WHITSITT (E.), VIS-DUNBAR (D.), « Investment Arbitration in Brazil :

Pour le moment, les accords bilatéraux sur les investissements n'incluent pas les priorités et les définitions du développement ou du développement économique et ils ne contiennent pas de précisions à cet égard alors que le droit le leur permet. Le concept du développement est, dès lors, fragile lors dans sa fonction de critère. Il n'est pas certain qu'une évolution drastique se fasse à ce niveau. Il n'est pas certain non plus que le multilatéralisme soit d'un grand secours même si le développement y est parfois relativement mieux défini.

Section 2 : Des éléments de définition dans les accords multilatéraux relatifs aux investissements

Mention du développement ou du développement économique est aussi faite dans certains accords multilatéraux relatifs aux investissements. Une fois de plus, c'est surtout une référence à la nécessité d'une contribution au développement ou au développement économique qui apparaît plutôt qu'une explication précise et détaillée. Le préambule de la Convention de Washington, celui de l'accord de libre-échange nord-américain[310] (ALENA / NAFTA), celui relatif à la coopération économique de l'Association des Nations de l'Asie du Sud-Est[311] et celui de l'Accord général sur le commerce des services[312] précisent comme ceux de nombreux accords bilatéraux relatifs aux investissements le lien fondamental entre investissement et développement ou développement économique. L'article 19 de la Charte de l'énergie du 17 décembre 1994 lie la nécessaire protection des investissements aux impératifs du développement durable[313]. Un

---

Yes or No? », *Investment Treaty News*, 30 novembre 2008 (*disponible sur :* www.iisd.org/itn/2008/11/30/investment-arbitration-in-brazil-yes-or-no/)

310 *Disponible sur* : www.international.gc.ca/trade-agreements-accords-commerciaux/agr-acc/nafta-alena/texte/index.aspx

311 *Disponible sur* : www.aseansec.org/12374.htm

312 L'Accord général sur le commerce et les services, Annexe 1B de l'Accord instituant L'Organisation mondiale du commerce, *disponible sur* : http ://www.wto.org/french/docs_f/legal_f/26-gats.pdf.

313 Le traité est disponible sur : www.encharter.org/fileadmin/user_upload/document/EN.pdf#page=55 ; voir aussi, TURINOV (A.), « « Investment » and « Investor » in Energy Charter Treaty Arbitration : Uncertain Jurisdiction », *Journal of International Arbitration*, Vol.26, Issue 1, 2009, p.5.

esprit similaire est présent à l'article 1114 de l'Accord de libre-échange nord-américain[314] ou au sein du préambule de l'Accord instituant l'Organisation Mondiale du Commerce[315]. Dans son rapport avec les investissements et dans son utilisation par le droit international des investissements, le développement *lato sensu* reste, pour autant, indéfini.

Le seul texte qui illustre ce qui peut être compris par le concept de développement — dans le sens des diverses théories présentées dans l'introduction — est le paragraphe 3.06 de la Section II de la réglementation opérationnelle du 27 août 2002 de l'Agence Multilatérale de Garantie des Investissements (AMGI). L'Agence, créée par la Convention de Séoul du 11 octobre 1985, garantit les risques non commerciaux pour les investissements provenant d'un État membre de la convention vers un autre État membre dans le but d'encourager le flux de capital productif[316]. L'agence agit ainsi en complément de la Banque Mondiale[317]. La Convention de Séoul précise que les investissements susceptibles de faire l'objet d'une garantie sont ceux qui contribuent au développement de l'État d'accueil et qui respectent ses politiques de développement[318]. D'ailleurs, la Convention de Séoul souligne à l'article 14 que la garantie s'applique uniquement pour les investissements faits dans les pays en développement[319] ; le préambule de la convention est aussi très clair là-dessus. L'Agence a ainsi, et entre autres, pour tâche de

---

314 *Disponible sur* : www.nafta-sec-alena.org/fr/view.aspx?conID=590&mtpiID=142.

315 L'accord de Marrakech instituant l'Organisation Mondiale du Commerce est disponible sur : www.wto.org/french/docs_f/legal_f/04-wto.pdf.

316 Voir l'article 2 de la a Convention de Séoul, *disponible sur* : www.miga.org/documents/miga_convention_november_2010.pdf
Voir aussi, SHIHATA (F.I.), «T he Multilateral Investment Guarantee Agency (MIGA) and the legal treatment of foreign investment », *R.C.A.D.I.*, Tome III, vol.203, 1987, pp.158-160.

317 Voir l'article 2 de la a Convention de Séoul.

318 Voir l'article 12 (e) (i) et (iii) de la Convention de Séoul.
Voir aussi, SHIHATA (F.I.), «T he Multilateral Investment Guarantee Agency (MIGA) and the legal treatment of foreign investment », *R.C.A.D.I.*, Tome III, vol.203, 1987, p.318.

319 Voir l'article 14 de la Convention de Séoul.
Voir aussi, SHIHATA (F.I.), «T he Multilateral Investment Guarantee Agency (MIGA) and the legal treatment of foreign investment », *R.C.A.D.I.*, Tome III, vol.203, 1987, p.174.

vérifier l'apport de l'activité au développement de l'État d'accueil ; cette démarche mesure sans doute les intérêts de l'investisseur à ceux de l'État[320]. La contribution au développement serait une contrepartie de la garantie attribuée. La Convention de Séoul ne définit pas en elle-même le développement. Un renvoi doit être fait à la réglementation opérationnelle de l'Agence. Elle apporte une précision utile et intéressante en énonçant que :

> « *3.06 In determining whether an Investment Project will contribute to the development of the Host Country, the Underwriting Authority shall have regard to such factors as the Investment Project's potential to generate revenues for the Host Country ; the contribution of the Investment Project to maximizing the Host Country's productive potential, and in particular to producing exports or import substitutes and reducing vulnerability to external economic changes ; the extent to which the Investment Project will diversify economic activities, expand employment opportunities and improve income distribution ; the degree to which the Investment Project will transfer knowledge and skills to the Host Country ; and the effects of the Investment Project on the social infrastructure and environment of the Host Country. Before issuing a Contract of Guarantee, the Underwriting Authority shall satisfy itself that the Investment Project is consistent with MIGA's environmental policies and takes into account MIGA's environmental guidelines* (...)[321] ».

Il ressort de ce texte qu'une activité contribue potentiellement au développement si elle :

1) Génère des revenus pour l'État d'accueil ;

2) Maximise la capacité productive de l'État d'accueil, notamment en matière d'exportations ou de substituts à l'importation ;

3) Permet de réduire la vulnérabilité de l'État d'accueil face aux changements économiques externes ;

---

320 PROTOPSALTIS (P.M.), *Les devoirs internationaux des investisseurs directs étrangers. Réflexions sur un cadre juridique inachevé*, Thèse de doctorat, Paris 1, 2008, p.386.

321 Voir : Paragraphe 3.06 de la Section II sous la rubrique « *Economic soundness and contribution to development* », *disponible sur* : www.miga.org/documents/Operations-Regulations.pdf.

4) Apporte une diversification des activités économiques ;

5) Augmente les possibilités d'emplois ;

6) Améliore la distribution du revenu ;

7) Transfère son savoir-faire et ses compétences à l'État d'accueil ;

8) N'a pas d'impact négatif sur l'infrastructure sociale et environnementale.

Huit éléments peuvent être retenus pour identifier une contribution potentielle au développement d'un État. Ces éléments, comme il a été souligné dans l'introduction, dépassent le seul cadre monétaire délimité par le calcul du produit national brut. L'investissement s'accompagne parfois d'un transfert de technologie et de compétences permettant d'augmenter les capacités productives de l'État hôte ce qui peut avoir un effet sur l'emploi et la création de nouveaux produits et services[322] et ce qui, dans la mesure d'un emploi convenable, peut être approprié pour une production respectueuse de l'environnement. Cela va dans le sens des efforts de la Banque Mondiale[323]. L'AMGI utilise ce faisceau d'indices, l'applique aux projets qui lui sont soumis et évalue leurs apports au développement. Les projets qui correspondent suffisamment au faisceau d'indices sont susceptibles d'obtenir une garantie. Les tribunaux arbitraux qui se réfèrent au critère du développement auraient pu les utiliser pour examiner la véritable contribution d'une activité litigieuse. Cette utilisation est encore plus justifiée s'il s'agit de tribunaux constitués sous l'égide du CIRDI qui fonctionne comme l'AMGI sous la coupole de la Banque Mondiale. Leur relation est ténue même si leur rôle est différent. Ils opèrent dans le même sens de la protection des investissements et de la promotion du développement. Rien n'empêche un tribunal CIRDI de se référer à titre indicatif à la réglementation de l'AMGI, surtout si c'est pour éclaircir un terme qui leur est commun et qui les concerne d'une manière similaire. Partant, s'il s'agit d'une activité qui a obtenu la garantie de l'Agence, il faut

---

[322] BROCHES (A.), « The Convention on the Settlement of Investment Disputes Between States and Nationals of Other States, *R.C.A.D.I.*, Tome 136, 1972, p.343 ; SALACUSE (J.W.), « Direct Foreign Investment and the Law in Developing Countries », *ICSID Review, Foreign Investment Law Journal*, Vol.15, n°2, Fall 2000, p.383.

[323] DI LEVA (C.E.), « Environmentally Sustainable Development and the World Bank », *International Business Lawyer*, mars 1997, p.115-118.

considérer qu'elle contribue potentiellement au développement et que par conséquent, le critère du développement est potentiellement présent. Le principe est que si les techniciens de l'AMGI ont validé un projet d'investissement, ce dernier remplit les critères de la section 3.06 de la réglementation opérationnelle. Ce critère de l'investissement est *prima facie* présent et un double contrôle n'est *a priori* pas nécessaire de la part des arbitres. Il peut le devenir si malgré le respect des conditions de la réglementation opérationnelle l'activité n'a, par son fonctionnement, manifestement pas contribué ou pas pu contribuer au développement d'un État *in abstracto*. Un projet peut théoriquement sembler favorable au développement, mais sa mise en œuvre ne l'est pas nécessairement. Si quelques éléments de la réglementation opérationnelle susmentionnée sont considérés, une activité de prospection, d'exploration et d'exploitation de pétrole peut générer des revenus pour un État et y créer des emplois ou impliquer un transfert de savoir-faire. Toutefois si cette activité n'est pas suffisamment encadrée pour prendre en compte des facteurs environnementaux, elle ne sera pas forcément et complètement favorable au développement de l'État d'accueil. Dans le même cheminement, il se peut que le tribunal ne soit pas constitué aux termes de la Convention de Washington et que l'activité ne fasse pas l'objet d'une garantie par l'Agence. Dans ce cas, rien n'empêche un tribunal arbitral de se référer, sans y être soumis, à la réglementation opérationnelle de l'AMGI. Même s'il n'y est pas lié, il serait logique qu'il prenne en considération une méthode existante du droit international des investissements permettant de définir ou d'identifier une contribution au développement. Et les éléments figurant dans ladite réglementation offrent un moyen d'identification.

Conclusion du Chapitre 2

Les rares indices permettant de cerner le concept du développement figurent ainsi dans un texte quelque peu marginal et malheureusement limité, dans la pratique du droit international des investissements, aux activités de l'AMGI. Ces indices n'ont, à la connaissance de l'auteur, jamais été utilisés par un tribunal arbitral s'étant penché sur la question du développement. Même si la première vague de traités bilatéraux relatifs à la protection et à la promotion réciproques des investissements est apparue dans le contexte d'une recherche et d'une volonté de développement, ce dernier y est étrangement indéfini — ou alors, sa définition était, et est toujours, considérée comme acquise. Cela contient un risque, car cette présentation surtout symbolique du développement peut le pousser à revêtir une forme simpliste, voire caricaturale lors de son utilisation. Il perd ainsi en pertinence et en consistance dans la fonction qui lui est attribuée.

Conclusion du Titre 1

La première génération des accords relatifs à la protection des investissements a côtoyé un environnement idéologiquement fort et engagé : la décolonisation, un nationalisme parfois violent et la volonté d'instaurer — en vain — un nouvel ordre économique international. Et en filigranes de ce contexte, s'inscrivait la volonté de développement de la part des pays en développement soutenus par les États développés et par certaines organisations internationales, comme la Banque mondiale. Mais comme souvent lorsque l'idéologie est forte et qu'elle s'infiltre dans les débats, elle obstrue potentiellement la raison. Le symbole devient alors plus important que la portée pratique d'une idée ou d'un engagement. Mais en même temps, il demeure souvent sans effets. Trop souvent, le développement prend la forme d'un symbole lorsqu'une utilisation en est faite dans le droit international des investissements. Son rapport avec les investissements et avec le droit international qui les régit est indéniable. Comme il a été démontré, ils sont liés par une histoire qui se rejoint et leurs liens historiques peuvent prendre une forme juridique attribuant au développement la fonction d'un critère de l'investissement. À première vue, cela peut faciliter l'identification d'un investissement ; vu de manière globale, cela permet au droit international des investissements — qui concerne de nombreux pays en développement [324] — d'être en phase avec sa propre réalité et d'inscrire cette branche du droit international dans l'objectif général de la coopération pour le développement[325]. Cependant, une observation de la pratique laisse

---

[324] Par exemple, la plupart des litiges survenus entre le mois de janvier et le mois de juin de 2013 concernent pratiquement tous, les pays en développement. Une recherche chronologique peut être effectuée sur le site www.italaw.com afin de constater qu'un nombre important d'affaires concerne les pays en développement. Pour la période janvier – juin 2013 les pays en développement suivants ont été les défendeurs : l'Équateur, l'Albanie, l'Argentine, le Chili, l'Indonésie, la Roumanie, la Mongolie, la Bolivie, le Mexique, El Salvador, le Panama, le Paraguay, le Zimbabwe, le Pérou, le Pakistan, le Belize, le Turkménistan, la Thaïlande et le Guatemala.

[325] Voir dans ce sens, l'article 55 de la Charte des Nations Unies : « *En vue de créer les conditions de stabilité et de bien-être nécessaires pour assurer entre le nations des relations pacifiques et amicales fondées sur le respect du principe de l'égalité des droits des peuples et de leur droit à disposer d'eux-mêmes, les Nations Unies favoriseront :*
a. Le relèvement des niveaux de vie, le plein emploi et des conditions de progrès

plus sceptique quant à la relation que le développement et l'investissement entretiennent en droit. Si le développement n'est pas défini par les textes applicables, il peut être attendu qu'un contenu lui soit donné par les tribunaux lorsqu'ils s'y réfèrent. Toutefois, ces derniers demeurent en général dans le même silence des textes — qu'ils appliquent par ailleurs. Pour citer le Professeur Eisenmann, leurs décisions « *emploient souvent, voire constamment, dans certaines questions, un vocable conceptuel dont aucun texte législatif ne donne la définition, qu'eux-mêmes ne définissent pas,—, mais ils procèdent sur cette base de ce mot à toute une série de qualifications, c'est-à-dire, décident que des objets concrets, donnés dans la réalité, correspondent au mot, donc au concept qu'il est censé désigner, ou au contraire n'y correspondent pas*[326] ».

Plusieurs tribunaux arbitraux utilisent ainsi le développement pour identifier un investissement dans l'objectif de déterminer leur compétence, mais comme le concept est appliqué sans être expliqué ou défini, sa fonction devient alors très contestable.

---

et de développement dans l'ordre économique et social (…).».

[326] EISENMANN (C.), « Quelques problèmes de méthodologie des définitions et des classifications en science juridique », *Ecrits de théorie du droit, de droit constitutionnel et d'idées politiques*, (Textes réunis par Charles Leben), Paris, Ed. Panthéon-Assas, 2002, p.291.

TITRE 2 : UNE FONCTION CONTESTABLE DANS L'IDENTIFICATION D'UN INVESTISSEMENT

L'utilisation du concept du développement se justifie en droit et son utilité semble *a priori* fondée pour identifier un investissement, étape préalable fondamentale pour en permettre la protection juridique. Si le critère est juridiquement valide, son utilisation peut, quant à elle, être remise en cause. En effet, le concept du développement est utilisé pour dénouer les complexités caractérisant la définition de l'investissement alors qu'il est lui-même d'une part, doué de complexité, en étant, d'autre part, grandement indéfini. À ce niveau, les seules raisons historiques et la présence du développement comme une finalité du droit international des investissements s'avèrent insuffisantes pour justifier son invocation, car le recours à un concept imprécis pour identifier une notion déjà complexe relève d'une démarche qui n'est guère convaincante. En effet, si l'émergence même du critère dans le contentieux arbitral est contestable (Chapitre 1), sa consolidation demeure quant à elle insuffisante pour le rendre convaincant (Chapitre 2).

CHAPITRE 1 – L'ÉMERGENCE CONTESTABLE DU CRITÈRE DU DÉVELOPPEMENT

À leur base, le critère du développement et l'utilisation qui en est faite sont entachés de plusieurs lacunes tant substantielles que formelles. Et ces lacunes sont rarement évoquées que ce soit par la doctrine ou par les tribunaux ; or si elles sont observées de plus près, l'efficacité du critère peut facilement être remise en question. Ce qui peut, là-dessus, être reproché à la pratique, c'est l'absence de volonté pour explorer le concept du développement en le mettant en phase avec la réalité. Il y a un grand décalage entre la valeur immense qui lui est accordée et l'utilisation légère qui en est faite. C'est à ce niveau que ce situe sa grande faiblesse et c'est, par conséquent, aussi à ce niveau qu'il peut être attaqué, car si le critère du développement est grandement utilisé, notamment depuis la célèbre affaire *Salini c. Maroc* (Section 1), il est paradoxalement peu exploré techniquement (Section 2).

Section 1 : Un critère grandement utilisé depuis l'affaire *Salini*

La contribution au développement de l'État d'accueil s'est cristallisée en tant que critère de l'investissement depuis l'affaire *Salini c. Maroc*. Le critère n'en est pour autant pas né. Il a été mis en avant, en tant que critère, par la doctrine (Paragraphe 1) avant d'être repris par les tribunaux arbitraux (Paragraphe 2).

Paragraphe 1 : Un critère remarqué par la doctrine

Le critère du développement a initialement été mis en avant par la doctrine, mais si elle peut être considérée comme étant la source de son utilisation (A), elle présente néanmoins quelques limites méthodologiques (B).

A) La doctrine comme source de l'utilisation du critère du développement par les tribunaux arbitraux

Un avertissement doit être donné en guise de préambule. Référence est ici faite à la doctrine juridique et il faut préciser que cette dernière n'est pas, en tant que telle, à l'origine du concept du développement dans le droit international des investissements en ce qu'elle n'a pas forgé l'inscription textuelle du développement dans les accords relatifs aux investissements. En utilisant la base textuelle existante, elle a parfois simplement décrit le développement comme un critère utile et potentiel de l'investissement et ce, avant les tribunaux arbitraux. Ce faisant, elle a permis d'éclairer le débat sur sa fonction juridictionnelle. Il existe une partie de la doctrine qui établit un rapport entre investissements privés internationaux et développement[327]. Un autre pan doctrinal va au-delà de ce constat en créant entre eux une relation plus étroite, plus imbriquée. L'un, le développement — ou plus exactement la contribution au développement — déterminerait l'autre, l'investissement.

Cette position doctrinale part du principe que si les investissements internationaux contribuent au développement des États qui les accueillent, l'existence d'une contribution au développement d'un État peut agir comme un critère permettant de qualifier une activité d'investissement. La logique est circulaire. L'identification de la première contribuerait à l'identification du deuxième dont la présence fonde la compétence des tribunaux arbitraux.

C'est dans ce sens que le Professeur Schreuer a pu faire valoir que la contribution au développement de l'État d'accueil est l'un des critères de l'investissement en précisant que cela valait surtout pour les affaires portées sous l'égide du CIRDI[328]. C'est d'ailleurs ses écrits

[327] Voir, AMADIO (M.), *Le contentieux international de l'investissement privé et la Convention de la Banque Mondiale du 18 mars 1965*, Paris, LGDJ, 1967, p.14 ; DUPUY (R.J.), « Communauté internationale et disparités de développement : cours général de droit international public », *R.C.A.D.I.*, IV, Volume 165, 1979, p.23 ; GOZARD (G.), « La convention de la B.I.R.D. Pour le règlement des différends relatifs aux investissements », *Tiers- Monde*. 1965, tome 6 n°24. p.989.

[328] SCHREUER (C.), «Commentary on the ICSID Convention », *ICSID Review – Foreign Investment Law Journal*, vol.11, 1996, p.372 ; SCHREUER (Ch.), *The*

qui ont, en grande partie, influencé les tribunaux arbitraux dans la prise en compte du développement pour l'identification d'un investissement. Le Professeur Schreuer s'est basé sur le préambule de la Convention de Washington et sur le Rapport des Administrateurs sur la Convention pour le Règlement des différends relatifs aux investissements entre États et ressortissants d'autres États[329], pour justifier la fonction potentielle du développement[330]. La contribution au développement — comme les autres critères qu'il met en avant — n'est pas nécessairement, selon lui, un critère juridictionnel, mais une caractéristique typique de l'investissement[331]. Toutefois, sur la base de cette affirmation, certains tribunaux en ont fait un facteur juridictionnel[332]. Ce qu'il faut noter, pour le moment, c'est que l'impact positif de l'activité sur le développement de l'État d'accueil a été proposé pour comprendre la notion d'investissement. Une qualification moderne de l'investissement semble ressortir de cette conception doctrinale. Une vision moderne de l'investissement impliquerait une qualification plus flexible et plus malléable permettant de prendre en compte les réalités nouvelles. C'est de la sorte que le Professeur Delaume expliquait sa conception de l'investissement. Il écrivait dans un texte qui mérite d'être cité :

« *A cette notion classique, relevant d'une conception juridique et économique étroite se substitue aujourd'hui un autre concept, essentiellement économique dans sa nature et juridiquement malléable dans sa formulation, qui repose non plus sur un apport en propriété, mais, au contraire, sur la contribution escomptée, sinon toujours effective, de l'investissement au développement économique du pays intéressé*[333] ».

ICSID Convention : A Commentary, Cambridge University Press, 2001, p.140 ; SCHREUER (Ch.), *The ICSID Convention : A Commentary,* Cambridge University Press, 2009, p.128.

329 Rapport des Administrateurs sur la Convention pour le Règlement des différends relatifs aux investissements entre États et ressortissants d'autres États, *disponible sur* : http ://icsid.worldbank.org/ICSID/StaticFiles/basicdoc-fra/CRR_French-final.pdf.

330 SCHREUER (Ch.), *The ICSID Convention : A Commentary,* Cambridge University Press, 2009, p.128.

331 *Ibid.*

332 Cela sera examiné plus bas.

333 DELAUME (G.R.), « Le Centre International pour le Règlement des Différends relatifs aux investissements », *Journal du droit international*, 1982, No.4, p.801.

Il explique par la suite cette relation entre investissement et développement en évoquant les nouvelles configurations économiques internationales qui ont rapproché les investisseurs et les États et qui ont, partant, forgé de nouveaux instruments juridiques, considérés comme des outils de la coopération pour le développement. Ces outils encadrent les investissements pour contribuer au développement des États les moins développés. Ainsi, il mentionne « *les contrats de partage de production, les contrats de service de gestion ou d'entreprise, la vente de biens d'équipement et le montage de complexes industriels, les contrats clé en main ou produit en main, le crédit-bail* (leasing) *international, ou encore les contrats de coopération industrielle, de transfert de know-how ou de technologie* [334] ».

Cette approche doctrinale observe les implications pratiques des activités d'investissement et les utilise pour tenter une nouvelle qualification de l'investissement. Le développement y trouve une consécration certaine : la base de l'investissement serait le développement — comme l'a affirmé leur étude historique. L'un ne peut se lire sans l'autre. Toutefois, le développement n'apparaît pas ici sous une forme d'idéologie[335] à proprement parler. Ou alors, elle est moins forte — ou plus subtile — que celle qui régnait dans le contexte du droit du développement. Il ne s'agit pas nécessairement d'interpréter le droit pour la réalisation d'un impératif du développement. Le développement apparaît plutôt comme un outil. Il n'est pas un but en soi, mais il a un but : celui de qualifier une activité, d'investissement. Cependant, il faut noter à ce niveau une limite de la doctrine qui apparaît aussi dans le traitement du développement par les tribunaux arbitraux[336].

B) Les limites méthodologiques de la proposition doctrinale

Ces limites se situent dans la droite ligne de cette tendance

---

[334] DELAUME (G.R.), « Le Centre International pour le Règlement des Différends relatifs aux investissements », *Journal du droit international*, 1982, No.4, p.801.

[335] Sur l'idéologie du développement, voir, PELLET (A.), *Droit International du développement*, Paris, P.U.F, *Collection « Que sais-je »*, 1978, p.11 et s.

[336] En ce qui concerne les tribunaux arbitraux, cette limite sera étudiée plus bas.

qu'a parfois le droit international « *à réglementer sans définir*[337] ». Le Professeur Juillard se demandait, avec justesse, si « *avant d'être tombé 'malade de ses normes', le Droit international n'était-il pas déjà devenu infirme de ses définitions ?*[338] ». Quand un concept ne fait pas « naturellement » partie du vocabulaire juridique, son invocation par les juristes doit suivre certains préceptes méthodologiques pour que ledit concept n'apparaisse pas comme une fiction ayant qu'une portée peu claire ou imaginaire[339]. Ainsi, la seule référence au développement et la croyance quant à son utilité ne sauraient suffire pour lui accorder une utilité en droit. La science juridique se décompose certes en propositions, mais aussi en techniques d'applications et de vérification. En effet, tout jugement aprioriste risque de préjuger les conclusions[340]. Unc des techniques méthodologiques communément admise réside dans la définition de l'objet étudié ; ainsi « [t]*out ce qui est définition, enseignement doctrinal, est du ressort de la science* [et] [t]*out ce qui est commandement, disposition proprement dite est du ressort de la loi*[341] ». Par conséquent, « *l'élaboration du droit veut des principes fermes, imprimant une orientation au travail et le préservant du flottement et de l'incohérence. Principes très généraux d'ailleurs (comme tous les principes d'action), et dont la mise en œuvre demandera autant de finesse que de science*[342] ».

Dans le présent contexte, même si le développement n'est pas, en soi, présenté comme un objectif à atteindre par le droit, il est de toute façon nécessaire de le définir s'il est utilisé pour d'autres fins —

---

337 JUILLARD (P.), «Investissements privés », *in*, CARREAU (D.), FLORY (T.), JUILLARD (P.), « Chronique de droit international économique », *AFDI*, volume 30, 1984, p.775.

338 *Ibid.*, p.781.

339 DEL VECCHIO (G.), *Justice – Droit – État. Études de philosophie juridique*, Paris, Sirey, 1938, p.77. Dans un sens similaire : POPPER (K.R.), *Des sources de la connaissance et de l'ignorance*, Paris, Petite Bibliothèque, 1998, pp.106-107 ; PASCAL (B.), *De l'esprit géométrique. Ecrits sur la grâce et autres textes*, Paris, Flammarion, 1985, pp.68-69.

340 DESCARTE (R.), *Discours de la méthode*, Paris, Éditions classiques (dir. E. Lefranc), 1866, p.14.

341 PORTALIS, *Présentation et exposé des motifs*, Fenet, VI, p.43, cité par ARMINJON (P.), NOLDE (B.), WOLFF (M.), *Traité de droit* comparé, Paris, LGDJ, Tome 1, 1950, p.199.

342 DABIN (J.), *La philosophie de l'ordre juridique positif spécialement dans les rapports de droit privé*, Paris, Sirey, 1929, p.108.

par exemple, comme un critère de l'investissement.

Par le cheminement que prend le développement dans le droit international des investissements, son utilisation devient paradoxale, car la doctrine juridique ne le définit pas forcément et, dans tous les cas, pas complètement. Son utilité en tant qu'outil d'identification s'affaiblit si sa propre teneur n'est ni connue, ni comprise, ou si elle est connue, elle est peu expliquée et peu mise en relation avec son objet[343]. Il y a une tendance, de la part de la doctrine, à minimiser cette étape préliminaire. C'est une sorte de négligence méthodologique savante[344]. Il en résulte que le développement prend la forme d'un facteur trop vague et trop général pour constituer un fondement certain de l'investissement[345]. Dans la mesure où cette constatation se vérifie aussi devant les tribunaux arbitraux, ce point sera considéré en plus de détails plus bas.

---

343 HART (H.L.A.), *Essays in Jurisprudence and Philosophy*, New York, Oxford University Press, 1983, p.21.

344 FOURASTIÉ (J.), *Les conditions de l'esprit scientifique*, Paris, Gallimard, 1966, pp.55-56.

345 JUILLARD (P.), «Investissements privés », *in*, CARREAU (D.), FLORY (T.), JUILLARD (P.), « Chronique de droit international économique », *Annuaire français de droit international,* volume 30, 1984, p.778.

Paragraphe 2 : Un critère repris par les tribunaux arbitraux

Le critère du développement est repris et utilisé par de nombreux tribunaux, parfois avec quelques nuances. Cette utilisation plutôt fréquente du critère du développement soulève la question de sa valeur en tant que précédent. Même s'il faut immédiatement exclure cette qualification, quelques brèves précisions sur la valeur des décisions et des sentences sont utiles (A) pour introduire la présence remarquée de ce critère (B).

A) Quelques brèves précisions sur la valeur des décisions et des sentences arbitrales

Quelques remarques théoriques et méthodologiques sont utiles pour comprendre la prise en compte du critère du développement par les différents tribunaux et pour éviter de répéter à chaque fois par la suite les raisons de leurs divergences sur cette question lorsqu'elle apparaît. En droit international, ce qui est jugé vaut *inter partes* et pas *erga omnes*. Par conséquent, si un tribunal fait valoir l'utilité du critère du développement dans l'identification d'un investissement, les autres tribunaux n'ont aucune obligation d'adopter une position similaire.

Le principe du précédent, tel qu'il existe en *common law* ne s'applique pas en droit international[346]. D'une part, les décisions des différentes juridictions ne sont pas contraignantes pour les affaires postérieures même si elles portent sur des faits similaires ; d'autre part, il n'existe pas une hiérarchie de juridictions imposant à certains tribunaux de respecter la position d'autres tribunaux supérieurs[347].

[346] SCHREUER (C.), WEINIGER (M.), "A Doctrine of Precedent?", *in*, MUCHLINSKI (P.), ORTINO (F.), SCHREUER (C.) [eds.], *The Oxford Handbook of International Investment Law*, Oxford, Oxford University Press, 2008, p.1189. Sur ces questions, voir l'étude récente du Professeur Reisman : REISMAN (W.M.) « 'Case Specific Mandates' versus 'Systemic Implications' : How Should Investment Tribunals Decide? The Freshfields Arbitration Lecture », *Arbitration International*, vol.29, no.2, 2013, pp.131-151.

[347] SCHREUER (C.), WEINIGER (M.), "A Doctrine of Precedent?", *in*, MUCHLINSKI (P.), ORTINO (F.), SCHREUER (C.) [eds.], *The Oxford Handbook of International Investment Law*, Oxford, Oxford University Press,

L'article 59 du Statut de la Cour internationale de Justice précise par exemple que « (l)*a décision de la Cour n'est obligatoire que pour les parties en litige et dans le cas qui a été décidé*[348] ». Ce principe colore l'intégralité du droit international et *a fortiori* du droit international des investissements.

Ceci étant dit, la pratique des tribunaux dépasse quelque peu la rigueur de la théorie[349]. Même si elles n'y sont aucunement liées, les différentes juridictions se réfèrent fréquemment aux décisions adoptées antérieurement[350]. Ces dernières sont de toute façon souvent mises en avant par les avocats et conseils des parties et par la doctrine, qu'ils citent par ailleurs[351]. Ces décisions constituent un moyen subsidiaire permettant de l'éclairer la règle de droit applicable[352]. C'est ce que précise l'article 38 du Statut de la CIJ[353]. Elles sont, pour emprunter l'expression d'un auteur, des « *non-stare decisis precedents* [354]», ou des précédents *de facto*[355], sans valeur contraignante, ayant simplement une portée persuasive et sans

---

2008, p., p.1196.

[348] Le Statut de la CIJ est disponible sur : http ://www.un.org/french/aboutun/icjstatute/

[349] PAULSSON (J.), « International Arbitration and the Generation of Legal Norms : Treaty Arbitration and International Law », *Transnational Dispute Management*, Vol.3, no.5, 2006 (*disponible sur* : http ://www.transnational-dispute-management.com).

[350] *Ibid.*

[351] PAULSSON (J.), « International Arbitration and the Generation of Legal Norms : Treaty Arbitration and International Law », *Transnational Dispute Management*, Vol.3, no.5, 2006 (*disponible sur* : http ://www.transnational-dispute-management.com).

[352] Voir par exemple, la position du tribunal arbitral dans l'affaire *Suez Sociedad General de Aguas de Barcelona S.A. et InterAguas Servicios Integrales del Agua SA c. Argentine*, CIRDI n° ARB/03/19, décision sur la responsabilité du 30 juillet 2010 (TBI France-Argentine / Espagne-Argentine), §182.

[353] *Suez Sociedad General de Aguas de Barcelona S.A. et InterAguas Servicios Integrales del Agua SA c. Argentine*, CIRDI n° ARB/03/19, décision sur la responsabilité du 30 juillet 2010 (TBI France-Argentine / Espagne-Argentine), §182..

[354] HARDISTY (J.), « Reflections on *Stare Decisis* », *Indiana Law Journal*, vol. 55, 1980, p.41.

[355] SCHREUER (C.), WEINIGER (M.), "A Doctrine of Precedent?", *in*, MUCHLINSKI (P.), ORTINO (F.), SCHREUER (C.) [eds.], *The Oxford Handbook of International Investment Law*, Oxford, Oxford University Press, 2008, p.1196.

nécessairement constituer une jurisprudence constante[356]. Les tribunaux peuvent s'y référer pour conforter leurs décisions et cela se constate dans la grande majorité des affaires[357]. Cette méthode utilisée pour dire le droit est bien ancrée dans la matrice du fonctionnement des tribunaux internationaux. Elle a d'ailleurs contribué à enrichir et à développer le droit international[358].

La méthode est suivie pour plusieurs raisons. Même s'ils n'en ont aucunement l'obligation, les tribunaux s'assurent d'une certaine stabilité dans et de l'application du droit[359]. Cela garantit la prévisibilité du cadre juridique[360], élément fondamental pour forger et maintenir la confiance des sujets du droit applicable. Cela renforce en même temps la sécurité juridique et l'autorité des décisions[361]. Certains tribunaux ont mis l'accent sur ces éléments de stabilité et de prévisibilité en se référant même à l'adage « *like cases should be decided alike* »[362] ou à d'autres termes, plus vagues cette fois, comme

---

356 BJORKLUND (A.K.), « Investment Treaty Decisions as Jurisprudence Constante », *in*, PICKER (C.B.), BUNN (I.D.), ARNER (D.W.), *International Economic Law : The State and Future of the Discipline*, Oxford, Hart Publishing, 2008, pp.265-280.

357 Voir l'article 38 (1) (d) du Statut de la Cour internationale de Justice. Voir aussi : CHENG (T.), « Precedent and Control in Investment Treaty Arbitration », *Transnational Dispute Management*, vol.5, n°3, 2008, p.1016. (*disponible sur* : http ://www.transnational-dispute-management.com).

358 BROWNLIE (I.), *Principles of Public International Law*, Oxford University Press, 5th ed., 2003, p.19.

359 SCHREUER (C.), WEINIGER (M.), "A Doctrine of Precedent?", *in*, MUCHLINSKI (P.), ORTINO (F.), SCHREUER (C.) [eds.], *The Oxford Handbook of International Investment Law*, Oxford, Oxford University Press, 2008, p.1189. Voir aussi : *Saipem c. Bangladesh*, CIRDI no.ARB/05/07, sentence (30/06/2009), §90 ; *Suez, Sociedad General de Aguas de Barcelona, S.A. et Vivendi Universal, SA c. Argentine,* CIRDI n°. ARB/03/19, Décision sur la responsabilité (30/07/2010), §189.

360 SCHREUER (C.), WEINIGER (M.), « A Doctrine of Precedent? », *in*, MUCHLINSKI (P.), ORTINO (F.), SCHREUER (C.) [eds.], *The Oxford Handbook of International Investment Law*, Oxford, Oxford University Press, 2008, p1189 ; SCHREUER (C.H.), «Diversity and Harmonization of Treaty Interpretation in Investment Arbitration », *Transnational Dispute Management*, vol.3, no. 2, avril 2006, p.10 (*disponible* sur : www.transnational-dispute-management.com).

361 SCHREUER (C.H.), « Diversity and Harmonization of Treaty InterprÉtation in Investment Arbitration », *Transnational Dispute Management*, vol.3, no. 2, avril 2006, p.10 (*disponible* sur : www.transnational-dispute-management.com).

362 *Suez Sociedad General de Aguas de Barcelona S.A. et InterAguas Servicios*

la considération d'une justice élémentaire[363]. D'autres tribunaux ont précisé que les affaires portant sur les mêmes sujets ou sur des sujets similaires sont des indicateurs utiles et instructifs dont ils peuvent s'inspirer pour comparer leur propre position en adoptant, si besoin est, une solution similaire[364]. Ne pas être lié par les décisions ou par les sentences précédentes ne signifie pas qu'elles doivent être ignorées [365]. Au contraire, les tribunaux doivent se répondre avec une certaine constance pour assurer le développement harmonieux du droit international des investissements en vue de satisfaire les attentes légitimes des États et des investisseurs quant à l'exactitude de la règle de droit. C'est ce qu'a fait ressortir le tribunal arbitral dans l'affaire *Saipem*[366]. Il y aurait, de la part de certains, une croyance en la justesse des décisions rendues précédemment[367]. Un tribunal a ainsi récemment fait valoir :

> « *The Tribunal considers that it is not bound by previous decisions.*
>
> *At the same time, it is of the opinion that it must pay*

Integrales del Agua SA c. Argentine, CIRDI n° ARB/03/19, décision sur la responsabilité, 30 juillet 2010 (TBI France-Argentine / Espagne-Argentine), §182.

363 *Ibid.*, §182.

364 *AES Corporation c. République Argentine,* CIRDI n°. ARB/02/17, Décision sur la compétence, 26 avril 2005, §30-1 ; *Gas Natural SDG SA c. Argentine*, CIRDI n°ARB/03/10, Décision sur les questions préliminaires sur la compétence (17/06/2005), §36.

365 Voir par exemple : *Mr Saba Fakes c. Turquie*, CIRDI n°. ARB/07/20, Sentence (14/07/2010), (TBI Pays-Bas/Turquie), §96 ; *Bayindir Insaat Turizm Ticaret Ve Sanayi A.S. c. Pakistan*, CIRDI n°. ARB/03/29, Décision sur la compétence (14/11/05) (TBI Turkie/Pakistan), §76 ; *AES Corporation c. République Argentine,* CIRDI n°. ARB/02/17, Décision sur la compétence (26/04/2005), §26, §27, §31-33 ; *Romak S.A. v . Uzbekistan*, CNUDCI, Sentence (26/11/2009) (TBI (Suisse/Uzbekistan), §170 ; *Jan de Nul N.C. and Dredging International N.C. c. Egypte*, CIRDI n°. ARB/04/13, Décision sur la compétence (16/06/06) (TBI Belgo/Luxembourg/Egypte), §64.

366 *Saipem S.p.A. c.* Bangladesh, CIRDI n°ARB/05/07, Décision sur la compétence et recommandations pour des mesures provisoires, (21/03/07) [TBI Bangladesh / Italie], §67.

367 *Enron Corporation and Ponderosa Assets, L.P.* c. *Argentine*, CIRDI n°.ARB/01/3, Décision sur la compétence (14/01/2004), §25. Voir aussi l'affaire *Vivendi* où le tribunal a joint à sa décision une annexe portant sur toutes les décisions précédentes ayant rejeté l'argumentation du défendeur, en l'espèce l'Argentine : *Compañiá de Aguas del Aconquija SA et Vivendi Universal c. Argentine,* CIRDI n°. ARB/97/3, (14/11/2005) [TBI France/Argentina], §94.

due consideration to earlier decisions of international tribunals. Specifically, it deems that, subject to compelling contrary grounds, it has a duty to adopt solutions established in a series of consistent cases. It further deems that, subject to the specifics of the Treaty and of the circumstances of the actual case, it has a duty to contribute to the harmonious development of investment law, with a view to meeting the legitimate expectations of the community of States and investors towards the certainty of the rule of law[368] »

Cette croyance n'est toutefois pas partagée dans la mesure où chaque traité a une identité et un langage propre, ce qui débouche sur une interprétation particulière : les préambules de certains accords relatifs aux investissements se réfèrent au développement, d'autres pas. Par ailleurs deux traités ayant un texte quasi identique peuvent s'appliquer à des faits différents dans des contextes différents, impliquant, ce faisant, deux interprétations différentes[369]. Les similitudes flagrantes du texte cachent parfois des différences profondes[370]. Les décisions conflictuelles sur des problèmes de droit identiques sont par conséquent bien existantes[371]. La publication grandissante des sentences et des décisions y contribuent en grande partie[372]. En même temps, cette diffusion confirme la volonté des

[368] *Quiborax S.A., Non Metallic Minerals S.A.and Allan Fosk Kaplún c. Bolivie,* CIRDI n°.ARB/06/2, Décision sur la compétence (27/09/2012), §46.

[369] *Affaire de L'Usine Mox* (Irelande c. Royaume-Uni), Demande en prescription de mesures conservatoires, Tribunal international du droit de la mer, Ordonnance du 3 décembre 2001, §51 (*disponible sur* : www.itlos.org/fileadmin/itlos/documents/cases/case_no_10/Order.03.12.01.F.pdf).
En droit international des investissements, une comparaison peut aussi être établie entre les affaires *SGS Société Générale de Surveillance SA c. Pakistan*, CIRDI n°.ARB/01/13, Décision sur la compétence (06/08/2003) et *SGS Société Générale de Surveillance SA c. Philippines*, CIRDI n°.ARB/02/6, Décision sur la compétence (29/01/2004).

[370] *AES Corporation c. République Argentine,* CIRDI n°. ARB/02/17, Décision sur la compétence, (26/04/2005), §25.

[371] SCHREUER (C.), WEINIGER (M.), « A Doctrine of Precedent?», *in*, MUCHLINSKI (P.), ORTINO (F.), SCHREUER (C.) [eds.], *The Oxford Handbook of International Investment Law*, Oxford, Oxford University Press, 2008, p.1197.

[372] CHENG (T.), « Precedent and Control in Investment Treaty Arbitration », *Transnational Dispute Management*, vol.5, n°3, 2008, p.1015. (*disponible sur* : http ://www.transnational-dispute-management.com).

parties et des tribunaux à ce que les décisions rendues franchissent le cadre *inter partes* en se posant dans le domaine public, accessibles à tous, examinables par tous. Il y a un besoin d'informer un plus grand nombre en adoptant des positions qui leur paraissent acceptables[373]. Partant, les différentes problématiques que contient cette branche du droit se font écho d'un tribunal à un autre, en syntonie ou en cacophonie, en s'éclaircissant ou en s'obscurcissant. En tout état de cause, dans les faits, les arbitres ont la capacité et la compétence pour se référer à leurs prédécesseurs afin de confirmer ou d'infirmer leurs propos, sans pour autant les annuler. Le système fonctionnerait davantage comme celui qui prévaut dans les États de tradition romano-germaniste, notamment en France et en Allemagne[374] où un effort est fait pour ne pas renverser la jurisprudence existante[375]. Il ne s'agit pas là d'une obligation liant les juges qui gardent toute leur liberté pour se démarquer, si besoin est, d'une position jurisprudentielle. Si les arrêts ne valent que pour l'affaire jugée sans s'imposer aux juges des affaires futures, ces derniers sont cependant traversés par une obligation implicite — peut-être morale, mais finalement étroitement liée au fonctionnement même de la prise de décision en droit — de s'y référer[376]. La décision rendue est un acte de connaissance et d'éclaircissement du droit[377], et elle est sous cette forme utilisable et utilisée. C'est le principe qui en ressort qui doit être retenu : « *le droit est ce que la jurisprudence en fait*[378] ». Ce principe est celui qui s'applique au droit international des investissements : en tranchant un cas d'espèce et en se défendant parfois de produire un

---

373 PERELMAN (C.), *Logique juridique, nouvelle rhétorique,* Paris, Dalloz, 1976, pp.162-163.

374 DAVID (R.), *Les grands systèmes de droit contemporains (Droit comparé)*, Paris, Dalloz, 3e édition, 1969, pp.133-134 ; LEGEAIS (R.), *Grands systèmes de droit contemporains. Approche Comparative*, Paris, Litec, 2ème édition, 2008, p.74.

375 DEMOGUE (R.), *Les notions fondamentales du droit privé. Essai critique*, Paris, Éditeur Arthur Rousseau, 1911, pp.218-219.

376 DE THEUX (A.), KOVALOVSKY (I.), BERNARD (N.), *Précis de méthodologie juridique. Les sources documentaires du droit*, Bruxelles, Publications des Facultés universitaires Saint-Louis, 2e édition, 2000, pp.435.-436.

377 ARMINJON (P.), NOLDE (B.), WOLFF (M.), *Traité de droit comparé*, Paris, LGDJ, Tome 1, 1950, p.200.

378 DE THEUX (A.), KOVALOVSKY (I.), BERNARD (N.), *Précis de méthodologie juridique. Les sources documentaires du droit*, Bruxelles, Publications des Facultés universitaires Saint-Louis, 2e édition, 2000, p.435.

acte créateur de droit[379], les tribunaux arbitraux élaborent néanmoins dans leurs décisions des principes potentiellement utilisables et effectivement utilisés ultérieurement par d'autres tribunaux. C'est dans ce contexte que référence est faite au critère du développement par certains tribunaux alors qu'il est ignoré par d'autres. Le critère bénéficie d'un ancrage certain, mais son utilisation n'est nullement obligatoire.

B) La présence remarquée du critère du développement dans le contentieux arbitral

Il arrive que les juridictions internationales s'appuient sur la doctrine pour asseoir leur position[380]. L'article 38 (1) (d) permet, par exemple, à la CIJ de se référer à « *la doctrine des publicistes les plus qualifiés des différentes nations, comme moyen auxiliaire de détermination des règles de droit*[381]». Cela ne signifie pas nécessairement qu'elle soit une source formelle du droit international, mais simplement un moyen auxiliaire permettant de déterminer la règle de droit. Elle peut toutefois être utile pour préciser la norme applicable ou même pour influencer l'*opinio juris* dans le développement d'une norme coutumière[382]. Ainsi, dans l'affaire du *Lotus* du 7 décembre 1927, la CPJI a pu utiliser les écrits doctrinaux des Professeurs Triepel et Anzilotti sur le caractère obligatoire de la coutume pour fonder son raisonnement[383]. Des doutes ont pu être émis par certains. Il y a longtemps, certes, le Juge Marriot de la *English High Court of Admiralty* doutait du caractère subjectif de la doctrine en disant, dans une affaire en 1778 :

"*A pedantic man in his closet dictates the law of*

---

[379] Voir là-dessus : DAVID (R.), *Les grands systèmes de droit contemporains (Droit comparé)*, Paris, Dalloz, 3e édition, 1969, pp.134-136.

[380] BROWNLIE (I.), « International Law at the Fiftieth Century of the Anniversary of the United Nations : General Course on Public International Law », *R.C.A.D.I.*, vol.255, 1995, p.41.

[381] Le Statut de la Cour est disponible sur : http ://www.un.org/french/aboutun/icjstatute/

[382] WEIL (P.), « Le droit international en quête de son identité : Cours général de droit international public », *R.C.A.D.I.*,Tome VI, vol.237, 1992, p.141.

[383] BASDEVANT (J.), « Règles générales du droit de la paix », *R.C.A.D.I*, n°4, vol.58, 1936, p.514.

nations ; everybody quotes, and nobody minds him[384] ».

Il faut toutefois accorder une dose de confiance aux tribunaux qui se réfèrent à la doctrine, car c'est normalement de la doctrine savante et érudite dont il est question. Il existe une présomption concernant le raisonnement rigoureux utilisé par les tribunaux dans leur choix doctrinal et dans leur argumentation. Par ailleurs, les auteurs cités de même que plusieurs arbitres sont en général des spécialistes de la matière[385]. Par exemple, dans l'affaire *Paquete Habana*, la Cour Suprême des États-Unis expliquait que le droit international faisait partie du droit américain et qu'en cas de doute sur sa teneur exacte,

> « *where there is no treaty and no controlling executive or legislative act or judicial decision, resort must be had to the customs and usages of civilized nations, and, as evidence of these, to the works of jurists and commentators who by years of labor, research, and experience have made themselves peculiarly well acquainted with the subjects of which they treat. Such works are resorted to by judicial tribunals not for the speculations of their authors concerning what the law ought to be, but for trustworthy evidence of what the law really is*[386] ».

C'est dans le même esprit qu'en 1997, le tribunal dans l'affaire *Fedax*[387] fut le premier à faire de la contribution au développement un critère de l'investissement[388] en se basant, notamment, sur l'opinion du Professeur Schreuer[389]. La référence doctrinale se lit à la note 63 de

---

[384] Cette affaire est citée par BISHOP (W.W), « General course of Public International Law », *R.C.A.D.I*, Tome II, vol.115, 1965, p.235.

[385] Voir par exemple, les auteurs cités par le tribunal arbitral dans l'affaire *Salini Construtorri S.p.A. and Italstrade S.p.A. c. Morocco*, CIRDI n°. ARB/00/4, Décision sur la compétence (23/07/01) [TBI Italie/Maroc], §52.

[386] Cour Suprême des États-Unis,*The Paquete Habana,* 175 U.S., 677, 1900, page 700 de la décision , *disponible sur* : http ://supreme.justia.com/us/175/677/case.html.

[387] *Fedax N.C. c. Vénézuéla*, CIRDI n°. ARB/96/3, Sentence sur la compétence (11/07/97), (TBI Pays-Bas/Vénézuéla).

[388] JAIME (M.L.), *L'apport des traités régionaux et multilatéraux à l'évolution du droit de l'arbitrage et du droit international des investissements*, Thèse de doctorat, Paris II, 2008, p.443.

[389] SCHREUER (C.), «Commentary on the ICSID Convention », *ICSID Review –*

l'affaire. En citant les écrits de l'auteur[390], ce tribunal a établi que l'investissement a quelques critères de base et que ces derniers sont :

> « *a certain duration, a certain regularity of profit and return, assumption of risk, a substantial commitment and a significance for the host State's development*[391] ».

Pour identifier un investissement dans l'affaire qui lui est soumise, le tribunal doit s'assurer que l'activité litigieuse s'étende sur une certaine durée, qu'elle génère des revenus et des bénéfices de manière régulière, qu'elle comporte un élément de risque, qu'il existe un engagement substantiel de l'investisseur et qu'il y ait une contribution au développement de l'État d'accueil. C'est, bien entendu, ce dernier critère qui sera au centre du présent et des prochains développements.

Il est néanmoins intéressant de noter que lorsqu'il s'agit d'identifier l'investissement dans le contentieux sur la compétence, ce n'est pas la doctrine et encore moins l'affaire *Fedax* qui sont mises en avant. L'affaire qui est la plus souvent citée par les tribunaux et qui apparaît parfois comme un leitmotiv est l'affaire *Salini c. Maroc* du 23 juillet 2001[392]. Ce cas concernait la construction d'une autoroute entre Rabat et Fès, au Maroc. Deux sociétés italiennes, Salini Costruttori S.p.A. et Italstrade S.p.A. (ci-après le consortium), avaient conjointement et avec succès répondu à un appel d'offres. Elles avaient pour tâche, la construction de la section 2 de l'autoroute entre Khémisset et Meknès-Ouest. Les travaux furent accomplis avec quatre mois de retard. Le consortium justifia le retard par des circonstances de force majeure. Ce motif fut refusé par les autorités marocaines. Un différend s'étant formé, le consortium demanda la constitution d'un tribunal arbitral. Pour se déclarer compétent, le tribunal devait examiner si la construction de cette autoroute constituait un investissement, ce qu'il fit en affirmant que :

Foreign Investment Law Journal, vol.11, 1996, p.372.

390 *Ibid.*, p.372.

391 *Fedax N.C. c. Vénézuéla*, CIRDI n°. ARB/96/3, Sentence sur la compétence (11/07/97), (TBI Pays-Bas/Vénézuéla), §43. (Le soulignement a été ajouté).

392 *Salini Construtorri S.p.A. and Italstrade S.p.A. c. Morocco*, CIRDI n°. ARB/00/4, Décision sur la compétence (23/07/01) [TBI Italie/Maroc].

« *The doctrine generally considers that investment infers : contribution, certain duration of performance of the contract and a participation in the risks of the transaction* (...). *In reading the Convention's Preamble, one may add the contribution to the economic development of the host State of the investment as an additional condition*[393] ».

Avant cette affaire, un autre tribunal avait déjà trouvé utile de préciser qu'une *« transaction which contributes to cooperation designed to promote the economic development of a Contracting State may be deemed to be an investment as that term is understood in the Convention*[394] ». De même, il est intéressant de noter que quelques jours avant que la décision *Salini* ne soit rendue, une autre affaire sur la compétence avait déjà avancé — ou devancé — lesdits « critères *Salini* ». Le *dictum* susmentionné figurait déjà, et dans les mêmes termes, dans la sentence sur la compétence *Consortium R.F.C.C. c. Royaume du Maroc* rendu le 17 juillet 2001[395], soit six jours avant *Salini.* Cela n'est pas très étonnant dans la mesure où les mêmes arbitres avaient été désignés pour ces deux affaires. La sentence *Salini* constituerait en quelque sorte la cristallisation de leur position. Depuis, la contribution au développement est un critère[396], un

---

393 *Salini Construtorri S.p.A. and Italstrade S.p.A. c. Morocco*, CIRDI n°. ARB/00/4, Décision sur la compétence (23/07/01) [TBI Italie/Maroc],§52.

394 *Ceskoslovenska Obchodni Banka, a.s. c. Slovaquie*, CIRDI n°. ARB/97/4, Décision sur l'objection à la compétence (24/05/99), (TBI République Tchèque/Slovaquie), §64.

395 *Consortium R.F.C.C. c. Royaume du Maroc*, CIRDI n°. ARB/00/6, Sentence sur la compétence (17/07/01), (TBI Italie/Maroc), §60 : « *La doctrine considère généralement que l'investissement suppose des apports, une certaine durée d'exécution du marché et une participation aux risques de l'opération* (...). *La lecture du préambule de la Convention permet d'y ajouter le critère de la contribution au développement économique de l'État d'accueil de l'investissement.* ».

396 *Patrick Mitchell c. République Démocratique du Congo*, CIRDI n°. ARB/99/7, Décision sur l'application d'annulation de la sentence (01/11/06), (TBI États-Unis/République démocratique du Congo), §30, §33 ; *Phoenix Action, Ltd. c. République Tchèque*, CIRDI n°. ARB/06/5, Sentence (15/04/09), (TBI Israël/République Tchèque), §84 ; *Joy Mining Machinery Limited c. Egypt*, CIRDI n°. ARB/03/11, Sentence sur la compétence (06/08/04), (TBI Royaume Uni/Egypte), §53 ; *Malaysian Historical Salvors, SDN, BHD c. Malaysia,* CIRDI n°. ARB/05/10, Décision sur la compétence (17/05/07), (TBI R.U./Malaysie), §78 ; *Toto Costruzioni Generali S.p.A. c. République du Liban,* CIRDI n°.ARB/07/12, Décision sur la compétence (11/09/09), (TBI Italie/Liban), §69 ;

paramètre[397], une caractéristique[398], un élément[399], un « *requirement*[400] », un « *feature*[401] » ou un « *hallmark*[402] » de l'investissement. Ces diverses qualifications sont parfois utilisées de manière indifférente par certains tribunaux.

Ce *dictum* a marqué le contentieux sur la compétence et continue de le faire. Certains tribunaux se réfèrent à l'affaire *Salini* de manière automatique lorsqu'ils doivent qualifier l'activité litigieuse dans une affaire portant sur leur compétence. Dans une affaire *Saipem c. Bangladesh*[403], le tribunal a ainsi pu conclure qu'une activité de construction de pipeline était un investissement en se référant uniquement aux critères *Salini*[404]. La seule référence à l'affaire *Salini*

Mytilincos Holdings SA c. Serbie et Monténégro et République Serbe, CNUDCI, Sentence sur la compétence (08/09/06), (TBI Grèce/Yougoslavie), §115.

397 *Patrick Mitchell c. République Démocratique du Congo*, CIRDI n°. ARB/99/7, Décision sur l'application d'annulation de la sentence (01/11/06), §29.

398 *Patrick Mitchell c. République Démocratique du Congo*, CIRDI n°. ARB/99/7, Décision sur l'application d'annulation de la sentence (01/11/06), (TBI États-Unis/République démocratique du Congo), §33 ; *Malaysian Historical Salvors, SDN, BHD c. Malaysia,* CIRDI n°. ARB/05/10, Décision sur l'annulation (16/04/09), (TBI R.U./Malaysie), §36.

399 *Phoenix Action, Ltd. c. République Tchèque*, CIRDI n°. ARB/06/5, Sentence (15/04/09), (TBI Israël/République Tchèque), §83 ; *Pantechniki S.A. Contractors & Engineers c. République d'Albanie*, CIRDI n°. ARB/07/21, Sentence (30/07/2009), (TBI Grèce/Albanie), §36 ; *Noble Energy, Inc. and Machalapower CIA. LTDA c. Equateur et 'Consejo Nacional de Electricidad'*, CIRDI n°. ARB/05/12, Décision sur la compétence (05/03/08), (TBI États-Unis/Equateur), §128 ; *Jan de Nul N.C. and Dredging International N.C. c. Egypte*, CIRDI n°. ARB/04/13, Décision sur la compétence (16/06/06), (TBI Belgo/Luxembourg/Egypte), §91 ; *Joy Mining Machinery Limited c. Egypt*, CIRDI n°. ARB/03/11, Sentence sur la compétence (06/08/04), (TBI Royaume Uni/Egypte), §62 ; *Bayindir Insaat Turizm Ticaret Ve Sanayi A.S. c. Pakistan*, CIRDI n°. ARB/03/29, Décision sur la compétence (14/11/05) (TBI Turkie/Pakistan), §130.

400 *Noble Energy, Inc. and Machalapower CIA. LTDA c. Equateur et 'Consejo Nacional de Electricidad'*, CIRDI n°. ARB/05/12, Décision sur la compétence (05/03/08), (TBI États-Unis/Equateur), §129 ; *Helnan International Hotels A/S c. Egypte*, CIRDI n°. ARB/05/19, Décision sur les objections à la compétence (17/10/06), (TBI Denmark/Egypte), §77.

401 *Malaysian Historical Salvors, SDN, BHD c. Malaysia,* CIRDI n°. ARB/05/10, Décision sur la compétence (17/05/07), (TBI R.U./Malaysie), §44.

402 *Ibid.*, §83, §135.

403 *Saipem S.p.A. c.* Bangladesh, CIRDI n°ARB/05/07, Décision sur la compétence et recommandations pour des mesures provisoires, (21/03/07).

404 *Ibid.*, §99-111.

agissait comme justificatif, semble-t-il, amplement suffisant. Au tribunal d'affirmer que :

> « *Applying the Salini test to this comprehensive operation, the Tribunal comes to the conclusion that Saipem has made an investment within the meaning of Article 25 of the ICSID Convention*[405] ».

Dans cette espèce, les critères *Salini* sont mentionnés, mais aucune application et aucune vérification concrète et préalable n'en sont faites. La conclusion arrive de manière brusque, injustifiée. Toutefois, et heureusement, cette manière de procéder demeure l'exception. L'utilisation généralement faite de ces critères est plus complète ou plus nuancée même si elle n'est pas pour autant plus convaincante[406]. Les affaires récentes continuent à s'y référer[407]. Dans le jargon du droit international des investissements, les termes « *Salini test* » ou « critères *Salini* » sont d'utilisation régulière et de compréhension familière[408]. Lorsque la contribution au développement est invoquée pour caractériser un investissement, la décision *Salini* est presque toujours citée[409] et au moment de décider s'ils sont en face

---

405 *Saipem S.p.A. c. Bangladesh,* CIRDI n°ARB/05/07, Décision sur la compétence et recommandations pour des mesures provisoires, (21/03/07), §111.

406 Cela sera étudié plus bas.

407 Voir par exemple, *RSM Production Corporation c. République Centre Africaine*, CIRDI n°ARB07/02, Décision sur la compétence et la responsabilité (07/12/2010) [TBI États-Unis / République Centre Africaine], §50 ; *Alpha Projektholding GmbH c. Ukraine*, CIRDI n°ARB/07/16, Sentence (08/11/2010) [TBI Autriche / Ukraine], §313 ; *Millicom International Operations B.V. and Sentel GSM SA c. Sénégal*, CIRDI n°ARB/08/20, Décision sur la compétence (16/07/2010) [TBI Pays-Bas / Sénégal] ; *Malicorp Limited c. Arab Republic of Egypt*, CIRDI n°ARB/08/18, Sentence (07/02/2011) [TBI Royaume Uni / Egypte], §109.

408 GAILLARD (E.), « Reconnaître ou définir ? Réflexions sur l'évolution de la notion d'investissement dans la jurisprudence du CIRDI », *in, Le droit international économique à l'aube du XXIe siècle. En Hommage aux professeurs Dominique Carreau et Patrick Juillard,* Textes Réunis par Jean-Marc Sorel, Paris, Pédone, 2009, p.18 ; REINISCH (A.), *Recent Developments in International Investment Law*, Paris, Pédone, 2009, p.5.

409 Voir par exemple : *Patrick Mitchell c. République Démocratique du Congo*, CIRDI n°. ARB/99/7, Décision sur l'application d'annulation de la sentence (01/11/06), (TBI États-Unis/République démocratique du Congo), §30 ; *Phoenix Action, Ltd. c. République Tchèque*, CIRDI n°. ARB/06/5, Sentence (15/04/09), (TBI Israël/République Tchèque), §83 ; *Noble Energy, Inc. and Machalapower*

d'un investissement, les arbitres commencent très souvent leur analyse en partant de cette affaire[410] même si, *in fine*, tous les critères ne sont pas retenus[411]. Cela se produit dans la mesure où l'État défendeur se réfère souvent au *dictum Salini* en contestant toute contribution de l'activité litigieuse à son développement afin de convaincre le tribunal de l'inexistence d'un investissement dans le but d'éviter un arbitrage sur le fond. Ceci étant dit, il arrive que ce soit le demandeur qui utilise le critère du développement en faisant valoir l'apport de son activité

CIA. LTDA c. Equateur et 'Consejo Nacional de Electricidad', CIRDI n°. ARB/05/12, Décision sur la compétence (05/03/08), (TBI États-Unis/Equateur), §128 ; *Helnan International Hotels A/S c. Egypte*, CIRDI n°. ARB/05/19, Décision sur les objections à la compétence (17/10/06), (TBI Denmark/Egypte), §59 ; *Jan de Nul N.C. and Dredging International N.C. c. Egypte*, CIRDI n°. ARB/04/13, Décision sur la compétence (16/06/06) (TBI Belgo/Luxembourg/Egypte), §91 ; *Joy Mining Machinery Limited c. Egypt*, CIRDI n°. ARB/03/11, Sentence sur la compétence (06/08/04), (TBI Royaume Uni/Egypte), §62 ; *Malaysian Historical Salvors, SDN, BHD c. Malaysia,* CIRDI n°. ARB/05/10, Décision sur la compétence (17/05/07), (TBI R.U./Malaysie), §113 ; *RSM Production Corporation c. République Centre Africaine*, CIRDI n°ARB07/02, Décision sur la compétence et la responsabilité (07/12/2010) [TBI États-Unis / République Centre Africaine], §50 ; *Alpha Projektholding GmbH c. Ukraine*, CIRDI n°ARB/07/16, Sentence (08/11/2010) [TBI Autriche / Ukraine], §313 ; *Millicom International Operations B.V. and Sentel GSM SA c. Sénégal*, CIRDI n°ARB/08/20, Décision sur la compétence (16/07/2010) [TBI Pays-Bas / Sénégal] ; *Malicorp Limited c. Arab Egypte*, CIRDI n°ARB/08/18, Sentence (07/02/2011) [TBI Royaume Uni / Egypte], §109.

410 Voir par exemple : *Malaysian Historical Salvors, SDN, BHD c. Malaysia,* CIRDI n°. ARB/05/10, Décision sur la compétence (17/05/07), (TBI R.U./Malaysie), §74 ; *Patrick Mitchell c. République Démocratique du Congo*, CIRDI n°. ARB/99/7, Décision sur l'application d'annulation de la sentence (01/11/06), (TBI États-Unis/République démocratique du Congo), §30 ; *Phoenix Action, Ltd. c. République Tchèque*, CIRDI n°. ARB/06/5, Sentence (15/04/09), (TBI Israël/République Tchèque), §83 ; *Pantechniki S.A. Contractors & Engineers c. République d'Albanie*, CIRDI n°. ARB/07/21, Sentence (30/07/ 2009), (TBI Grèce/Albanie), §36 ; *Noble Energy, Inc. and Machalapower CIA. LTDA c. Equateur et 'Consejo Nacional de Electricidad'*, CIRDI n°. ARB/05/12, Décision sur la compétence (05/03/08), (TBI États-Unis/Equateur), §128 ; *Helnan International Hotels A/S c. Egypte*, CIRDI n°. ARB/05/19, Décision sur les objections à la compétence (17/10/06), (TBI Denmark/Egypte), §59 ; *Jan de Nul N.C. and Dredging International N.C. c. Egypte*, CIRDI n°. ARB/04/13, Décision sur la compétence (16/06/06) (TBI Belgo/Luxembourg/Egypte), §91 ; *Joy Mining Machinery Limited c. Egypt*, CIRDI n°. ARB/03/11, Sentence sur la compétence (06/08/04), (TBI Royaume Uni/Egypte), §62 ; *Malaysian Historical Salvors, SDN, BHD c. Malaysia,* CIRDI n°. ARB/05/10, Décision sur la

au développement de l'État d'accueil[412]. Toujours est-il que suite à l'affaire *Salini*, la contribution au développement est acceptée comme un critère de l'investissement. Plusieurs tribunaux vérifient si l'activité litigieuse contribue au développement de l'État défendeur pour conclure à l'existence d'un investissement. Cependant, ce critère est peu exploré dans toute sa technicité.

Section 2 : Un critère peu exploré techniquement

Cela relève sans doute d'une responsabilité importante pour un tribunal que d'assumer l'utilisation d'une quelconque définition du développement. La référence au développement a une portée à la fois pratique et fonctionnelle, mais aussi idéologique[413], et ce dernier point n'est pas nécessairement le bienvenu dans un processus de prise de

---

compétence (17/05/07), (TBI R.U./Malaysie), §73, §74 ; *Bayindir Insaat Turizm Ticaret Ve Sanayi A.S. c. Pakistan*, CIRDI n°. ARB/03/29, Décision sur la compétence (14/11/05) (TBI Turkie/Pakistan), §130 ; *Toto Costruzioni Generali S.p.A. c. République du Liban,* CIRDI n°.ARB/07/12, Décision sur la compétence (11/09/09), (TBI Italie/Liban), §69 ; *Mytilineos Holdings SA c. Serbie et Monténégro et République Serbe*, CNUDCI, Sentence sur la compétence (08/09/06), (TBI Grèce/Yougoslavie), §116 ; *Biwater Gauff (Tanzania) Ltd. c. Tanzanie*, CIRDI n°. ARB/05/22, Sentence (24/07/08), (TBI R.U./Tanzanie), §310 ; *Saipem c. bangladesh*, CIRDI n°. ARB/05/07, Décision sur la compétence et recommandations pour des mesures provisoires (21/03/2007), §111.

411 MANCIAUX (S.), « Actualité de la notion d'investissement international », *in*, LEBEN (C.) [dir.], *La procédure arbitrale relative aux investissements internationaux*, Paris, L.G.D.J., 2010, p.146. Pour deux affaires récentes voir : *Electrabel S.A. c. Hongrie,* CIRDI n°.ARB/07/19, Décision sur la compétence, sur le droit applicable et sur la responsabilité (30/11/2012), §5.43 ; *Quiborax S.A., Non Metallic Minerals SA & Allan Fosk Kaplún c. Bolivie* CIRDI n°.ARB/06/2, Décision sur la compétence (27/09/2012), §220 et s.

412 *SGS Société Générale de Surveillance SA c. République des Philippines*, CIRDI n°. ARB/02/6, Décision sur la compétence (29/01/04), (TBI Suisse/Philippinnes), §45 ; *Joy Mining Machinery Limited c. Egypt*, CIRDI n°. ARB/03/11, Sentence sur la compétence (06/08/04), (TBI Royaume Uni/Egypte), §40.

413 FLORY (M.), « Introduction Générale », *in,* FLORY (M.) *et al.*, *La formation des normes en droit international du développement*, Centre de recherches et d'études sur les sociétés méditerranéennes, Table Ronde franco-maghrébine, Aix-en-Provence, Editions du CNRS, 7 et 8 octobre 1982, p.9.

décision[414]. Même en l'absence d'un principe de précédent, les tribunaux savent que leurs *dicta* sont souvent repris. Il y a peut-être, là, une volonté de ne pas s'engager sur un terrain glissant où une politisation du procès est à craindre à chaque faux pas ou à chaque pas. Cependant, il n'est pas certain que ce soit à ce niveau que se trouve la raison sous-tendant l'absence d'une définition. En pratique, l'étude des décisions et des sentences démontre que les tribunaux n'ont souvent pas le souci et la démarche de définir le développement. Ils ne les rendent pas compréhensibles. Ces concepts sont peut-être tellement dilués dans les imaginations collectives[415] et font tellement partie de l'actualité quotidienne que leur compréhension est prise pour acquise ; aucune précision ne s'avère nécessaire. Dans ce même cheminement, la contribution au développement est élevée à l'état d'un critère de l'investissement par certains tribunaux, mais il n'est aucunement défini (Paragraphe 1) tout en faisant l'objet d'une interprétation inexacte (Paragraphe 2).

Paragraphe 1 : Un critère utilisé sans être défini

La méthode des tribunaux relève parfois de « l'impressionnisme ». Les arbitres livrent leurs impressions du développement plutôt que la réalité du développement. Plusieurs affaires attestent et expliquent cette affirmation. Elles confirment que le critère du développement est surtout utilisé de manière symbolique (A) et la raison en est, sans doute, l'absence de recours aux moyens techniques pour lui conférer une portée réelle (B).

A) Un critère à portée symbolique

N'étant ni défini ni expliqué, mais étant utilisé comme une image et sous une forme très simplifiée, le critère du développement s'impose difficilement comme un critère convaincant. Sous sa forme actuelle, il se présente, pour cette raison, comme un critère n'ayant qu'une portée symbolique. En effet, pour certains tribunaux, le

414 ALECHINA (I.), « The Contribution of the United Nations System to Formulating Development Concepts », *in*, *Different Theories and Practices of Development*, Paris, UNESCO, 1982, p.10.

415 GORDON (R.E), SYLVESTER (J.H.), « Deconstructing Development », *Wisconsin International Law Journal*, vol.2, no.1, 2004, p.3.

développement ou le développement économique relève de l'évidence et ne mérite, par conséquent, aucune définition et aucun approfondissement (i). Pour d'autres, si une véritable considération doit être apportée au développement *lato sensu*, la même importance n'est pas accordée à sa teneur et à son contenu (ii).

(i) Des affaires présentant le développement comme concept auto-explicatif

Le développement est très éclectique dans sa conception et dans sa compréhension. Pour cette raison, son étude s'accompagne d'une dose de complexité. Il n'est pas possible de tirer des conclusions sérieuses affirmant l'existence d'une contribution au développement d'un État par une simple lecture ou par une simple vision des faits d'une affaire sans aucune étude concrète préalable.

Certains tribunaux abordent cependant la question de manière plutôt brève en concluant, par une unique référence aux éléments factuels qui leur sont soumis, que le critère du développement est bien présent. Ils considèrent le développement comme une évidence. Ce faisant, le concept n'est abordé que de manière superficielle, mais les conclusions qui en ressortent ont des implications sérieuses, car elles influent grandement sur l'identification de l'investissement —, mais aussi sur la détermination de la compétence des tribunaux arbitraux. Des conclusions importantes découlent donc parfois d'analyses peu approfondies. Les paragraphes suivants illustrent ces propos.

Le premier cas illustratif est l'affaire *Jan de Nul N.C. and Dredging International N.C. c. Egypte.* En répondant avec succès à un appel d'offres, les sociétés Jan de Nul N.V. et Dredging International N.V., signèrent un contrat avec le *Suez Canal Authority*, personne publique égyptienne, le 29 juillet 1992. Pendant l'exécution du contrat, consistant en l'élargissement et l'approfondissement de certaines parties sud du Canal de Suez, les sociétés présumèrent que l'Autorité avait dissimulé quelques informations sur la quantité et la qualité du sol à être draguées. Elles estimèrent sur cette base que l'État égyptien avait manqué à ses obligations contractuelles et après un échec devant les tribunaux administratifs égyptiens, elles demandèrent la constitution d'un tribunal CIRDI en faisant valoir que ces manquements s'appliquaient aussi aux règles de droit international relatives à la protection et au traitement des investissements. Elles se fondèrent sur le traité bilatéral d'investissement existant entre l'Union Economique belgo-luxembourgeoise et l'Egypte[416]. Avant de décider si de telles règles avaient été violées, le tribunal devait se reconnaître compétent. Par conséquent et en application de l'article 25 de la Convention de Washington, la question de l'existence d'un investissement se posa et par son intermédiaire, celle de la contribution au développement fut évoquée. Le tribunal se reconnut compétent. Il souligna que l'activité était constitutive d'un investissement en s'appuyant sur les critères *Salini*[417]. Il fit valoir que la Convention de Washington ne contient pas de définition de l'investissement et en se basant sur certaines décisions antérieures s'étant elles-mêmes fondées sur l'affaire *Salini*, il expliqua que l'investissement s'identifie par une contribution, un certain risque, une certaine durée au long de laquelle le projet est mis en œuvre et « *a contribution to the host State's development, being understood that these elements may be closely interrelated, should be examined in their totality and will normally depend on the circumstances of each case* (...)[418]». En vérifiant les faits, le tribunal confirma la présence de tous les critères. En ce qui concerne le développement, il considéra que « *one cannot seriously deny that the operation of the Suez Canal is of paramount significance for Egypt's economy and development*[419] ». La conclusion est quelque peu catégorique et la méthode employée par le tribunal pour arriver à cette conclusion est, à vrai dire, peu convaincante ; en vérité, il n'y a aucune méthode. Elle se justifie par un moyen quelque peu impressionniste. L'impression qui s'en dégage est que toute activité impliquant l'approfondissement d'un canal ou d'un détroit de passage contribue nécessairement au développement de l'État concerné. Tout semble partir d'un préjugé où l'apparence d'un développement est considérée comme un développement. Le but ici n'est aucunement d'affirmer que l'activité litigieuse dans l'affaire *Jan de Nul* n'a pas d'apport au développement de l'État égyptien. Cependant, le développement doit être défini et les

416 Il s'agissait de deux TBI de 1977 et de 2002.

417 *Jan de Nul N.C. and Dredging International N.C. c. Egypte*, CIRDI n°. ARB/04/13, Décision sur la compétence (16/06/06), §91.

418 *Ibid.*, §91.(Les notes de bas de pages n'ont pas été citées).

419 *Jan de Nul N.C. and Dredging International N.C. c. Egypte*, CIRDI n°. ARB/04/13, Décision sur la compétence (16/06/06) (TBI Belgo/Luxembourg/Egypte), §92.

critères qu'une activité doit comporter pour contribuer au développement d'un État doivent être connus pour que de telles conclusions puissent être valablement mises en avant. Comme cela a déjà été mentionné, un tribunal n'a aucune obligation d'avoir recours à ce critère pour identifier un investissement. Toutefois, s'il le fait et s'il estime que le critère du développement est d'une réelle importance, il ne peut ignorer la technicité du concept. Dans le cas contraire, l'affirmation devient creuse. Elle se lit parfois comme une ode à une morale de solidarité bien pensante avec et en faveur des pays en développement. En avançant de la sorte, il existe un risque de traiter les questions du développement d'une manière très superficielle. La même critique peut, par exemple, aussi être adressée au tribunal ayant siégé dans l'affaire *Helnan International Hotels* c. *Egypte* en fait aussi partie.

Cette affaire opposait la société Helnan à l'Egypte. Un contrat avait été signé entre la société et le *Egyptian Company for Tourism and Hotels* (EGOTH) pour la gestion du *Shepheard Hotel* situé au Caire. A la suite d'une décision du Ministère du Tourisme égyptien déclassant le *Shepheard hotel* d'un hôtel cinq étoiles à un hôtel quatre étoiles, l'EGOTH commença une procédure d'arbitrage à l'encontre de la société Helnan. La sentence rendue par le Centre Régional d'arbitrage commercial international du Caire le 4 décembre 2004 ordonna à ce que l'hôtel soit remis à l'EGOTH, ce dernier devant payer 12,5 millions de livres égyptiennes à Helnan. La société ne pouvant faire annuler la sentence au niveau national demanda la constitution d'un tribunal CIRDI en arguant que l'État égyptien avait manqué à son obligation de protection pleine et entière, de traitement juste et équitable et de compensation prompte, adéquate et effective en cas d'expropriation. Il s'agissait une fois de plus d'une affaire sur la compétence où la question de l'existence d'un investissement se posa. L'affaire *Salini c. Maroc* fut à nouveau évoquée. Le tribunal considéra que tous les critères étaient réunis et que l'activité était un investissement au sens de la Convention de Washington. En considérant le critère du développement, le tribunal énonça que « [*a*]*s for the contribution of the development of the Egypt's development, the importance of the tourism industry in the Egyptian economy makes it* <u>*obvious*</u>[420]». Sur ce point la société demanderesse avait

[420] *Helnan International Hotels A/S c. Egypte*, CIRDI n°. ARB/05/19, Décision sur les objections à la compétence (17/10/06), §77 (Le soulignement est ajouté).

expliqué que son activité avait contribué au secteur touristique de l'Egypte et qu'elle avait été la première à avoir investi dans des régions populaires comme Sharm-el-Sheik, Ras Sudr, Nuweiba, Port Said et Fayed et que par ses activités de 'marketing', elle avait incité d'autres sociétés à investir[421]. Ce faisant, elle avait contribué au développement de l'État égyptien[422]. Ce dernier souleva qu'il n'y avait eu aucune contribution à son développement, car, selon lui, le développement d'un État n'est aucunement affecté par la seule gestion d'un hôtel[423]. La position du tribunal est, comme celle du tribunal *Jan de Nul*, catégorique. Il énonce, par un syllogisme douteux, que le secteur touristique est important pour le développement ; qu'il s'agit d'une activité liée au tourisme et que par conséquent, il y a une contribution au développement de la part de la société. Le tourisme est en effet un moteur du développement pour beaucoup d'États qui entreprennent des efforts considérables afin que ce secteur soit le plus rentable possible[424]. Ceci étant dit, tout ce qui relève de cette industrie ne contribue pas automatiquement au développement. Ou alors, ce rapprochement doit être démontré et prouvé. A titre d'exemple, la construction d'une chaîne d'hôtels au mépris des normes environnementales ou du bien-être de la population locale n'a pas nécessairement des effets positifs sur le développement[425]. Dans le même sens et dans le cas des États côtiers, il arrive parfois que de telles constructions mènent à l'extraction de sable qui aggrave l'érosion des plages[426] ; la gestion du secteur touristique peut, elle-même, impliquer la reproduction d'une inégalité sociale si le secteur est, par exemple, géré uniquement par quelques personnes ou par quelques familles — les propriétaires des hôtels — et concentré dans leurs mains malgré une forte présence étatique[427]. La relation entre tourisme et développement est, bien entendu, étroite, mais elle n'est

---

421 Cela rappelle la théorie de l'effet multiplicateur expliquée dans l'introduction.

422 *Helnan International Hotels A/S c. Egypte*, CIRDI n°. ARB/05/19, Décision sur les objections à la compétence (17/10/06), §66.

423 *Ibid.*, §60.

424 Voir, *Le Mauricien*, jeudi 13 août 2009, *disponible sur* : www.lemauricien.com/ (archives).

425 SORNARAJAH (M.), *The International Law On Foreign Investment*, U.K., Cambridge University Press, 2nd, 2004, p.263.

426 Voir par exemple : «Île Maurice. C'étaient de si belles plages, souvenez-vous», *Courrier international*, 29 juillet 2010 (édition en ligne).

427 Voir par exemple : GRÉGOIRE (E.), « Développement touristique et reproduction sociale à l'île Maurice », *Civilisations – Revue internationale d'anthropologie et de sciences humaines*, vol.57, 2008, pp.91-106.

aucunement systématique[428]. C'est la raison pour laquelle, il est important de préciser la définition du développement qui est utilisée ; cette définition inclut plusieurs paramètres et les faits doivent être mesurés à chacun d'entre eux. La seule contribution au revenu national, la seule augmentation du revenu national ne sont pas, comme il a été vu précédemment, forcément synonymes de développement. Tout dépend de ce qui est produit et de comment cela est produit[429]. En l'espèce, l'assimilation entre tourisme et développement s'apparente à une facilité. Comme dans l'affaire précédente, aucune démonstration n'est visible et ce qui semble si évident n'est pas expliqué. *In fine*, il est impossible de savoir pourquoi telle ou telle activité est contributive au développement — qui est, dans d'autres affaires, encore plus sacralisé, mais encore moins défini.

(ii) Des affaires sacralisant le développement sans le définir

La présentation du développement — et aujourd'hui du développement durable — comme un objectif de « l'humanité » emporte facilement un consensus mondial. Peu nombreux sont ceux qui y sont opposés[430]. Ceci étant dit, le développement ne se manifeste très souvent que de façon abstraite dans les discours. Parfois, certains y croient pour n'avoir pas compris ce qu'il est[431]. A quoi il est possible d'ajouter que beaucoup ne cherchent pas nécessairement à le comprendre. La seule croyance en ce que peut être le développement et non en ce qu'il est suffit. D'autres affaires relatives aux investissements internationaux s'en portent témoins.

---

[428] DEL RISCO YERA (Y.), MUNFET I. CERDAN (L.), « El turismo como estrategia del desarrollo en Cuba », *Estudos Geográficos*, vol.66, 2005, pp.293-318 ; PUPPIM DE OLIVEIRA (J.A.), « Governmental Responses to Tourism Development : Three Brazilian Case Studies », *Tourism Management*, vol.24, 2003, pp.97-110 ; SUNTOO (R.), « The Impact and Influence of Tourism in Mauritius : The Case of Flic en Flac », *The International Journal's Research Journal of Economics and Business Studies*, vol.1, no.3, 2012, pp.22-29.

[429] MEIER (G.M.), BALDWIN (R.E.), *Economic development : Theory, History, Policy*, New York, John Wiley & Sons, 1963, p. 7.

[430] Pour une position contraire, voir par exemple l'ouvrage collectif : *Défaire le développement, refaire le monde*, Paris, UNESCO, 2002, 260p.

[431] RIST (G.), « Sortir du développement », *Défaire le développement, refaire le monde*, Paris, UNESCO, 2002, p.23

Les arguments des parties dans l'affaire *Malaysian Historical Salvors* peuvent apporter un début de réponse à cet engrenage. Dans cette affaire, les critères mis en avant par la partie demanderesse afin de démontrer une contribution au développement de son État d'accueil, la Malaisie, n'est aucunement pris en compte par le tribunal qui leur substitue sa conception du développement, mais sans que cette dernière ne soit techniquement fondée et, encore moins, démontrée. La société Malaysian Historical Salvors est spécialisée dans le renflouage des navires. Par un contrat, dit « *no finds-no pay* », du 3 août 1991 passé avec la Malaisie, elle s'est engagée à localiser et à renflouer le cargo d'un navire britannique ayant coulé au large de Malacca en 1817. Aux termes du contrat, la société devait mener ces opérations en utilisant sa propre expertise, sa propre main-d'œuvre et ses propres équipements. Ce faisant, elle devait faire usage de ses propres ressources en assumant tous les risques. Elle avait, de même, pour obligation de nettoyer, de restaurer et de cataloguer les objets retrouvés. Elle fut, par ailleurs et par la suite, contractée par l'État malaisien pour procéder à la vente aux enchères des produits. Le différend est né suite au refus de la Malaisie de lui reverser 70% du montant des ventes initialement prévu pour des ventes ne dépassant pas 10 millions de dollars ; dans cette affaire, les ventes s'élevaient à 2,98 millions de dollars. Après des tentatives infructueuses dans l'ordre judiciaire interne, la société a demandé la constitution d'un tribunal arbitral CIRDI. Ce dernier était constitué d'un arbitre unique, M. Hwang. Devant, avant toute chose, décider si l'activité de renflouage est un investissement, il a entendu les parties sur le critère du développement. La société demanderesse a affirmé avoir contribué au développement économique et culturel de l'État malaisien. Les éléments mis en avant pour soutenir ce point sont principalement l'emploi des résidents locaux, le transfert de connaissances et de savoir-faire en matière de renflouage[432]. Vingt-sept exemples — potentiels — de contribution au développement furent mis en avant par le demandeur[433]. L'État défendeur contesta cette position en faisant valoir que le contrat n'avait qu'un intérêt archéologique et historique. Il évoqua là-dessus une clause du contrat. Cette dernière stipulait que l'État « *shall not commercially exploit such rights in relation to the finds except in so far as to propagate education, tourism, museums,*

---

[432] *Malaysian Historical Salvors, SDN, BHD c. Malaysia,* CIRDI n°. ARB/05/10, Décision sur la compétence (17/05/07), §132-136.

[433] *Ibid.*, §134.

culture and history[434]». Il souleva aussi qu'il n'y avait, dans les faits, pas eu de transfert de savoir-faire. Certains éléments pouvant permettre d'identifier le développement font ainsi surface : l'emploi de résidents locaux et le transfert de savoir-faire. A vrai dire, ces facteurs sont surtout appropriés pour mesurer un développement économique. L'impact du transfert de savoir-faire sur le développement avait déjà été mentionné dans l'affaire *Salini c. Maroc* où le tribunal avait aussi énoncé que la construction d'une infrastructure publique a automatiquement un impact positif sur le développement de l'État[435] avant de préciser que les investisseurs avaient, par ailleurs, transféré leur savoir-faire au Maroc[436]. Dans l'affaire *Malaysian Historical Salvors*, ces facteurs ne font toutefois pas l'objet d'un examen profond par l'arbitre. Il ne s'agit pas de dire que ce sont là des critères impératifs du développement ; ce sont des indicateurs mis en avant, ici par le demandeur, afin d'éclairer le concept obscur, ce qui a, au moins, le mérite d'ouvrir le débat sur la question.

Le tribunal ne s'y engagea, cependant pas et développa une argumentation uniquement pour expliquer l'importance qu'il faut accorder au critère du développement[437] ; il en fait même un critère déterminant et incontournable[438]. Finalement, il compara l'activité litigieuse avec celles ayant déjà fait l'objet d'autres affaires pour conclure que contrairement à ces dernières, la société n'avait pas contribué de manière significative au développement de l'État d'accueil[439]. Dans la conception de l'arbitre, seules les activités impliquant des apports en infrastructures lourdes ou celles ayant des

---

434 *Ibid.*,§137.

435 *Ibid.*, §57.

436 *Ibid., §57.*

437 *Ibid.*,§§66-68, §§114-136.

438 *Ibid.*,§135.

439 *Ibid.*,§143 ; voir aussi, BEN HAMIDA (W.), « La notion d'investissement : La notion maudite du système CIRDI ? », *Gaz. Pal.,* nov.-déc. 2007, p.37 ; VIS-DUNBAR (D.), « Malaysian Historical Salvors Jurisdictional Award Annulled ; Committee Split on Question of Economic Development as Criteria of ICSID Investments » *Investment Treaty News*, mai 2009, p.1, p.11 (*disponible sur* : www.iisd.org/itn/wp-content/uploads/2009/05/ITN-May-2009.pdf) ; GIVEN (J.P.), « Malaysia Historical Salvors Sdn., Bhd. v. Malaysia : An End to the Liberal Definition of "Investment" in ICSID Arbitrations? », *Loyola Los Angeles International and Comparative Law Review*, vol.31, pp.467-500.

liens avec des services bancaires importants sont susceptibles de contribuer au développement d'un État et de revêtir, par conséquent, la qualification d'investissement[440]. Les arguments soulevés par les parties sont délaissés et écartés. Pour le juge unique, l'activité, objet du contrat litigieux, n'a pu contribuer de manière significative au développement de la Malaisie,[441] car il s'agissait, pour lui, d'un contrat de service habituel, insuffisant pour avoir quelque effet sur le développement d'un État[442]. Sur cette base, il notifie son incompétence pour traiter l'affaire au fond en invoquant l'inexistence d'un investissement[443]. Toutes les discussions ont ainsi lieu non pas sur la réalité d'un concept étudié, mais sur sa fiction ; elles ne concernent pas ce qu'est le développement sur la base de sa définition et de sa technicité, mais ce qu'il n'est pas sur la base de croyances personnelles. La contribution au développement est perçue comme étant inexistante sans qu'il y ait un souci, de méthode, de comprendre ce qu'est, dans ce cas d'espèce, le développement.

La décision de l'arbitre unique dans l'affaire *Malaysian Historical Salvors* a été annulée par un Comité d'annulation. L'utilisation qu'il en a faite du critère du développement a été une des raisons de l'annulation. Le comité a considéré que la décision qui lui a été soumise se référait de manière excessive à l'article 25 de la Convention de Washington sans considérer le traité bilatéral d'investissement applicable en l'espèce[444] et que, ce faisant, le tribunal avait accordé un rôle prépondérant et injustifié au critère du développement. Ce dernier avait été interprété de manière excessive, ce qui excluait les contributions de faible valeur de la qualification d'investissement[445]. Or, il ressort clairement des travaux préparatoires que les négociateurs avaient expressément évité la référence à un montant minimum devant être accordé à une activité pour qu'elle soit qualifiée d'investissement et le comité reproche au tribunal de ne pas

---

440 *Malaysian Historical Salvors, SDN, BHD c. Malaysia,* CIRDI n°. ARB/05/10, Décision sur la compétence (17/05/07), (TBI R.U./Malaysie),§142.

441 *Ibid.*,§131.

442 *Ibid.*,§145-146.

443 HO (J.), « The Meaning of 'Investment' in ICSID Arbitrations », *Arbitration International*, Vol.26, No.4, 2010, p.636.

444 *Malaysian Historical Salvors, SDN, BHD c. Malaysia,* CIRDI n°. ARB/05/10, Décision sur l'annulation (16/04/09), §73.

445 *Ibid.*, §80 (b).

s'y être fondé[446]. L'importance capitale donnée au critère du développement par l'arbitre unique en faisait ici un élément juridictionnel phare dont l'absence excluait la compétence de tout tribunal.

L'un des arbitres du Comité d'annulation, le Juge Shuhabuddeen, a cependant joint une opinion dissidente à la décision. L'opinion se présente comme un véritable plaidoyer pour l'inclusion de la contribution au développement économique, précise le Juge, comme une ***condition*** de l'investissement[447]. Cette opinion affirme que sans une contribution au développement économique, une activité ne peut recevoir la qualification d'investissement. Selon l'arbitre dissident, les parties peuvent, par leur volonté, définir l'investissement de manière très large. La compétence d'un tribunal est cependant configurée par des limites extérieures logiques[448] qui vont au-delà de leur volonté. Ces limites extérieures de la compétence sont déterminées par l'existence d'une contribution au développement économique de l'État d'accueil et cette contribution doit, selon lui, être substantielle[449]. Sans trop justifier sa position, le Juge affirme qu'il va là d'une simple question de bon sens[450]. Il rappelle, par ailleurs, que les dépenses du CIRDI sont couvertes par les États membres et qu'elles sont, de même que ses revenus, ses biens, ses transactions et ses opérations exemptes d'imposition et de droits de douane. Cela implique que les États n'ont pas accepté de supporter de telles charges pour que le Centre profite aux activités qui ne contribuent pas à leur développement économique. Il lui est difficile de comprendre comment une entité œuvrant uniquement dans le sens de la fructification de ses propres bénéfices et n'étant en rien liée au développement économique de l'État qui l'accueille puisse porter une affaire devant un tribunal CIRDI[451]. Comme plusieurs arbitres, il se réfère aussi au contexte de la Convention de Washington pour justifier la référence au développement économique qui figure aussi dans la

---

446 *Malaysian Historical Salvors, SDN, BHD c. Malaysia,* CIRDI n°. ARB/05/10, Décision sur l'annulation (16/04/09), §80 (c).

447 *Malaysian Historical Salvors, SDN, BHD c. Malaysia,* CIRDI n°. ARB/05/10, Décision sur l'annulation (16/04/09), Opinion dissidente du Juge Mohamed Shuhabuddeen, §4.

448 *Ibid.*, §8.

449 *Ibid.*, §§33-38.

450 *Ibid.*, §34.

451 *Ibid.*, §§20-21.

trame des travaux préparatoires[452]. Il précise que les tribunaux tendent à minimiser cette question du développement[453]. Toutefois, ce que valorise le Juge Shuhabuddeen, c'est surtout le souhait du développement économique et l'image du développement en général. Il bâtit, certes, une argumentation juridique pour justifier l'emploi de cette 'condition' de l'investissement. Ce faisant, il n'explique pas quelles techniques et quelles méthodes doivent être utilisées par les tribunaux pour évaluer la contribution d'une activité. Si le développement *lato sensu* est une priorité et si, par les divers mécanismes d'interprétation, il peut être érigé en tant que critère ou condition de l'investissement, un tribunal doit se donner les moyens pour vérifier la teneur et la réalité d'un apport. Dans le cas contraire, et c'est ce qui prévaut en l'état actuel des choses, la seule importance qui est accordée au développement a une valeur et une portée purement symbolique. Il est aussi permis de douter d'une mission qui incomberait aux tribunaux arbitraux dont l'objectif serait une forme de militantisme en faveur du développement (ou des pays en développement).

Dans une autre affaire, en appliquant ces mêmes critères *Salini*, un tribunal a pu reconnaître un investissement avec une démonstration plutôt douteuse, notamment en ce qui concerne la contribution au développement. Dans cette affaire, *Millicom International Operations B.V. And Sentel SA c. Sénégal*[454], relative à l'exploitation de systèmes de téléphonie mobile, le tribunal a précisé qu'il n'était pas nécessaire de vérifier chaque critère, car ils étaient tous présents[455]. Il a affirmé que les contributions des opérations étaient telles qu'elles encourageaient le développement de l'État sénégalais[456]. Aucun détail supplémentaire ou explicatif n'apparaît. Le paraître prime sur l'être et le flou qui a toujours accompagné le développement dans les décisions et sentences arbitrales persiste. Ce critère est employé de manière tautologique ; les arbitres semblent dire que le développement... c'est le développement.

---

452 *Ibid.*, §14, §30.

453 *Malaysian Historical Salvors, SDN, BHD c. Malaysia,* CIRDI n°. ARB/05/10, Décision sur l'annulation (16/04/09), Opinion dissidente du Juge Mohamed Shuhabuddeen, §23.

454 *Millicom International Operations B.V. and Sentel GSM SA c. Sénégal*, CIRDI n°ARB/08/20, Décision sur la compétence (16/07/2010).

455 *Ibid.*, §80.

456 *Ibid.*

Il n'est pas forcément utile d'établir une liste de décisions allant dans le même sens que celles susmentionnées. C'est leur portée qui doit être retenue. Ce qui, en apparence, donnerait l'impression d'une forme de contribution au développement, est validé comme étant une contribution réelle au développement sans justification aucune. L'argument de l'évidence n'est pas convaincant même s'il est, pour l'instant, recevable et utilisé, et dans cette mesure, il se peut que l'utilisation de moyens techniques serait appropriée pour conférer une portée plus réelle au critère litigieux.

B) L'absence de recours aux moyens techniques pour conférer une portée réelle au critère du développement

Plusieurs facteurs sont considérés par les économistes dans leur étude du développement. Des éléments variés comme le système éducatif et de santé, la forme gouvernementale, le rôle de la famille et de la religion ou la qualité de l'environnement font partie de l'analyse [457]. Le développement n'est pas simplement synonyme de richesses ; il englobe aussi la distribution optimale de ces richesses et leur impact sur le niveau de vie général d'une population[458]. Ainsi, comme il a été dit, la contribution au développement d'une activité d'investissement ne se mesure pas uniquement au niveau de la contribution monétaire et financière. Les flux d'investissements très importants dans plusieurs États d'Afrique n'ont, par exemple, pas nécessairement contribué à accentuer leur niveau de développement. La politique de réception et d'utilisation de ces flux par la suite est un élément primordial pour diriger le développement du pays. D'autres facteurs entrent en ligne de compte et agrandissent le champ de compréhension du développement. La dimension environnementale qui est une préoccupation grandissante acquiert de plus en plus un rôle fondamental dans le contexte du développement ; les paramètres environnementaux sont pertinents, car ils influent sur la qualité de vie d'une population. Les prêts de la Banque Mondiale à l'appui des

---

457 BARRIERE (A.), *Le développement divergent. Essai sur la richesse et la pauvreté des nations*, Paris, Economica, 1978, p.14.

458 DAVID (E.) et LEFEVRE (G.), *Juger les multinationales. Droits humains bafoués, ressources naturelles pillées, impunité organisée*, Bruxelles, GRIP/Mardaga, 2015, p.11.

politiques de développement prennent souvent en considération les aspects environnementaux[459] ; la Banque effectue souvent des études sur la gestion et l'impact environnementaux[460].

Concept polymorphe, le développement ne peut être réduit, sans être minimisé, à une simple description factuelle. L'objectif du développement peut être consensuel, mais sa définition et ses implications ne le sont pas. Comme le souligne la Professeure Brigitte Stern, la création d'un grand magasin qui offre les prix très peu élevés aux consommateurs, mais qui porte atteinte à l'activité des petites entreprises nationales ne constitue pas nécessairement un investissement qui contribue au développement. Dans le même sens, elle se demande si les activités d'une mine d'or qui détruisent une forêt tropicale ou la terre sacrée d'un peuple indigène ou qui portent atteinte à l'environnement sont propices au développement. Elle en conclut que ces seules questions suffisent à soulever la difficulté que comporte l'incorporation du développement à la définition de l'investissement[461]. Le calcul d'une contribution au développement nécessite l'utilisation des certains indicateurs,[462] mais aussi, le choix et

---

459 KINDT (J.W.), « Providing for Environmental Safeguards in the Development Loans Given by The World Bank Group to the Developing Countries », *Georgia Journal of International and Comparative Law*, vol.5, 1975, pp.540-557. Voir aussi : *Affaire relative au Projet Gabcikovo-Nagymaros (Hongrie / Slovaquie)*, arrêt du 25 septembre 1997, opinion séparée du Juge Weerammantry, C.I. J., Recueil 1997, p.98 : « «[l]'*idée de concilier les besoins du développement et la protection de l'environnement n'est donc pas nouvelle. Il y a des milliers d'années, ces préoccupations étaient déjà à l'ordre du jour et la conciliation opérée entre leurs exigences jumelles était si fructueuse qu'elle est porteuse d'un message pour notre époque. (…) Je parle cle l'antique civilisation, fondée sur l'irrigation, du Sri Lanka. Il s'agit d'un système qui, tout en reconnaissant la nécessité du développement et en entreprenant résolument la réalisation de projets à cette fin, a dans le même temps expressément énoncé le besoin de protéger l'environnement et s'est assuré que les techniques qu'il utilisait tenaient bien compte des considérations liées à l'environnement. Ce souci de l'environnement trouve son expression non seulement dans sa littérature et ses techniques, mais aussi dans son système juridique, car l'abattage de certaines forêts était interdit, des refuges pour la faune furent créés et des édits royaux prescrivaient d'utiliser jusqu'à la dernière goutte sans le moindre gaspillage la ressource naturelle que constituait l'eau.* ».

460 Pour une liste d'études, voir : http ://go.worldbank.org/KCY87DXAH0

461 STERN (B.), « The Contours of the Notion of Protected Investment », *ICSID Review, Foreign Investment Law Journal*, vol.24, No.2, Fall 2009, p.543.

462 MANCIAUX (S.), *Investissements étrangers et arbitrage entre États et ressortissants d'autres États. Trente années d'activité du CIRDI*, Dijon, Litec-

la maîtrise technique de ces indicateurs ; il implique aussi le choix d'une période de référence et il est, dans cette mesure, difficile d'évaluer la portée d'une activité si cette dernière est positive pour le développement d'un État sur une durée donnée et qu'elle en a un effet négatif par la suite[463]. Pour ces mêmes raisons, le raisonnement du Comité *ad hoc* dans une affaire *Patrick Mitchell*[464] a été critiqué de la sorte par Monsieur Ben Hamida qui se demande dans quelle mesure les tribunaux arbitraux disposent de la légitimité et de la compétence technique pour déterminer une contribution au développement, surtout lorsqu'une contribution peut émaner de projets liés à l'armement ou lorsqu'il s'agit d'investissement portfolio [465].

Une analyse technique du développement fait souvent défaut au raisonnement des tribunaux. Les quelques affaires susmentionnées corroborent ce point. Les arbitres ne vérifient pas, par exemple, le nombre d'emplois créés par une société de construction ; si des emplois sont créés, ils n'examinent pas le niveau des salaires versés ou le respect du droit du travail local par la société ; ils n'expliquent pas la nature et la qualité ou l'utilité du savoir-faire transféré ; ils n'étudient pas l'impact environnemental de l'activité. Ils concluent pourtant à l'existence d'une contribution au développement de l'État d'accueil. Dans cette même veine, se pose aussi la question de l'effectivité ou de la potentialité de la contribution au développement [466]. L'évaluation d'une contribution effective ou potentielle se fait par l'utilisation d'un facteur temporel. C'est le temps qui sert d'indicateur. Dans la phase pré-investissement, c'est la potentialité de la contribution qui doit être mesurée. C'est par exemple de la sorte que procédera l'AMGI. Les opérations n'ayant pas encore eu lieu, l'Agence ne peut qu'examiner les possibles contributions au développement de l'État soit aux termes de l'article 3.06 de la réglementation opérationnelle précitée, soit aux termes de l'article 3.09 qui dispose, entre autres, que le projet doit respecter les

---

CREDIMI, 2004, p.71.

463 MANCIAUX (S.), *Investissements étrangers et arbitrage entre États et ressortissants d'autres États. Trente années d'activité du CIRDI*, Dijon, Litec-CREDIMI, 2004, p.71.

464 *Patrick Mitchell c. République Démocratique du Congo*, CIRDI n°. ARB/99/7, Décision sur l'application de l'annulation de la sentence (01/11/2006).

465 BEN HAMIDA (W.), « La notion d'investissement : La notion maudite du système CIRDI ? », *Gaz. Pal.,* nov.-déc. 2007, p.36.

466 *Ibid.*

objectifs et les priorités de l'État hôte en matière de développement[467]. Par définition, cette évaluation ne peut se faire qu'en amont. Cela nécessite bien entendu, toute une technicité de calcul complexe ; logiquement, des compétences techniques sont fondamentales et pour cela, des économistes et des spécialistes du développement sont employés à l'Agence.

En revanche, lorsque les opérations ont déjà eu lieu ou sont en cours d'activité, c'est la réalité de la contribution qui doit être étudiée. Dans la logique temporelle, cela se passe au moment où un tribunal est saisi. Normalement, l'activité litigieuse a déjà commencé. Par conséquent, les données permettant une évaluation de la contribution réelle sont disponibles. C'est à ce stade que se pose le réel problème, car les arbitres ne disposent pas ou ne s'arment pas de moyens leur permettant d'examiner objectivement la question. Le droit permet à lui seul difficilement de comprendre comment fonctionne une économie et son développement[468] et ce faisant, les tribunaux se placent souvent hors du réel[469]. Dans une affaire récente, *Malicorp Ltd. c. Egypt*[470], une approche plutôt contestable a été adoptée à ce sujet. Le différend est né d'une annulation de contrat entre l'Egypte et la société britannique *Malicorp* ayant pour objet la construction de l'aéroport international de Ras Sudr. Aucune opération n'avait été réalisée au moment de l'annulation contractuelle et le tribunal siégeant dans cette espèce devait déterminer dans quelle mesure il s'agissait d'un investissement. Il déclara qu'il était bien en présence d'un investissement et il expliquait que s'il était vrai que la société britannique n'avait vraisemblablement pas fourni des services en relation avec le contrat, le fait d'y être lié signifiait qu'elle avait l'obligation de faire des contributions majeures dans le futur. Selon le tribunal, c'est cet engagement qui constitue l'investissement, car il comprend la promesse d'effectuer des contributions dans le futur. La protection due

---

467 Voir article 3.09 des *Operational Regulations, disponible sur* : http ://www.miga.org/documents/Operations-Regulations.pdf.

468 OHNESORGE (J.K.M.), « Developing Development Theory : Law and Development Orthodoxies and the Northeast Asian Experience », *University of Pennsylvania Journal of International Economic Law*, vol.2, no.28, 2007, p.226.

469 Lors d'un entretien avec une Professeur d'économie du développement, Mme Sindzingre, cette dernière qualifiait souvent de 'réels' les outils et les méthodes économiques permettant de saisir un phénomène économique.

470 *Malicorp Limited c. Arab Republic of Egypt*, CIRDI n°ARB/08/18, Sentence (07/02/2011) [TBI Royaume Uni / Egypte].

à l'investisseur s'étend ici, affirme le tribunal, au manque à gagner dont il aurait pu s'attendre pour les contributions qu'il n'avait pas encore faite mais qu'il était contractuellement obligé d'effectuer [471]. C'est donc un investissement prospectif qui est constaté et protégé. Les critères utilisés pour arriver à ce type d'investissement sont eux aussi prospectifs ; ils concernent ce que la société ferait ou ce qu'elle aurait pu faire et non ce qu'elle fait ou ce qu'elle a fait. Ainsi et pour ne considérer que le critère de l'apport au développement, le tribunal souligne que par sa nature et par sa taille, l'activité en question aurait contribué au développement économique et touristique de la région où elle est implantée si le contrat avait été exécuté[472]. Les raisons de cette conclusion ne sont pas précisées. Le tribunal fait peut-être une lecture *prima facie* de ce critère, mais toujours est-il que même les éléments *prima facie* doivent reposer sur un fondement minimum et satisfaisant. Sa portée est, dans le cas contraire, critiquable. Un tribunal qui accepte d'utiliser les critères *Salini* doit vérifier si les faits de l'affaire correspondent à ces critères. Un tribunal dira, par exemple, qu'il y a eu un apport et non pas qu'il y aurait pu y avoir un apport.

Dans le même esprit, si tant est que le critère du développement soit utilisé, il faut qu'il le soit dans sa positivité et non dans sa possibilité. Il n'en reste pas moins que dans les deux cas, les compétences techniques des tribunaux connaissent la même limite qui est celle de cerner tous les paramètres du développement et de les retranscrire rigoureusement dans le cadre et pour les besoins de l'affaire. La double logique dernière leur raisonnement est cependant la même.

De deux choses, la première : le développement est approché sous sa forme idéelle et aucune importance n'est accordée à sa conception matérielle. Ensuite, les tribunaux ne semblent pas vouloir s'étendre sur la réalité de la contribution d'une activité au développement d'un État de sorte que le critère est souvent invoqué avec une facilité qui en dénature la teneur. Les tribunaux peuvent, s'ils le jugent utile, demander aux parties de présenter des documents sur une question spécifique, ils peuvent faire citer des témoins ou entendre des experts. C'est ce que précise l'article 34 (2) (b) du

---

[471] *Malicorp Limited c. Arab Republic of Egypt*, CIRDI n°ARB/08/18, Sentence (07/02/2011) [TBI Royaume Uni / Egypte],§113.

[472] *Ibid.*, §111.

Règlement d'arbitrage du CIRDI[473]. Le recours à des experts spécialisés en matière de développement est sans doute le meilleur moyen de rendre le concept compréhensible afin d'affiner et de confirmer – ou pas – sa fonction de critère. Leur expertise permettrait de rendre compte de la complexité du développement et en même temps, le concept serait abordé avec plus d'objectivité et, peut-être, avec moins de facilité et d'évidence. Il serait, certes, légitime de se demander si l'article 34(2)(b) mérite d'être appliqué pour le seul compte de l'éclaircissement d'un critère de l'investissement et si toute une mobilisation d'experts est justifiée à cet effet. Cela peut avoir l'air d'un *Much Ado About Nothing,* mais si la référence au développement est, pour certains tribunaux, fondamentale, il est difficile de comprendre pourquoi ils ne s'y attardent pas plus longuement pour que le critère soit étudié à sa juste valeur. Si le développement fait partie de la raison d'être du système de règlement des différends et de la relation entre investisseurs et États, plus d'attention doit lui être accordée. Dans le cas contraire, la démarche est douteuse et le critère s'enrobe lui-même d'un caractère douteux, car s'il n'a qu'une portée purement abstraite, sa raison d'être peut-être questionnée. Il est vrai qu'il existe une attente à ce que les décisions soit rendues dans un délai raisonnable et par conséquent, cela laisse souvent peu de temps à des considérations économiques, sociologiques ou philosophiques élaborées[474]. Dans ce cas, il serait plus raisonnable de ne pas utiliser le critère litigieux, car l'observation de la pratique montre, au demeurant, qu'au-delà d'être indéfini, le critère fait aussi l'objet d'une interprétation inexacte.

---

473 Le Règlement est disponible sur : http ://icsid.worldbank.org/ICSID/StaticFiles/basicdoc-fra/CRR_French-final.pdf.

474 FASTENRATH (U.), « A Political Theory of Law : Escaping the Aporia of the Debate on the Validity of Legal Argument in Public International Law », *in*, FASTENRATH (U.), GEIGER (R.), KHAN (D.E.), PAULUS (A.), SCHORLEMER (S.V.), VEDDER (C.), *From Bilateralism to Community Interest. Essays in Honour of Judge Bruno Simma*, Oxford, Oxford University Press, 2011, p.61.

Paragraphe 2 : Un critère objet d'une interprétation inexacte

Plus l'étude du développement en tant qu'indicateur de l'investissement est approfondie, plus sa pertinence devient douteuse. L'examen minutieux du critère révèle plusieurs lacunes, notamment parce que son interprétation par les arbitres est parfois inexacte. Leur démarche herméneutique, elle même confuse sur certains points (A), confirme à la fois la valeur purement symbolique allouée au développement et le traitement « léger » qui lui est accordé. Le développement comme critère de l'investissement fait partie de ce Hart appelle les problèmes de la pénombre[475] : ce sont les problèmes qui surviennent dans un domaine du droit, en se plaçant à côté des principes connus et établis et qui se présentent parfois lors de l'application du droit. La compréhension des problèmes de la pénombre passe par des terrains qui ne sont pas toujours ceux de la science juridique. Dans cette optique, il est possible de rechercher si des considérations non nécessairement juridiques motivent une certaine interprétation des textes pour que le développement soit pris en compte comme critère de l'investissement. En étudiant certaines questions liées au développement dans le droit international des investissements, une partie de la doctrine a proposé d'examiner le lien qu'elles peuvent avoir avec la nationalité des arbitres, notamment, la valeur que ces derniers accordent au développement lorsqu'ils sont des nationaux de pays en développement. Ce statut des arbitres peut ici être étudié afin de comprendre s'il existe un rapport entre les arbitres issus de pays en développement et la volonté de procéder à une interprétation qui mette en avant — même de manière inexacte — le développement comme un critère de l'investissement (B).

A. Une démarche herméneutique confuse

Les critiques adressées ci-avant au raisonnement des tribunaux concernaient l'absence de définition du développement. Elles doivent être réitérées sur d'autres aspects de l'utilisation non maîtrisée du concept. L'introduction du présent travail avait établi la distinction entre développement et développement économique en expliquant leurs spécificités et leurs différences. Plusieurs tribunaux arbitraux ne

---

[475] HART (H.L.A), « Positivism and the Separation of Law and Morals », *Harvard Law Review*, Vol. 71, No. 4., février 1958, p.607.

font pas cette distinction et leur démarche interprétative confond d'une part, développement et développement économique (i) et, d'autre part, la fonction qu'ils attribuent au développement ou au développement économique (ii).

(i) L'interprétation confondant « développement » et « développement économique »

Il ne serait ni novateur, ni révolutionnaire d'affirmer l'utilité du mot juste ou du terme exact dans l'interprétation et dans l'application d'un texte juridique. La Convention de Vienne sur le droit des traités est on ne peut plus clair là-dessus. Les termes d'un traité doivent être conférés leur sens ordinaire[476]. Partant, si le préambule de la Convention de Washington fait état de « développement économique », c'est ce terme qui doit être interprété et utilisé. Or, plusieurs tribunaux confondent 'développement économique' et 'développement'. Cela peut être dû à une simple maladresse ou à un manque de connaissances techniques sur la question du développement. Toujours est-il que les deux concepts sont différents. Ils peuvent se rejoindre, mais ils ne se confondent pas. Il y a ainsi lieu de les dissocier. Si les arbitres veulent s'y référer pour identifier un investissement, l'interprétation contextuelle de la Convention de Washington commande l'utilisation du « développement économique » (a) ; en même temps, la présence du « développement » est très visible dans les décisions et comme elle ne saurait être niée, son existence juridique doit être justifiée (b).

[476] Article 31(1) de la Convention de Vienne sur le droit des traités.

(a) L'interprétation contextuelle commandant l'utilisation du développement économique comme critère de l'investissement

Concernant la question de la compétence des tribunaux, mention a été faite des textes et des travaux qui se réfèrent au développement. Dans l'explication qui en a été donnée, le critère a été présenté tel qu'il est employé par les tribunaux. Sur ce point, il existe toutefois et parfois un décalage entre ces textes et la position de certains tribunaux. Cela est dû, notamment, à la qualification qu'ils attribuent au développement. En effet, les textes précisent que la protection des investissements est un adjuvant au développement économique. Il importe d'insister sur l'adjectif qualificatif « économique ». Le préambule de la Convention de Washington et un pan des travaux préparatoires font clairement ressortir la référence au « développement économique »[477]. Or, les tribunaux emploient parfois les termes « développement » et « développement économique » de manière indifférente[478]. Par exemple, le tribunal *Salini* se référait au développement économique[479] ; le tribunal siégeant dans une affaire *Toto Costruzioni Generali S.p.A. c. Liban* citait le cas *Salini* en faisant ressortir le critère de la contribution au développement et non du développement économique[480]. Dans la même décision sur la compétence, le tribunal insistait cependant, quelques paragraphes plus loin, sur l'existence d'une contribution substantielle au développement, économique cette fois-ci[481]. Cette confusion est faite par plusieurs tribunaux[482]. Dans une même décision, sur les mêmes

---

[477] Voir le premier paragraphe du préambule de la Convention de Washington susmentionné, *disponible sur* : http ://icsid.worldbank.org/ICSID/StaticFiles/basicdoc-fra/CRR_French-final.pdf.

[478] Pour une décision récente, voir : *Ambiente Ufficio S.p.A. et autres c. Argentine,* CIRDI no.ARB/08/9, Décision sur la compétence (08/02/2013), §487.

[479] *Salini Construtorri S.p.A. and Italstrade S.p.A. c. Morocco*, CIRDI n°. ARB/00/4, Décision sur la compétence (23/07/01), (TBI Italie/Maroc), §52.

[480] *Toto Costruzioni Generali S.p.A. c. République du Liban,* CIRDI n°.ARB/07/12, Décision sur la compétence (11/09/09), §69.

[481] *Ibid.*, §70, §86.

[482] Voir par exemple : *Ambiente Ufficio S.p.A. et autres c. Argentine,* CIRDI no.ARB/08/9, Décision sur la compétence (08/02/2013), §487 ; *Patrick Mitchell c. République Démocratique du Congo*, CIRDI n°. ARB/99/7, Décision sur l'application d'annulation de la sentence (01/11/06), (TBI États-Unis/République démocratique du Congo), comp. §27, §29 au §30 ; *Noble Energy, Inc. and Machalapower CIA. LTDA c. Equateur et 'Consejo Nacional de Electricidad'*, CIRDI n°. ARB/05/12, Décision sur la compétence (05/03/08), (TBI États-

faits et concernant le problème de l'identification de l'investissement, plusieurs arbitres utilisent les termes développement et développement économique comme des synonymes en les substituant mutuellement.

Dans l'affaire *Phoenix*, le demandeur soutenait que la question du « développement économique » se posait uniquement dans le cadre d'un contrat d'État[483] et alors que le défendeur insistait sur l'absence de quelque contribution à son 'développement'[484], le tribunal faisait ressortir, pour sa part, la difficulté de garantir l'apport d'une activité au « développement » de l'État d'accueil. L'affaire *Malaysian Historical Salvors* ayant traité ce critère de manière extensive fait apparaître la même confusion[485].

Conformément au principe d'effectivité, les arbitres ont l'obligation de ne pas trahir, de ne pas grossir et ne pas diminuer le sens du texte qu'ils interprètent. Ils ne peuvent en altérer les termes. Il existe dans ce sens une différence entre développement et développement économique. Les utiliser de manière indifférente n'obéit pas nécessairement à l'esprit de la Convention de Washington — et encore moins à celui de la Convention de Vienne sur le droit des

---

Unis/Equateur), comp. §128, §132 au §161 ; *Helnan International Hotels A/S c. Egypte*, CIRDI n°. ARB/05/19, Décision sur les objections à la compétence (17/10/06), (TBI Denmark/Egypte), comp. §58, §59, §60 aux §77 et §88 ; *Joy Mining Machinery Limited c. Egypt*, CIRDI n°. ARB/03/11, Sentence sur la compétence (06/08/04), (TBI Royaume Uni/Egypte), comp. §40, §53, §§62-63 ; *Malaysian Historical Salvors, SDN, BHD c. Malaysia*, CIRDI n°. ARB/05/10, Décision sur la compétence (17/05/07), (TBI R.U./Malaysie), comp. §44, §47, §66, §67, §68, §78, §111, §117, §122, §130, §136, §136, §142, §143, §144 ; *Bayindir Insaat Turizm Ticaret Ve Sanayi A.S. c. Pakistan*, CIRDI n°. ARB/03/29, Décision sur la compétence (14/11/05) (TBI Turkie/Pakistan), §130, §137 ; *Mytilineos Holdings SA c. Serbie et Monténégro et République Serbe*, CNUDCI, Sentence sur la compétence (08/09/06), (TBI Grèce/Yougoslavie), comp. §116, §124.

Voir aussi : *Abaclat et autres c. Argentine*, CIRDI n°. ARB/07/5, Décision sur la compétence et sur la recevabilité (04/08/2011) [TBI Italie/Argentine], Opinion dissidente du Professeur George Abi-Saab du 28 octobre 2011, §49, §50, §111, §114, §115.

483 *Phoenix Action, Ltd. c. République Tchèque*, CIRDI n°. ARB/06/5, Sentence (15/04/09), §50.

484 *Ibid.*, §39.

485 *Malaysian Historical Salvors, SDN, BHD c. Malaysia,* CIRDI n°. ARB/05/10, Décision sur la compétence (17/05/07), comp. §44, §47, §66, §67, §68, §78, §111, §117, §122, §130, §136, §136, §142, §143, §144.

traités.

Le développement économique est, certes, une forme ou une composante du développement, mais il ne s'y confond pas, car une contribution au développement économique n'implique pas toujours une contribution au développement d'un État. Comme ce travail l'a démontré dans l'introduction, le développement économique est un processus par lequel la valeur réelle du revenu national d'un État croît sur un long terme[486]. Cette augmentation en termes de revenu ne signifie pas obligatoirement qu'il ait une contribution générale au développement. Les variations du produit intérieur brut d'un État ne sont qu'une mesure approximative de l'état du développement[487]. Tout dépend de ce qui est produit et de la politique de redistribution. La production d'équipement militaire n'a, par exemple, pas toujours un impact direct et positif sur le développement[488]. Et tout dépend aussi du coût de la production en question qui peut, par exemple, être faite en épuisant les ressources naturelles ou au détriment de la santé, de l'environnement ou des droits humains. En effet, l'évaluation du développement se fait normalement selon une méthode holiste par laquelle plusieurs facteurs, dont le facteur économique, sont considérés simultanément[489]. Il n'est ni rigoureux, ni réaliste de présenter ou de comprendre le développement qu'en termes

---

486 FURTADO (C.), *Développement et sous-développement*, Paris, PUF, 1966, p.79 ; MEIER (G.M.), *The International Economics of Development : Theory and Policy*, New York, Harper & Row, 1968, p.2.

487 Voir, STIGLITZ (J.E.), SEN (A.), FITOUSSI (J-P), *Rapport de la Commission sur la mesure des performances économiques et du progrès social*, 2009, voir notamment le Chapitre 1, p.23 et suiv. (Le rapport est disponible sur : www.stiglitz-sen-fitoussi.fr/documents/rapport_francais.pdf) ; SINGER (H.W.), « La création de la CNUCED et l'évolution de la pensée contemporaine sur le développement », *Revue tiers-monde,* Tome 35, no.139, p.490.

488 MEIER (G.M.), *The International Economics of Development : Theory and Policy*, New York, Harper & Row, 1968, p.7. Pour un argument contraire voir : ROSTOW (W.W.), *Les étapes de la croissance économique*, Paris, Seuil, 1963, p.91. L'auteur affirme que l'armement contribue potentiellement au démarrage des États en citant l'exemple de l'Allemagne, de la Russie ou du Japon tout en se gardant de préciser le rôle secondaire de ce secteur.

489 World Bank Evaluation Department, *1999 Annual Review of Development Effectiveness*, 20180, novembre 1999, pp.1-4, *disponible sur* : http ://go.worldbank.org/Z2M8K72ED0 ; NECHIFOR (I.), « Culture, développement et tiers-monde », UNESCO, Etudes et rapports de l'Unité de recherche et de gestion culturelle - No 6, Document CLT/CIC/CRM/98/033, 1998, p.6.

économiques[490]. Le développement se compose d'éléments sociaux, structuraux, humains, environnementaux, économiques, juridiques, culturels, religieux, financiers, d'éléments de gouvernance[491], de liberté pour certains[492], de dépeuplement pour d'autres[493]. Sa lecture ne serait être monoculaire. C'est, par exemple, ce que précise le Cadre de Développement Intégré ou *Comprehensive Development Framework* de la Banque Mondiale. Le Cadre de Développement Intégré a été mis sur pieds par la Banque Mondiale en 1999 en réponse à l'inefficacité de ses précédentes mesures visant à stimuler le développement. La

490 AUSTRY (J.), *Le scandale du développement*, Genève, Slatkine, 1987, p.74 ; AZOULAY (G.), *Les théories du développement. Du rattrapage des retards à l'exception des inégalités*, Rennes, Presses Universitaires de Rennes, 2002, p.34 ; BARRIERE (A.), *Le développement divergent. Essai sur la richesse et la pauvreté des nations*, Paris, Economica, 1978, p.4, HYDE (J.N.), « Economic Development Agreements», *R.C.A.D.I.*, Tome I, vol. 105, 1962, p.277 ; MEIER (G.M.), *The International Economics of Development : Theory and Policy*, New York, Harper & Row, 1968, p.14.

491 ADELMAN (I.), *Teorias de desenvolvimento econômico*, Rio de Janeiro, Forense, 1972, p.1 ; ALECHINA (I.), « The Contribution of the United Nations System to Formulating Development Concepts », *in, Different Theories and Practices of Development*, Paris, UNESCO, 1982, p.11, p.22 ; AZOULAY (G.), *Les théories du développement. Du rattrapage des retards à l'exception des inégalités*, Rennes, Presses Universitaires de Rennes, 2002, p.34 ; BOYLE (A.E.), « Environment and Development : Accountability through International Law », *Third World Legal Studies*, 1993, p.95-98 ; BRADLOW (D.D), « The World Bank, the IMF and Human Rights », *Transnational Law & Contemporary Problems*, vol.6, 1996, pp.48-50 ; CAMERON BLAKE (R.), «The World Bank's Draft Comprehensive Development Framework and the Micro-Paradigm of Law and Development », *Yale Human Rights and Development Law Journal*, vol.3, 2000, p.160 ; CNUCED, *International Investment Agreements : Flexibility for Development*, UNCTAD/ITE/IIT/18, 2000, p.11 ; DAVIS (K.E.), TREBILCOCK (M.J.), « The Relationship Between Law and Development : Optimists versus Skeptics », *The American Journal of Comparative Law*, vol.56, 2008, pp.895-898 ; DIAS VARELLA (M.), *Direito Internacional Econômico Ambiental*, Belo Horizonte, Del Rey, 2003, p.7 ; HUGON (P.), « Droit, droits et économie du développement » Illustration à propos de l'alimentation, *Monde en développement,* vol.1, no.129, 2005, p.14 ; HYDE (J.N.), « Economic Development Agreements», *RCADI*, Tome I, vol. 105, 1962, p.273-274 ; LICHTENSTEIN (N.G.), « Law in China's Economic Development : An Essay from Afar », *ICSID Review-Foreign Investment Law Journal*, vol.17, no.1, 2002, pp.1-20 ; MEIER (G.M.), *The International Economics of Development : Theory and Policy*, New York, Harper & Row, 1968, p.14 ; MERRYMAN(J.H.), « Comparative Law and Social Change : On the Origins, Style, Decline & Revival of the Law and Development Movement », *American Journal of Comparative Law*, vol.25, 1977, pp.461-463 ; PAATII OFOSU AMAAH (W.), « Reforming Business-Related Laws to Promote Private Sector Development :

solution proposée est d'aborder la question de manière panoramique, en ayant une approche d'ensemble et non sectorielle et fragmentée du développement[494]. Il y a eu, là-dessus, un changement de perspective de la Banque Mondiale. Elle avait initialement une acception strictement économique du développement[495] et c'était l'acception qui prévalait dans les années 1950 et 1960[496]. Par exemple, l'Association internationale de Développement créée en 1960 sous son égide dans le but d'aider les pays les moins développés a pour objectif d'encourager leur « développement économique[497] » comme le précise l'article 1 son statut. Il en va de même pour la Société Financière Internationale, affiliée à la Banque pour promouvoir le développement économique par l'intermédiaire des entreprises privées[498]. La Banque a graduellement élargi et arrondi les angles du concept face à ses propres échecs à réaliser une consolidation des pays en

---

The World Bank Experience in Africa », *ICSID Review-Foreign Investment Law Journal*, vol.15, no.1, 2000, pp.1-58 ; SINGER (H.W.), « La création de la CNUCED et l'évolution de la pensée contemporaine sur le développement », *Revue tiers-monde,* Tome 35, no.139, p.491.

492 Voir notamment : AZOULAY (G.), *Les théories du développement. Du rattrapage des retards à l'exception des inégalités*, Rennes, Presses Universitaires de Rennes, 2002, p.29 ; SEN (A.), *Development as Freedom*, New York, Anchor Books, 2000, 366p ; PNUD, *Rapport sur le développement humain. Durabilité et équité : un avenir meilleur pour tous,* New York, Publié par le Programme des Nations unies pour le développement, 2011, p.1.

493 Voir : BOSLEY (D.), « Aux Maldives, le développement passe par le dépeuplement », *Courrier international* (05/10/2012), [*disponible sur* : www.courrierinternational.com/article/2012/10/05/aux-maldives-le-developpement-passe-par-le-depeuplement] : l'auteur explique que les Maldives adoptent de plus en plus des mesures de dépeuplement afin de concentrer la population maldivienne sur certaines des îles seulement pour faciliter, entre autres, l'accès à l'éducation, aux soins médicaux, aux logements et à certains droits constitutionnels dans l'objectif d'augmenter le niveau de vie locale vers un développement organisé.

494 Voir là-dessus : http ://go.worldbank.org/Z2M8K72ED0

495 BRADLOW (D.D), « The World Bank, the IMF and Human Rights », *Transnational Law & Contemporary Problems*, vol.6, 1996, p.56 ; BROCHES (A.), « International Legal Aspects of the Operations of the World Bank », *R.C.A.D.I.*, Tome III, vol.98, 1959, p.301.

496 ALECHINA (I.), « The Contribution of the United Nations System to Formulating Development Concepts », *in, Different Theories and Practices of Development*, Paris, UNESCO, 1982, p.10.

497 Voir le statut de l'Association Internationale de Développement, *disponible sur* : http ://siteresources.worldbank.org/EXTIDAFRENCH/Resources/STATUTS.pdf.

498 BROCHES (A.), « International Legal Aspects of the Operations of the World Bank », *R.C.A.D.I.*, Tome III, vol.98, 1959, p.337.

développement en se focalisant uniquement sur des outils économiques[499]. Ce changement, sans être une digression, tient peut-être à la teneur même du développement ; la Banque ne pouvait l'approcher de manière efficace en se limitant à l'analyse économique et donc, en occultant tout recours à d'autres outils[500]. Cette ouverture peut être confrontée aux Statuts des organisations de la Banque Mondiale, notamment de la Banque internationale pour la reconstruction et le développement[501] et de l'Association internationale de Développement[502] qui précisent qu'elles ne s'immisceront pas dans les questions politiques des États et qu'elles interviendront sur une base strictement économique. Textuellement, cela limite le mandat de la Banque, notamment quant à son intervention dans les autres aspects du développement[503]. Toutefois, dans la mesure où les termes « considérations économiques » ou « affaires politiques d'un État membre » figurant dans les statuts susmentionnés ne sont aucunement définis, cela lui laisse une marge d'appréciation et d'interprétation[504]. Elle régule de la sorte sa compétence qu'elle élargit, tout comme la définition qu'elle donne au développement pour justifier son intervention.

Dans le cadre des Nations unies, le Rapport du *Sommet des Nations unies pour le développement social* adopté en 1995 à Copenhague met l'accent sur cette approche intégrée du développement. Aux termes des principes et des buts de ce rapport, l'être humain est placé au centre des impératifs du développement[505]

---

499 BRADLOW (D.D), « The World Bank, the IMF and Human Rights », *Transnational Law & Contemporary Problems*, vol.6, 1996, p.56 ; WEIDNER (J.N.), « World Bank Study », *Buffalo Human Rights Law Review,* vol.7, 2001, p.199.

500 WEIDNER (J.N.), « World Bank Study », *Buffalo Human Rights Law Review,* vol.7, 2001, p.200.

501 Voir : Article IV, section 10 du Statut de la Banque Internationale pour la Reconstruction et le Développement, *disponible sur* : http ://go.worldbank.org/TZUDLBGGC0

502 Voir, Article V, section 6 du Statut de de l'Association Internationale de Développement, *disponible sur* : http ://siteresources.worldbank.org/EXTIDAFRENCH/Resources/STATUTS.pdf.

503 BRADLOW (D.D), « The World Bank, the IMF and Human Rights », *Transnational Law & Contemporary Problems*, vol.6, 1996, p.54.

504 *Ibid.*, pp.54-55.

505 Voir *Rapport du Sommet des Nations unies pour le développement social*, Copenhague, A/CONF.166/9, 19 avril 1995, §26 (a) [*disponible sur* : http

qui dépassent les seules considérations économiques[506]. Plusieurs déclarations adoptées par l'Assemblée générale des Nations unies affirmant ou réaffirmant un droit au développement vont dans le même sens[507]. La position de l'OCDE n'est pas différente[508]. Même si les différentes composantes du développement doivent d'abord être évaluées et connues individuellement, c'est leur cumul qui permet de calculer la contribution réelle et globale au développement.

Le raisonnement et la conclusion assimilant développement et développement économique sont ainsi substantiellement erronés. L'interprétation des tribunaux est dans ce sens critiquable, car elle donne l'impression qu'au-delà de sa portée symbolique, le développement est réduit à l'état d'un simple discours ou à une décoration du discours. En même temps, il ne peut être nié que par la confusion qui est faite, le concept du développement — qui ne figure pas dans le texte cité — a des effets juridiques qui doivent être pris en compte ; cela peut être tenté en ayant recours à la théorie du droit.

(b) Une théorie justifiant la présence du développement comme critère

Tout objet touché par le droit se voit attribuer une existence

---

://daccess-dds-ny.un.org/doc/UNDOC/GEN/N95/116/52/PDF/N9511652.pdf?OpenElement].

506 *Rapport du Sommet des Nations unies pour le développement social*, Copenhague, A/CONF.166/9, 19 avril 1995, Chapitre 1, Annexe 1, point 6[*disponible sur* : http ://daccess-dds-ny.un.org/doc/UNDOC/GEN/N95/116/52/PDF/N9511652.pdf?OpenElement].

507 Voir par exemple : la Résolution A/RES/41/133, *Droit au développement,* du 4 décembre 1986 ; la Résolution A/RES/44/169, *Elaboration de la stratégie internationale du développement pour la quatrième décennie des Nations Unies pour le développement,* du 19 décembre 1989 ; la Résolution A/RES/55/2, *Déclaration du* Millénaire, du 13 septembre 2000 ; la Résolution A/RES/57/223/, *Le droit au développement,* du 18 décembre 2002 ; la Résolution A/RES/58/172, *Le droit au développement,* 22 décembre 2003 ; la RésolutionA/RES/65/1, *Tenir les Promesses : unis pour atteindre les objectifs du Millénaire pour le développement,* du 22 septembre 2010.

508 OCDE (Rapport de Eckhard Deutscher, Président du Comité d'Aide au Développement), *Coopération pour le développement.* Rapport 2010, pp.31-32. (*disponible sur* : http ://www.oecd-ilibrary.org/fr/development/cooperation-pour-le-developpement-rapport_20747748).

juridique[509]. Même s'il n'est pas conforme à ce que prévoit le préambule de la Convention de Washington utilisée pour interpréter l'investissement, le critère de la contribution au développement et non au seul développement économique est aussi défendable par le recours à l'interprétation authentique en sens kelsénien. En d'autres termes, l'interprétation faite par des tribunaux arbitraux aboutit à une décision qui a force de loi aussi longtemps qu'elle n'est pas contestée. Selon Kelsen :

> « *La loi ne se borne pas à prescrire qu'une telle décision doit être prise d'une manière déterminée et avoir tel ou tel contenu. Elle ajoute que les décisions prises d'une autre manière ou ayant un contenu différent restent valables aussi longtemps qu'elles n'ont pas été annulées selon une procédure spéciale. Si cette procédure n'aboutit pas ou si aucune n'est prévue, la décision a « force de loi », bien que son contenu soit en opposition avec celui de la loi, et sa validité résulte de la loi elle-même*[510] ».

Si le raisonnement est transposé à la question du développement, les décisions se référant au développement au lieu du développement économique sont juridiquement valables. En effet, il n'est, pour le moment, pas possible d'effacer la présence du critère du développement dans les décisions et les sentences ; les tribunaux lui ont déjà conféré un effet juridique. Aussi longtemps que le critère — le développement *lato sensu* — est invoqué et utilisé, il continue à exister pour le droit. Il faudrait que les tribunaux aiguisent, eux-mêmes, leur lecture du préambule de la Convention de Washington en restreignant le critère au seul développement économique. L'article 52 de la Convention de Washington offre aussi une possibilité. En s'y référant, une partie peut demander l'annulation d'une sentence arbitrale pour vice dans la constitution du Tribunal, pour excès de pouvoir manifeste du Tribunal, pour corruption d'un membre du Tribunal, pour inobservation grave d'une règle fondamentale de procédure et pour défaut de motifs[511]. S'il est toutefois certain que

---

509 KELSEN (H.), *Théorie pure du droit,* Neuchâtel, Editions de la Baconnière, 1953, p.133.

510 *Ibid.*, p.131.

511 Voir article 52 de la Convention de Washington, *disponible sur* :http ://icsid.worldbank.org/ICSID/StaticFiles/basicdoc-fra/CRR_French-final.pdf.

cette confusion entre développement et développement économique ne puisse pas être considérée comme un excès de pouvoir manifeste ou qu'elle puisse être attribuée à une absence de motifs de la part d'un tribunal, rien n'empêche, en revanche, à ce que l'argument soit inclus dans une requête plus large concernant l'identification d'un investissement.

L'autre critique qui peut être faite à la démarche herméneutique des tribunaux concerne la fonction que les tribunaux allouent au développement. Si l'objectif est d'identifier un investissement, la référence à la contribution au développement de l'État d'accueil peut revêtir deux formes : soit la contribution au développement de l'activité est prise en compte systématiquement par les tribunaux, soit elle ne l'est qu'en fonction de leur volonté. En d'autres termes, soit elle est obligatoire, soit elle est facultative. Elle ne saurait, formellement, avoir la même fonction pour le même objet. En pratique, elle est un critère de l'investissement même si certains tribunaux lui confèrent parfois, à tort, la qualification de condition.

(ii) L'interprétation confondant « critère » et « condition » du développement

En utilisant la contribution au développement (ou au développement économique) pour qualifier l'investissement, il arrive que les tribunaux fassent preuve d'une inattention qui mérité d'être relevée. L'affaire *Salini* peut, une fois de plus, être le point de départ de l'examen. Le tribunal dans cette affaire énonçait que la contribution au développement économique pouvait être considérée comme une condition additionnelle de l'investissement[512]. L'accent mis sur le terme 'condition' doit être noté. Cela peut sous-entendre que la référence au développement serait une donnée acquise et irréfragable de l'investissement. Une condition est une « [c]*irconstance à laquelle est subordonné l'accomplissement d'une action*[513] ». Compris dans ce sens, si l'activité ne contribue pas au développement de l'État d'accueil, elle ne peut être considérée comme un investissement. L'utilisation de ce terme par le tribunal peut porter à confusion d'autant plus qu'il affirme tout de suite après, dans le même paragraphe, que les différents critères de l'investissement sont interdépendants et qu'ils doivent être examinés de manière globale[514]. La différence est sensible, notamment quant à ses effets. Soit le développement est une condition de l'investissement et sa réalisation est *sine qua non*, pour que l'on soit en présence d'un investissement,

---

512 *Salini Construtorri S.p.A. and Italstrade S.p.A. c. Morocco*, CIRDI n°. ARB/00/4, Décision sur la compétence (23/07/01), §52.

513 *Le Petit Larousse illustré*, 2006, p.277 ; dans le même sens, voir, *Le dictionnaire encyclopédique*, Hachette, vol.1, 1996, p.333.

514 *Salini Construtorri S.p.A. and Italstrade S.p.A. c. Morocco,* CIRDI n°. ARB/00/4, Décision sur la compétence (23/07/01), §52.
Voir aussi : *Patrick Mitchell c. République Démocratique du Congo*, CIRDI n°. ARB/99/7, Décision sur l'application d'annulation de la sentence (01/11/06), (TBI États-Unis/République démocratique du Congo), §27, §29, §30, §33 ; *Consortium Groupement L.E.S.I.- DIPENTA c. Algérie*, CIRDI n°. ARB/03/08, Sentence (10/01/05), (TBI Algérie/Italie), §13 (iv) ; *Noble Energy, Inc. and Machalapower CIA. LTDA c. Equateur et 'Consejo Nacional de Electricidad'*, CIRDI n°. ARB/05/12, Décision sur la compétence (05/03/08), (TBI États-Unis/Equateur), §128, §129 ; *Malaysian Historical Salvors, SDN, BHD c. Malaysia,* CIRDI n°. ARB/05/10, Décision sur la compétence (17/05/07), (TBI R.U./Malaysie), §135 ; *Bayindir Insaat Turizm Ticaret Ve Sanayi A.S. c. Pakistan,* CIRDI n°. ARB/03/29, Décision sur la compétence (14/11/05) (TBI Turkie/Pakistan), §130 ; *Mytilineos Holdings SA c. Serbie et Monténégro et République Serbe*, CNUDCI, Sentence sur la compétence (08/09/06), (TBI Grèce/Yougoslavie), §115, §116.

soit le développement est un critère de l'investissement et dans ce cas, sa réalisation n'est qu'un indicateur parmi d'autres dans un faisceau d'indices permettant de constater l'existence d'un investissement[515] sans que sa présence ne soit fondamentale. Il ne peut être à la fois « critère » et « condition » pour le même objet. Il s'agit peut-être et certes d'une facilité de langage. Toutefois, vu la teneur de la matière déjà complexe, il n'est pas permis de tomber dans une telle facilité. Les enjeux en la matière sont conséquents. Si le développement est considéré comme une condition de l'investissement, son absence signifierait l'absence d'investissement, l'incompétence du tribunal et l'activité en question ne serait pas susceptible de faire l'objet d'une protection conventionnelle. Pour la présente thèse, le développement a une valeur de critère. Cette conclusion n'est que le reflet du droit positif, de l'état actuel des décisions et des sentences. En effet, si certains tribunaux font du développement un élément incontournable et indérogeable[516], cette position ne colore pas intégralement l'état du droit international des investissements tel qu'il se présente et tel qu'il s'est construit. En effet, dans la mesure où certains autres tribunaux identifient un investissement sans se référer au développement, sans vérifier si l'activité contribue au développement de l'État d'accueil[517], cela dénote que sa présence n'est pas obligatoire. Dès lors, l'approche en termes de condition n'a plus lieu d'être et le débat peut, là-dessus, être clos.

In fine, cette difficulté qu'il y a à cerner le développement dans

---

515 Un critère est un « *principe qui permet de distinguer une chose d'une autre, d'émettre un jugement, une estimation.* », *Le Petit Larousse illustré,* 2006, p.314.

516 Le tribunal dans l'affaire *Patrick Mitchell* a fait ressortir qu'un cabinet d'avocat ne pouvait être considéré comme un investissement car il ne contribuait pas au développement économique et social de l'État congolais. Voir là-dessus, *Patrick Mitchell c. République Démocratique du Congo*, CIRDI n°. ARB/99/7, Décision sur l'application d'annulation de la sentence (01/11/06), (TBI États-Unis/République démocratique du Congo), §23 ; voir aussi, SCHREUER (Ch.), *The ICSID Convention : A Commentary,* Cambridge University Press, 2009, p.132.

517 Voir par exemple : *L.E.S.I. S.p.A. et ASTALDI S.p.A. c. Algérie*, CIRDI n°. ARB/05/3, Sentence (12/11/08) ; *Victor Pey Casado et Fondation Président Allende c. Chilie*, CIRDI n°. ARB/98/2, Sentence (08/05/08) ; *Phoenix Action, Ltd. c. République Tchèque*, CIRDI n°. ARB/06/5, Sentence (15/04/09) ; *Pantechniki S.A. Contractors & Engineers c. République d'Albanie*, CIRDI n°. ARB/07/21, Sentence (30/07/ 2009) ; *Mr Saba Fakes c. Turquie*, CIRDI n°. ARB/07/20, Sentence (14/07/2010).

son ensemble ne fait que révéler l'immensité et la complexité du concept, surtout pour le juriste. Si la maîtrise du concept est faible, l'interprétation qui en est faite risque alors d'être inexacte et il a été démontré qu'elle l'est parfois. Pour autant, le recours au critère du développement n'a pas été complètement abandonné. Peut-être est-il aussi possible de puiser certaines explications dans des considérations non directement juridiques pour comprendre ce phénomène du développement dans le droit international des investissements. Dans cette mesure, il est possible d'étudier si la nationalité de l'arbitre — en tant que ressortissant d'un pays en développement — apporte un éclairage utile.

B) Une explication par la théorie du « statut développemental » de l'arbitre ?

Il faudra ici étudier le rapport entre l'invocation du critère du développement et le statut de l'arbitre. Il faudra, plus précisément, comprendre s'il existe un lien entre le critère litigieux et l'arbitre ayant la nationalité d'un pays en développement. En effet, l'arbitre décide certes selon le droit applicable, mais n'ignore pas, par exemple, son for moral personnel et le contexte social dans lequel il travaille. C'est ce qu'un auteur appelle « *le droit international dans son ambiance sociologique*[518] ». Selon Kelsen,

> « [L'interprétation] *peut fournir plusieurs solutions, qui au point de vue juridique, sont toutes d'égale valeur si elles sont en accord avec la norme à interpréter. En revanche, l'organe chargé d'appliquer la norme peut attribuer à ces solutions des valeurs différentes s'il les considère au point de vue politique ou moral* (…) *Dire que sa décision est fondée en droit signifie simplement qu'elle se tient à l'intérieur du cadre constitué par la norme, qu'elle est l'une, mais non la seule manière de la remplir*[519]».

---

[518] SCHINDLER (D.), « Contribution à l'étude des facteurs sociologiques et psychologiques du droit international », *R.C.A.D.I.*, Tome IV, vol.46, 1933, p.240.

[519] KELSEN (H.), *Théorie pure du droit,* Neuchâtel, Editions de la Baconnière, 1953, p.138.

Si la procédure arbitrale ne dépend pas, en tant que telle, de la politique interne des États ou des relations internationales, elle se situe toutefois « *in the hands of arbitrators who have their own political approaches to things, their own Weltanschauung*[520] » et « [t]*o put it bluntly, one escapes the internal and international politics, only to fall into the arbitrators' policies*[521]». Mais cette méthode volontariste est normale et elle est inhérente à la fonction du juge[522]. Ainsi, la référence au développement est rarement une démarche neutre de la part d'un arbitre[523]. La neutralité est dans ce sens un mythe, elle est chimérique[524] et ne peut réellement exister sous une forme pure[525]. Elle ne se confond pas automatiquement avec l'indépendance de l'arbitre même si les deux termes se recoupent. La neutralité se réfère surtout à l'état d'esprit politique et moral de l'arbitre[526] et de l'influence que cela peut avoir sur la décision rendue. Elle peut être la proximité politique, culturelle ou linguistique entre un arbitre et une des parties. L'indépendance de l'arbitre se mesure surtout par rapport à la distance personnelle, sociale et financière entre l'arbitre et les parties[527]. Le système de l'arbitrage est tel qu'il y a toujours un rapport entre les parties et les arbitres qu'elles désignent. Les prédispositions des arbitres sont toujours pris en compte par les parties dans leur choix d'un arbitre[528]. Un avocat pouvait ainsi dire qu'en choisissant un arbitre pour son client, il veille à ce qu'il ait un maximum de prédispositions en faveur de son client, « *consistent with the minimum*

---

520 STERN (B.), « Are Some Issues Too Political to Be Arbitrable? », *ICSID Review, Foreign Investment Law Journal*, vol.24, No.1, Spring 2009, p.97.

521 *Ibid.*

522 *Ibid.*

523 MANCIAUX (S.), *Investissements étrangers et arbitrage entre États et ressortissants d'autres États. Trente années d'activité du CIRDI*, Dijon, Litec-CREDIMI, 2004, p.72.

524 STERN (B.), « Are Some Issues Too Political to Be Arbitrable? », *ICSID Review, Foreign Investment Law Journal*, vol.24, No.1, Spring 2009, p.97.

525 BEGIN (L.), « L'impartialité des juges et la lecture morale des droits », *Les Cahiers de droit*, vol.38, no.2, 1997, p.419.

526 DOHANEY (M.S.), « The Independence and Neutrality of Arbitrators », *Journal of International Arbitration*, no.31, 1992, pp.31-32.

527 *Ibid.*, p.31.

528 LOWENFELD (A.F.), « Public Policy and Private Arbitrators : Who Elected Us and What Are We Supposed to Do? », *Transnational Dispute Management*, vol.3, no.5, décembre 2006 (*disponible sur* : http ://www.transnational-dispute-management.com).

appearance of bias[529]». La nationalité de l'arbitre en fait par exemple partie, une des raisons étant que les personnes de même nationalité ont théoriquement des valeurs et des repères similaires et peuvent par conséquent avoir une compréhension des choses et un jugement similaires. Ceci n'est pas une science exacte, mais relève surtout de la probabilité. Cette question est, par exemple, présente devant l'Organe de Règlement des différends de l'OMC. Le Mémorandum d'Accord sur les règles et procédures régissant le règlement des différends précise à l'article 8 alinéa 10 que :

> « *En cas de différend entre un pays en développement Membre et un pays développé Membre, le groupe spécial comprendra, si le pays en développement Membre le demande, au moins un ressortissant d'un pays en développement Membre*[530]».

A ce sujet, certains s'interrogent sur la relation qui existe entre la nationalité des arbitres et les pays en développement : il faut comprendre si l'État est un pays en développement ou pas, et si l'arbitre est lui-même issu d'un pays en développement ou pas. De là, l'intérêt se porte sur l'influence qu'a le statut d'un pays en développement sur un arbitre venant d'un tel pays[531] et, conséquemment, les éventuels effets que cette configuration peut avoir sur la volonté de se référer au critère du développement pour identifier un investissement. La Professeure Susan Franck a publié une étude faisant valoir l'absence de relation entre la nationalité de l'arbitre, notamment de celui qui préside le tribunal, et celui de l'État défendeur [532]. Selon elle, un arbitre ayant, par exemple, la nationalité d'un pays en développement ne décidera pas nécessairement en faveur d'un pays

[529] Voir la position de Monsieur Hunter Martin : DONAHEY (S.), « *The Independence and Neutrality of Arbitrators* », *Journal of International Arbitration*, no.31, 1992 , p.41.

[530] Le Mémorandum est disponible sur : http ://www.wto.org/french/tratop_f/dispu_f/dsu_f.htm#8. L'article 31 du Statut de la Cour internationale de Justice obéit à une logique similaire en relation à la nationalité des juges.

[531] FRANK (S.D.), « Development and outcomes of investment treaty arbitration », *Harvard International Law Journal*, Vol. 50, No.2, 2009, p.212.

[532] *Ibid.*, pp.201-255 voir aussi : FRANCK (S.D.), « The ICSID Effect? Considering Potential Variations in Arbitration Awards », *Virginia Journal of International Law*, vol.51, no.4, p.875 et s.

en développement. Elle effectue une étude empirique pour arriver à ces conclusions. La démonstration se fait selon deux méthodes.

Premièrement, le statut de l'arbitre-président et de l'État défendeur se fait en fonction de l'adhésion ou pas à l'OCDE : l'arbitre-président a-t-il ou pas la nationalité d'un État membre de l'OCDE et l'État défendeur en est-il membre ? Deuxièmement, le même procédé est appliqué en fonction, cette fois, du classement des États de la Banque Mondiale : États avec un revenu élevé, États avec un revenu moyen élevé, États avec un revenu moyen bas, États avec un faible revenu[533]. L'étude examine ensuite 102 sentences rendues dans 82 affaires avant le 1 juin 2006[534] et en analyse les conclusions en considérant le statut des acteurs concernés en relation avec le développement. Adoptant une approche statistique, l'auteur affirme *in fine* qu'il n'existe aucun rapport entre la nationalité de l'arbitre-président, celui du défendeur et la sentence rendue[535]. Il n'y a aucune tendance démontrant que la nationalité influence la prise de décision. Elle en conclut que le système de l'arbitrage est intègre.

Son étude et ses conclusions ont cependant été grandement critiquées[536]. Le Professeur Gus Van Harten a été l'un des critiques. Selon lui, la base d'analyse considérant le critère 'OCDE' est peu rigoureuse et ambiguë, car certains États membres de l'OCDE comme le Mexique, la Turquie ou certains États de l'ancien bloc soviétique

533 FRANK (S.D.), « Development and outcomes of investment treaty arbitration », *Harvard International Law Journal*, Vol. 50, No.2, 2009, pp.224-225.

534 *Ibid.*, p.220, note 105.

535 FRANK (S.D.), « Development and outcomes of investment treaty arbitration », *Harvard International Law Journal*, Vol. 50, No.2, 2009, p.230.

536 Voir par exemple : GALLAGHER (K.), SHRESTHA (E.), « Investment Arbitration and Developing Countries : A Re-Appraisal», *GLOBAL DEVELOPMENT AND ENVIRONMENT INSTITUTE*, Working Paper No. 11-01, Tufts University, mai 2011, pp.1-12 (*disponible sur* : http ://ase.tufts.edu/gdae/Pubs/wp/11-01TreatyArbitrationReappraisal.pdf) ; VAN HARTEN (G.), « Fairness and independence in investment arbitration : A critique of "Development and Outcomes of Investment Treaty Arbitration", *Investment Treaty News*, 16 décembre 2010 (*disponible sur* : http ://www.iisd.org/itn/2010/12/16/fairness-and-independence-in-investment-arbitration-a-critique-of-development-and-outcomes-of-investment-treaty-arbitration/)

qui sont généralement considérés comme étant en développement ou en transition sont classés comme des pays développés au sein de l'OCDE. Ainsi, les arbitres issus de ces États ont pu être mal classifiés dans l'étude de la Professeure Franck. Le Professeur Van Harten affirme que 11 cas sur 49 furent mal classifiés. Il critique aussi la méthode ayant pour base la classification des États selon les indices de la Banque Mondiale[537]. En appliquant ces indices, il ressort clairement de l'étude du Professeur Franck qu'aucun arbitre-président ne provenait d'un État à faible revenu et qu'un seul était issu d'un État ayant un revenu moyen bas[538]. Par conséquent, et logiquement, il est difficile d'affirmer que les arbitres-présidents provenant des États les plus pauvres ont ou n'ont pas une tendance à décider en faveur des pays en développement. Les conséquences de leur nationalité ne sont pas mesurables. Les conclusions de la Professeure Franck peuvent sur ce point être fragiles.

Elles doivent, de même, être rejetées pour d'autres raisons : adopter une logique statistique n'est certes pas toujours utile dans tous les domaines et vouloir tout expliquer par les mathématiques n'aboutit pas nécessairement à un résultat tenant compte de tous les facteurs réels. Il n'existe pas de lien logique entre le statut d'un arbitre et sa relation avec un pays en développement, défendeur dans une affaire. Rien ne garantit scientifiquement qu'un arbitre issu d'un pays en développement sera plus favorable à un pays en développement (ou à un investisseur d'un pays en développement) ou qu'un arbitre d'un pays développé décidera automatiquement en faveur d'un pays développé (ou de l'investisseur d'un pays développé). Dans le cadre de l'arbitrage, les arbitres ont, d'après une étude, les comportements suivants : juridique, d'attitude (*attitudinal*), stratégique et économique[539]. Ce sont là des idéaux types permettant de comprendre

---

537 VAN HARTEN (G.), « Fairness and independence in investment arbitration : A critique of "Development and Outcomes of Investment Treaty Arbitration", *Investment Treaty News*, 16 décembre 2010 (*disponible sur* : www.iisd.org/itn/2010/12/16/fairness-and-independence-in-investment-arbitration-a-critique-of-development-and-outcomes-of-investment-treaty-arbitration/)

538 FRANK (S.D.), « Development and outcomes of investment treaty arbitration », *Harvard International Law Journal*, Vol. 50, No.2, 2009, p.225.

539 KAPELIUK (D.), « The Repeat Appointment Factor : Exploring Decision Patterns of Elite Investment Arbitrators », *Cornell Law Review*, vol.96, 2010-

leur comportement. Le comportement juridique signifie que l'arbitre ne se réfère qu'aux textes juridiques disponibles sans référence à aucune forme d'idéologie. Le comportement en fonction de l'attitude (*attitudinal*) signifie que l'arbitre décide selon ses préférences idéologiques et politiques. Par un comportement stratégique, l'arbitre décidera en fonction d'un intérêt institutionnel. Finalement, le comportement économique dénote que l'arbitre cherche à maximiser sa satisfaction et qu'il agira comme un agent économique rationnel[540].

Ces éléments permettent de lire et de comprendre autrement le comportement des arbitres et la teneur de certaines sentences. Ils ne relèvent aucunement de la croyance, mais du réel. Le Juge Abner Mikva a siégé comme arbitre dans l'affaire *Loewen c. États-Unis*[541]. En racontant la politique de l'affaire lors d'une conférence, le Juge Mikva expliquait très honnêtement comment le Département de la justice américaine (*U.S. Department of Justice*) avait exercé une pression au moment de sa nomination en martelant que si les États-Unis venaient à perdre cette affaire, cela engendrait un soulèvement et une opposition sans précédent pouvant mettre à mal le futur de l'ALENA[542]. La position de Juge-arbitre était dans cette affaire stratégique. Il répondait au Département de la justice américaine : « *Well, if you want to put pressure on me* (…) *then that does it*[543]». Les seuls faits de l'affaire sont parfois insuffisants pour comprendre une décision donnée. L'arbitre prend parfois en compte les effets de la décision sur d'autres acteurs ou sur une institution quelconque comme l'a fait le Juge Mikva. Le tribunal dans l'affaire *Loewen* reconnaissait

---

2011, p.58.

540 *Ibid.*

541 *Loewen Group, Inc. et Raymond L. Loewen c. États-Unis,* CIRDI n° ARB(AF)/98/3 (ALENA), sentence, 26 juin 2003.

542 Les déclarations du Juge Mikva ont été enregistrées lors d'une conférence sur le droit de l'environnement et le judiciaire à l'Ecole de droit de l'Université de Pace les 6-8 décembre 2004. Il n'a pas été possible d'avoir accès à ces enregistrements dont la teneur est en partie disponible dans l'étude suivante : SCHNEIDERMAN (D.), « Judicial Politics and International Investment Arbitration : Seeking an Explanation for Conflicting Outcomes », *Northwestern Journal of International Law and Business*, vol.30, no.2, 2010, pp.21-22.

543 SCHNEIDERMAN (D.), « Judicial Politics and International Investment Arbitration : Seeking an Explanation for Conflicting Outcomes », *Northwestern Journal of International Law and Business*, vol.30, no.2, 2010, p.21.

lui-même que l'investisseur avait subi une injustice aux États-Unis[544]. Pour autant, aucun dommage ne lui fut reconnu. Dans un cheminement similaire, des études considèrent que les arbitres sont avant tout des agents économiques, des entrepreneurs[545], qui cherchent à maximiser leur satisfaction économique et qui sont en compétition sur le marché de l'arbitrage pour assurer leur nomination[546]. Les forces du marché peuvent déterminer leur comportement et certains pensent que les arbitres essaient toujours de trouver un juste milieu entre défendeurs et demandeurs pour pouvoir être nommés à l'avenir[547]. Pour ces mêmes raisons économiques, d'autres pensent que les arbitres tendent à favoriser les investisseurs vu que ce sont toujours eux qui sont les demandeurs et qui sont à l'initiative de la procédure[548]. Dans un autre contexte, la section civile de la Cour d'appel de l'Angleterre et du Pays de Galles a même pu considérer que l'arbitre était un employé de la partie qui le nommait[549] ; l'élément de dépendance est ici visible.

Cependant, si la politique juridique est bien existante, il n'est pas possible de dire à quel point elle colore mathématiquement la procédure. Une étude statistique qui montrerait, par exemple, que les tribunaux composés majoritairement d'arbitres provenant des pays développés, décident dans la majorité des cas contre les pays en développement, ou ne tenant pas compte du critère du développement, ne signifierait aucunement qu'il y aura un parti pris de leur part. Il se

544 *Loewen Group, Inc. et Raymond L. Loewen c. États-Unis,* CIRDI n° ARB(AF)/98/3 (ALENA), sentence, 26 juin 2003, §241.

545 ROGERS (C.A.), « The Vocation of the International Arbitrator », *American University International Law Review*, vol.20, no.5, 2005, p.966.

546 KAPELIUK (D.), « The Repeat Appointment Factor : Exploring Decision Patterns of Elite Investment Arbitrators », *Cornell Law Review*, vol.96, 2010-2011, p.60.

547 *Ibid.*, p.61.

548 Voir : KAPELIUK (D.), « The Repeat Appointment Factor : Exploring Decision Patterns of Elite Investment Arbitrators », *Cornell Law Review*, vol.96, 2010-2011, p.64 ; SORNARAJAH (M.), « Power and Justice : Third World Resistance in International Law », *Singapore Yearbook of International Law*, vol.10, 2006, p.33.

549 Voir l'affaire *Haswani c. Jivraj*, EWCA Civ 712, No : A2/2009/1963, 2010, §16 (disponible sur : http ://www.bailii.org/ew/cases/EWCA/Civ/2010/712.html). Pour la position contraire de la Cour suprême du Royaume-Uni, voir cependant : *Jivraj c. Haswani*, UKSC 40, 27 juillet 2011 (*disponible sur* : http ://www.supremecourt.gov.uk/docs/UKSC_2010_0170_Judgment.pdf).

peut qu'ils appliquent simplement le droit existant et que le critère n'est effectivement pas applicable. Et dans l'hypothèse où il devrait y avoir un parti pris, il n'est pas du tout clair pourquoi un arbitre venant d'un pays développé ne pourrait pas avoir des positions proches de celles d'un pays en développement. Ces derniers désignent d'ailleurs souvent des arbitres ayant la nationalité d'un pays développé. D'ailleurs, plusieurs affaires où le développement a été érigé comme un critère de l'investissement ont été rendues par des tribunaux composés d'arbitres provenant de pays développés[550]. Dès lors, le recours au statut de l'arbitre ne permet pas d'affirmer que les arbitres issus de pays en développement sont plus enclins à considérer la contribution au développement comme un critère valide et fondamental de l'investissement. Les choses en la matière ne sont pas prédéterminées et il n'existe pas de logique mathématiquement vérifiable.

[550] Voir par exemple : *Patrick Mitchell c. République Démocratique du Congo*, CIRDI n°. ARB/99/7, Décision sur l'application d'annulation de la sentence (01/11/06), (TBI États-Unis/République démocratique du Congo) ; *Salini Construtorri S.p.A. and Italstrade S.p.A. c. Morocco*, CIRDI n°. ARB/00/4, Décision sur la compétence (23/07/01), (TBI Italie/Maroc) ; *Jan de Nul N.C. and Dredging International N.C. c. Egypte*, CIRDI n°. ARB/04/13, Décision sur la compétence (16/06/06) (TBI Belgo/Luxembourg/Egypte).

Conclusion du Chapitre 1

L'angle sous lequel le critère du développement a été traité ne le présente pas forcément de manière méliorative. Les raisons de cette approche ont cependant été évoquées. L'introduction du travail a mis l'accent sur l'étendue que couvre le développement et le chapitre précédent a décrit comment le concept est minimisé par les tribunaux arbitraux. Cela confirme la constatation préalablement : c'est surtout à l'apparence du développement qu'il est fait référence, ce qui signifie que les discussions du prétoire relatives au critère concernent souvent un objet fictif. L'affaire *Salini* a ainsi à son débit une forme de « péché originel », mais la critique s'étend à tous ceux qui ont valorisé le critère litigieux par la suite sans le faire évoluer dans un sens plus concret, avec une base plus palpable et des techniques d'utilisation plus fines. Le premier jugement qui peut, dès lors, être porté sur la pertinence du critère est forcément défavorable. Dans le même sens, si l'émergence du critère est, en elle-même, contestable, sa consolidation demeure, elle aussi, insuffisante pour lui conférer une force convaincante.

CHAPITRE 2 : LA CONSOLIDATION INSUFFISANTE DU CRITÈRE DU DÉVELOPPEMENT

Si le critère du développement a été utilisé de manière lacunaire, il aurait été possible d'espérer que la pratique en perfectionne la teneur pour qu'il soit invoqué avec plus de précisions ; l'on aurait aussi pu s'attendre à ce que le critère soit complètement écarté sur la base d'une argumentation qui en expliquerait les imperfections actuelles et qui aurait, de ce pas, clos les débats à ce sujet. L'évolution du critère ne va dans aucun de ces sens, du moins, pas de manière complète. Si sa consolidation lui a, d'une part, attribué de nouvelles caractéristiques qui auraient pu en préciser la fonction (Section 1), il a, d'autre part, souvent été rejeté par d'autres tribunaux (Section 2), mais dans les deux cas, cette consolidation demeure, pour le droit, insuffisante.

Section 1 : Une consolidation attribuant de nouvelles caractéristiques au critère du développement

L'utilisation du critère du développement n'est pas figée et il n'a pas toujours été employé tel que le présentait l'affaire *Salini*. Le critère a, en effet, quelque peu évolué en fonction des arbitres constituant le tribunal. L'évolution se constate, d'une part, à un niveau quantitatif et, d'autre part, à un niveau fonctionnel. Au niveau quantitatif, l'évaluation de la contribution au développement devient plus rigoureuse pour certains tribunaux, car un seuil y est établi : un simple apport au développement de l'État ne suffit pas. Il importe qu'il dépasse un certain seuil quantitatif. Au niveau fonctionnel, le critère agit, pour d'autres tribunaux, comme un baromètre afin de qualifier une activité d'investissement lorsque les autres critères — la durée, l'apport et la prise de risque — ont une faible présence. La fonction du critère du développement se précise, certes, lors de sa consolidation, mais elle reste globalement et paradoxalement contestable comme cela sera démontré plus bas. Cette consolidation consacre ainsi la nécessité d'une contribution <u>significative</u> au développement de l'État d'accueil pour affirmer l'existence d'un investissement (Paragraphe 1) et attribue une fonction d'indicateur cardinal au critère du développement dans la définition de l'investissement (Paragraphe 2).

Paragraphe 1 : Une consolidation quantitative : les exigences d'une contribution significative au développement

La consolidation quantitative signifie qu'un seuil est fixé pour que la contribution au développement soit considérée comme un critère valable. Cette consolidation quantitative a été faite par les tribunaux (A), mais dans la mesure où elle est en grande partie arbitraire, elle demeure infondée (B).

A) Une consolidation résultant de l'interprétation des tribunaux arbitraux

C'est l'affaire *Joy Mining*[551] qui a clairement défini les lignes de cette évolution. *Joy Mining* concerne un différend relatif au non-paiement de garanties bancaires par l'État égyptien à la société britannique Joy Mining Machinery Limited en exécution d'un contrat d'extraction de phosphate. Le tribunal devait dire si les garanties bancaires étaient constitutives d'un investissement avant de se déclarer compétent. Pour ce faire, il énonce au préalable les différents critères de l'investissement de manière classique en y ajoutant toutefois une nouveauté. Ce dernier existe, selon lui, si l'activité concernée a une certaine durée, une régularité de profits, un élément de risque incorporé, un engagement substantiel de l'investisseur et si elle contribue de manière significative au développement de l'État d'accueil[552]. Dans les mots du tribunal « [the activity] *should constitute a significant contribution to the host State's development*[553] ». Si la position du tribunal *Joy Mining* est comparée aux affaires préexistantes, la présence d'un élément supplémentaire est requise pour qualifier une activité d'investissement. Une contribution au développement de l'État d'accueil n'est plus suffisante. Elle doit, d'après le tribunal arbitral, être substantielle : l'investisseur doit

---

[551] *Joy Mining Machinery Limited c. Egypt*, CIRDI n°. ARB/03/11, Sentence sur la compétence (06/08/04).

[552] *Ibid.*, §53.

[553] *Ibid.*, §53 (soulignement ajouté).

démontrer que son activité a contribué de manière significative au développement de l'État. Les balbutiements de cette nouvelle qualification se constataient déjà dans une affaire *Ceskoslovenska Obchodni Banka, a.s. c. Slovaquie* (CSOB) du 24 mai 1999. Le tribunal avait considéré qu'un prêt pouvait constituer une contribution significative au développement de l'État[554] avant de conclure, qu'en l'espèce, un accord de prêt avait effectivement contribué de manière considérable au développement de l'État slovaque et qu'il était constitutif d'un investissement. Pour le tribunal *CSOB* :

> « *This undertaking involved a significant contribution by CSOB to the economic development of the Slovak Republic; it qualified CSOB as an investor and the entire process as an investment in the Slovak Republic within the meaning of the Convention. This is evident from the fact that CSOB's undertakings include the spending or outlays of resources in the Slovak Republic in response to the need for the development of the Republic's banking infrastructure*[555] ».

Si ce dernier tribunal n'en avait pas en tant que tel réellement fait un critère, celui de l'affaire *Joy Mining* a, quant à lui, réaffirmé ce raisonnement de manière plus explicite en attribuant au caractère substantiel de la contribution la qualité d'un nouveau critère de l'investissement. Cette affaire n'est par ailleurs aucunement isolée. L'élément quantitatif accompagnant l'apport au développement de l'État a été repris par d'autres tribunaux. Après avoir établi une synthèse de plusieurs sentences et décisions pertinentes[556], le tribunal dans l'affaire *Malaysian Historical Salvors* susmentionnée, a affirmé que :

> « *the weight of the authorities (...) swings in favour of requiring a significant contribution to be made to the host*

---

[554] *Ceskoslovenska Obchodni Banka, a.s. c. Slovaquie*, CIRDI n°. ARB/97/4, Décision sur l'objection à la compétence (24/05/99), (TBI République Tchèque/Slovaquie), §76. Cette affaire est aussi citée dans *Patrick Mitchell c. République Démocratique du Congo*, CIRDI n°. ARB/99/7, Décision sur l'application d'annulation de la sentence (01/11/06), §30.

[555] *Ceskoslovenska Obchodni Banka, a.s. c. Slovaquie*, CIRDI n°. ARB/97/4, Décision sur l'objection à la compétence (24/05/99), (TBI République Tchèque/Slovaquie), §188.

[556] Dont l'affaire *Joy Mining.*

State's economy[557]. *Were there not the requirement of significance, any contract which enhances the Gross Domestic Product of an economy by any amount, however small, would qualify as an "investment"* [558]».

Le tribunal *Malaysian Historical Salvors* se réfère d'ailleurs dans plusieurs paragraphes à l'affaire *Joy Mining* à qui il semble accorder une valeur de précédent[559]. L'arbitre unique, Monsieur Micheal Hwang, reconnaissait que cette exigence de la substantialité n'avait pas été mentionnée dans l'affaire *Salini*[560]. Toutefois, il ressort de son raisonnement que la substantialité est implicitement mentionnée dans le cas *Salini.* La construction d'une autoroute contribuerait par définition substantiellement au développement d'un État et si la question s'était posée au tribunal *Salini*, il aurait vraisemblablement confirmé que la contribution de l'activité était substantielle pour le développement du Maroc, affirme Monsieur Hwang[561]. Mesurer la contribution permettrait de distinguer entre une activité qui a la qualité pour être effectivement considérée comme un investissement. La ligne de démarcation est la substantialité de l'apport. Aux yeux de l'arbitre unique, le développement est stimulé uniquement par une injection importante de capitaux dans le cercle économique d'un État ; cela est de nature à solidifier les facteurs de productions et à les faire vivre sur le long terme, période durant laquelle se matérialise le développement. Par conséquent, toutes les activités n'ont pas, selon le tribunal, vocation à contribuer au développement d'un État et tous les contrats n'ont pas nécessairement un impact positif sur le développement[562]. Pour ce tribunal, tout contrat ne peut être un investissement ; tout type d'apport ne peut être qualifié comme tel au sens de la Convention de Washington[563]. Ainsi, au-delà de la durée de l'activité, du risque encouru ou de l'apport,

557 *Malaysian Historical Salvors, SDN, BHD c. Malaysia,* CIRDI n°. ARB/05/10, Décision sur la compétence (17/05/07), §123.

558 *Ibid.*, §123.

559 *Ibid.*, §§84-88.

560 *Ibid.*, §113.

561 *Malaysian Historical Salvors, SDN, BHD c. Malaysia,* CIRDI n°. ARB/05/10, Décision sur la compétence (17/05/07), §113.

562 *Ibid.*, §138.

563 *Malaysian Historical Salvors, SDN, BHD c. Malaysia,* CIRDI n°. ARB/05/10, Décision sur la compétence (17/05/07), §125.

c'est le quatrième critère, celui de la contribution substantielle au développement qui paraît déterminant pour ce tribunal.

Devant le Comité *ad hoc* constitué pour la demande en annulation de la sentence dans la même affaire *Malaysian Historical Salvors*, le demandeur faisait valoir que l'imposition du caractère substantiel de la contribution au développement n'avait aucun fondement juridique ; le préambule de la Convention de Washington ne le prévoit pas et par conséquent, c'était l'arbitre qui l'avait arbitrairement imposé[564]. Le critère du développement est lui-même problématique. Le revêtir d'un caractère substantiel qui n'est précisé dans aucun texte n'aide pas à éclaircir les choses. Cette décision a été annulée sur le fondement d'un excès manifeste de pouvoir de la part du tribunal arbitral[565]. Le Comité a énoncé que les critères *Salini*, n'étaient pas remis en cause, mais que ces derniers ne s'appliquaient pas toujours de manière stricte et rigide[566].

Toutefois comme mentionné, Monsieur le Juge Shahabbudeen, arbitre dans cette affaire, y a joint une opinion dissidente validant la position de Monsieur Hwang[567]. Il affirme et il maintient la nécessité d'une référence au développement dans la définition de l'investissement. Il confirme aussi, ce faisant, la nécessité d'une contribution substantielle. Il est convaincu qu'il existe un point critique en deçà duquel la contribution au développement économique est tellement minime et marginale que le tribunal peut se permettre de considérer que le droit requiert uniquement une contribution substantielle pour qualifier un investissement. Selon lui, un tribunal n'a aucunement besoin d'un mandat juridique spécifique pour dire que par contribution au développement, il faut entendre contribution substantielle. Relevant la justesse de l'arbitre Hwang, il est aussi convaincu que l'absence d'un seuil signifierait que tout contrat ayant l'impact le plus minimal sur le produit intérieur brut serait un investissement[568]. M. Shahabuddeen pense que sa position est

564 *Malaysian Historical Salvors, SDN, BHD c. Malaysia,* CIRDI n°. ARB/05/10, Décision sur l'annulation (16/04/09), §36.

565 *Ibid.*, §80.

566 *Ibid.*, §79.

567 *Malaysian Historical Salvors, SDN, BHD c. Malaysia,* CIRDI n°. ARB/05/10, Décision sur l'annulation - Opinion dissidente de Monsieur le Juge Shahabbudeen, (16/04/09).

568 *Ibid.*, §38.

synonyme de bon sens et reflète la pensée de toute la communauté juridique internationale[569]. Pour le Juge, l'activité litigieuse ne doit pas simplement jouer un rôle dans le développement de l'État d'accueil ; la contribution au développement est une véritable condition de l'investissement dans le système CIRDI[570]. Elle constitue la limite extérieure (« *outer limit* »[571]) de l'exercice de la compétence[572]. Et cette limite ne peut être brisée par le seul consentement des parties[573]. Même si cette précision n'est pas, à proprement parler, inscrite dans les textes, cela ne l'empêche pas d'acquérir une valeur juridique si le contexte le permet[574]. Et c'est le cas pour l'arbitre dissident.

Dans une affaire *Bayindir Insaat Turizm Ticaret Ve Sanayi A.S. c. Pakistan,* l'élément substantiel de la contribution a été rattaché au préambule de la Convention de Washington. Aux termes de la décision, c'est en se référant audit préambule que les tribunaux antérieurs ont considéré que le projet litigieux devait contribuer de manière substantielle au développement de l'État d'accueil pour être qualifié d'investissement[575]. Les arbitres précisent que cette position des tribunaux est évolutive dans la mesure où elle se démarque des critères classiques tirés de l'affaire *Salini*. Le tribunal note que « [t]*he significance of the contribution, an element not present in Salini was*

---

[569] *Ibid.*,§34.

[570] *Ibid.*,§32 ; HO (J.), « The Meaning of 'Investment' in ICSID Arbitrations », *Arbitration International*, Vol.6, No.4, 2010, p.638.

[571] Il cite, là-dessus, M. Aaron Broches, Président des Réunions consultatives régionales du règlement des différends relatifs aux investissements (voir §12 de l'opinion dissidente) : « *The purpose of Section 1 is not to define the circumstances in which recourse to the facilities of the Center would in fact occur, but rather to indicate the outer limits within which the Center would have jurisdiction provided the parties' consent had been attained. Beyond these outer limits no use could be made of the facilities of the Center even with such consent.* ».
Voir aussi, HO (J.), « The Meaning of 'Investment' in ICSID Arbitrations », *Arbitration International*, Vol.6, No.4, 2010, p.642.

[572] *Malaysian Historical Salvors, SDN, BHD c. Malaysia,* CIRDI n°. ARB/05/10, Décision sur l'annulation - Opinion dissidente de Monsieur le Juge Shahabbudeen, (16/04/09), (TBI R.U./Malaysie), §4.

[573] *Ibid.*, §13.

[574] *Malaysian Historical Salvors, SDN, BHD c. Malaysia,* CIRDI n°. ARB/05/10, Décision sur l'annulation - Opinion dissidente de Monsieur le Juge Shahabbudeen, (16/04/09), §14.

[575] *Bayindir Insaat Turizm Ticaret Ve Sanayi A.S. c. Pakistan*, CIRDI n°. ARB/03/29, Décision sur la compétence (14/11/05), §137.

added in Joy Mining v. Egypt[576] ». Cette position s'est cependant déteinte sur celle de certains arbitres qui ont récemment invoqué les critères *Salini* en ajoutant au critère du développement l'adjectif « substantiel ». Le tribunal a, dans cette affaire, affirmé que « (...) *regarding the prerequisite of a significant contribution to the development of the host country, there can be no doubt, given the unity of the economic operation at stake, that the funds generated through the bonds issuance process were ultimately made available to Argentina and must be deemed to have contributed to Argentina's economic development. In view of the volume of the bonds involvement, the contribution was certainly significant to Argentina's development*[577] ». Si le critère du développement découle, comme le précisent plusieurs décisions arbitrales, du préambule de la Convention de Washington, la nécessité d'une contribution significative au développement ne s'appuie, quant à elle, sur aucune base juridique ; dès lors, cette évolution prétorienne du critère du développement dans un sens quantitatif est fortement critiquable, car elle est infondée.

B) Une consolidation infondée

L'évolution n'est, en vérité, aucunement fondée, car le caractère substantiel de la contribution au développement découle d'une lecture erronée faite par certains tribunaux, de la doctrine (i), ce qui érige une barrière injustifiée à la protection des investissements (ii).

(i) Une consolidation découlant d'une interprétation erronée de la doctrine

Les raisons juridiques sous-tendant cette évolution sont, à première vue, difficiles à comprendre. Il ne ressort pas clairement pourquoi la contribution au développement de l'État d'accueil doit, au-delà de son existence, être substantielle. Les tribunaux sont, certes, libres d'introduire de nouveaux éléments pouvant améliorer

---

576 *Ibid.*, note de bas de page 54 de la décision arbitrale.

577 *Ambiente Ufficio S.p.A. et autres c. Argentine,* CIRDI no.ARB/08/9, Décision sur la compétence (08/02/2013), §487.

l'identification de l'investissement. Toutefois, ce nouvel élément doit, d'une part, réellement faciliter ce travail d'identification et il doit, d'autre part, être justifié. Il n'est pas sûr que cette évolution — dans un sens quantitatif — du critère du développement facilite l'identification de l'investissement et il est encore moins sûr qu'elle s'accompagne d'une justification juridiquement convaincante.

Le raisonnement des tribunaux est compréhensible s'ils estiment que la caractérisation d'un investissement passe nécessairement par une référence au développement, car l'interprétation contextuelle de la Convention de Washington le requiert. Il est moins aisé à suivre lorsqu'ils imposent une contribution substantielle surtout quand cette dernière apparaît *ex nihilo*.

En réalité, cette position des tribunaux arbitraux provient d'une interprétation erronée de la doctrine. L'affaire *Joy Mining* a été citée précédemment. Pour le tribunal arbitral en cette espèce, un projet est qualifié d'investissement s'il constitue, entre autres, un apport substantiel au développement de l'État d'accueil[578]. Pour arriver à cette conclusion, le tribunal se fonde sur les écrits du Professeur Schreuer[579]. Ce dernier, dans son ouvrage '*The ICSID Convention : A Commentary*' de 2001, réédité en 2009, précise que l'investissement est une activité ayant une « *significance for the host State's development.*[580] ». En français, cela signifie que l'activité doit avoir une importance[581] pour le développement de l'État d'accueil. Le problème est ici sémantique. C'est une chose que de dire qu'une activité doive avoir une importance pour le développement ; c'en est une autre que d'affirmer que la contribution doit être substantielle. La création d'emplois, la répartition des richesses, la production dans le respect des normes environnementales peuvent avoir une certaine importance pour le développement d'un État ; elles ne constituent cependant pas nécessairement une contribution significative à son

---

[578] *Joy Mining Machinery Limited c. Egypt, CIRDI n°. ARB/03/11,* Sentence sur la compétence (06/08/04), (TBI Royaume Uni/Egypte), §53.

[579] Voir à ce propos la note de bas de page 18 de la sentence.

[580] SCHREUER (Ch.), *The ICSID Convention : A Commentary,* Cambridge University Press, 2001, p.140, §122 ; SCHREUER (Ch.), *The ICSID Convention : A Commentary,* Cambridge University Press, 2009, p.128, §153.

[581] « *Significance* » peut être traduit en français par 'importance', 'portée'. Voir, *Harrap's Shorter. Anglais-Français/Français-Anglais*, Edimbourg, 9ème édition, 2008, p.856.

développement. Il y a une confusion entre importance pour le développement et contribution importante au développement, car dans ce dernier cas, elle doit dépasser un certain niveau de mesure. Cependant, ce n'est pas ce que dit le Professeur Schreuer[582] et c'est la raison pour laquelle il est possible d'affirmer que le tribunal en question en fait une mauvaise citation[583].

L'évolution enclenchée n'a dès lors pas d'attaches juridiques solides. De cette mauvaise interprétation résulte cependant la création d'une lignée de décisions qui viennent se greffer à celles qui existent déjà sans, pour autant, l'effacer. Et c'est par ce même cheminement que d'autres tribunaux se réfèrent à l'affaire *Joy Mining*. Si ce nouvel aspect du critère du développement est, à l'origine, infondée, il a influencé la teneur du critère. Certains États utilisent, par exemple, l'affaire *Joy Mining* dans le cadre de leur défense en arguant que si l'activité litigieuse ne contribue pas substantiellement à leur développement, la compétence du tribunal ne peut être établie[584]. Toutefois, ce caractère substantiel de la contribution peut ériger une barrière injustifiée à la protection des investissements.

(ii) Une consolidation érigeant une barrière injustifiée à la protection des investissements

Le critère du développement est amplifié et cette évolution consacre une difficulté. Il devient encore plus compliqué de prouver que l'activité a un effet positif sur le développement. L'utilisation du critère du développement devient plus rigoureuse, plus minutieuse et dans la mesure où ce critère est utilisé, l'identification de l'investissement devient encore moins évidente. Si les arbitres ne sont pas toujours techniquement préparés pour évaluer la contribution d'un

---

582 SCHREUER (Ch.), *The ICSID Convention : A Commentary,* Cambridge University Press, 2001, p.140, §122 ; SCHREUER (Ch.), *The ICSID Convention : A Commentary,* Cambridge University Press, 2009, p.128, §153.

583 Notamment au paragraphe 53 de la sentence sur la compétence où le tribunal affirme qu'au-delà des autres critères, l'activité doit constituer un apport substantiel au développement de l'État d'accueil.

584 *Inmaris Perestroika Sailing Maritime Services GMBH and Others c. Ukraine*, CIRDI n°. ARB/08/8 Décision sur la compétence, (08/03/2010), (TBI (Allemagne/Ukraine), §127.

projet au développement d'un État[585], ils le sont *a fortiori* encore moins pour définir si une contribution est substantielle ou pas. Partant, dans la mesure où les tribunaux acceptent cette évolution, ils érigent une barrière à la protection des investisseurs. À sa source, cette barrière n'est pas justifiée, car elle n'est soutenue par aucun texte ; en aval, cette barrière se confronte à l'esprit des traités bilatéraux d'investissements qui est de protéger les investissements et les investisseurs. Cette protection n'est pas absolue, mais toute limitation doit pouvoir être justifiée en droit. Dans l'affaire *Malaysian Historical Salvors*, le demandeur avait soutenu qu'il n'y avait pas de raison pour mesurer le niveau de la contribution[586] et le Comité *ad hoc* a confirmé que le tribunal avait procédé à une interprétation trop exigeante du critère de la contribution au développement en excluant, entre autres et par là même, des contributions de moindre importance [587]. Même si cette nouvelle qualification du critère devait être retenue, il est difficile de comprendre comment procéder techniquement au calcul d'une contribution substantielle. Les tribunaux ne se réfèrent pas à une méthode — par exemple, économique — permettant de le faire en toute certitude. L'acceptation de cette consolidation du critère favoriserait de manière excessive la subjectivité et l'arbitraire des arbitres, car ce qui est substantiel pour les uns ne l'est pas nécessairement pour les autres. Faute de recours à des techniques appropriées, c'est, au final, leur intime conviction qui détermine ce qui est substantiel.

La deuxième forme de consolidation qui est constatée dans l'approche de ce critère a, cette fois-ci, une portée fonctionnelle. Il devient, pour certains arbitres, un indicateur cardinal de la présence d'un investissement. Dans certaines circonstances, c'est ce critère qui permettra de décider si l'activité est ou pas un investissement.

---

585 Voir *supra.*

586 *Malaysian Historical Salvors, SDN, BHD c. Malaysia,* CIRDI n°. ARB/05/10, Décision sur l'annulation (16/04/09) §36.

587 *Ibid.*,§80(b).

Paragraphe 2 : Une consolidation fonctionnelle : le critère du développement comme indicateur cardinal

Dans son utilisation par les divers tribunaux une autre fonction a parfois été attribuée au critère du développement. Il a été utilisé comme un point cardinal afin de confirmer l'existence d'un investissement lorsque les autres critères *Salini* n'étaient que faiblement présents. Le comité d'annulation affirmait dans l'affaire *Patrick Mitchell* que :

> « *As a legal consulting firm is a somewhat uncommon operation from the standpoint of the concept of investment, in the opinion of the ad hoc Committee it is necessary for the contribution to the economic development or at least the interests of the State, in this case the DRC, to be somehow present in the operation. If this were the case, qualifying the Claimant as an investor and his services as an investment would be possible* (…)[588] ».

S'il existe un doute sur la teneur de l'activité litigieuse en raison de l'incertitude des autres critères communément admis, la présence d'une contribution au développement faciliterait sa qualification en investissement. Le critère du développement agit dans ce cas comme un indicateur cardinal montrant la direction aux arbitres. Cette fonction apparaît comme étant complémentaire. La fonction première est d'agir de consort avec les autres critères pour identifier un investissement. Si cette tâche s'avère ardue, le critère revêt alors une fonction d'éclaireur. Cela se produit à deux égards. L'évolution fonctionnelle se manifeste en l'absence d'un investissement dit « immédiatement reconnaissable » [« *readily recognisable* »] (A) et, comme mentionné, devant l'insuffisance des autres critères de l'investissement (B).

A) La fonction du critère du développement en l'absence d'un investissement « immédiatement reconnaissable »

L'investissement « immédiatement reconnaissable » doit être

588 *Patrick Mitchell c. République Démocratique du Congo*, CIRDI n°. ARB/99/7, Décision sur l'application d'annulation de la sentence (01/11/06), §39.

défini (i) avant de comprendre la fonction d'indicateur du critère qui, dans ce contexte, est contestable (ii).

(i) La définition de l'investissement « immédiatement reconnaissable »

La paternité du terme « immédiatement reconnaissable » (« *readily recognisable* ») incombe à Monsieur Aaron Broches[589]. Au moment des négociations de la Convention de Washington, il s'était opposé à toute définition de l'investissement en en laissant le soin aux parties[590]. Selon lui, des définitions de l'investissement ne manquent pas, mais il est difficile de les concilier à l'unanimité avec les exigences de chaque État[591]. Il considérait, par ailleurs, qu'un investissement était, de toute façon « immédiatement reconnaissable »[592]. La matérialité d'une activité donnée induirait sa qualification en investissement. Par exemple, dans une affaire *PSEG c. Turquie*[593], tout le débat relatif à l'existence d'un investissement s'est résumé à la recherche de la validité du contrat entre l'investisseur et l'État. L'objet du contrat était le développement d'un mécanisme de production d'électricité[594] ce qui est apparu pour le tribunal comme un

---

589 Voir, *Malaysian Historical Salvors, SDN, BHD c. Malaysia,* CIRDI n°. ARB/05/10, Décision sur la compétence (17/05/07), (TBI R.U./Malaysie), §119.

590 SCHREUER (Ch.), *The ICSID Convention : A Commentary,* Cambridge University Press, 2009, p.82 ; Pour une application de cette théorie voir, *Generation Ukraine c. Ukraine*, CIRDI n° ARB/00/9, Sentence (16 septembre 2003) (TBI États-Unis / Ukraine), §8.2 : « *No definition of "investment" is to be found in the ICSID Convention. It is well settled that Contracting Parties may agree upon a more precise definition of "investment" in a separate legal instrument. The Claimant has invoked the jurisdiction of ICSID pursuant to Article VI of the BIT. Hence, the definition contained in Article I(1)(a) of the BIT (set out in full at Paragraph 18.1 below) applies in this reference to ICSID arbitration.*»

591 BROCHES (A.), « The Center for the Settlement of Investment Disputes Between States and Nationals of Other States », *R.C.A.D.I.*, Tome II, vol.136, 1972, p.362.

592 SCHREUER (C.), *The ICSID Convention : A Commentary,* Cambridge University Press, 2009, p.116.

593 *PSEG Global, Inc., The North American Coal Corporation, et Konya Ingin Electrik Uretim ve Ticaret Limited Sirketi c. Turquie,* CIRDI n°. ARB/02/5, Décision sur la compétence 04/06/2004 (TBI États-Unis/Turquie).

594 *PSEG Global, Inc., The North American Coal Corporation, et Konya Ingin Electrik Uretim ve Ticaret Limited Sirketi c. Turquie,* CIRDI n°. ARB/02/5,

investissement par définition[595]. L'objet du contrat n'est aucunement considéré ou débattu pour comprendre s'il s'agit bien d'un investissement et le tribunal a considéré que seules l'existence et la validité du contrat fondaient sa compétence[596].

Un raisonnement similaire est visible dans l'affaire *M.C.I. Power Group L.C. et New Turbine, Inc. c. Equateur*[597]. L'activité litigieuse était ici aussi la production et la distribution d'électricité. Le tribunal siégeant dans cette affaire a précisé que les critères de l'investissement mis en avant par les tribunaux précédents ne sont pas toujours nécessaires pour identifier un investissement. Sans trop d'explications, le tribunal conclut que l'activité revêt en elle-même les qualités nécessaires permettant de la caractériser comme étant un investissement[598]. Une activité entreprise dans le secteur énergétique est potentiellement un investissement protégé pour certains tribunaux. Le demandeur dans une affaire *RSM c. République Centrafricaine* estimait, par exemple, qu'un contrat pétrolier était la « *quintessence d'une opération d'investissement*[599] » et qu'il était difficile de lui dénier cette qualification[600].

Il existerait ainsi des activités qui seraient par définition, *ipso facto* et *ipso jure*, des investissements. Ils ne doivent pas être mesurés dans une grille de critères comme dans *Salini*. Leur seule présence permet leur identification de manière automatique. Le Comité *ad hoc* dans l'affaire *Patrick Mitchell*[601] a annulé la décision sur la compétence d'un tribunal arbitral en considérant que l'implantation d'un cabinet d'avocats n'était pas un investissement. Dans cette espèce, un cabinet d'avocats avait commencé ses activités sous le

---

Décision sur la compétence 04/06/2004, §19.

595 Voir aussi YANNACA-SMALL (C.), *International Investment Law : Understanding Concepts and Tracking Innovations*, OCDE, 2008, pp.62-63.

596 *PSEG Global, Inc., The North American Coal Corporation, et Konya Ingin Electrik Uretim ve Ticaret Limited Sirketi c. Turquie*, CIRDI n°. ARB/02/5, Décision sur la compétence 04/06/2004, §90.

597 *M.C.I. Power Group L.C. et New Turbine, Inc. c. Equateur*, CIRDI n°.ARB/03/6, Sentence (31/07/2007).

598 *Ibid.*, §165.

599 *RSM Production Corporation c. République Centrafricaine*, CIRDI n°ARB07/02, Décision sur la compétence et la responsabilité (07/12/2010), §40.

600 *Ibid.*, §39.

601 *Patrick Mitchell c. République Démocratique du Congo*, CIRDI n°. ARB/99/7, Décision sur l'application d'annulation de la sentence (01/11/06).

contrôle de Monsieur Patrick Mitchell en République Démocratique du Congo. À la suite de quelques opérations militaires sur le territoire congolais, Monsieur Mitchell fit valoir que son activité avait été expropriée et enclencha une procédure CIRDI en arguant que son activité était un investissement. La demande fut reçue par le tribunal arbitral,[602] mais l'État congolais, demandant la constitution d'un Comité d'Annulation *ad hoc*, soutenait que Monsieur Mitchell n'avait pas effectué d'investissement sur son territoire. En développant son raisonnement, le Comité expliquait que :

> « *It bears recalling that the case at hand did not involve a "readily recognizable" investment, as it concerned a legal counseling firm established by a U.S. citizen in the DRC. It is the first time that such an operation was considered within the special arbitration system of ICSID as a dispute between a State and an investor from another State*[603] ».

Le Comité utilise le concept de l'investissement « immédiatement reconnaissable » en se référant à Monsieur Aaron Broches[604]. Ainsi, pour ces arbitres, les services d'un cabinet d'avocats ne font pas partie de la catégorie des activités qui sont, par leur propre nature, susceptibles d'être qualifiées comme des investissements. Le cabinet de Monsieur Mitchell est, comme le précise le Comité, peu commun eu égard au concept même de l'investissement[605]. L'arbitre unique de l'affaire *Malaysian Historical Salvors* s'est aussi attardé sur cette forme d'investissement en citant les arbitrages *PSEG* et *Patrick Mitchell*[606]. Il en a conclut qu'une activité de récupération d'un navire ne peut être immédiatement reconnaissable comme un investissement [607]. Dans un tel cas, l'activité litigieuse doit subir le test *Salini*. Et là-dessus, le critère du développement jouerait le rôle d'indicateur

602 *Patrick Mitchell c. République Démocratique du Congo*, CIRDI n°. ARB/99/7, Sentence, 9 février 2004. La sentence n'est pas dans le domaine public. Il faut là-dessus se référer à la décision du Comité d'Annulation qui reprend le raisonnement du tribunal initial.

603 *Patrick Mitchell c. République Démocratique du Congo*, CIRDI n°. ARB/99/7, Décision sur l'application d'annulation de la sentence (01/11/06), §34.

604 *Ibid.*, voir note de bas de page 17.

605 *Ibid.*, §39.

606 *Malaysian Historical Salvors, SDN, BHD c. Malaysia,* CIRDI n°. ARB/05/10, Décision sur la compétence (17/05/07), §119, §128.

607 *Ibid.*, §129.

cardinal – cependant, contestable.

(ii) Le critère du développement, un indicateur cardinal contestable

En l'absence d'un investissement « immédiatement reconnaissable », la présence d'une contribution au développement de l'État d'accueil est pour certains arbitres fondamentale pour qualifier une activité d'investissement[608]. Cette contribution présume l'existence d'un investissement. Selon le Comité *ad hoc* de l'affaire *Patrick Mitchell*, le critère du développement est l'unique moyen de conférer une définition objective à l'investissement et cela permet d'éviter qu'une activité soit arbitrairement qualifiée d'investissement par les parties ; les arbitres se réfèrent sur ce point aux écrits du Professeur Schreuer[609]. La raison de cette conclusion a déjà été mentionnée plus haut : la Convention de Washington a été conclue sous l'égide de la Banque internationale pour la Reconstruction et le Développement et précise dans son préambule le besoin de la coopération internationale, notamment par les investissements privés internationaux, pour le développement économique[610]. Par conséquent, il est tout à fait normal que le développement ait toujours été pris en compte d'une manière ou d'une autre par les tribunaux constitués sous l'égide du CIRDI[611].

Pour reprendre la logique adoptée par le Comité *ad hoc*, certains investissements sont reconnaissables immédiatement — visuellement. Et si une activité donnée ne permet pas une telle reconnaissance *ipso facto* et *ab initio*, il faut impérativement qu'elle contribue au développement de l'État d'accueil pour être protégée par le droit international des investissements. Il y a toutefois lieu de se démarquer de cette position.

Même si la réponse semble être contenue dans la question, le

608 Voir par exemple, *Patrick Mitchell c. République Démocratique du Congo*, CIRDI n°. ARB/99/7, Décision sur l'application d'annulation de la sentence (01/11/06), §39.

609 *Ibid.*, §31.

610 *Ibid.*, §28.

611 *Ibid.*, §29.

concept d'investissement « immédiatement reconnaissable » est peu clair et très subjectif. Cette subjectivité porte un élément discriminatoire en son sein. Il est difficile de comprendre pourquoi certaines catégories d'activités ou de projets passeraient obligatoirement le test des critères pour être reconnues comme un investissement alors que d'autres en seraient exonérées sur une base purement subjective.

Tout d'abord, le texte de la Convention de Washington ne fait pas état d'investissements « immédiatement reconnaissable ». Et c'est justement dans un souci d'objectivité que certains tribunaux ont établi un système de critères permettant d'identifier l'investissement. S'il est possible de discuter de l'utilité de chaque critère, la méthode employée par les tribunaux est pour le moment celle qui se rapproche le plus d'une certaine objectivité. Par conséquent, un cabinet d'avocats, une société de construction, une société d'exploration et d'exploitation de pétrole ou une société de production et de fourniture d'électricité doivent tous satisfaire certains critères pour bénéficier d'une protection conventionnelle en tant qu'investissement — ils doivent être qualifiables comme étant des investissements au sens de l'accord de protection applicable, mais aussi au sens de la Convention de Washington, si cette dernière est applicable. Ainsi, pour être cohérents, les tribunaux qui pensent que le critère du développement est utile et qui décident de l'utiliser doivent le faire dans tous les cas qui se présentent à eux. Il n'y a aucune raison de discriminer par la référence à un investissement « immédiatement reconnaissable » ou pas.

Dans l'affaire *Patrick Mitchell*, le Comité a considéré qu'un cabinet d'avocats exerçait une activité peu habituelle pour le monde du droit des investissements et que pour la rattacher à un investissement elle devait nécessairement contribuer au développement économique de l'État[612]. Affirmer que les services

---

[612] *Patrick Mitchell c. République Démocratique du Congo*, CIRDI n°. ARB/99/7, Décision sur l'application d'annulation de la sentence (01/11/06), §39 ; voir aussi : BEN HAMIDA (W.), « Two Nebulous ICISID Features : The Notion of Investment and the Scope of Annulement Control : A*d Hoc Committee's Decision in Patrick Mitchell v. Democratic Republic of Congo*», *Journal of International Arbitration*, 2007, p.291 ; BEN HAMIDA (W.), « La notion d'investissement : La notion maudite du système CIRDI ? », *Gaz. Pal.*, nov.-déc. 2007, p.35.

d'un cabinet d'avocats sont d'une nature extraordinaire dans le monde des investissements et que seules leurs contributions au développement les rapprocheraient du concept d'investissement est peu pertinent, car la conclusion ne repose sur aucune justification en droit — ou même en économie ou en logique. Cela hiérarchise quelque peu les critères de l'investissement et confère une forme de priorité et de supériorité hiérarchique au critère du développement. Objectivement, cela ne se justifie pas, car il est difficile de comprendre pourquoi la même importance n'est pas attribuée au critère du risque ou à celui de la durée. Il est, après tout, possible de dire que l'implantation d'un cabinet d'avocats en République Démocratique du Congo n'implique pas nécessairement de risques économiques majeurs ou que l'apport en capital est peu significatif et qu'il est, partant, difficile d'identifier un investissement. Le choix du critère du développement par le Comité *ad hoc* semble ainsi arbitraire. La nécessité d'une contribution au développement économique évoquée par le préambule de la Convention de Washington n'en fait pas nécessairement un critère prioritaire et immanquable — surtout s'il est utilisé comme un concept vague. Dans le même cheminement, au lieu d'affirmer qu'il ne s'agit pas d'un investissement « immédiatement reconnaissable », il aurait été plus simple d'appliquer les critères dégagés par les décisions antérieures afin de conférer ou de dénier la qualité d'investissement aux services de Monsieur Mitchell. Le détour utilisé par le Comité est peu compréhensible et encore moins justifié.

La décision *Patrick Mitchell* a aussi été critiquée par une partie de la doctrine dans la mesure où elle exclut de toute protection les investisseurs qui ne fournissent pas directement quelque service à l'État[613]. Le Comité *ad hoc* avait noté que le demandeur n'avait pas concrètement établi comment son activité avait été de quelque bénéfice à la République Démocratique du Congo[614]. Or, il semble que « [c]*e qui sert au développement de l'État d'accueil est l'enrichissement du tissu industriel du pays*[615]». L'activité de

613 GAILLARD (E.), « Centre International pour le règlement des différends relatifs aux investissements - Chroniques des sentences arbitrales », *Journal du droit international*, n°1, 2007, p.367.

614 *Patrick Mitchell c. République Démocratique du Congo*, CIRDI n°. ARB/99/7, Décision sur l'application d'annulation de la sentence (01/11/06) , §39.

615 GAILLARD (E.), « Centre International pour le règlement des différends relatifs aux investissements - Chroniques des sentences arbitrales », *Journal du*

l'investisseur ne doit pas nécessairement être directement dirigée vers la personne morale étatique et vers ses besoins pour pouvoir contribuer au développement. Son impact ne doit pas nécessairement être de portée macro, mais peut avoir des effets micros comme cela a été rappelé dans l'introduction, c'est-à-dire, que l'activité pourrait concerner avant tout les individus et non l'État, ce dernier n'en bénéficiant qu'*a posteriori*, par ricochet. La décision du Comité obligerait, quant à lui, tous les fournisseurs de services à exercer leurs activités uniquement au bénéfice de l'État d'accueil afin d'une part, de pouvoir potentiellement participer à son développement et pour recevoir, d'autre part, la qualité d'investissement et par là même bénéficier d'une protection conventionnelle. Toute contribution à un niveau infra-étatique serait exclue. Une limite supplémentaire est apportée, car tous les paramètres du développement ne sont pas retenus.

Au-delà de cet aspect des choses, le critère du développement acquiert aussi parfois une autre fonction confirmative quand un doute subsiste sur les autres critères de l'investissement.

B) La fonction du critère du développement devant l'insuffisance des autres critères de l'investissement

Pour qualifier une activité d'investissement, sa contribution au développement aurait, pour certains tribunaux, une fonction confirmative s'il existe un doute sur la portée des autres critères généralement admis de l'investissement. En d'autres termes, s'il existe une incertitude quant à l'apport et la durée de l'activité et le risque entrepris, le critère du développement agirait comme indicateur confirmatif. C'est sa présence qui déterminerait *in fine* l'existence d'un investissement devant l'insuffisance éventuelle ou la présence incertaine des autres critères.

Dans l'affaire *Malaysian Historical Salvors*, l'arbitre dénia la qualification d'investissement à un contrat de renflouage. Il énonça que dans la mesure où l'activité litigieuse — la récupération de la cargaison d'un navire — était plutôt inhabituelle et que les critères habituels de l'investissement n'apparaissaient pas clairement, une

droit international, n°1, 2007, p.367.

analyse holistique de tous les critères s'avérait fondamentale. Selon les faits, l'activité pouvait, selon lui, revêtir la forme d'un investissement uniquement si elle avait contribué substantiellement[616] au développement de la Malaisie[617]. L'arbitre estima que la contribution au développement était nécessaire, car les autres critères de l'investissement n'étaient présents que de manière superficielle[618]. Il déduisit que l'activité n'avait pas suffisamment contribué au développement de l'État malaisien[619] et qu'il lui était ainsi difficile de conclure à l'existence d'un investissement. Ainsi, dans cette affaire, le critère du développement ne comblait pas la faible présence des autres critères. Dans le cas contraire, cela aurait, pour l'arbitre, facilité l'identification d'un investissement. Le critère agirait ainsi comme un baromètre, comme un indicateur phare, permettant de faciliter l'identification d'un investissement. En suivant ce raisonnement, il est possible d'en déduire que, pour ce tribunal, tous les critères de l'investissement s'appliquent par principe. Cependant, en cas d'incertitude, c'est la teneur du critère du développement qu'il faudrait consulter pour avoir une meilleure compréhension de la compétence du tribunal. Dans l'affaire *Fedax*, le tribunal arbitral avait considéré qu'un prêt était un investissement et en se référant aux considérations du développement, il affirmait que « ***most importantly***, *there is clearly a significant relationship between the transaction and the development of the host State.*[620] ». La même chose peut être affirmée en ce qui concerne l'affaire *Patrick Mitchell*[621]. Ces positions se rapprochent d'une partie de la doctrine qui considère que l'activité qui ne contribue pas ou qui est néfaste au développement ne doit pas être qualifiée d'investissement et ne doit, de ce fait, pas faire l'objet d'une protection[622]. Selon le Juge Shuhabbudeen :

---

616 Le caractère significatif de la contribution a déjà été étudié *supra.*

617 *Malaysian Historical Salvors, SDN, BHD c. Malaysia,* CIRDI n°. ARB/05/10, Décision sur la compétence (17/05/07), §124.

618 *Malaysian Historical Salvors, SDN, BHD c. Malaysia,* CIRDI n°. ARB/05/10, Décision sur la compétence (17/05/07), §130.

619 *Ibid.*, §§143-144.

620 *Fedax N.C. c. Vénézuéla*, CIRDI n°. ARB/96/3, Sentence sur la compétence (11/07/97), (TBI Pays-Bas/Vénézuéla), §43 (Nous soulignons).

621 *Patrick Mitchell c. République Démocratique du Congo*, CIRDI n°. ARB/99/7, Décision sur l'application d'annulation de la sentence (01/11/06), §39.

622 Par exemple : JEZEWSKI (M.), « Development Considerations in Defining Investment », *in*, CORDONIER SEGGER (M-C.), GEHRING (M.W.), NEWCOMBE (A.) [eds.], *Sustainable Development in World Investment Law*, Alphen aan den Rijn, Kluwer Law International, 2011, pp.228-229 ;

« *In my opinion, it is not merely that "international investment plays a role in economic development" of the host State : international investment must play a role in the economic development of the host State if the investment is to rank as an ICSID investment and be entitled to the protection of the ICSID settlement procedures ; that requirement is a condition of an ICSID investment*[623]».

Si l'on recherche une justification pour comprendre ces affirmations, l'idée suivante peut être utilisée : les indemnités demandées par les investisseurs sont souvent très élevées, notamment pour les pays en développement, et il est, dans cette optique, impératif d'éviter que de simples contrats commerciaux ne reçoivent la qualification d'investissement afin de bénéficier de la protection d'un accord bilatéral d'investissement. S'il existe un doute sur la réalité des autres critères, le développement — s'il a été positivement affecté par l'activité en question — peut agir comme indicateur prouvant l'existence d'un investissement. Il y aurait une forme de rationalisation dans et de l'identification de l'investissement. Ces arguments sont parfois mis en avant dans la pratique arbitrale[624]. Ils posent, cependant, au moins deux types de problèmes. La première : il y a un risque de confusion entre le critère du développement et l'investissement de sorte que ce dernier semble être réduit au premier. Cette position enlève tout son sens au concept d'investissement, car il suffirait dans ce cas de ne parler que de développement. La deuxième est apparue comme un leitmotiv de la thèse : la difficulté qu'il y a à comprendre le développement et la facilité avec laquelle référence en est faite ne permet pas d'en faire un critère ayant un tel poids. Il est, dès lors, compréhensible que le critère litigieux soit, effectivement, évité par certains tribunaux.

SORNARAJAH (M.), *The International Law On Foreign Investment*, U.K., Cambridge University Press, 2nd, 2004, p.181.

623 *Malaysian Historical Salvors, SDN, BHD c. Malaysia,* CIRDI n°. ARB/05/10, Décision sur l'annulation - Opinion dissidente de Monsieur le Juge Shahabbudeen, (16/04/09) §29.

624 *Ibid.*, §§21-22.

Section 2 : Un critère effectivement évité par certains tribunaux arbitraux

Dans plusieurs affaires, un investissement a pu être identifié sans avoir recours au critère du développement. La conclusion préalable qui peut être tirée est que si certains tribunaux ont reconnu leur compétence par l'existence d'un investissement sans se fonder sur ce critère litigieux, ce dernier peut être écarté. Toutefois, le raisonnement de ces tribunaux réfractaires n'est pas toujours satisfaisant et il faudra ici étudier la construction juridique qu'ils utilisent tout en nuançant et tout en critiquant leur propos. Pour mener à bien cette démonstration, les raisons de leur scepticisme doivent être expliquées. Il ressort que le critère de la contribution au développement est rejeté par certains tribunaux, car elle est difficilement mesurable (Paragraphe 1) et qu'elle est, dans les faits, une conséquence et non un critère de l'investissement (Paragraphe 2).

Paragraphe 1 : L'évaluation difficile de la contribution effective au développement de l'Etat d'accueil : le rejet du critère du développement

Tous les États n'ont pas les mêmes impératifs et les mêmes priorités en matière de développement et il leur appartient de définir leur propre développement[625]. Il ne saurait y avoir de définition unique du concept et de toute façon, la recherche de cette définition n'incombe pas forcément aux tribunaux arbitraux. C'est donc le caractère subjectif de ce critère qui explique son rejet (A), même si le raisonnement des tribunaux est en partie lacunaire à ce sujet (B).

A) Un rejet expliqué par la subjectivité du critère du développement

Dans la mesure où il n'y a pas d'unanimité sur la définition du développement que ce soit chez les économistes ou chez les juristes[626],

---

625 STERN (B.), « The Contours of the Notion of Protected Investment », *ICSID Review, Foreign Investment Law Journal*, vol.24, No.2, 2009, p.543.

626 YALA (F.), « The Notion of 'Investment' in ICSID Case Law : A Drifting Jurisdictional Requirement? Some « un-conventional » thoughts on *Salini, SGS*

chaque arbitre peut faire valoir une appréciation personnelle du concept selon les faits de l'affaire, mais aussi selon ses convictions personnelles. Par conséquent, ce qu'un tribunal considère comme étant une contribution au développement peut recevoir une qualification opposée de la part d'un autre tribunal. La subjectivité semble très élastique à cet égard. Dès lors, la définition objective de l'investissement implique le rejet du critère — subjectif — de la contribution au développement (i), comme le disent certains tribunaux faisant preuve d'une certaine prudence (ii).

(i) Un rejet favorisant une définition objective du développement

Dans une affaire *LESI-DIPENTA c. Algérie* concernant la construction d'un barrage devant permettre d'approvisionner la ville d'Alger en eau potable, le tribunal, en cherchant à définir l'investissement, a fait valoir qu'il n'était pas nécessaire que l'activité « *réponde en plus spécialement à la promotion économique du pays, une condition de toute façon difficile à établir* (…)[627] ». Pour ce tribunal, l'apport de l'activité, sa durée et le risque encouru suffisent amplement pour démontrer l'existence d'un investissement. Ces trois critères sont, pour certains arbitres, amplement fiables et cette position marque un éloignement de la position *Salini*[628].

D'autres tribunaux ont adopté le même raisonnement[629]. Les arbitres dans l'affaire *Phoenix c. République Tchèque* ont indiqué qu'il est impossible de garantir qu'une activité contribuera au développement de l'État d'accueil[630]. La position du tribunal est que « *the contribution of an international investment to the development of the host State is impossible to ascertain — the more so as there are*

and *Mihaly* », *Journal of International Arbitration,* Vol.2, n° 2, p.106.

627 *L.E.S.I. S.p.A. et ASTALDI S.p.A. c. Algérie*, CIRDI n°. ARB/05/3, Sentence (12/11/08) (TBI Algérie/Italie), §13 (iv).

628 BEN HAMIDA (W.), « La notion d'investissement : La notion maudite du système CIRDI ? », *Gaz. Pal.*, nov.-déc. 2007, p.34.

629 Voir par exemple, *Victor Pey Casado et Fondation Président Allende c. Chilie*, CIRDI n°. ARB/98/2, Sentence (08/05/08), §232.

630 *Phoenix Action, Ltd. c. République Tchèque*, CIRDI n°. ARB/06/5, Sentence (15/04/09), §85.

highly diverging views on what constitutes "development"[631] ». Ces questions dépassent probablement la capacité technique des tribunaux et il est possible de comprendre les arbitres qui ne souhaitent pas s'y aventurer. En se lançant sur ce terrain, ils risqueraient d'entacher le critère du développement d'une trop grande subjectivité. Un tribunal a récemment fait ressortir que :

> « *It is generally considered that this criterion is unworkable owing to its subjective nature. Indeed, whether or not a commitment of capital and ressources ultimately proves to have contributed to the economic development of the host State can often be a matter of appreciation and can generate a wide spectrum of reasonable opinions. Moreover, some transactions may undoubtedly be qualified as investments, even though they do not result in a significant contribution to economic development in a post hoc evaluation of the claimant's activities. This is for example the case of mergers and acquisitions or of failed construction projects*[632] »

Une partie de la doctrine fait aussi ressortir cet élément de subjectivité qui ne facilite pas l'identification certaine du critère du développement[633] ; elle évoque la difficulté de calculer de manière incontestable la contribution réelle au développement et en posant un doute sur les instruments ou les outils disponibles et utilisables ou encore sur la période pertinente devant être considérée pour ce calcul [634]. Selon cette même position doctrinale, la complexité s'accroîtrait si, par exemple, l'opération litigieuse bénéficiait au développement de l'État d'accueil uniquement pour une période déterminée avant d'être désastreuse ou peu bénéfique par la suite[635].

La subjectivité, si elle colore au moins partiellement le fonctionnement du droit, n'est pas ce qui est légitimement attendu de la part d'un tribunal. Il ne s'agit pas là que d'une question d'éthique :

---

631 *Ibid.*

632 *Deutsche Bank AG c. Sri Lanka*, CIRDI no.ARB/09/2, sentence (31/10/2012), §306.

633 MANCIAUX (S.), *Investissements étrangers et arbitrage entre États et ressortissants d'autres États. Trente années d'activité du CIRDI*, Dijon, Litec-CREDIMI, 2004, p.71.

634 *Ibid.*, p.71.

635 *Ibid.*, p.71.

l'objectivité permet une plus grande prévisibilité qui est aussi l'un des corollaires de la machine juridique.

L'arbitre unique dans la l'affaire *Pantechniki S.A. Contractors c. Albanie* a, dans cette optique, considéré que le critère du développement relevait d'une trop grande subjectivité[636] et que son utilisation augmenterait l'imprévisibilité dans le cadre de l'arbitrage relatif aux investissements[637]. Les arbitres doivent, selon lui, demeurer dans leur rôle qui est d'interpréter et d'appliquer le droit ; ils ne doivent pas se métamorphoser en décideurs politiques[638]. Cela aurait pour conséquence de restreindre à la fois la définition de l'investissement et la compétence des tribunaux, ce qui est contraire à l'esprit du droit international des investissements tel que reflété par les accords ayant pour but d'assurer la protection des investissements. Sur ce point, toutefois, il n'est pas sûr que les arbitres qui accordent une valeur au critère du développement enfilent la robe du politique. Un arbitre ou un juge est libre d'interpréter le droit. L'interprétation est en elle-même créatrice de droit et il serait vain de le nier. Etudier le droit positif implique aussi et nécessairement l'étude du droit créé par les tribunaux. Plusieurs principes juridiques sont nés du prétoire sans pour autant changer la fonction ou le statut des juges. Si la fonction créatrice relève de la normalité, elle doit cependant impérativement obéir aux principes de l'interprétation. Dans ce sens, les arbitres ont l'obligation de respecter l'esprit du droit qu'ils appliquent. Le droit international des investissements vise, comme mentionné, avant tout la protection des investissements et des investisseurs. Toute limite à cette protection doit reposer sur une justification objective. Un tribunal posant une limite injustifiée ne fait pas forcément de politique, mais il n'applique et n'interprète pas le droit pertinent selon son esprit. Ainsi, si un critère supplémentaire est mis en avant pour identifier un investissement, cela incite à définir l'investissement de manière quelque peu extensive, ce qui réduit la probabilité qu'une activité soit protégée par l'accord relatif aux investissements applicable[639]. Même si la doctrine faisant autorité considère que le

---

636 *Pantechniki S.A. Contractors & Engineers c. République d'Albanie*, CIRDI n°. ARB/07/21, Sentence (30/07/ 2009), §36 & §43.

637 *Ibid.*, §43.

638 *Ibid.*

639 *Malaysian Historical Salvors, SDN, BHD c. Malaysia,* CIRDI n°. ARB/05/10, Décision sur la compétence (17/05/07) ; *Patrick Mitchell c. République Démocratique du Congo*, CIRDI n°. ARB/99/7, Décision sur l'application

critère du développement est la seule indication possible d'une définition objective de l'investissement[640], pour d'autres, la contribution au développement « *se révèle un facteur d'insécurité juridique fâcheux, de sorte que, rien qu'à ce titre, il devrait être écarté*[641] ».

D'autres encore prônent le même éloignement en considérant le caractère non discriminant du critère du développement[642]. L'explication est la suivante : un critère doit par essence être discriminant[643] ; il doit permettre d'exclure certains objets de son champ d'application. Partant, si l'identification de l'investissement dépend de la présence de certains critères, ces derniers doivent agir comme un filtre. Or, il apparaît que ce n'est pas toujours le cas en ce qui concerne le critère du développement. Sa capacité à filtrer les activités litigieuses pour les classer ou pas dans la catégorie des investissements n'est pas toujours efficace. Ainsi, les fusions-acquisitions qui participent grandement aux flux des investissements consistent souvent en l'achat de parts dans des sociétés déjà existantes et, dans ce processus, l'apport au développement de l'État hôte n'est définitivement pas une certitude[644]. Pour autant, ces activités peuvent bien être constitutives d'un investissement en application d'un accord relatif aux investissements.

Dans l'affaire *RSM c. République Centrafricaine* portant sur un contrat pétrolier, les travaux avaient, durant les premières années, été réalisés hors de l'État d'accueil, réduisant, par là même, la probabilité d'un apport au développement sur son territoire[645]. La République Centrafricaine arguait que selon le contrat avec l'investisseur, ce dernier avait l'obligation d'ouvrir un bureau dans les

---

d'annulation de la sentence (01/11/06),

640 SCHREUER (Ch.), *The ICSID Convention : A Commentary,* Cambridge University Press, 2009, p.116-117.

641 CARREAU (D.), « Investissements », *Répertoire de droit international,* Dalloz, août 2008, p.13.

642 MANCIAUX (S.), « Actualité de la notion d'investissement international », *in,* LEBEN (C.) [dir.], *La procédure arbitrale relative aux investissements internationaux*, Paris, L.G.D.J., 2010, p.165-166.

643 *Ibid.*, p.153.

644 *Ibid.*, p.165.

645 *RSM Production Corporation c. République Centrafricaine,* CIRDI n°ARB07/02, Décision sur la compétence et la responsabilité (07/12/2010), §44.

trois mois suivant la signature sur le territoire de l'État hôte et que « (l)'*ouverture de ce bureau dans les délais prescrits et sa consistance mettraient en exergue l'intérêt que RSM accorderait au développement économique et social de la République Centrafricaine* [646] ». Si l'établissement tardif de l'activité peut, à la rigueur, refléter un manque d'intérêt de l'investisseur pour le développement de son État d'accueil, il n'est juridiquement et automatiquement pas synonyme d'une absence d'investissement. Il y a là l'illustration que la contribution au développement n'agit pas nécessairement comme un critère filtrant et discriminant, permettant de différencier entre une activité qualifiable d'investissement et une autre qui ne le serait pas. Le critère litigieux ne permet pas une véritable identification ou une réelle définition de l'investissement. Sa fonction reposerait sur une approximation et devrait pour cette raison être écartée. En procédant de la sorte, c'est aussi une forme de prudence qui fait surface. Les arbitres qui s'abstiennent et qui rejettent le critère du développement font, *a priori*, preuve de prudence.

(ii) Un rejet démontrant une démarche prudente de la part des tribunaux arbitraux

Leur prudence s'accompagne d'humilité et de bon sens. Dans la mesure où ils ne dominent pas certaines considérations techniques, les tribunaux sceptiques ne spéculent pas[647] ; ils s'attachent à ce qui est connu et vérifiable pour ne pas perdre en objectivité et préfèrent ne pas utiliser un indicateur dont ils ne maîtrisent pas les rouages. Même si les enjeux entourant le développement sont fondamentaux, leur glissement dans l'univers de la protection des investissements soulèvent un certain nombre de problèmes[648]. En effet, plusieurs arbitrages n'auraient pas pu aboutir si une application stricte et systématique avait été faite du critère du développement[649]. Si tous les tribunaux appliquaient ce critère comme l'ont fait les arbitres dans les

---

646 *Ibid.*, §31.

647 Voir, DESCARTES (R.), *Règles pour la direction de l'esprit*, Paris, Classiques Garnier, 1997, p.78 (règle II).

648 STERN (B.), « The Contours of the Notion of Protected Investment », *ICSID Review, Foreign Investment Law Journal*, vol.24, No.2, Fall 2009, p.542.

649 *Ibid.*, p.543.

affaires *Malaysian Historical Salvors*[650] et *Patrick Mitchell*[651], un bon nombre d'activités auraient étaient privées d'une protection juridique. Il serait ainsi peu judicieux d'ériger en critère ce concept difficilement utilisable. Selon une arbitre ayant siégé dans l'affaire *Phoenix c. République Tchèque*, toutes les interrogations sous-tendant la prise en compte du critère du développement militent en faveur d'un scepticisme à son égard[652]. Selon elle, il n'y a aucun

> « *consensus on what development is all about : is the creation of a big department store that lowers the prices for local consumers, but destroys the work of many small shops, an investment that fosters development? Is the development of a multimillion dollar open pit gold mine that destroys a rain forest and the sacred land of an aboriginal tribe or endangers the environment an investment that fosters development?* [653]».

La prudence impliquerait par conséquent un rejet du critère du développement. Elle imposerait un éloignement de la décision du Comité *ad hoc* qui, dans l'affaire *Patrick Mitchell c. République Démocratique du Congo*, a adoubé l'utilité du critère du développement en soulignant que l'existence d'une contribution au développement de l'État d'accueil comme un critère essentiel et incontestable de l'investissement — quoiqu'insuffisant en soi — ne signifie pas que cette contribution doive toujours être mesurable ou garantie et que les tribunaux CIRDI ne doivent pas évaluer la contribution réelle de l'activité ; il suffit que cette dernière contribue d'une manière ou d'une autre au développement de l'État d'accueil[654]. En affirmant cela, le Comité fait valoir que les tribunaux ne doivent pas évaluer la véritable contribution de l'activité, mais qu'il suffit de constater qu'elle contribue au développement. Or, sans calculer ou sans évaluer l'apport d'une activité, il est compliqué voire impossible de savoir s'il y a dans les faits une contribution effective. Il est peu

---

650 *Malaysian Historical Salvors, SDN, BHD c. Malaysia,* CIRDI n°. ARB/05/10, Décision su.r la compétence (17/05/07).

651 *Patrick Mitchell c. République Démocratique du Congo*, CIRDI n°. ARB/99/7, Décision sur l'application d'annulation de la sentence (01/11/06).

652 STERN (B.), « The Contours of the Notion of Protected Investment », *ICSID Review, Foreign Investment Law Journal*, vol.24, No.2, Fall 2009, p.542.

653 *Ibid.*

654 *Patrick Mitchell c. République Démocratique du Congo*, CIRDI n°. ARB/99/7, Décision sur l'application d'annulation de la sentence (01/11/06), §33.

convaincant d'affirmer d'une part, la nécessité d'une contribution et de déclarer, d'autre part, l'inutilité de calculer cette contribution. Sa vérification serait dans ce cas hasardeuse et cela contribue au scepticisme caractérisant le critère.

Un tribunal a aussi pu souligner que la prudence imposait une distance avec le concept du développement (économique) vue sa grande subjectivité, en admettant que ce principe n'était pas absolu : lorsque l'investissement en cause découle d'un instrument financier intangible et non d'une activité de production ou de services, ses effets réels sur le développement (économique) devaient être étudiés pour confirmer le qualificatif d' « investissement »[655]. Ceci dit, là encore, le tribunal arbitral n'approfondit aucunement les techniques utilisables pour effectuer cette étude.

De même, pour certains, le refus du développement dans le strict cadre définitionnel n'est pas synonyme d'un rejet complet des considérations liées au développement. Il appartient, en effet, aux États de déterminer leurs priorités en matière de développement et d'aiguiller les investissements dans ce sens ; cette tâche ne peut incomber aux arbitres[656] et ces derniers ne peuvent se substituer aux États pour décider de leurs intérêts[657]. Les États peuvent, par exemple, décider par avance que seules les activités liées à ces secteurs prioritaires feront l'objet d'une protection conventionnelle[658] — ou que d'autres en seront exclues. Après tout, les États sont dans une meilleure position pour mettre en œuvre les mesures qu'ils estiment être utiles pour leur développement et dans ce sens, le développement relève de leur politique nationale... et pas nécessairement du droit applicable par un tribunal arbitral ; si le financement de ces politiques nationales relève souvent de fonds extérieurs, notamment sous la forme d'investissements[659], les États demeurent libres de diriger ces

---

655 *Nova Scotia Power Incorporated c. Vénézuéla*, CIRDI n° ARB(AF)/11/1, sentence (30/04/2014), §130.

656 STERN (B.), « The Contours of the Notion of Protected Investment », *ICSID Review, Foreign Investment Law Journal*, vol.24, No.2, Fall 2009, p.542.

657 Dans un sens similaire : *Affaire Tătar c. Roumanie*, CEDH, Requête no 67021/01, arrêt, 06 juillet 2009, §108.

658 STERN (B.), « The Contours of the Notion of Protected Investment », *ICSID Review, Foreign Investment Law Journal*, vol.24, No.2, Fall 2009, pp.543-544.

659 NECHIFOR (I.), « Culture, développement et tiers-monde », UNESCO, Etudes et rapports de l'Unité de recherche et de gestion culturelle - No 6, Document

flux financiers vers leurs secteurs prioritaires. L'échec de nombreux programmes de développement est justement dû à l'absence de prise en compte des contextes et des réalités nationaux — de la population locale, de sa culture intrinsèque — lors de l'élaboration des politiques en ce sens, trop souvent universalistes, uniformes et, dès lors, peu appropriées[660].

Par conséquent, le rejet du critère du développement en admettant la difficulté de maîtriser ce concept dans son intégralité pour le permettre de s'épanouir dans le domaine du droit est appréciable. La démarche est pragmatique. Cependant, l'exclusion de ce critère serait plus acceptable si les tribunaux s'attardaient plus sur les raisons du rejet. Or, il ne semble pas que les tribunaux sceptiques aient toujours un réel souci de justification à l'instar des autres tribunaux qui utilisent ce critère sans l'expliquer ou sans le définir. Et, une fois de plus, cela peut rendre leur raisonnement lacunaire.

B) Les lacunes caractérisant le raisonnement des tribunaux arbitraux

Le présent travail a déjà expliqué que certains tribunaux font état de la difficulté à cerner le développement dans son ensemble pour rejeter le critère du développement. Toutefois, ils ne mettent pas clairement en avant les raisons de la complexité. Elles sont souvent présumées. Les tribunaux qui acceptent le critère du développement ne précisent pas les contours de ce concept ; de la même façon, les tribunaux qui le rejettent ne justifient pas leur démarche.

L'état des décisions en la matière présente, d'une part, un courant favorable à l'utilisation du critère du développement pour définir l'investissement et, d'autre part, un courant sceptique à une telle utilisation. Face aux faits qui lui sont soumis, un tribunal devant rechercher si l'activité en cause doit être qualifiée d'investissement peut, s'il utilise les critères dégagés par ces décisions antérieures, considérer ou écarter le critère du développement. Pour les besoins de l'illustration et de l'explication, il est possible de se référer aux faits

---

CLT/CIC/CRM/98/033, 1998, p.4.

660 *Ibid.*, p.5.

de l'affaire *LESI-DIPENTA*[661] comme base. Cette affaire est relative à la construction d'un barrage pour approvisionner la ville d'Alger en eau potable. Pour qualifier cette activité d'investissement, le tribunal devait vérifier si certains critères de l'investissement généralement admis étaient en l'espèce présents. Il devait dans cette veine apprécier le critère du développement. Il se trouvait par conséquent face aux choix susmentionnés : utiliser ou rejeter le critère. Le tribunal s'appuya, entres autres, sur la difficulté à évaluer ce critère pour l'écarter. Ce faisant, il n'explique toutefois pas les raisons caractérisant cette difficulté en se bornant uniquement à la constater et c'est cette démarche qui n'est pas satisfaisante. Une partie de la doctrine regrette aussi cette absence de motifs de la part du tribunal[662].

La facilité avec laquelle certains tribunaux évacuent les aspects du développement de l'investissement peut laisser penser qu'il existe, en filigranes, un jugement de valeur sur la considération du développement. Les tribunaux sont parfois trop catégoriques dans leur affirmation et contribuent dans ce sens à encourager la perte de confiance des États (en développement) dans le système du droit international des investissements et à forger la conviction selon laquelle ce dernier, dans sa configuration actuelle, ne vise aucunement les intérêts des pays en développement, mais contribue à leur menotter les mains par son aspect imbu d'impérialisme et de condescendance, comme le pensent certains[663]. Même si cela demeure au niveau des apparences, les apparences influencent le comportement des États et des justiciables de manière générale. Elles peuvent, en l'espèce, donner une impression de partialité. Il serait ainsi appréciable qu'ils s'attardent sur leur position — de rejet ou d'acceptation — en l'expliquant clairement lorsque cette dernière concerne les questions liées au développement.

---

[661] *L.E.S.I. S.p.A. et ASTALDI S.p.A. c. Algérie*, CIRDI n°. ARB/05/3, Sentence (12/11/08) (TBI Algérie/Italie).

[662] JAIME (M.L.), *L'apport des traités régionaux et multilatéraux à l'évolution du droit de l'arbitrage et du droit international des investissements*, Thèse de doctorat, Paris II, 2008, p.446 ; LONCLE (J.M.), « La notion d'investissement dans les décisions du CIRDI », *Revue de droit des affaires* internationales,n°3, 2006, p.328.

[663] BRAZIL-DAVID (R), « An Examination of the Law and Practice of International Commercial Arbitration in Brazil », *Arbitration International*, Vol.7, No.1, 2011, p.67.

En effet, sur les mêmes faits de l'affaire *LESI-DIPENTA*, un économiste pourrait, après avoir vérifié le nombre d'emplois créés, le nombre de sociétés nationales ayant indirectement bénéficié de l'investissement[664], l'apport en savoir-faire et en technologie, la teneur de la formation des employeurs et leurs salaires, le respect de leurs droits, l'impact de l'activité sur l'environnement, le respect par la société des principes dits de bonne gouvernance, conclure qu'il y a une contribution effective au développement. D'autant plus que la conservation et la distribution efficace d'eau potable a un effet direct sur la santé de la population, et partant, sur l'optimalité de leur capacité à produire ; cela réduit aussi les coûts en matière de santé. L'effet sur la santé touche de très près le niveau de vie et le bien-être de la population. Il en va de même pour une augmentation de salaire. Pratiquement c'est bien cette évaluation détaillée qui comporte des difficultés, car elle n'est pas toujours facilement réalisable. Il aurait été préférable de voir les tribunaux sceptiques énoncer que même si le développement devait être considéré comme un critère de l'investissement, ils ne seraient de toute façon pas toujours techniquement capables d'évaluer — en droit — la réalité de la contribution. L'examen technique d'une augmentation de revenu, de l'impact environnemental ou sanitaire de l'activité ne relève pas toujours de la spécialité des tribunaux et se rapporte sans doute souvent plus à d'autres sciences qu'à celle du droit. Affirmer cela permet de lever tout malentendu ou tout sous-entendu, car l'unique affirmation d'une complexité de la part des tribunaux ne convainc pas.

Cependant, il est aussi rare de voir les tribunaux se prononcer sur leur absence de préparation — technique — pour trancher une question et il est peu probable qu'ils le fassent de manière spectaculaire même si le tribunal dans l'affaire *Phoenix* a déjà soulevé la difficulté qu'il y a à définir la contribution au développement. Dans un tel cas de figure, les tribunaux qui souhaiteraient se référer à ce critère pourraient simplement renvoyer la charge de la démonstration à la partie qui soulève l'argument : si l'État défendeur fait valoir qu'aucun apport ne découle d'une activité litigieuse, il lui incombe de démontrer l'absence de contribution à son développement. Pour être convaincant sur ce point, la preuve serait plus facilement recevable si elle était accompagnée d'une expertise scientifique préparée par des experts en matière de développement. Les tribunaux n'auraient pas

---

664 Par exemple pour l'achat de certaines matières premières ou autres fournitures.

pour tâche de juger scientifiquement le rapport d'expert, mais uniquement d'en apprécier l'objectivité, le sérieux et le bien-fondé, notamment par la méthode utilisée. En cas de besoin, les tribunaux ont eux aussi la possibilité d'avoir recours aux services d'experts et de spécialistes afin de recevoir leur éclairage dans le cadre d'une affaire ou afin d'évaluer l'expertise soumise par les parties[665]. Si le sujet du développement revêt pour eux une importance capitale, le recours aux experts est justifié et leurs compétences peuvent être utilisées.

Les critiques portées ici sont les mêmes que celles qui visent les tribunaux utilisant le critère du développement pour définir l'investissement : les uns acceptent le critère sans le définir et les autres le rejettent sans l'expliquer. Par ce biais, les uns peuvent potentiellement se montrer et paraître trop en faveur des États en développement et les autres, en faveur des investisseurs — ces deux positions n'étant aucunement souhaitable et pouvant facilement être évitées par une argumentation plus détaillée de la part des tribunaux. Quelques arbitres ont établi une formule pour justifier l'inutilité du critère du développement. Cependant, leur raisonnement qui consiste à présenter le développement comme une conséquence et non comme un critère de l'investissement est, de même, sujet à quelques critiques.

Paragraphe 2 : Un rejet expliquant le développement comme une conséquence et non comme un critère de l'investissement

Certains tribunaux affirment que les questions relatives au critère du développement n'ont aucune utilité et n'influencent pas leur compétence, car la contribution au développement ne peut véritablement être constatée qu'après l'établissement et la mise en œuvre effective de l'activité à long terme. Le développement résulte de l'activité, il ne le détermine pas. Il en est une conséquence attendue, pas un indicateur.

Par définition, la conséquence n'est ni une condition ni un critère. Partant, le critère du développement n'affecte pas la définition de l'investissement. Cependant, même si plusieurs sentences récentes

665 Voir l'article 34 (2) (b) du Règlement d'arbitrage du CIRDI ; voir aussi les articles 25(3) et 25(4) du Règlement d'arbitrage de la Cour internationale d'arbitrage de la CCI en vigueur à partir du 1e janvier 2012.

ont réfuté ce critère, il ne serait pas opportun de voir là l'amorce d'une tendance quelconque. La lignée des décisions et des sentences en la matière est très désordonnée[666] et des éléments nouveaux viennent toujours s'y greffer. La présentation de la position des tribunaux sceptiques est importante pour le présent travail, car elle ne fait que confirmer le doute qui a été porté jusqu'à présent sur la valeur du critère du développement. Il ne faudra pas, pour autant, être toujours en accord avec le raisonnement des tribunaux qui rejettent le critère. En effet, si pour ces derniers, l'existence d'une contribution au développement est déduite de la réunion des autres critères de l'investissement (A), leur déduction demeure néanmoins douteuse et partiellement laconique (B).

A) La contribution au développement présentée comme une conséquence de la protection de l'investissement

Selon une approche libérale, la libre circulation des capitaux et leur protection favorisent le développement[667]. Si les investissements sont protégés, la confiance des investisseurs est rehaussée face aux prérogatives de puissance publique des États. Cela anime leur volonté d'entreprendre et incite à une prise de risque. A une échelle *macro,* cela promeut les investissements et influence potentiellement leurs effets sur le développement. Par cette approche libérale, la seule présence des accords de protection et de promotion des investissements encourage le développement (i) qui se réalise, de toute façon, par la réunion des trois autres critères 'Salini' (ii).

666 *Mr Saba Fakes c. Turquie*, CIRDI n° ARB/07/20, Sentence (14/07/2010), §97.

667 SORNARAJAH (M.), « The Clash of Globalisations and the International Law of Foreign Investments », Ottawa, *The Simon Reisman Lecture in International Trade Policy*, The Norman Paterson School of International Affairs 12 September 2002, p.3.

(i) La contribution au développement comme conséquence attendue de l'application des accords de protection et de promotion des investissements

En principe, les investissements génèrent un surplus économique. Dans une affaire *Sedelmayer*, le tribunal a expliqué qu'il faut présupposer que l'investissement vise la création d'une plus-value économique[668]. Il y a donc une présupposition que tout apport sous forme d'investissement génère, par un effet multiplicateur[669], une contribution qui dépasse l'apport initial. L'activité d'investissement générera potentiellement de l'emploi ce qui aura un effet sur les salaires et sur la demande effective. L'investisseur peut aussi acheter les produits locaux pour son activité, injectant, ce faisant, plus de liquidités dans le flux monétaire et financier de l'État d'accueil. C'est par le biais de ce surplus que se développe l'économie des États. Et ces derniers s'attendent à ce que l'activité contribue à leur développement. Dans l'affaire *Compania de Aguas del Aconquija S.A & Vivendi Universal c. Argentine*, le tribunal expliquait que :

> « *As for the object and purpose of the bilateral investment treaty, the Tribunal notes the parties' wish, as stated in the preamble, for the treaty to create favorable conditions for French investment in Argentina, and vice versa, and their conviction that the protection and promotion of such investment is expected to encourage technology and capital transfers between both countries and to promote their economic development*[670] ».

Comme mentionné auparavant dans ce travail, c'est l'une des raisons pour laquelle les pays en développement acceptent de s'engager en ratifiant les accords relatifs à la protection et à la promotion des investissements. Ce n'est pas toujours dans l'espoir et dans l'attente que leurs investisseurs soient protégés à l'étranger. Sachant pertinemment qu'ils ne sont pas exportateurs de capitaux et que leurs investisseurs ne fouleront vraisemblablement pas de

[668] *Sedelmayer c. Fédération Russe*, Institut d'Arbitrage de la Chambre de Commerce de Stockholm, Sentence (07/07/1998), §2.2.4.

[669] La théorie de l'effet multiplicateur a été expliquée en introduction de la thèse.

[670] *Compania de Aguas del Aconquija S.A & Vivendi Universal c. Argentine*, CIRDI n°ARB/97/3, Sentence (20/08/2007), §7.4.4.

territoires étrangers, la seule raison pratique justifiant leur engagement est la volonté de développement. La seule présence des activités constitutives d'investissements sur leur territoire présume une potentialité de développement. L'engagement conventionnel des États dans ce sens démontre qu'ils se sont arrêtés à cette présomption et que, pour eux, cette dernière est suffisante en matière de développement ; ils s'en satisfont pleinement.

Ainsi, pour certains tribunaux, la contribution au développement serait surtout une conséquence attendue et elle ne peut être élevée au niveau des critères de l'investissement[671]. C'est l'investissement qui engendre le développement et pas le contraire[672]. La logique ne doit pas être inversée. Dans une affaire *Victor Pey Casado c. Chili*, le tribunal arbitral a affirmé que même si le besoin d'une coopération pour le développement est ancré dans le préambule de la Convention de Washington, il s'agit là d'une conséquence et non d'une condition de l'investissement[673]. Pour ce tribunal, la seule existence de la Convention de Washington favoriserait le développement[674]. Cet argument est parfois repris par les investisseurs dans le cadre des arbitrages. Le demandeur dans l'affaire *Malaysian Historical Salvors* avait argué, en citant l'affaire *Victor Pey Casado*, que le développement n'est qu'une conséquence désirable et naturelle de l'investissement[675]. C'est la protection des investissements qui favorise le développement[676]. Par ailleurs, pour certains, la lecture du préambule ne laisse pas clairement transparaître le rôle que doit jouer le développement dans la définition de l'investissement[677] et « *it*

---

[671] *Mr Saba Fakes c. Turquie*, CIRDI n°. ARB/07/20, Sentence (14/07/2010), §111.

[672] *Quiborax S.A., Non Metallic Minerals SA & Allan Fosk Kaplún c. Bolivie* CIRDI n°.ARB/06/2, Décision sur la compétence (27/09/2012), §220.

[673] *Victor Pey Casado et Fondation Président Allende c. Chilie*, CIRDI n°. ARB/98/2, Sentence (08/05/08), §232.

[674] *Victor Pey Casado et Fondation Président Allende c. Chilie,* CIRDI n°. ARB/98/2, Sentence (08/05/2008), §232.

[675] Voir, *Malaysian Historical Salvors, SDN, BHD c. Malaysia,* CIRDI n°. ARB/05/10, Décision sur l'annulation (16/04/2009), §30, §40.

[676] *Victor Pey Casado et Fondation Président Allende c. Chilie*, CIRDI n°. ARB/98/2, Sentence (08/05/2008), §232.

[677] Pour rappel, le paragraphe pertinent du préambule précise : « *Considérant la nécessité de la coopération internationale pour le développement économique, et le rôle joué dans ce domaine par les investissements privés internationaux.* », *disponible sur* : http ://icsid.worldbank.org/ICSID/StaticFiles/basicdoc-

would be excessive to attribute to this reference a meaning and function that is not obviously apparent from its wording[678] ».

Le préambule ne précise pas clairement que la définition de l'investissement nécessite la prise en compte de facteurs liés au développement. Il fixe les objectifs du système de règlement des différends relatifs aux investissements. Le développement apparaît comme un objectif qui n'est pas en soi un élément indépendant de la définition de l'investissement[679]. Pour le tribunal *Saba Fakes*, « [s]*uch development is an expected consequence, not a separate requirement, of the investment projects carried out by a number of investors in the aggregate*[680] ». Dans une récente affaire *Electrabel*, le tribunal arbitral a repris la position adoptée dans l'affaire *Saba Fakes* en expliquant que si le développement économique est présenté comme un objectif de la Convention instituant le CIRDI, il ne prend pas pour autant la qualification d'un critère de l'investissement[681]. Un autre tribunal expliquait dans la même veine :

> « *The Tribunal appreciates that the element of contribution to the development of the host State is generally regarded as part of the well-known four-prong Salini test. Yet, such contribution may well be the consequence of a successful investment ; it does not appear as a requirement. If the investment fails, it may end up having made no contribution to the host State development. This does not mean that it is not an investment. For this reason and others, tribunals have excluded this element from the definition of investment*[682] ».

Dès lors, malgré l'attente d'une contribution au développement, une activité qui s'avérerait être une catastrophe

---

fra/CRR_French-final.pdf.

678 *Mr Saba Fakes c. Turquie*, CIRDI n°. ARB/07/20, Sentence (14/07/2010), §111.

679 *Ibid.*, §111 ; voir aussi : *Victor Pey Casado et Fondation Président Allende c. Chilie*, CIRDI n°. ARB/98/2, Sentence (08/05/2008), §232.

680 *Mr Saba Fakes c. Turquie*, CIRDI n°. ARB/07/20, Sentence (14/07/2010), §111.

681 *Electrabel S.A. c. Hongrie,* CIRDI n°.ARB/07/19, Décision sur la compétence, sur le droit applicable et sur la responsabilité (30/11/2012), §5.43.

682 *Quiborax S.A., Non Metallic Minerals SA & Allan Fosk Kaplún c. Bolivie* CIRDI n°.ARB/06/2, Décision sur la compétence (27/09/2012), §220.

économique ne perd pas pour autant sa qualité d'investissement[683]. Par exemple, les États procèdent souvent à certaines dépenses lourdes pour inciter les flux d'investissements sur leur territoire et il n'est pas certain que ces opérations perdent la qualité d'investissement si les revenus qu'ils génèrent n'excèdent pas les dépenses en question[684]. Si un État est financièrement perdant à la suite d'une opération étrangère sur son territoire, les textes liés à la protection de l'investissement n'en continuent pas moins à s'appliquer. La matérialité des textes vise surtout l'attraction[685] et la protection maximale des investisseurs et c'est dans ce sens qu'il est interprété. Ils contiennent rarement des dispositions précises encadrant directement la protection ou la réalisation du développement.

Par ailleurs, selon certains arbitres, la question du développement comme critère est dépourvue d'utilité, car si les autres critères « *Salini* » sont identifiés, la contribution au développement peut, de toute façon, être déduite de leur présence.

(ii) La contribution au développement déduite de la présence des autres critères « *Salini* »

Si le tribunal *Salini* a établi un lien d'interdépendance entre les différents critères qu'il avait identifiés[686], d'autres tribunaux y ont vu une relation de cause à effet. Les critères ne s'influenceraient pas mutuellement. Certains seraient déterminants, d'autres seraient déterminés. L'apport, la durée et le risque seraient des éléments déterminants pour définir l'investissement alors que la contribution au développement ne serait que le résultat de la présence de ces trois

---

683 *Mr Saba Fakes c. Turquie*, CIRDI n°. ARB/07/20, Sentence (14/07/2010), §111. Voir aussi: *Philip Morris Brands Sarl, Philip Morris Products SA et Abal Hermanos SA c. Uruguay*, CIRDI n°. ARB/10/7, décision sur la compétence (2/07/2013), §§207-208.

684 MANCIAUX (S.), « Actualité de la notion d'investissement international », *in*, LEBEN (C.) [dir.], *La procédure arbitrale relative aux investissements internationaux*, Paris, L.G.D.J., 2010, p.165-166.

685 *Pantechniki S.A. Contractors & Engineers c. République d'Albanie*, CIRDI n°. ARB/07/21, Sentence (30/07/ 2009), §36.

686 *Salini Construtorri S.p.A. and Italstrade S.p.A. c. Morocco*, CIRDI n°. ARB/00/4, Décision sur la compétence (23/07/2001), §52.

critères (a), certains arbitres faisant même valoir que seul l'apport de l'activité est suffisant pour corroborer l'existence d'une contribution au développement (b).

(a) L'apport, la durée et le risque déterminant la contribution au développement

Le développement, précisent certains tribunaux, ne doit pas être recherché en tant que tel car il est impliqué par l'existence des autres critères de l'investissement. De la réunion d'un apport étalé sur une certaine durée de la part de l'investisseur qui en assume le risque, des tribunaux déduisent qu'il y a une contribution logique au développement de l'État d'accueil[687]. Si ces trois critères sont réunis, il est inutile de s'intéresser plus profondément à l'existence de l'apport au développement, car il est inhérent à leur présence. Dans l'affaire *LESI DIPENTA c. Algérie,* le tribunal affirme que l'activité ne doit pas nécessairement contribuer au développement, « *une condition de toute façon difficile à établir et implicitement couverte par les trois éléments retenus*[688] ». Ce raisonnement est aussi adopté par d'autres tribunaux[689]. Ils semblent affirmer que les conséquences d'un acte sont incluses dans l'acte lui-même.

Ces tribunaux établissent une méthode déductive relativement simple. Tout le débat autour du développement comme critère n'a pas lieu d'être : il suffit de s'attarder, en trois étapes, sur l'apport de l'activité à l'État hôte, de mesurer la durée sur laquelle s'étale l'apport

---

687 Pour rappel, l'affaire *Salini* a posé quatre critères de l'investissement : un apport, une certaine durée, une prise de risque et une contribution au développement de l'Etat d'accueil. Voir, *Salini Construtorri S.p.A. and Italstrade S.p.A. c. Morocco,* CIRDI n°. ARB/00/4, Décision sur la compétence (23/07/01), (TBI Italie/Maroc), §52 ; voir aussi, DOLZER (R.), SCHREUER (C.), *Principles of International Investment Law*, Oxford, Oxford University Press, 2009, p.69.

688 *L.E.S.I. S.p.A. et ASTALDI S.p.A. c. Algérie*, CIRDI n°. ARB/05/3, Sentence (12/11/2008), §13.

689 *Bayindir Insaat Turizm Ticaret Ve Sanayi A.S. c. Pakistan*, CIRDI n°. ARB/03/29, Décision sur la compétence (14/11/05) (TBI Turkie/Pakistan), §137 ; *Victor Pey Casado et Fondation Président Allende c. Chilie*, CIRDI n°. ARB/98/2, Sentence (08/05/08), (TBI Espagne/Chilie), §232 ; *Antoine Abou Lahoud and Leila Bounafeh-Abou Lahoud* c. *République Démocratique du* Congo, CIRDI n° . ARB/10/4, Sentence (07/02/2014), §325.

en question et de déterminer le niveau de risque pris par l'investisseur. Ces trois étapes sont suffisantes pour identifier un investissement. Si le défendeur soulève l'argument de la contribution au développement, il est aisé de répondre que cette question ne se pose pas, car la contribution est implicitement présente.

Cette argumentation a été utilisée dans l'affaire *Alpha Projektholding GmbH c. Ukraine*[690], concernant la construction de certains étages d'un hôtel. Le tribunal a explicitement manifesté sa réticence à utiliser une méthode d'identification de l'investissement qui prenne en compte la contribution au développement de l'État d'accueil. Il affirme que si l'opération qui lui est soumise dépasse le cadre d'une compréhension raisonnable de l'investissement, il peut en toute objectivité se fonder sur les trois autres critères[691]. Ce faisant, il affirme que la contribution au développement « *would appear instead to reflect the consequences of the other criteria and brings little independent content to the inquiry* [692]». Dans la conception des arbitres, la validation de ce critère litigieux signifie qu'ils acceptent d'évaluer *a posteriori* les raisons économiques ou financières qui ont *a priori* motivé le choix des opérations du demandeur ; cela constituerait, à leur avis, une spéculation peu convenable pour la détermination de leur compétence[693]. Le tribunal affirme que la rénovation de l'Hôtel lui a permis de devenir le siège de certaines cérémonies officielles importantes et a obtenu un certain nombre de prix de la part du gouvernement ukrainien ; le cabinet des ministres de l'Ukraine lui a décerné un certificat d'honneur pour son apport substantiel au développement du secteur touristique ukrainien et pour la qualité de ses services et son apport en nouvelles technologies ; l'augmentation des revenus générés par l'Hôtel (de 29.58 millions de dollars en 1994-1998 à 32.9 millions en 1999-2003) a accru la participation de la société sous forme d'impôts ; les profits de l'hôtel représentent plus de deux tiers de l'ensemble des profits de plus de cent hôtels appartenant à l'État durant ces mêmes périodes[694]. Même si le critère du développement est superfétatoire pour ce tribunal, il

---

690 *Alpha Projektholding GmbH c. Ukraine*, CIRDI n°ARB/07/16, Sentence (08/11/2010).

691 *Alpha Projektholding GmbH c.* Ukraine, *ibid.*, §312.

692 *Ibid.*

693 *Ibid.*

694 *Ibid.*, §329-330.

conclut que, de toute façon, ces éléments permettent de constater une contribution au développement de l'État ukrainien :

> « *The Tribunal concludes that Alpha's participation in the joint activities for rehabilitating the Hotel contributed to the development of Ukraine and its economy*[695] ».

Une approche similaire est adoptée dans l'affaire *RSM Production Corporation c. République Centrafricaine*[696]. Le différend était relatif à l'exécution d'un contrat de prospection et d'exploitation pétrolière en République Centrafricaine. Devant s'attarder sur la définition de l'investissement et la partie défenderesse ayant soulevé l'importance de la contribution au développement en arguant qu'il s'agissait d'un critère effectif et non spéculatif[697], le tribunal a précisé la chose suivante :

> « [l]*e Tribunal souhaite apporter certaines inflexions aux critères Salini, car il estime qu'en réalité le critère de la contribution au développement est trop subjectif et qu'il doit être remplacé par le critère de la contribution à l'économie, lui-même considéré comme présumé inclus dans les trois autres critères. Le Tribunal suit en cela d'autres tribunaux qui ont manifesté leur scepticisme à l'égard de ce quatrième critère, comme par exemple le tribunal dans l'affaire LESI SpA c. Algérie* (…)[698] ».

Il suit en cela le raisonnement du tribunal *Phoenix*[699]. Plus récemment, dans une affaire *Antoine Abou Lahoud and Leila Bounafeh-Abou Lahoud c. République Démocratique du Congo*, les arbitres ont adopté une conclusion similaire[700]. Un lien de causalité existerait entre ces trois éléments et la contribution au développement.

---

695 *Alpha Projektholding GmbH c. Ukraine,* CIRDI n°ARB/07/16, Sentence (08/11/2010), §331.

696 *RSM Production Corporation c. République Centre Africaine*, CIRDI n°ARB07/02, Décision sur la compétence et la responsabilité (07/12/2010).

697 *Ibid.*, §36.

698 *Ibid.*, §56.

699 *Phoenix Action, Ltd. c. République Tchèque*, CIRDI n°. ARB/06/5, Sentence (15/04/2009), §85.

700 *Antoine Abou Lahoud and Leila Bounafeh-Abou Lahoud* c. *République Démocratique du* Congo, CIRDI n° . ARB/10/4, Sentence (07/02/2014), §325.

L'État défendeur ne serait plus fondé à invoquer l'existence d'un quatrième critère. Cette position n'est, cependant pas définitive et encore moins contraignante. Les décisions peuvent tracer une tendance, mais elles ne créent pas de précédents. Par exemple, une plus grande souplesse a pu être introduite sur ces questions par certains arbitres pour qui seul l'apport de l'activité suffit à corroborer une contribution au développement.

(b) Le seul apport de l'activité corroborant une contribution au développement

Un tribunal a élargi ce rapport entre critères par une approche relativement libérale. Dans une autre affaire contre l'Ukraine, l'affaire *Inmaris Perestroika Sailing Maritime Services GMBH c. Ukraine*[701], il semble que le tribunal ait encore facilité l'évaluation et la constatation de la contribution au développement. Ce différend opposait *Inmaris* à l'État ukrainien. Par un accord de 1996, la société avait accepté de gérer les opérations d'un grand voilier (*Khersones*) appartenant à une institution étatique ukrainienne. Le voilier était utilisé pour la formation des officiers de la flotte ukrainienne de pêcherie durant une partie de l'année et était exploité à des fins touristiques et commerciales durant le reste de l'année. *Inmaris* avait la responsabilité de ces activités. Le voilier requérait certaines réparations et une rénovation et en 1999, la société fit un apport de DM[702] 1,100,000 pour les divers paiements et obtint en contrepartie le droit de gérer le navire par le biais d'un bail (*bareboat charter contract*). En 2005, la « Révolution Orange » éclata en Ukraine. L'État demanda le versement de sommes additionnelles à la société. Cette dernière refusa. En avril 2006, les autorités ukrainiennes interdirent le déplacement du voilier hors des eaux territoriales de l'Ukraine. C'est sur la base de ces faits que le tribunal arbitral fut constitué.

Devant avant toute chose déterminer si l'activité en question pouvait être qualifiée d'investissement, les arbitres s'attardèrent sur un point soulevé par l'État ukrainien qui évoquait que les opérations

---

[701] *Inmaris Perestroika Sailing Maritime Services GMBH and Others c. Ukraine,* CIRDI n°ARB/08/8, Décision sur la compétence (08/03/2010).

[702] Deutsche Mark.

litigieuses n'avaient pas contribué substantiellement à son développement économique[703]. L'Ukraine considérait qu'il s'agissait là de transactions commerciales ordinaires[704]. Comme d'accoutumé, l'affaire *Salini c. Maroc* fut évoquée[705]. Le tribunal marqua son scepticisme face aux critères *Salini*[706] et décida que les opérations et la rénovation du voilier avaient été directement bénéfiques à l'Ukraine et que de tels bénéfices n'auraient jamais vu le jour sans les contrats existants entre les parties. Ainsi, un bien de l'État avait été réhabilité et une formation précieuse avait été attribuée à la flotte de l'État hôte. Par conséquent et selon le tribunal :

> « *to the extent that showing a "contribution to the economic development of the host state" were required in this case, the Tribunal is satisfied that the requirement is met by the alleged investments here*[707] ».

Le tribunal considéra aussi la contribution financière de la société pour arriver à cette conclusion et affirma qu'il ne saurait imposer de définition figée de l'investissement aux parties alors que les parties signataires de la Convention de Washington n'en ont pas voulu[708]. Il précise bien que le critère du développement économique — le tribunal met ici l'accent sur la nature économique du développement — n'est pas nécessaire pour définir l'investissement, mais qu'il est, de toute façon, présent. Beaucoup de tribunaux procèdent de la sorte. Il s'agit d'un argument alternatif, ce qui est habituel dans le raisonnement juridique : un argument principal (le critère du développement n'est pas nécessaire) est souvent accompagné d'un argument alternatif (même s'il n'est pas nécessaire, il est de toute façon rempli). Cependant, la démarche du tribunal *Inmaris* diffère par rapport aux affaires susmentionnées[709]. En effet,

---

703 *Inmaris Perestroika Sailing Maritime Services GMBH and Others c. Ukraine,* CIRDI n°ARB/08/8, Décision sur la compétence (08/03/2010), §126.

704 *Ibid.*

705 *Ibid.*, §129.

706 *Ibid.*, §129-131.

707 *Ibid.*, §132.

708 *Inmaris Perestroika Sailing Maritime Services GMBH and Others c. Ukraine,* CIRDI n°ARB/08/8, Décision sur la compétence (08/03/2010), (TBI Allemagne / Ukraine), §129.

709 *L.E.S.I. S.p.A. et ASTALDI S.p.A. c. Algérie*, CIRDI n°. ARB/05/3, Sentence (12/11/08) (TBI Algérie/Italie) ; *Victor Pey Casado et Fondation Président*

uniquement l'apport de la société est pris en compte par le tribunal pour identifier et déterminer une contribution au développement économique de l'État d'accueil. Pour les arbitres de la présente affaire, l'identification d'une contribution au développement économique est résumée ou réduite à l'apport que fait la société par des moyens financiers ou en industrie.

Contrairement à l'affaire *LESI-DIPENTA*, ce ne sont pas les trois autres critères *Salini* qui permettent de conclure à une contribution au développement ou au développement économique ; seul l'apport permet de le faire. Non pas que cela soit choquant. Il faut simplement et à nouveau regretter l'absence de justifications de la part du tribunal ; il faut aussi regretter la facilité et la rapidité avec lesquelles il aboutit à cette conclusion. Si cette décision est suivie et appliquée dans des affaires postérieures, il suffira de démontrer que l'activité permet un apport quelconque à l'État afin de faire valoir l'existence d'une contribution à son développement. Vu que l'apport est dans la majorité des cas présent, cela signifie qu'il y a toujours une contribution au développement de l'État d'accueil. La définition donnée de l'investissement et, par ricochet, du développement devient très large. Le développement découle du seul apport ; le développement se confond avec l'apport.

Ces précisions ayant été apportées sur la position des tribunaux sceptiques, leur conclusion qui fait de la contribution au développement une conséquence plutôt qu'un critère de l'investissement doit à ce stade être étudiée quant aux lacunes qu'elle contient, car si leur raisonnement peut, à certains égards, paraître intéressant, il n'en demeure pas moins critiquable sur d'autres points.

B) La critique de la méthode déductive des tribunaux arbitraux

La critique vise deux points principaux. Premièrement, la méthode des tribunaux sceptiques laisse apparaître quelques contradictions (i). Deuxièmement, les conclusions de ces tribunaux ne

---

Allende c. Chilie, CIRDI n°. ARB/98/2, Sentence (08/05/08), (TBI Espagne/Chilie) ; *Bayindir Insaat Turizm Ticaret Ve Sanayi A.S. c. Pakistan*, CIRDI n°. ARB/03/29, Décision sur la compétence (14/11/05) (TBI Turkie/Pakistan).

mettent pas fin au débat relatif à l'utilité du critère du développement (ii).

(i) Les déductions contradictoires des tribunaux arbitraux

Pour rappel, la méthode déductive utilisée par les tribunaux arbitraux est celle qui conclut que l'existence d'une contribution au développement découle du cumul de l'apport d'une opération s'étirant sur une certaine durée et accompagnée d'une prise de risque.

Dans un premier temps, la même série de critiques susmentionnées[710] et concernant le laconisme des tribunaux peut être utilisée. Les arbitres dans l'affaire *LESI-DIPENTA*[711] sont à l'origine de cette méthode et les mêmes arbitres siégeant dans une autre affaire [712] ont appliqué la même méthode avant qu'elle ne soit plus couramment utilisée par la suite. La sentence *LESI-DIPENTA* précise :

> « *Or, il paraît conforme à l'objectif auquel répond la Convention qu'un contrat, pour constituer un investissement au sens de la disposition, remplisse les trois conditions suivantes ; il faut*
>
> *a) que le contractant ait effectué un apport dans le pays concerné,*
>
> *b) que cet apport porte sur une certaine durée,*
>
> *c) et qu'il comporte pour celui qui le fait un certain risque.*
>
> *Il ne paraît en revanche pas nécessaire qu'il réponde en plus spécialement à la promotion économique du pays, une condition de toute façon difficile à établir et implicitement couverte par les trois éléments retenus* [713]».

---

[710] Voir Chapitre 2, Section 1, Paragraphe 2.

[711] *Consortium Groupement L.E.S.I.- DIPENTA c. Algérie*, CIRDI n°. ARB/03/08, Sentence (10/01/2005).

[712] *L.E.S.I S.p.A. Et ASTALDI S.p.A. c. Algérie*, CIRDI n°ARB/03/08, Décision (12/07/2006).

[713] *Consortium Groupement L.E.S.I.- DIPENTA c. Algérie*, CIRDI n°. ARB/03/08, Sentence (10/01/2005), §13.

Cette position qui est aussi celle de la grande majorité des tribunaux sceptiques — qui dans les faits ne font que reprendre sans y inclure plus de justifications ce paragraphe de l'affaire *LESI-DIPENTA*[714] —, repose sur une facilité. Ces tribunaux constatent que le critère du développement est implicitement inclus dans les trois autres critères[715]. Ils ne précisent toutefois pas le raisonnement derrière ce lien implicite qui est, pour eux, évident. Il faut noter que les arbitres ne disent pas qu'il s'agit d'une présomption. Leur langage est affirmatif. Or, cela n'est, dans la réalité, pas une certitude. Les économistes ne seraient, par exemple, pas aussi catégoriques dans leurs propos et ne mettraient pas un terme à ce débat de manière aussi tranchée. La réalité dans laquelle vit le développement est beaucoup plus complexe ; c'est la raison pour laquelle le fait de clore le débat d'une manière aussi brève ne convainc pas.

Le deuxième point découle du même raisonnement en en soulevant, cette fois-ci, le paradoxe. Les tribunaux affirment qu'il est difficile d'établir le critère du développement[716]. Lorsqu'un tribunal souligne que la détermination du critère du développement est difficilement réalisable, deux choses peuvent être objectivement attendues. D'abord, qu'il démontrera cette difficulté et ensuite, qu'il écartera, sur cette base, le critère en question. Or, sur ce point, la démarche des tribunaux est toute autre. Après avoir constaté la difficulté à évaluer ce critère, ils font valoir qu'il est implicitement présent par la réunion des trois autres critères. Si l'apport, la durée et le risque sont les indicateurs d'une contribution au développement, dans ce cas, le critère du développement n'est pas difficile à établir. Il suffit de démontrer l'existence de ces trois éléments pour être en face d'une contribution au développement d'un État hôte. La tâche est relativement aisée. Il est peu convaincant d'affirmer d'une part, que la démonstration d'une chose est difficile et d'expliquer d'autre part, que la même chose est facilement réalisable. C'est contradictoire et cette

---

714 Voir, *Bayindir Insaat Turizm Ticaret Ve Sanayi A.S. c. Pakistan*, CIRDI n°. ARB/03/29, Décision sur la compétence (14/11/2005), §137 ; *Victor Pey Casado et Fondation Président Allende c. Chilie*, CIRDI n°. ARB/98/2, Sentence (08/05/08), §232.

715 Il faut noter l'emphase qui est mise sur le terme 'condition' de l'investissement dans ce paragraphe de l'affaire *LESI-DIPENTA*.

716 *Consortium Groupement L.E.S.I.- DIPENTA c. Algérie*, *op.cit.* ; *Victor Pey Casado et Fondation Président Allende c. Chilie*, *op.cit.* ; *Bayindir Insaat Turizm Ticaret Ve Sanayi A.S. c. Pakistan*, *op.cit.*

contradiction est malheureusement reprise par d'autres tribunaux.

Cela confirme quelque peu l'image qu'a ou qu'a acquis le développement dans le droit international des investissements ou dans la perception des tribunaux. Le développement apparaît comme une simple référence symbolique, comme une image quelque peu angélique, parfois comme un vague concept théorique. Sa présence est habituelle, car il a épousé le vocabulaire des arbitres. Cependant, son véritable sens est méconnu et il est extrait de tout son sens pratique qui est simplifié au minimum dans plusieurs sentences. Il agit comme un outil de travail confiné dans son acception la plus simple, voire la plus simpliste, dépouillée de toutes ses implications pratiques. L'utilisation qui en est faite est souvent scolaire. Toujours est-il que c'est sur cette base que certains tribunaux excluent le critère du développement pour définir l'investissement. Ce rejet est toutefois sans effets définitifs sur le problème de l'identification de l'investissement.

(ii) Les effets limités des conclusions des tribunaux sceptiques

Le rejet du critère du développement ne met pas un terme au débat sur son utilité, car cela n'empêche pas et n'empêchera pas les États de l'invoquer dans leurs plaidoiries devant les tribunaux arbitraux. L'abstinence ou la prudence n'efface pas le problème. Le but d'un État attrait devant les arbitres est de trouver un moyen pour que sa responsabilité ne soit pas engagée sur le fond de l'affaire. Dans cette veine, il essaiera toujours d'arguer que l'activité du demandeur ne s'apparente pas à un investissement afin d'ériger une barrière à la compétence du tribunal saisi. Pour ce faire, il tentera toujours d'invoquer l'argument relatif à l'absence de contribution à son développement. Il le fera malgré les différents rejets de ce critère. C'est ce qu'a, par exemple, pu faire la Bolivie dans une affaire sur la compétence : elle affirmait que « *Claimants have not proven that they contributed to the economic development of the area — an element which most ICSID tribunals recognize as part of the objective definition of "investment"*[717] ». L'incertitude quant au rôle de ce critère

---

[717] *Quiborax S.A., Non Metallic Minerals SA & Allan Fosk Kaplún c. Bolivie* CIRDI n°.ARB/06/2, Décision sur la compétence (27/09/2012), §202. (note de bas de page omise).

est bénéfique aux deux acteurs principaux du droit international des investissements, notamment au niveau du contentieux. L'investisseur pourra, pour sa part, affirmer que le critère est sans importance aucune, mais qu'il est de toute façon rempli[718]. Il pourra le faire avec un minimum de preuves, car les tribunaux s'en contentent. L'incertitude perdure et aucune sentence ne fait intrinsèquement autorité. Le tribunal *Saba Fakes* le constate dans ces termes :

> « *The proposed solutions are inconsistent, if not conflicting, and do not provide any clear guidance to future arbitral tribunals* [719]».

Il faut toutefois se démarquer de cette constatation. Les solutions proposées par les différents tribunaux ne se rejoignent certes pas toujours. Il n'en reste pas moins que ce sont souvent les mêmes *dictums* des tribunaux antérieurs — sceptiques ou pas — qui sont utilisés et répétés. Il faudrait même dire qu'en l'état actuel des choses, la décision est attendue : soit le tribunal validera le critère du développement, soit il l'écartera. Ce qui serait nouveau serait la différence argumentative des tribunaux pour rejeter ou pour valider. C'est une des raisons pour laquelle il faut insister sur la nécessité d'une argumentation solidement construite lorsque survient un débat sur ce critère. Au lieu de mettre un terme définitif à ce débat, les tribunaux se contentent de le faire durer en le retournant dans tous les sens sans qu'un véritable sens n'en ressorte.

---

718 Voir par exemple, *RSM c. République Centrafricaine*, *op.cit.*, §40.

719 *Mr Saba Fakes c. Turquie*, CIRDI n° ARB/07/20, Sentence (14/07/2010), (TBI Pays-Bas/Turquie), §97.

Conclusion du Chapitre 2

La consolidation du critère du développement n'a pas réussi à éclairer les débats de manière à en confirmer l'utilité. Cette consolidation n'a pas permis un perfectionnement du critère : s'il a été précisé, c'est uniquement en apparence. Le mystère qui l'entoure — pour le juriste — n'a pas été résolu, et beaucoup se contentent d'utiliser le concept dans sa généralité. Pour d'autres, la consolidation s'est arrêtée — ou n'a peut-être jamais eu lieu —, car la fonction qu'exerce le critère ne présente pas de véritable utilité dans la mesure où l'investissement peut être identifié sans y avoir recours. Tant l'évolution du critère que son rejet ont comme défaut la portée peu précise accordée au développement. La consolidation est paradoxalement fragile, car la maîtrise du concept du développement est faible. S'il est possible d'être en accord avec le principe du rejet, les raisons normalement invoquées sont, elles, moins convaincantes — et démontrent aussi une maîtrise relative du concept. Aussi longtemps que les véritables raisons techniques justifiant le rejet du critère ne sont pas mises en avant et que ce dernier n'est pas examiné avec suffisamment de recul, les débats à ce propos continueront, car la contribution au développement continuera à être proposée comme un indicateur de l'investissement.

Conclusion du Titre 2

Dans la mesure où le critère du développement a émergé avec plusieurs failles, il est normal que sa consolidation soit insuffisante, surtout lorsque la pratique est peu attentive aux détails — tellement nombreux — qui caractérisent le concept. La somme de l'émergence contestable et de la consolidation insuffisante du critère n'est, de fait, pas très prometteuse si un rôle doit être donné au concept du développement. Ce qui a pu évoluer c'est surtout la fonction attribuée au développement comme critère, mais jamais la compréhension ou même l'intérêt technique pour le concept. Et au vu de la pratique courante, aucune évolution dans ce sens ne peut être présagée.

Cette pratique a persisté dans l'utilisation d'une image du développement. L'une des conclusions que cette thèse souhaite proposer, c'est justement la clôture des débats sur cette question du recours ou non au critère du développement pour identifier un investissement. Les directions que prennent les décisions et les sentences sur la compétence deviennent maintenant très attendues, ce qui donne l'impression d'un raisonnement mécanique : la référence à l'affaire *Salini* et les discussions sur le critère du développement comme critère litigieux sont tellement attendues qu'il est maintenant possible de ne plus lire le raisonnement des tribunaux, mais d'aller directement à la partie de la décision qui confirme ou qui infirme la prise en compte du critère. Dans la majorité des cas, les décisions confirmatives suivent une logique similaire et utilisent les mêmes références, et les décisions infirmatives obéissent, de manière identique, à une même démarche. Les décisions qui seront citées sont connues par avance et, dès lors, l'argumentation qui sera suivie ne relève souvent d'aucun mystère. Il y a même une forme de banalisation des débats à ce sujet, ce qui fait que l'originalité est rare ; le tout devient, *in fine*, peu intéressant et très prévisible. Le problème, quant à lui, subsiste.

Les tribunaux ne sont pas les seuls à blâmer, car il incombe aussi aux conseils des parties, mais aussi à la doctrine, de produire les arguments appropriés, en utilisant éventuellement les experts d'autres domaines, afin de permettre de clore les discussions sur ce sujet, soit en démontrant l'utilité du critère, mais en le faisant complètement, preuves et méthodes à l'appui, soit en l'excluant définitivement du droit international des investissements en suivant la même rigueur.

Conclusion de la Première Partie

En théorie, tout semble propice à ce que la contribution au développement de l'État d'accueil soit érigée comme un critère de l'investissement. Historiquement, le développement et l'investissement se présentent comme des concepts inséparables. Les États ont eux-mêmes initialement voulu qu'il en soit ainsi. Selon la théorie économique, les investissements internationaux ont la capacité de contribuer potentiellement au développement des États qui les accueillent. En droit, l'interprétation de la notion d'investissement pour les besoins de son identification permet de se référer au concept du développement. Plusieurs éléments permettent ainsi la construction intellectuelle qui justifie le recours au critère du développement. Pour autant, en se démarquant de la position de la grande majorité des tribunaux – tant ceux qui sont favorables au critère que ceux qui le rejettent –, ce travail a proposé une relecture du critère et de ses rouages en faisant ressortir pourquoi son utilisation demeurait très contestable.

La raison principale réside dans le rapport que peut avoir le juriste avec un concept, à la base non juridique, comme le développement. S'il souhaite lui donner un effet ou une force juridique, il ne peut se contenter de l'utiliser en étant déconnecté de la réalité dans laquelle évolue le concept. S'il décide d'y avoir recours, tout porte à croire qu'il s'intéresse à ses aspects concrets, c'est-à-dire qu'il s'attend à voir comment s'effectue, dans la réalité, une contribution au développement ou quel type de contribution peut être qualifié d'effectif ou de contestable. Pour que le critère du développement soit considéré comme un critère valable, il importe que la contribution d'une activité au développement de son État d'accueil puisse être calculée dans chaque cas selon une méthode qui fasse l'unanimité. C'est ce qui manque à la démarche des tribunaux arbitraux. Pour cette raison et en l'état actuel des choses, il y a lieu de conclure à l'inefficacité de ce critère dans l'identification réelle d'un investissement. Par conséquent, cette première fonction conférée par la pratique au développement peine à être totalement convaincante. Elle le deviendrait uniquement si des experts en développement étaient entendus lors de la procédure arbitrale ou si au moins l'un des arbitres était un spécialiste en la matière. Dans le cas contraire, la raison et la prudence commanderaient de l'écarter des débats.

Ce rejet ne signifie pas, pour autant, que le développement soit à jamais banni de tout le droit international des investissements. Comme expliqué dans l'introduction, l'observation de l'application de ce domaine du droit montre premièrement que le développement y apparaît surtout de manière fonctionnelle, mais que par ailleurs, cette fonction ne se limite aucunement à la seule identification d'un investissement. La phase logique suivant l'identification est celle de la protection : l'identification sert justement à permettre la protection. Et lors de la protection des investissements, il est aussi fait appel au développement, souvent pour les mêmes besoins de l'interprétation, cette fois, des normes de protection des investissements. Dans cette mesure, si la fonction du développement est contestable dans l'identification d'un investissement, elle prend relativement plus de force en ce qui concerne la protection des investissements.

DEUXIÈME PARTIE : LA FONCTION DU DÉVELOPPEMENT DANS LA PROTECTION DES INVESTISSEMENTS INTERNATIONAUX

Le développement dispose de plusieurs angles qui offrent plusieurs éclairages sur sa propre compréhension et sur ses diverses utilités[720] : il est multiple comme l'a fait ressortir l'introduction. Une étude complète du développement et de sa fonction dans le droit international des investissements incite dès lors à identifier ses autres aspects, ses autres acceptions, qui influencent les normes de cette branche du droit. Et, dans cette optique, le développement ne se vêt pas uniquement de la fonction d'un critère de l'investissement. Il influence autrement et au moins doublement le droit international des investissements. Il le fait selon les attributs qui lui sont accordés. C'est l'approche adoptée pour rendre le développement compréhensible qui en détermine les autres fonctions.

Dans ce sens, le développement se comprend premièrement sous un angle quantitatif en ce qu'il permet, par exemple, de mesurer l'état d'avancement économique et social d'un État, facilitant par là même la catégorisation et la classification des États selon leur niveau de développement[721] : les pays développés et les pays les moins développés[722]. Il est une mesure de leur puissance et une confirmation de leur inégalité factuelle. Deuxièmement, le développement, approché de manière plus qualitative et dans son acception évolutive, se compose de nouveaux éléments. Il ne se limite pas aux seules considérations économiques, mais se caractérise de plus en plus par son caractère durable. Le développement durable se présente en effet comme la forme moderne du développement[723]. Plusieurs

---

720 RAPLEY (J.), *Understanding Development : Theory and Practice in the Third World*, Boulder, Lynne Rienner Publishers, 3e éd., 2007, pp.1-10 ; SEN (A.), *Development as Freedom*, New York, Anchor Books, 2000, voir notamment, Chapitre 2 («*The Ends And Means of Development*»), p.35 et s.

721 DE LACHARRIÈRE (G.), «Identification et statut des pays « moins développés » », *Annuaire français de droit international*, vol.17, 1971, pp.461-482 ; DE LACHARRIÈRE (G.), « La catégorie juridique des pays en développement », in, *Pays en voie de développement et transformation du droit international*, Société Française de droit international, Colloque d'Aix-en-Provence, Paris, Pédone, 1974, pp.41-46 ; NECHIFOR (I.), « Culture, développement et tiers-monde », UNESCO, Etudes et rapports de l'Unité de recherche et de gestion culturelle - No 6, Document CLT/CIC/CRM/98/033, 1998, p.5.

722 Dans le cadre de l'OMC, par exemple, les États membres se présentent eux-mêmes selon leur niveau de développement.

723 TRKULJA (S.), *Analyse comparative des politiques du développement territorial*, Thèse, Institut des sciences et industries du vivant et de l'environnement, AgroParisTech, 2009, p.16.

organisations internationales ayant originellement le développement purement économique comme objectif ont élargi leurs paramètres de compréhension du sujet en y incluant plusieurs éléments de durabilité. La Banque mondiale en est un exemple. La forme durable du développement est, du moins en principe, une priorité pour la majorité des États. Ce sont ces deux perspectives qui seront adoptées pour étudier les autres implications du développement dans le droit international des investissements. C'est, en effet, de la sorte, dans ses aspects quantitatifs et qualitatifs, qu'il continue à s'introduire dans cette branche du droit, par-delà le contentieux sur la compétence et loin de sa fonction de critère de l'investissement. Cette partie examinera ainsi dans quelle mesure le développement détermine l'étendue de la protection due aux investissements internationaux. La protection des investissements s'entend ici dans un sens large qui couvre aussi la protection financière des investissements : dans ce sens, le financement et la garantie des investissements internationaux seront aussi considérés dans la présente étude. Il ressort que le niveau de développement des États et les principes du développement durable influencent potentiellement l'interprétation des normes de protection des investissements. Ces normes peuvent s'en trouver modulées dans leur application. En considérant leurs effets et leur teneur, il faudra étudier si ces autres fonctions du développement sont accessoires et secondaires, n'apparaissant que de manière ponctuelle sans trop modifier la configuration juridique ou si elles s'inscrivent dans une véritable logique évolutive dans laquelle leur prise en compte est automatique, rendant ainsi leurs conséquences notables et infléchissant d'une manière ou d'une autre les conclusions des tribunaux arbitraux. Dans cette optique, le niveau de développement des États permet de mesurer à quel point les standards de protection peuvent être appliqués de manière différenciée (Titre 1) alors que la durabilité du développement agit, elle, comme un nouvel indicateur de leur application (Titre 2).

TITRE 1 : LA FONCTION DU DÉVELOPPEMENT DANS L'APPLICATION DIFFÉRENCIÉE DES STANDARDS DE PROTECTION

Il est un principe aristotélicien que les choses inégales ne doivent pas être traitées de manière égale. Le principe est celui d'une différenciation de traitement et il s'applique parfois en droit international[724]. Théoriquement, les États disposent d'une égalité souveraine au regard du droit international[725]. Ils sont, en principe, soumis au même droit. Dans une vieille affaire — l'affaire dite *Antelope* — devant la Cour suprême des États-Unis d'Amérique, le Juge Marshall notait que « [n]*o principle of general law is more universally acknowledged than the perfect equality of nations*[726]». Cependant, l'inégalité factuelle des États est communément admise[727] et si un traitement similaire est accordé aux États inégaux, le résultat peut être discriminatoire[728]. C'est en tenant compte de cette réalité que le droit international du développement visait une application différenciée du droit international en fonction du niveau de développement[729]. C'est aussi en suivant la même logique que les États membres de l'Organisation mondiale du commerce ont incorporé la Clause d'habilitation de 1979[730] au GATT de 1994. Cette

---

724 EWELUKWA (U.), «Special And Differential Treatment in International Trade Law : A Concept in Search of Content », *North Dakota Law Review*, vol.71, 2003, pp.831-878.

725 Voir article 2(1) de la Charte des Nations unies.
Voir aussi : ANAND (R.P.), « Sovereign equality of States in international law », *R.C.A.D.I.*, Tome II, vol.197, 1986, p.22 ; VIRALLY (M.), « Vers un droit international du développement » *AFDI*, vol.11, 1965, p.5.

726 Cour suprême des États-Unis d'Amérique, *The Antelope*, 23 U.S. 10 Wheat. 66, 1825, p.122 (*disponible sur* : http ://supreme.justia.com/cases/federal/us/23/66/case.html).

727 Voir par exemple : BOUTROS-GHALI (B.), « Le principe d'égalité des États et les organisations internationales », *R.C.A.D.I.*, Tome II, vol.100, 1960, pp.9-12 ; LADREIT DE LACHARRIÈRE (G.), « L'influence de l'inégalité de développement des Etats sur le droit international », *R.C.A.D.I.*, Tome II, vol.139, 1973, p.236 ; THOMAS (A.V.W.), THOMAS (A.J. Jr), «Equality of States in International Law - Fact or Fiction?», *Virginia Law Review*, vol.37, no.6, 1951, pp.802-803.

728 BEDJAOUI (M.), « L'humanité en quête de paix et de développement (II) : Cours général de droit international public », *R.C.A.D.I.*, vol.325, 2006, p.151.

729 Voir par exemple : BENNOUNA (M.), *Droit international du développement*, Paris, Berger Levrault, 1983, pp.17-31 ; MENTRI (M.), « Le concept de droit international du développement : son évolution et la question de sa spécificité », *in*, FLORY (M.) *et al.*, *La formation des normes en droit international du développement*, Centre de recherches et d'études sur les sociétés méditerranéennes, Table Ronde franco-maghrébine, Aix-en-Provence, Editions du CNRS, 7 et 8 octobre 1982, p.57.

730 *Traitement différencié et plus favorable, réciprocité et participation plus*

clause prévoit un traitement spécial et différencié des pays en développement en raison de leur statut. Elle découle d'une décision du 28 novembre 1979 des États membres du GATT (1947) portant « traitement différencié et plus favorable, réciprocité et participation plus complète des pays en voie de développement ». Au titre de l'article 1(b) (iv) du GATT de 1994, la clause fait partie de ses dispositions juridiques[731]. Elle permet aux pays développés d'accorder un traitement préférentiel non soumis au principe de la nation la plus favorisée[732] aux pays en développement[733] : les États en bénéficient par conséquent en fonction de leur niveau de développement. L'Organe d'appel a rappelé que la « *Clause d'habilitation joue donc un rôle essentiel dans la promotion du commerce en tant que moyen de stimuler la croissance et le développement économiques*[734] ». Dans un autre domaine, le droit de l'environnement et les principes du développement durable se réfèrent aussi à une logique similaire. Référence est faite, par exemple, à la responsabilité commune, mais différenciée au sein de la Déclaration de Rio sur l'environnement et le développement[735]. Dans le même esprit, la Convention-cadre des Nations unies sur le changement climatique prévoit que les parties assument leurs obligations en fonction de leurs responsabilités communes, mais différenciées[736]. Dans ces deux cas, la différenciation se fait selon le niveau de développement de l'État.

Ainsi, si le niveau de développement des États permet d'établir

---

complète des pays en voie de développement, Décision du 28 novembre 1979, (L/4903) [*disponible sur* : http ://www.wto.org/french/docs_f/legal_f/enabling_f.pdf].

731 *Communautés européennes- conditions d'octroi de préférences tarifaires aux pays en développement*, Rapport de l'Organe d'appel, WT/DS246/AB/R, 7 avril 2004, §108.

732 L'article 1 du GATT.

733 Voir par exemple : *Communautés européennes - conditions d'octroi de préférences tarifaires aux pays en développement*, Rapport de l'Organe d'appel, WT/DS246/AB/R, 7 avril 2004, §106.

734 *Communautés européennes - conditions d'octroi de préférences tarifaires aux pays en développement*, Rapport de l'Organe d'appel, WT/DS246/AB/R, 7 avril 2004, §106.

735 Déclaration de Rio sur l'environnement et le développement, 1992, Principe 7, *disponible sur :* http ://www.un.org/french/events/rio92/rio-fp.htm.

736 Voir : Convention-cadre des Nations unies sur les changements climatiques, Rio de Janeiro, 9 mai 1992, article 3, *disponible sur* : http ://unfccc.int/resource/docs/convkp/convfr.pdf.

une forme de différenciation de traitement à leur égard en droit international, le raisonnement s'applique aussi potentiellement au droit international des investissements qui concerne un nombre important de pays en développement. La fonction du développement serait ici de déterminer si le niveau de développement permet de moduler la protection due aux investissements internationaux.

Là-dessus, il faut constater que le droit international des investissements n'est pas complètement hostile à la prise en compte du niveau de développement des États défendeurs lors de l'interprétation des accords. Cette prise en compte n'est pas automatique, mais elle existe. Le traitement différencié en fonction du niveau de développement n'est pas un principe de cette branche du droit, mais sa présence en son sein lui confère une certaine valeur qu'il s'agira d'évaluer. Les accords relatifs aux investissements ne déterminent pas les normes susceptibles de faire l'objet d'une application différenciée. Ces normes ont dû être recherchées et identifiées, notamment, par l'étude des sentences arbitrales. L'application différenciée concerne, dans l'état actuel du droit international des investissements, surtout les normes à caractère absolu. L'on entend ici par norme absolue celle « *qui définit le traitement qui doit être accordé selon des termes dont le sens exact reste à déterminer en fonction d'un contexte spécifique d'application, à l'inverse des normes «relatives» intégrées dans les principes du «traitement national» et de «la nation la plus favorisée», qui définissent le traitement requis eu égard au traitement accordé à d'autres investissements*[737]». En suivant cette définition, les normes du droit international des investissements qui peuvent être concernées sont les suivantes : celles portant traitement juste et équitable, celles relatives à la protection et à la sécurité pleines et entières et celles relatives à l'expropriation. Pour le moment, ce sont surtout les deux premières qui ont fait l'objet d'une application différenciée et ce sont, dès lors, elles qui seront examinées ; leur étude est suffisamment transversale pour comprendre la logique du traitement différencié tel qu'il peut être conçu dans le droit international des investissements. Dans cette optique, le raisonnement pourrait être appliqué à l'avenir si la question était soulevée, par exemple, en matière d'expropriation.

[737] YANNACA-SMALL (C.), «La norme du traitement juste et équitable dans le droit international des investissements», OCDE, Document de travail sur l'investissement international, no.2004/3, septembre 2004, p.2

Les standards du traitement juste et équitable et de la protection et sécurité pleines et entières peuvent ainsi faire l'objet d'une application différenciée en fonction du niveau de développement des États (Chapitre 1) et il peut être démontré que cette différenciation implique indirectement des devoirs pour les investisseurs qui s'implantent dans les pays en développement (Chapitre 2).

CHAPITRE 1 – LE NIVEAU DE DÉVELOPPEMENT DES ÉTATS PERMETTANT L'APPLICATION DIFFÉRENCIÉE DES STANDARDS À CARACTÈRE ABSOLU

Étudier l'interprétation et l'application des clauses relatives au traitement juste et équitable et à la protection pleine et entière fait apparaître une autre fonction du développement. Ces clauses sont pourvues d'une certaine flexibilité et lors de leur interprétation, le concept du développement peut être utilisé pour infléchir leur application dans le sens d'une prise en compte du contexte des pays en développement. Leur application peut, en effet, faire l'objet d'une différenciation en fonction du statut de l'État concerné. C'est là une autre manière par laquelle le concept du développement influence le droit international des investissements. Cela permet de mettre en balance la responsabilité des États et les moyens qu'ils peuvent effectivement déployer lors de la protection juridique des investissements internationaux. Il sera démontré que cette application différenciée ne signifie aucunement l'exonération des États négligents. L'application différenciée des normes en droit international est une pratique déjà existante qui repose sur une base juridique — mais aussi philosophique et politique — solide. Cette base se comprend par l'étude des exemples du traitement différencié selon le niveau de développement en droit international (Section 1), ce qui permet de justifier une application différenciée des normes à caractère absolu (Section 2).

Section 1 : Les exemples du traitement différencié en fonction du niveau de développement

Les exemples du traitement différencié relèvent, bien entendu, du droit lui-même, mais elles s'étendent aussi vers d'autres domaines avant d'atteindre la sphère juridique. En effet, la formalisation juridique du traitement différencié découle souvent de propositions faites par les États — notamment, les pays en développement — lors de négociations de certains accords internationaux, et les raisons de cette requête ne relèvent pas toujours du droit. Le traitement différencié est, en effet, sous-tendu par une forte base philosophique (Paragraphe 1) qui forge les motivations politiques avant d'être retranscrit en droit (Paragraphe 2).

Paragraphe 1 – La base philosophique du traitement différencié

Trois principes de base de la libéralisation des échanges économiques internationaux sont l'égalité, la réciprocité et la non-discrimination. Dans leur application, ces principes n'ont pas toujours été favorables aux pays en développement, car ils apparaissent parfois comme des abstractions en conflit avec leurs objectifs de développement[738]. La clause de la nation la plus favorisée, par son traitement égalitaire de tous les États, a, par exemple, joué un rôle majeur dans l'uniformisation de certaines règles de droit international sans tenir compte du statut des États dans leurs relations économiques et, partant, sans tenir compte de leurs différents niveaux de développement[739]. Le traitement différencié adopte une approche inverse : il est, lui, intrinsèquement inégalitaire et non-réciproque.

Le principe de base qui sous-tend le traitement différencié est celui de l'égalité entendue dans son sens négatif, c'est-à-dire, l'inégalité entre les États de la société internationale. La différenciation considère les inégalités pour que le traitement soit *in fine* équitable ; le traitement est différencié, mais équitable dans le sens où l'effort demandé aux pays en développement est moins rigide que celui attendu des pays développés dans l'application de certaines normes du droit international[740] ; en d'autres termes, l'effort demandé est proportionnel à l'effort qu'ils peuvent fournir en pratique. L'équité est un outil de la bonne administration de la justice[741] face à des sujets inégaux ; elle permet de corriger l'inégalité. Dans son traité sur la justice Aristote soulignait que « [s]*i les personnes ne sont pas égales,*

---

[738] DUPUY (R.J.), « Communauté internationale et disparités de développement : cours général de droit international public », *R.C.A.D.I.*, Tome IV, Volume 165, 1979, p.160.

[739] *Ibid.*

[740] FEUER (G.), « L'Uruguay Round et les Pays en voie de Développement », *Annuaire français de droit international*, volume 40, 1994. p.767 ; NOWZAD (B.), « Tratamento diferential de comércio para os PMDs », *Finanças & Desenvolvimento*, 1978, p.30.

[741] *Plateau continental (Tunisie/Jamahiriya arabe libyenne)*, arrêt, C. I. J. Recueil 1982, §71.

elles n'obtiendront pas dans la façon dont elles seront traitées l'égalité[742] ». Le juge Jiménez de Aréchaga expliquait le principe de l'équité de la façon suivante dans son opinion individuelle dans l'affaire du *Plateau continental* (Tunisie/Jamahiriya arabe libyenne) :

> « *Appliquer l'équité signifie donc en fait considérer et mettre en balance les circonstances particulières à l'espèce, de façon à statuer, non pas en appliquant rigidement un certain nombre de règles et principes généraux et de notions juridiques formelles, mais en adaptant et en ajustant ces principes, règles et notions aux faits, aux réalités et aux circonstances de l'espèce*[743] ».

Et, dans cette veine, le traitement différencié vise une égalité à long terme en proposant un traitement équitable à court terme. En expliquant ce type de traitement dans son opinion dissidente dans l'affaire du *Sud-ouest africain*, le Juge Tanaka faisait ressortir que traiter différemment ce qui est inégal n'est aucunement entaché d'illicéité, mais est, au contraire, fondamental ; il l'associait à l'idée de justice[744], sans doute une forme de justice distributive[745], un *jus rectorium* entre puissances différentes[746] par lequel la supériorité des uns — au sens de leur développement plus avancé — est reconnue, formalisant ainsi l'inégalité de fait et les obligations différenciées entre les États. Au-delà de l'abstraction de l'égalité souveraine des États en droit, leur inégalité factuelle ne saurait être niée[747]. Par conséquent, le traitement différencié existe en ce qu'il prend en compte cette inégalité pour que certaines relations juridiques inter-étatiques soient traitées de manière pragmatique et raisonnable,

---

[742] ARISTOTE, *Éthique de Nicomaque*, Paris, GF Flammarion, 1992, p.142 (trad. Jean Voilquin).

[743] *Plateau continental (Tunisie/Jamahiriya arabe libyenne)*, arrêt, Opinion individuelle du Juge Jiménez de Aréchaga C. I. J. Recueil 1982, p.106, §24.

[744] *Sud-Ouest africain*, deuxième phase, arrêt, C.I.J. Recueil 1966, Opinion dissidente du Juge Tanaka, p.306.

[745] RAMA-MONTALDO (M.), «La codification du droit international comme instrument de la justice internationale », *Les Cahiers de droit*, vol. 42, n° 3, 2001, pp.718-719.

[746] GROTIUS (H.), *Le droit de la guerre et de la paix*, Tome I, Amsterdam, Pierre de Coup, Livre I., pp.53-54. [Trad. Jean Barbeyrac].

[747] BAIROCH (P.), « Les écarts des niveaux de développement économique entre pays développés et pays sous-développés de 1770 à 2000 », *Tiers-Monde,* Tome 12, n°47, 1971, pp. 497-514.

produisant ainsi des résultats concrets dans l'application et le respect de certains accords internationaux par un plus grand nombre d'États. C'est un moyen de donner un effet pratique à certains accords internationaux. Dans son esprit, le traitement différencié suit une logique de double normativité. Cette dernière se définit comme telle :

> « *Le principe de la dualité des normes signifie qu'à un corps unique de règles régissant uniformément tous les rapports entre les États se substituent (…) deux corps, parallèles et égaux en dignité : d'une part, celui qui régit les rapports entre pays développés ; d'autre part celui qui régit : 1) les rapports entre ceux-ci et les pays en voie de développement ; 2) les rapports entre pays en voie de développement* [748]».

Parce qu'ils sont dans un processus de développement, certains États bénéficient d'un régime juridique spécial et spécifique qui prend en compte leur état pour en adapter et en moduler les normes[749]. Les catégories d'États similaires reçoivent un traitement similaire et ce ne serait aucunement affirmer une nouveauté que de dire que dans plusieurs domaines du droit, les normes s'appliquent différemment à des catégories différentes que ce soient entre des personnes, des choses ou des situations[750]. Cependant, si les catégories sont comparées entre elles, la logique peut, dans ce cas, être discriminatoire. Mais cela est normal dans l'application d'un traitement différencié entre États, car il est, dans son principe, discriminatoire. Le terme peut être malheureux, mais il s'agit d'une 'discrimination positive'[751] dans la mesure où l'objectif est de

---

[748] FEUER (G.), « Les principes fondamentaux dans le droit international du développement », *in, Pays en développement et transformation du droit international*, Colloque de la Société française pour le droit international- Aix-en-Provence, Paris, Pédone, 1973, p.225.

[749] DIAS VARELLA (M.), *Direito Internacional Econômico Ambiental*, Belo Horizonte, Del Rey, 2003, p.7 ; LONG (O), « La place du droit et ses limites dans le système commercial multilatéral du GATT », *R.CA.D.I.*, Tome IV, vol. 182, 1983, p.112.

[750] HART (H.L.A.), *The Concept of Law,* Oxford, Oxford University Press, 1961, p.121.

[751] BARTENSTEIN (C.), « De Stockholm à Copenhague : Genèse et évolution des responsabilités communes mais différenciées dans le droit international de l'environnement », *Revue de droit de McGill*, vol.56, no.1, 2010, p.209 ; FEUER (G.), « Les principes fondamentaux dans le droit international du

favoriser une catégorie d'États — faibles — au détriment d'une autre. Cependant, cette discrimination est volontaire, car elle est acceptée par tous, souvent dans un esprit de solidarité et de coopération[752]. C'est aussi là l'idée de l'inégalité compensatrice[753] rapprochant les États dans un cadre juridique de coopération internationale[754]. Une faveur accordée à certains n'est pas généralisée à d'autres ; un État obtenant un traitement différencié de la part d'un autre État n'agit pas en réciprocité : la différenciation est une exception au principe de réciprocité[755].

Les débats devant les tribunaux arbitraux n'apparaissent pas dans ces termes de manière détaillée. La philosophie de cette différenciation n'apparaît pas toujours clairement et c'est la raison pour laquelle sa teneur doit être préalablement expliquée pour que la forme du traitement différencié qui existe dans le droit international des investissements soit par la suite mieux éclairée. Cette base philosophique permet de comprendre le travail diplomatique et politique ayant soutenu la mise en avant du traitement différencié dans les négociations entre pays développés et ceux l'étant moins, et elle justifie sa présence au sein de certains accords internationaux.

Paragraphe 2 – Les exemples politico-juridiques

Inspirées de la base philosophique, les considérations

développement », *in*, *Pays en développement et transformation du droit international*, Colloque de la Société française pour le droit international- Aix-en-Provence, Paris, Pédone, 1973, p.230.

752 CULLET (P.), « Differential Treatment in International Law : Towards a Paradigm of Inter-State Relations », *European Journal of International Law*, vol.10, no.3, 1999, pp.558-559.

753 DIAS VARELLA (M.), *Direito Internacional Econômico Ambiental*, Belo Horizonte, Del Rey, 2003, p.8 ; DUPUY (R.J.), « Communauté internationale et disparités de développement : cours général de droit international public », *R.C.A.D.I.*, Tome IV, Volume 165, 1979, p.160 ; OUDBEJI (M.), « Les principes contemporains de la coopération internationale sur le commerce des produits de base », *Les Cahiers de droit*, vol. 32, n° 3, 1991, pp.716-718.

754 ABI-SAAB (G.), « Wither The International Community », *European Journal of International law*, vol.9, 1998, pp.215-252.

755 CULLET (P.), « Differential Treatment in International Law : Towards a Paradigm of Inter-State Relations », *European Journal of International Law*, vol.10, no.3, 1999, p.561.

politiques (A) inspirent à leur tour les formulations juridiques de cette différenciation (B).

A) Les considérations politiques

C'est à la sortie de la décolonisation, à partir des années cinquante, que les négociations sur les échanges économiques entre les pays en développement et les pays développés, mais aussi entre pays en développement ont commencé à se mettre en place[756]. Un des objectifs était l'intégration des pays en développement dans le commerce international[757]. En utilisant leur statut, ces États ont défendu les principes d'une double normativité évolutive et d'une non-réciprocité temporaire, notamment lors des négociations du GATT et au sein de l'Assemblée générale des Nations unies[758]. Bien que difficilement et très graduellement, les principes de non-réciprocité et de traitement différencié ont commencé à pénétrer ces échanges économiques. Ces thèmes ont coloré les débats de l'époque et furent portés dans les négociations par les pays en développement, aidés par la suite par la Conférence des Nations unies pour le commerce et le développement (CNUCED), nouvellement créée à cette époque, et soutenant la position de ces États[759]. Ainsi, lors du Cycle de Tokyo, les États parties au GATT ont adopté une décision — dite la « Clause d'habilitation » — portant « Traitement différencié et plus favorable, réciprocité et participation plus complète des pays en voie de développement »[760]. Le principe de cette décision est contenu

---

756 DIAS VARELLA (M.), *Direito Internacional Econômico Ambiental*, Belo Horizonte, Del Rey, 2003, pp.6-18 ; EWELUKWA (U.), «Special And Differential Treatment in International Trade Law : A Concept in Search of Content », *North Dakota Law Review*, vol.71, 2003, p.833.

757 LONG (O), « La place du droit et ses limites dans le système commercial multilatéral du GATT », *R.CA.D.I.*, Tome IV, vol. 182, 1983, p.109 et s.

758 Voir : NARLIKAR (A), « Peculiar chauvinism or strategic calculation? Explaining the negotiating strategy of a rising India », *International Affairs*, vol.82, no.1, 2006, p.63. Voir dans le même sens, ABI-SAAB (G.), « Wither The International Community », *European Journal of International law*, vol.9, 1998, p.253.

759 DIAS VARELLA (M.), *L'inégalité Nord-Sud et la construction juridique du « développement durable » dans le droit international*, Thèse, Paris I, 2002, p.102.

760 *Traitement différencié et plus favorable, réciprocité et participation plus complète des pays en voie de développement*, Décision du 28 novembre 1979, (L/4903) [*disponible sur* : http

dans son intitulé : elle autorise les pays développés à accorder un traitement différencié à leurs partenaires en voie de développement, sans réciprocité et sans généralisation aux autres pays développés[761].

Le traitement différencié et la non-réciprocité furent par la suite confirmés durant le Cycle de l'Uruguay[762], notamment par l'adoption de la Déclaration de Punta del Este en 1986[763]. Ce type de traitement y est mis en avant de manière plus visible marquant par là même la reconnaissance d'un statut particulier et différencié aux pays en développement. L'objectif est de permettre une plus grande participation de ces pays dans les échanges internationaux. Le traitement différencié n'a pas vocation à s'étendre sur le long terme[764]. La différenciation actuelle vise un futur commerce international plus équitable[765] ; c'est une étape considérée comme plus efficiente vers la libéralisation. Le traitement différencié spécialement réservé aux pays en développement a, de même, été affirmé lors du Cycle de Doha. Une déclaration ministérielle du 14 novembre 2001 le confirme[766].

://www.wto.org/french/docs_f/legal_f/enabling_f.pdf].

761 Voir : *Traitement spécial et différencié pour les Pays les moins avancés*, OMC, Comité du commerce et du développement, Note du Secrétariat, WT/COMTD/W/135, 5 octobre 2004, p.4.

762 FEUER (G.), « L'Uruguay Round et les Pays en voie de Développement », *Annuaire français de droit international*, volume 40, 1994. pp.762 et s.

763 Voir : Partie I (B) (iv) et (v) de la Déclaration de Punta del Este, GATT/ 1396, 25 septembre 1986 (*disponible sur* : http ://www.wto.org/gatt_docs/English/SULPDF/91240122.pdf).

764 LONG (O), « La place du droit et ses limites dans le système commercial multilatéral du GATT », *R.CA.D.I.*, Tome IV, vol. 182, 1983, pp.112-113.

765 Pour une position contraire, voir : HART (M.), DYMOND (B.), « Special and Differential Treatment and the Doha "Development" Round », *Journal of World Trade*, vol.37, no.2, 2003, p.398.

766 Voir : Déclaration ministérielle de Doha, WT/MIN(01)/DEC/1, 14 novembre 2001, §44 : « *We reaffirm that provisions for special and differential treatment are an integral part of the WTO Agreements. We note the concerns expressed regarding their operation in addressing specific constraints faced by developing countries, particularly least-developed countries. In that connection, we also note that some members have proposed a Framework Agreement on Special and Differential Treatment (WT/GC/W/442). We therefore agree that all special and differential treatment provisions shall be reviewed with a view to strengthening them and making them more precise, effective and operational. In this connection, we endorse the work programme on special and differential treatment set out in the Decision on Implementation-Related Issues and Concerns.* ».

Le traitement différencié est aussi un des rares legs du droit international du développement et des revendications de plusieurs États, négociées souvent difficilement lors de la tentative de l'élaboration d'un nouvel ordre économique international. La Résolution de l'Assemblée générale des Nations unies relative à la « *Déclaration concernant l'instauration d'un nouvel ordre économique international* » mettait en avant, à cette même époque post-coloniale, la situation particulière des pays en développement en soulignant le traitement spécial qui leur est dû[767] et cela fut repris dans la Charte des droits et des devoirs des États[768] visant à rééquilibrer la réalité des pays moins développés dans les échanges économiques foncièrement inégaux[769].

Cette correction de la position de pays en développement, notamment, dans le commerce international figurait aussi dans une vieille résolution de l'Assemblée générale des Nations unies, la Résolution portant « *Déclaration sur le progrès et le développement dans le domaine social* ». Cette dernière prévoyait une différenciation de traitement afin de réaliser le progrès et le développement social des États[770]. Si, comme il a été mentionné, la solidarité entre les peuples est présente dans ce type de traitement, le réalisme des relations internationales propose aussi d'autres explications, notamment, en ce qui concerne la participation des pays développés qui, dans ce processus, agissent, bien entendu, dans leur propre intérêt. L'objectif du traitement différencié est de permettre une plus grande intégration des pays en développement dans le système du marché international libéralisé et, ce faisant, il est attendu que ces États accroissent leurs relations économiques avec les pays développés en exportant plus vers

---

767 Résolution 3201 (S-VI), *Déclaration concernant l'instauration d'un nouvel ordre économique international*, 01/05/1974, §4 (c), (n) [*disponible sur* : http ://www.un.org/french/documents/view_doc.asp?symbol=A/RES/3201%20(S-VI)].

768 Résolution 3281 (XXIX), *Charte des droits et des devoirs des États*, 12/12/1974, article 18 (*disponible sur* : http ://www.un.org/french/documents/view_doc.asp?symbol=A/RES/3281(XXIX)&Lang=F).

769 CASTANEDA (J.), La Charte des droits et des devoirs économiques des États. Note sur son processus d'élaboration, *Annuaire français de droit international*, volume 20, 1974, pp.40-41.

770 Résolution 2542 (XXIV), *Déclaration sur le progrès et le développement dans le domaine social*, 11/12/1969, article 23 (e)(*disponible sur* : http ://www.un.org/french/documents/view_doc.asp?symbol=A/RES/2542(XXIV)&Lang=F).

ces derniers, d'une part, et d'autre part, en en important plus[771]. L'objectif final est une ouverture plus grande des marchés et des échanges inter-étatiques plus toniques optimisant la circulation des biens, des produits et des services. Cela se remarque, par exemple, dans les relations entre l'Union européenne et les pays ACP (Afrique-Caraïbes-Pacifique). L'Accord de Cotonou régissant la coopération régionale entre l'Union européenne et les États d'Afrique, des Caraïbes et du Pacifique[772] fait état que « [l]*a coopération économique et commerciale est mise en œuvre en parfaite conformité avec les dispositions de l'accord instituant l'OMC, y compris un traitement spécial et différencié tenant compte des intérêts mutuels des parties et de leurs niveaux respectifs de développement*[773] ». Par ce type d'accord, les États membres de l'Union Européenne veulent à la fois ouvrir leur marché aux produits et services des États ACP, mais ils veulent en même temps, et surtout, qu'ils absorbent les produits et services européens. Le traitement différencié marque dans cette configuration une évolution graduelle dans la consolidation du partenariat économique. Toutefois, le traitement différencié ne se limite pas à la seule sphère économique.

En effet, ce principe a aussi coloré les négociations précédant l'adoption de certaines conventions environnementales avec l'idée que la responsabilité environnementale des pays en développement n'était pas de la même teneur que celle des pays développés parce que premièrement, ils n'avaient joué un rôle que très minime dans la dégradation environnementale et, deuxièmement[774], parce qu'ils ne

---

771 CULLET (P.), « Differential Treatment in International Law : Towards a Paradigm of Inter-State Relations », *European Journal of International Law*, vol.10, no.3, 1999, pp.560-561.

772 Cet accord a été signé le 23 juin 2000 puis révisé le 25 juin 2005 et le 22 juin 2012.
L'accord de Cotonou (23/06/2000) est disponible sur : http ://ec.europa.eu/europeaid/where/acp/overview/documents/cotonou-consolidated-fin-ap-2012_fr.pdf.
Voir aussi : Journal officiel de l'Union européenne, 04 novembre 2011, L287/4 (*disponible sur* : http ://ec.europa.eu/europeaid/work/procedures/legislation/legal_bases/documents/accord_cotonou_revise_2010_fr.pdf).

773 Accord de Cotonou, article 34(4). Voir aussi article 35(3).

774 MOROSINI (F.), « Trade and Climate Change : Unveiling The Principe of Common But Differentiated Responsibilities From The WTO Agreements », *The George Washington International Law Review*, vol.42, no.4, 2010, p.719.

bénéficiaient pas toujours des moyens techniques et technologiques leur permettant de respecter rigoureusement les nouvelles normes environnementales[775]. Un temps d'adaptation et de tolérance était donc ce qu'ils réclamaient. La technique juridique utilisée pour formaliser cette revendication est celle du principe de la responsabilité commune, mais différenciée[776] ; tous les États sont responsables pour la protection de l'environnement, mais ce qui est exigé des pays développés ne peut l'être en ce qui concerne les pays en développement. Le niveau de développement corrige le niveau de la responsabilité dans ce domaine[777].

Ce traitement différencié, pour être invoqué, doit avoir une assise juridique. Il doit préférablement figurer dans certains textes pour pouvoir, par exemple, être utilisé avec une plus grande facilité devant les juridictions internationales. Un État souhaitant utiliser ce principe comme un moyen de défense doit au préalable en démontrer le fondement.

B) Les formes de traitement différencié en droit international

L'illustration du rattachement juridique du traitement différencié se comprend en étudiant la présence et l'application du principe en droit de l'OMC (i) d'une part, et en droit international de l'environnement, de l'autre (ii). C'est en étudiant le traitement différencié dans ces deux domaines où il figure textuellement que l'utilisation qui en est faite dans le droit international des investissements — où il n'a pas d'existence textuelle — pourra être mieux comprise.

---

[775] CULLET (P.), « Differential Treatment in International Law : Towards a Paradigm of Inter-State Relations », *European Journal of International Law*, vol.10, no.3, 1999, p.561.

[776] MOROSINI (F.), « Trade and Climate Change : Unveiling The Principle of Common But Differentiated Responsibilities From The WTO Agreements », *The George Washington International Law Review*, vol.42, no.4, 2010, pp.718-725.

[777] Voir : DIAS VARELLA (M.), *Direito Internacional Econômico Ambiental*, Belo Horizonte, Del Rey, 2003, pp.36-39 ; DIAS VARELLA (M.), *L'inégalité Nord-Sud et la construction juridique du « développement durable » dans le droit international*, Thèse, Paris I, 2002, pp.119-120.

(i) Le traitement différencié en droit de l'OMC

Un rapport du Comité du Commerce et du développement de l'OMC portant « *Mise en œuvre des dispositions relatives au traitement spécial et différencié figurant dans les accords et décisions de l'OMC* » explique que ce traitement accordé aux pays en développement et aux pays moins avancés s'étale sur 145 dispositions des accords de l'OMC[778]. Ainsi, l'Accord sur les mesures sanitaires et phytosanitaires dispose que le statut des pays en développement sera pris en considération dans l'élaboration de telles mesures[779] et prévoit par ailleurs une période différée pour les pays en développement et les pays les moins avancés dans l'application de ses dispositions[780]. L'Accord sur les obstacles techniques au commerce reconnaît aussi ce statut particulier aux pays en développement. L'article 12 est intitulé, « *Traitement spécial et différencié des pays en développement Membres* ». Leur niveau de développement est pris en compte pour la mise en œuvre de leurs obligations et ils peuvent, dans cette mesure et selon leurs demandes, bénéficier de certaines exceptions temporellement limitées. L'accord précise que leur niveau de développement agit parfois comme un obstacle dans l'exécution de leurs obligations en raison d'une infrastructure et des institutions lacunaires[781]. Une même période transitoire en faveur des pays moins avancés est prévue dans l'Accord sur les mesures concernant les investissements et liées au commerce : les pays développés disposent d'un délai de cinq ans pour éliminer les mesures faisant obstacle aux investissements et liées au commerce alors que le délai est de sept ans pour les pays les moins avancés[782]. L'article 27 de l'Accord sur les subventions et les mesures compensatoires est de même relatif à un traitement différencié et contient le même type de dispositions transitoires en faveur des pays en développement[783]. L'Accord général

[778] *Mise en œuvre des dispositions relatives au traitement spécial et différencié figurant dans les accords et décisions de l'OMC*, OMC, Comité du commerce et du développement, WT/COMTD/W/77, 25 octobre 2000, p.3, §2.

[779] Accord sur les mesures sanitaires et phytosanitaires, article 10 (*disponible* sur : http ://www.wto.org/french/docs_f/legal_f/legal_f.htm).

[780] Accord sur les mesures sanitaires et phytosanitaires, article 14.

[781] Accord sur les obstacles techniques au commerce, article 12.8.

[782] Accord sur les mesures concernant les investissements et liées au commerce, article 5.2.

[783] Accord sur les subventions et les mesures compensatoires, Partie VIII (intitulé

sur le commerce des services et celui sur les aspects des droits de propriété intellectuelle qui touchent au commerce[784] obéissent respectivement au même principe de différenciation[785].

Il est aussi intéressant de noter que le Mémorandum d'accord sur les règles et procédures régissant le règlement des différends prévoit à son article 24 une procédure spéciale pour les pays les moins avancés : les États membres doivent, en effet, faire preuve de modération lorsqu'ils invoquent des questions touchant à ces États dans le cadre de toute procédure de règlement de différends et pour toute éventuelle compensation qui leur serait demandée[786]. Par ailleurs, toute une série de décisions et de déclarations ministérielles confirme la prise en compte de ce statut particulier des pays en développement dans le droit de l'OMC[787]. Dès lors, il est juridiquement possible de moduler certaines normes afin d'en permettre l'application efficiente par les États les moins développés. Derrière ce statut accordé aux pays en développement, le droit, rigide de par ses normes et ses méthodes, est soumis à une certaine flexibilité. Dans une affaire *Brésil — Mesures visant l'importation de pneumatiques rechapés*, l'Organe d'appel expliquait :

> « *Ainsi, la capacité d'un pays de mettre en œuvre des mesures correctives qui seraient particulièrement onéreuses ou qui exigeraient des technologies avancées, peut être pertinente pour l'évaluation du point de savoir si ces mesures ou pratiques sont des solutions de rechange raisonnablement disponibles pour remplacer une mesure préventive, telle que l'interdiction d'importer, qui ne comporte pas "des coûts prohibitifs ou des difficultés techniques substantielles"*[788] ».

« *Pays en développement membres* »), article 27 ; voir aussi l'annexe VII de cet accord.

784 Accords sur les aspects des droits de propriété intellectuelle qui touchent au commerce, article 66.

785 Accord général sur le commerce des services, article IV, article XIX.

786 Mémorandum d'accord sur les règles et procédures régissant le règlement des différends, article 24.1.

787 *Traitement spécial et différencié pour les Pays les moins avancés*, OMC, Comité du commerce et du développement, Note du Secrétariat, WT/COMTD/W/135, 5 octobre 2004, p.25 et s.

788 *Brésil - Mesures visant des pneumatiques réchapés*, Rapport de l'Organe d'appel, WT/DS332/AB/R, 03/12/2007, §171.

Le droit s'adapte à certains de ses sujets pour que ces derniers soient à long terme mieux intégrés au système qu'il encadre. Il s'applique quelque peu de manière équitable : rigide envers ceux qui sont institutionnellement préparés pour le respecter de manière pleine et entière et, flexible envers ceux dont les institutions n'en permettent qu'un respect incomplet[789]. Cette adaptation du droit suit une logique réaliste en puisant dans le principe de la coopération entre les États. Pour une bonne administration de la justice, il est préférable de ne pas handicaper les membres les plus faibles en élevant devant eux des obstacles insurmontables. Ils doivent pouvoir appliquer le droit qu'ils s'engagent à respecter. Le traitement différencié est aussi un moyen permettant de concrétiser ces attentes tout en les plaçant dans les limites du pragmatisme et du raisonnable. Cet état du droit, différencié dans son application, n'est pas statique. Il suit une logique dynamique dans la mesure où au fur et à mesure que l'État se développe, il échappe à ce traitement différencié. En d'autres termes, la réalisation d'un traitement uniforme passe par un traitement différencié.

Historiquement, ce principe du traitement différencié né du droit international du développement, lui quasi mort-né, a été utilisé dans le droit du commerce international. C'en est d'ailleurs un héritage non négligeable. Cet héritage s'est distillé dans une autre branche du droit international, celui du droit international de l'environnement[790].

(ii) Le traitement différencié en droit de l'environnement

Le traitement est ici différencié en ce qui concerne la responsabilité des pays développés et celle des pays en développement

---

[789] EWELUKWA (U.), «Special And Differential Treatment in International Trade Law : A Concept in Search of Content », *North Dakota Law Review*, vol.71, 2003, p.863.

[790] CULLET (P.), « Differential Treatment in International Law : Towards a Paradigm of Inter-State Relations », *European Journal of International Law*, vol.10, no.3, 1999, p.569 ; DIAS VARELLA (M.), *Direito Internacional Econômico Ambiental*, Belo Horizonte, Del Rey, 2003, pp.36-37 ; DIAS VARELLA (M.), *L'inégalité Nord-Sud et la construction juridique du « développement durable » dans le droit international*, Thèse, Paris I, 2002, pp.119-121.

pour la protection de l'environnement. En droit international de l'environnement, cela prend la forme d'une responsabilité commune, mais différenciée[791]. Le mot responsabilité a ici une connotation plus morale que juridique et ne rejoint pas le régime de la responsabilité des États pour fait illicite en droit international. La responsabilité commune, mais différenciée constitue un moyen permettant une plus grande participation au respect du droit international de l'environnement et partant, à la protection de l'environnement[792]. Il ne peut, dans la même veine, être nié que l'utilisation d'un traitement différencié a un effet adoucissant sur les pays en développement, les incitant, ce faisant, à accepter plus facilement les accords internationaux régissant la protection de l'environnement[793]. Les pays en développement ne disposent pas toujours des moyens techniques ou institutionnels nécessaires pour assurer une protection de l'environnement telle que réglementée par les textes internationaux[794]. Par ailleurs, les moyens investis dans le domaine de l'environnement par ces États constituent un coût de renonciation à d'autres priorités immédiates relatives au bien-être économique et matériel de leur population[795]. De plus, il est important de noter que les problèmes environnementaux des pays en développement ne sont pas toujours les mêmes que ceux des pays développés[796]. La puissante industrialisation

[791] FITZMAURICE (M.A.), « International Protection of the Environment », *R.C.A.D.I.*, vol.293, 2001, p.64 et s ; plus généralement, voir : STONE (C.D.), « Common But Differentiated Responsibilities in International Law », *American Journal of International Law*, vol.98, no.2, 2004, pp.276-301.

[792] CULLET (P.), « Differential Treatment in International Law : Towards a Paradigm of Inter-State Relations », *European Journal of International Law*, vol.10, no.3, 1999, p.571.

[793] FRENCH (D.), « Developing States and International Environmental Law : The Importance of Differentiated Responsibilities », *International and Comparative Law Quarterly*, vol.49, no.1, 2000, p.57.

[794] MAGRAW (D.B.), « Legal Treatment of Developing Countries : Differential, Contextual, and Absolute Norms », *Colorado Journal of International Law and Policy*, vol.1, no.1, 1990, pp.69-70.

[795] BARTENSTEIN (C.), « De Stockholm à Copenhague : Genèse et évolution des responsabilités communes mais différenciées dans le droit international de l'environnement », *Revue de droit de McGill*, vol.56, no.1, 2010, p.204 ; BINIAZ (S.), « Common But Differentiated Responsibility » [Remarks], *American Society of International law Proceedings*, vol.96, 2002, pp.358-368.

[796] SCHOLTZ (W.), « Different countries, one environment : A critical Southern discourse on the common but differentiated responsibilities principle », *South African Yearbook of International Law*, vol.33, 2008, pp.133-134.

des uns engendre des problématiques inconnues chez les autres[797]. Le Rapport Founex préparé et soumis par un groupe d'experts en 1971 avant la Conférence de Stockholm de 1972 sur l'Environnement humain souligne que l'industrialisation des pays développés accompagnée d'une capacité productive croissante, de réseaux de communications et de transports complexes ou d'urbanisations massives est à l'origine de complications environnementales qui ne peuvent pas toujours être comparées avec la réalité des pays en développement dans lesquels les problématiques environnementales sont de nature différente[798].

Par conséquent, une gradation dans le traitement des pays en développement et dans la considération de leur responsabilité pour la protection de l'environnement est un outil réaliste incitant leur participation et, dans une certaine mesure, rehaussant leur confiance. Les contextes de ces États ne sont souvent pas comparables et l'adoption d'une mesure générale et impersonnelle nierait la réalité qui leur est propre. Selon la position — compréhensible — des pays en développement, leur participation à la dégradation de l'environnement a été très faible en comparaison à celle des pays industrialisés et il serait, selon eux, injuste et inéquitable si l'effort qui leur est demandé pour corriger cette situation est de la même teneur pour les deux catégories d'États[799].

---

797 BARTENSTEIN (C.), « De Stockholm à Copenhague : Genèse et évolution des responsabilités communes mais différenciées dans le droit international de l'environnement », *Revue de droit de McGill*, vol.56, no.1, 2010, p.202.

798 Voir : le Rapport Founex sur le Développement et l'environnement, 1971, §§1.2-1.4 (*disponible sur :* http ://earthsummit2012.org/blog/item/131-the-founex-report-on-development-and-environment).

799 ALEXANDER (E.A.), « Taking Account of Reality : Adopting Contextual Standards for Developing Countries in International Investment Law », *Virginia Journal of International Law*, vol.48, no.4, 2008, p.820 ; FRENCH (D.), « Developing States and International Environmental Law : The Importance of Differentiated Responsibilities », *International and Comparative Law Quarterly*, vol.49, no.1, 2000, pp.46-49 ; MOROSINI (F.), « Trade and Climate Change : Unveiling The Principe of Common But Differentiated Responsibilities From The WTO Agreements », *The George Washington International Law Review*, vol.42, no.4, 2010, pp.718-719 ; SCHOLTZ (W.), « Different countries, one environment : A critical Southern discourse on the common but differentiated responsibilities principle », *South African Yearbook of International Law*, vol.33, 2008, pp.129-130.

Cette responsabilité différenciée a dès lors été retenue et reconnue dans certains textes du droit international de l'environnement. Ainsi, la Convention-cadre des Nations unies sur les changements climatiques précise que la protection du système climatique doit être établie sur une base équitable suivant la responsabilité commune et différenciée des États. Chaque État y contribue selon ses capacités et les pays développés, poursuit la Convention, vu leurs capacités plus avancées, interviennent dans une mesure bien plus importante que les autres. Ces derniers, les pays en développement, ne doivent pas subir un poids disproportionné dans l'application de la Convention. L'état de leur développement est considéré comme étant pertinent pour déterminer le niveau de leur responsabilité[800]. Selon l'esprit de la Convention, leur niveau d'émission de gaz à effet de serre est proportionnel à leur niveau de développement[801]. Cette responsabilité commune, mais différenciée est aussi reprise dans le Protocol de Kyoto[802] ou dans celui de Montréal relatif à des substances qui appauvrissent la couche d'ozone, ce dernier contenant un article 5 qui considère la situation particulière des pays en développement[803]. La situation des pays en développement est, de même, prise en compte, par exemple, dans la Convention des Nations unies contre la désertification[804], dans l'Accord international de 2006 sur les bois tropicaux qui contient une disposition sur les mesures différenciées, correctives et spéciales en faveur des pays en développement[805] ou encore dans le Protocole à la Convention sur la prévention de la pollution des mers résultant de l'immersion de

[800] Convention-cadre des Nations unies sur les changements climatiques, Rio de Janeiro, 9 mai 1992, article 3, *disponible sur* : http ://unfccc.int/resource/docs/convkp/convfr.pdf.

[801] Voir : Annexe I et II de la Convention-cadre des Nations unies sur les changements climatiques.

[802] Protocole de Kyoto à la Convention-cadre des Nations unies sur les changements climatiques, Kyoto, 11 décembre 1997, article 10, *disponible sur* : http ://unfccc.int/resource/docs/convkp/kpfrench.pdf.

[803] Protocole de Montréal relatif à des substances qui appauvrissent la couche d'ozone, 16/09/1987, article 5, *disponible sur* : http ://ozone.unep.org/french/Ratification_status/montreal_protocol.shtml.

[804] Convention des Nations unies contre la désertification, Paris, 17 juin 1994, voir par exemple, article 3(d), article 6, *disponible sur* : http ://www.unep.org/french/downloads/Conventions %20textes/Convention_desertification.pdf.

[805] Accord international sur les bois tropicaux, Genève, 27/01/2006, article 32 (*disponible sur* : http ://www.itto.int/fr/itta/).

déchets[806]. Une autre convention, non nécessairement et directement environnementale, celle de Montego Bay sur le droit de la mer, considère dans le même esprit l'état de développement des États signataires en matière d'adoption de mesures pour prévenir des pollutions d'origine tellurique[807]. Si le *soft law* est considéré, la responsabilité commune, mais différenciée des États figure aussi dans la Déclaration de Rio de 1992[808] et dans celle de 2012[809]. Le fondement juridique du principe ne fait ainsi pas de doute. Par analogie à ces branches du droit, sa compréhension peut être éclairée dans le droit international des investissements. C'est le statut d'État en développement qui permet la référence à ce principe de différenciation et s'il est applicable dans certaines branches du droit, rien n'empêche son extension à d'autres domaines en ce qui concerne cette catégorie États. La référence impliquera, bien entendu, une justification en droit et c'est ce fondement juridique qui doit être recherché en ce qui concerne l'application des standards de protection comme le traitement juste et équitable en fonction du niveau de développement des États défendeurs.

Cependant, le traitement différencié tel qu'il apparaît dans le droit de l'OMC ou dans le droit international de l'environnement ne s'applique pas, tel quel, dans la même forme, dans le droit international des investissements. Il n'en reste pas moins que la compréhension du principe dans cette branche du droit international est facilitée si son fonctionnement dans les milieux où il évolue normalement — ceux, qui viennent d'être présentés — est connu. En effet, c'est surtout la logique et l'esprit du principe qui seront retenus

806 Protocole à la Convention sur la prévention de la pollution des mers résultant de l'immersion de déchets, 7/11/1996 (modifié en 2006), article 13.5 (*disponible sur* : http ://www.imo.org/blast/mainframemenu.asp?topic_id=1499&offset=7).

807 Convention de Montego Bay sur le droit de la mer, 10/12/1982, article 207(4), (*disponible sur* : http ://www.un.org/Depts/los/convention_agreements/texts/unclos/unclos_f.pdf) ; voir aussi : ALEXANDER (E.A.), « Taking Account of Reality : Adopting Contextual Standards for Developing Countries in International Investment Law », *Virginia Journal of International Law*, vol.48, no.4, 2008, p.839.

808 Déclaration de Rio sur l'environnement et le développement, 1992, article6, article 7, *disponible sur* : http ://www.un.org/french/events/rio92/rio-fp.htm

809 Déclaration de Rio, *L'avenir que nous voulons*, A/CONF.216/L.1, 20-22 juin 2012, §15, è173, §191 (*disponible sur* : http ://www.uncsd2012.org/thefuturewewant.html).

pour la présente étude, car si dans ces deux domaines, il existe un droit à un traitement différencié, il en va autrement dans le droit international des investissements. Les États — en développement — n'ont pas un droit à un traitement différencié,[810] mais le principe est potentiellement applicable à certains standards absolus de la protection des investissements ; il l'est, notamment, en raison de la flexibilité qui les caractérise.

Section 2 : L'applicabilité du traitement différencié en raison de la flexibilité des standards à caractère absolu

Il n'existe pas de références au traitement différencié dans les accords relatifs à la protection des investissements[811]. Les États ne peuvent pas l'opposer automatiquement, *de jure*, aux requérants ou devant les tribunaux, pour justifier le non-respect d'un engagement. Toutefois, même si le principe n'existe pas sous une forme normative, référence y a déjà été faite dans le cadre de certains arbitrages. Il prend ici plutôt la forme d'une technique juridique, une technique de modulation de certaines obligations[812]. Cette technique est, par exemple, implicitement reconnue par le Pacte international relatif aux droits économiques, sociaux et culturels qui dispose dans son article 2.3 que « [l]*es pays en voie de développement, compte dûment tenu des droits de l'homme et de leur économie nationale,* ***peuvent***

[810] Le caractère coutumier du principe est douteux. Voir : BARTENSTEIN (C.), « De Stockholm à Copenhague : Genèse et évolution des responsabilités communes mais différenciées dans le droit international de l'environnement », *Revue de droit de McGill*, vol.56, no.1, 2010, pp.197-198 ; CULLET (P.), « Differential Treatment in International Law : Towards a Paradigm of Inter-State Relations », *European Journal of International Law*, vol.10, no.3, 1999, p.579 ; STONE (C.D.), « Common But Differentiated Responsibilities in International Law », *American Journal of International Law*, vol.98, no.2, 2004, p.299.

[811] ALEXANDER (E.A.), « Taking Account of Reality : Adopting Contextual Standards for Developing Countries in International Investment Law », *Virginia Journal of International Law*, vol.48, no.4, 2008, p.824.

[812] BARTENSTEIN (C.), « De Stockholm à Copenhague : Genèse et évolution des responsabilités communes mais différenciées dans le droit international de l'environnement », *Revue de droit de McGill*, vol.56, no.1, 2010, p.198.

déterminer dans quelle mesure ils garantiront les droits économiques reconnus dans le présent Pacte à des non-ressortissants[813] ». Une marge d'appréciation leur est reconnue. Cela se justifie, car le niveau de développement de certains États peut parfois être un obstacle à l'exécution convenable de certaines obligations internationales, notamment, lorsque l'obligation implique un recours à leurs ressources — financières, institutionnelles, administratives, policières. De manière générale, l'application d'un traitement différencié ne modifie aucunement la nature de l'obligation, mais il y introduit une souplesse : la norme est assouplie et relativisée dans son application en faveur des pays en développement[814]. L'assouplissement et la relativité ne sont nullement automatiques, mais dépendent des caractéristiques de la norme. En droit international des investissements, c'est la flexibilité des normes à caractère absolu qui en facilite l'interprétation pour une prise en compte du niveau de développement des États. La flexibilité de ces standards se comprend, car les principaux critères qui permettent de les définir sont eux-mêmes pourvus d'une certaine relativité. Dans cette mesure, cette prise en compte du statut de l'État devient possible, car la flexibilité du traitement juste et équitable est déterminée par la relativité des attentes légitimes (Paragraphe 1) alors que la flexibilité du standard de protection et de sécurité pleines et entières est liée à la relativité du principe de l'obligation de diligence (Paragraphe 2).

Paragraphe 1 – La flexibilité du traitement juste et équitable déterminée par la relativité des attentes légitimes

La grande majorité des accords relatifs aux investissements contient une disposition relative au standard du traitement juste et équitable[815], qui est l'un des standards de protection les plus débattus

813 Pacte international relatif aux droits économiques, sociaux et culturels, 16/12/1966, article 2.2 (*disponible sur* : http ://www2.ohchr.org/french/law/cescr.htm) (Nous soulignons).

814 BARTENSTEIN (C.), « De Stockholm à Copenhague : Genèse et évolution des responsabilités communes mais différenciées dans le droit international de l'environnement », *Revue de droit de McGill*, vol.56, no.1, 2010, p.217.

815 CARREAU (D.), JUILLARD (P.), *Droit international* économique, Paris, Dalloz, 4e ed., 2010, p.486 ; KILL (T.), « Don't Cross the Stream : Past and Present Overstatement of Customary International Law in Connection with Conventional Fair and Equitable Treatment Obligations », *Michigan Law*

en droit international des investissements[816], sans doute en raison de son caractère vague, ambigu[817] et laconique que les tribunaux se sont efforcés de préciser[818]. C'est peut-être aussi la raison pour laquelle la violation du traitement juste et équitable est invoquée dans la majorité des affaires soumises aux tribunaux arbitraux[819]. Un tribunal a pu considérer le traitement juste et équitable comme étant la norme fondamentale du droit international des investissements. Il faisait ressortir que « *it is no exaggeration to say that the obligation of a host State to accord fair and equitable treatment to foreign investors is the*

Review, Vol.106, p.854 ; SALACUSE (J.W.), *The Law of Investment Treaties*, Oxford, Oxford University Press, 2010, p.218 ; SCHREUER (C.), « Fair and Equitable Treatment in Arbitral Practice », *JWIT*, Vol. 6, No. 3, June 2005, p.357 ; OECD/OCDE, *Fair and Equitable Standard in International Investment Law*, Working Paper on International Investment, Number 2004/3, September 2004, p.5 ; CNUCED, *Fair and Equitable treatment*, New York/Geneva : UNCTAD Series on issues in international investment agreements, UNCTAD/ITE/IIT.11 (Vol. III)U.N. Publications, 1999, p. 21.

816 CNUCED, *Fair and Equitable treatment*, New York/Geneva : UNCTAD Series on issues in international investment agreements, UNCTAD/ITE/IIT.11 (Vol. III)U.N. Publications, 1999, p. 1 ; VASCIANNIE (S.)SCHILL (S.), « "Fair and Equitable Treatment" as an Embodiment of the Rule of Law », *in* HOFMANN (R.) / CHRISTIAN (T.J) (eds), *The International Convention on the Settlement of Investment Disputes, Taking Stock after 40 years*, Germany, NOMOS, Schriften zur Europäischen Integration und internationalen Wirtschaftsordnung 2007, p.32 ; voir aussi : SALACUSE (J.W.), *The Law of Investment Treaties*, Oxford, Oxford University Press, 2010, p.218 ; MANCIAUX (S.), « Chronique des sentences arbitrales », *Journal du droit international*, no.2, avril 2011, p.33.

817 *Suez, Sociedad General de Aguas de Barcelona, S.A. et Vivendi Universal S.A. c. Argentine*, CIRDI no.ARB/03/19, Décision sur la responsabilité, 30 Juillet 2010, §181 ; voir aussi : DIEHL (A.), *The Core Standard of International Investment Protection : The Fair and Equitable Treatment*, Kluwer Law International, 2012, p.9.

818 Certains accords apportent plus de précisions. Par exemple, l'Accord modèle de la Colombie précise à l'article 4(c) que « *"Fair and equitable treatment" includes the prohibition against denial of justice in criminal, civil, or administrative proceedings in accordance with the principle of due process embodied in the main legal systems of the world.* ». Cette précision existe aussi dans l'accord modèle des États-Unis (d'où il a sans doute été repris). Il faut cependant noter que le mot «*includes* » signifie qu'il ne s'agit pas là d'une définition du traitement juste et équitable mais d'une illustration non exhaustive.

819 DOLZER (R.), SCHREUER (C.), *Principles of International Investment Law*, Oxford, Oxford University Press, 2008, p.119 ; DIEHL (A.), *The Core Standard of International Investment Protection : The Fair and Equitable Treatment*, Kluwer Law International, 2012, p.325 ; SCHREUER (C.), « Fair and Equitable Treatment in Arbitral Practice », *Journal of World Investment and Trade*, Vol. 6, No. 3, June 2005, p.357 ; SCHILL (S.), « "Fair and Equitable Treatment" as an

Grundnorm *or basic norm of international investment law*[820] ». Les critères élaborés et mis en avant par les tribunaux arbitraux pour qualifier le traitement accordé par l'État à l'investisseur et à son investissement comme étant injuste et inéquitable[821] sont les suivants : la stabilité, la prévisibilité, la transparence et la constance de l'action étatique[822] ; le principe du « *due process* »[823] ; la protection contre l'arbitraire et la discrimination[824] ; la proportionnalité[825] ; les attentes légitimes des investisseurs[826]. Depuis l'affaire *Tecmed*, l'invocation de la violation de la clause du traitement juste et équitable est presque

Embodiment of the Rule of Law », *in* Hofmann, Rainer / Tams, Christian J. (eds), *The International Convention on the Settlement of Investment Disputes, Taking Stock after 40 years*, Germany, NOMOS, Schriften zur Europäischen Integration und internationalen Wirtschaftsordnung 2007, p.33.

820 *Suez, Sociedad General de Aguas de Barcelona, S.A. et Vivendi Universal S.A. c. Argentine*, CIRDI no.ARB/03/19, Décision sur la responsabilité, 30 Juillet 2010, §181 ; voir aussi : DIEHL (A.), *The Core Standard of International Investment Protection : The Fair and Equitable Treatment*, Kluwer Law International, 2012, p.9.

821 Pour un résumé des critères voir : *Joseph Charles Lemire c. Ukraine*, CIRDI n°.ARB/06/18, décision sur la compétence et sur la responsabilité (14/01/2010), §284 ; voir aussi : FOURET (J.), KHAYAT (D.), « International Centre for Settlement of Investment Disputes (ICSID) Case Law Review », *The Law and Practice of International Courts and Tribunals*, vol.11, 2012, pp.170-171.

822 Voir par exemple : *CMS Gas Transmission Company c. Argentine,* CIRDI n°. ARB/01/8, sentence (12/05/2005), (TBI Etats-Unis / Argentine), §274 ; *Occidental Exploration and Production Company (OEPC) c. Équateur*, CNUDCI, sentence (01/07/2004), §183 ; *Metalclad Corporation c. Mexique*, CIRDI n° ARB/AF/97/1, sentence, (30/08/2000), (ALENA), §99.

823 Voir par exemple : *Waste Management Inc. v. Mexique*, CIRDI n°. ARB (AF)/00/3, sentence (30/04/2004), §98 ; *SD Myers c. Canada*, CNUDCI, sentence partielle (13/12/2000), §134.

824 Voir par exemple : *Loewen Group, Inc. et Raymond L. Loewen c. Etats-Unis,* CIRDI n° ARB(AF)/98/3, sentence, 26 juin 2003, §135 ; *Waste Management Inc. v. Mexique*, CIRDI n°. ARB (AF)/00/3, sentence (30/04/2004), §98.

825 Voir par exemple : *Saluka Investments v. République Tchèque,* CNUDCI, sentence partielle (17/03/2006), §304.

826 Voir par exemple : *Nagel v. République Tchèque,* SCC Affaire 49/2002, Stockholm Arb. Rep. 141 (2004) ; *ADF Group Inc. c. Etats-unis d'Amérique,* CIRDI n°. ARB/(AF)/00/1, sentence (09/01/2003) ; *Waste Management Inc. v. Mexique,* CIRDI n°. ARB (AF)/00/3, sentence (30/04/2004) ; *MTD Equity Sdn. Bhd. & MTD Chile SA c. Chili,* CIRDI n°. ARB/01/7, sentence (25/05/04) ; *GAMI Investments Inc. c. Mexique,* CNUDCI, sentence (15/11/2004) ; *CMS Gas Transmission Company c. Argentine,* CIRDI n°. ARB/01/8, sentence (12/05/2005) ; *Occidental Exploration and Production Company (OEPC) c. Équateur*, CNUDCI, sentence (01/07/2004) ; ; *Noble Ventures c. Roumanie,* CIRDI n°. ARB/01/11, sentence (17/10/2005) ; *International Thunderbird*

automatiquement liée à une frustration des attentes légitimes[827]. Les attentes légitimes se construisent autour de quatre facteurs. Premièrement, une représentation faite par l'État à l'investisseur. Deuxièmement, la représentation doit faire naître une confiance et une croyance chez l'investisseur qui s'attend à ce que la représentation faite — une promesse par exemple — soit réalisée. Troisièmement, l'investissement ou une partie de l'investissement doit avoir lieu sur la base de la représentation. Finalement, si l'État n'exécute pas la représentation ou adopte une mesure contraire à celle-ci, il frustrera

---

Gaming Corporation c. Mexique, CNUDCI, sentence (26/01/2006) ; *Saluka Investments v. République Tchèque,* CNUDCI, sentence partielle (17/03/2006) ; *Azurix c. Argentine*, CIRDI n°ARB/01/12, sentence (14/07/2006) ; *LG&E Energy Corp. c. Argentine,*, CIRDI n°. ARB/02/1, Décision sur la responsabilité (03/10/2006) ; *PSEG Global, Inc., The North American Coal Corporation, et Konya Ingin Electrik Uretim ve Ticaret Limited Sirketi c. Turquie*, CIRDI n°. ARB/02/5, Décision sur la compétence (04/06/2004) ; ENRON *Corp. Ponderosa Assetsn L.P. c. Argentine,* CIRDI n°. ARB/01/3, sentence (22/07/2007) ; *M.C.I Power Group LC and New Turbine, Inc.* c. *Équateur*, CIRDI n°. ARB/03/6, sentence (31/07/2007) ; SEMPRA *Energy International c. Argentine,* CIRDI n°. ARB/02/16 (28/09/2007) ; *BG Group Plc c. Argentine*, CNUDCI, sentence (24/12/2007) ; *Suez Sociedad General de Aguas de Barcelona S.A. et InterAguas Servicios Integrales del Agua SA c. Argentine*, CIRDI n° ARB/03/19, Décision sur la responsabilité (30/06/2010) ; *Ioannis Kardassopoulos et Ron Fuchs c. République de Géorgie*, CIRDI n° ARB/05/18 & ARB/07/15, sentence (03/03/2010) ; *AES Summit Generation Ltd et AES-Tisza Eromu Kft. c. Hongrie*, CIRDI n°. ARB/07/22, sentence (23/09/2010) ; *Enron Corporation and Ponderosa Assets, L.P. v. Argentine,* CIRDI n°. ARB/01/3, Décision d'annulation (30/07/2010) ; *Alpha Projekholding GmbH c. Ukraine,* CIRDI n°.ARB/07/16, sentence (08/11/2010) ; 8 November 2010 ; *Walter Bau c. Thaïlande*, CNUDCI, sentence (01/07/2009).

827 CAZALA (J.), « Le Traitement Juste et Equitable : Transparence et Protection des Attentes légitimes de l'investisseur », *Gazette du Palais*, 15 December 2007, No.349, §6. Voir par exemple : *Suez Sociedad General de Aguas de Barcelona S.A. et InterAguas Servicios Integrales del Agua SA c. Argentine*, CIRDI n° ARB/03/19, Décision sur la responsabilité (30/06/2010), §§222-238 ; *Ioannis Kardassopoulos et Ron Fuchs c. République de Géorgie*, CIRDI n° ARB/05/18 & ARB/07/15, sentence (03/03/2010), §§434-452 ; *AES Summit Generation Ltd et AES-Tisza Eromu Kft. c. Hongrie*, CIRDI n°. ARB/07/22, sentence (23/09/2010), §§9.3.6-9.3.26 ; *Enron Corporation and Ponderosa Assets, L.P. v. Argentine,* CIRDI n°. ARB/01/3, Décision d'annulation (30/07/2010), §309 ; *Alpha Projekholding GmbH c. Ukraine,* CIRDI n°.ARB/07/16, Sentence (08/11/2010), §§420-422 ; *EDF (Services) Limited c. Roumanie,* CIRDI n°.ARB/05/13, sentence (08/10/2009), §216, §219, §245/6, §298 ; *AES Summit Generation Ltd et AES-Tisza Eromu Kft. c. Hongrie*, CIRDI n°. ARB/07/22, décision d'annulation (29/06/2012), §80 et s. ; *Antoine Goetz & Others and S.A. Affinage des Métaux c. Burundi,* CIRDI n°.ARB/01/2, sentence

conséquemment les attentes — légitimes — de l'investisseur[828]. En d'autres termes, les attentes légitimes connaissent une déception devant les contradictions de l'action étatique[829].

L'évolution de ce critère depuis l'affaire *TECMED* démontre qu'il y a eu, au fil des sentences, une assimilation entre attentes légitimes et traitement juste et équitable, de sorte que c'est le principal critère qu'utilisent les tribunaux pour conclure à une violation du standard : il structure et il détermine ce standard. Comme un critère phare, il est devenu le baromètre mesurant les autres critères du traitement juste et équitable, agissant ainsi, par exemple, comme une unité de mesure de la stabilité attendue, de la constance ou de la transparence attendues[830] .

Le critère est toutefois considéré *per se*, sans nuances et il y a une volonté à ce que tous les États l'appliquent de manière identique lors de la protection des investisseurs étrangers. Les attentes légitimes

---

(21/06/2012), §209 ; *Ulysseas, Inc. c. Équateur*, CNUDCI, sentence (12/06/2012), §253 et s. ; *EDF International SA, SAUR International S.A.and León Participaciones Argentinas SA c. Argentine*, CIRDI n°.ARB/03/23, sentence (11/06/2012), §§354-355.
Pour une confirmation récente : *M. Franck Charles Arif c. Moldavie*, CIRDI no.ARB/11/23, sentence (08/04/2013), §531 et s.

828 *Técnicas Medioambientales Tecmed, SA c. Mexique,* CIRDI n° ARB(AF)/00/2), sentence (29/05/2003), §173 ;*Occidental Exploration and Production Company (OEPC) c. Équateur*, CNUDCI, sentence (01/07/2004), §181 ; *PSEG Global, Inc., The North American Coal Corporation, et Konya Ingin Electrik Uretim ve Ticaret Limited Sirketi c. Turquie*, CIRDI n°. ARB/02/5, sentence (19/01/2007), §241 ; *AES Summit Generation Ltd et AES-Tisza Eromu Kft. c. Hongrie*, CIRDI n°. ARB/07/22, sentence (23/09/2010), §9.3.17.

829 *MTD Equity Sdn. Bhd. & MTD Chile SA c. Chili,* CIRDI n°. ARB/01/7, sentence (25/05/04), §44.

830 Par exemple : *Ioannis Kardassopoulos et Ron Fuchs c. République de Géorgie*, CIRDI n° ARB/05/18 & ARB/07/15, sentence (03/03/2010), §441 *Parkerings Companiet A.S. c. Lithanie*, CIRDI No. ARB/05/8, Sentence (11/09/2007), §322 ; *BG Group Plc c. Argentine*, CNUDCI, Sentence (24/12/2007), §278 & §310 ; *LG&E Energy Corp. c. Argentine,* Décision sur la responsabilité (03/10/2006), CIRDI No. ARB/02/1, §102 ; *Saluka Investments c. République Tchèque,* CNUDCI, Sentence partielle (17/03/2006), §329 ; *CMS Gas Transmission Company c. Argentine,* Sentence (25/05/2005), CIRDI No. ARB/01/08, §267 ; *PSEG Global Inc. et konya Ilgin Elektrik Uterim ve Limited Sirketi c.* Turquie, CIRDI Case No. ARB/02/5, Sentence (19/01/2007), §225 ; *Duke Energy Electroquil Partners & Electroquil S.A. c. Équateur*, CIRDI n°. ARB/04/19, sentence (18/08/2008), §340.

d'un investisseur seraient, dans ce sens, les mêmes qu'il s'implante au Canada ou au Madagascar. Même si, juridiquement, cette position n'est aucunement erronée, avoir les mêmes attentes de protection dans ces deux cadres serait peu raisonnable. Le principe des attentes légitimes apparaît ainsi sous un seul angle, celui de la protection des investisseurs. Cela est normal, car il s'agit de leurs attentes. Pour autant, il ne faut pas oublier que les investisseurs se trouvent dans une relation bilatérale et qu'en face de leurs attentes légitimes de protection, se trouvent les garants de ces attentes, les États hôtes. Dans ce sens, la protection des attentes légitimes dépend de la capacité de l'État hôte à offrir une protection : logiquement, la protection ne peut être la même, car les ressources varient d'un État à l'autre, en fonction de leur niveau de développement. L'observation de la pratique démontre qu'il n'y a aucune prise en compte du statut ou de la capacité des États lors du calcul des attentes légitimes. En même temps, la pratique donne certaines possibilités permettant de contextualiser les attentes légitimes et, *a fortiori*, le traitement juste et équitable en fonction du statut de l'État. La possibilité d'un traitement juste et équitable, mais contextualisé sera ainsi soutenue. Pour ce faire, il faudra démontrer comment l'idée des attentes légitimes contextualisées peut être induite de certaines affaires impliquant des États en transition (A) avant d'en faire valoir l'applicabilité dans le cadre du tout pays en développement (B).

A) Les attentes légitimes contextualisées induites des affaires impliquant des économies en transition

Plusieurs tribunaux ont reconnu la relativité des attentes légitimes en tenant compte du contexte des affaires qui leur étaient soumises (i) et c'est, justement, la relativité de ce critère déterminant qui justifie et qui permet de soutenir l'existence d'un traitement juste et équitable, mais contextualisé en fonction du statut de l'État (ii).

(i) La relativité des attentes légitimes reconnue par les tribunaux arbitraux

Aucun texte ne se réfère aux attentes légitimes dans le droit international des investissements[831]. C'est une création prétorienne basée sur le principe de bonne foi et prenant aussi en compte, la qualité d'un des acteurs, les investisseurs. Si la position du Comité d'annulation dans l'affaire *CMS* est suivie, les attentes légitimes ne sont pas des obligations juridiques même si elles sont utiles dans l'interprétation du traitement juste et équitable[832]. Elles pourraient dans ce sens être modulées librement si cette logique est poussée à bout. Cependant, l'évolution des attentes légitimes dans le contentieux arbitral va aujourd'hui dans le sens d'une confirmation de leur valeur en tant qu'obligation juridique. Elles n'ont certes pas de valeur conventionnelle ou coutumière, mais il ne serait pas erroné de les considérer comme faisant au moins partie des décisions judiciaires, ces moyens auxiliaires de détermination de la règle de droit. Dans ce sens, leur modulation en fonction du statut des États serait surtout un travail de raison. Ces attentes sont justifiées, mais doivent être encadrées. L'extranéité des investisseurs les placerait, semble-t-il, dans un rapport inégal face à l'État hôte[833], comme une partie faible à un contrat. Dans un vieil article, Elihu Root soutenait que l'investisseur étranger :

> « (…) *will naturally be at a disadvantage in litigation against citizens of the country. He is less familiar than they with the laws, the ways of doing business, the habits of thought and action, the method of procedure, the local customs and prejudices*[834] ».

L'investisseur étranger aurait un handicap structurel dans sa relation avec l'État[835] et la protection de leurs attentes légitimes serait un moyen de remédier à cette situation en protégeant la partie désavantagée. Ce désavantage ou ce handicap qui peut être compris et qui doit certainement être pris en compte demeure toutefois relatif,

---

831 *International Thunderbird Gaming Corporation c. Mexique*, CNUDCI, Opinion dissidente de l'arbitre Thomas Wälde (01/12/2005), §25.

832 *CMS Gas Transmission Company c. Argentine,* CIRDI n°. ARB/01/8, décision d'annulation (25/09/2007).

833 PAULSSON (J.), *Denial of Justice in International Law*, Cambridge, Cambridge University Press, 2005, p.149.

834 ROOT (E.), « The Basis of Protection to Citizens Residing Abroad », *American Journal of International Law*, vol.4, 1910, p.527.

835 *International Thunderbird Gaming Corporation c. Mexique*, CNUDCI, Opinion dissidente de l'arbitre Thomas Wälde (01/12/2005), §33.

dépendant de l'angle de l'analyse. Plusieurs tribunaux se sont exprimés sur cette question en reconnaissant que les attentes légitimes ne devaient pas être examinées dans leur unique orbite, mais en relation avec d'autres intérêts pertinents.

Dans une affaire *El Paso c. Argentine*, le tribunal, tout en reconnaissant l'utilité des attentes légitimes, a fait valoir qu'elles devaient être examinées de manière objective en mettant en balance les divers intérêts et les droits pertinents sans oublier le contexte de l'investissement[836]. Le tribunal considérait ici le pouvoir réglementaire souverain de l'État et les possibles changements de circonstances économiques ou politiques dans lesquels s'effectue l'investissement[837]. D'autres ont souligné que des facteurs culturels et historiques sont tout aussi pertinents[838]. Dans l'affaire *Toto Costruzioni c. Liban*, c'est le contexte de la guerre civile qui a été évoqué par le tribunal pour justifier la flexibilité des attentes légitimes[839]. Une lecture littérale des critères du traitement juste et équitable imposerait des obligations strictes, peu appropriées et peu réalistes aux États hôtes, affirme le tribunal de l'affaire *Saluka*. Les seuls intérêts et les seules attentes subjectives des investisseurs ne sont pas suffisants pour comprendre le traitement juste et équitable. Leurs attentes dépendent des circonstances et du contexte de l'investissement[840]. Certains autres arbitres se sont aussi attardés sur la fragilité des États dans lequel l'investissement avait lieu. Ils ont considéré l'état de leur

[836] *El Paso Energy International Company c. Argentine*, CIRDI n°. ARB/03/15, sentence (31/10/2011), §§356-358.

[837] *Ibid.*, §§359-363 ; voir aussi : *Saluka Investments v. République Tchèque,* CNUDCI, sentence partielle (17/03/2006), §§306.
La relativité des attentes légitimes a déjà été reconnue par exemple dans le droit communautaire de l'Union européenne. Dans une affaire *Racke c. Hauptzollamt Mainz*, l'Avocat général, Jacobs, affirmait que les attentes légitimes peuvent être limitées par l'intérêt communautaire supérieur (voir : *Racke c. Hauptzollamt Mainz,* CJUE, Opinion de l'Avocat général Jacobs (04/12/1997), §95).

[838] *Duke Energy Electroquil Partners & Electroquil S.A. c. Équateur*, CIRDI n°. ARB/04/19, sentence (18/08/2008), §340.

[839] *Toto Costruzioni Generali S.p.A. c. Liban,*CIRDI n°.ARB/07/12, sentence (07/06/2012), §245.

[840] *Saluka Investments v. République Tchèque,* CNUDCI, sentence partielle (17/03/2006), §§304-305 ; *Jan Oostergetel and Theodora Laurentius c. Slovaquie,* CNUDCI, sentence (23/04/2012), §224 ; *Noble Ventures c. Roumanie,* CIRDI n°. ARB/01/11, sentence (17/10/2005), §181 ; *Continental Casualty Company c. Argentine*, CIRDIn°. ARB/03/9, sentence (05/09/08), §255.

développement au sens large. Selon certains tribunaux, la légitimité des attentes n'est pas la même selon que l'État est hautement développé ou en transition — vers le développement. Elles doivent être modulées en conséquence. C'est dans cette logique que se situe la proposition d'un traitement juste et équitable, mais contextualisé.

(ii) La relativité des attentes légitimes justifiant un traitement juste et équitable, mais contextualisé

La compréhension de la *ratio legis* du traitement juste et équitable, mais contextualisé selon le statut des États (a) précède l'étude de son application par les tribunaux arbitraux (b).

(a) La *ratio legis* du traitement juste et équitable, mais contextualisé

La clause du traitement juste et équitable n'est jamais intitulée, « clause de traitement juste et équitable, mais contextualisé ». Cependant, la possibilité d'une contextualisation est ancrée dans les caractéristiques mêmes de certaines normes de protection des investissements. Dans cette optique, au-delà de sa catégorisation comme norme absolue, le traitement juste et équitable découle aussi d'une norme contextuelle. Ce type de norme se définit comme tel :

> « (…) *a norm that on its face provides identical treatment to all States affected by the norm but the application of which requires (or at least permits) consideration of characteristics that might vary from country to country. Applying a contextual norm thus typically involves balancing multiple interests and characteristics*[841] ».

Ces normes sont indéterminées ou flexibles[842]. L'article 2.2 du

[841] MAGRAW (D.B.), « Legal Treatment of Developing Countries : Differential, Contextual, and Absolute Norms », *Colorado Journal of International Law and Policy*, vol.1, no.1, 1990, p.74.

[842] Ibid., voir aussi : ALEXANDER (E.A.), «Taking Account of Reality : Adopting Contextual Standards for Developing Countries in International Investment

Pacte sur les droits économiques, sociaux et culturels susmentionné en est un exemple. La Convention sur le Patrimoine mondiale offre une disposition allant dans un sens similaire[843]. Dans ce contexte, c'est le niveau et l'état du développement des États qui modulent parfois l'application de la norme qui est, elle, *a priori* et selon sa lettre, applicable à tous de manière identique. Dans certains cas, l'utilisation de certains termes comme 'raisonnable' ou 'équitable' offre des pistes sur l'identification de ce type de normes[844] : ce qui est raisonnable ou ce qui est équitable varie en fonction des circonstances. C'est la raison pour laquelle il est possible de faire valoir qu'il n'existe pas de traitement différencié *per se*, mais un traitement différencié contextualisé en droit international des investissements. Si le système est volontairement déséquilibré, comme démontré dans la première partie de ce travail, cela n'empêche pas les tribunaux de mettre parfois en balance les divers intérêts en jeu dans le cadre de leurs interprétations. Même si les accords le reflètent peu, il existe des indices laissant transparaître que cette mise en balance était l'un des objectifs de la création du CIRDI[845]. C'est, par exemple, ce qu'explique Aaron Broches dans ces termes :

> « *The Convention has sometimes been regarded as an instrument for the protection of private foreign investment. This characterization is one-sided and too narrow. The purpose of the Convention is to promote private foreign investment by improving the investment climate for investors*

Law », *Virginia Journal of International Law*, vol.48, pp.819-823.

843 Convention concernant la protection du patrimoine mondial, culturel et naturel, 16 novembre 1972, article 4 (*disponible sur* : http ://whc.unesco.org/archive/convention-fr.pdf) : « *Chacun des Etats parties à la présente Convention reconnaît que l'obligation d'assurer l'identification, la protection, la conservation, la mise en valeur et la transmission aux générations futures du patrimoine culturel et naturel visé aux articles 1 et 2 et situé sur son territoire, lui incombe en premier chef. Il s'efforce d'agir à cet effet* ***tant par son propre effort au maximum de ses ressources disponibles*** *que, le cas échéant, au moyen de l'assistance et de la coopération internationales dont il pourra bénéficier, notamment aux plans financier, artistique, scientifique et technique.* ». (nous soulignons).

844 MAGRAW (D.B.), « Legal Treatment of Developing Countries : Differential, Contextual, and Absolute Norms », *Colorado Journal of International Law and Policy*, vol.1, no.1, 1990, p.74.

845 STERN (B.), *O contencioso dos investimentos internacionais*, São Paulo, Manole, 2003, pp.100-101.

and host States alike. The drafters have taken great care to make it a balanced instrument serving the interests of host States as well as investors[846] ».

Un traitement juste et équitable, mais contextualisé peut, dans ce sens, être présenté comme une technique respectant cette volonté comme le démontre la position de certains tribunaux.

(b) L'applicabilité du traitement juste et équitable, mais contextualisé.

Dans une affaire *Generation Ukraine,* une société américaine s'était implantée en Ukraine pour investir dans un projet de propriétés commerciales. L'investisseur avait, selon ses dires, été fortement incité à investir à Kiev par l'État ukrainien. Il soutenait cependant par la suite que son État hôte avait empêché la réalisation efficiente de son projet, interférant par là même avec son activité, d'une part, et avec ses droits protégés aux termes de l'accord applicable, de l'autre. Il demandait plus précisément au tribunal arbitral constitué de reconnaître l'existence d'une expropriation indirecte. Même s'il s'agissait d'une affaire relative à une expropriation, la question du traitement juste et équitable fut soulevée. En effet, l'article de l'accord applicable entre les États-Unis et l'Ukraine relatif à l'expropriation se référait lui-même au traitement juste et équitable. L'article disposait :

« *Investments shall not be expropriated or nationalized either directly or indirectly through measures tantamount to expropriation or nationalization (expropriation) except : for a public purpose ; in a nondiscriminatory manner ; upon payment of prompt, adequate and effective compensation ; and in accordance with due process of law and* ***the general principles of treatment provided for in article II(2)***[847] »

---

[846] BROCHES (A.), « The Center for the Settlement of Investment Disputes Between States and Nationals of Other States », *R.C.A.D.I.*, Tome II, vol.136, 1972, p.348.

[847] *Generation Ukraine, Inc. c. Ukraine,* CIRDI n°. ARB/00/9, sentence (16/09/2003), §20.19 (nous soulignons).

Ainsi, lors de l'examen des questions et des allégations relatives à une expropriation indirecte, le tribunal se pencha aussi sur les principes du traitement de l'investissement. L'expropriation indirecte ne fut pas reconnue dans cette affaire. En se référant au traitement de l'investissement, le tribunal accepta que l'investisseur eût pu être frustré par la lenteur et la pesanteur de la bureaucratie ukrainienne, par ailleurs incompétente sur plusieurs plans[848]. Il relativisa cependant la situation en contextualisant l'investissement et donc le traitement attendu. Le contexte était celui de l'État ukrainien, pays en développement et en transition vers une économie de marché. Une mise en balance a, dans ce cadre, été nécessaire entre les attentes que peut avoir un investisseur et la réalité locale. Même s'il est potentiellement protégé par un accord relatif à la protection des investissements, il ne peut s'attendre à ce qu'un pays en développement entretienne avec lui une relation similaire à celle qu'il aurait avec un pays plus développé ou avec un pays hautement industrialisé[849]. Pour cette raison, le tribunal dans l'affaire *Generation Ukraine* n'a pas ignoré le statut de l'État hôte en considérant la requête de l'investisseur. Les arbitres ont soutenu que :

> « (...) *it is relevant to consider the vicissitudes of the economy of the state that is host to the investment in determining the investor's legitimate expectations, the protection of which is a major concern of the minimum standards of treatment contained in bilateral investment treaties*[850] ».

La compréhension du traitement juste et équitable ne se fait pas, selon ce tribunal, en dehors du contexte réel de l'investissement. La fortification institutionnelle et administrative interne de tous les États n'atteint pas le même niveau d'excellence, car elle dépend souvent et fortement des ressources dont ils disposent. Partant, l'attente de stabilité, de prévisibilité ou de constance ne peut être la même en face d'une administration solidement établie et expérimentée

---

848 *Generation Ukraine, Inc. c. Ukraine,* CIRDI n°. ARB/00/9, sentence (16/09/2003)., §20.37.

849 GALLUS (N.), « The Influence of the Host State's Level of Development on International Investment Treaty Standards of Protection », *The Journal of World Trade and Investment*, vol.6, no.5, 2005, pp.711-712.

850 *Generation Ukraine, Inc. c. Ukraine,* CIRDI n°. ARB/00/9, sentence (16/09/2003), §20.37.

et en présence d'une autre, en cours de construction.

Le dénominateur commun à ces deux réalités est l'effort qu'ils fournissent de bonne foi pour respecter leurs obligations en fonction de leurs moyens. C'est la même logique qui a été présentée ci-avant dans le droit de l'OMC et dans le droit international de l'environnement. Les arbitres dans l'affaire *El Paso* ont repris l'argument contextuel du pays en développement en en expliquant la justesse pour examiner toute violation alléguée du traitement juste et équitable : la légitimité des attentes diffère selon l'état du développement de l'État hôte[851]. Cette position se retrouve aussi dans une autre sentence dans le cadre d'une affaire concernant un État étant dans une situation similaire à celle de l'Ukraine.

L'État en question est l'Estonie qui était la partie défenderesse dans l'affaire *Alex Genin.* Une société américaine avait investi dans le secteur bancaire estonien. Durant la libéralisation de son économie, l'Estonie avait en effet privatisé une partie de son secteur bancaire. C'est ainsi qu'en 1994, l'investisseur américain incorporé sous le nom du *Estonian Innovation Bank* (EIB) racheta une branche nationale de la Banque sociale estonienne — la *Estonian Social Bank Limited* — connue sous le nom de la branche de « *Koidu* ». Le nouvel acquisiteur remarqua toutefois par la suite une erreur dans le bilan de « *Koidu* ». L'erreur impliquait certaines pertes pour l'investisseur qui fit une réclamation auprès de la Banque de l'Estonie, le fidéicommissaire de la Banque sociale. La Banque de l'Estonie récusa toute responsabilité. En 1997, cette Banque adopta une mesure obligeant l'investisseur à demander des permis spécifiques pour que ses actionnaires puissent détenir des actions au sein de « *Koidu* » aux termes du droit estonien. Cette mesure fut attaquée par l'investisseur devant un tribunal administratif estonien. Entre temps, la Banque de l'Estonie, par l'intermédiaire de son Conseil, révoqua le permis de l'investisseur, rendant impossible son activité. Cela donna lieu au différend[852]. Un des moyens mis en avant par l'investisseur était la violation par l'État de la clause du traitement juste et équitable de l'accord relatif aux

[851] *El Paso Energy International Company c. Argentine*, CIRDI n°. ARB/03/15, sentence (31/10/2011), §360.

[852] *Alex Genin, Eastern Credit Limited, Inc. and A.S. Baltoil c. Estonie,* CIRDI n°. ARB/99/2, sentence (25/06/2001), §§42-61.

investissements entre les États-Unis et l'Estonie[853]. Le tribunal critiqua sur plusieurs aspects la mesure adoptée par la Banque,[854] mais refusa d'y voir une violation de l'accord pour plusieurs raisons. Il considéra que l'investisseur n'avait pas suffisamment démontré la violation alléguée du traitement juste et équitable. Les caractères arbitraire et discriminatoire des actions de la Banque de l'Estonie n'avaient notamment pas été clairement expliqués et le tribunal n'en fut pas convaincu[855]. Ce dernier dans son raisonnement s'arrêta aussi sur la situation de l'Estonie – comme dans l'affaire *Generation Ukraine*. Sa qualité d'État en transition fut prise en compte. Le tribunal a, en effet, remarqué qu'il :

> « (…) *considers it imperative to recall the particular context in which the dispute arose, namely, that of a renascent independent state, coming rapidly to grips with the reality of modern financial, commercial and banking practices and the emergence of state institutions responsible for overseeing and regulating areas of activity perhaps previously unknown. This is the context in which Claimants knowingly chose to invest in an Estonian financial institution, EIB*[856] ».

Dans un tel contexte, l'investisseur ne peut s'attendre à être confronté à une infrastructure institutionnelle du même ordre et du même degré de développement que celui de son État d'origine si tant est que celui-ci soit un pays développé. Ainsi, le secteur bancaire de l'Estonie au moment de l'investissement litigieux était celui d'un État en développement, c'est-à-dire, peu consolidé, peu moderne et, logiquement, lacunaire à plusieurs égards[857]. L'investissement a eu lieu dans un milieu financier en chantier. Cette réalité permet de moduler les attentes de l'investisseur, surtout parce qu'il y a sciemment implanté son activité, comme le souligne le tribunal[858]. L'Estonie

---

[853] *Ibid.*, §70, §343.

[854] *Ibid.*, §352.

[855] *Ibid.*, §367 et s.

[856] *Alex Genin, Eastern Credit Limited, Inc. and A.S. Baltoil c. Estonie,* CIRDI n°. ARB/99/2, sentence (25/06/2001), §348.

[857] Cet argument a aussi été soulevé dans : *Oko Pankki Oyj, VTB Bank (Deutschland) AG and Sampo Bank Plc c. Estonie,* CIRDI n°. ARB/04/6, sentence (19/11/2007), §268.

[858] *Alex Genin, Eastern Credit Limited, Inc. and A.S. Baltoil c. Estonie,* CIRDI n°. ARB/99/2, sentence (25/06/2001), §348.

arguait pour sa part — et avec succès — que l'état de son économie titubant et en transition justifiait un traitement minutieux du secteur bancaire et que toute mesure étatique adoptée dans ce sens visait spécifiquement la protection fondamentale de l'intérêt public[859]. L'essentiel c'est de tout mettre en œuvre, de bonne foi, pour protéger l'investisseur. Ce type de différends naît souvent lors des investissements touchant à certains secteurs stratégiques, importants pour le développement des pays en développement. La télécommunication est, par exemple, un autre de ces secteurs.

Ainsi, c'est d'un contrat relatif à une garantie éventuelle d'un permis de télécommunication qu'est né un différend entre Monsieur Nagel, investisseur britannique et son État hôte, la République Tchèque. L'affaire est née suite au refus de l'État de lui accorder un permis d'exploitation. La République Tchèque avait, en effet, décidé d'accorder l'exploitation de ce secteur aux gagnants d'un appel d'offres lancé par son Ministère de l'économie. L'investisseur écarté estimait conséquemment que toutes les attentes qu'ils avaient d'obtenir le contrat avaient été frustrées par l'administration tchèque. Il invoquait plusieurs violations de l'accord relatif aux investissements entre la République Tchèque et le Royaume uni, dont celle relative au traitement juste et équitable[860]. Selon Monsieur Nagel, les autorités tchèques lui avaient donné la garantie de l'obtention du contrat. Il avait donc commencé à mettre en place son investissement sur cette base. Ses attentes, clamait-il, étaient clairement justifiées. Ses demandes furent rejetées. Le tribunal, dans son analyse, se référa une fois de plus au contexte de l'investissement, notamment aux facteurs caractérisant l'état du développement de la République Tchèque à l'époque. Il nota que l'État défendeur était dans une phase transitoire avec une administration pas tout à fait comparable à celle des pays développés. Dans ce sens, les attentes de l'investisseur devaient être tempérées même si ce dernier était de bonne foi. Selon le tribunal,

> « (...) *the country was still in a state of transition, in which the Government and public authorities were labouring to develop the newly born democratic system and to create a well-functioning market economy. This involved a lengthy*

---

[859] *Ibid.*, §370.

[860] *William Nagel c. République Tchèque*, Chambre de Commerce de Stockholm affaire n°. 049/2002, sentence (09/09/2003), §45.

process of planning the route the country was to follow in the privatisation process of various important sectors of the state-controlled economy, including telecommunications[861] ».

C'est une forme de tolérance qui caractérise la relation avec ces États, en sachant que leur traitement différencié et contextualisé a une visée temporaire dans l'attente de la fortification et de la consolidation de certaines de leurs bases structurelles. C'est, une fois de plus, la même logique qui s'applique dans le droit de l'OMC et dans le droit international de l'environnement. Le contexte national et les moyens de certains États ne leur permettent d'appliquer immédiatement les dispositions de certaines conventions, notamment lorsque cela implique le déboursement de moyens financiers ou technologiques comme dans le cadre du droit international de l'environnement ou des accords requérant le déploiement de tels moyens. Il ne s'agit pas d'une absence de volonté ou d'une mauvaise foi de la part de ces États, mais d'une simple question pratique. Par ailleurs, l'application stricte des dispositions de tels accords impliquerait, pour certains États à l'économie fragile, instable ou en construction, une ouverture trop brusque et économiquement désavantageuse aux relations économiques internationales : c'est le cas des accords économiques et aucun État ne souhaite s'engager dans une convention qui lui est pratiquement défavorable et qu'il doit supporter comme un poids plutôt que d'en bénéficier. Le même raisonnement s'applique au droit international des investissements.

Premièrement, certains États n'ont pas les moyens d'offrir en tout temps une protection identique à celle fournie par ceux qui sont plus développés. Deuxièmement, une lecture stricte et unilatérale de certaines clauses, comme celle relative au traitement juste et équitable, peut constituer un obstacle pour les pays les moins développés, car elles peuvent constituer un désavantage économique à leur passif s'ils sont automatiquement condamnés sans que leur dispositions matérielles à répondre aux attentes des investisseurs ne soient prises en compte. Ces États n'ont, pour leur part, aucune attente à ce que l'application des conventions par lesquelles ils sont liés leur soit de quelque façon préjudiciable. Ainsi, leur contexte national est utile pour mesurer et déduire la véritable teneur des attentes légitimes des investisseurs. C'est en même temps un moyen de responsabiliser les

---

[861] *Ibid.*, §293.

investisseurs. Il existe un risque indéniable lors d'un investissement dans un pays en développement, non pas toujours lié à une menace physique de l'investissement, mais à sa simple confrontation à une administration imparfaite et partant, à des difficultés de planification. C'est cela qui conduit à une certaine relativité des attentes. Cette même relativité a été présentée dans une récente affaire *Joseph Lemire c. Ukraine.* Même si la responsabilité de l'État ukrainien a été reconnue pour violation de l'accord applicable et notamment de la clause du traitement juste et équitable, le tribunal a expliqué dans un *obiter* le contexte de cet investissement :

> « *Another important factor which must be taken into account is the risk environment in which Mr. Lemire made his investment. Mr. Lemire was not a passive investor in a mature market. He had the courage to venture into a transitional State and to create from scratch a completely new business. Transitional economies need such investors, who take considerable risks and commit themselves with great energy, notwithstanding the absence of clear recovery horizons. Such investors come and go, many of them risking and losing everything because their idea was not sound, or they were too quickly discouraged, or the venture turned out to require greater resources than what they were able to mobilise*[862] ».

Dans une affaire très récente contre la Moldavie, un tribunal arbitral a adopté le même raisonnement pour tenir compte des circonstances caractérisant cet État : de faibles institutions politiques, leur instabilité et leur imprévisibilité. Il a, sur cette base, refusé d'allouer à l'investisseur les compensations pour dommages moraux qu'il requérait[863]. Le tribunal dans l'affaire *Parkerings* s'est livré à une réflexion similaire[864] : l'état de transition vers un nouveau modèle de développement — plus *européen* — a été souligné comme étant une caractéristique de la Lituanie. Un raisonnement dans le même sens a déjà été suivi dans une affaire relative à un contexte d'après-guerre et

---

862 *Joseph Charles Lemire v. Ukraine*, CIRDI n°. ARB/06/18, sentence (28/03/2011), §303.

863 *M. Franck Charles Arif c. Moldavie*, CIRDI no.ARB/11/23, sentence (08/04/2013), §§604-605.

864 *Parkerings-Compagniet AS c. Lituanie*, CIRDI n°. ARB/05/8, sentence (11/09/07), §§355-356.

connaissant les mêmes instabilités. Le contexte des situations d'après-guerre est dans une certaine mesure comparable à celle des pays en transition et à celle des pays en développement, du moins en ce qui concerne les institutions, la sécurité, la stabilité et le niveau économique. Le tribunal dans cette affaire n'a pas reconnu une violation du traitement juste et équitable en raison d'un changement de tarifs douaniers car, explique-t-il, « (…) *the post-civil war situation in Lebanon, with substantial economic challenges and colossal reconstruction efforts, did not justify legal expectations that custom duties would remain unchanged*[865]».

Certaines positions, comme celle des États-Unis, sont, sur cette question, plus rigoureuses comme le montre l'historique des négociations de ses accords relatifs aux investissements : les États parties à de tels accords doivent, selon cet État, respecter leurs engagements, peu importe les dysfonctionnements et les lacunes de leurs systèmes juridique et administratif nationaux ; ces éléments certes réels, mais factuels ne sont d'aucune pertinence pour l'application du droit et, en d'autres termes, les tribunaux ne doivent pas s'y attarder[866]. Toujours est-il qu'il ne peut être nié que la prise en compte du statut des États dans le contentieux arbitral sert à rehausser leur confiance dans ce système. Le traitement juste et équitable contextualisé implique non seulement la considération de ce statut, mais aussi une tolérance du droit pour leur organisation interne, elle-même, en développement, pour leur système économique en construction et pour leur culture, souvent différente de celle des investisseurs[867]. Cela contribue à forger leur croyance dans le système

865 *Toto Costruzioni Generali S.p.A. c. Liban,* CIRDI n°. ARB/07/12, sentence (07/06/2012), §245.

866 GANN (P.B.), « The US Bilateral Investment Treaty Program », *Stanford Journal of International Law*, vol.21, 1985, p.389 ; GALLUS (N.), « The Influence of the Host State's Level of Development on International Investment Treaty Standards of Protection », *The Journal of World Trade and Investment*, vol.6, no.5, 2005, p.727.

867 GALLUS (N.), « The Influence of the Host State's Level of Development on International Investment Treaty Standards of Protection », *The Journal of World Trade and Investment*, vol.6, no.5, 2005, p.724 ; REISMAN (W.M.), « The Regime for Lacunae in the ICSID Choice of Law Provision and the Question of Threshold », *ICSID Review, Foreign Investment Law Journal*, vol.15, no.2, 2000, p.367 ; THOMAS (J.), « Reflections on Article 1105 of NAFTA : History, State Practice and the Influence of Commentators », *ICSID Review, Foreign Investment Law Journal*, vol.17, no.1, 2002, p.28.

de l'arbitrage. Pour cette raison, il peut être argué que la théorie de la contextualisation mise en avant serait la bienvenue si elle était élargie à tous les pays en développement.

B) L'applicabilité des attentes légitimes contextualisées aux pays en développement

Plusieurs techniques permettent d'identifier un pays en développement. La Banque mondiale privilégie, par exemple, une classification en fonction du revenu national brut qu'elle calcule suivant une méthode dite « ATLAS » ; cette méthode permet de réduire les influences des taux de change lors de la comparaison des revenus nationaux bruts. Il est toutefois communément admis que le calcul du développement en ne considérant que les revenus étatiques offre un résultat incomplet, car plusieurs autres facteurs tels que la redistribution, l'environnement, l'éducation, l'infrastructure sociale ne sont pas pris en compte. Le Brésil est par exemple considéré comme étant maintenant la sixième puissance économique mondiale[868]. Or, il serait peu pertinent de le considérer comme un pays développé en raison, notamment, de la grande inégalité qui caractérise sa société[869]. Selon le modèle de l'Organisation mondiale du Commerce, il appartient aux États de justifier et de démontrer leur faible niveau de développement. Dans tous les cas certaines caractéristiques objectives permettent de dire d'un État qu'il est en développement : un faible taux de revenu national, une distribution des revenus souvent inégal, un taux d'illettrisme élevé, un système de santé peu développé, un taux de chômage relativement élevé, parfois une forte croissance démographique, des infrastructures peu développées, un secteur tertiaire et secondaire peu développés, un système administratif, bancaire et financier en construction. Plusieurs de ces caractéristiques se retrouvent aussi dans la réalité des pays en transition vers une économie de marché. Ces deux groupes d'États partagent sur plusieurs points les mêmes problèmes en ce qui concerne leur développement.

---

868 Voir : « Le Brésil devient la 6e puissance économique mondiale », *Le Monde* (26/12/2011) [*disponible sur* : www.lemonde.fr].

869 ROSSI (C.), « Des riches plus riches, des pauvres toujours pauvres », *Courrier international* (30/09/2010) [*disponible sur* : www.courrierinternational.com] ; SOARES (P.), « Brasil é o quarto país mais desigual da América Latina, diz ONU », *Folha de São Paulo* (12/08/2012) [*disponible sur* : http ://www1.folha.uol.com.br/].

Bien souvent, ces deux groupes d'États ont aussi les mêmes objectifs de développement. Ce modèle de développement — qu'on l'admette ou pas — est, au final, un modèle occidental ouvertement ou secrètement recherché par quasiment tous ; c'est dans tous les cas le modèle dominant et c'est vers lui que tend à se diriger les pays en développement ou en transition. C'est d'ailleurs la raison pour laquelle plusieurs études (économiques) sur le développement traitent en même temps et de manière similaire les pays en développement et les pays en transition[870].

Souvent, certains problèmes auxquels doivent faire face les investisseurs internationaux sont aussi similaires. La frustration des attentes légitimes dans un pays en transition ou dans un pays en développement est, par exemple, souvent liée à une administration peu développée — et donc, peu stable, peu prévisible, peu transparente, et parfois peu cohérente. Cependant, si les arbitres ont pu tenir compte du contexte global dans lequel existe une telle administration en jugeant les actions ou les omissions d'un pays en transition, cela ne s'est, à la connaissance de l'auteur, jamais produit dans une affaire impliquant un pays en développement. Or, il y a lieu de constater que le raisonnement est facilement transposable, dans les limites, bien entendu, de la bonne foi de l'État d'accueil. Un pays en développement peut faire valoir que son faible niveau de développement ne lui permet pas de respecter en tout temps les attentes légitimes d'un investisseur et que la légitimité est un élément subjectif qui varie selon les circonstances. Les ressources dont dispose cette catégorie d'États ne sont pas toujours suffisantes pour satisfaire matériellement toutes les attentes des investisseurs. Dans ce sens, il serait peu raisonnable d'avoir le même niveau d'attente dans un pays

870 Voir par exemple : *Intégration régionale et investissement étranger direct dans les pays en développement et les pays en transition*, CNUCED, Document TD/B/C.II/MEM/4/2, 03 décembre 2012, 21p. ; *Enquêtes sur les ménages dans les pays en développement et les pays en transition*, Études méthodologiques, Série F, n°.6, Nations unies, Département des affaires économiques et sociales, 2007, 583p. ; EPAULARD (A.), « Croissance et réduction de la pauvreté dans les pays en développement et dans les pays en transition », *Reflets et perspectives de la vie économique*, Vol.2, Tome XLII, 2003, pp.9-20 ; KNIGHT (M.), « Les pays en développement ou en transition devant la libéralisation financière », *Finances & Développement,* juin 1999, pp.32-35 ; OMAN (C.) *et al.*, « La gouvernance d'entreprise dans les pays en développement, en transition et les économies émergentes », *Cahier de politique économique no.23*, Centre de développement de l'OCDE, 2003, pp.5-55.

en développement et dans un pays développés. La légitimité des attentes doit être mesurée à l'effort déployé par l'État pour la respecter en fonction de ses moyens.

Par ailleurs, la théorie des attentes légitimes s'est développée sans assises textuelles dans cette branche du droit international et, dans la même logique, rien n'empêche que soit pris en compte le contexte de ces attentes. L'objectif est d'articuler la protection des investissements et la capacité réelle des États à la fournir. C'est au cas par cas que les possibilités d'un traitement différencié de l'État doivent être examinées et c'est pour cette raison qu'un traitement juste et équitable, mais contextualisé a été proposé. Les pays en développement ne sont pour autant pas automatiquement exonérés de leur responsabilité envers les investisseurs. Comme mentionné, ils doivent en tout état de cause agir de bonne foi selon leurs moyens et c'est ce comportement qui doit être vérifié par les tribunaux arbitraux. Le même principe s'applique en ce qui concerne la possibilité d'une application différenciée du standard de protection et de sécurité pleines et entières.

Paragraphe 2 : Le standard de la protection et de la sécurité pleines et entières contextualisé par le principe diligentia quam in suis

La clause de la protection et la sécurité pleines et entières appartient à la catégorie des normes contextuelles susmentionnées : elle peut varier selon le contexte. Il est communément admis que ce standard n'engendre pas une responsabilité absolue de l'État[871]. Dans l'affaire *TECMED*, le tribunal affirmait par exemple que « *the guarantee of full protection and security is not absolute and does not impose strict liability upon the State that grants it*[872] ». La protection et la sécurité sont dues et la clause s'applique contre toute atteinte à

[871] FREEMAN (A.W.), « Responsibility of the State for Unlawful Acts of Their Armed Forces », *R.C.A.D.I.*, Tome II, vol.88, 1955, p.276 ; SCHREUER (C.), « Full Protection and Security », *Journal of International Dispute Settlement*, vol.1, no.2, 2010, p.14.

[872] *Técnicas Medioambientales Tecmed, SA c. Mexique*, CIRDI n° ARB(AF)/00/2), sentence (29/05/2003), §177.

l'investissement, que celle-ci soit d'origine privée[873] ou publique[874]. La clause est normalement relative à la protection physique de l'investissement[875], même si certains tribunaux affirment qu'elle concerne aussi la protection juridique[876]. D'autres encore considèrent indifféremment — ou confondent parfois à tort — la clause du traitement juste et équitable et celle relative à la protection et sécurité pleines et entières[877]. En tout état de cause, le standard de protection et de sécurité pleines et entières est déterminé par l'obligation de

---

[873] Voir par exemple : *Wena Hotels Ltd. c. Égypte*, CIRDI n°. ARB/98/4, sentence (08/12/2000) ; *Técnicas Medioambientales Tecmed, SA c. Mexique*, CIRDI n° ARB(AF)/00/2), sentence (29/05/2003) ; *Noble Ventures c. Roumanie,* CIRDI n°. ARB/01/11, sentence (17/10/2005) ; *Pantechniki S.A. Contractors & Engineers c. Albanie*, CIRDI n°. ARB/07/21, sentence (30/07/2009).

[874] SALACUSE (J.), *Law of Investment Treaties*, Oxford, Oxford University Press, 2010, p.217 ; SCHREUER (C.), « Full Protection and Security », *Journal of International Dispute Settlement*, vol.1, no.2, 2010, p.3 et s. Voir aussi : *Biwater Gauff (Tanzania) Ltd. c. Tanzanie*, CIRDI n°. ARB/05/22, sentence (24/07/08) ; *El Paso Energy International Company c. Argentine*, CIRDI n°. ARB/03/15, sentence (31/10/2011) ; *Suez Sociedad General de Aguas de Barcelona S.A. et InterAguas Servicios Integrales del Agua SA c. Argentine,* CIRDI n° ARB/03/19, Décision sur la responsabilité (30/06/2010) ; *Ulysseas, Inc. c. Équateur,* CNUDCI, sentence (12/06/2012).
Pour une position contraire, voir : *El Paso Energy International Company c. Argentine*, CIRDI n°. ARB/03/15, sentence (31/10/2011), §§523-524 ; *Frontier Petroleum Services Ltd. c. République Tchèque*, CNUDCI, sentence (12/11/2010), §261 ; *Rumeli Telekom A.S. and Telsim Mobil Telekomunikasyon Hizmetleri A.S. c, Kazakhstan*, CIRDI n°. ARB/05/16, sentence (29/07/2008), §660.

[875] Voir par exemple : *Saluka Investments v. République Tchèque,* CNUDCI, sentence partielle (17/03/2006) ; *Rumeli Telekom A.S. and Telsim Mobil Telekomunikasyon Hizmetleri A.S. c, Kazakhstan*, CIRDI n°. ARB/05/16, sentence (29/07/2008) ; *Eastern Sugar B.V. c. République Tchèque*, Chambre de Commerce de Stockholm, n°.088/2004, sentence partielle (27/03/2007)

[876] Voir par exemple : *Ronald S.Lauder, c. République Tchèque,* CNUDCI, sentence (03/09/2001) ; *Azurix c. Argentine*, CIRDI n°ARB/01/12, sentence (14/07/2006) ; *CME Czech Republic B.V. c. République Tchèque,* CNUDCI, sentence (14/05/2003) ; *Siemens c. Argentine*, CIRDI n°. ARB/02/8, Sentence (06/02/2007) ; *Compañiá de Aguas del Aconquija S.A. and Vivendi Universal SA c. Argentine*, CIRDI n°.ARB/97/3, sentence (20/08/2007) ; *Waguih Elie George Siag et Clorinda Vecchi c. Égypte*, CIRDI n°. ARB/05/15, sentence (01/06/2009) ; *Frontier Petroleum Services Ltd. c. République Tchèque*, CNUDCI, sentence (12/11/2010), §273 ; *National Grid plc c. Argentine,* CNUDCI, Sentence (03/11/2008), §§189-190. Voir aussi : DOLZER (R.), SCHREUER (C.), *Principles of International Investment Law,* New York, Oxford University Press, 2009, p.149.

diligence de l'État hôte[878] : la diligence due par l'État joue dans ce cadre un rôle similaire à celui qu'ont les attentes légitimes dans la détermination du traitement juste et équitable. Ainsi, dans une affaire *Noble Ventures,* les arbitres avaient noté que la clause de protection et sécurité pleines et entières n'est pas un « *strict standard, but one requiring due diligence to be exercised by the State*[879] ». L'obligation de diligence peut être objective ou subjective.

Dans le premier cas, elle s'applique *in abstracto* sans considération des particularités des cocontractants ; dans le deuxième, elle s'applique *in concreto*, en considérant les éléments qui leur sont propres. Dans ce dernier cas de figure, la réalité des États hôtes est prise en compte et quand ceux-ci sont des pays en développement, leur niveau de développement peut influencer leur obligation de diligence. L'application du standard se fait ici à la lumière du principe dit *diligentia quam in suis*, une forme d'obligation de diligence subjective. Le standard se présente comme une déclinaison du principe qui permet, quant à lui, de considérer l'état du développement d'un État dans l'application d'une norme particulière (A), évitant, par là même, de mettre une obligation déraisonnable à la charge des pays en développement (B).

---

877 Voir par exemple : *National Grid plc c. Argentine*, CNUDCI, sentence (03/11/2008) ; *Occidental Exploration and Production Company c. Équateur*, Cour d'arbitrage international de Londres, n°.UN3467, sentence (01/07/2004) ; *Azurix c. Argentine*, CIRDI n°ARB/01/12, sentence (14/07/2006) ; *National Grid plc c. Argentine,* CNUDCI, Sentence (03/11/2008), §§189-190 ; *Azurix c. Argentine*, CIRDI n°ARB/01/12, sentence (14/07/2006), §408.Sur cette question, voir aussi : SCHREUER (C.), « Full Protection and Security », *Journal of International Dispute Settlement*, vol.1, no.2, 2010, p.13.

878 RAUX (M.), *La responsabilité de l'État sur le fondement des traités de promotion et de protection des investissements*, Thèse, Paris II, 2010, p.198 ; SCHREUER (C.), « Full Protection and Security », *Journal of International Dispute Settlement*, vol.1, no.2, 2010, p.2.

879 *Noble Ventures c. Roumanie,* CIRDI n°. ARB/01/11, sentence (17/10/2005), §164.

A) La *diligentia quam in suis* conciliant le standard de protection pleine et entière et le niveau de développement des États

L'utilisation du principe *diligentia quam in suis* est très approprié dans le contexte de l'application du standard de protection pleine et entière en ce qu'il permet de prendre en compte le niveau de développement des États lorsqu'il est utilisé (i) tout en facilitant la flexibilité dudit standard (ii). Cela en fait un excellent outil de conciliation entre la protection due aux investisseurs et la protection pouvant leur être offerte par leur État d'accueil.

(i) La *diligentia quam in suis* permettant la prise en compte du niveau du développement

La *diligentia quam in suis* découle elle-même de l'obligation de diligence qui détermine le standard de protection pleine et entière (a) ; elle affirme, à vrai dire, la subjectivité de cette obligation prenant, par là même, la forme d'un principe fondamental pour contextualiser l'application de certains standards (b).

(a) Le principe *diligentia quam in suis* découlant de l'obligation de diligence

L'obligation de diligence qui abrite le principe *diligentia quam in suis* est, étroitement liée à obligation de prévention. Dès lors, dans le contexte de la clause de protection et sécurité pleines et entières, l'État a une obligation de s'efforcer[880] pour prévenir toute atteinte aux investissements étrangers sur son territoire.

L'obligation de prévention a elle-même une valeur coutumière et elle découle, selon la Cour internationale de Justice, du principe de la diligence requise[881]. Dans l'affaire du *Détroit de Corfou*, la même

---

[880] DUPUY (P.M.), « Le fait générateur de la responsabilité internationale des États », *R.C.A.D.I.*, Tome V, vol.188, 1984, pp.47-48 (citant Le Professeur Jean Combacau sur l'obligation de s'efforcer pour expliquer l'obligation de diligence).

[881] *Affaire relative à des usines de pâte à papier sur le fleuve Uruguay (Argentine c.*

juridiction avait reconnu « l'*obligation, pour tout Etat, de ne pas laisser utiliser son territoire aux fins d'actes contraires aux droits d'autres Etats.*[882] » L'article 14(3) du Projet d'article de la Commission du droit international sur la responsabilité de l'État pour fait internationalement illicite prévoit le régime juridique temporel de cette obligation de prévention[883] et le commentaire de l'article explique :

> « *L'obligation de prévention s'analyse normalement comme une obligation de diligence, imposant aux États de prendre toutes les mesures raisonnables ou nécessaires pour éviter qu'un événement donné ne se produise, mais sans garantir que l'événement ne se produira pas*[884] ».

Il est possible de considérer que l'obligation de diligence a acquis l'*opinio juris* nécessaire pour faire partie de la coutume internationale aux termes de l'article 38 du statut de la Cour internationale de Justice[885]. Pour certains, la diligence requise est un principe général de droit[886]. En tout état de cause, il a été suffisamment

Uruguay), arrêt, 20 avril 2010, C.I.J.Recueil 2010, p.45, §101.

882 *Affaire du Détroit de Corfou*, Arrêt du 9 avril 1949, C.I.J., Recueil 1949, p.22 ; voir aussi : *Responsabilité et obligations des États qui patronnent des personnes et entités dans le cadre d'activités menées dans la zone*, Chambre pour le règlement des différends relatifs aux fonds marins du Tribunal international du droit de la mer, affaire n°.17, Avis consultatif (01/02/2011), §132.

883 *Projet d'articles sur la responsabilité de l'État pour fait internationalement illicite*, Rapport de la Commission à l'Assemblée générale sur les travaux de sa cinquante-troisième session, *Annuaire de la Commission du droit international*, A/CN.4/SER.A/2001/Add.1, vol.II, deuxième partie, 2001, article 14(3), p.146.

884 *Projet d'articles sur la responsabilité de l'État pour fait internationalement illicite*, Rapport de la Commission à l'Assemblée générale sur les travaux de sa cinquante-troisième session, *Annuaire de la Commission du droit international*, A/CN.4/SER.A/2001/Add.1, vol.II, deuxième partie, 2001, article 14(3) [commentaires], p.153.

885 BALORO (J.), « Aspects of the Law on the Responsibility of a Host State For Injuries to Foreign Investment During Internal Armed Conflicts : The ICSID Award in *Asian Agricultural Products Limited v. Republic of Sri Lanka* », *South African Yearbook of International Law*, vol.18, 1993, p.118 ; ZEITLER (H.E.), « The Guarantee of "Full Protection and Security" Investment Treaties Regarding Harm Caused by Private Actors », *Stockholm International Arbitration Review*, vol.3, 2005, pp.10-11.

886 KOIVUROVA (T.), « Due Diligence », *The Max Planck Encyclopedia of Public*

utilisé par la pratique étatique[887] et par plusieurs juridictions internationales spécialisées dans différentes branches du droit international pour que son existence juridique ne soit pas remise en cause[888]. Suffit-il alors de retenir que dans le cadre du droit international, le principe de diligence requise impose à l'État une obligation de prendre toutes les mesures nécessaires afin de protéger les intérêts des autres États sur son territoire en en prévenant toute atteinte[889]. Il s'agit là d'une obligation relative dont l'objet est

---

International Law, Oxford University Press, article de 2010, édition en ligne [*disponible* sur : www.mpepil.com].

887 BALORO (J.), « Aspects of the Law on the Responsibility of a Host State For Injuries to Foreign Investment During Internal Armed Conflicts : The ICSID Award in *Asian Agricultural Products Limited v. Republic of Sri Lanka* », *South African Yearbook of International Law*, vol.18, 1993, p.114 ; BARNIDGE (R.P. Jr), « The Due Diligence Principle Under International Law », *International Community Law Review*, vol.8, 2006, p.92 et s. ; HESSBRUEGGE (J.A.), « The Historical Development of the Doctrines of Attribution and Due Diligence in International Law », *International Law and Politics*, vol.36, 2004, p.275. Voir aussi : *Responsabilité et obligations des États qui patronnent des personnes et entités dans le cadre d'activités menées dans la zone*, Chambre pour le règlement des différends relatifs aux fonds marins du Tribunal international du droit de la mer, affaire n°.17, Exposé écrit des Pays-bas (11/08/2010), §3.6 et s ; Comité des droits de l'Homme, Observation générale No 31, *La nature de l'obligation juridique générale imposée aux États parties au Pacte relatif aux droits civils et politiques* (Quatre-vingtième session), U.N. Doc. HRI/GEN/1/Rev.7 (29/03/2004), §8 ; Projet de Convention de Harvard sur la responsabilité des États pour les dommages causés aux étrangers, 1961, article 13, *in*, WHITEMAN, *Digest of International Law*, vol.8, 1967, pp.738-740.

888 Voir par exemple : *Arbitrage dans l'affaire relative aux réclamations de l'Alabama*, Tribunal arbitral institué par le Traité de Washington de 1871 (siégeant à l'Hôtel de ville de Genève) [14/09/1872] ; *Laura M. B. Janes et al. (États-Unis) c. Mexique*, Commission de réclamations américano-mexicaine, sentence (16/11/1925), Recueil des sentences arbitrales, vol.IV, p.86, §19 ; *Affaire Sambiaggio*, Commission des réclamations (Italie-Vénézuéla), sentence (1903), Recueil des sentences arbitrales, vol.X, p.524 ; *Affaire Velásquez-Rodríguez c. Honduras*, Cour interaméricaine des droits de l'Homme, arrêt (29/07/1988), §79, §172 ; *Personnel diplomatique et consulaire des Etats-Unis à Téhéran*, arrêt (24/05/1980), C.I.J. Recueil 1980, §63, §69 ; *Zimbabwe Human Rights NGO Forum v Zimbabwe*, Commission africaine des droits de l'Homme, Communication 245/2002 (26/05/2006), §§143-149 ; *Affaire relative à des usines de pâte à papier sur le fleuve Uruguay (Argentine c. Uruguay)*, arrêt, 20 avril 2010, C.I.J.Recueil 2010, par exemple : §101, §187, §197, §204, §223 ; *Activités armées sur le territoire du Congo (République démocratique du Congo c. Ouganda)*, arrêt (19/12/2005), C.I.J. Recueil 2005, §179, §189, §228, §246, §247, §250, §277 ; *Application de la convention pour la prévention et la*

d'empêcher la réalisation d'un dommage aux biens étrangers[890].

La diligence requise n'est cependant pas un principe figé. Dans l'affaire des *Réclamations de l'Alabama* opposant les États-Unis d'Amérique au Royaume-Uni, une affaire de 1872, la diligence requise a été considérée de manière *in abstracto*[891] : le tribunal a, sur cette question, suivi la position américaine qui arguait que la diligence requise devait être proportionnelle à l'urgence et aux risques, peu importe le contexte, alors que le Royaume-Uni défendait une approche au cas par cas, évitant de généraliser l'application du principe[892]. Toutefois, il est aussi indéniable que la diligence requise peut changer en fonction de plusieurs facteurs et son « *caractère variable* » a déjà été reconnu[893], ce qui signifie que cette obligation peut être examinée dans un cadre subjectif, selon le sujet du droit concerné. Le pan

---

répression du crime de génocide (Bosnie-Herzégovine c. Serbie-et-Monténégro), arrêt (26/02/2007), C.I.J. Recueil 2007,§430 ; *Responsabilité et obligations des États qui patronnent des personnes et entités dans le cadre d'activités menées dans la zone*, Chambre pour le règlement des différends relatifs aux fonds marins du Tribunal international du droit de la mer, affaire n°.17, Avis consultatif (01/02/2011), voir entre autres : §§110-124, §141, §189, §239 ; *Procureur c. Dusko Tadic*, TPIY, affaire n°.IT-94-1-A, arrêt (15/07/1999), Opinion individuelle du Juge Shahabuddeen, p.156, §20.

889 Le principe est parfois illustré par la parabole du médecin qui a l'obligation de tout mettre en œuvre pour soigner mais ne peut garantir une guérison. Voir : DUPUY (P.M.), « Le fait générateur de la responsabilité internationale des États », *R.C.A.D.I.*, Tome V, vol.188, 1984, p.47.

890 GATTINI (A), « La notion de faute à la lumière du Projet de convention de la Commission du Droit international sur la responsabilité internationale », *European Journal of International Law*, vol.3, no.2, 1992, p.263.

891 *Arbitrage dans l'affaire relative aux réclamations de l'Alabama*, Tribunal arbitral institué par le Traité de Washington de 1871 (siégeant à l'Hôtel de ville de Genève) [14/09/1872].

892 Voir : KOIVUROVA (T.), « Due Diligence », *The Max Planck Encyclopedia of Public International Law*, Oxford University Press, article de 2010, édition en ligne [*disponible* sur : www.mpepil.com].

893 *Responsabilité et obligations des États qui patronnent des personnes et entités dans le cadre d'activités menées dans la zone*, Chambre pour le règlement des différends relatifs aux fonds marins du Tribunal international du droit de la mer, affaire n°.17, Avis consultatif (01/02/2011), §117 ; ZEITLER (H.E.), « The Guarantee of "Full Protection and Security" Investment Treaties Regarding Harm Caused by Private Actors », *Stockholm International Arbitration Review*, vol.3, 2005, p.13.

subjectif de la diligence se nomme *diligentia quam in suis*[894].

(b) Le principe *diligentia quam in suis* affirmant la subjectivité de l'obligation de diligence : un outil fondamental pour la contextualisation

Dans l'affaire des biens britanniques au Maroc espagnol, l'arbitre unique, Max Huber, expliquait l'application du principe *diligentia quam in suis* pour prendre en considération les ressources dont dispose un État afin d'offrir une protection aux biens étrangers sur son territoire. La question en filigranes était celle du degré de vigilance devant être exercé par l'État. S'interrogeant sur les aspects *in concreto* et *in abstracto* de la question, c'est-à-dire, si l'État doit avoir le niveau de vigilance raisonnablement attendu de tout État ou si sa diligence dépend de sa situation particulière, l'arbitre se prononce en faveur de cette dernière. La vigilance dépend des moyens effectivement disponibles. En d'autres termes, « [e]*xiger que ces moyens soient à la hauteur des circonstances, serait imposer à l'État des charges auxquelles il ne pourrait souvent pas faire face*[895] ». La sentence explique ensuite très clairement que :

> « *La vigilance qu'au point de vue du droit international l'État est tenu de garantir, peut être caractérisée, en appliquant par analogie un terme du droit romain, comme une* diligentia quam in suis. *Cette règle, conforme au principe primordial de l'indépendance des États dans leurs affaires intérieures, offre en fait aux États, pour leurs ressortissants, le degré de sécurité auquel ils peuvent raisonnablement s'attendre*[896] ».

L'acte de raison consiste à s'attendre légitimement à un niveau

---

[894] BROWNLIE (I.), *Principles of Public International Law*, Oxford University Press, 5e ed., 2003, p.504.

[895] *Affaire des biens britanniques au Maroc espagnol (Espagne c. Royaume-Uni)*, sentence (01/05/1925), *Recueil des sentences arbitrales*, vol.11, p.644, §4.

[896] *Affaire des biens britanniques au Maroc espagnol (Espagne c. Royaume-Uni)*, sentence (01/05/1925), *Recueil des sentences arbitrales*, vol.11, p.644, §4.

de protection de l'État d'accueil en fonction de ses moyens — donc, à un niveau de protection que l'État peut raisonnablement fournir selon les conditions disponibles et selon les circonstances[897]. Cela fait surgir la question du niveau de développement des États dans la mesure où les ressources qu'ils peuvent raisonnablement utiliser varient en fonction de leur développement[898]. C'est le niveau de développement de l'État et son pouvoir économique qui déterminent sa capacité à mobiliser les ressources nécessaires pour doter son administration et sa police d'une infrastructure appropriée dans le but d'assurer toute protection, que ce soit, des nationaux ou des étrangers ; dans cette mesure, un standard de protection général et impersonnel ignorerait la réalité individuelle de chaque État et c'est uniquement dans l'enclos de cette individualité qu'il fournirait sa protection sur son territoire[899].

Le principe *diligentia quam in suis* rend la protection attendue réaliste. La gradation dans le niveau des ressources disponibles et le développement effectif des États entre, par ce biais, dans le calcul de la protection due par l'État d'accueil[900]. Il existe ainsi un rapport étroit entre la *diligentia quam in suis* et les moyens dont dispose l'État,[901] car ce sont ces derniers qui déterminent la première. C'est justement parce que la protection offerte par les pays en développement n'est pas aussi élevée que celle existante dans les pays développés que, par exemple, l'Agence multilatérale de garantie des investissements offre

[897] ROOT (E.), « The Basis of Protection to Citizens Residing Abroad », *American Journal of International Law*, vol.4, 1910, p.523 ; SHAW (M.N.), *International Law*, Cambridge, Cambridge University Press, 6e édition, 2008, p.855.

[898] RAUX (M.), *La responsabilité de l'État sur le fondement des traités de promotion et de protection des investissements*, Thèse, Paris II, 2010, p.201.

[899] DUPUY (P.M.), « Due Diligence in the International Law of Liability », *in*, *Legal Aspects of Transfrontier Pollution*, Paris, O.C.D.E., 1977, p.376 ; GALLUS (N.), « The Influence of the Host State's Level of Development on International Investment Treaty Standards of Protection », *The Journal of World Trade and Investment*, vol.6, no.5, 2005, p.724.

[900] BROWNLIE (I.), *Principles of Public International Law*, Oxford University Press, 5th ed., 2003, p.504.

[901] Voir par exemple, le sixième rapport de la Commission du droit international préparé par le rapporteur spécial, Garcia Amador : GARCIA AMADOR (F.V.), « Sixième rapport sur la responsabilité internationale. Responsabilité de l'État à raison des dommages causés sur son territoire à la personne ou aux biens des étrangers : la réparation du dommage », DOCUMENT A/CN.4/134 ET Add.l (26/01/1961), *Annuaire de la Commission du droit international,* vol.II, 1961, p.49, article 7.1, 7.2, p.59 (note explicative de l'article 7).

spécifiquement une garantie aux investissements effectués dans les premiers[902]. Hors circonstances exceptionnelles, la protection attendue lors d'un investissement au Canada ou en Suède est certainement plus élevée que celle attendue pour un investissement à Madagascar, en Tanzanie ou au Vénézuéla.

La validité du principe *diligentia quam in suis* a déjà été reconnue par la Cour internationale de Justice. Dans l'affaire du *Génocide*, elle a soulevé quelques points importants permettant de préciser les contours de l'obligation de diligence. Ainsi, souligne-t-elle, les États ont l'obligation « *de mettre en œuvre tous les moyens qui sont* ***raisonnablement à leur disposition*** *en vue d'empêcher, dans la mesure du possible, le génocide*[903] ». La Cour poursuit :

> « *En la matière, la notion de «due diligence», qui appelle une appréciation* **in concreto**, *revêt une importance cruciale. Plusieurs paramètres entrent en ligne de compte quand il s'agit d'apprécier si un Etat s'est correctement acquitté de l'obligation en cause. Le premier d'entre eux est évidemment la capacité, qui varie grandement d'un Etat à l'autre, à influencer effectivement l'action des personnes susceptibles de commettre, ou qui sont en train de commettre, un génocide*[904] ».

Elle confirme que l'obligation de diligence se comprend en fonction des moyens raisonnablement disponibles qui varient d'un État à l'autre. La Cour le dit, la diligence requise doit être lue *in concreto*. Ainsi, si l'on veut définir la *diligentia quam in suis*, cette dernière est la diligence et la prudence qu'a un État dans la gestion de ses affaires internes ; sa responsabilité est déterminée par l'attention et

---

[902] Convention de Séoul du 11 octobre 1985 instituant l'Agence multilatérale de garantie des investissements, article 14 : « *Ne peuvent être garantis en application du présent chapitre que les investissements qui doivent être effectués sur le territoire d'un Etat membre en développement.* ».

[903] *Application de la convention pour la prévention et la répression du crime de génocide (Bosnie-Herzégovine c. Serbie-et-Monténégro)*, arrêt (26/02/2007), C.I.J. Recueil 2007, §430 (nous soulignons).

[904] *Ibid.*

la vigilance qu'il exerce normalement lors de l'administration de ses propres affaires selon ses capacités[905]. Sa responsabilité sera mesurée en fonction de l'effort qu'il fournit d'habitude dans son fonctionnement interne. Dans cet esprit, un investisseur ne peut s'attendre à ce que son État d'accueil se comporte comme une *bona res publica*[906], mais à ce qu'il remplissent ses obligations selon ses moyens[907]. L'État est pris dans son individualité, il est pris « *pour ce qu'il est* [908]» et non pas pour ce qu'il est censé être selon certains standards *in abstracto.* Lorsque le standard de protection et de sécurité pleines et entières est défini en utilisant le principe de l'obligation de diligence subjective, il devient alors possible de l'interpréter et de l'appliquer en tenant compte du niveau de développement de l'État d'accueil. En effet, la *diligentia quam in suis* attribue une flexibilité au standard.

(ii) La *diligentia quam in suis* facilitant la flexibilité du standard de protection et de sécurité pleines et entières

La flexibilité qui caractérise le standard permet d'éviter une uniformisation rigide lors de son application (a), ce qui le rend adaptable aux diverses réalités des différents États (b).

---

[905] HAUSMANINGER (H.), « *Diligentia quam in suis* : A Standard of Contractual Liability From Ancient Rome to Modern Soviet Law », *Cornell Journal of International Law*, vol.18, no.2, 1985, p.180 ; GATTINI (A), « La notion de faute à la lumière du Projet de convention de la Commission du Droit international sur la responsabilité internationale », *European Journal of International Law*, vol.3, no.2, 1992, p.265 ; SCHINDLER (D.), « Contribution à l'étude des facteurs sociologiques et psychologiques du droit international », *R.C.A.D.I.*, Tome IV, vol.46, 1933, p.265.

[906] L'équivalent du *bonus pater familias* applicable à l'État.

[907] HAUSMANINGER (H.), « *Diligentia quam in suis* : A Standard of Contractual Liability From Ancient Rome to Modern Soviet Law », *Cornell Journal of International Law*, vol.18, no.2, 1985, p.181 ; ZIMMERMANN (R.), *The Law of Obligations : Roman Foundations of the Civilian Traditions*, Oxford, Oxford University Press, 1996, p.210.

[908] SCHINDLER (D.), « Contribution à l'étude des facteurs sociologiques et psychologiques du droit international », *R.C.A.D.I.*, Tome IV, vol.46, 1933, p.266.

(a) Une flexibilité évitant une uniformisation rigide dans l'application du standard

Plusieurs tribunaux ont affirmé que le standard de protection et de sécurité pleines et entières ne confère pas une protection absolue aux investisseurs[909]. Dans l'affaire *ELSI*, la Cour internationale de Justice avait souligné qu' « [i]*l n'est pas possible de voir dans l'octroi «de la protection et de la sécurité... constantes»* (...) *la garantie qu'un bien ne sera jamais, en quelque circonstance que ce soit, l'objet d'une occupation ou de troubles de jouissance*[910] ». Pour cette raison, c'est le principe de diligence requise qui détermine l'applicabilité du standard[911] et c'est dans le même cheminement que la *diligentia quam in suis* trouve une application en contribuant à en forger la flexibilité.

Dans le droit international des investissements, la question d'une diligence *in concreto* ou *in abstracto* n'est pas définitivement réglée[912]. L'argument selon lequel la protection accordée ne dépend aucunement des ressources de l'État d'accueil existe[913]. Cela est normal, car les investisseurs ont évidemment tendance à demander la

---

909 *Waguih Elie George Siag et Clorinda Vecchi c. Égypte*, CIRDI n°. ARB/05/15, sentence (01/06/2009), §447 ; *Asian Agricultural Products Ltd. c. Sri Lanka*, CIRDI n°. ARB/87/3, sentence (27/06/1990), §53 ; *Noble Ventures c. Roumanie,* CIRDI n°. ARB/01/11, sentence (17/10/2005), §164 ; *Técnicas Medioambientales Tecmed, S.A. c. Mexique*, CIRDI n° ARB(AF)/00/2), sentence (29/05/2003) ; *Wena Hotels Ltd. c. Égypte*, CIRDI n°. ARB/98/4, sentence (08/12/2000), §84 ; *Frontier Petroleum Services Ltd. c. République Tchèque*, CNUDCI, sentence (12/11/2010), §269 ; *Spyridon Roussalis c. Roumanie*, CIRDI n°.ARB/06/1, sentence (07/12/2011), §322 ; *Plama Consortium Limited c. Bulgarie*, CIRDI n°. ARB/03/24, sentence (27/08/2008), §181 ; *Saluka Investments v. République Tchèque,* CNUDCI, sentence partielle (17/03/2006), §484 ; *Ronald S.Lauder, c. République Tchèque,* CNUDCI, sentence (03/09/2001), §308. Voir aussi : DOLZER (R.), SCHREUER (C.), *Principles of International Investment Law,* New York, Oxford University Press, 2009, p.149.

910 *Affaire Elettronica Sicula S.P.A. (ELSI)*, arrêt, C.I.J. Recueil 1989, p.65, §108.

911 DOLZER (R.), SCHREUER (C.), *Principles of International Investment Law,* New York, Oxford University Press, 2009, p.150 ; SALACUSE (J.), *Law of Investment Treaties*, Oxford, Oxford University Press, 2010, p.217.

912 SCHREUER (C.), « Full Protection and Security », *Journal of International Dispute Settlement*, vol.1, no.2, 2010, p.15.

913 SALACUSE (J.), *Law of Investment Treaties*, Oxford, Oxford University Press, 2010, p.217.

reconnaissance d'une diligence objective[914], c'est-à-dire d'un niveau de vigilance qu'il est légitimement possible d'attendre d'un État moderne et bien administré[915]. Dans l'affaire *Rumeli* par exemple, le demandeur requérait l'acception suivante de la clause de protection et de sécurité pleines et entières :

> « *The obligation to accord full protection and security requires the host State to exercise due diligence in the protection of foreign investments. It imposes an objective standard of vigilance and thus requires the State to afford the degree of protection and security that should be legitimately expected from a reasonably well-organized modern State*[916] ».

Cet argument est cependant critiquable dans le sens où il se veut, d'une part, objectif mais qu'il échappe, d'autre part et au moins partiellement, à toute objectivité. En effet, requérir une diligence en s'attendant au préalable à un modèle d'administration étatique prédéfini et général signifie qu'il y a une attente à ce que cette dernière soit la même peu importe l'État. En d'autres termes, cela implique que tous les États doivent être pourvus de la même organisation, des mêmes moyens, des mêmes ressources et de la même efficience. Or, si les États se situent à différents niveaux de développement, il va sans dire que ce raisonnement n'a qu'une portée limitée. Et le principe de diligence requise est pour cette raison approprié afin de comprendre le standard de protection et de sécurité pleines et entières, car si l'obligation de s'efforcer est la même pour tous les États, les moyens de le faire ne le sont pas. Il ne serait pas raisonnable de s'attendre à ce que l'organisation administrative, judiciaire et policière d'un État développé soit exactement la même

---

914 Voir par exemple : *Rumeli Telekom A.S. and Telsim Mobil Telekomunikasyon Hizmetleri A.S. c, Kazakhstan*, CIRDI n°. ARB/05/16, sentence (29/07/2008), §658 ; *Frontier Petroleum Services Ltd. c. République Tchèque*, CNUDCI, sentence (12/11/2010), §255 (note de bas de page 282).

915 *Asian Agricultural Products Ltd. c. Sri Lanka*, CIRDI n°. ARB/87/3, sentence (27/06/1990), §77 ; FREEMAN (A.W.), « Responsibility of the State for Unlawful Acts of Their Armed Forces », *R.C.A.D.I.*, Tome II, vol.88, 1955, p.277.

916 *Rumeli Telekom A.S. and Telsim Mobil Telekomunikasyon Hizmetleri A.S. c, Kazakhstan*, CIRDI n°. ARB/05/16, sentence (29/07/2008), §658.

dans un autre qui l'est moins[917]. La raison commanderait au contraire de s'attendre à ce que ces infrastructures étatiques soient celles qui existent normalement dans un pays en développement lorsque l'investissement a lieu dans un tel État, et même là-dessus, il y a lieu de distinguer entre les divers types de pays en développement. Tenter d'établir une comparaison ou un rapprochement avec la réalité des États déjà développés serait peu réaliste. Cela reviendrait à ignorer l'état réel des pays en développement en les classant — pour les besoins d'une décision en droit — dans une catégorie à laquelle ils n'appartiennent pas. Ce serait, dans la même veine, nourrir des attentes de protection nullement légitimes sur la base de constructions intellectuelles uniquement théoriques. Et, dans le même cheminement, cela serait équivalent à méconnaître les devoirs de diligence et de prudence, cette fois des investisseurs, lorsqu'ils investissent dans des États moins développés. Cette question sera, elle, traitée *infra.* Les raisons susmentionnées justifient pourquoi il convient d'écarter la lecture du standard de protection et de sécurité selon des critères objectifs et, donc, généralisants. La flexibilité du standard lui confère un certain degré d'adaptabilité lui permettant de tenir compte du statut de l'État d'accueil.

(b) La flexibilité permettant une adaptabilité du standard pour une prise en compte de la réalité de l'État d'accueil

Les affirmations précédentes peuvent être illustrées de la manière suivante. Certains États sont considérés comme étant attractifs pour les investissements, mais en même temps comme frappés d'un niveau d'insécurité pouvant être nuisible à leur protection. La COFACE — Compagnie française d'assurance pour le commerce extérieur — produit dans ce sens des études expliquant que des États comme la Colombie, l'Afrique du Sud, le Kazakhstan, la République démocratique du Congo, le Tchad ou l'Ouganda[918] souffrent d'un problème d'insécurité ou d'instabilité institutionnelle

[917] RAUX (M.), *La responsabilité de l'État sur le fondement des traités de promotion et de protection des investissements*, Thèse, Paris II, 2010, p.200.
[918] Il ne s'agit là que de certains exemples. L'étude n'est aucunement exhaustive.

pouvant affecter les investissements étrangers[919]. En même temps et vu leur niveau de développement, ces États ne disposent pas toujours de tous les moyens, financiers, techniques ou simplement humains, permettant de garantir aux investisseurs une protection du même type que d'autres États mieux équipés en raison de leurs ressources financières relativement plus abondantes — souvent mieux distribuées. Ainsi, ils ne peuvent être exigés de garantir ce qu'ils ne peuvent matériellement pas fournir. Dans ce sens, un tribunal affirmait que la clause de protection et de sécurité pleines et entières n'est pas automatiquement violée s'il est démontré que la protection aurait pu être plus effective[920].

Par ailleurs, les États n'ont aucune obligation de mettre en place un service de protection spéciale pour les investisseurs étrangers. Dans l'affaire des *Biens britanniques au Maroc espagnol,* l'arbitre, Max Huber reconnaissait qu'« *une vigilance poussée plus loin que la* diligentia quam in suis *imposerait à l'État l'obligation d'organiser un service de sûreté spécial pour les étrangers, ce qui dépasserait certainement le cadre des obligations internationales reconnues (en dehors des cas où il s'agit de personnes jouissant en droit d'une protection spéciale)*[921] ». Les États doivent certes respecter leurs engagements en offrant une protection physique appropriée aux investissements internationaux. Ils doivent tout mettre en œuvre afin d'éviter qu'une atteinte ne soit portée à un investissement par leur acte ou par leur omission. Cependant, l'obligation de protection et de sécurité ne va pas au-delà de la diligence raisonnablement attendue d'un État selon ses moyens. Les États s'engagent à offrir une protection, mais pas à faire des efforts démesurés allant au-delà de leurs capacités pour que la protection revête un caractère spécial. Dans l'affaire *Saluka*, le tribunal soulignait que la protection des investissements n'est pas l'unique objectif des accords relatifs aux

---

919 La COFACE dispose d'un service d'études de risques par État. Il est facilement accessible sur son site internet : http ://www.coface.fr/

920 *Frontier Petroleum Services Ltd. c. République Tchèque*, CNUDCI, sentence (12/11/2010), §273. Voir dans le même sens : *L. F. H. Neer and Pauline Neer (États-Unis) c. Mexique*, Commission générale des réclamations américano-mexicaine, sentence (15/10/1926), *Recueil des sentences arbitrales*, vol.IV, p.61, §3.

921 *Affaire des biens britanniques au Maroc espagnol (Espagne c. Royaume-Uni)*, sentence (01/05/1925), *Recueil des sentences arbitrales*, vol.11, p.644, §4.

investissements, mais qu'elle côtoie et soutient la volonté des États d'encourager le flux d'investissement sur leur territoire d'une part, et l'intensification des relations économiques entre États signataires de l'autre. Dans cette optique, précise le tribunal, une interprétation qui exagérerait la protection accordée aux investissements pourrait dissuader les États à admettre des investisseurs étrangers sur leur territoire et à diluer, ce faisant, leur confiance dans le système du droit international des investissements[922]. Il serait, de même, quelque peu paradoxal de demander un traitement national d'une part, mais de vouloir que la protection soit plus élevée que celle accordée aux nationaux ou aux investisseurs nationaux dans d'autres cas. C'est la raison pour laquelle le standard se comprend comme une obligation de s'efforcer selon ses moyens. Les Professeurs Newcombe et Paradell peuvent ainsi justement écrire :

> « *Although the host state is required to exercise an objective minimum standard of due diligence, the standard of due diligence is that of a host state in the circumstances and with the resources of the state in question* (...) *In practice, tribunals will likely consider the state's level of development and stability as relevant circumstances in determining whether there has been due diligence*[923] ».

Le standard de protection et de sécurité pleines et entières, s'apparentant aux normes contextuelles, permet en raison de son contenu une certaine flexibilité. Cette dernière se justifie dans le cadre de ce type de normes, car les États s'engagent à respecter et à garantir uniquement ce qu'ils peuvent pratiquement faire. Leurs moyens mesurent l'étendue de leur diligence. Il faut répéter qu'il ne s'agit pas d'une forme d'exonération accordée aux États, notamment ceux en développement : ils demeurent tenus par l'obligation d'agir de bonne foi dans le devoir de diligence. Ce dernier est simplement ajusté. Ce faisant, aucune charge déraisonnable n'est imposée aux États, notamment, ceux en développement, ce qui rationalise l'application du

---

922 *Saluka Investments c. République Tchèque,* CNUDCI, sentence partielle (17/03/2006), §300.

923 NEWCOMBE (A.), PARADELL (L.), *Law and Practice of Investment Treaties : standards of Treatment*, Alphen Aan Den Rijn, Kluwer Law International, 2009, p.310.

standard dans un contexte de développement.

B) La *diligentia quam in suis* rationalisant le standard de protection pleine et entière dans le contexte des pays en développement

La rationalisation existe en ce que le principe de *diligentia quam in suis* évite d'imposer une charge déraisonnable aux pays en développement (i), ce qui ne signifie aucunement qu'il y ait une exonération des États négligents (ii).

(i) La *diligentia quam in suis* évitant d'imposer une charge déraisonnable aux pays en développement

Il faut, selon la Convention de Vienne sur le droit des traités, éviter toute interprétation qui mènerait à un résultat absurde ou déraisonnable[924]. Interpréter la clause de protection et de sécurité pleines et entières de manière à en tirer un principe de diligence uniformément applicable à tous les États sans distinction de leur niveau de développement pourrait être considéré comme étant une interprétation déraisonnable. Toute obligation de moyen implique nécessairement un examen *in concreto,* car les moyens varient d'une personne à l'autre, d'un État à l'autre[925]. La Cour européenne des droits de l'Homme a là-dessus une méthodologie intéressante. Pour évaluer le devoir de diligence ou le niveau de négligence du défendeur, elle étudie premièrement, si le demandeur était en mesure de prévoir le dommage subi, deuxièmement, s'il existe une relation de proximité entre le demandeur et le défendeur et finalement, s'il est juste, équitable et raisonnable d'imposer la responsabilité au

---

[924] L'article 32 de la Convention de Vienne prévoit le recours aux travaux préparatoires si les moyens d'interprétation conduisent à un résultat absurde ou déraisonnable. *A contrario*, cela implique que toute interprétation menant à un résultat de ce type est indésirable.

[925] ZEITLER (H.E.), « The Guarantee of "Full Protection and Security" Investment Treaties Regarding Harm Caused by Private Actors », *Stockholm International Arbitration Review*, vol.3, 2005, p.22.

défendeur[926]. Pour cette cour, ce qui est raisonnable serait de ne pas interpréter une obligation de manière à imposer un poids impossible à supporter ou disproportionné pour l'État[927]. Certains juges de la Cour internationale de Justice ont lié la notion de raisonnable au devoir de bonne foi. Dans une opinion dissidente dans l'affaire de *L'incident aérien entre Israël et la Bulgarie*, ces juges notaient :

> « *Il est conforme au principe et à la pratique éclairée d'appliquer le critère du caractère raisonnable à l'interprétation des actes internationaux ; c'est un critère qui procède du devoir qu'ont toujours les Etats d'agir de bonne foi*[928] ».

Dans l'arbitrage relatif aux investissements, l'argument de la raison a déjà été utilisé. Dans l'affaire *Lauder*, par exemple, le tribunal arbitral a considéré que l'obligation de protection et de sécurité requiert un degré de diligence qui serait raisonnable selon les circonstances de l'affaire[929]. Les arbitres dans l'affaire *El Paso* avaient de même souligné le caractère raisonnable de la diligence en fonction des circonstances[930]. Cette position figure aussi, dans les mêmes termes, dans l'affaire *Serguei Paushok*[931].

L'arbitre unique siégeant dans une affaire *Pantechniki c. Albanie* en a appliqué le principe. Il s'agissait d'un cas relatif au pillage d'un projet de construction de deux routes en Albanie pendant une période de troubles civils. L'investisseur grec faisait, entre autres, valoir que son activité avait été détruite et que, par conséquent, l'État

---

[926] *Affaire E. Et autres c. Royaume Uni*, Cour européenne des droits de l'Homme, n°.33218/96, arrêt (26/11/2002), §70.

[927] *Affaire Osman c. Royaume Uni,* Cour européenne des droits de l'Homme, n°.87/1997/871/1083, arrêt (28/10/1998), §116.

[928] *Affaire relative à l'incident aérien du 27 juillet 1955 (Israël c. Bulgarie)*, Exceptions préliminaires, arrêt (26/05/1959), Opinion dissidente collective des Juges Lauterpacht, Ko et Spender, C.I .J. Recueil 1959, p.189.

[929] *Ronald S.Lauder, c. République Tchèque,* CNUDCI, sentence (03/09/2001), §308.

[930] *El Paso Energy International Company c. Argentine*, CIRDI n°. ARB/03/15, sentence (31/10/2011), §523.

[931] *Serguei Paushok, CJSC Golden East Company et CJSC Vostokneftegaz Company c. Mongolie*, CNUDCI (28/04/2011), §325.

albanais avait manqué à son obligation de protection et de sécurité. Pour considérer la requête, l'arbitre a soulevé deux questions préliminaires : premièrement, celle de savoir si la responsabilité internationale de l'État était dans une certaine mesure proportionnelle à ses ressources et, deuxièmement, mais dans la même lignée, celle de savoir si un pays pauvre devait être tenu responsable pour un standard minimum qu'il ne pourrait respecter qu'à condition de grands sacrifices qu'un pays plus riche n'encourrait aucunement en raison de ses moyens abondants[932]. En d'autres termes, le problème juridique était celui du choix entre une diligence requise stricte et *in abstracto* ou la *diligentia quam in suis*. C'est cette dernière qui fut appliquée. Le tribunal se référa notamment à la position de Max Huber dans l'affaire susmentionnée des *Biens britanniques au Maroc espagnol*[933] : la diligence ou la vigilance dépend des moyens dont dispose l'État. Pour poursuivre son raisonnement, l'arbitre unique s'inspira, par ailleurs, des écrits des Professeurs Newcombe et Paradell, eux aussi susmentionnés. C'est sur la base de ces textes que le tribunal fonda sa décision[934]. Ils soulignaient, pour rappel, le rapport entre la diligence due et le niveau de développement des États comme des circonstances suffisamment importantes pour que la première soit modulée en fonction du deuxième[935]. Le tribunal conclut subséquemment que le demandeur ne pouvait, dans cette affaire, s'attendre à un standard élevé de protection policière. Il affirme que les autorités albanaises étaient véritablement impuissantes face à ces troubles sociaux[936]. Les moyens dont elles disposaient n'était pas suffisants afin de fournir une protection complète : la diligence requise ne consiste pas à déployer des moyens qui n'existent pas, mais à utiliser de bonne foi ceux qui sont présents et effectifs. Dans le cas contraire, cela imposerait une charge déraisonnable aux États les moins développés ; c'est justement

---

[932] *Pantechniki S.A. Contractors & Engineers c. Albanie*, CIRDI n°. ARB/07/21, sentence (30/07/2009), §76.

[933] *Pantechniki S.A. Contractors & Engineers c. Albanie*, CIRDI n°. ARB/07/21, sentence (30/07/2009), p.19, note de bas de page 4.

[934] *Ibid.*, §81. L'arbitre unique précise : « *My review of the cases and literature leads me to follow this reasoning and to adopt the most recent conclusion of Newcombe and Paradell.* ».

[935] NEWCOMBE (A.), PARADELL (L.), *Law and Practice of Investment Treaties : standards of Treatment*, Alphen Aan Den Rijn, Kluwer Law International, 2009, p.310.

[936] *Pantechniki S.A. Contractors & Engineers c. Albanie*, CIRDI n°. ARB/07/21, sentence (30/07/2009), §82.

ce que permet d'éviter l'application du principe *diligentia quam in suis.* C'est aussi, par exemple, la raison pour laquelle la position du tribunal arbitral désigné dans l'affaire *Asian Agricultural Products Ltd. c. Sri Lanka* est critiquable.

Le tribunal de l'affaire *A.A.P.L* a été le premier[937] à avoir examiner le standard de protection et de sécurité en lui donnant, ce faisant, une acception objective : le standard repose sur un niveau de diligence attendu d'un État moderne et bien organisé[938]. C'est la consécration de la *bona res publica.* Il s'agissait d'un investissement hong-kongais dans la production de crevettes au Sri Lanka. Un des centres de production fut détruit lors d'affrontements entre les forces de l'ordre sri-lankais et des rebelles indépendantistes. C'est aux termes de ces faits que le tribunal arbitral fut constitué. Il se prononça sur la question de la protection et de la sécurité de l'investissement. Pour ce faire, il utilisa aussi la sentence de Max Huber[939] rendue dans l'affaire des *Biens britanniques* en en faisant cependant une lecture et une application à la fois hâtive et approximative. Le tribunal explique sur la base de cette sentence qu'il existe un niveau de protection et de sécurité auquel l'investisseur étranger peut raisonnablement s'attendre et que cette limite ne peut être franchie par l'État exerçant son devoir de diligence[940]. C'est ce niveau minimal qu'il qualifie *in abstracto* en considérant un État modèle. Or, le niveau minimal à laquelle l'arbitre Max Huber fait référence est tout autre. Le tribunal *A.A.P.L.* ne cite, en effet, qu'une partie de la sentence de 1925. Comme il a été expliqué ci-avant, cette dernière met justement en avant le principe *diligentia quam in suis* et la prise en compte des circonstances particulières de l'État d'accueil et sa façon de gérer normalement ses affaires intérieures[941]. Le seuil est donc celui du comportement de l'État tel qu'il agit normalement et non pas tel qu'il doit agir *in abstracto.* Ainsi, si le tribunal *A.A.P.L.* se réfère à l'affaire des *Biens*

---

937 RAUX (M.), *La responsabilité de l'État sur le fondement des traités de promotion et de protection des investissements*, Thèse, Paris II, 2010, p.200.

938 *Asian Agricultural Products Ltd. c. Sri Lanka*, CIRDI n°. ARB/87/3, sentence (27/06/1990), §77.

939 *Asian Agricultural Products Ltd. c. Sri Lanka*, CIRDI n°. ARB/87/3, sentence (27/06/1990), §73.

940 *Ibid.*

941 *Affaire des biens britanniques au Maroc espagnol (Espagne c. Royaume-Uni)*, sentence (01/05/1925), *Recueil des sentences arbitrales*, vol.11, p.644, §4, p.646, §6.

britanniques il n'en utilise pas complètement la portée. Dans cette optique, la première référence faite à l'obligation de diligence pour interpréter le standard de protection et de sécurité pleines et entières a une base fragile et critiquable, car elle n'utilise pas dans son intégralité la sentence sur laquelle elle s'appuie. Toujours est-il que l'affaire *A.A.P.L.* — souvent citée par ailleurs — a de cette manière mis en avant une acception objective de la diligence requise et partant, de la protection et de la sécurité dues aux investissements étrangers.

Le standard a aussi été présenté de manière discutable dans une affaire *American Manufacturing and Trading Inc. c. Zaïre.* Il s'agissait, en l'espèce, d'un investissement d'une société américaine au Zaïre, actuellement la République démocratique du Congo. Le domaine d'activité était celui de la production et de revente de piles sèches et en même temps l'importation et la revente des produits de consommation et de denrées alimentaires. Le différend est né après que les forces armées zaïroises aient détruit et pillé la propriété de l'investisseur. Un des moyens soulevés par ce dernier était la violation par le Zaïre de son obligation d'offrir une protection et une sécurité à l'investissement. La requête fut acceptée. Le tribunal utilisa cependant un critère objectif et *in abstracto* pour qualifier le standard. Il y aurait, pour ce tribunal, une obligation objective fondée sur un standard minimum de vigilance[942]. L'esprit est le même que celui de l'affaire *A.A.P.L.*. La responsabilité de l'État fut reconnue, ce dernier n'ayant — objectivement — pas adopté les mesures nécessaires afin d'empêcher le dommage. Toutefois, pour calculer l'indemnité due à l'investisseur lésé dans ses droits, le tribunal considéra l'état du développement du Zaïre. Il proportionna l'indemnité avec le niveau de développement de l'État d'accueil et les risques que cela pouvait normalement comporter. Son raisonnement se résume comme tel :

> « *Preferably, the Tribunal will opt for a method that is most plausible and realistic in the circumstances of the case, while rejecting all other methods of assessment which would serve unjustly to enrich an investor who, rightly or wrongly, has chosen to invest in a country such as Zaire, believing that by so doing the investor is constructing a castle in Spain or a Swiss chalet in Germany without any risk, political or even*

[942] *American Manufacturing & Trading c. Zaire*, CIRDI n° ARB/93/1, sentence (21/02/1997), §6.06.

economic or financial or any risk whatsoever[943] ».

La prise en compte du développement à ce point de la procédure peut poser un problème d'ordre logique. Le tribunal affirme d'une part que le devoir de protection et de sécurité de l'État est celui qui incombe à tout État, pris de manière *in abstracto*. En d'autres termes, peu importe leur niveau de développement, les États ont l'obligation de déployer les moyens qui sont les leurs afin d'offrir un niveau de protection similaire aux investisseurs étrangers sur leur territoire ; le critère de leur développement est à ce stade superfétatoire. D'autre part toutefois, le même tribunal estime utile de retenir que l'ex-Zaïre est un pays en développement pour calculer la compensation ; la question du développement devient ici pertinente. Autrement dit, le tribunal reconnaît par la dernière constatation qu'il s'agit d'un État ayant des moyens peu développés, du moins en comparaison avec d'autres États, mais il considère tout de même qu'il a la capacité de garantir le même niveau de protection qu'un État moderne et bien administré. Le niveau de développement est pertinent dans le calcul de la compensation, mais pas pour mesurer la diligence requise. Il y a un manque d'articulation dans l'ordre par lequel la situation économique de l'État est prise en compte. Cette position est quelque peu contradictoire et tout aussi critiquable est la position de ceux qui voient dans cette affaire une mise en balance entre les intérêts des investisseurs et ceux des pays en développement[944]. Pour une lecture pragmatique et réaliste du standard de protection et de sécurité pleine et entière, il y a lieu de préférer l'application du principe *diligentia quam in suis* contrôlé par la bonne foi afin que chaque État soit jugé en fonction des moyens qu'il peut véritablement et raisonnablement déployer. Dans aucun cas, cette proposition ne s'apparente à une exonération des pays en développement qui seraient négligents dans la gestion de leurs affaires intérieures.

---

943 *Ibid.*, §7.15.

944 Voir par exemple les positions de : GALLUS (N.), « The Influence of the Host State's Level of Development on International Investment Treaty Standards of Protection », *The Journal of World Trade and Investment*, vol.6, no.5, 2005, pp.728-729 ; RAUX (M.), *La responsabilité de l'État sur le fondement des traités de promotion et de protection des investissements*, Thèse, Paris II, 2010, p.202.

(ii) La *diligentia quam in suis* n'impliquant pas l'exonération des pays en développement négligents

Dans la mesure où le principe permet une adaptation spéciale de la norme relative à la responsabilité[945], elle peut, à ce sujet, être soumise à une critique, qui est d'ailleurs celle qu'avaient certains juristes allemands — l'obligation de diligence subjective étant présent dans le droit allemand. En effet, la consécration de la *diligentia quam in suis* pourrait selon eux signer la reconnaissance juridique du manque d'attention de la part de ceux qui sont normalement négligents dans la gestion de leurs affaires personnelles[946]. Ce serait, comme le dit un auteur, récompenser la négligence[947]. L'argument se justifie, mais il est contestable dans le domaine du droit international, et ce, pour plusieurs raisons. Il serait tout d'abord peu raisonnable de dire qu'il existe une majorité d'États volontairement négligents dans leurs affaires internes qui adoptent dans ce sens et par principe, un comportement automatiquement préjudiciable aux investisseurs internationaux. La négligence, lorsqu'elle existe, demeure souvent l'exception : le contentieux arbitral ne montre que la partie pathologique du droit international des investissements. Cependant, en pratique, les principes de cette branche du droit sont suivis et appliqués par tous les États qui y sont liés. En tout état de cause, permettre une gradation dans l'application du standard de protection et de sécurité pleines et entières ne peut être qualifié d'acceptation de la négligence de certains. En effet, l'une des conditions de l'existence d'un État est la présence d'une administration politico-juridique et cela suffit à présumer l'existence d'une administration et d'une gestion minimale des affaires internes[948]. Parmi ces États, il est évident et normal, qu'en fonction de leur niveau de développement, certains soient mieux organisés que d'autres. Pour autant, cela ne signifie pas que ceux qui le sont moins sont plus enclins à ne pas respecter leurs

---

945 SCHINDLER (D.), « Contribution à l'étude des facteurs sociologiques et psychologiques du droit international », *R.C.A.D.I.*, Tome IV, vol.46, 1933, p.265.

946 HAUSMANINGER (H.), « *Diligentia quam in suis* : A Standard of Contractual Liability From Ancient Rome to Modern Soviet Law », *Cornell Journal of International Law*, vol.18, no.2, 1985, p.182.

947 *Ibid.*, p.182.

948 GATTINI (A), « La notion de faute à la lumière du Projet de convention de la Commission du Droit international sur la responsabilité internationale », *European Journal of International Law*, vol.3, no.2, 1992, p.265.

obligations internationales et qu'ils seraient, partant, protégés dans leur négligence par le principe *diligentia quam in suis.* Au contraire, la *diligentia quam in suis* permet d'examiner si, en fonction de ses ressources, l'État a agi de bonne foi en utilisant tous les moyens dont il dispose pour s'assurer du respect de ses obligations internationales, [949] car, avec ou sans référence à ce principe, les États demeurent liés par celui du *pacta sunt servanda.* La *diligentia quam in suis* n'est guère un échappatoire et un État qui agirait de mauvaise foi serait mal armé pour requérir l'application de ce principe.

---

949 *Ibid.*

Conclusion du Chapitre 1

L'utilisation faite du concept du développement est ici différente de celle mise en avant dans la première partie du travail. Premièrement, l'on a ici recours au niveau du développement des États et pas à la contribution à leur développement. Deuxièmement, il existe à ce niveau certaines techniques juridiques permettant de donner plus d'effectivité au développement. Ces techniques mettent en avant la flexibilité de certains standards de protection, et facilitent, de ce pas, leur contextualisation selon le statut de l'État concerné. S'il s'agit d'un pays en développement, sa réalité et ses moyens disponibles pour offrir une protection effective à un investisseur peuvent être pris en considération. Cela permet d'interpréter le droit international des investissements avec pragmatisme. Aussi, par ce biais, le concept du développement – sous les formes qu'il prend dans ce travail[950] – influence le droit de la protection des investissements internationaux. La fonction du développement se dessine, ici, d'une manière plus palpable.

Dans le même cheminement, si le développement tel qu'utilisé par les techniques juridiques susmentionnées offre une lecture différente de la protection juridique des investissements, il permet aussi d'affirmer l'existence de certains devoirs incombant aux investisseurs s'implantant dans des pays en développement.

[950] Voir l'introduction de cette thèse.

CHAPITRE 2 : L'APPLICATION DIFFÉRENCIÉE DES STANDARDS À CARACTÈRE ABSOLU IMPLIQUANT DES DEVOIRS POUR LES INVESTISSEURS INVESTISSANT DANS LES PAYS EN DÉVELOPPEMENT

Comme mentionné, le cadre du contentieux doit être étudié de manière globale en en considérant toutes les composantes[951]. En examinant les possibilités de modulation des obligations étatiques en fonction du niveau de développement, l'étude serait incomplète si seul l'angle des États était éclairé. Les questions liées à l'application différenciée de certains standards obtiennent une réponse complémentaire lorsque la situation de l'investisseur est prise en compte. Si les États ne peuvent se défendre en comptant uniquement sur leur niveau de développement, ils ont la possibilité d'invoquer le devoir de diligence que doit avoir l'investisseur s'établissant dans un pays en développement : tout comme le niveau de développement n'est pas une technique de défense, l'existence d'un accord protégeant les investissements ne signifie pas que l'investisseur sera dans tous les cas automatiquement protégé, surtout lorsqu'il commet lui même certaines erreurs de jugement ou lorsqu'il s'adonne à certaines pratiques frauduleuses. L'exonération de l'un n'est pas automatique, la protection de l'autre non plus. Ainsi, étudier la modulation des standards de protection implique une étude tant de l'angle de l'État d'accueil que de celui de l'investisseur étranger[952]. Dans ce sens, le comportement d'un investisseur s'établissant dans un pays en développement peut, de même, relativiser la protection qui lui cst due en application d'un accord. La situation s'analyse toujours dans la perspective du développement — du niveau de développement. En effet, les investisseurs doivent aussi adapter à la fois leur diligence et leurs attentes en fonction du niveau de développement de leur État d'accueil (Section 1), car dans le cas contraire, la situation pourrait s'apparenter à celle d'un d'enrichissement illicite (Section 2).

---

[951] MUCHLINSKI (P.), « Corporate Social Responsibility, *in*, MUCHLINSKI (P.), ORTINO (F.), SCHREUER (C.) [eds.], *The Oxford Handbook of International Investment Law*, Oxford, Oxford University Press, 2008, p.640.

[952] MUCHLINSKI (P.), « Caveat Investor? The Relevance of the Conduct of the Investor under the Fair and Equitable Treatment Standard », *International and Comparative Law Quarterly*, Vol.55, 2006, pp.534-535.

Section 1 : Les devoirs des investisseurs pris en compte dans la modulation des obligations étatiques en fonction du niveau de développement

Les investisseurs ont ainsi, comme les États, un devoir de diligence qui leur incombe (Paragraphe 1) et, dans la même veine, ils ont le devoir d'informer correctement et complètement les États d'accueil sur la teneur de leurs compétences et de leurs moyens pour réaliser l'investissement, car certains États n'ont pas toujours les moyens de vérifier ces informations, ce qui implique des possibilités de manœuvres frauduleuses de la part des premiers (Paragraphe 2). Un manquement à ces devoirs dans le contexte des pays faiblement développés peut avoir une influence sur la protection qu'ils réclament et qui leur est théoriquement due.

Paragraphe 1 : Le devoir de diligence des investisseurs investissant dans les pays en développement : la modulation de la protection due en fonction de la diligence

En guise de préambule, une précision doit être apportée sur la notion de devoir des investisseurs. Ce n'est pas la responsabilité sociale des investisseurs — la *corporate social responsability* — qui est recherchée. Leur comportement en ce qui concerne le respect des droits humains, des droits du travail ou du droit de l'environnement ne fait pas partie de cette étude[953]. Cette dernière se concentre sur la

[953] Sur ces questions, voir par exemple : MUCHLINSKI (P.), « Corporate Social Responsibility, *in*, MUCHLINSKI (P.), ORTINO (F.), SCHREUER (C.) [eds.], *The Oxford Handbook of International Investment Law*, Oxford, Oxford University Press, 2008, pp.638-687 ; MUCHLINSKI (P.), *Multinational Enterprises and the Law*, Oxford, Oxford University Press, 2007, 767p ; REINISCH(A.), « The Changing International Legal Framework for Dealing with Non-State Actors », *in*, ALSTON (P.), *Non-State Actors and Human Rights*, Oxford, Oxford University Press, 2005, pp.37-89 ; WOUTERS (J.), CHANET (L.), « Corporate Human Rights Responsibility : A European Perspective », Northwestern Journal of International Human Rights , vol.6, no.2, 2008, pp.262-303 ; FAUCHALD (O.K.), STIGEN (J.), « Corporate Responsibility Before International Institutions », *George Washington International Law Review*, vol.40, no.4, 2009, pp.1025-1100 ; Rapport du Représentant spécial du Secrétaire général des Nations unies sur les droits de l'Homme et les entreprises transnationales et autres entreprises (Rapport Ruggie), A/HRC/14/27

diligence que doivent avoir les investisseurs en fonction de l'État dans lequel ils décident de s'établir, car cette diligence détermine leurs attentes. Ce devoir n'est pas codifié dans les accords relatifs aux investissements. Il n'est pas une obligation écrite imposée aux investisseurs. Ces accords imposent d'ailleurs peu d'obligations aux investisseurs. Le devoir de diligence a cependant été reconnu par certains tribunaux arbitraux. Ainsi la diligence requise ne doit pas être respectée uniquement par l'État dans sa relation avec l'investisseur, mais aussi par ce dernier dans certains cas particuliers. Le niveau de développement de l'État d'accueil en est un.

Dans cette optique, les investisseurs internationaux ne jouissent pas d'une immunité automatique leur permettant de bénéficier du système arbitral, même dans les cas où ils seraient eux-mêmes fautifs. Ils demeurent liés par certains principes juridiques fondamentaux qui permettent à la fois une bonne administration de la justice et un climat d'affaires propice[954]. Ils sont ainsi liés par le principe de bonne foi non seulement dans leurs relations avec les États, mais aussi lors de la procédure arbitrale. Cela peut être rattaché à la doctrine des mains propres, les « *clean hands* »[955]. L'investisseur ne peut chercher à engager la responsabilité de l'État si son propre

---

[09/04/2010], 24 p. ; ZERK (J.A.), « Extraterritorial Jurisdicion : Lessons for the Business and Human Rights Sphere from Six Regulatory Areas », *Rapport du Harvard Corporate Social Responsibility Initiative*, document no.59, juin 2010, 222p.

954 MUCHLINSKI (P.), « Caveat Investor? The Relevance of the Conduct of the Investor under the Fair and Equitable Treatment Standard », *International and Comparative Law Quarterly*, Vol.55, 2006, p.538.

955 Voir : SALMON (J.A.), "Des mains propres comme conditions de recevabilité des réclamations internationales", *Annuaire français de droit international*, vol.10, 1964, pp.225-266 ; SHAPOVALOV (A.), "Should a Requirement of "Clean Hands" be a Prerequisite to the Exercise of Diplomatic Protection? Human Rights Implications of the International Law Commission's Debate", *American University International Law Review*, vol.20, 2005, pp.829-866 ; DE BRADANDERE (E.), « Human Rights Considerations in International Investment Arbitration » *in*, FITZMAURICE (M.), MERKOURIS (P.) (dir.), *The Interpretation and Application of the European Convention of Human Rights: Legal and Practical Implications*, Leiden / Boston, Martinus Nijhoff Publishers, 2012, pp.183-215; DUGARD (J.) (rapporteur spécial), « Sixth report on diplomatic protection », *Commission du Droit International*, DOCUMENT A/CN.4/546 (11/08/2004) [*disponible sur :* http://legal.un.org/ilc/documentation/english/a_cn4_546.pdf]

comportement est contraire au principe de bonne foi et s'il a une part de responsabilité dans le dommage qu'il a souffert. Cela peut arriver lorsque l'investisseur fait abstraction du contexte local de l'État au moment et pendant son investissement. Cette constatation est valable tant lorsqu'il invoque une violation du traitement juste et équitable que lorsqu'il considère que la clause de protection et de sécurité pleines et entières n'a pas été respectée. Partant, dans les affaires susmentionnées relatives à ces deux clauses, il ressort directement ou indirectement du raisonnement des tribunaux que la violation de ces obligations implique aussi la prise en compte du comportement de l'investisseur selon le contexte. L'importance du cadre contextuel dans lequel a lieu un investissement avait déjà été soulignée par la Cour permanente de Justice internationale dans ces termes dans l'affaire *Oscar Chinn* :

> « *Aucune entreprise (...) dont le succès est lié au cours changeant des prix et des tarifs, ne peut échapper aux éventualités et aux risques qui sont le résultat des conditions économiques générales. Certaines industries peuvent faire de grands profits dans une époque de prospérité générale ou bien en profitant d'un traité de commerce ou d'une modification des droits de douane ; mais elles sont aussi exposées à se ruiner et à s'éteindre à cause d'une situation différente. Aucun droit acquis n'est violé dans des cas semblables par l'Etat*[956] ».

Tout investisseur s'engage nécessairement en connaissance de cause. Il est parfaitement conscient si l'État d'accueil est en guerre civile, en crise économique ou sous tensions politiques. Il est conscient des risques qui font partie intégrante de l'investissement. Du moins, il doit l'être. Car il est censé les évaluer et les garantir. D'autres risques existent pour l'investissement qui dépendent du niveau de développement de l'État d'accueil. Il a été dit que c'est la raison pour laquelle l'Agence multilatérale pour la garantie des investissements ne garantit que les investissements faits dans les pays en développement. Dans ces pays, l'investisseur ne peut s'attendre à trouver dans tous les cas une administration, des institutions, des infrastructures, des services, un système juridique et policier de la

---

[956] *Affaire Oscar Chinn,* CPJI, arrêt du 12 décembre 1934, série A/B, p.88.

même qualité que ceux qui existent dans les États plus développés. Or, ces composantes étatiques qui sont toujours en construction dans plusieurs pays en développement sont parfois à la base de la violation par l'État de la clause du traitement juste et équitable ou de la clause de protection et de sécurité pleines et entières. C'est souvent l'administration étatique qui frustre les attentes légitimes des investisseurs ; c'est la force policière qui, par son action ou par son inaction, ne confère pas le niveau de protection et de sécurité souhaitées. Cependant, c'est aussi à l'investisseur de s'informer et de prendre les mesures et les précautions nécessaires lorsqu'il décide d'investir dans un État dont l'infrastructure administrative, judiciaire, institutionnelle et policière n'est que très faiblement développée[957]. L'État n'a aucune obligation de lui conférer un traitement et une protection allant au-delà de ses moyens et toute attente dans ce sens serait déraisonnable. Il appartient à l'investisseur — qui est un professionnel avec un minimum d'expérience — de penser ses activités en étant préparé. Le tribunal dans l'affaire *Maffezini* a fait à juste titre valoir que les accords bilatéraux relatifs aux investissements ne sont pas des polices d'assurance contre les mauvaises décisions prises par l'investisseur[958]. Ainsi, dans l'affaire *Generation Ukraine* susmentionnée, le tribunal s'est expressément attardé sur les vicissitudes de l'économie ukrainienne, celles d'un pays en développement avec une administration et une bureaucratie parfois incompétentes et un système économique, lui-même, en construction. Cette réalité était connue de l'investisseur. Ce dernier s'y est sciemment implanté. Dans les mots du tribunal, « [t]*he claimant thus invested in Ukraine on notice of both the prospects and the potential pitfalls*[959] ». Il doit dans ce cas obligatoirement revoir la dimension de ses attentes pour formuler sa requête[960]. C'est en outre pour cette

---

957 GALLUS (N.), « The Influence of the Host State's Level of Development on International Investment Treaty Standards of Protection », *The Journal of World Trade and Investment*, vol.6, no.5, 2005, p.718.

958 *Emilio Agustín Maffezini c. Espagne*, CIRDI n°. ARB/97/7, sentence (13/11/2000), §64 ; voir aussi : *MTD Equity Sdn. Bhd. & MTD Chile S.A. c. Chili,* CIRDI n°. ARB/01/7, sentence (25/05/04), §178.

959 *Generation Ukraine, Inc. c. Ukraine,* CIRDI n°. ARB/00/9, sentence (16/09/2003), §20.37.

960 Il en va de même lorsque l'investissement a été réalisé moyennant fraude ou corruption. Voir dans ce sens : *Plama Consortium Ltd. c. Bulgarie*, CIRDI n°ARB/03/24, sentence (27/08/2008) ; *Inceysa Vallisoletaba c. El Salvador*, CIRDI n° ARB/03/26, sentence (2/08/2006) ; *World Duty Free Company Ltd. c. Kenya*, CIRDI n° ARB/00/7, sentence (4/10/2006) ; *Metal-Tech ltd. c.*

raison qu'elle a été rejetée dans cette affaire[961]. Il lui incombe d'être prudent et son manque de prudence ne se résout pas par l'engagement de la responsabilité de l'État. C'est là un autre moyen par lequel le niveau de développement de l'État d'accueil peut influencer indirectement l'application de la clause du traitement juste et équitable et celle relative à la protection pleine et entière en passant par le devoir de diligence de l'investisseur. Le niveau de développement influence ici la diligence attendue de l'investisseur et, son manque de diligence, lorsqu'il existe, influence l'interprétation qui peut être faite de ces clauses.

La prudence de l'investisseur a aussi été évoquée dans l'affaire *Olguin c. Paraguay.* L'investisseur péruvien avait dans le cadre de son investissement relatif à la production de produits à base de maïs transféré une somme d'argent à la banque *La Mercantil* au Paraguay. En contrepartie de son dépôt, l'investisseur recevait des titres sur son investissement (« *Títulos de Inversión*)[962]. Toutefois, frappée par la suite par une crise économique au Paraguay, la Banque avait arrêté le paiement des titres à Monsieur Olguin. Ce dernier considéra que l'État n'avait pas été suffisamment diligent et actif dans la surveillance des activités de *La Mercantil*, estimant ainsi que le traité bilatéral entre le Pérou et le Paraguay avait été violé dans plusieurs de ses dispositions, notamment celle relative au traitement de l'investissement. Le tribunal reconnut la négligence des autorités paraguayennes. Il souligna que le système juridique de l'État de même que le fonctionnement de plusieurs agences étatiques étaient très lacunaires. Selon le tribunal :

> « (…) *there were considerable omissions on the part of Paraguay's public bodies, which had the duty to preserve the integrity of that country's financial system, in regard, not only, but especially, to foreign investment. In other words, in the case before us, the government accounting bodies of Paraguay clearly appear to have been negligent in regard to their duties*

Ouzbékistan, CIRDI n° ARB/10/3, sentence (4/10/2013).

961 *Ibid.*, §20.38.

962 *Eudoro Armando Olguin c. Paraguay*, CIRDI n°.ARB/98/5, sentence (26/07/2001), §49.

to monitor, supervise, or control the agents of their country's financial market, during the period of time in which the facts arose that led to this dispute[963] ».

En dépit de cette constatation, la faute du Paraguay ne fut pas retenue par le tribunal. Une omission considérable de la part de l'État, dit-il, ne constitue pas systématiquement un fondement à la demande de l'investisseur[964]. Dans leur prise de décision, les arbitres se sont arrêtés sur le devoir de l'investisseur s'implantant dans un État comme le Paraguay avec la réalité administrative décrite ci-dessus. Cette réalité était sans aucun doute connue par Monsieur Olguin, un investisseur accompli et expérimenté de par ses activités dans plusieurs autres États. Le tribunal affirme qu'il avait « *his reasons (which this Tribunal makes no attempt to judge) for investing in that country, but it is not reasonable for him to seek compensation for the losses he suffered on making a speculative, or at best, a not very prudent, investment*[965] ». Ses actions auraient dû être guidées par la prudence vu le contexte local de l'État d'accueil[966]. Si ce devoir de diligence incombant à l'investisseur est inhérent à l'activité d'investissement, il redouble d'ampleur lorsque l'État d'accueil est un pays en développement. La prise en compte nécessaire de l'état du développement national par l'investisseur a dans ce même sens été mise en avant dans l'affaire *Genin*. Les deux critères qui permettent d'identifier ce devoir de diligence de l'investisseur sont les mêmes : premièrement, l'État d'accueil doit être en développement ; deuxièmement, l'investisseur doit s'y être implanté en connaissance de cause, le lien entre les deux étant le devoir de diligence. C'est la raison pour laquelle le tribunal *Genin* a aussi rappelé le contexte national de l'Estonie au moment de l'investissement de Monsieur Genin en notant que l'État, renaissant, était sur plusieurs plans — notamment au niveau des secteurs financier, bancaire, commercial et aussi au niveau institutionnel — en construction. Les activités liées à ce secteur étaient au moment de l'investissement nouvelles pour l'État, de fait, peu expérimenté en la matière[967].

---

963 *Eudoro Armando Olguin c. Paraguay*, CIRDI n°.ARB/98/5, sentence (26/07/2001), §70.

964 *Ibid.*, §73.

965 *Ibid.*, §65 (b).

966 *Ibid.*, §75.

967 *Alex Genin, Eastern Credit Limited, Inc. and A.S. Baltoil c. Estonie,* CIRDI n°.

Un investisseur ne peut s'engager dans un tel contexte en s'attendant au confort qu'il retrouverait dans d'autres États, sur d'autres continents. Il lui appartient de porter un jugement réaliste sur la nature de ses activités, d'une part, et sur les capacités de l'État d'accueil, de l'autre : il ressort ainsi de l'affaire *Genin* qu'un investissement ne peut être effectué avec des œillères masquant la réalité et les circonstances locales du territoire d'accueil[968]. Dans le cas contraire, l'investisseur contribue indirectement et par manque de prudence à tout dommage éventuel pouvant atteindre son activité. Dans ce sens, le niveau de développement de l'État d'accueil module — indirectement — l'application des standards de traitement et de protection, car le comportement de l'investisseur établi dans ce type d'État sera pris en compte pour évaluer toute violation conventionnelle. Dans l'affaire *Genin* par exemple, aucune responsabilité n'a été attribuée à l'État[969]. La sentence qui a été ci-avant critiquée, celle rendue dans l'affaire *American Manufacturing & Trading,* a, sur ce point, suivi une logique similaire. Elle souligne que l'investisseur s'établissant au Zaïre, en ex-République démocratique du Congo, ne pouvait sérieusement s'attendre et encore moins croire qu'il allait construire « *a castle in Spain or a Swiss chalet in Germany without any risk, political or even economical or financial or any risk whatsoever*[970] ».

Par ailleurs, les manœuvres frauduleuses de certains investisseurs sont aussi pertinentes dans l'interprétation des standards de traitement et de protection, notamment lors des investissements dans des États peu développés. Le niveau de développement est ici pertinent, car le manque de moyens de certains États ne leur permet pas toujours de vérifier les informations fournies par les investisseurs.

ARB/99/2, sentence (25/06/2001), §348.

968 MUCHLINSKI (P.), « Caveat Investor? The Relevance of the Conduct of the Investor under the Fair and Equitable Treatment Standard », *International and Comparative Law Quarterly*, Vol.55, 2006, p.541.

969 *Alex Genin, Eastern Credit Limited, Inc. and A.S. Baltoil c. Estonie,* CIRDI n°. ARB/99/2, sentence (25/06/2001), §385.

970 *American Manufacturing & Trading c. Zaire*, CIRDI n° ARB/93/1, sentence (21/02/1997), §7.15.

Paragraphe 2 : Le devoir d'information des investisseurs : l'incapacité des pays en développement de vérifier les informations fournies par l'investisseur

Dans certaines affaires, l'investisseur a agi de manière frauduleuse afin de pouvoir implanter son activité dans l'État d'accueil. Il a, par exemple, pu fournir des informations erronées sur ses moyens financiers et techniques, ou, plus généralement, sur ses compétences. Et sur la base de cette « *misrepresentation* », il a parfois obtenu un contrat de concession. Premièrement, ce procédé est de toute façon contraire à tout accord relatif aux investissements. Tout accord prévoit que l'investissement doit être légal, c'est-à-dire, qu'il doit être conforme au droit national de l'État d'accueil. Aucune réglementation nationale ne valide et ne reconnaît un investissement fait de mauvaise foi, en utilisant des moyens frauduleux avec une volonté de tromper l'État en l'induisant en erreur. Deuxièmement, cela pose potentiellement un obstacle supplémentaire aux États les moins développés, car ils ne disposent pas toujours des ressources nécessaires pour vérifier les informations données par l'investisseur[971]. Ce serait une façon pour l'investisseur de profiter de cette incapacité. Ainsi, en fonction de leur faible niveau de développement, certains États seraient fondés à refuser toute protection conventionnelle aux investisseurs peu scrupuleux. Leurs faibles ressources justifieraient leur incapacité à étudier, selon toute la technicité requise, les projets d'investissements qui leur sont soumis. Dans l'affaire *Azinian*, un investisseur américain s'était implanté au Mexique pour y exercer une activité de traitement de déchets. Pour ce faire, il avait informé les autorités mexicaines qu'il disposait de tous les moyens, tant financiers que techniques, pour mener à bien l'activité. Il s'est avéré par la suite que les informations données par l'investisseur étaient toutes erronées et qu'elles avaient été inventées ou exagérées. Par exemple, l'expérience de l'investisseur dans ce domaine n'était que de quatorze mois alors qu'il faisait valoir qu'elle était de quarante ans ; de même, l'investisseur n'avait pas les ressources nécessaires pour effectuer

[971] MUCHLINSKI (P.), « Caveat Investor? The Relevance of the Conduct of the Investor under the Fair and Equitable Treatment Standard », *International and Comparative Law Quarterly*, Vol.55, 2006, p.538.

l'investissement[972]. Les autorités mexicaines avaient été impressionnées par la démarche et le semblant de bonne foi de l'investisseur. Comme l'explique le tribunal, « [o]*ne can well understand how members of the Ayuntamiento*[973] *would be impressed by ostensibly experienced professionals explaining how a costly headache could be transformed into a brilliant and profitable operation*[974] ». Le tribunal poursuit en disant que le demandeur ne peut pas légitimement se défendre en arguant, par la suite, que les autorités mexicaines n'auraient pas dû croire à des déclarations qui étaient ouvertement et déraisonnablement optimistes[975]. En d'autres termes, une promesse non tenue de la part de l'État frustre potentiellement les attentes légitimes d'un investisseur, mais aucune manœuvre frauduleuse n'est légitimement attendue de ce dernier.

Des faits similaires à ceux de l'affaire *Azinian* caractérisent le cas *Inceysa c. El Salvador*[976]. Le tribunal a ici reconnu la faute de l'investisseur et a refusé de caractériser son activité comme étant un investissement en raison des fausses représentations faites à l'État. Ce dernier doit, cela va sans dire, être précautionneux au moment d'admettre des investisseurs étrangers sur son territoire ; il doit obligatoirement vérifier leurs compétences en ayant, par exemple, recours à des enquêtes préalables. Une fois de plus, le niveau de développement et le manque de ressources ne sont pas des excuses et des échappatoires pour les États les moins développés. Les vérifications des informations présentées par l'investisseur doivent se faire en fonction des moyens dont dispose l'État. Si ce dernier a pris toutes les dispositions raisonnablement possibles,[977] mais que ses moyens ne lui permettent pas d'aller au-delà d'un certain niveau de vérification et qu'il s'avère, par la suite, que l'investisseur a profité de

[972] *Robert Azinian, Kenneth Davitian, & Ellen Baca c. Mexique*, CIRDI n°. ARB (AF)/97/2, sentence (01/11/1999), §§29-33.

[973] Le Ayuntamiento est le Conseil de la ville de Naucalpan dans laquelle l'investissement avait eu lieu.

[974] *Robert Azinian, Kenneth Davitian, & Ellen Baca c. Mexique*, CIRDI n°. ARB (AF)/97/2, sentence (01/11/1999), 107.

[975] *Ibid.*, §108.

[976] *Inceysa Vallisoletana S.L. c. El Salvador*, CIRDI n°. ARB/03/26, sentence (02/08/2006).

[977] Pour un exemple contraire voir : *Marvin Roy Feldman Karpa c Mexique*, CIRDI n°ARB(AF)/99/1, sentence (16/12/2002).

cette faiblesse, il serait mal venu de demander la protection d'un accord relatif aux investissements. Le niveau de développement des États d'accueil interviendrait ici comme une explication de leur incapacité à mener une enquête complète sur l'investisseur et ses compétences.

Il est ainsi attendu de l'investisseur qu'il se comporte de bonne foi à la fois dans son devoir de diligence et dans son devoir d'informer convenablement et raisonnablement son État d'accueil. Le devoir de diligence et de bonne foi de l'investisseur démontre une volonté de coopération avec l'État d'accueil[978]. La prise en compte de son comportement permet de ne pas étudier et considérer les obligations conventionnelles uniquement du point de vue étatique en absolvant l'investisseur de toute responsabilité à la fois juridique et éthique surtout parce que l'ampleur de plusieurs investissements est souvent liée aux impératifs de l'intérêt public[979]. Si son devoir de diligence n'est pas retenu, l'investisseur bénéficierait de son erreur sous la forme d'une compensation redevable et payable par l'État d'accueil, en développement. L'erreur de jugement et d'appréciation commise serait récompensée, ce qui n'est nullement attendu de la part des États. En effet, une telle récompense prendrait les allures d'un enrichissement illicite. Faire l'impasse sur ces devoirs reviendrait, en quelque sorte, à l'enrichir injustement[980]. Si cette configuration peut concerner tous les États indépendamment de leur niveau de développement, la probabilité qu'un manque de diligence et d'information de la part d'un investisseur affecte un pays faiblement développé est relativement plus élevée, car, comme il a été constaté, leur capacité matérielle à vérifier certaines vérités affichées par l'investisseur est moins développée. Sous cet aspect, le développement se mesure en fonction des moyens et des ressources disponibles. Les ressources permettant une vérification technique des dires et des promesses de l'investisseur sont ainsi directement proportionnelles au niveau de développement des États d'accueil. Par ailleurs, dans le contentieux arbitral, les cas soulevant le devoir de

978 MUCHLINSKI (P.), « Caveat Investor? The Relevance of the Conduct of the Investor under the Fair and Equitable Treatment Standard », *International and Comparative Law Quarterly*, Vol.55, 2006, p.541.

979 *Ibid.*, p.538.

980 *American Manufacturing & Trading c. Zaire*, CIRDI n° ARB/93/1, sentence (21/02/1997), §7.15.

diligence des investisseurs concernaient toujours un investissement effectué dans un pays moins développé ; c'est, dès lors, ce contexte qui sera pris en compte pour évaluer les hypothèses d'un enrichissement illicite et pour examiner si la reconnaissance du devoir de diligence incombant à l'investissement empêche qu'il ne s'enrichisse de manière illicite.

Section 2 : Un devoir de diligence prévenant un enrichissement illicite des investisseurs imprudents

Les conditions permettant de faire valoir un enrichissement illicite doivent être remplies (Paragraphe 1) pour que le principe puisse être invoqué par un pays en développement face à des investisseurs peu diligents (Paragraphe 2).

Paragraphe 1 : Les conditions permettant de faire valoir un enrichissement illicite

Il est communément admis que l'enrichissement illicite est un principe général de droit au sens de l'article 38 du Statut de la Cour internationale de Justice ; son existence dans une grande majorité de systèmes juridiques existants ne fait pas de doute[981]. Conformément à

---

[981] Voir : Benjamin R. Isaiah c. Bank Mellat (ayant succédé à la Banque internationale de l'Iran), Tribunal irano-américain des réclamations, affaire n°.219, sentence n°35-219-2 (30/03/1983), *Iran-US Claims Tribunal Reports*, vol.2, p.236 ; *Sea-Land Services, Inc. c. Iran,* Tribunal irano-américain des réclamations, affaire n°33, sentence n°135-33-1 (20/06/1984), *Iran-US Claims Tribunal Reports*, vol.6, 1984, p.169 ; *Saluka Investments v. République Tchèque,* CNUDCI, sentence partielle (17/03/2006), §449 ; *Inceysa Vallisoletana S.L. c. El Salvador*, CIRDI n°. ARB/03/26, sentence (02/08/2006), §254 ; *Affaire Ambatielos* (Grèce, Royaume-Uni et Irlande du Nord), sentence, Opinion dissidente du Professeur Spiropoulos (06/03/1956), *Recueil des sentences arbitrales des Nations unies*, vol.XII, p.129.
Voir aussi : BARKER (K.), « Understanding the Unjust Enrichment Principle in Private Law : A Study of the Concept and its Reasons », *in*, NEYERS (J.W.), McINNES (M.), PITEL (S.G.A.) [eds.], *Understanding Unjust Enrichment*,

ce principe, quiconque s'est enrichi au détriment d'un autre doit rembourser à ce dernier la somme équivalente à l'enrichissement[982]. Il s'agit d'une forme de justice commutative[983] reposant sur une série de raisons et de valeurs telles que la justice, la rationalité, la raison et l'équilibre[984]. Pour en demander la reconnaissance dans le cadre d'une affaire, certaines conditions doivent être prouvées au tribunal. À ce sujet, référence est normalement faite aux sentences rendues par le tribunal irano-américain des réclamations ayant étayé les conditions et les possibilités d'application du principe. Par exemple, les tribunaux arbitraux constitués dans les affaires *Saluka* et *Azurix* se sont référés aux sentences du Tribunal des réclamations afin d'éclairer les conditions du principe de l'enrichissement sans cause[985]. Dans ce sens, l'affaire *Sea-Land Services c. Iran* est celle à laquelle il est le plus

---

Portland, Hart Publishing, 2004, p.82 ; DICKE (D.C.), "Unjust enrichment and compensation", *in*, DICKE (D.C.) [eds.], *Foreign Investment in the Present and a New International Economic Order*, Fribourg, University Press Fribourg Switzerland, 1987, p.269 ; DICKSON (B.), « Unjust Enrichment Claims : A Comparative Overview », *Cambridge Law Journal*, vol.54, no.1, 1995, pp.100-126 ; SCHREUER (C.), BINDER (C.), « Unjust Enrichment », *The Max Planck Encyclopedia of Public International Law*, Oxford University Press, 2007, §10, édition en ligne [*disponible* sur : www.mpepil.com] ; LORD McNAIR, « The General Principles of Law Recognised by Civilised Nations », *British Yearbook of International Law*, vol.33, 1957, p.11 ;VOHRYZEK (A.), « Unjust Enrichment Unjustly Ignored : Opportunities and Pitfalls in Bringing Unjust Enrichment Claims under ICSID », *Loyola of Los Angeles International and Comparative Law Review*, vol.3, 2009, p.503.

982 CHENG (B.), « Justice and Equity in International Law », *in*, KEETON (G.), SCHWARZENBERGER (G.) [eds.], *Current Legal Problems*, London, Stevens & Sons ltd., 1955, vol.8, p.191 ; VOHRYZEK (A.), « Unjust Enrichment Unjustly Ignored : Opportunities and Pitfalls in Bringing Unjust Enrichment Claims under ICSID », *Loyola of Los Angeles International and Comparative Law Review*, vol.3, 2009, p.505.

983 BARKER (K.), « Understanding the Unjust Enrichment Principle in Private Law : A Study of the Concept and its Reasons », *in*, NEYERS (J.W.), McINNES (M.), PITEL (S.G.A.) [eds.], *Understanding Unjust Enrichment*, Portland, Hart Publishing, 2004, p.97.

984 *Ibid.*, p.96, note 74 ; O'CONNELL (D.P.), "Unjust Enrichment", *The American Journal of Comparative Law*, Vol.V., 1956, p.4.

985 Il faut noter que le tribunal *Saluka* se réfère à l'affaire *Benjamin Isaiah v. Bank Mellat* (*Saluka Investments v. République Tchèque,* CNUDCI, sentence partielle (17/03/2006), §449, note 51) alors que la citation qui figure dans la sentence au paragraphe 449 provient, elle, de l'affaire *Sea-Land Services* du Tribunal irano-américain des réclamations ; *Azurix c. Argentine*, CIRDI n°ARB/01/12, sentence (14/07/2006), §437.

souvent fait référence[986]. La sentence explique en effet que :

> « *There must have been an enrichment of one party to the detriment of the other, and both must arise as a consequence of the same act or event. There must be no justification for the enrichment, and no contractual or other remedy available to the injured party whereby he might seek compensation from the party enriched*[987] ».

Cinq conditions en ressortent : 1) l'enrichissement d'une des parties ; 2) l'appauvrissement de l'autre ; 3) le lien de causalité entre l'enrichissement de l'un et l'appauvrissement de l'autre ; 4) l'enrichissement injustifié ; et 5) l'absence de moyens de recours pour la partie appauvrie[988]. Ces conditions reflètent aussi le principe de l'enrichissement illicite tel qu'il est appliqué dans certains systèmes juridiques nationaux. Vu ces conditions, il s'agit de voir maintenant si le principe est applicable dans le cadre d'une procédure où serait en cause le devoir de diligence de l'investisseur établi dans un pays en développement. Il serait utilisé comme un moyen de défense par l'État hôte, estimant que la requête d'un investisseur ayant manqué à ce devoir mènerait, si elle est acceptée et si l'État est condamné, à l'enrichir injustement.

---

986 SCHREUER (C.), BINDER (C.), « Unjust Enrichment », *The Max Planck Encyclopedia of Public International Law*, Oxford University Press, 2007, §1, édition en ligne [*disponible* sur : www.mpepil.com].

987 *Sea-Land Services, Inc. c. Iran,* Tribunal irano-américain des réclamations, sentence (20/06/1984), *Iran-US Claims Tribunal Reports*, vol.6, 1984, p.169.

988 Voir aussi : SCHREUER (C.), BINDER (C.), « Unjust Enrichment », *The Max Planck Encyclopedia of Public International Law*, Oxford University Press, 2007, §§1-2, édition en ligne [*disponible* sur : www.mpepil.com] ; VOHRYZEK (A.), « Unjust Enrichment Unjustly Ignored : Opportunities and Pitfalls in Bringing Unjust Enrichment Claims under ICSID », *Loyola of Los Angeles International and Comparative Law Review*, vol.3, 2009, p.512.

Paragraphe 2 : L'invocation du principe de l'enrichissement illicite comme un moyen de défense des États peu développés face aux investisseurs peu diligents

Le principe de l'enrichissement illicite a été invoqué dans l'arbitrage relatif aux investissements, tant par l'investisseur[989] que par l'État hôte[990]. Dans l'affaire *Saluka*, c'était le demandeur qui s'y référait dans sa requête portant violation de la clause du traitement juste et équitable. Il essayait de démontrer que la question de l'enrichissement illicite pouvait être traitée sous l'angle du standard du traitement juste et équitable. Le tribunal ne réfuta pas l'argumentation, mais ne reconnut pas d'enrichissement spécifique de la part du défendeur au détriment de l'investisseur[991]. Les États défendeurs s'y réfèrent normalement comme un moyen de défense, par exemple, pour faire valoir que toute compensation qu'ils devront payer serait un enrichissement injustifié au bénéfice de l'investisseur, demandeur. Dans une affaire *Inceysa* l'argument présenté cette fois par l'État-défendeur a été accepté par le tribunal, dans un arbitrage sur la compétence. L'affaire est née à la suite d'une décision du gouvernement d'El Salvador de mettre un terme à un contrat de concession accordé à l'investisseur dans le domaine des inspections de véhicules. Il avait remporté un appel d'offres et estima que la décision du gouvernement était contraire aux dispositions de l'accord relatif aux investissements applicable, celui entre El Salvador et l'Espagne. Le défendeur contesta la compétence du tribunal arbitral. L'argument utilisé reposait en partie sur le principe de l'enrichissement illicite. El Salvador arguait que l'investisseur avait remporté la concession par des moyens frauduleux : il avait fourni des informations erronées sur ses moyens financiers et sur son expérience dans le domaine de l'inspection de véhicules. Par conséquent, selon le défendeur, en raison de ses actions frauduleuses, l'investisseur ne pouvait invoquer

[989] Voir par exemple : *Saluka Investments v. République Tchèque,* CNUDCI, sentence partielle (17/03/2006), *Azurix c. Argentine*, CIRDI n°ARB/01/12, sentence (14/07/2006), *ENRON Corp. Ponderosa Assetsn L.P. c. Argentine,* CIRDI n°. ARB/01/3, sentence (22/07/2007) ?

[990] Voir par exemple : *Inceysa Vallisoletana S.L. c. El Salvador*, CIRDI n°. ARB/03/26, sentence (02/08/2006) ; *Siemens c. Argentine*, CIRDI n°. ARB/02/8, Sentence (06/02/2007) ; *Repsol YPF Ecuador, S.A c. Équateur*, CIRDI n°. ARB/01/10, Décision d'annulation (28/01/2007).

[991] *Saluka Investments v. République Tchèque,* CNUDCI, sentence partielle (17/03/2006), §451.

la protection le l'accord. Ce dernier exigeait que l'investissement s'effectuât conformément au droit national. Ce n'était pas le cas dans cette espèce. Et le tribunal se déclara incompétent en considérant, entre autres, que l'activité de l'entreprise étrangère qui avait été effectuée de manière illégale n'était effectivement pas un investissement au sens de l'accord applicable et ne pouvait, par conséquent, pas faire l'objet d'une protection, car cela enrichirait injustement l'investisseur[992]. Dans les termes du tribunal :

> « *Applying the principle* [of unjust enrichment] *to the case at hand, we note that Inceysa resorted to fraud to obtain a benefit that it would not have otherwise obtained. Thus, through actions that violate the legal principles* [of unjust enrichment], *Inceysa tried to enrich itself, signing an administrative contract with MARN, which, without any doubt, would produce considerable profit for it.* (...). *The clear evidence that proves the violations listed in chapter IV of this award leads this Tribunal to decide that an interpretation that would grant BIT protection to Inceysa's illegal investment would favor its unlawful enrichment, which no tribunal constituted according to the Agreement can do*[993] ».

C'est une logique similaire qui s'applique dans l'hypothèse d'un investisseur peu diligent face à un État peu développé. La question se présenterait comme suit : l'investisseur ferait valoir une violation de l'accord applicable, par exemple, une violation de la clause du traitement juste et équitable ou de celle relative à la protection et à la sécurité pleines et entières. Il s'agit, là, bien entendu, d'un cas similaire à ceux susmentionnés dans la partie précédente où les investisseurs s'étaient sciemment implantés dans un pays en développement et avaient conséquemment souffert du faible développement caractérisant le fonctionnement de l'État d'accueil dans certaines matières. Si dans un tel cas de figure, l'investisseur reçoit sous ordres du tribunal une compensation due par l'État malgré un manque de diligence de sa part, cela reviendrait à l'enrichir du montant de la somme due. Il serait ainsi enrichi en dépit de sa propre

---

992 *Inceysa Vallisoletana S.L. c. El Salvador*, CIRDI n°. ARB/03/26, sentence (02/08/2006), §§254-257.

993 *Ibid.*, §§255-256.

erreur de jugement, de son imprudence et donc de sa faute. Son enrichissement aurait pour contrepartie l'appauvrissement de l'État, ce dernier devant verser la compensation au premier en vertu de la sentence rendue. Le lien de causalité entre l'enrichissement et l'appauvrissement est ainsi établi. L'enrichissement est en soi injustifié, car il découlerait, du moins partiellement, d'un manque de diligence requise de l'investisseur. Finalement, l'État, appauvri, n'a pas de véritable moyen juridique dont il peut user pour en demander le remboursement à l'investisseur. Les conditions pour invoquer l'application du principe peuvent donc être potentiellement satisfaites. Cependant, l'enrichissement illicite s'accompagne normalement d'une demande en restitution[994]. Celui qui actionne une défense en utilisant le principe s'attend logiquement à recevoir la restitution de la somme par laquelle il s'est appauvri. Or, dans le cas d'espèce, l'appauvrissement n'a pas encore eu lieu. Il serait uniquement effectif si le tribunal reconnaissait la responsabilité de l'État sans retenir le devoir de diligence de l'investisseur. En d'autres termes, la raison de l'appauvrissement serait la sentence rendue en faveur de l'investisseur peu diligent. Le moyen de défense sur la base de l'enrichissement illicite ne vise donc pas la constatation d'un tel enrichissement, mais sa prévention. La question de la restitution ne se pose pas directement dans ce cas. Il s'agit d'informer le tribunal des conséquences d'une sentence qui se focaliserait uniquement sur les obligations de l'État en ignorant ceux des demandeurs qui n'ont aucune raison de profiter de leurs propres erreurs ; la doctrine de l'enrichissement sans cause sert à équilibrer les obligations des parties[995].

Dans l'affaire *Repsol*, le défendeur arguait devant le Comité d'annulation que ce dernier avait un devoir moral d'annuler la sentence rendue par le tribunal arbitral au risque d'enrichir injustement l'investisseur[996]. Le principe de l'enrichissement illicite

[994] CHENG (B.), « Justice and Equity in International Law », *in*, KEETON (G.), SCHWARZENBERGER (G.) [eds.], *Current Legal Problems*, London, Stevens & Sons ltd., 1955, vol.8, p.191 ; VOHRYZEK (A.), « Unjust Enrichment Unjustly Ignored : Opportunities and Pitfalls in Bringing Unjust Enrichment Claims under ICSID », *Loyola of Los Angeles International and Comparative Law Review*, vol.3, 2009, p.504.

[995] *ENRON Corp. Ponderosa Assets L.P. c. Argentine,* CIRDI n°. ARB/01/3, sentence (22/07/2007), §214.

[996] *Repsol YPF Ecuador, S.A c. Équateur*, CIRDI n°. ARB/01/10, Décision

peut dans ce sens être dûment présenté comme une technique de défense utilisable par les États faiblement développés face au manque de scrupules de certains investisseurs. Une fois de plus il importe de préciser que cette défense est possible uniquement si l'État a lui-même agi de bonne foi dans le respect de ses obligations envers l'investisseur.

d'annulation (28/01/2007), §25.

Conclusion du Chapitre 2

En lisant les dispositions relatives à la protection des investissements internationaux à la lumière du niveau de développement de leur État d'accueil, il ressort que les investisseurs internationaux ont certains devoirs, non spécifiés dans les accords, dont le manquement justifierait que la responsabilité de l'État d'accueil ne soit pas engagée. La fonction du développement dans l'application du droit a, ici, justement été de mettre en évidence au moins deux de ces devoirs : l'investisseur a, premièrement, lui aussi un devoir de diligence qu'il doit adapter selon le niveau de développement de son État d'accueil ; il a, deuxièmement, un devoir d'information et peut manquer à son devoir de bonne foi s'il fournit des informations incomplètes ou erronées à son État d'accueil, en profitant notamment de la vulnérabilité de ce dernier lorsque ses faibles capacités ne lui permettent pas de vérifier la teneur des informations. Dans cette veine, considérer le statut de l'État en interprétant les standards de protection des investissements permet d'éviter que l'investisseur manquant à ses devoirs n'en profite, par ailleurs, en s'enrichissant injustement.

Conclusion du Titre 1

La première série de conclusions qui peut ici être tirée est que l'influence du niveau de développement sur l'application de certains standards de protection à caractère absolu comme le traitement juste et équitable et la protection et la sécurité pleines et entières est juridiquement possible. Le droit international des investissements est ouvert à une application différenciée de ces standards en tenant compte du contexte de l'affaire et de l'État d'accueil.

L'application différenciée est, quant à elle, possible par la référence à des techniques juridiques permettant d'accorder une certaine flexibilité à ces obligations étatiques. La contextualisation n'est de la sorte pas possible *per se*, en invoquant uniquement le faible niveau de développement d'un État partie au contentieux. C'est dans ce sens que les attentes légitimes et l'obligation de diligence ont été présentées comme des techniques appropriées de la contextualisation. Pour que le concept du développement puisse exercer quelque influence sur l'interprétation et sur l'application du droit international des investissements, il faut qu'il le fasse en s'appuyant sur les méthodes qu'offre le droit international. Entre le développement et la norme à appliquer doit ainsi intervenir un autre principe juridique, permettant de lier l'un à l'autre. D'après l'étude menée, c'est uniquement de la sorte que le concept du développement s'avère efficace et c'est, dès lors, par ce biais qu'il se présente comme un concept utile pour le droit.

Cela se vérifie lorsque le développement, sous sa forme durable cette fois, est utilisé pour interpréter le droit international des investissements. Appliqué froidement au droit, il se présente comme un concept relativement creux et donc, sans grand effet. Cependant, appliqué par l'intermédiaire d'autres principes (juridiques), son intérêt se constate de manière plus limpide. Par conséquent et dans cette logique, il est aussi possible de relever l'influence qu'exerce le développement durable sur le droit international des investissements. Toutefois, s'agissant d'un concept relativement récent, il est encore trop tôt pour faire valoir tous les effets qu'il peut avoir sur cette branche du droit.

TITRE 2 : L'INFLUENCE NOUVELLE DU DÉVELOPPEMENT DURABLE DANS LE DROIT INTERNATIONAL DES INVESTISSEMENTS.

Comme cela a été souligné dans l'introduction, le développement durable est la forme moderne du développement et il entretient aussi un rapport avec le droit international des investissements. Le développement a ici pour fonction de permettre une autre lecture des principes du droit international des investissements et de la protection des investissements à l'aune d'autres principes initialement non liés à ce domaine du droit. La seule référence au développement sous sa forme durable a peu d'effets sur le droit. Pour exercer une influence, le développement durable doit être retranscrit sous une forme juridique qui fera, elle, le lien avec le droit international des investissements, et c'est notamment le principe de la protection de l'environnement qui permet au développement durable d'être juridiquement présent dans le droit international des investissements.

Par sa composante environnementale, le développement durable influence le champ de la protection offerte aux investissements internationaux. Le développement durable permet potentiellement de redéfinir la protection qui est attendue par un investisseur. Toutefois, son apparition dans le droit international des investissements est plutôt récente et il est, pour le moment, difficile d'avoir une vision claire et complète des effets juridiques qu'il est susceptible d'y produire. Il n'en reste pas moins que l'étude du cadre actuel du droit international des investissements à la lumière du développement durable permet de comprendre dans quelles directions il peut évoluer. Par exemple, les nouveaux accords relatifs aux investissements internationaux se réfèrent quasiment tous aux impératifs du développement durable et leur application concernera sans aucun doute la question de la protection de l'environnement dans le futur. Pour cette raison, cette partie du travail étudie l'influence qu'a le développement durable sur le droit international des investissements et les difficultés qui surgissent à ce niveau. Cette influence s'observe à deux niveaux : si elle est plutôt marquante sur les aspects financiers du droit international des investissements (Chapitre 1), elle demeure encore limitée lorsque, sous la forme du pouvoir réglementaire environnementale, elle est confrontée aux standards de protection (Chapitre 2).

CHAPITRE 1 : L'INFLUENCE MARQUANTE DU DÉVELOPPEMENT DURABLE SUR LES ASPECTS FINANCIERS DU DROIT INTERNATIONAL DES INVESTISSEMENTS

L'investissement international engendre une circulation de capitaux qui proviennent souvent des institutions financières comme le Groupe de la Banque mondiale ou les différentes banques de développement régionales ou nationales, surtout lorsqu'il s'agit d'investissements lourds. Ces institutions prêtent, d'une part, aux États et, d'autre part, directement aux investisseurs. Les États utilisent les fonds empruntés pour financer les activités d'investissements sur leur territoire en concluant des contrats avec des investisseurs qui peuvent être étrangers, et qui le sont souvent dans le cas des pays en développement. Les investisseurs utilisent le capital emprunté pour implanter leurs activités directement sur un territoire étranger ou pas. Dans les deux cas, les emprunts sont conditionnels. États comme investisseurs doivent respecter certaines conditions afin d'en bénéficier. De plus en plus, ces conditions sont élaborées dans le contexte et selon les principes du développement durable. Le Rapport *Brundtland* précise par exemple qu'une responsabilité particulière incombe à la Banque mondiale dans la gestion et dans la réalisation du développement durable concernant les projets qu'elle finance[997]. Les emprunteurs doivent prouver que les activités financées par le prêt ne contreviennent pas aux principes de durabilité fixés par l'institution. Dans la mesure où les normes du droit international des investissements sont toujours en construction en ce qui concerne la prise en compte des principes du développement durable, les institutions financières ont dans ce même domaine une fonction complémentaire qu'elles exercent de plus en plus. Par leur poids, elles sont institutionnellement imposantes. Juridiquement, elles influencent la substance du droit international des investissements si l'on considère leurs accords de prêt et de garantie. Ces accords se réfèrent aux principes du développement durable et doivent être respectés par les États ou par les investisseurs emprunteurs. Les investissements sont constitués et orientés pour devenir intrinsèquement — du moins

---

[997] Commission mondiale sur l'environnement, Our Our Common Future : Report of the World Commission on Environment and Development, A/42/427, §77, §99, disponible sur : http ://www.un-documents.net/ocf-ov.htm

théoriquement — durables. C'est notamment le principe de protection de l'environnement qui permet au développement durable d'avoir une influence au niveau de la protection financière des investissements internationaux.

Par ce biais, le développement durable s'est installé au niveau du financement et de la garantie des investissements et colore la relation entre États et institutions financières, d'une part, (Section 1) et celle entre ces dernières et les investisseurs, de l'autre (Section 2).

Section 1 : L'influence du développement durable sur les prêts étatiques de financement des investissements

Les prêts de la Banque mondiale se conditionnent maintenant automatiquement par le respect des principes du développement durable (Paragraphe 1), même si cette prise en compte du développement durable — qui évoluera sans doute à l'avenir — demeure en partie imparfaite (Paragraphe 2).

Paragraphe 1 : La prise en compte du développement durable dans les prêts de la Banque mondiale

Pour financer des projets de constructions lourdes ou le développement d'infrastructures stratégiques, les États ont souvent recours aux prêts des institutions financières internationales. La Banque mondiale est sans doute celle qui est non seulement la plus connue, mais aussi la plus puissante[998]. Selon son Rapport annuel pour l'année 2011, ses prêts se sont élevés à un montant de 43 milliards de dollars dans dix secteurs précis dont plusieurs nécessitent des investissements lourds[999]. C'est cette institution qui a été choisie pour la présente démonstration dans la mesure où son fonctionnement considère, d'une part, de plus en plus les principes du développement durable et qu'elle inspire, d'autre part, plusieurs autres institutions financières. En accordant ses prêts et ses garanties pour encadrer les activités d'investissements, la Banque a introduit des politiques tenant compte des principes du développement durable (A) même si leur application est pour le moment imparfaite (B).

[998] DI LEVA (C.E), « International Environmental Law and Development », *Georgetown International Environmental Law Review*, vol.10, no.2, 1998, p.504 ; RICH (B.M.), « The Multilateral Development Banks, Environmental Policy, and the United States », *Ecology Law Quarterly*, vol.12, no.4, 1985, p.685 ; TLADI (D.), «Sustainable development, integration and international law and policy : Sombre reflections on World Bank efforts », *South African Yearbook of International Law*, vol.29, 2004, pp.170-171.

[999] Banque Mondiale, *Rapport annuel,* 2011, p.4 (*disponible sur* : http ://go.worldbank.org/OLEGCEUWZ0) ; Voir là-dessus l'**Annexe 1**.

A) La prise en compte politique

Plusieurs raisons justifient le rapprochement entre le développement durable et le financement des investissements internationaux (i), ce qui explique que la Banque mondiale ait décidé d'inclure certains principes du développement durable dans ses politiques opérationnelles (ii).

(i) Les raisons justifiant le rapprochement entre développement durable et le financement des investissements internationaux

S'il peut être démontré que les investissements internationaux ont une certaine utilité dans la réalisation des impératifs du développement durable (a), leur utilité demeure dans certains cas relative, ce qui justifie que des mesures soient adoptées afin d'assurer leur compatibilité (b).

(a) L'utilité des investissements internationaux dans la réalisation du développement durable

Le Rapport Brundtland adopté en 1987 par la Commission internationale sur l'environnement et le développement indique que la transition vers le développement durable doit compter avec la collaboration des agences qui soutiennent et qui facilitent l'investissement privé par les crédits à l'exportation ou en les assurant ; elles doivent, à cet effet, incorporer la prise en compte du développement durable dans leurs politiques et dans leurs pratiques[1000]. Selon l'Agenda 21, l'investissement est crucial pour que les pays en développement puissent atteindre une croissance économique leur permettant d'améliorer le bien-être de leur population et de satisfaire leurs besoins de manière durable sans que ce processus ne soit préjudiciable aux ressources dont dépend le développement. Le développement durable, poursuit le texte, dépend de l'investissement[1001]. Ce même rapport préconise des collaborations

---

[1000] Voir le Rapport : A/42/427, Our Our Common Future : Report of the World Commission on Environment and Development, Chapitre 8, §89, *disponible sur* : http ://www.un-documents.net/ocf-ov.htm.

[1001] Conférence des Nations unies sur l'environnement et le développement, *Agenda*

plus étroites entre les entreprises des pays développés et moins développés dans l'objectif d'un transfert de technologies saines pour l'environnement[1002]. Dans ce même sens, le *Programme relatif à la poursuite de la mise en œuvre d'Action 21* issue d'une résolution de l'Assemblée générale des Nations unies du 19 septembre 1997 précise qu'« *il faudrait tenir compte dans de futurs accords sur les investissements des objectifs du développement durable et, si des pays en développement sont parties à ces accords, accorder une attention particulière à leurs besoins en matière d'investissements*[1003] ». Lors du sommet mondial pour le développement durable ayant eu lieu à Johannesburg en 2002, un *Plan de mise en œuvre du Sommet mondial pour le développement durable* a été adopté[1004]. Le Plan prévoit l'utilisation efficace et optimale des investissements étrangers dans la recherche d'un développement durable[1005] et souligne la nécessité de faciliter le flux des investissements (directs étrangers) dans le cercle économique des pays en développement avec pour objectif de soutenir les projets et les activités allant dans le sens du développement durable[1006]. Quelques récents rapports de la CNUCED vont dans le même sens[1007].

Que les investissements internationaux soient considérés comme un atout fondamental du développement durable se justifie à plusieurs égards. Les investissements internationaux contribuent potentiellement au développement économique des États[1008] et ont

---

21, *op.cit.*, §2.23.

1002 *Ibid.*, §34.27, §34.28 ; voir aussi : Voir le Rapport : A/42/427, Our Common Future : Report of the World Commission on Environment and Development, *ibid.*, Chapitre 3, §59.

1003 A/RES/S-19/2, *Programme relatif à la poursuite de la mise en œuvre d'Action 21*, 19 septembre 1997, §29(g).

1004 A/CONF.199/20, Résolution 2, *Plan de mise en œuvre du Sommet mondial pour le développement durable*, 2002, *disponible sur* : http ://www.unctad.org/fr/docs//aconf199d20_fr.pdf.

1005 *Ibid.*, §83.

1006 *Ibid.*, §84.

1007 Voir : CNUCED, "Reform of Investor-State Dispute Settlement: In Search of a Roadmap", CNUCED, IIA Issues, no 2, 2013, pp. 2–4; CNUCED, "World Investment Report 2015 — Reforming International Investment Governance", CNUCED, 2015, pp. 125–35.

1008 BANQUE MONDIALE, *Rapport sur le développement dans le monde 2005 : Un meilleur climat de l'investissement pour tous,* Publication de la Banque Mondiale, Ed. De Bœck (version française), 2005, voir notamment, pp.24-35 ; HARDING (T.), JAVORCIKR (B.S.), « Developing Economies and

ainsi la capacité de fortifier une des composantes — la composante économique — du développement durable. Si la composante économique est solidifiée par l'apport des investissements, le développement durable s'en trouve lui-même potentiellement et positivement affecté. La lecture du développement durable se fait souvent précipitamment avec une focalisation immédiate sur les éléments strictement environnementaux. Dans cette veine, les facteurs économiques ont parfois tendance à être oubliés ou diabolisés alors que leur importance ne doit pas être minimisée. Le développement durable est aussi un processus économique et de ce point de vue, les investissements y jouent un rôle certain[1009].

Il arrive toutefois que le processus de protection des investissements ne considère nullement ces autres intérêts sociaux et environnementaux. C'est aussi dans ce sens que le développement durable est d'un intérêt pour les investissements internationaux et pour

---

International Investors : Do Investment Promotion Agencies Bring Them Together? », Banque Mondiale, Policy Research Working Paper, 4339, 207, pp.2-50 ; LEE (Y.S.), « Foreign Direct Investment and Regional Trade Liberalization : A Viable Answer for Economic Development?», *Journal of World Trade*, vol.39, no.4, 2005, pp.701-703 ; MEIER (G.M.), *The International Economics of Development : Theory and Policy*, New York, Harper & Row, 1968, p.143 ; MORAN (T.),« Foreign Direct Investment and Development : A Reassessment of the Evidence and Policy Implications», *OECD Conference on the Role of International Investment in Development, Corporate Responsibilities and the OECD Guidelines for Multinational Enterprises*, Paris, 20-21 Septembre 1999, pp.1-11 (*disponible sur* : http ://www.oecd.org/dataoecd/9/3/2089864.pdf) ; ROSTOW (W.W.), *Les étapes de la croissance économique*, Paris, Seuil, 1963, pp.77-85 ; PIMENTEL PUGA (F.), BORÇA JUNIOR (G.R.), MACHADO NASCIMENTO (M.), «O Brasil diante de um novo ciclo de investimento e crescimento econômico», *in*, ALEM (A.C.), GIAMBIAGI (F.) [dir.], *O BNDES em um Brasil em transição*, Rio de Janeiro, BNDES, 2010, p.59 ; WELLS Jr. (T.L.), WINT (A.G.), « Facilitating Foreign Investment Government Institutions to Screen, Monitor, and Service Investment from Abroad», Banque Mondiale, *Foreign Investment Advisory Service*, Occasional Paper, pp.1-43.

1009 Voir là-dessus : *Commission des Communautés européennes c. Conseil de l'Union européenne*, affaire C-94/03, 10 janvier 2006, §42, §51 ; *First Corporate Shipping*, affaire c-371/98, 7 mars 2000, Conclusions de l'Avocat général Philippe Léger, §53, §§57-58. Voir aussi : BARRAL (V.), « Le rayonnement intrasystémique du concept de développement durable », *in*, RUIZ FABRI (H.), GRADONI (L.), *La circulation des concepts juridiques : le droit international de l'environnement entre mondialisation et fragmentation*, Paris, Société de législation comparée, 2009, pp.383-384.

le droit des investissements internationaux, et c'est la raison pour laquelle certains appellent à plus de réglementation dans ce sens, car l'apport des investissements au développement durable peut aussi être nuancé.

(b) Une utilité parfois relative

Tous les investissements ne sont pas par définition propices au développement[1010] et *a fortiori* au développement durable. La quantité d'investissements doit être mesurée à sa qualité et c'est cette dernière qui en détermine les effets pratiques sur le développement durable[1011]. Une activité qualifiable d'investissement peut certainement générer des emplois, transférer un savoir-faire et augmenter d'une manière ou d'une autre le produit intérieur brut d'un État. Elle peut aussi être « durable [1012]» dans le sens où elle peut contribuer à mettre en œuvre les principes du développement durable. Cependant, elle le sera si son apport économique n'est pas préjudiciable aux sphères sociales et environnementales[1013]. Par exemple, les quatre-vingt-cinq entreprises mises en cause dans le rapport du Groupe d'Experts qui s'est penché sur l'exploitation illégale des ressources naturelles en République Démocratique du Congo n'ont certainement pas été un atout pour le développement global de cet État[1014]. De même, les investissements de Shell au

---

[1010] STIGLITZ (J.E.), *La grande désillusion*, Paris, Fayard, 2002, p.128.

[1011] BERNASCONI-OSTERWALDER (N.), COSBEY (A.), JOHNSON (L.), VIS-DUNBAR (D), *Investment Treaties and Why They Matter to Sustainable Development : Questions and Answers*, Manitoba, Institut International pour le Développement Durable, 2012, p.6.

[1012] STIGLITZ (J.E.), *La grande désillusion*, Paris, Fayard, 2002, p.33.

[1013] ODUNTAN (G.), « The Emergent Legal Regime For Exploration of Hydrocarbons in the Gulf of Guinea : Imperative Considerations for Participating States and Multinationals », *International and Comparative Law Quarterly*, vol.57, no.2, 2008, p.288. Voir aussi de manière générale : DAVID (E.), LEFEVRE (G.), *Juger les multinationales. Droits humains bafoués, ressources naturelles pillées, impunité organisée*, Bruxelles, GRIP, MARDAGA, 2015, 184p.

[1014] Voir, La lettre de Monsieur Kofi A. Annan, ancien Secrétaire général des Nations unies, au président du Conseil de Sécurité, 16 octobre 2002, Document NU S/2002/1146, notamment l'Annexe III du document (*disponible sur* : http ://daccess-dds-ny.un.org/doc/UNDOC/GEN/N02/621/80/IMG/N0262180.pdf?OpenElement)

Nigeria, notamment dans le Delta du Niger, dans les années quatre-vingt-dix et ses rapports avec le gouvernement militaire de l'époque ont soulevé plusieurs débats sur sa complicité dans la violation des droits humains, mais aussi sur le mépris de l'environnement[1015], ce qui nuance leurs apports en termes de développement, qui plus est durable. Cette société pétrolière a été à l'origine de plusieurs dommages environnementaux dans l'Ogoniland nigérian[1016] ; elle utilisait, semble-t-il, du matériel usé et non rénové dans le cadre de ses opérations, bouleversant de ce fait l'équilibre environnemental de la région[1017]. Ses activités de torchage de gaz pendant plus de quarante ans dans le Delta ont été une des causes de l'augmentation du gaz à effet de serre et partant, de la pluie acide ayant affecté la faune et la flore forestière[1018]. La Commission Africaine des droits de l'Homme et des Peuples s'est prononcée sur cette affaire. Elle a reconnu que l'exploitation des ressources pétrolières dans l'Ogoniland n'avait eu aucune considération pour les questions environnementales ou pour les questions liées à santé de la population locale qui a souffert de la contamination de l'eau, du sol et de l'air en subissant des complications comme des infections respiratoires, dermatologiques et gastro-intestinales ou des risques de cancers et d'autres complications neurologiques ou reproductives[1019]. La Commission a rappelé que

---

1015 ADEFOLAKE OYEWANDE (A.), *Corporate Social Responsibility of Multinational Corporations in Developing Countries : How Far Do Their Responsibility Stretch?*, Thèse, Université nationale du Singapour, 2008, pp.44-46.

1016 « Pollution pétrolière au Nigeria : la justice néerlandaise condamne la filiale de Shell », *Le Monde*, 30 janvier 2013 (édition lemonde.fr).

1017 ADEOYE IDOWU (A.), « Human Rights, Environmental Degradation and Oil Multinational Companies in Nigeria : The Ogoniland Episode », *Netherlands Quarterly of Human Rights*, vol.17, no.2, 1999, pp.171-172 ; EATON (P.J.), « The Nigerian Tragedy, Environmental Regulation of Transnational Corporations, and the Human Right to a Healthy Environment », *Boston University International Law Journal*, vol.15, 1997, pp.264-269 ; LAMBOOY (T.), RANCOURT (M.E.), « Shell in Nigeria : From Human Rights Abuse to Coporate Social Responsibility », *Human Rights and International Legal Discourse*, vol.2, no.2, 2008, p.241.

1018 EATON (P.J.), « The Nigerian Tragedy, Environmental Regulation of Transnational Corporations, and the Human Right to a Healthy Environment », *Boston University International Law Journal*, vol.15, 1997, p.269.

1019 *The Social and Economic Rights Action Center and the Center for Economic and Social Rights c. Nigéria*, Commission Africaine des Droits de l'Homme et des Peuples, ACHPR/COMM/A044/1, Communication 155/96, 22 mai 2002, §2 (*disponible sur* : http

l'article 24 de la Charte africaine des droits de l'Homme et des Peuples fait état de la nécessité d'un développement qui soit durable [1020]et en invoquant l'article 21, elle a souligné que l'investisseur en l'espèce n'avait par ailleurs pas consulté les populations locales sur les décisions et les activités qui pouvaient affecter leur développement[1021]. Le point important qu'elle met en avant est le suivant[1022] :

> « *The intervention of multinational corporations may be a potentially positive force for development if the State and the people concerned are ever mindful of the common good and the sacred rights of individuals and communities.*[1023] ».

Des problèmes similaires touchent plusieurs autres États — souvent en développement. Le Gabon, la République Démocratique du Congo, l'Angola, le Tchad ou la Guinée équatoriale en sont des exemples parmi d'autres[1024]. ChevronTexaco a été à l'origine d'un cas similaire dans la partie amazonienne de l'Equateur, cet État étant — ou du moins, donnant l'impression d'être — toujours hésitant entre développement économique et durabilité du développement[1025]. L'extraction de pétrole a causé une contamination de l'eau et des terres en engendrant un processus de déforestation. Les populations indigènes en ont aussi souffert au niveau de leur santé et de leur culture, menacée d'extinction[1026]. Globalement, l'apport au

---

://www.cesr.org/downloads/AfricanCommissionDecision.pdf).

1020 *The Social and Economic Rights Action Center and the Center for Economic and Social Rights c. Nigéria*, Commission Africaine des Droits de l'Homme et des Peuples, ACHPR/COMM/A044/1, Communication 155/96, 22 mai 2002, §52.

1021 *Ibid.*, §§55-56.

1022 Il faut noter que dans cette affaire c'est l'Etat nigérian et non la société pétrolière qui est mis en cause et condamné.

1023 *The Social and Economic Rights Action Center and the Center for Economic and Social Rights c. Nigéria*, Commission Africaine des Droits de l'Homme et des Peuples, ACHPR/COMM/A044/1, Communication 155/96, 22 mai 2002, §69.

1024 DURUIGBO (E.), « The World Bank, Multinational Oil Corporations, and the Resource Curse In Africa », *University of Pennsylvania Journal of International Economic Law*, vol.26, 2005, pp.1-67.

1025 Voir par exemple : GARRIC (A.), « Mobilisation pour l'Amazonie équatorienne, déchirée entre pétrole et biodiversité », *Le Monde*, 26 février 2013 (édition en ligne).

1026 LYONS (M.), « A Case Study in Multinational Corporate Accountability. Ecuador's Indigenous Peoples' Struggle for Redress », *Denver Journal of*

développement durable a été très minime[1027]. La société a d'ailleurs été condamnée par un tribunal équatorien pour les dommages causés aux populations indigènes[1028]. Plusieurs procédures sont toujours en cours en ce qui concerne ce problème. C'est dans ce contexte et en étant consciente de ces questions que la Banque mondiale a modifié ses politiques pour que les activités d'investissement qui sont financées par les prêts accordés aux États respectent les principes du développement durable. L'accès aux prêts requiert désormais une garantie de l'État attestant que seules seront financées les activités qui prennent en compte les politiques opérationnelles de la Banque.

(ii) Les principes du développement durable dans les politiques opérationnelles de la Banque mondiale

L'application de ces principes (b) suit, dans la mesure du possible, les raisons ayant motivé leur adoption (a).

(a) L'adoption des principes du développement durable

Le Groupe de la Banque mondiale est constitué de cinq institutions : la Banque internationale pour la reconstruction et le développement (BIRD), l'Association internationale de développement (IDA), la société financière internationale (IFC), l'Agence multilatérale de garantie des investissements (MIGA) et le Centre pour le règlement des différends relatifs aux investissements (CIRDI)[1029]. Leurs objectifs visent surtout et premièrement un

---

International Law and Policy, vol.32, no.4, 2004, p.701, pp.706-707 ; The Center for Economic and Social Rights, *Rights Violations in the Ecuadorian Amazon : The Human Consequences of Oil Development,* Rapport, New York, mars 1994, p.6.

[1027] KIMERLING (J.), « Transnational Operations, Bi-national Injustice : ChevronTexaco and Indigenous Huaorani and Kichwa in the Amazon Rainforest in Ecuador », *American Indian Law Review*, vol.31, no.2, 2007, p.463.

[1028] Voir : *Lemonde*, « Un tribunal équatorien condamne le groupe Chevron à 8 milliards de dollars d'amende », 14 février 2011 (disponible sur : www.lemonde.fr) ; *The Guardian*, « Chevron fined $8bn over Amazon 'contamination », 14 février 2011 (disponible sur : www.guardian.co.uk) ; *The New York Times*, « Ecuador Judge Orders Chevron To Pay $9 billion », 14 février 2011 (*disponible sur* : www.nytimes.com).

[1029] Voir : http ://go.worldbank.org/CHQCRW0ET0

développement économique[1030]. Ce sont les deux premières qui prêtent aux États, avec intérêts pour la première et sans pour la seconde. Le rôle des autres institutions, hormis le CIRDI, est axé sur le financement du secteur privé ; elles seront traitées plus bas.

Le terme développement durable n'apparaît pas dans les statuts initiaux de la Banque, mais dans la mesure où sa mission principale est orientée vers le développement, l'évolution et l'état actuel de ce concept l'obligent à considérer les questions de durabilité[1031]. Dans un discours prononcé devant le Conseil économique et social des Nations unies en 1970, le Président de la Banque mondiale de l'époque, Monsieur Robert McNamara expliquait déjà que :

> « (…) *les institutions financières, dont la Banque mondiale, se trouvent dans un dilemme : est-il possible d'aider les pays en voie de développement à éviter ou à atténuer certains des dommages que le développement économique peut causer à l'environnement, sans ralentir en même temps le rythme de leur progrès économique ? Nous savons ce qu'une rupture de l'équilibre écologique peut coûter à la société. Nous savons également que l'on peut, sans grands frais, prévenir des dégâts dont la réparation entraînerait des dépenses bien plus considérables.*
>
> *C'est pourquoi nous venons de créer à la Banque mondiale une petite section qui a pour mandat de prévoir dans toute la mesure du possible des conséquences pour lesquels est sollicité notre financement* (…) *nous voudrions mettre au point des concepts qui permettraient à nous et aux autres institutions de financement du développement d'étudier systématiquement, sous l'angle d'une analyse coûts-bénéfices, la répercussion*

1030 Voir : l'article 1 des statuts de de l'IDA (http ://go.worldbank.org/K0H1GLMZK0), l'article 1 des statuts de la BIRD (http ://go.worldbank.org/JIWS9BA2W0), l'article 1 des statuts de l'IFC (http ://www1.ifc.org/wps/wcm/connect/corp_ext_content/ifc_external_corporate_site/about+ifc/articles+of+agreement), l'article 12(e)(i) de la Convention de Séoul instituant l'AMGI (http ://www.miga.org/documents/miga_convention_november_2010.pdf). Voir aussi : BROCHES (A.), « International Legal Aspects of the Operations of the World Bank », *R.C.A.D.I.*, Tome III, vol.98, 1959, p.337.

1031 SHIHATA (I.), « The World Bank and the Environment : A Legal Perspective », *Maryland Journal of International Law and Trade*, vol. 16, no. 1, 1992, pp.1-2.

que les progrès de développement peuvent avoir sur le milieu naturel. Je ne me cache pas les difficultés de cette tâche, mais je suis en même temps convaincu de son importance[1032] ».

Mais les activités de prêts de la Banque mondiale ont souvent eu des effets pervers sur l'environnement et les sociétés des États emprunteurs[1033]. Et les dommages environnementaux sont souvent irréversibles. Ces prêts ont parfois financé des investissements accélérant la déforestation et le déplacement de populations, souvent indigènes, notamment dans certains États d'Amérique du Sud comme le Brésil, ou dans certains États d'Asie du sud-est, comme l'Indonésie [1034]. Le financement du Programme de développement du Nord-ouest du Brésil (*Polonoroeste*) a eu des implications fortes en provoquant un désastre écologique, humain et social en raison des activités de construction de routes et d'habitations et de ses effets sur la déforestation et sur les populations indigènes[1035]. La Banque mobilise cependant, selon un de ses conseillers, Monsieur Di Leva, des ressources importantes, plus que n'importe quelle autre institution financière pour les besoins de la protection de l'environnement, une des composantes du développement durable[1036]. Les questions relatives au développement durable ne sont plus considérées comme étant extérieures ou comme étant des alternatives extérieures aux fonctions de la Banque[1037] ; ce sont notamment la protection de

[1032] Discours prononcé par Monsieur Robert Mcnamara devant le Conseil économique et social des Nations unies à New York le 13 novembre 1970, p.6 (*disponible sur* : http ://www.worldbank.org/).

[1033] HUYSER (K.), «Sustainable Development : Rhetoric and Reform at the World Bank », *Transnational Law and Contemporary* Problems, vol.4, no.1, 1994, p.260 ; RICH (B.M.), « The Multilateral Development Banks, Environmental Policy, and the United States », *Ecology Law Quarterly*, vol.12, no.4, 1985, p.688.

[1034] RICH (B.M.), « The Multilateral Development Banks, Environmental Policy, and the United States », *Ecology Law Quarterly*, vol.12, no.4, 1985, pp.689-672.

[1035] RICH (B.M.), « The Multilateral Development Banks, Environmental Policy, and the United States », *Ecology Law Quarterly*, vol.12, no.4, 1985, p.694.

[1036] DI LEVA (C.E), « International Environmental Law and Development », *Georgetown International Environmental Law Review*, vol.10, no.2, 1998, p.505 ; PARK (S.), « The World Bank, Dams and the Meaning of Sustainable Development in Use », *Journal of International Law and International Relations*, vol.5, no.1, pp.105-106.

[1037] OSHIONEBO (E.), « World Bank and Sustainable Development of Natural Resources in Developing Countries », *Journal of Energy and Natural Resources Law*, vol.27, no.2, 2009, pp.194-195 ; (S.), « The World Bank, Dams and the

l'environnement et celle des droits humains qui apparaissent comme indicateur de la prise en compte du développement durable en ce qui concerne les investissements financés par la Banque. Le Manuel des politiques opérationnelles de la Banque mondiale, mise à jour en février 2012, contient toute une série d'objectifs de durabilité accompagnés de principes opérationnels permettant de les réaliser. Les politiques opérationnelles encadrent les opérations de la Banque et elles se lisent simultanément avec les Procédures de la Banque qui, elles, ne s'appliquent pas aux États, mais à l'administration de la Banque mondiale[1038]. En matière de développement durable, ce sont les politiques opérationnelles dites OP 4.00 adoptées en mars 2005 sous un intitulé, « Le contrôle de l'utilisation du système d'emprunt pour aborder les problèmes de sauvegardes environnementales et sociales dans les projets soutenus par la Banque »[1039] (« *Piloting the Use of Borrower Systems to Address Environmental and Social Safeguard Issues in Bank Supported Projects* ») qu'applique la Banque mondiale[1040]. Ces politiques ont pour objectif de prévenir, de gérer et de minimiser les impacts environnementaux et sociaux néfastes des projets d'investissement qu'elle finance. Les États doivent tenir compte de certains principes du développement durable en utilisant les prêts qui leur sont accordés[1041]. La Banque a établi pour cela une méthodologie alignant certains principes permettant de concrétiser la durabilité des activités de développement. Elle figure dans le même manuel des politiques opérationnelles dans un tableau

---

Meaning of Sustainable Development in Use », *Journal of International Law and International Relations*, vol.5, no.1, pp.108-110.

1038 Voir : http ://go.worldbank.org/STEWT8SF30
Voir aussi : DI LEVA (C.E), « International Environmental Law and Development », *Georgetown International Environmental Law Review*, vol.10, no.2, 1998, p.520 ; SHIHATA (I.), « The World Bank and the Environment : A Legal Perspective », *Maryland Journal of International Law and Trade*, vol. 16, no. 1, 1992, p.9 et s.

1039 Traduction libre de l'auteur.

1040 Banque Mondiale, « Piloting the Use of Borrower Systems to Address Environmental and Social Safeguard Issues in Bank Supported Projects », *in*, Manuel *des politiques opérationnelles*, , OP 4.00, mars 2005 (*disponible sur* : http ://siteresources.worldbank.org/OPSMANUAL/Resources/EntireOM_External.pdf).

1041 Banque Mondiale, « Piloting the Use of Borrower Systems to Address Environmental and Social Safeguard Issues in Bank Supported Projects », *in*, *Manuel des politiques opérationnelles*, , OP 4.00, mars 2005.

ayant le titre suivant : « *Environmental and Social Safeguard Policies-Policy Objectives and Operational Principles* ». Ces politiques opérationnelles visent et s'appliquent à huit domaines particuliers. Ces derniers sont l'évaluation environnementale, l'habitat naturel, la gestion de pesticides, le repeuplement involontaire, les peuples indigènes, les forêts, les ressources culturelles physiques et la sûreté des barrages. Ce sont là les domaines qui sont potentiellement affectés par les projets financés par la Banque. A chacune de ces préoccupations sont fixés des objectifs de durabilité qui vont dans le sens de la réduction ou de l'élimination des impacts potentiellement préjudiciables. Une illustration peut en être donnée pour expliquer l'application de ces principes.

(b) L'application des principes du développement durable

Un gouvernement faisant une demande de prêt devra, ainsi accompagner sa requête d'une évaluation environnementale (*Environmental Assessment*) du projet devant être financé ; cette évaluation est un indicateur utile et déterminant à la fois pour l'État demandeur et pour la Banque[1042]. Pour chaque projet, le type d'évaluation environnementale devra être décidé le plus tôt possible en en mesurant les conséquences sur les ressources physiques, biologiques, socio-économiques, culturelles dans un contexte à la fois global et transfrontalier, et dans le respect de la sûreté et de la santé humaine. De même seront évaluées la justesse et l'applicabilité du cadre juridique et institutionnel pertinent afin de s'assurer qu'un État ne s'engage pas dans un projet dont l'exécution contreviendrait à ses obligations au sein d'une convention internationale environnementale applicable[1043]. La réalité nationale accueillant le projet doit être dûment considérée et tous les acteurs nationaux concernés doivent être

---

[1042] Banque Mondiale,« Environmental Assessment », *in*, *Manuel des politiques opérationnelles*, OP 4.01, janvier 1999 et révisé en février 2011, §§1-19 ; DI LEVA (C.E), « International Environmental Law and Development », *Georgetown International Environmental Law Review*, vol.10, no.2, 1998, p.521.

[1043] DI LEVA (C.E), « International Environmental Law and Development », *Georgetown International Environmental Law Review*, vol.10, no.2, 1998, pp.512-513, p.523 ; SHIHATA (I.F.I.), « Implementation, Enforcement, and Compliance With International Environmental Agreements - Practical Suggestions in Light of the World Bank's Experience », *Georgetown International Environmental Law Review*, vol.9, no.1, 1996, p.49.

consultés et leurs opinions doivent être écoutées avant et pendant la mise en œuvre du projet[1044]. Pour aller plus loin dans le contrôle, la méthode d'évaluation prévoit le recours aux experts indépendants pouvant éclairer toute question socio-environnementale complexe par l'inclusion de leur savoir-faire lors de l'examen. Par ailleurs, l'évaluation doit être faite en tenant compte de toute étude économique, financière, sociale ou institutionnelle pertinente et elle doit être divulguée suffisamment tôt pour que toute personne intéressée puisse y avoir accès[1045]. Cette évaluation est un moyen permettant à la Banque d'affirmer sa légitimité comme une institution du développement durable en plus d'être celle du développement purement économique[1046]. Ce principe de la Banque suit la Déclaration de Rio dont le Principe 17 prévoit une étude d'impact sur l'environnement pour les activités potentiellement nocives, mais aussi le Principe 10 sur l'accès à l'information relative à l'environnement[1047]. L'existence d'une étude de ce type était, par exemple, au cœur de l'affaire *Maffezzini c. Espagne.* Le tribunal en reconnut la nécessité aux termes du droit espagnol, européen et international et a refusé de considérer que le coût de l'étude constituait une atteinte à l'investissement comme le réclamait le demandeur[1048].

Une procédure de contrôle similaire s'applique aussi, par exemple, à la question des populations indigènes pouvant souffrir du manque de diligence des opérateurs de projets, c'est-à-dire des investisseurs soutenus par la Banque. L'objectif est de réaliser le

---

1044 Voir aussi : SHIHATA (I.), « The World Bank and the Environment : A Legal Perspective », *Maryland Journal of International Law and Trade*, vol. 16, no. 1, 1992, p.10.

1045 Banque Mondiale, « Piloting the Use of Borrower Systems to Address Environmental and Social Safeguard Issues in Bank Supported Projects », *in*, Manuel *des politiques opérationnelles*, , OP 4.00, mars 2005.

1046 DI LEVA (C.E), « International Environmental Law and Development », *Georgetown International Environmental Law Review*, vol.10, no.2, 1998, pp.521-522.

1047 Voir : Déclaration de Rio sur l'environnement et le développement, 1992, *disponible sur* : http ://www.un.org/french/events/rio92/rio-fp.htm ; GEHRING (M.W.), « The Impact Assessments of Investment Treaties », *in*, CORDONIER SEGGER (M-C.), GEHRING (M.W.), NEWCOMBE (A.) [eds.], *Sustainable Development in World Investment Law*, Alphen aan den Rijn, Kluwer Law International, 2011, pp.149-170.

1048 *Emilio Agustín Maffezini c. Espagne*, CIRDI n°. ARB/97/7, sentence (13/11/2000), §§65-71.

projet en respectant la dignité des populations indigènes, en protégeant leurs droits humains et leur culture, souvent unique. Tout ceci doit être matérialisé par un moyen qui permette la compatibilité entre le processus prévu de développement et ces populations[1049]. Comme pour l'évaluation environnementale, il y a, de même, une phase préliminaire consistant à identifier les peuples indigènes. Dans ce processus, des critères existent afin de procéder à cette identification. Ces critères sont, par exemple, l'auto-identification ou l'identification par les autres, les traits caractéristiques du lien avec le territoire qui peut être ancestral et les ressources naturelles qui s'y trouvent, la présence de coutumes culturelles, sociales, économico-politiques et institutionnelles ou la présence de langues indigènes. Ces populations doivent ensuite être consultées afin d'obtenir leur accord sur le projet en question et une étude doit être établie sur les effets négatifs du projet sur leur vie et leur mode de vie. Un plan d'action est aussi prévu pour la reconnaissance de leur droit de propriété coutumier si le projet nécessite l'achat d'un territoire appartenant traditionnellement ou de manière coutumière aux populations indigènes. Dans le même cheminement, toute connaissance culturelle traditionnelle de ces peuples ne peut être exploitée sans leur accord préalable. Dans tous les cas, ils doivent être informés en permanence sur le projet et sur son évolution et leur opinion doit toujours en faire partie intégrante[1050].

Un cas particulier peut être mis en avant pour illustrer le fonctionnement pratique de ces politiques opérationnelles. Ainsi, en 2002, la Banque mondiale a financé un projet de décharge de déchets solides au Liban, la décharge de Hbaline. Il s'agissait du *Projet de gestion environnementale et de déchets solides*. Le Liban a toutefois dû au préalable préparer et présenter une étude d'impact environnementale pour soutenir sa demande de financement et pour en obtenir l'approbation[1051]. La méthode qu'elle a adoptée pour réaliser cette étude est celle prévue par la politique opérationnelle, OP 4.01, de

---

[1049] Banque Mondiale, « Piloting the Use of Borrower Systems to Address Environmental and Social Safeguard Issues in Bank Supported Projects », *in*, *Manuel des politiques opérationnelles*, OP 4.00, mars 2005.

[1050] *Ibid.*

[1051] *République libanaise- Conseil du développement et de la reconstruction, Beyrouth, Liban. Projet de gestion environnementale et de déchets solides. Etude d'impact de la décharge contrôlée de Hbaline (Jbeil)*, Documents de la Banque mondiale, avril 2002, pp.2-3(*disponible sur* : http ://www.worldbank.org/).

la Banque[1052]. Le Liban a entrepris des inspections, des révisions, des vérifications, des études en matière environnementale et technologique afin de démontrer l'impact du projet sur l'environnement[1053]. Les données physiques, biologiques et socio-culturelles des déchets ont été analysées ; les effets de la construction sur la qualité du sol, de l'eau, du paysage, sur la faune et la flore, sur les habitants, sur le climat ou encore sur l'intérêt touristique et les richesses archéologiques ont été étudiés. Et des mesures alternatives ont été examinées pour en limiter les effets[1054].

Le moindre risque environnemental rattaché à un projet financé par la Banque déclenche la mise en œuvre d'une étude d'impact environnemental et les autres préoccupations susmentionnées comme, entre autres, les impacts sur l'eau, sur les populations indigènes, sur tout éventuel repeuplement, sur les forêts ou sur l'héritage culturel s'examinent aussi en relation avec cette étude qui démontre la bonne foi de l'État emprunteur ; en même temps, c'est justement cette diversité de sujets pouvant être rattachés à l'environnement et potentiellement liés à tout investissement qui construit le développement durable et c'est aussi dans cette mesure que la Banque se veut une institution du développement durable[1055]. Une politique opérationnelle OP 4.02 de février 2000 encourage les États à produire chacun un Plan d'action environnemental (*Environmental Action Plan*) qu'ils mettront à jour périodiquement. Ce Plan d'action relate les priorités des gouvernements en matière environnementale et explique comment elles peuvent être intégrées à leurs politiques économiques et sociales. Il est un outil utile pour la Banque dans ses projets de prêts et d'assistance aux États[1056]. Comme les autres politiques opérationnelles, il vient s'ajouter aux moyens

---

[1052] *République libanaise - Conseil du développement et de la reconstruction, Beyrouth, Liban. Projet de gestion environnementale et de déchets solides. Etude d'impact de la décharge contrôlée de Hbaline (Jbeil)*, Documents de la Banque mondiale, avril 2002, pp.i-ii (*disponible sur* : http ://www.worldbank.org/).

[1053] *Ibid.*, p.ii.

[1054] *Ibid.*

[1055] DI LEVA (C.E), « International Environmental Law and Development », *Georgetown International Environmental Law Review*, vol.10, no.2, 1998, p.521.

[1056] Banque Mondiale, « Environment Action Plan », *Manuel des politiques opérationnelles*, OP 4.02, février 2000 (*disponible sur* : http ://siteresources.worldbank.org/OPSMANUAL/Resources/EntireOM_External.pdf).

juridiques disponibles pour tenir compte des principes du développement durable.

B) La prise en compte juridique

La pression financière est un autre outil qu'utilise la Banque. Elle peut suspendre le financement d'un projet si ce dernier ne respecte pas ses politiques opérationnelles sociales et environnementales. Juridiquement, cela se formalise dans le cadre des accords de prêts de la Banque internationale pour la reconstruction et le développement et des accords de crédits de développement en ce qui concerne l'Association internationale du développement. Ces accords précisent les termes des prêts ou des crédits et en précisent aussi les conditions et les obligations. Ce sont ces dernières qui se réfèrent aux principes du développement durable[1057]. Ainsi, pour que l'investissement soit réalisable, il doit, au préalable, satisfaire des conditions de durabilité. Dans ce sens, sa mise en œuvre ne doit pas être préjudiciable à l'environnement et aux droits humains de l'État d'accueil, ici, l'État emprunteur. Les accords de prêt de la Banque contiennent des dispositions obligeant les États emprunteurs à ne financer que les investissements respectant et pouvant respecter les principes du développement durable. Par conséquent, en fonction de ces accords, les États ne peuvent admettre sur leur territoire que les investisseurs satisfaisant ces conditions, ce qui veut aussi dire que tout investisseur potentiel doit être techniquement préparé pour exercer son activité dans ce sens.

Ainsi, un accord de prêt de 2001 entre le Tchad et la Banque internationale pour la reconstruction et le développement ayant pour projet le développement des réserves de pétrole du Bassin de Doba précise qu'il doit être exécuté d'une manière qui ne soit pas préjudiciable à l'environnement. Le Tchad a, selon cet accord, l'obligation de s'assurer que tout développement des réserves de pétrole respecte un Plan de gestion environnementale — qui contient, entre autres, l'étude d'impact environnementale —, en ce qui

1057 SHIHATA (I.), « The World Bank and the Environment : A Legal Perspective », *Maryland Journal of International Law and Trade*, vol. 16, no. 1, 1992, pp.14-15.

concerne la protection de l'environnement, le droit à l'information à ce sujet, le repeuplement et la compensation afférente, et les autorisations préalables nécessaires relevant du droit et en particulier du droit administratif[1058] ; ces obligations doivent être fermement respectées par l'État emprunteur[1059]. Déjà, en 1971, avant d'accorder un prêt au Brésil pour un projet *MBR Iron Ore Project*, la Banque a eu recours à des consultants spéciaux pour la préparation d'une étude écologique sur les activités de mines, objet du projet, et dans cette veine, des dispositions précises pour en encadrer les effets environnementaux ont été ajoutées à l'accord[1060]. Un accord de prêt signé avec l'Argentine le 11 avril 2011 pour un projet *Norte Grande Road Infrastructure Project* démontre aussi ce souci du financement d'une activité qui respecte les canons du développement durable[1061]. Peuvent être mentionnés dans le même sens, l'accord de prêt entre la Banque et le Pérou pour le projet *Second Rural Electrification Project*[1062], l'accord de prêt signé avec le Mexique pour le projet *Efficient Lighting and Appliances Project*[1063], celui signé avec El Salvador pour le projet *Education Quality Improvement Project*[1064], l'accord existant entre la Banque et la Colombie dans le cadre du projet *National MACROPROYECTOS Social Interest Program Project*[1065] ou celui signé avec la Bulgarie pour un projet *Municipal Infrastructure Development Project*[1066].

1058 *Accord de prêt entre le Tchad et la Banque internationale pour la reconstruction et le développement pour le développement pétrolier et le projet d'oléoduc*, No. de prêt 4558 CD, 29 mars 2001, section 4.10 (*disponible sur* : http ://siteresources.worldbank.org/INTCHADCAMPIPE/Resources/td_la_en.pdf).

1059 *Ibid.*, section 4.02.

1060 SHIHATA (I.), « The World Bank and the Environment : A Legal Perspective », *Maryland Journal of International Law and Trade*, vol. 16, no. 1, 1992, p.15.

1061 *Accord de prêt entre la BIRD et l'Argentine (Projet : Norte Grande Road Infrastructure Project)*, No. de prêt 7991 AR, 11 avril 2011 (disponible sur le site de la Banque Mondiale).

1062 *Accord de prêt entre la BIRD et le Pérou (Projet : Second Rural Electrification Project)*, No. de prêt 8034-PE, 5 juillet 2011.

1063 *Accord de prêt entre la BIRD et le Mexique (Projet : (Efficient Lighting and Appliances Project)*, No. de prêt 7996-MX, 08 décembre 2010.

1064 *Accord de prêt entre la BIRD et El Salvador (Projet :Education Quality Improvement Project)*, No. de prêt 8110-SV, 14 mars 2012.

1065 *Accord de prêt entre la BIRD et la Colombie (Projet : National MACROPROYECTOS Social Interest Program Project*), No. de prêt 7998-CO, 22 mars 2011.

1066 *Accord de prêt entre la BIRD et la Bulgarie (Projet : Municipal Infrastructure Development Project)*, No. de prêt 7834-BG, 01 février 2010.

Telle est la pratique de la Banque. Elle se retrouve dans plusieurs de ses accords et peut parfois aller plus loin. Pour le financement d'un projet botswanien en 1971, le *Shashe Project*, des dispositions identiques avaient été prévues et la Banque avait même imposé l'adoption d'une loi sur le contrôle de la pollution au Botswana[1067]. L'Ouganda a aussi dû adapter sa législation sur la gestion des forêts dans le cadre d'un crédit de développement octroyé par la Banque pour un projet de réhabilitation forestière en 1987 (*Uganda Forestry Rehabilitation Project*)[1068]. En même temps, il est aussi vrai que certains États n'ont pratiquement pas le choix dans la mesure où ils sont dépendants du financement de la Banque. Dans ce sens, le non-respect des conditions de leurs accords de prêts ou de crédits est punissable[1069]. Les moyens de sanction et, en même temps, de pression dont dispose la Banque sont, en général, plutôt convaincants, car ils sont financiers. La Banque peut tout simplement suspendre ses financements si elle estime que les conditions de l'accord ne sont pas respectées. Si l'État ne prend pas des mesures nécessaires afin de respecter l'accord qui le lie à la Banque, cette dernière peut aussi accélérer le terme de remboursement du prêt et dans tous les cas, cela ne sera pas propice à leur relation future en ce qui concerne d'autres financements[1070].

1067 SHIHATA (I.), « The World Bank and the Environment : A Legal Perspective », *Maryland Journal of International Law and Trade*, vol. 16, no. 1, 1992, p.15.

1068 SHIHATA (I.), « The World Bank and the Environment : A Legal Perspective », *Maryland Journal of International Law and Trade*, vol. 16, no. 1, 1992, p.17.

1069 Dans ce sens : *Affaire du Vapeur « Wimbledon »*, arrêt du 17 août 1923, Cour Permanente de justice internationale, Série A01, p.25 : « *La Cour se refuse à voir dans la conclusion d'un traité quelconque, par lequel un État s'engage à faire ou à ne pas faire quelque chose, un abandon de sa souveraineté. Sans doute, toute convention engendrant une obligation de ce genre, apporte une restriction à l'exercice des droits souverains de l'État, en ce sens qu'elle imprime à cet exercice une direction déterminée. Mais la faculté de contracter des engagements internationaux est précisément un attribut de la souveraineté de l'État.* »

1070 HUYSER (K.), «Sustainable Development : Rhetoric and Reform at the World Bank », *Transnational Law and Contemporary* Problems, vol.4, no.1, 1994, p.268 ; SHIHATA (I.), « The World Bank and the Environment : A Legal Perspective », *Maryland Journal of International Law and Trade*, vol. 16, no. 1, 1992, p.19 ; SHIHATA (I.F.I.), « Implementation, Enforcement, and Compliance With International Environmental Agreements - Practical Suggestions in Light of the World Bank's Experience », *Georgetown International Environmental Law Review*, vol.9, no.1, 1996, p.49.

Le Manuel de décaissement de la Banque atteste ces différents points. Ce manuel est envoyé à tout État qui fait une demande de financement[1071]. Il précise que le décaissement des fonds peut être subordonné à quelques conditions[1072] et en cas de manquement, la Banque peut suspendre les décaissements dans leur globalité ou dans certaines de ses composantes[1073]. Elle l'a déjà fait, par exemple, dans le cadre d'un accord de prêt au Brésil pour le projet *Polonoroeste* susmentionné. L'État brésilien n'avait aucunement pris en compte ses obligations de protection de l'environnement et des populations indigènes prévues dans l'accord que la Banque a par conséquent suspendu en mars 1985. C'était d'ailleurs l'une de ses premières suspensions pour des raisons environnementales[1074]. De plus, l'accord de prêt prime sur le droit national de l'État emprunteur qui ne peut s'y fonder pour justifier quelque manquement[1075]. Cependant, la Banque opte souvent pour des méthodes moins coercitives en engageant un dialogue avec l'État n'ayant pas respecté quelque condition de l'accord ou éprouvant des difficultés à le faire et son personnel assure, dans ce sens, un suivi de tous les projets financés[1076]. La contrainte

---

1071 Voir : Banque mondiale, *Manuel de décaissement*, Washington, Publication de la Banque mondiale, 1993, pp.52-53, appendice 2 [lettre modèle envoyée par la Banque], *(disponible sur* : http ://siteresources.worldbank.org/PROJECTS/Resources/Disbursement-HB/DisbursementHBFrench.pdf).

1072 Banque mondiale, *Manuel de décaissement*, Washington, Publication de la Banque mondiale, 1993, p.9, section 2.12, *(disponible sur* : http ://siteresources.worldbank.org/PROJECTS/Resources/Disbursement-HB/DisbursementHBFrench.pdf).

1073 Banque mondiale, *Manuel de décaissement*, Washington, Publication de la Banque mondiale, 1993, p.14, section 3.12, *(disponible sur* : http ://siteresources.worldbank.org/PROJECTS/Resources/DisbursementHB/DisbursementHBFrench.pdf).

1074 RICH (B.M.), « The Multilateral Development Banks, Environmental Policy, and the United States », *Ecology Law Quarterly*, vol.12, no.4, 1985, pp.695-696.

1075 BIRD, *General Conditions Applicable to Loan and Guarantee Agreements for Single Currency Loans*, 30 mai 1995 (modifié le 01 mai 2004), article X, section 10.1, (*disponible sur* : http ://siteresources.worldbank.org/INTLAWJUSTICE/Resources/IBRD_SCL_04.pdf) ; SHIHATA (I.F.I.), « Implementation, Enforcement, and Compliance With International Environmental Agreements - Practical Suggestions in Light of the World Bank's Experience », *Georgetown International Environmental Law Review*, vol.9, no.1, 1996, p.49.

1076 SHIHATA (I.), « The World Bank and the Environment : A Legal Perspective », *Maryland Journal of International Law and Trade*, vol. 16, no. 1, 1992, p.20.

financière ancrée dans les accords est bien présente, mais le travail de suivi et d'accompagnement est souvent privilégié dans une démarche pédagogique. En tout état de cause, il en ressort *in fine* que tout ce mécanisme a pour but d'intégrer certains principes du développement durable, comme la protection de l'environnement, à l'activité d'investissement. Le développement durable influence donc le financement des investissements. Ceci étant dit, ce travail peut aussi être lacunaire dans certains cas, entraînant une flexibilité et un certain laxisme dans cette prise en compte des principes du développement durable.

Paragraphe 2 – Une prise en compte imparfaite

Un laxisme occasionnel de la Banque est souvent décrié concernant les effets parfois néfastes de ses activités sur l'environnement et les populations locaux. La Banque le reconnaît volontairement (A) et a mis en place un Panel d'inspection pour remédier à la situation, même si la solution apportée n'est que partielle (B).

A) Une imperfection reconnue par la Banque mondiale

Si le cadre institutionnel et juridique est présent pour que la Banque puisse s'assurer de la bonne application des principes du développement durable, sa position est parfois qualifiée de schizophrénique[1077]. Ses actions ne répondent pas toujours à ses engagements. En même temps, les manquements aux accords de prêts et aux politiques opérationnelles de la Banque concernent à la fois les États, les sponsors privés des investissements privés internationaux, et la Banque elle-même. Malgré un mécanisme de contrôle théorique bien élaboré, la prise en compte des principes du développement durable obéit parfois à une certaine flexibilité en pratique. Et les dommages, lorsqu'il y en a, sont surtout subis par la population de l'État emprunteur.

1077 ZORRILLA (C.), « The role of The World Bank in Promoting Sustainable Development in Latin America », *Michigan State Journal of International Law*,vol.14, no.1, 2006, p.541.

Ainsi, dans un projet de construction du gazoduc ouest-africain financé par la Banque, les différents acteurs ont manqué à plusieurs de leurs obligations, ancrées, elles, dans les principes du développement durable. Au niveau environnemental, aucun groupe indépendant de spécialistes environnementaux n'avait été consulté[1078] et même si un audit environnemental avait été entrepris, le public, en général, et les communautés concernées, en particulier, n'avaient pas été informés de leur teneur ; contrairement à la politique opérationnelle 4.01 de la Banque, aucun document n'avait été produit dans une langue qui leur était familière[1079]. Dans le même sens, les droits des personnes déplacées dans le cadre du projet n'avaient pas été respectés tout comme le montant de la compensation qui leur était due[1080]. Si ces précédents manquements étaient principalement le propre des sponsors privés du projet, la Banque a, de même, une part de responsabilité dans la mesure où elle ne s'était pas au préalable assurée de la capacité des sponsors à mettre en œuvre ses politiques opérationnelles, notamment celles de la gestion des populations déplacées[1081]. Elle a une responsabilité de contrôle et de surveillance des activités qu'elle finance. Un groupe d'inspection indépendant mandaté par la Banque est arrivé à des conclusions similaires dans une affaire concernant le financement de la construction d'un oléoduc entre le Tchad et le Cameroun ; les manquements de la Banque en matière de respect de l'environnement et des droits des peuples déplacés ressortent clairement et c'est intéressant de noter le contrôle auquel la Banque se laisse volontairement soumettre[1082]. La Banque

---

[1078] OSHIONEBO (E.), « World Bank and Sustainable Development of Natural Resources in Developing Countries », *Journal of Energy and Natural Resources Law*, vol.27, no.2, 2009, p.204.

[1079] BIRD / IDA, *Management Report and Recommendation in Response to the Inspection Panel Investigation Report – Ghana : West African Gas Pipeline Project* (IDA Guarantee No. B-006-0-GH), Insp/42664-GH, 27 juin 2008, p.6 (*disponible sur* : http ://siteresources.worldbank.org/EXTINSPECTIONPANEL/Resources/Management_Report_Final_June_30_2008.pdf)

[1080] BIRD / IDA, *Management Report and Recommendation in Response to the Investigation Report – Ghana : West African Gas Pipeline Project* (IDA Guarantee No. B-006-0-GH), Insp/42664-GH, 27 juin 2008, p.5.

[1081] BIRD / IDA, *Management Report and Recommendation in Response to the Inspection Panel Investigation Report – Ghana : West African Gas Pipeline Project* (IDA Guarantee No. B-006-0-GH), Insp/42664-GH, 27 juin 2008, p.5, p.42.

[1082] Inspection Panel, *Chad-Cameroon Petroleum and Pipeline Project*,

reconnaît elle-même que dans un certain nombre de projets, les opérations de déplacement n'ont pas été conformes à ses politiques opérationnelles[1083]. Elle a aussi déjà fait savoir qu'elle avait confiance en la bonne foi des sociétés privées, sponsors des projets[1084]. Ainsi, en pratique, le contrôle n'est pas le principe ; il intervient si la bonne foi est mise en cause. Le Groupe de la Banque mondiale a déjà été très sévèrement critiqué pour sa grande flexibilité et pour sa pusillanimité dans les projets financés qui ont des effets irrémédiables sur les populations locales en termes de leurs droits humains ou environnementaux[1085]. La création d'un Panel d'inspection a eu pour objectif de remédier à cette situation.

B) Une imperfection partiellement corrigée par le Panel d'inspection de la Banque mondiale

Il est possible de trouver des raisons et des motifs politiques dans certains comportements et certaines positions de la Banque ; son poids politique est indéniable. Cependant, la distance qu'elle peut parfois avoir avec la réalité de l'exécution d'un projet qu'elle finance peut aussi être comprise de deux autres façons. En effet, la Banque ne peut pas toujours contrôler les moindres rouages et les moindres implications des activités financées et, elle n'est pas toujours douée de toutes les expertises pour assurer ce contrôle. Les lacunes se situent au

---

Investigation Report, 104p (*disponible sur* : www.siteresources.worldbank.org/EXTINSPECTIONPANEL/Resources/ChadInvestigationReporFinal.pdf).

1083 World Bank Environment Department, *Resettlement and Development - The Bankwide Review of Projects Involving Involuntary Resettlement 1986-1993*, Banque Mondiale, Papier no.032, 1996, p.6.(*disponible sur* : http ://wwwwds.worldbank.org/external/default/WDSContentServer/WDSP/IB/1996/03/01/000009265_3980728143956/Rendered/PDF/multi_page.pdf)

1084 OSHIONEBO (E.), « World Bank and Sustainable Development of Natural Resources in Developing Countries », *Journal of Energy and Natural Resources Law*, vol.27, no.2, 2009, p.213.

1085 CLARK (D.L.), « The World Bank and Human Rights : The Need for Greater Accountability », *Harvard Human Rights Journal*, vol.15, 2002, p.206 ; HORTA(K.), « Rhetoric and Reality : Human Rights and the World Bank », *Harvard Human Rights Journal*, vol.15, 2002, p.227 ; OSHIONEBO (E.), « World Bank and Sustainable Development of Natural Resources in Developing Countries », *Journal of Energy and Natural Resources Law*, vol.27, no.2, 2009, p.215.

plan du contrôle et de l'expertise. L'intensité, la variété et la diversité des activités financées ne permettent pas à la Banque d'assurer un contrôle tentaculaire, permanent et minutieux ; il faut donc s'attendre à ce qu'il y ait certains manquements aux politiques opérationnelles[1086]. C'est une des raisons pour laquelle a été créé le « Panel d'inspection pour la Banque internationale pour la reconstruction et le développement et l'Association internationale de développement »[1087] dont le règlement date du 19 août 1994[1088]. Sur plainte de personnes affectées par un projet financé, le Panel détermine, par voie d'enquêtes indépendantes sur le terrain[1089], si la Banque est en violation de ses politiques opérationnelles[1090]. Sa création a été un moyen pour la Banque de répondre aux accusations de non-respect de ses propres politiques opérationnelles[1091]. Il exerce

---

1086 OSHIONEBO (E.), « World Bank and Sustainable Development of Natural Resources in Developing Countries », *Journal of Energy and Natural Resources Law*, vol.27, no.2, 2009, p.216.

1087 Voir : The Inspection Panel, *Accoutability at the World Bank. The Inspection Panel at 15 Years*, Washington, BIRD/IDA, 2009, pp.2-23 ; Voir aussi : ADJOVI (R.), « Le panel d'inspection de la Banque mondiale : développements récents », *Revue d'analyse juridique de l'actualité internationale*, février 2001, 9p. (*disponible sur* : http ://www.ridi.org/adi/200102a1.pdf) ; CARRASCOTT (E.R.), GUERNSEY (A.K.), « The World Bank's Inspection Panel : Promoting True Accountability Through Arbitration », *Cornelle Journal of International Law*, vol.41, no.3, 2008, p.578 ; CLARK (D.L.), « The World Bank and Human Rights : The Need for Greater Accountability », *Harvard Human Rights Journal*, vol.15, 2002, pp.217-220 ; FORGET (L.), « « Le *panel* d'inspection » de la Banque mondiale », *Annuaire française de droit international*, vol.42, 1996, pp.645-661 ; PARK (S.), « The World Bank, Dams and the Meaning of Sustainable Development in Use », *Journal of International Law and International Relations*, vol.5, no.1, pp.108-109.

1088 Le Règlement est disponible sur : http ://web.worldbank.org.

1089 Voir Règlement du Panel d'inspection, §45 ; FORGET (L.), « Le *panel* d'inspection » de la Banque mondiale », *Annuaire française de droit international*, vol.42, 1996, p.657.

1090 L'objet du Règlement se lit comme suit : « *Le Panel a été créé afin d'assurer à tous ceux qui souffrent directement des effets d'un projet financé par la Banque un organe indépendant par l'intermédiaire duquel ils peuvent demander à la Banque d'agir conformément à ses propres règles et à ses procédures. Il s'ensuit que les plaignants peuvent recourir à cette instance s'ils estiment que la Banque n'a pas appliqué, ou n'a pas fait appliquer ses règles et procédures, et ce, seulement après avoir épuisé toutes les autres voies de recours auprès de la Direction de la Banque.* » (*disponible sur* : http ://web.worldbank.org).

1091 The Inspection Panel, *Accountability at the World Bank. The Inspection Panel at 15 Years*, Washington, BIRD/IDA, 2009, p.3 ; FORGET (L.), « « Le *panel* d'inspection » de la Banque mondiale », *Annuaire française de droit*

une fonction de contrôle — curatif et préventif[1092] — visant à corriger certaines mesures et certains comportements de l'organisation pour le bien-être des populations locales[1093]. En même temps, le contexte de sa mise sur pieds qui était celui du débat sur le développement durable en 1992 a permis d'inscrire son fonctionnement dans ce sens en tenant spécialement en compte la participation de la société civile dans une volonté de rapprocher les activités de la Banque des populations potentiellement concernées et affectées[1094]. Le panel fonctionne dans une logique de bas vers le haut, des peuples vers la plus haute direction de la Banque —, *bottom-up*[1095]. La présence du panel est, en elle-même, la preuve que le développement n'est plus abordé dans son acception traditionnelle et classique, focalisé sur les États et sur les aspects purement économiques[1096]

---

international, vol.42, 1996, p.647 ; BOISSON DE CHAZOURNES (L.), « The World Bank Inspection Panel : About Public Participation and Dispute Settlement », *in*, TREVES (T.) et al., C*ivil society, international Courts and Compliance Body.*, La Haye, T.M.C. Asser Press, 2005, pp.192-193 ; BOISSON DE CHAZOURNES (L.), « Public Participation in Decision-Making : The WorldBank Inspection Pane », *in*, BROWN WEISS (E.), RIGO SUREDA (A.), BOISSON DE CHAZOURNES (L.), *The World Bank, International Financial Institutions, and The Development of International Law*, A symposium held in honor of Ibrahim F.I. Shihata, Washington, *American Society of International Law*, 22 mars 1999, p.90.

1092 BOISSON DE CHAZOURNES (L.), « Public Participation in Decision-Making : The World Bank Inspection Panel », *in*, BROWN WEISS (E.), RIGO SUREDA (A.), BOISSON DE CHAZOURNES (L.), *The World Bank, International Financial Institutions, and The Development of International Law*, A symposium held in honor of Ibrahim F.I. Shihata, Washington, *American Society of International Law*, 22 mars 1999, pp.91-93.

1093 BOISSON DE CHAZOURNES (L.), « The World Bank Inspection Panel : About Public Participation and Dispute Settlement », *in*, TREVES (T.) et al., C*ivil society, international Courts and Compliance Body.*, La Haye, T.M.C. Asser Press, 2005, p.200.

1094 The Inspection Panel, *Accountability at the World Bank. The Inspection Panel at 15 Years*, Washington, BIRD/IDA, 2009, pp.4-6.

1095 The Inspection Panel, *Accoutability at the World Bank. The Inspection Panel at 15 Years*, Washington, BIRD/IDA, 2009, p.8 ; Voir aussi : BOISSON DE CHAZOURNES (L.), « The World Bank Inspection Panel : About Public Participation and Dispute Settlement », *in*, TREVES (T.) et al., C*ivil society, international Courts and Compliance Body.*, La Haye, T.M.C. Asser Press, 2005, p.188

1096 BOISSON DE CHAZOURNES (L.), « The World Bank Inspection Panel : About Public Participation and Dispute Settlement », *in*, TREVES (T.) et al., *Civil Society, International Courts and Compliance Body.*, La Haye, T.M.C. Asser Press, 2005, p.188.

Dans plusieurs inspections récemment conclues, le Panel a noté un certain nombre de non-conformités de la Banque dans l'application de ses politiques vis-à-vis de certaines activités d'investissement. Il affirme que :

> « *In several recent cases, the Panel has found recurrent instances of non compliance with Management's obligations to supervise projects, largely by failing to identify and adequately respond to emerging issues*[1097] ».

Dans les récentes affaires *Pérou : Projet de transport urbain de Lima*, *Cambodge : Projet de gestion et d'administration de Terres*, *Panama : Projet d'administration de Terres* (*Programa Nacional de Administración de Tierras*), le Panel a conclu à plusieurs manquements de la part de la Banque[1098] qui en a elle-même reconnu un bon nombre. Elle a, par exemple, expliqué lors de l'inspection au Pérou :

> « *Management believes that even though it has met the Environmental Assessments standards during the Project's preparation, appraisal, and the assessment of alternatives, certain other requirements were not fully implemented. In particular, Management acknowledged that it could have acted more vigorously when carrying out the consultations with the concerned populations, providing access to relevant studies and plans, and promoting institutional strengthening overall*[1099] ».

Une fois le rapport du Panel remis, la Banque communique ensuite son opinion et adopte éventuellement des mesures nécessaires pour remédier aux lacunes de ses activités. À ce stade, cependant, le Panel n'a plus d'autorité pour contrôler les actions ou les omissions de la Banque. Cette dernière peut adopter des mesures pour combler les

---

[1097] The Inspection Panel, *Annual Report*, Washington, BIRD, 01 juillet 2010 - 30 juin 2011, p.11.

[1098] The Inspection Panel, *Annual Report*, Washington, BIRD, 01 juillet 2010 - 30 juin 2011, pp.2-10.

[1099] The Inspection Panel, *Annual Report*, Washington, BIRD, 01 juillet 2010 - 30 juin 2011, p.2.

failles de ses interventions ; c'est ce qui est attendu. Toutefois, elle demeure libre de le faire. Il n'y a aucun contrôle rigoureux *a posteriori*[1100]. La direction de la Banque doit soumettre un rapport sur la mise en œuvre des mesures réparatrices au Conseil des Gouverneurs [1101] six semaines après la réception des conclusions du Panel,[1102] mais le Conseil ne peut pas toujours assurer le suivi de tous les dossiers dans la mesure où il n'existe pas un organe pilote chargé d'exécuter une telle tâche[1103]. Toujours est-il que c'est de la sorte que le développement durable est pris en compte dans les relations entre les États et la Banque mondiale en matière d'investissements ; les pas sont concrets, mais parfois titubants.

Par plusieurs moyens, le développement durable est ainsi invoqué dans le financement des activités d'investissement souhaitées par les États. Il se présente, dans le cadre de la Banque mondiale, comme une condition même de l'existence d'un investissement. Cette prise en compte du développement durable ne serait pas complète si elle excluait certains acteurs clés liés au financement des investissements. C'est la raison pour laquelle les questions et les priorités du développement durable sont aussi présentes dans la relation entre les investisseurs privés et les institutions financières internationales.

Section 2 : L'influence du développement durable dans les relations entre institutions financières et investisseurs internationaux

Les investisseurs privés dépendent des institutions financières, d'une part, pour financer leurs investissements et d'autre part, pour les garantir. Dans ces deux cas, ils ont l'obligation de respecter certaines conditions afin de bénéficier de ces services. Au sein de la Banque mondiale, qui sera l'institution considérée pour cette explication, ce

---

[1100] CLARK (D.L.), « The World Bank and Human Rights : The Need for Greater Accountability », *Harvard Human Rights Journal*, vol.15, 2002, pp.218-220.

[1101] L'organigramme de la Banque est disponible sur : http ://siteresources.worldbank.org/NEWSFRENCH/Resources/organisation_chart_fr .pdf

[1102] Voir le Règlement du Panel d'inspection, §§53-54.

[1103] CLARK (D.L.), « The World Bank and Human Rights : The Need for Greater Accountability », *Harvard Human Rights Journal*, vol.15, 2002, p.220.

sont la Société Financière internationale (SFI) et l'Agence Multilatérale de Garantie des investissements (AMGI) qui sont les institutions respectivement compétentes pour ces deux services de prêts et de garantie. Aussi, est-ce dans le cadre des activités de ces deux institutions que sera étudié le développement durable. Partant, ce sont les relations entre la SFI et les investisseurs privés (Paragraphe 1) et celles entre ces derniers et l'AMGI (Paragraphe 2) qui seront examinées ci-dessous.

Paragraphe 1 : La prise en compte du développement durable dans le financement des investissements privés par la Société financière internationale

Cette prise en compte se fait par les Normes de Performance de la SFI (A) qui ont, par la suite, été diffusées dans les Principes de l'Equateur (B) et qui rappellent le mécanisme des contraintes d'exploitations [*performance requirements*] (C).

A) La prise en compte du développement durable par les Normes de Performance de la SFI

Selon les statuts de la SFI, cette dernière a pour but de contribuer aux activités de la BIRD en finançant les investissements des sociétés privées investissant à l'étranger, notamment dans les États les moins développés[1104] ; le financement de ces activités et la mobilité des capitaux visent ici et dans l'esprit du groupe de la Banque mondiale, le développement des États d'accueil[1105]. Ces prêts vers les investisseurs privés ne nécessitent pas de garantie gouvernementale[1106]. Avec l'évolution du concept et de l'objectif du développement vers plus de durabilité, des considérations environnementales et sociales ont été intégrées par la SFI dans le

[1104] Voir le Statut de la SFI, article 1, *disponible sur* : http ://www1.ifc.org.

[1105] Voir le Statut de la SFI, article 1, *disponible sur* : http ://www1.ifc.org ; MATES (C.M.), « Project Finance in Emerging Markets-The Role of the International Finance Corporation », *Transnational Lawyer*, vol.18, 2004, p.165.

[1106] MATES (C.M.), « Project Finance in Emerging Markets-The Role of the International Finance Corporation », *Transnational Lawyer*, vol.18, 2004, p.165.

financement des investissements privés[1107]. Elle a adopté un cadre de durabilité de ses activités (*Sustainability Framework*) en 2006 et il a été récemment mis à jour le 01 janvier 2012[1108]. Les domaines prioritaires sont très proches de ceux des politiques opérationnelles de la Banque. La mise en œuvre des politiques du développement durable de la SFI prend la forme de Normes de Performance qui s'élèvent au nombre de huit : 1) l'examen et la gestion des risques et des impacts environnementaux et sociaux, 2) les conditions de travail et la main d'œuvre dans les États d'accueil des investissements, 3) la gestion efficiente des ressources et la prévention de la pollution, 4) la santé, la sûreté et la sécurité des communautés, 5) l'acquisition de terres et des déplacements involontaires, 6) la conservation de la biodiversité et la gestion durable des ressources naturelles vivantes, 7) les populations indigènes et 8) l'héritage culturel[1109]. Ces normes ont pour objet de prévenir ou de limiter les impacts négatifs que peuvent avoir les activités d'investissement financées sur la population locale, la main d'œuvre et sur l'environnement ou les droits humains. Elles cherchent à informer et à consulter les personnes et les communautés concernées sur des impacts négatifs des activités financées, toujours dans l'objectif de les réduire. Même si leur application incombe à la société privée, la SFI en surveille la mise en œuvre[1110]. Sur la base de ses Normes de Performance, la SFI procède à une identification des risques liés aux activités de ses clients ; elle en étudie la gestion et les moyens de les minimiser. Dans certains cas, lorsque de tels risques sont trop importants, notamment lorsqu'il s'agit de risques de violations des droits humains, elle peut simplement décider de ne pas donner suite au financement[1111]. En tout état de cause, la Société ne finance que les activités qui « *devront répondre aux exigences des Normes de performance dans un délai raisonnable*[1112] » et tout manquement ou tout retard dans l'observation de ces normes peut être un frein au financement.

[1107] *Ibid.*, p.168.

[1108] IFC, *IFC Sustainability Framework - Policy and Performance Standards on Environmental and Social Sustainability Access to Information Policy*, 01/01/2012, 77p.

[1109] *Ibid.*, p.3, §5.

[1110] Société Financière Internationale, *Politique de durabilité environnementale et sociale*, 01/01/2012, p.2, §6 (*disponible sur* : http ://www1.ifc.org/).

[1111] Société Financière Internationale, *Politique de durabilité environnementale et sociale*, 01/01/2012, p.5, §23.

[1112] *Ibid.*, p.5, §22.

Comme pour les prêts de la BIRD aux États, les accords de la SFI précisent l'obligation des investisseurs-clients de se conformer aux normes de performance susnommées. Les sociétés privées ont aussi l'obligation de soumettre des projets et des rapports relatant cette prise en compte ; ils doivent démontrer l'impact de leurs activités sur l'environnement, la société et la population nationale[1113]. Il semble que le moyen pédagogique est une fois de plus privilégié, car en cas de manquement, la SFI « *travaillera avec ce client pour le ramener sur la voie de la conformité et, si le client ne rétablit pas sa conformité, l'IFC exercera les droits et les recours appropriés*[1114] ». Elle maintient cependant une pression financière qu'elle peut aussi utiliser pour forcer ses clients à plus de conformité. La Société essaie de marquer sa présence à côté de celle de ses clients afin de les aider à exercer une activité qui respecte les principes du développement durable ; elle les guide dans ce sens[1115] et elle utilise une catégorisation des risques qu'elle classe comme telle :

> « ***Catégorie A*** : *Activités commerciales présentant des risques et/ou des impacts négatifs environnementaux ou sociaux potentiels significatifs, qui sont hétérogènes,*

1113 MORGERA (E.), « Significant Trends in Corporate Environmental Accountability : The New Performance Standards of the International Finance Corporation », *Colorado Journal of International Environmental Law and Policy*, vol.18, 2007, pp.159-160.

1114 Société Financière Internationale, *Politique de durabilité environnementale et sociale*, 01/01/2012, p.6, §24.

1115 *Ibid.*, p.7, §28 : « *La diligence raisonnable environnementale et sociale comporte généralement les composantes clés suivantes : i) l'examen de toutes les informations, écritures et documents disponibles concernant les risques et impact environnementaux et sociaux de l'activité commerciale ; ii) les inspections sur le site et entretiens avec les employés du client et les parties prenantes pertinentes, si nécessaire ; iii) l'analyse de la performance environnementale et sociale de l'activité commerciale par référence aux exigences des Normes de performance et des dispositions des Directives sur l'environnement, la santé et la sécurité du Groupe de la Banque mondiale ou de toute autre source agréée au plan international, si nécessaire ; et iv) l'identification de toute carence en la matière, ainsi que des mesures et des actions supplémentaires nécessaires en plus de celles établies dans le cadre des pratiques de gestion mises en place par le client. Pour s'assurer que l'activité commerciale est conforme aux Normes de performance, l'IFC fait de ces actions supplémentaires (Plan d'action environnementale et sociale) des conditions nécessaires à la réalisation de son investissement* ».

irréversibles ou sans précédent.

Catégorie B *: Activités commerciales présentant des risques et/ou des impacts négatifs environnementaux ou sociaux limités moins nombreux, généralement spécifique au site particulier, largement réversibles et faciles à traiter par des mesures d'atténuation.*

Catégorie C *: Activités commerciales présentant des risques et/ou des impacts négatifs environnementaux ou sociaux minimes ou nuls*[1116] ».

Ce sont ces risques, notamment des catégories A et B, qu'elle essaie de réduire en comptant sur la collaboration et la bonne foi de ses clients. La prise en compte de ces risques relève de sa contribution au développement durable. En cas de manquement, même si les moyens juridiques de l'État d'accueil peuvent bien sûr être utilisés par les personnes concernées contre l'investisseur, la SFI a aussi mis en place un médiateur, un Conseil en conformité[1117] (*ombudsperson*) qui reçoit toutes les plaintes et les gère dans le sens d'une médiation pouvant remédier à la situation litigieuse[1118]. Ce mécanisme de prise en compte des aspects environnementaux et sociaux issue de la SFI s'applique aussi à d'autres égards, à d'autres niveaux ; il y a eu une diffusion de ces Normes de performance dans le milieu des institutions financières qui accordent des prêts pour des investissements pouvant avoir des conséquences socio-environnementales néfastes.

1116 Société Financière Internationale, *Politique de durabilité environnementale et sociale*, 01/01/2012, p.9, §40.

1117 Appelé CAO (Compliance advisor/ombudsman).

1118 Société Financière Internationale, *Politique de durabilité environnementale et sociale*, 01/01/2012, §54 et s. ; LEE (V.), «Enforcing the Equator Principles : An NGO's Principled Effort to Stop the Financing of a Paper Pulp Mill in Uruguay », *Northwestern Journal of International Human Rights*, vol.6, no.2, 2008, pp.336 et s. ; MORGERA (E.), « Significant Trends in Corporate Environmental Accountability : The New Performance Standards of the International Finance Corporation », *Colorado Journal of International Environmental Law and Policy*, vol.18, 2007, p.157 ; PARK (S.), « The World Bank, Dams and the Meaning of Sustainable Development in Use », *Journal of International Law and International Relations*, vol.5, no.1, p.546.

B) La diffusion des Normes de Performance par les Principes de l'Equateur : le rayonnement du développement durable sur le financement des investissements

Il convient de rappeler que la SFI est à l'origine de l'adoption des Principes de l'Equateur le 4 juin 2003[1119]. Les Principes de l'Equateur constituent un cadre adopté par les institutions financières nationales et internationales permettant de gérer les risques en matière environnementale et sociale lors du financement de projets dont le montant dépasse dix millions de dollars[1120]. Ces principes sont basés, entre autres, sur les Normes de Performance de la SFI. C'est une sorte de décentralisation et de diffusion de ces normes au niveau national. Les établissements financiers qui décident de les appliquer s'engagent à concéder des prêts uniquement aux projets respectueux desdites normes[1121]. Au Brésil, par exemple, de grands groupes financiers comme le *Banco do Brasil, Itau* ou *Brasdesco* sont des signataires des principes[1122]. Des études démontrent que les institutions financières sont convaincues que la prise en compte des éléments environnementaux et sociaux en amont des projets financés facilite le remboursement des prêts par les sociétés privées ; l'imposition de certaines Normes de Performance facilite la gestion de risques de la

[1119] HARDENBROOK (A.), « The Equator Principles : The Private Financial Sector's Attempt at Environmental Responsibility », *Vanderbilt Journal of Transnational* Law, vol.40, no.1, 2007 pp.198-232 ; « KAMIJYO (M.), « « The Equator Principles » : Improved Social Responsibility in the Private Finance Sector », *Sustainable Development Law and Policy*, vol.4, 2004, pp.35-39 ; MARCO (M.), « Accountability in International Project Finance : The Equator Principles and the Creation of Third-Party-Beneficiary Status for Project-Affected Communities », *Fordham International Law Journal*, vol.34, no.4, 2011, pp.452-453.

[1120] Voir : www.equator-principles.com/.

[1121] Voir : www.equator-principles.com/resources/equator_principles_french.pdf ; HARDENBROOK (A.), « The Equator Principles : The Private Financial Sector's Attempt at Environmental Responsibility », *Vanderbilt Journal of Transnational* Law, vol.40, no.1, 2007 p.203 ; MARCO (M.), « Accountability in International Project Finance : The Equator Principles and the Creation of Third-Party-Beneficiary Status for Project-Affected Communities », *Fordham International Law Journal*, vol.34, no.4, 2011, p.463.

[1122] BAGRICHEVSKY DE SOUZA (P.), « As Instituições Financeiras e a Proteção ao Meio Ambiente », *Revista do BNDES*, vol.12, no.23, 2005, p.277 ; « O BNDES e sua política socioambiental : Uma crítica sob a perspectiva da sociedade civil organizada », *Repórter Brasil,* Centro de Monitoramento de Agrocombustíveis, février 2011, p.4 (*disponible sur* : www.reporterbrasil.org.br).

part de l'institution financière[1123]. Dans le même esprit, il semble que les activités qui obéissent aux principes de durabilité rendent la société privée plus performante à long terme[1124]. En tout état de cause, l'objectif final est d'encadrer les activités financées, premièrement, dans un contexte d'intérêt général, celui du respect de certains éléments socio-environnementaux, et, deuxièmement, dans un souci d'intérêt privé, qui est celui de la réputation des institutions financières, souvent critiquées pour leur laxisme[1125]. Le préambule des Principes de l'Equateur précise dans ce sens que :

> « *Nous sommes convaincus que l'adoption et le respect de ces Principes seront extrêmement bénéfiques tant pour nous-même que pour nos emprunteurs et les parties prenantes locales, du fait de l'engagement de nos emprunteurs vis-à-vis des communautés affectées. Nous reconnaissons par conséquent, que notre rôle en tant que financiers nous donne l'occasion de promouvoir une gestion responsable de l'environnement et un développement socialement responsable* [1126] ».

Si les résultats ne sont pas toujours positifs[1127], la diffusion des Normes de performance de la SFI vers les institutions financières nationales révèle une volonté d'uniformiser leur rôle dans la contribution à un développement environnementalement et

---

1123 HARDENBROOK (A.), « The Equator Principles : The Private Financial Sector's Attempt at Environmental Responsibility », *Vanderbilt Journal of Transnational* Law, vol.40, no.1, 2007, pp.211-215 ; THOMAS (W.), « The need to be sustainable - New environmental rules are forcing banks to change the way they look at the real cost of project finance », *International Financial Law Review*, vol.25, 2006, pp.62-65.

1124 ECCLES (R.G.), IOANNOU (I.), SERAFEIM (G.), « The Impact of a Corporate Culture of Sustainability on Corporate Behavior and Performance », *Harvard Business School*, Working Paper 12-035, 09 mai 2012, 56p (*disponible sur* : http ://www.hbs.edu/research/pdf/12-035.pdf).

1125 KAMIJYO (M.), « « The Equator Principles » : Improved Social Responsibility in the Private Finance Sector », *Sustainable Development Law and Policy*, vol.4, 2004, p.36.

1126 Voir Préambule, Principes de l'Equateur, *disponible sur* : www.equatorprinciples.com/resources/equator_principles_french.pdf .

1127 MARCO (M.), « Accountability in International Project Finance : The Equator Principles and the Creation of Third-Party-Beneficiary Status for Project-Affected Communities », *Fordham International Law Journal*, vol.34, no.4, 2011, p.469 et s.

socialement responsable et en même temps, il apparaît une volonté de responsabiliser autrement les investisseurs partenaires[1128]. Les sociétés privées dépendent souvent du financement des institutions financières et ces dernières peuvent à leur niveau les responsabiliser dans le sens du développement durable ; la SFI, par exemple, sait qu'un nombre important de sociétés privées est dépendant d'elle pour le financement de ses investissements internationaux et elle a, dans cette veine, le pouvoir de contrôler les conditions du financement. Les institutions financières ont un pouvoir qui peut être utilisé pour réviser le comportement des agents de l'investissement international ; leur pression financière peut être, dans ce sens, très efficace si elle est utilisée correctement et juridiquement encadrée. Le résultat ne sera sans doute pas révolutionnaire, du moins à moyen terme, mais la contribution des institutions financières, même minimale, ne doit pas être minimisée. Il s'agit même d'une alternative non négligeable dans la recherche de la responsabilité internationale des entreprises étrangères. L'outil financier peut, par son poids et à certains égards, devancer l'outil juridique en étant parfois plus efficace. En tout état de cause, ils ne sont aucunement exclusifs l'un de l'autre, mais complémentaires. L'outil financier chercherait plus à responsabiliser — dans le sens de la responsabilité sociale[1129] — en amont et l'outil du droit enclencherait la responsabilité — juridique — en aval en cas de manquement. D'ailleurs, les Normes de Performance se réfèrent elles-mêmes à certaines conventions internationales dont la SFI exige le respect de la part de ses clients. Il s'agit par exemple de la Convention de Bâle sur le contrôle des mouvements transfrontaliers de déchets dangereux et de leur élimination[1130] ou de la Convention de Stockholm sur les polluants organiques persistants[1131] ; les Normes de Performance précisent qu'elles sont elles-mêmes inspirées de

---

1128 MORGERA (E.), « Significant Trends in Corporate Environmental Accountability : The New Performance Standards of the International Finance Corporation », *Colorado Journal of International Environmental Law and Policy*, vol.18, 2007, p.153.

1129 MORGERA (E.), « Significant Trends in Corporate Environmental Accountability : The New Performance Standards of the International Finance Corporation », *Colorado Journal of International Environmental Law and Policy*, vol.18, 2007, p.182.

1130 Société Financière Internationale, *Politique de durabilité environnementale et sociale*, 01/01/2012, p.4, note 15.

1131 *Ibid.*, p.5, note 16.

certaines conventions des Nations unies[1132]. Ceci apparaît comme un moyen de soumettre les sociétés privées au respect de certaines conventions internationales ou, au moins, d'en respecter indirectement l'objet incorporé, lui, dans les Normes de Performance. Dans leur fonctionnement, ces Normes imposées à l'investisseur privé ne sont pas sans rappeler celles des contraintes d'exploitations.

C) Le rapprochement entre Normes de Performance et les contraintes d'exploitations (*Performance Requirements*) : la contribution au développement durable imposée aux investisseurs

Ce mécanisme rappelle, en effet, un autre qui est, lui, quasiment interdit dans le droit international des investissements. Il s'agit des contraintes d'exploitations, les *performance requirements.* Selon le Professeur Juillard, ces contraintes sont celles « *que l'État d'accueil impose à l'investisseur, en vue de la réalisation des objectifs et priorités du développement économique que cet État s'est assignés* [1133] ». Elles ne sont pas nécessairement limitées aux objectifs de développement économique, mais concernent toute mesure adoptée par l'État afin d'exiger un comportement ou un résultat de l'investisseur[1134]. Elles sont, en principe, interdites dans plusieurs accords sur les investissements, car considérées comme un frein potentiel à la libre circulation des investissements[1135]. Au sens de

---

1132 *Ibid.*, p.1, §2.

1133 JUILLARD (P.), «L'évolution des sources du droit des investissements », *R.C.A.D.I.*, Tome VI, vol.250, 1994, p.192.

1134 BAETENS (F.), « The Kyoto Protocol in Investor-State Arbitration : Reconciling Climate Change and Investment Protection Objectives », *in*, CORDONIER SEGGER (M-C.), GEHRING (M.W.), NEWCOMBE (A.) [eds.], *Sustainable Development in World Investment Law*, Alphen aan den Rijn, Kluwer Law International, 2011, p.702 ; CNUCED, *Foreign Direct Investment and Performance Requirements : New Evidence from Selected Countries*, New York, Genève, 2003, p.2.

1135 BAETENS (F.), « The Kyoto Protocol in Investor-State Arbitration : Reconciling Climate Change and Investment Protection Objectives », *in*, CORDONIER SEGGER (M-C.), GEHRING (M.W.), NEWCOMBE (A.) [eds.], *Sustainable Development in World Investment Law*, Alphen aan den Rijn, Kluwer Law International, 2011, p.702 ; NEWCOMBE (A.), PARADELL (L.), *Law and Practice of Investment Treaties : standards of Treatment*, Alphen Aan Den Rijn, Kluwer Law International, 2009, pp.417-430 ; SACERDOTI (G.),

plusieurs accords, un État ne peut, par exemple, imposer à l'investisseur une obligation portant un niveau spécifique d'exportation, un niveau d'emploi de main-d'œuvre locale, un transfert d'une quelconque technologie, un achat de matières premières nationales ou une utilisation de produits spécifiques. Ceci est, par exemple, mis en avant dans l'ALENA[1136], dans le modèle du traité bilatéral relatif aux investissements de 2012 des États-Unis[1137], dans le modèle canadien[1138], dans certains accords bilatéraux relatifs aux investissements japonais[1139], finlandais[1140] ou péruviens[1141] ; l'accord sur les mesures concernant les investissements et liées au commerce de l'OMC va dans le même sens[1142].

Toutefois, face à l'interdiction de ces contraintes, il est intéressant de noter que d'autres resurgissent indirectement : les Normes de Performance se dressent, en effet, en amont de l'activité d'investissement pour contraindre les investisseurs potentiels à respecter certains standards de durabilité. Les Normes de Performance leur sont imposées et ils ont l'obligation de les respecter s'ils veulent que leurs activités soient financées. Ainsi, si les États ne peuvent pas

---

« Bilateral treaties and multilateral instruments on investment protection », *R.C.A.D.I.*, Volume 269, 1997, pp.363-368.

Voir aussi : Banque Mondiale, *Legal Framework for the Treatment of Foreign Investment,* Report to the Development Committee and Guidelines on the Treatment of Foreign Direct Investment, Guidelines, vol.II, 1992, p.37, §3.

1136 Voir : ALENA, article 1106 (*disponible sur* : http ://www.nafta-sec-alena.org/).

1137 Voir : Traité bilatéral relatif aux investissements (modèle des Etats-Unis d'Amérique), 2012 (*disponible sur :* www.ustr.gov/sites/default/files/BIT%20text%20for%20ACIEP %20Meeting.pdf).

1138 Voir : Traité bilatéral d'investissement relatif aux investissements (modèle du Canada), 2004, (*disponible sur* : http ://italaw.com/documents/Canadian2004-FIPA-model-en.pdf).

1139 Voir par exemple : Traité bilatéral relatif aux investissements entre le Japon et la Corée du Sud, article 9 (*disponible sur* : http ://www.unctad.org/sections/dite/iia/docs/bits/korea_japan.pdf).

1140 Voir par exemple : le Traité bilatéral relatif aux investissements entre la Finlande et le Kuwait, article 3(3) (*disponible sur* : http ://www.unctad.org/sections/dite/iia/docs/bits/finland_koweit_eng_fn.pdf).

1141 Voir par exemple : Traité bilatéral relatif aux investissements entre le Péru et El Salvador, article 5 (*disponible sur* : http ://www.unctad.org/sections/dite/iia/docs/bits/elsalvador_peru_esp.pdf).

1142 Voir : Accord sur les mesures concernant les investissements et liées au commerce (MIC), Annexe (*disponible sur* : http ://www.wto.org/french/docs_f/legal_f/18-trims.pdf).

inclure des contraintes d'exploitation dans les accords relatifs aux investissements pour favoriser leur développement économique, ces contraintes réapparaissent sous une autre forme et à un autre niveau — pour favoriser, cette fois, le développement durable[1143].

Les contraintes en cause ne sont pas, à proprement parler, des contraintes d'exploitation au sens classique. Dans leur logique, les contraintes d'exploitation *classiques* sont surtout des obligations de faire dans l'intérêt de l'État d'accueil. Ce sont — comme l'indique la terminologie — des contraintes imposées par l'État à l'investisseur lors de l'exploitation de son activité. Dans le cadre des Normes de Performance, il y a premièrement une différence formelle : ce ne sont plus les États, mais, ici, les institutions financières qui ont la capacité d'imposer certaines contraintes aux investisseurs. Deuxièmement et substantiellement, il peut s'agir d'une obligation de faire ou de ne pas faire. Dans tous les cas, une performance est demandée à l'investisseur. L'objectif de la performance requise est ici clair et unique : il s'agit, en appliquant les Normes de la SFI, de contribuer au développement durable des États d'accueil ou de ne pas empêcher leur développement durable par les activités d'investissement. Ce n'est pas l'utilisation d'un produit national donné ou d'une main d'œuvre nationale qui est demandée aux investisseurs, mais plutôt une production économique qui soit respectueuse de l'environnement de l'État, des droits sociaux et humains des communautés locales ou de leur santé. Ces contraintes sont imposées aux investisseurs par la SFI pour que leurs projets d'investissement reçoivent l'appui financier dont ils ont besoin. Par ce biais, les principes du développement durable s'imposent aux investisseurs qui, en les prenant en compte, contribuent à leur niveau à la durabilité du développement de leurs États d'accueil. Ces principes du développement durable incitent, dès

1143 Des considérations liées au développement durable existent parfois au sein de certains accords qui prévoient, par exemple, que l'activité d'investissement ne saurait méconnaître la santé, l'environnement ou le droit du travail de l'État d'accueil ; toutefois, elles ne se présentent pas comme des contraintes d'exploitation mais comme des exceptions à l'application des principes de protection de l'investisseur étranger.
Voir par exemple : Traité bilatéral relatif aux investissements entre le Japon et le Péru, article 26 (*disponible sur* : http ://www.unctad.org/sections/dite/iia/docs/bits/japan_peru.pdf) ; Traité bilatéral relatif aux investissements (modèle des Etats-Unis d'Amérique), 2012, article 12, article 13 ; ALENA, article 1114.

lors, à relancer les discussions sur les contraintes d'exploitation, car ces dernières apparaissent sous un autre enrobage. Si les contraintes d'exploitation classiques étaient surtout liées à la défense d'intérêts strictement nationaux, les nouvelles contraintes, comme celle de la protection de l'environnement, ont une portée plus générale et sont communes à tous les États.

Parallèlement au financement des activités d'investissement, les institutions financières internationales leur offrent aussi des garanties et ces dernières sont aussi conditionnées par le respect, dû par l'investisseur garanti, de certains principes du développement durable. Le fonctionnement de l'AMGI offre une illustration de ce mécanisme.

Paragraphe 2 : La prise en compte du développement durable dans la garantie des investissements privés par l'Agence multilatérale de garantie des investissements

Cette partie sera volontairement peu détaillée dans la mesure où le mécanisme de prise en compte du développement durable dans les relations entre l'AMGI et les investisseurs privés est très proche de celui de la SFI susmentionné même si les deux institutions ont des fonctions différentes au sein de la Banque mondiale. Il s'agira ici de démontrer que certains principes du développement durable existent au niveau de la garantie des investissements et que ce faisant, ils influencent le cadre juridique des investissements.

L'Agence multilatérale de garantie des investissements a été instituée le 11 octobre 1985 par la Convention de Séoul[1144] ; elle fait partie du Groupe de la Banque mondiale et a pour fonction de faciliter la circulation des investissements en offrant aux investisseurs privés des garanties contre des risques non commerciaux dans les pays en développement[1145]. Les services de l'AMGI doivent se comprendre

---

[1144] La Convention de Séoul est disponible sur : www.miga.org/documents/miga_convention_november_2010.pdf

[1145] Voir : La Convention de Séoul, préambule et article 2, article 14. Voir aussi :

dans le cadre plus large de la mobilité des investissements pour le développement[1146]. La garantie est accordée pour les risques liés au transfert de devises, à l'expropriation et aux mesures d'effets équivalents à une expropriation, aux manquements contractuels et pour les risques de guerre sur le territoire de l'État d'accueil[1147]. Elle est accordée uniquement si l'investisseur demandeur respecte certaines conditions prévues par la Convention de Séoul. L'investisseur doit s'assurer de sa propre éligibilité[1148] et de celle de son investissement[1149]. L'Agence doit elle-même vérifier si, par exemple, l'investissement en question est économiquement viable, si il contribue au développement de l'État d'accueil en respectant ses priorités et ses objectifs de développement et aussi en se conformant à la législation nationale[1150]. Une fois de plus, l'évolution du concept du développement vers plus de durabilité a conféré d'autres responsabilités à l'Agence qui doit de plus déterminer l'éligibilité de l'investisseur et de son activité par la considération des impacts

CHATTERJEE (S.K.), « The Convention Establishing the Multilateral Investment Guarantee Agency », *International and Comparative Law Quarterly*, vol.36, pp.76-91 ; ROWAT (M.D.), « Multilateral Approaches to Improving the Investment Climate of Developing Countries : The Cases of ICSID and MIGA », *Harvard International Law Journal*, vol.33, no.1, 1992, pp.119-136.

1146 SHIHATA (I.), « The Multilateral Investment Guarantee Agency (MIGA) and the Legal Treatment of Foreign Investment », *R.C.A.D.I.*, Tome III, vol.203, 1987, p.158.

1147 Voir : La Convention de Séoul, article 11.

1148 Voir : La Convention de Séoul, article 13.

1149 Voir : La Convention de Séoul, article 12.

1150 Voir : La Convention de Séoul, article article 12 (e).
Voir aussi : BERGER (K.P.), « The New Multilateral Investment Guarantee Agency Globalising the Investment Insurance Approach Towards Development », *Syracuse Journal of International Law and Commerce*, vol.15, 1988, pp.13-58 ; PROTOPSALTIS (P.M.), «Les conditions d'éligibilité et de maintien des garanties de l'Agence Multilatérale de Garantie des Investissements. Essai de déchiffrement des principes d'évaluation des projets d'investissement soumis à l'AMGI en vue de la délivrance d'une garantie ainsi que des obligations de conduite des titulaires de garanties », *Revue Hellénique de Droit International*, vol.53, no.1, 2000, pp.139-152 ; SHIHATA (I.), « The Multilateral Investment Guarantee Agency (MIGA) and the Legal Treatment of Foreign Investment », *R.C.A.D.I.*, Tome III, vol.203, 1987, pp.159-160 ; SHIHATA (I.), « L'Agence multilatérale de garantie des investisements », *Annuaire français de droit international*, vol.33, 1987, pp.601-613 ; ZIEGLER (A.R.), GRATTON (L-P.), « Investment Insurance », *in*, MUCHLINSKI (P.), ORTINO (F.), SCHREUER (C.) [eds.], *The Oxford Handbook of International Investment Law*, Oxford, Oxford University Press, 2008, pp.537-545.

sociaux et environnementaux de l'investissement à garantir.

Ainsi, en s'assurant que les activités de l'investisseur contribuent au développement de l'État d'accueil, l'Agence applique sa Réglementation opérationnelle qui prévoit, dans ce sens, une prise en compte — au-delà des apports économiques —, des facteurs sociaux et environnementaux[1151]. L'importance de la matière se reflète dans l'existence d'un Annexe B attaché à la réglementation opérationnelle et portant « Politique en matière de Durabilité sociale et Environnementale ». L'annexe précise qu' « [u]*ne part importante des résultats positifs pour le développement est constituée par la durabilité sociale et environnementale des projets que la MIGA entend réaliser par l'application d'un ensemble complet de Critères de performance sociale et environnementale*[1152] ».

La méthode d'évaluation par critère ou par norme de performance est similaire à celle de la SFI. L'AMGI opère, elle, une vérification de la performance de l'investisseur-client selon les Critères de Performance suivants : 1) Évaluation et système de gestion sociale et environnementale ; 2) Main-d'œuvre et conditions de travail ; 3) Prévention et réduction de la pollution ; 4) Hygiène, sécurité et sûreté communautaires ; 5) Acquisition des terres et déplacement forcé ; 6) Conservation de la biodiversité et gestion durable des ressources naturelles ; 7) Populations autochtones ; 8) Héritage culturel[1153]. L'Agence s'est fixé pour mission la promotion du développement durable à l'aide des investissements internationaux dans les pays en développement[1154] et avant d'accorder sa garantie à un investissement, elle procède à une revue sociale et environnementale de l'activité[1155]. Partant, l'investisseur-client doit

---

1151 Voir : Réglementation opérationnelle de l'AMGI, mise à jour le 04/02/2011, §3.06 (*disponible sur* : http ://www.miga.org/documents/Operations-Regulations.pdf).

1152 Réglementation opérationnelle de l'AMGI, mise à jour le 04/02/2011, Annexe B.

1153 Réglementation opérationnelle de l'AMGI, mise à jour le 04/02/2011, Annexe B, Section 1, §3.

1154 *Ibid.*, Annexe B, Section 2, §1.

1155 Pour un exemple de revue environnementale et sociale, voir : AMGI, *Autopistas Del Coral S.A.*(investissement en République Dominicaine), 15/04/2011 (*disponible sur* : http ://www.miga.org/documents/DominicanRep_CoralTollRoad_final_ESRS.pdf).

fournir un rapport sur les risques et les impacts sociaux et environnementaux de son projet et un engagement à les gérer de même qu'une attestation de sa capacité à le faire. L'Agence étudie aussi la fonction des tiers dans la mise en œuvre du projet[1156]. En cas de nécessité, un recours aux experts externes peut s'imposer[1157]. Ces éléments agissent comme des indicateurs de la durabilité du projet selon la teneur des Critères de Performance de la réglementation opérationnelle. Dans une volonté d'une uniformisation des politiques du développement durable au sein du Groupe de la Banque mondiale [1158], les projets sont classés, comme pour la SFI en différentes catégories (A, B, C, IF) selon la violence de leurs impacts sur la trame sociale et environnementale de l'État[1159]. Aussi, toute personne, ou toute communauté affectée par un projet garanti par l'AMGI peut avoir recours à un conseiller en conformité / médiateur ayant pour fonction de résoudre leurs plaintes et de remédier à toute situation préjudiciable à l'environnement ou à la société[1160].

Le moyen juridique de mise en œuvre de ces Critères de Performance se formalise dans le contrat de garantie entre l'Agence et l'investisseur-client. Le contrat prévoit la capacité de l'Agence à contrôler la mise en conformité du projet avec les critères pendant sa durée d'exécution. Chaque contrat contient des dispositions et une annexe relatives à la prise en compte des principes de durabilité[1161]. L'investisseur garanti est ainsi lié contractuellement et le contrat prévoit qu'en cas de manquement de l'investisseur, l'Agence peut y mettre un terme si aucune mesure n'est adoptée pour en remédier dans

1156 Réglementation opérationnelle de l'AMGI, mise à jour le 04/02/2011, Annexe B, Section 3, §16.

1157 *Ibid.*

1158 PROTOPSALTIS (P.M.), «Les conditions d'éligibilité et de maintien des garanties de l'Agence Multilatérale de Garantie des Investissements. Essai de déchiffrement des principes d'évaluation des projets d'investissement soumis à l'AMGI en vue de la délivrance d'une garantie ainsi que des obligations de conduite des titulaires de garanties », *Revue Hellénique de Droit International*, vol.53, no.1, 2000, p.149.

1159 Réglementation opérationnelle de l'AMGI, mise à jour le 04/02/2011, Annexe B, Section 3, §19.

1160 *Ibid.*, Section 4, §33 et s.

1161 Voir le contrat de garantie modèle de l'AMGI, notamment les articles 9.1, 12.2, 13.7 et l'annexe 4 (*disponible sur* : http ://www.miga.org/documents/disclosure/Contract%20of%20Guarantee%20for %20Loan%20Guarantees.pdf).

un délai prévu dans le contrat lui-même[1162]. La technique de contrainte est ici du même ordre que celle de la SFI. Ces deux institutions utilisent un moyen de contrainte financier, économique : l'AMGI peut procéder au retrait de la garantie. Juridiquement, cela se concrétise par la rupture du contrat de garantie par l'Agence. Tout investisseur et tout entrepreneur s'engagent à une prise de risque, mais ne dépassent pas les limites d'une certaine prudence. Un investisseur investissant une somme importante dans une activité implantée dans un pays en développement relativement instable au niveau de sa politique ou de ses infrastructures voudra obligatoirement une assurance ou une garantie couvrant son investissement. C'est sur la base de cette nécessité que l'AMGI tente de moduler le comportement de l'investisseur et de l'associer à son objectif de développement durable qui est aussi celui de l'État hôte. Dès lors, cet objectif de développement durable est intégré au cadre juridique de la garantie accordée aux investissements.

Le respect des critères de durabilité par l'investisseur-client doit être démontré en amont de l'implantation de l'activité de sorte que le mécanisme de garantie agisse dans le sens de la prévention des dommages environnementaux et sociaux et de la responsabilisation du demandeur. Certaines agences nationales travaillent dans le même sens. Ainsi, le *US Overseas Private Investment Corporation* prend en considération les aspects environnementaux des projets garantis ; ceux-ci doivent aussi être respectueux des droits humains et avoir des effets positifs sur le développement des États hôtes[1163]. En France, les activités de la *Compagnie française d'assurance pour le commerce extérieur*, la COFACE, ont un objectif similaire[1164].

Conjointement aux activités de la SFI, celles de l'AMGI constituent aussi une alternative intéressante et utile permettant de

---

1162 Réglementation opérationnelle de l'AMGI, mise à jour le 04/02/2011, §3.06 ; voir aussi le contrat de garantie modème de l'AMGI, article 13.7.

1163 Voir le site du *US Overseas Private Investment Corporation* (OPIC), *disponible sur* : www.opic.gov/doing-business/investment.
Voir aussi : MASSER (A.L.), « The Nexus of Public and Private in Foreign Direct Investment : An Analysis of IFC, MIGA, and OPIC », *Fordham Journal of International Law*, vol.32, no.5, 2008, p.1713.

1164 Voir : www.coface.fr/CofacePortal/FR_fr_FR/pages/home/Qui_sommes_nous/Developpement_durable.

contourner les difficultés de la recherche permanente et, pour le moment infructueuse, d'une responsabilité sociale et environnementale des sociétés multinationales par les seuls outils et techniques du droit international public. Peut-être serait-il plus approprié de réfléchir, dans ce contexte, à l'apport des institutions financières internationales dans la responsabilisation sociale et environnementale des investisseurs privés, car la contrainte financière est un outil efficace.

Conclusion du Chapitre 1

Le droit international des investissements a un aspect financier souvent oublié ou parfois négligé. C'est par ce biais que se constate sa première rencontre avec le développement durable. Ce dernier figure juridiquement dans les accords de prêt et normativement dans les politiques opérationnelles de certaines institutions financières comme la Banque mondiale, mais aussi dans celles d'autres institutions nationales. La fonction du développement durable est ici, premièrement, normative : il incite à une révision des dispositions normatives des textes et des accords relatifs aux investissements lorsque ses principes y sont inclus. Et elle est deuxièmement comportementale en ce qu'il exerce la fonction d'incitateur comportemental : par la référence qui en est faite, ces institutions incitent les États et les investisseurs à modifier leur comportement lors des activités d'investissements en tenant compte de certains principes du développement durable comme celui de la protection de l'environnement. Comme souvent en droit, c'est la normativité — nouvelle — qui mène, ou du moins qui vise, le comportement nouveau. L'effet du développement durable sur la norme de la protection financière des investissements internationaux est plutôt palpable. Les principes du développement durable arrivent, à ce niveau, à modifier le droit applicable et à en influencer l'interprétation, et l'application. Cette influence est aussi visible dans le contentieux arbitral portant sur les standards de protection tel qu'ils figurent dans les accords relatifs aux investissements. Mais si cette influence est plutôt marquante en ce qui concerne la protection financière des investissements internationaux, elle demeure encore limitée lorsqu'il s'agit d'interpréter les standards de protection.

CHAPITRE 2 : L'INFLUENCE MODÉRÉE DU DÉVELOPPEMENT DURABLE FACE L'APPLICATION DES STANDARDS DE PROTECTION

Le droit international des investissements est une branche de droit spécialisée et, par conséquent, concentrée sur un domaine précis. Les tribunaux chargés d'appliquer ce droit sont, eux aussi, pourvus de la même spécialisation : ils appliquent principalement les standards et les principes du droit international des investissements qui sont ancrés dans les accords bilatéraux ou multilatéraux relatifs aux investissements qui, traditionnellement, régissent surtout la protection des investissements internationaux[1165]. La majorité des accords suit traditionnellement une structure quasi similaire en contenant, peu ou prou, les mêmes dispositions relatives à la protection et au traitement des investissements[1166]. À l'origine, des dispositions relevant d'autres domaines avaient été volontairement exclues de tels accords dans l'idée de concentrer toute l'attention sur la seule protection des investissements ; des discussions et des désaccords sur d'autres considérations ne pouvaient pas retarder l'objectif principal de protection des investissements[1167]. L'esprit de ces accords perdure. Cependant, certains d'entre eux ont connu une évolution quant à leur contenu et, parfois, une inflexion quant à leurs objectifs. Leurs dispositions existantes n'ont pas été réellement modifiées, mais d'autres ont parfois été ajoutées en tenant compte de l'évolution des sentences et des décisions arbitrales et aussi de l'évolution du contexte

---

1165 CORDONIER SEGGER (M-C.), NEWCOMBE (A.), « An Integrated Agenda for Sustainable Development in International Investment Law », *in*, CORDONIER SEGGER (M-C.), GEHRING (M.W.), NEWCOMBE (A.) [eds.], *Sustainable Development in World Investment Law*, Alphen aan den Rijn, Kluwer Law International, 2011, p.103 ; DUPUY (P.M), «Unification rather than Fragmentation of International Law? The Case of International Investment Law and Human Rights », *in*, DUPUY (P.M.), FRANCIONI (F.), [eds.], *Human Rights in International Investment Law and Arbitration,* Oxford, Oxford University Press, 2009, p.47 ; NEWCOMBE (A.), PARADELL (L.), *Law and Practice of Investment Treaties : standards of Treatment*, Alphen Aan Den Rijn, Kluwer Law International, 2009, p.1.

1166 NEWCOMBE (A.), PARADELL (L.), *Law and Practice of Investment Treaties : standards of Treatment*, Alphen Aan Den Rijn, Kluwer Law International, 2009, pp.1-2.

1167 VANDEVELDE (K.J.), « A Brief History of International Investment Agreements », *University of California Davis Journal of International Law and Policy*, vol.12, 2005, p.170.

global dans lequel circulent les investissements. Le sens est celui d'une mise à jour contextuelle. C'est, par exemple, la raison pour laquelle l'accord modèle relatif aux investissements des États-Unis de 2004 a été réactualisé, en 2012. Une note du Bureau du Représentant des affaires commerciales des États-Unis (« *Office of the United States Trade Representative* ») explique que la mise à jour a eu lieu afin de s'assurer que l'accord en question soit en conformité avec l'intérêt public et avec l'agenda économique de l'Administration qui a, à cet effet, reçu l'expertise du Congrès, des sociétés privées, des associations d'affaires, des organisations non gouvernementales relatives à l'environnement ou au droit du travail et finalement du milieu académique[1168]. Dans les accords internationaux pensés et étudiés en collaboration avec des experts, l'inclusion de chaque mot a un sens et un objectif. Dans cette optique, ce nouvel accord relatif aux investissements, mais aussi les nouveaux accords de libre-échange des États-Unis contiennent désormais des dispositions se référant aux principes, aux préoccupations et aux impératifs du développement durable. Ces dispositions se retrouvent aussi au sein des nouveaux accords signés par d'autres États même s'il est sans doute un peu tôt pour affirmer l'existence d'une forme de révolution dans ce domaine. Il s'agit plutôt d'une évolution quant à la substance des accords relatifs aux investissements ; l'évolution de leur application reste, elle, à confirmer. Ce qui ressort de ce cadre, c'est l'élargissement graduel du champ d'intérêt des accords relatifs aux investissements. Traditionnellement focalisées sur les seuls intérêts des investisseurs privés, quelques traces de la prise en compte de l'intérêt public commencent à apparaître[1169]. La référence au développement durable fait, dans cette optique, apparaître la prise en compte de l'intérêt public[1170] : ce dernier est valorisé par le développement durable. Cela

---

[1168] Office of the United States Trade Representative, « United States Concludes Review of Model Bilateral Investment Treaty » (la note est disponible sur : www.ustr.gov/about-us/press-office/press-releases/2012/april/united-states-concludes-review-model-bilateral-inves).

[1169] Sur les situations d'intérêt public, voir : BOLGAR (V.), « L'intérêt général dans la théorie et la pratique », *Revue internationale de droit comparé*, vol.17, no.2, avril-juin 1965, p.330 ; EL BOUDOUHI (S.), « L'intérêt général et les règles substantielles de protection des investissements », *Annuaire Français de droit international*, vol.51, 2005, p.544 ; MONTGOMERY (J.D.) « O interêsse público nas ideologias do desenvolvimento nacional », *in*, FRIEDRICH (C.J.), *O interêsse público*, Rio de Janeiro, Cruzeiro, 1966, pp.219-220.

[1170] CORDONIER SEGGER (M.-C.), « Effective Implementation of Intersecting Public International Regimes : Environment, Development and Trade Law », *in*,

revêt une importance dans la mesure où un éclairage est apporté sur d'autres paradigmes du droit international des investissements souvent critiqué et remis en cause pour son manque d'équilibre en défaveur des intérêts des États. Toutefois, pour que le développement durable puisse avoir un effet en droit, il doit, lui-même, être formalisé par un principe juridique et il a été souligné plus haut que le principe qui présente le lien le plus étroit avec le droit international des investissements est celui de la protection de l'environnement. La mise en œuvre du principe passe normalement par le pouvoir réglementaire national. L'État hôte fera valoir son pouvoir réglementaire environnemental et c'est ce pouvoir qui peut influencer la protection juridique des investissements internationaux.

Ceci étant, l'influence exercée par le concept du développement durable sur le droit international des investissements est pour le moment relativement nuancée, même si elle est bien existante. Il n'est pas encore possible de tracer une ligne claire de la direction qu'il prend dans le droit international des investissements. Dans ce sens, au-delà de la teneur même de l'influence du développement durable, il faudra surtout étudier les facteurs qui lui permettent d'être effectif dans son articulation avec les normes de protection des investissements. Il en ressort que cette influence dépend de la mise en œuvre du pouvoir réglementaire environnemental (Section 1), mais aussi de certains moyens juridiques parfois utilisés par les parties ou par les tribunaux (Section 2).

KOMORI (T.), WELLENS (K.), *Public Interest Rules in International Law : Towards Effective Implementation*, Surrey, Ashgate, 2009, p.246.

Section 1 : Une influence reposant sur l'exercice du pouvoir réglementaire environnemental

Il est communément admis qu'il peut exister une relation étroite entre les investissements et l'environnement[1171]. L'environnement est ici pris dans son acception large, *lato sensu.* Il englobe non seulement les ressources naturelles telles que l'air, l'eau dans son étendue terrestre et maritime, le sol, la faune, la flore, mais aussi l'héritage ou le patrimoine culturel. En effet, plusieurs activités d'investissements peuvent avoir des effets néfastes et destructeurs sur le patrimoine culturel et historique de leur État d'accueil. L'investissement implique souvent une installation et un établissement physique de l'activité, ce qui peut parfois être préjudiciable à ce patrimoine protégé, faisant partie du concept de l'environnement[1172] et des impératifs du développement durable. À ce titre, le contentieux relatif au droit international des investissements présente certaines affaires où la protection du patrimoine culturel a été utilisée comme argument face aux revendications des investisseurs. La Convention de l'UNESCO concernant la protection du patrimoine mondial culturel et naturel du 16 novembre 1972 énonce que le patrimoine culturel comprend des monuments, des ensembles de constructions et des sites ; ces derniers peuvent être naturels[1173]. La convention prévoit de même que « [c]*hacun des États parties à la présente Convention reconnaît que l'obligation d'assurer l'identification, la protection, la conservation, la mise en valeur et la transmission aux générations futures du patrimoine culturel et naturel visé aux articles 1 et 2 et situé sur son territoire, lui incombe en premier chef*[1174] ». Dans

[1171] MILES (K.), « Transforming Foreign Investment : Globalisation, The Environment, and A Climate of Controversy », *Macquarie Law Journal*, vol.7, 2007, p.81 ; TIENHAARA (K.S.), « Unilateral Commitments to Investment Protection : Does the Promise of Stability Restrict Environmental Policy Development? », *Yearbook of International Environmental Law*, vol.17, 2006, p.139 ; WAELDE (T.W.), KOLO (A.), « Environmental Regulation, Investment Protection and 'Regulatory Taking' in International Law », *International and Comparative Law Quarterly*, vol.50, no.4, 2001, p.811

[1172] BEURIER (J.-P.), *Droit international de l'environnement*, Paris, Pédone, 4e édition, 2010, pp.168-171.

[1173] Voir : Convention de l'UNESCO concernant la protection du patrimoine mondial culturel et naturel (16/11/1972), articles 1 & 2 (*disponible sur* : http ://whc.unesco.org/archive/convention-fr.pdf) ; voir aussi : PETIT (Y.), « Environnement », *Répertoire international Dalloz*, janvier 2010, p.16.

[1174] Convention de l'UNESCO concernant la protection du patrimoine mondial

certaines affaires, cette obligation étatique visant la protection du patrimoine culturel a été utilisée pour justifier la violation de la protection due à l'investisseur et à son activité. Cette obligation s'inscrit dans le cadre du développement durable[1175].

Le droit de l'environnement est celui qui s'applique à toutes ces composantes de l'environnement. Cette définition de l'environnement n'est nullement inventée, elle n'est nullement une définition de travail. La Convention de Lugano du 21 juin 1993 sur la responsabilité civile des dommages résultant d'activités dangereuses pour l'environnement donne une définition similaire[1176] qui est aussi celle utilisée par le Programme des Nations unies pour l'environnement (UNEP)[1177] ou par certaines juridictions internationales[1178]. Elle permet de comprendre les diverses composantes de l'environnement du point de vue du droit[1179] et, dans la présente étude, elle permet de cerner celles d'entre elles qui sont liées au droit international des investissements. Certaines de ces composantes sont parfois en conflit avec la protection des investissements et c'est à l'issue de ce conflit qu'il est possible d'évaluer l'influence que peut avoir le développement durable sur l'application du droit international des investissements. Ce conflit survient, plus concrètement, lorsqu'une mesure environnementale adoptée par l'État d'accueil est considérée par l'investisseur étranger comme étant en violation de ses droits protégés par un accord relatif à la protection des investissements. L'État est libre d'exercer son pouvoir réglementaire environnemental, mais il n'en demeure pas moins lié par ses autres engagements conventionnels. Il doit dès lors articuler la protection de l'environnement et la protection des

culturel et naturel (16/11/1972), article 4.

1175 Voir Résolution de l'Assemblée générale des Nations unies, *L'avenir que nous* voulons, A/RES/66/288 (11/09/2012), Annexe, §30, §58(j), §134.

1176 Convention de Lugano sur la responsabilité civile des dommages résultant d'activités dangereuses pour l'environnement, 21 juin 1993, article 2.12 (*disponible sur* : http ://conventions.coe.int/treaty/fr/Treaties/Html/150.htm).

1177 FITZMAURICE (M.A.), « International Protection of the Environment », *R.C.A.D.I.*, vol.293, 2001, p.25.

1178 Voir par exemple la position du tribunal arbitral dans l'affaire du *Rhin de Fer* : *L'arbitrage relatif à la ligne du Rhin de Fer (« Ijzeren Rin ») [Belgique c. Pays-Bas]*, Cour permanente d'arbitrage, 24 mai 2005, §58.

1179 Voir par exemple, sur les divers éléments du droit international de l'environnement : BEURIER (J.-P.), *Droit international de l'environnement*, Paris, Pédone, 4e édition, 2010, p.191 et s.

investissements qu'il s'est engagé à protéger. Dans cette mesure, dépendant de certains facteurs, le principe de la protection de l'environnement peut être pris en compte lors de l'interprétation des dispositions relatives à la protection des investissements. Dans ce cas, les effets du développement durable — par sa composante environnementale — sur la protection des investissements sont visibles uniquement lorsque l'État a exercé son pouvoir réglementaire environnemental de manière cohérente (Paragraphe 1) et sans que la mesure environnementale adoptée n'ait d'autres visées ou d'autres effets, équivalents à une mesure protectionniste (Paragraphe 2).

Paragraphe 1 : Une influence possible en fonction de la cohérence de l'État dans l'exercice du pouvoir réglementaire environnemental

La cohérence du pouvoir réglementaire environnemental signifie que l'État ne doit pas fournir des informations contradictoires sur sa réglementation environnementale à l'investisseur. L'influence que peut avoir le pouvoir réglementaire environnemental dépend de sa non-contradiction (A), même s'il est aussi attendu que l'investisseur s'informe sur la réglementation environnementale applicable dans son État d'accueil, car dans le cas contraire, il serait mal venu à faire valoir un manque de cohérence de l'État (B).

A) Une cohérence dépendant des représentations environnementales faites à l'investisseur

La prise en compte du développement durable dépend de la bonne foi de l'État d'accueil : cette prise en compte doit résulter d'une réelle volonté de l'État d'encadrer le processus de son développement durable ; elle ne peut être une échappatoire pour éviter un contentieux. Par exemple, la bonne foi de l'État peut être mise en cause si ses préoccupations environnementales ne concernent que l'investisseur qui l'assigne à l'arbitrage et ne fait pas partie de sa politique intérieure habituelle. Le pouvoir réglementaire relève, bien entendu, de la souveraineté de l'État qui peut, sur cette base, adopter toutes les mesures qui lui semblent utiles et importantes. Cependant, l'influence que peut avoir ce pouvoir réglementaire sur le droit international des investissements dépend de l'utilisation qui en est faite. Si cette capacité de réglementer a des objectifs autres que la protection de l'environnement, il est normal que l'influence du développement durable sur l'interprétation des standards de protection ne soit que de très faible teneur.

En pratique, devant justifier une atteinte portée aux droits de l'investisseur, l'État se référera souvent à son droit souverain de réglementer le domaine environnemental national. Cette dialectique fait place à un jeu d'images et de valeur : l'environnement a la valeur d'un bien commun et il peut, dans ce sens, être facile de l'opposer à toute autre valeur, surtout lorsque cette dernière est purement lucrative — comme l'est la constitution d'un investissement. L'image, et le raisonnement en termes de valeurs ne suffisent cependant pas pour le droit. D'autres facteurs déterminent la recevabilité d'un argument environnemental et conditionnent, partant, l'influence du développement durable sur la protection juridique des investissements. Le pouvoir réglementaire environnemental doit être exercé de manière cohérente envers l'investisseur et non comme un simple moyen de défense mis en avant spontanément lors d'un différend. Un État ne saurait simplement s'abriter derrière la protection de l'environnement pour justifier une atteinte aux droits des investisseurs, car dans ce cas, le pouvoir réglementaire ne serait pas véritablement normatif, mais serait une simple excuse visant l'exonération de la responsabilité. Toutefois, en pratique, ce pouvoir réglementaire prend parfois justement la forme d'une technique de défense et c'est sans doute la raison pour laquelle ses effets sur le droit sont pour le moment plutôt nuancés : l'utilisation de la réglementation environnementale se fait de manière quelque peu opportuniste.

L'affaire *TECMED* illustre cette constatation. Il s'agissait d'un investissement espagnol au Mexique, dans le domaine du traitement de déchets. Le différend est né suite au refus de non-renouvellement du permis d'exploitation de l'investisseur par l'Institut National d'Écologie du Mexique ('*Hazardous Materials, Waste and Activities Division of the National Ecology Institute'* - INE), compétent pour délivrer cette autorisation. L'investisseur présentait sa requête sur plusieurs bases. Il demandait au tribunal de reconnaître la violation de l'article 2(1) relatif à la promotion et à l'admission des investissements du traité bilatéral portant sur la protection des investissements entre l'Espagne et le Mexique, de l'article 3 sur la protection des investissements, de l'article 4(1) sur le traitement juste et équitable, de l'article 4(2) sur la clause de la nation la plus favorisée, de l'article 4(5) relatif au traitement national et de l'article 5 sur l'expropriation[1180]. L'État défendeur justifiait, pour sa part, le non-renouvellement par la sensibilité de l'activité dont la meilleure gestion était d'un intérêt public ; il affirmait que, partant, il avait pu, en toute légitimité et sans contrevenir à ses obligations conventionnelles, adopter les mesures pour assurer la protection de l'environnement et la santé publique sur son territoire comme le lui permettent ses prérogatives de puissance publique[1181]. L'investisseur avait d'ailleurs déjà été condamné dans le même État à une amende pour l'exercice de son activité dans des circonstances pouvant être préjudiciables à l'environnement[1182]. Une plainte avait de même déjà été déposée par une association locale, l'Académie des droits humains de Sonora (*Academia Sonorense de Derechos Humanos*), contre l'investisseur pour « crime contre l'environnement »[1183]. Les arguments mettant en avant la protection de l'environnement furent déclarés recevables, mais peu convaincants. Le tribunal énonça que l'autorisation étatique accordée pour exploiter la décharge et les permis donnés par l'INE se fondaient tous sur une Déclaration d'Impact environnementale de 1994. Cette dernière adoubait le projet comme étant protecteur de l'environnement et estimait la durée de vie de la décharge à dix ans, c'est-à-dire, jusqu'en 2004. Par conséquent, c'est avec ces informations que l'investisseur a forgé ses attentes pour démarrer ses activités. Cette durée — de long terme — a ainsi été prise en compte pour évaluer son rendement. L'investisseur pouvait légitimement se fonder sur ces données et pouvait légitimement s'attendre à leur réalisation[1184]. Par ailleurs, une note envoyée le 11 février 1998 à l'investisseur par le Bureau du Procureur pour la protection environnementale fédérale, le '*PROFEPA*', confirme que les

[1180] *Técnicas Medioambientales Tecmed, S.A. c. Mexique*, CIRDI n° ARB(AF)/00/2), sentence (29/05/2003), §93.

[1181] *Ibid.*, §97.

[1182] *Ibid.*, §107, §110.

[1183] *Ibid.*, §108.

[1184] *Ibid.*, §150.

inspections faites par le Bureau n'ont pas montré l'existence de risques liés à l'environnement ou à la santé humaine[1185]. L'État et ses organes avaient d'autant plus affirmé que les activités litigieuses étaient en conformité avec la législation nationale et fédérale sur la protection et la préservation de l'environnement et de la santé humaine[1186]. Le tribunal conclut en pointant une contradiction de l'État mexicain : ce dernier avait, en effet, confié au même investisseur l'exploitation d'un autre centre de traitement de déchets, loin de la zone du premier investissement, chose que n'aurait pas fait un État agissant raisonnablement, en tant que *bona res publica*.

Si l'investisseur et sa gestion de l'activité avaient réellement été considérés comme préjudiciables à l'environnement, l'État, décidant en toute cohérence, ne pouvait lui accorder quelque autre contrat où que ce soit[1187]. Il est apparu finalement que la fermeture du site était surtout liée à des raisons politiques[1188] ; c'était une réponse à des manifestations contre les opérations du site[1189]. Le tribunal arbitral a fait droit à la demande de l'investisseur en reconnaissant une expropriation indirecte et un traitement injuste et inéquitable. L'invocation de la protection de l'environnement implique obligatoirement la bonne foi de l'État défendeur et aussi une constance dans ses actions envers l'investisseur. L'affaire *TECMED* démontre clairement comment l'argument environnemental a été uniquement utilisé comme une stratégie de défense, comme une défense de rupture, afin de sensibiliser le tribunal aux préoccupations écologiques et d'en requérir la participation, surtout parce que de telles questions sont souvent sensibles et spectaculaires et qu'elles colorent de plus en plus la scène internationale depuis un certain temps. Peut-être s'agit-il aussi d'une forme de pression que certains États souhaitent exercer sur les tribunaux qui seraient mal vus aux yeux de l'opinion publique s'ils écartaient automatiquement toute question liée au développement durable. En tout état de cause et sauf

---

1185 *Técnicas Medioambientales Tecmed, S.A. c. Mexique*, CIRDI n° ARB(AF)/00/2), sentence (29/05/2003), §124.

1186 *Ibid.*, §124.

1187 *Ibid.*, §145.

1188 MOLOO (R.), JACINTO (J.), « Environmental and Health Regulation : Assessing Liability Under Investment Treaties », *Berkley Journal of International Law*, vol.29, no.1, 2011, p.128.

1189 *Técnicas Medioambientales Tecmed, S.A. c. Mexique*, CIRDI n° ARB(AF)/00/2), sentence (29/05/2003) (TBI Espagne / Mexique), §106, §128.

dans l'hypothèse d'un changement drastique de circonstances, un État ne peut raisonnablement pas faire valoir que l'activité d'un investisseur est contraire à sa réglementation environnementale s'il lui a, au préalable, garanti qu'elle le respectait. Dans le même sens, il est possible de considérer que l'État n'agit pas de manière cohérente s'il adopte une mesure d'expropriation ayant un objectif environnemental, mais s'il prend par la suite un temps excessif et déraisonnable pour appliquer la mesure — alors que l'investisseur continue pendant ce temps à occuper les lieux théoriquement expropriés et à y exercer ses activités.

Cela a, par exemple, été le cas dans une affaire *Reinhard Hans Unglaube et Marion Unglaube c. Costa Rica*. L'investisseur avait reçu un ordre d'expropriation, car ses activités se déroulaient sur un site écologiquement important : il s'agissait du lieu de ponte des tortues à carapace molle, une espèce menacée. Une mesure avait été adoptée en 1991 afin de procéder à la création d'un parc environnemental à cet endroit, ce qui impliquait l'expropriation de l'investisseur. Cependant, ce dernier ne fut, dans les faits, pas immédiatement exproprié et continua ses activités comme en temps normal et comme en état de droit. La mesure d'expropriation effective fut adoptée en 2003 et en 2004 alors que le comportement et l'inaction de longue date de l'État avaient pu forger chez l'investisseur une croyance en la légalité de ses activités. Cette incohérence fut, en l'espèce, sanctionnée : le tribunal considéra, par exemple, qu'il y avait eu une occupation effective des lieux de la part de l'investisseur et que les mesures tardives de l'État étaient équivalentes à une expropriation aux termes de l'accord relatif à la protection des investissements existant entre l'Allemagne et le Costa Rica, applicable dans cette affaire[1190]. Dès lors, même si la mesure étatique avait initialement une forte portée environnementale, elle ne peut avoir aucun effet sur le droit international des investissements si le pouvoir réglementaire est exercé de manière à créer une confusion chez l'investisseur.

Le raisonnement du tribunal de l'affaire *Methanex* offre une méthodologie intéressante permettant de tracer la ligne de démarcation entre la protection des investissements et celle de l'environnement[1191] ;

[1190] *Reinhard Hans Unglaube et Marion Unglaube c. Costa Rica*, CIRDI n°.ARB/08/1, ARB/09/20, sentence (16/05/2012), §202 et s.

[1191] MOLOO (R.), JACINTO (J.), « Environmental and Health Regulation :

sans le nommer, le tribunal utilise le principe des attentes légitimes des investisseurs. Cela relève, dit-il, d'une pure question de droit international général qu'une mesure non discriminatoire adoptée pour des raisons d'intérêt public n'ait pas d'effets expropriatoires si aucune promesse spécifique préalable n'a été faite à l'investisseur au moment de son investissement[1192] ; l'investisseur ne peut, par conséquent, avoir quelque attente légitime dans un tel cas. En filigranes, repose aussi une idée présentée par le Professeur Weston : il y a une présomption — solide — que lorsqu'un État affirme qu'il exerce son pouvoir réglementaire, il est sincèrement et réellement en train de le faire sans motifs déguisés et là-dessus, le droit international leur reconnaît une grande latitude[1193]. Cet argument a, par exemple, été repris et utilisé par les États-Unis[1194] et l'argumentation a convaincu les arbitres[1195]. Pour ces derniers, aucune promesse explicite n'avait été formulée à l'investisseur et par conséquent, l'État d'accueil n'avait pas agi de manière incohérente ou inconsistante à son égard. De manière générale, vu le poids politique et juridique que prend la protection de l'environnement, un investisseur averti ne saurait nourrir des attentes — légitimes — à ce que la réglementation étatique aille dans le sens d'une régression ou à ce que l'État n'adopte pas de mesure environnementale.

Par exemple, dans une affaire *Parkering,* un investisseur norvégien avait remporté un appel d'offres lancé par la ville de Vilnius

---

Assessing Liability Under Investment Treaties », *Berkley Journal of International Law*, vol.29, no.1, 2011, p.126 ; ROBERT-CUENDET (S.), *Protection de l'environnement et investissement étranger : les règles applicables à la dépossession du fait de la réglementation environnementale*, Thèse, Paris 1, 2008, pp.279-281.

1192 *Methanex Corporation c. États-Unis*, CNUDCI, sentence finale sur la compétence et sur le fond, (03/08/2005), (ALENA), Partie IV, Chapitre D, §7.

1193 WESTON (B.H.), « Constructive Takings Under International Law : A Modest Foray Into the Problem "Creeping Expropriation," », *Virginia Journal of International Law*, vol.16, no.1, 1975, p.121 ; voir aussi : BROWNLIE (I.), *Principles of Public International Law*, Oxford University Press, 5th ed., 2003, p.509.

1194 *Methanex Corporation c. États-Unis*, CNUDCI, Mémoire en défense mis à jour des États-Unis, (05/12/2003), §416 (voir la note de bas de page 658 où l'article du Professeur Weston est cité). [*disponible sur* : http ://www.state.gov/documents/organization/27063.pdf].

1195 ROBERT-CUENDET (S.), *Protection de l'environnement et investissement étranger : les règles applicables à la dépossession du fait de la réglementation environnementale*, Thèse, Paris 1, 2008, p.281.

pour la construction d'un complexe de stationnement[1196]. Cependant, le 20 octobre 2000, la Commission nationale pour la protection des monuments (« *National Monument Protection Commission* ») s'opposa à cette construction pour plusieurs raisons : elle notait que les constructions ne considéraient aucunement les impacts environnementaux et les impacts sur les propriétés culturelles[1197] ; elle soutenait que les constructions modifieraient les caractéristiques de la vieille ville de Vilnius ; elle arguait, de même, que les constructions engendraient des embouteillages considérables et une pollution atmosphérique importante dans la ville, ce qui serait préjudiciable au secteur touristique[1198]. Ces circonstances ont contribué, avec d'autres, à la résiliation du contrat signé avec l'investisseur étranger. Lors de la procédure arbitrale, plusieurs moyens furent soulevés par l'investisseur : il faisait, entre autres, valoir une violation de la clause du traitement juste et équitable et de la clause du traitement de la nation la plus favorisée. En ce qui concerne le traitement juste et équitable, le tribunal se demanda si l'investisseur avait des attentes légitimes à ce que le droit national demeurât inchangé et si un éventuel changement constituait une frustration de ces attentes. Il expliqua qu'une attente est légitime si l'investisseur a reçu une promesse ou une garantie explicite de la part de l'État ou si ce dernier

[1196] Voir : FOURET (J.), KHAYAT (D.), « Centre international pour le règlement des différends relatifs aux investissements (CIRDI) », *Revue québecoise de droit international*, vol.20, no.1, 2007 pp.403-410 ; PETERSON (L.E), « Archaeological and environmental differences distinguish FDI projects », *Investment Treaty* News, 28 septembre 2007 ; VIS-DUNBAR (D.), PETERSON (L.E.), « Lithuania victorious in dispute with Norwegian parking lot business », *Investment Treaty News*, 28 septembre 2007 (*disponible sur* : http ://www.iisd.org/itn/wp-content/uploads/2010/10/itn_sep28_2007.pdf).

[1197] Dans un sens similaire, voir l'affaire : *Southern Pacific Properties (Middle East) Ltd c. Égypte*, CIRDI n°.ARB/84/3, Sentence (20/05/1992). Sur ces questions, voir aussi : HIRSCH (M.), « Interactions Between Investment and Non-Investment Obligations », *in*, MUCHLINSKI (P.), ORTINO (F.), SCHREUER (C.) [eds.], *The Oxford Handbook of International Investment Law*, Oxford, Oxford University Press, 2008, pp.166-168 ; LEBOULANGER (P.), « État, politique et arbitrage. L'affaire du Plateau des Pyramides », *Revue de l'Arbitrage*, vol.1, 1986, pp.3-28 ; RAMBAUD (P.), « L'affaire des « Pyramides » : suite et fin », *Annuaire français de droit international,* vol.39, 1993, pp.567-576 ; ROBERT-CUENDET (S.), *Protection de l'environnement et investissement étranger : les règles applicables à la dépossession du fait de la réglementation environnementale*, Thèse, Paris 1, 2008, pp.232-236.

[1198] *Parkerings-Compagniet AS c. Lituanie*, CIRDI n°. ARB/05/8, sentence (11/09/07), §142.

a implicitement fait certaines représentations, certaines promesses que l'investisseur a prises en compte pour s'implanter ; il souligna aussi que les circonstances mêmes de l'investissement devaient être prises en compte, de même que le comportement de l'État au moment de l'investissement. Dans cette affaire, le tribunal fit ressortir le droit de l'investisseur à une stabilité et à une prévisibilité du droit national pouvant concerner l'investissement qu'il mesura ensuite au droit souverain et discrétionnaire de l'État de réviser ou d'abroger toute loi nationale[1199]. Selon le tribunal, il n'y a pas de frustration des attentes légitimes et il n'y a subséquemment pas de violation du traitement juste et équitable si l'État n'a pas fait de promesses spécifiques à l'investisseur, le garantissant par là même, que le droit national (relative à la protection de l'environnement) demeurerait stable et inchangé. D'autant plus que dans cette affaire, le changement législatif avait une portée générale et impersonnelle et ne visait pas spécifiquement l'investisseur ; de toute façon, il n'a pu démontrer qu'il en était autrement. Dès lors, lorsque l'État exerce son pouvoir réglementaire environnemental de manière cohérente, le principe de la protection de l'environnement peut influencer la protection des investissements. C'est dans cette logique que se notent les effets du développement durable sur le droit international des investissements. Dans cette même affaire, l'investisseur soutenait par ailleurs qu'il avait subi une discrimination en comparaison avec le traitement accordé par la ville de Vilnius à un autre investisseur ayant aussi des activités de construction dans la vieille ville[1200]. Ces prétentions furent rejetées par le tribunal qui estima que les deux investisseurs n'étaient pas dans une situation similaire : les activités de Parkerings étaient bien plus importantes en teneur et en dimension et s'étendaient, par ailleurs, bien plus dans la vieille ville[1201]. Partant, son impact sur l'environnement et sur la valeur archéologique du site de construction était, de loin, beaucoup plus sévère. Le traitement différencié était, par conséquent, justifié en raison de la protection de l'environnement et du patrimoine culturel. Selon le tribunal :

> « *Thus the City of Vilnius did have legitimate grounds to distinguish between the two projects. Indeed, the refusal by*

[1199] *Ibid.*, §§329-338.
[1200] *Parkerings-Compagniet AS c. Lituanie*, CIRDI n°. ARB/05/8, sentence (11/09/07), §363.
[1201] *Ibid.*, §396.

the Municipality of Vilnius to authorize BP's project in Gedimino was justified by various concerns, especially in terms of historical and archaeological preservation and environmental protection[1202] ».

C'est le comportement de l'État qui détermine les effets que peut avoir une mesure environnementale. L'État qui agit sans contradiction aucune dans sa relation avec l'investisseur peut plus facilement lui opposer sa réglementation relative à la protection de l'environnement. L'influence du principe de la protection de l'environnement est encore plus forte lorsque l'investisseur a, pour sa part, agi de manière déraisonnable.

B) Une cohérence variant aussi selon le comportement de l'investisseur

Dans l'affaire *Marvin Feldman c. Mexique* le tribunal soulignait :

« *Governments, in their exercise of regulatory power, frequently change their laws and regulations in response to changing economic circumstances or changing political, economic or social considerations. Those changes may well make certain activities less profitable or even uneconomic to continue* [1203]».

Ces facteurs sont cependant bien connus de tout investisseur raisonnable. Un investisseur averti et connaissant la sévérité de la réglementation environnementale de son État d'accueil serait mal venu s'il contestait lors d'un arbitrage une mesure étatique dont il aurait dû connaître l'existence. Cela rejoint le devoir qu'a tout investisseur de s'informer sur le droit en vigueur de l'État d'accueil. Avec le rayonnement du développement durable, tout investisseur doit maintenant s'attendre à trouver dans le droit interne de l'État d'accueil des dispositions relatives aux principes du développement durable. Celles qui sont sans doute les plus pertinentes pour beaucoup

---

1202 *Ibid.*, §396.

1203 *Marvin Roy Feldman Karpa c Mexique*, CIRDI n°ARB(AF)/99/1, sentence (16/12/2002), (ALENA), §112.

d'investisseurs relèvent du droit de l'environnement. Logiquement, tout investisseur raisonnable doit dûment les prendre en considération lors de son investissement. S'il ne le fait pas et s'il a, dans ce sens, une attente injustifiée liée à la stabilité du droit national, il ne peut reprocher à l'État sa propre négligence. Dans l'affaire *Parkerings*, le tribunal énonçait que tout investisseur raisonnable est conscient que le droit national est susceptible d'évoluer et que de telles circonstances doivent être prévues et anticipées par l'investisseur : il doit adapter son investissement en fonction des changements législatifs[1204] ou alors, il a aussi la possibilité d'inclure dans son accord avec l'État une clause de stabilisation qui l'immuniserait de toute évolution du droit national[1205]. S'il ne le fait pas, il y a lieu de déduire qu'il accepte le risque. Dans de telles circonstances — bien illustrées par l'affaire *Parkerings* — la mesure environnementale adoptée au niveau national prime potentiellement sur les requêtes de l'investisseur. Le tribunal arbitral n'en a retenu aucune dans cette affaire[1206] d'où il ressort indirectement un effet intéressant du principe de la protection de l'environnement.

La vigilance nécessaire de l'investisseur a aussi été retenue dans une affaire où l'État avait clairement manqué à ses obligations à son égard. Cette affaire, *MTD Equity c. Chili*, opposait une société malaisienne à l'État chilien. La société avait reçu un contrat pour la construction et le développement d'un complexe immobilier – *real estate* – prenant la forme d'une ville-satellite dans le « *Fundo El Principal de Pirque* », au sud de Santiago. L'objectif était de construire une ville auto-suffisante avec, entre autres, des appartements, des commerces, des écoles ou des hôpitaux[1207]. Le projet nécessitait cependant des autorisations environnementales[1208]. Il s'est avéré par la suite que le site des constructions était considéré comme l'artère environnementale de la ville de Santiago, ce qui y empêchait tout type de construction ; des études d'impact

1204 *Parkerings-Compagniet AS c. Lituanie*, CIRDI n°. ARB/05/8, sentence (11/09/07), §333.

1205 *Ibid.*, §336.

1206 *Parkerings-Compagniet AS c. Lituanie*, CIRDI n°. ARB/05/8, sentence (11/09/07), §465.

1207 *MTD Equity Sdn. Bhd. & MTD Chile S.A. c. Chili*, CIRDI n°. ARB/01/7, sentence (25/05/04), §54.

1208 *Ibid.*, §119.

environnemental confirmaient de même que le projet était inapproprié [1209]. Pour répondre à la requête de l'investisseur, le tribunal condamna le Chili pour la violation de la disposition relative au traitement juste et équitable de l'accord entre la Malaisie et le Chili ; ce dernier, selon le tribunal, a fait parvenir des représentations et des informations contradictoires et incohérentes à l'investisseur en lui confirmant, d'une part, la possibilité de la construction, mais en omettant, de l'autre, de l'informer sur la nature du site[1210]. Dans un *dictum* souvent cité, le tribunal affirma que « *there is the inconsistency of action between two arms of the same Government vis-à-vis the same investor even when the legal framework of the country provides for a mechanism to coordinate*[1211] ».

La portée de cette affaire est utile en matière environnementale dans la mesure où le tribunal affirme, par ailleurs, qu'il appartient aussi à l'investisseur de s'assurer de la faisabilité technique de l'activité. Le Chili, pour se défendre, évoquait, en effet, que si MTD Chile avait entrepris la moindre enquête sur la qualité des terres où se situait le site, il en aurait compris l'importance environnementale[1212]. Cette position avait déjà été remarquée dans le cadre d'un autre arbitrage[1213]. Le tribunal dans l'affaire *MTD* accepta en partie la position chilienne en soulignant que les accords relatifs aux investissements ne sont pas des polices d'assurance contre des risques d'affaires ou contre les mauvaises décisions des investisseurs [1214]. Si la sentence ne mentionne pas explicitement les considérations environnementales, il ressort de cette affaire que ces éléments sont implicitement présents dans le raisonnement du tribunal. La réglementation nationale — qui implique celle sur l'environnement — et les caractéristiques du site de l'investissement — qui justifient une étude environnementale — doivent être dûment prises en compte par

[1209] *Ibid.*, §195.
[1210] *Ibid.*, §165.
[1211] *Ibid.*, §163.
[1212] *MTD Equity Sdn. Bhd. & MTD Chile S.A. c. Chili*, CIRDI n°. ARB/01/7, sentence (25/05/04), (TBI Malaisie / Chili), §169.
[1213] *American Manufacturing & Trading c. Zaire*, CIRDI n° ARB/93/1, sentence (21/02/1997) (TBI États-Unis / République Démocratique du Congo), §7.13.
[1214] *MTD Equity Sdn. Bhd. & MTD Chile S.A. c. Chili*, CIRDI n°. ARB/01/7, sentence (25/05/04), (TBI Malaisie / Chili), §178 ; voir aussi : *Emilio Agustín Maffezini c. Espagne*, CIRDI n° ARB/97/7, sentence (13/11/2000) (TBI Argentine / Espagne), §64.

l'investisseur avant la mise en œuvre de son activité. Toute négligence à ce sujet signifie que l'investisseur est partiellement responsable de tout éventuel dommage[1215]. Il ne peut, par conséquent, pas s'attendre au même montant de compensation et doit participer à la réparation des dommages[1216].

Contextuellement, le tribunal met en avant une obligation de l'investisseur : une obligation de faire ou de ne pas faire. Il doit s'informer sur la réglementation (environnementale) applicable et sur la nature (environnementale) du site ; en d'autres termes, il ne peut invoquer l'ignorance d'une réglementation (environnementale) applicable ou la nature (environnementale) d'un site avant de s'y implanter. Dans l'affaire *Methanex*, le tribunal a rejeté la demande de l'investisseur en expliquant qu'il aurait dû, en toute raison, s'attendre à un niveau de réglementation stricte et élevée en matière de protection environnementale, car il était notoire que « *governmental environmental and health protection institutions at the federal and state level, operating under the vigilant eyes of the media, interested corporations, nongovernmental organizations and a politically active electorate, continuously monitored the use and impact of chemical compounds and commonly prohibited or restricted the use of some of those compounds for environmental and/or health reasons*[1217]».

Dans cette affaire, la demande de l'investisseur a été rejetée face au pouvoir réglementaire environnemental de l'État. Une fois de plus et dans le contexte du développement durable, ce pouvoir réglementaire prend tout son intérêt en fonction du comportement des parties. Si l'État doit se montrer cohérent envers l'investisseur dans son traitement des questions liées au développement durable, l'investisseur a, de même, un devoir de vigilance pour que le pouvoir réglementaire environnemental ne soit pas préjudiciable à son activité. Cependant, ses requêtes contre l'État sont fondées lorsque ce dernier adopte des mesures environnementales en apparence, mais qui dans les faits ont un effet protectionniste.

1215 VIÑUALES (J.), « Foreign Investment and the Environment in International Law : An Ambiguous Relationship », Genève, Center for International Environmental Studies, The Graduate Institute, *Research Paper no.2*, 2010, p.71.

1216 *MTD Equity Sdn. Bhd. & MTD Chile S.A. c. Chili*, CIRDI n°. ARB/01/7, sentence (25/05/04), (TBI Malaisie / Chili), §243.

1217 *Methanex Corporation c. États-Unis*, CNUDCI, sentence finale sur la compétence et sur le fond, (03/08/2005), (ALENA), Partie IV, Chapitre D, §9.

Paragraphe 2 : Une influence freinée par les réglementations environnementales à effets protectionnistes

La présence du développement durable peut avoir des effets sur la norme lorsqu'une mesure environnementale a, effectivement, pour objectif de régir le domaine environnemental et, dans ce sens, il est parfois difficile de différencier entre une réglementation intrinsèquement environnementale et une réglementation environnementale protectionniste (A), et c'est peut-être la raison pour laquelle certains tribunaux préfèrent passer outre ces questions liées au droit de l'environnement en se focalisant uniquement sur l'existence ou non d'une violation de la protection juridique de l'investissement (B).

A) La dissociation ténue entre la réglementation intrinsèquement environnementale et la réglementation environnementale protectionniste

La réglementation du domaine environnemental national — tout comme celui de tout domaine relevant de l'intérêt public — fait partie du pouvoir réglementaire souverain des États[1218]. Pour certains l'exercice du pouvoir de réglementation environnemental portant atteinte à quelque investissement n'implique pas de compensation due par l'État à l'investisseur[1219]. Ce pouvoir réglementaire peut s'expliquer comme tel :

1218 MANN (H.), « International Investment Agreements, Business and Human Rights : Key Issues and Opportunities. *Session 2.2. : The policy framework for investment : the social and environmental dimensions*, OECD Global Forum on International Investment, 27-28 mars 2008, p.18 (*disponible sur* : http ://www.oecd.org/investment/globalforum/40311282.pdf).

1219 COE (J.Jr), RUBINS (N.), « Regulatory Expropriation and the TECMED Case : Context and Contributions », *in*, WEILER (T.), *International Law and Arbitration : Leading Cases from the ICSID, NAFTA, Bilateral Treaties and Customary International Law*, Londres, Cameron May, 2005, pp.639-640 ; CHOUDHURY(B.), « Recapturing Public Power : Is Investment Arbitration's Engagement of the Public Interest Contributing to the Democratic Deficit? », *Vanderbilt Journal of Transnational Law*, vol.41, no.3, 2008, p.792.

« The power of a state to place restraints on personal freedom and property rights of persons for the protection of the public safety, health, and morals, or the promotion of the public convenience and general prosperity. ... The police power is the exercise of the sovereign right of a government to promote order, safety, security, health, morals and general welfare within the constitutional limits and is an essential attribute of government[1220] ».

Certains États se réfèrent à leur pouvoir réglementaire lorsqu'une mesure environnementale adoptée est considérée par l'investisseur comme attentatoire à ses droits[1221] et des tribunaux ont reconnu la validité de ce pouvoir en expliquant qu'une mesure étatique adoptée pour bannir l'utilisation d'un produit présentant des dangers pour la vie humaine et pour l'environnement est tout à fait valide et étant la marque du pouvoir réglementaire, elle ne constitue pas une violation d'un accord relatif aux investissements[1222]. Ceci étant, il arrive que la mesure environnementale ait des effets ou même des objectifs protectionnistes ; environnementale en apparence, la mesure viserait, dans ce cas, l'exclusion d'un investisseur qui ne la respecterait pas du marché national et protégerait, ce faisant, les agents économiques nationaux. Dans ce cas, le principe de la protection de l'environnement a peu de chances d'influencer

---

[1220] Black's Law Dictionary, 6e éd., 1990, cité par MANN (H.), « International Investment Agreements, Business and Human Rights : Key Issues and Opportunities. *Session 2.2. : The policy framework for investment : the social and environmental dimensions*, OECD Global Forum on International Investment, 27-28 mars 2008, p.18 ; voir aussi : STOEBUCK (W.B.), « Police Power, Takings, and Due Process », *Washington and Lee Law Review*, vol.37, no.4, 1980, pp.1057-1058.

[1221] Voir par exemple l'argumentation de l'État argentin dans l'affaire *Azurix c. Argentine*, CIRDI n°ARB/01/12, sentence (14/07/2006), §278.

[1222] *Chemtura Corporation c. Canada*, CNUDCI, sentence (02/08/2010), (ALENA), §266 ; *ethanex Corporation c. États-Unis*, CNUDCI, sentence finale sur la compétence et sur le fond, (03/08/2005), Partie IV, chapitre D, §7. Sur ces questions : VIÑUALES (J.), « Foreign Investment and the Environment in International Law : An Ambiguous Relationship », Genève, Center for International Environmental Studies, The Graduate Institute, *Research Paper no.2*, 2010, pp.57-58 ; YANNACA-SMALL (C.), « «L'expropriation indirecte » et le « droit de réglementer » dans le droit international des investissements », *OCDE*, Document de travail sur l'investissement international, no.2004/4, septembre 2004, p.18.

concrètement la protection juridique des investissements comme il sera expliqué ci-bas.

Les accords relatifs aux investissements qui se réfèrent au développement durable ne peuvent pas être catégorisés comme étant des accords sur le développement durable. Ils demeurent, malgré de nouvelles dispositions portant sur certains principes du développement durable, des accords ayant pour objectif la protection et la libre circulation des investissements internationaux. Par conséquent, toute mesure nationale visant l'objectif du développement durable et pouvant affecter les investissements étrangers doit être adoptée en conformité avec leur régime juridique, c'est-à-dire, en conformité avec le droit international des investissements. Si, dans les faits, les activités d'investissements peuvent parfois se trouver en conflit avec la protection de l'environnement, leurs régimes juridiques respectifs peuvent, eux, être articulés. L'articulation ne signifie pas efficacité. C'est une solution pour éviter un conflit juridique même si le résultat peut, par la suite, être peu satisfaisant d'un point de vue politique, économique, ou vu sous l'angle des impératifs du développement durable. Dans le droit international des investissements, ce qui est normalement attendu, c'est une prise en compte des principes du développement durable sans qu'une atteinte ne soit portée à la protection des investissements internationaux.

Ainsi, dans une affaire *S.D. Myers c. Canada*[1223], un investisseur américain s'était implanté au Canada en 1993 pour l'exercice de son activité, le traitement de déchets de biphényles polychlorés, dit BPC. L'investisseur, S.D. Myers, envoyait des équipements et des produits contenant des BPC aux États-Unis pour procéder à leur assainissement. En 1995, l'État canadien a adopté une mesure portant interdiction de l'exportation de BPC du territoire canadien. La mesure a eu un effet immédiat sur le fonctionnement de l'activité de S.D Myers. Ce dernier, en se fondant sur les dispositions de l'ALENA, a considéré que le Canada avait manqué à son devoir de protection de cet investissement[1224]. Il soutenait qu'il y avait eu une atteinte aux articles relatifs au traitement national (article 1102), au traitement juste et équitable (article 1105) et à l'expropriation (article 1110). Par ailleurs, l'investisseur expliqua que la mesure litigieuse

---

[1223] *SD Myers c. Canada*, CNUDCI, sentence partielle (13/12/2000), (ALENA).
[1224] *Ibid.*, §§129-143.

était équivalente à une contrainte d'exploitation, interdite par l'article 1106 de l'ALENA. Les arguments de défense du Canada étaient grandement fondés sur la nature même des BPC. Il a mis en avant leur toxicité en expliquant les dangers pour l'environnement, la santé et la vie humaine[1225] ; cela justifiait, selon l'État canadien, le contrôle étatique des BPC pour la protection de la vie humaine, végétale et animale[1226]. Dans le cours de l'argumentation, l'État défendeur soulignait que la mesure nationale ne s'apparentait aucunement à une contrainte d'exploitation, car l'article 1106 prévoit lui-même que cette contrainte est inexistante si une des parties à l'accord adopte une mesure environnementale « *nécessaire à la protection de la santé et de la vie des personnes et des animaux ou à la préservation des végétaux* [1227]». Ce faisant, le Canada arguait que la mesure d'interdiction avait été adoptée dans le cadre de la mise en application de la Convention de Bâle du 22 mars 1989 sur le Contrôle des Mouvements Transfrontières de Déchets Dangereux et de leur élimination[1228]. L'article premier de la Convention de Bâle précise que certains déchets « *qui font l'objet de mouvements transfrontières, seront considérés comme des «déchets dangereux» aux fins de la présente Convention* [1229]». Le même article renvoie à une annexe mentionnant les déchets dangereux. La liste A de l'annexe VIII de la Convention souligne que les « [d]*échets, substances et articles contenant, consistant en, ou contaminés par des biphényles polychlorés (BPC)* [1230]» sont considérés comme étant dangereux. L'ALENA, à son article 104, se réfère lui-même à la Convention de Bâle en prévoyant qu'en cas d'incompatibilité entre ces deux accords, les dispositions de cette dernière primeront et que, cependant, les parties devront, pour leur mise en œuvre, adopter des mesures nationales qui soient le moins incompatibles avec l'ALENA[1231]. Le Canada devait remplir et honorer ses obligations vis-à-vis de l'investisseur tout en respectant les conventions environnementales

---

1225 *Ibid.*, §§152-153.

1226 *S.D. Myers Inc. c. Canada*, CNUDCI, Contre-mémoire du Canada, (05/10/1999), (ALENA), §363 et s.

1227 Voir article 1106 (6) (b) de l'ALENA.

1228 La Convention est disponible sur : http ://www.basel.int/Portals/4/Basel %20Convention/docs/text/BaselConventionText-f.pdf

1229 Convention de Bâle sur le Contrôle des Mouvements Transfrontières de Déchets Dangereux et de leur élimination, 22 mars 1989, article 1.

1230 *Ibid.*, Annexe VIII (A 3180).

1231 Voir article 104 de l'ALENA.

par lesquelles il était lié. C'est là le nœud gordien même du développement durable et c'est souvent de la sorte qu'il se présente dans le droit international des investissements. L'articulation doit être trouvée entre la mesure environnementale et le droit économique.

Le Canada soutenait que c'était la mise en application d'une convention environnementale par une mesure nationale que l'investisseur estimait comme étant préjudiciable à ses activités. Les arguments du Canada, quoiqu'acceptés par le tribunal, ne furent pas jugés convaincants sur tout le long. Si le tribunal considéra que la mesure n'était pas expropriatoire[1232], elle contrevenait cependant, selon lui, à la clause de traitement national[1233] et à celle du traitement juste et équitable[1234]. L'objectif de la mesure environnementale ne visait pas, aux termes de cette sentence, directement la protection de l'environnement, mais celle des sociétés canadiennes opérant dans l'industrie du traitement de déchets de BPC. La mesure était, en réalité, pourvue d'un effet protectionniste[1235], par conséquent, contraire à l'esprit de l'ALENA. Il n'existait pas, pour ce tribunal, de raison légitime justifiant l'adoption d'une telle mesure et même dans l'hypothèse où il y aurait eu un objectif environnemental, le Canada disposait d'autres moyens pour le réaliser, c'est-à-dire, sans porter atteinte aux droits de l'investisseur[1236]. Une affaire, *Ethyl*, reposait déjà sur une base factuelle similaire. Un investisseur américain implanté au Canada soutenait qu'une mesure canadienne interdisant l'utilisation d'un additif, le « MMT », pour la production de l'essence était préjudiciable à ses activités. L'investisseur, Ethyl Canada, importait le « MMT » des États-Unis d'Amérique vers le Canada où il était traité et distribué[1237]. En 1997, le Canada adopta une loi, le *« MMT Act »*, interdisant l'importation et le commerce du « MMT »[1238] en faisant valoir qu'il exerçait simplement son pouvoir réglementaire[1239] d'autant

---

[1232] *SD Myers c. Canada*, CNUDCI, sentence partielle (13/12/2000), (ALENA), §§279-288.

[1233] *Ibid.*, §§238-257.

[1234] *Ibid.*, §§258-269.

[1235] *Ibid.*, §§251-256.

[1236] *SD Myers c. Canada*, CNUDCI, sentence partielle (13/12/2000), (ALENA), §195.

[1237] *Ethyl Corp. & Canada Ethyl Corp. c. Canada*, CNUDCI, Mémoire en demande, (02/10/1997), (ALENA), §§8-13.

[1238] *Ibid.*, §§5-7.

[1239] *Ibid*, §9.

plus que le « MMT » est un produit hautement toxique et dangereux, pouvant être très néfaste à l'environnement et à la santé[1240]. L'investisseur invoquait la violation des clauses relatives à l'expropriation, au traitement national et aux contraintes d'exploitation[1241]. Selon lui, la mesure canadienne visait la protection des producteurs nationaux de « MMT »[1242] ; il demandait une compensation de $251,000,000[1243]. Si cette affaire s'est finalement réglée par une transaction entre le demandeur et le défendeur[1244], les questions soulevées n'en restent pas moins utiles pour le présent contexte en ce que la mesure environnementale adoptée avait originellement une visée protectionniste[1245]. C'est là une pratique qui ne peut être empêchée, ce qui complique la différenciation entre une mesure intrinsèquement environnementale et une autre qui le serait qu'en apparence.

S'il peut être démontré que la mesure environnementale a été adoptée dans un but autre que la protection de l'environnement, les effets du principe de la protection de l'environnement seront logiquement moindres sur le droit de la protection des investissements. L'influence du développement durable est potentiellement effective lorsque l'État tente de concilier ses obligations environnementales avec la protection des investissements et non lorsqu'il a recours à des mesures environnementales pour contourner ses obligations figurant dans les accords relatifs aux investissements. La mesure doit être intrinsèquement environnementale — comme illustré par les affaires *Parkerings* ou *Methanex* — pour pouvoir justifier la non-violation des droits de l'investisseur. Le tribunal *S.D. Myers* souligne, dans ce sens, un principe important en se référant à la pratique de l'OMC :

1240 *Ethyl Corp. & Canada Ethyl Corp. c.* CNUDCI, Mémoire en défense, (27/11/1997), (ALENA), §30.

1241 *Ethyl Corp. & Canada Ethyl Corp. c. Canada,* CNUDCI, Mémoire en demande, (02/10/1997), (ALENA), §19 et s.

1242 *Ibid.* §§28-40.

1243 *Ibid.*, §51.

1244 MOLOO (R.), JACINTO (J.), « Environmental and Health Regulation : Assessing Liability Under Investment Treaties », *Berkley Journal of International Law*, vol.29, no.1, 2011, p.102.

1245 ROBERT-CUENDET (S.), *Protection de l'environnement et investissement étranger : les règles applicables à la dépossession du fait de la réglementation environnementale*, Thèse, Paris 1, 2008, pp.36-37.

« (...) *where a state can achieve its chosen level of environmental protection through a variety of equally effective and reasonable means, it is obliged to adopt the alternative that is most consistent with open trade*[1246] ».

Cette méthode proposée[1247] contient cependant une forte dose de subjectivité, car il est difficile d'évaluer le niveau de protection de l'environnement qui est effectivement compatible avec la libre circulation et la protection des investissements internationaux. Si le niveau de protection de l'environnement est élevé, celui de la protection des investissements l'est aussi. Et dans tous les cas, il appartient aux États de déterminer le niveau de protection de l'environnement qui leur semble le plus approprié[1248]. Le pouvoir réglementaire se suffit, dans ce sens, à lui-même et ne peut être remis en cause. Et tout État peut décider que la protection de l'environnement qui concerne l'intérêt public et même la sécurité publique priment sur la protection des investissements internationaux. Toutefois, pour éviter tout abus, il y a lieu de préférer la technique étudiée auparavant : les tribunaux peuvent s'attarder sur l'examen de la cohérence de l'État dans l'exercice de son pouvoir réglementaire environnemental, ce qui semble plus objectif que la méthode proposée dans l'affaire *S.D.Myers.* Par exemple, dans une affaire *Bilcon of Delaware c. Canada*, un comité du gouvernement de la Nouvelle-Écosse a refusé d'octroyer une autorisation environnementale à l'investisseur en invoquant l'impérative protection des valeurs communautaires essentielles (*core community values*) ; selon le comité, ces valeurs seraient contaminées par l'objet même de l'investissement, une activité minière. Pour des mêmes questions de cohérence, cet argument fut rejeté par le tribunal arbitral : à aucun moment, l'investisseur n'avait été informé sur l'existence même de telles valeurs communautaires et n'a pu, dès lors, se faire entendre ou se justifier à ce sujet. Ce comportement de la province a, pour cette raison, été qualifié d'injuste et d'inéquitable au sens de l'ALENA[1249].

1246 *SD Myers c. Canada*, CNUDCI, sentence partielle (13/12/2000), (ALENA), §221.

1247 Dans le même sens : L'Accord nord-américain de la coopération dans le domaine de l'environnement, article 1.

1248 Dans ce sens : *Affaire Tătar c. Roumanie*, CEDH, Requête no.67021/01, arrêt, 06 juillet 2009, §108.

1249 *William Ralph Clayton, William Richard Clayton, Douglas Clayton, Daniel*

Mais peut-être est-ce aussi pour éviter de telles questions et de telles problématiques qui impliquent un choix de méthode, une étude du droit de l'environnement et une mise en balance entre protection de l'environnement et protection des investissements que certains tribunaux préfèrent ne pas considérer les arguments environnementaux en examinant uniquement la violation ou pas au droit international international des investissements. Par leur raisonnement, ces tribunaux excluent le développement durable de cette branche du droit.

Clayton et Bilcon of Delaware, Inc. c. Canada, Cour Permanente d'Arbitrage, no. 2009-04, sentence (17/03/2015), §543, 604.

B) Le rejet des arguments environnementaux par certains tribunaux

Les tribunaux arbitraux sont compétents pour l'application du droit international des investissements et il leur est demandé de dire si une mesure interne — environnementale, par exemple — ou si une action étatique est attentatoire aux droits protégés des investisseurs. Certains arbitres estiment qu'il ne leur incombe pas de se prononcer sur la nature de cette mesure si tant est qu'elle soit en violation d'un accord relatif à la protection des investissements.

Le Mexique s'est déjà retrouvé face à cette problématique lors d'une affaire *Metalclad*, face à un investisseur américain ; l'investissement était relatif à l'exploitation d'un centre de déchets. L'investisseur s'était implanté dans la municipalité du Guadalcalzar dans l'État de San Luis Potosi au Mexique avec l'aval de l'INE susmentionné[1250] et avec les permis requis, attribués par l'État fédéral[1251]. Des études scientifiques établies par l'Université de San Luis Petosi et par le Bureau du Procureur pour la protection environnementale fédérale mentionné plus haut déclaraient que le site de l'activité était approprié pour le traitement de déchets dangereux[1252]. L'investisseur, Metalclad, avait entre-temps, fait la demande d'un permis devant être accordé par les autorités municipales et dont l'obtention lui avait été garantie. Il avait pendant ce temps continué l'exercice de son activité. Le permis municipale lui avait finalement été refusé. Deux mois plus tard, cependant, l'INE avait accordé un nouveau permis à Metalclad lui permettant d'augmenter la capacité l'exploitation du site[1253]. Plus d'un an plus après, en septembre 1997, le Gouverneur de San Luis Petosi adopta un décret écologique portant zone naturelle pour la protection des cactus rares[1254]. Cette zone couvrait celle sur laquelle était situé le site d'exploitation de l'investisseur. Le tribunal considéra que par ses actions ou ses inactions, le Mexique avait violé les droits de l'investisseur tels qu'ils figurent au sein de l'ALENA, notamment la

[1250] *Metalclad Corporation c. Mexique*, CIRDI n° ARB/AF/97/1, sentence, (30/08/2000), (ALENA), §29, §35, §43.

[1251] *Ibid.*, §§31-33.

[1252] *Ibid.*, §44.

[1253] *Ibid.*, §57.

[1254] *Ibid.*, §59.

clause du traitement juste et équitable et celle sur l'expropriation. Plus spécifiquement, sur la requête relative à l'expropriation indirecte en raison de l'adoption du décret écologique, le tribunal qui avait confirmé sa compétence pour recevoir un tel décret[1255] a fait ressortir que :

> « *The Tribunal need not decide or consider the motivation or intent of the adoption of the Ecological Decree. Indeed, a finding of expropriation on the basis of the Ecological Decree is not essential to the Tribunal's finding of a violation of NAFTA Article 1110. However, the Tribunal considers that the implementation of the Ecological Decree would, in and of itself, constitute an act tantamount to expropriation*[1256]».

Cette sentence a été très critiquée en ce qu'elle écarte du droit international des investissements les considérations environnementales et en ce qu'elle touche aux droits de réglementation, souverains, de l'État[1257]. Une partie de la doctrine pense les mesures adoptées dans l'intérêt public ne sont pas en violation des droits des investisseurs[1258]. Le tribunal *Metalclad* affirme, pour sa part, que les objectifs et la teneur d'une mesure réglementaire nationale importent peu si elle a des effets équivalents à une expropriation. Cette position se fait l'écho de celle du tribunal arbitral ayant siégé dans l'affaire *Santa Elena c. Costa Rica* où la partie étatique avait été condamnée à payer une compensation à

1255 *Metalclad Corporation c. Mexique*, CIRDI n° ARB/AF/97/1, sentence, (30/08/2000), (ALENA), §69.

1256 *Ibid.*, §111.

1257 BRUNETTI (M.), « Indirect Expropriation in International Law / L'expropriation indirecte en droit international », *InternationaL Law Forum de Droit International*, vol.5, 2003, p.150, p.152 ; DHOOGE (L.G.), «The North American Free Trade Agreement and the Environment : The Lessons of *Metalclad Corporation v. United Mexican* States », *Minnesota Journal of Global Trade*, vol.10, 2001, pp.213-214 ; PRUJINER (A.), « L'expropriation, l'ALENA et l'affaire Metalclad », *InternationaL Law Forum de Droit International*, vol.5, 2003, p.214 ; WILLIAMS (J.), « Regulating Multinational Polluters in a Post-Nafta Trade Regime : The Lessons of *Metalclad v. Mexico* and a Case for a « Takings » Standard », *UCLA Journal of International Law and Foreign Affairs*, vol.8, 2003, p.476.

1258 WAGNER (J.M.), « International Investment, Expropriation and Environmental Protection », *Golden Gate University Law Review*, vol.29, no.3, 1999, p.518.

l'investisseur pour une mesure volontairement expropriatoire qui visait la protection environnementale d'un site. Le tribunal affirma dans cette affaire que :

> « *While an expropriation or taking for environmental reasons may be classified as a taking for a public purpose, and thus may be legitimate, the fact that the Property was taken for this reason does not affect either the nature or the measure of the compensation to be paid for the taking. That is, the purpose of protecting the environment for which the Property was taken does not alter the legal character of the taking for which adequate compensation must be paid. The international source of the obligation to protect the environment makes no difference.*
>
> *Expropriatory environmental measures-no matter how laudable and beneficial to society as a whole-are, in this respect, similar to any other expropriatory measures that a state may take in order to implement its policies : where property is expropriated, even for environmental purposes, whether domestic or international, the state's obligation to pay compensation remains.*[1259] ».

Selon ces tribunaux, l'expropriation, une fois qu'elle est reconnue, mérite compensation même si elle a pour but d'appliquer une mesure d'intérêt public[1260]. L'objectif environnemental de la mesure ne modifie en rien la compensation due[1261]. En d'autres termes, pour cette catégorie de tribunaux, le développement durable n'est pas un élément pertinent devant être considéré lors d'un arbitrage relatif à la violation des standards de protection. Il n'a, dans leur raisonnement, aucun effet sur la protection des investissements. Il peut certes être soutenu que ces affaires ne sont pas récentes et que la position d'un tribunal serait plus nuancée si une question similaire survenait aujourd'hui.

[1259] *Compañia del desarrollo de Santa Elena S.A. c. Costa Rica*, CIRDI n°. ARB/96/1, Sentence (17/02/2007), §§71-72.

[1260] *Ibid.*, §§71-72.

[1261] VIÑUALES (J.), « Foreign Investment and the Environment in International Law : An Ambiguous Relationship », Genève, Center for International Environmental Studies, The Graduate Institute, *Research Paper no.2*, 2010, pp.68-69.

Toutefois, l'affaire *Metalclad* s'est tenue dans le contexte de l'ALENA qui ne se focalise pas uniquement sur la protection des investissements et qui contient certaines dispositions étroitement liées aux principes du développement durable. Toujours est-il que la position de ces tribunaux apporte un autre éclairage sur la considération des questions environnementales dans le droit international des investissements : le développement durable n'a ici aucun effet. Cette position contribue à nuancer l'influence que peuvent avoir les principes du développement durable sur la protection juridique des investisseurs. Les tribunaux arbitraux n'ont pas pour mission d'appliquer le droit de l'environnement et il est compréhensible que ces questions soient écartées du contentieux. En même temps, l'évolution du droit international des investissements laisse clairement présager que de telles questions se grefferont aux problématiques futures propres à cette branche du droit international, car ce dernier commence, lui-même, à inclure en son sein certains principes du développement durable. Si la question peut être écartée aujourd'hui, il est certain qu'elle surgira sous des formes similaires dans le futur. L'étude de l'articulation entre le développement durable et le droit international des investissements n'a, pour cette raison, pas qu'une portée théorique. Dans cette optique, il peut être utile d'examiner les moyens juridiques qui sont normalement utilisés ou qui peuvent l'être pour concilier la prise en compte du développement durable avec la protection des investissements internationaux.

Section 2 : Les moyens utilisés pour concilier la prise en compte du développement durable avec la protection des investissements internationaux

La prise en compte du développement durable et son influence éventuelle sur la protection des investissements dépendent parfois de certaines techniques juridiques. Dans ce sens, certains moyens procéduraux (Paragraphe 1) et d'autres moyens conventionnels (Paragraphe 2) sont utilisés pour concilier les principes du développement durable avec le droit international des investissements.

Paragraphe 1 – Les moyens procéduraux utilisés pour faciliter la conciliation

Des moyens normalement utilisés, deux seront mis en avant, car ils sont pourvus d'une capacité permettant d'infléchir l'interprétation des clauses relatives à la protection des investissements en tenant compte des principes du développement durable. Ces moyens permettent d'aiguiser les arguments pour démontrer la pertinence et l'applicabilité de ces principes. Par ce biais, le recours aux expertises scientifiques (A) et, parfois, la présence des *amicus curiæ* (B) facilitent la conciliation entre développement durable et protection des investissements.

A) L'utilité des expertises scientifiques pour permettre la conciliation

Le développement durable influence potentiellement l'interprétation des accords relatifs aux investissements lorsque les parties ont recours aux experts scientifiques leur permettant de justifier le bien-fondé d'une mesure environnementale adoptée. Le pouvoir réglementaire environnemental peut certes être considéré comme suffisant pour justifier l'adoption d'une mesure environnementale. Cependant, une expertise scientifique peut être nécessaire pour faire valoir l'utilité de la mesure et pour la dissocier d'une mesure protectionniste. Dans plusieurs affaires, le principe environnemental du développement durablc aurait pu avoir un impact déterminant sur la décision rendue si l'argument de la protection de l'environnement avait été basé sur une expertise scientifique — chose techniquement possible.

Plusieurs accords relatifs aux investissements prévoient la possibilité d'un recours aux experts dans certaines matières techniques touchant aux composantes du développement durable. Des dispositions sont normalement prévues dans ce sens surtout en matière environnementale. Les parties peuvent présenter un rapport d'expert ou une expertise peut être demandée *proprio motu* par le tribunal si ce dernier l'estime utile[1262]. Le Règlement de procédure relatif à

[1262] Accord modèle de promotion et de protection des investissements des Etats-Unis, 2012, article 32 ; Accord modèle de promotion et de protection des

l'introduction des instances de conciliation et d'arbitrage (le Règlement d'introduction des instances) du CIRDI permet, de même, un recours aux experts[1263].

Il est cependant vrai que les tribunaux ne sont pas toujours techniquement équipés pour évaluer une expertise scientifique[1264]. Dans l'affaire relative aux usines de pâte à papier, des éléments de preuves scientifiques considérables et denses avaient été présentés à la Cour internationale de Justice par les parties[1265]. L'arrêt a été accompagné d'une opinion dissidente commune des Juges Simma et Khasawneh et une des raisons de cette opinion était, selon eux, la méthodologie peu efficiente utilisée par la Cour pour examiner les études scientifiques en question[1266]. Il s'agit, en effet, d'une question de méthode et cela va de soi que les juges ou les arbitres ne doivent pas déterminer si les rapports soumis sont scientifiquement exacts. Ce n'est pas leur rôle, car ce ne sont pas des experts environnementaux ou des scientifiques. Ils doivent simplement accepter les conclusions scientifiques comme des éléments de preuve leur permettant de décider en droit[1267]. Dans l'affaire *Gabcikovo-Nagymaros*, la Cour internationale de Justice affirmait, dans ce sens que, « [l]*es nombreux rapports scientifiques présentés à la Cour par les Parties, même si leurs conclusions sont souvent contradictoires, fournissent amplement la preuve que ces incidences et ces implications sont considérables*[1268] ».

---

investissements du Canada, 2004, article 42 ; Accord entre le Japon et la Colombie pour la promotion, la protection et la libéralisation des investissements (12/09/2011), article 36 ; Accord de libre-échange entre les États-Unis et le Pérou (12/04/2006), article 10.24.

1263 Voir : Règlement de procédure relatif à l'introduction des instances de conciliation et d'arbitrage, article 34 (2) (b).

1264 VIÑUALES (J.), « Foreign Investment and the Environment in International Law : An Ambiguous Relationship », Genève, Center for International Environmental Studies, The Graduate Institute, *Research Paper no.2*, p.31.

1265 PAYNE (C.), « Mastering the Evidence : Improving Fact Finding by International Courts », *Environmental Law*, vol.41, 2011, p.1198.

1266 *Affaire relative à des usines de pâte à papier sur le fleuve Uruguay (Argentine c. Uruguay)*, arrêt, 20 avril 2010, C.I.J.Recueil 2010, p.109, §2.

1267 *Chemtura Corporation c. Canada*, CNUDCI, sentence (02/08/2010), §§134-135 ; VIÑUALES (J.), « Foreign Investment and the Environment in International Law : An Ambiguous Relationship », Genève, Center for International Environmental Studies, The Graduate Institute, *Research Paper no.2*, pp.61-62.

1268 *Affaire relative au Projet Gabcikovo-Nagymaros (Hongrie / Slovaquie)*, arrêt,

Le Règlement facultatif de la Cour permanente d'Arbitrage pour l'arbitrage des différends relatifs aux ressources naturelles et/ou à l'environnement a, là-dessus, une disposition intéressante. Ce dernier prévoit que « [l]*e tribunal arbitral peut prier les parties conjointement ou séparément de lui fournir un document qui ne soit pas rédigé en termes techniques résumant et explicitant des informations à caractère scientifique, technique ou autrement spécialisées que le tribunal juge nécessaire à la bonne compréhension du litige*[1269] ». Cela permet une simplification des informations techniques pouvant être utilisées par les tribunaux pour arrêter une décision en droit. Une telle disposition n'est cependant pas une condition pour qu'une expertise scientifique soit recevable. Comme il s'agit d'un élément de preuve, il peut librement être présenté par une des parties. Une expertise efficace est un moyen facilitant l'entrée de l'argument environnemental dans le contentieux. Elle peut justifier l'utilité et l'importance d'une mesure environnementale litigieuse face aux prétentions d'un investisseur.

Dans une affaire relative à des investissements dans des produits pétrochimiques, l'affaire *Methanex c. États-Unis*, un investisseur canadien, Methanex, s'était implanté aux États-Unis pour y exercer son activité de production et de distribution de méthanol et il estimait qu'une mesure adoptée par l'État de Californie était en violation de ses droits protégés par l'ALENA. La mesure californienne interdisait l'utilisation du « MTBE » dans la production de l'essence en Californie[1270]. Le « MTBE » est une composante de l'essence ; le méthanol est utilisé pour la production du « MTBE ». Par conséquent, Methanex arguait que son activité été directement atteinte. Sur le fondement de l'article 1102, 1105 et 1110 de l'ALENA, il requérait respectivement une violation de la clause du traitement national, du traitement juste et équitable et celle relative à l'expropriation[1271]. Pour sa défense, l'État californien expliquait qu'en

---

C.I.J., Recueil 1997, §140.

1269 Règlement facultatif de la Cour permanente d'Arbitrage pour l'arbitrage des différends relatifs aux ressources naturelles et/ou à l'environnement, article 24(4).

1270 *Methanex Corporation c. États-Unis*, CNUDCI, sentence finale sur la compétence et sur le fond, (03/08/2005), (ALENA), §14.

1271 *Methanex Corporation c. États-Unis*, CNUDCI, sentence finale sur la compétence et sur le fond, (03/08/2005), (ALENA), §26 et s.

raison de fuites du réservoir de stockage d'essence, le « MTBE » constituait une menace environnementale en ce qu'il pouvait polluer les eaux souterraines et l'eau potable[1272] : dans un tel cas de figure, les effets sur la vie et sur la santé humaine, animale et végétale peuvent être dramatiques. L'État d'accueil voulait éviter toute contamination de l'eau et il s'appuyait sur une étude scientifique concernant l'impact du « MTBE » sur la santé humaine et sur l'environnement demandée à l'Université de Californie pour soutenir sa position[1273]. L'étude conclut qu'il existait effectivement à la fois un risque potentiel pour la santé humaine et un risque certain pour l'environnement par l'utilisation du « MTBE »[1274]. L'expertise scientifique a été favorablement reçue par le tribunal qui :

> « (...)*accepts the UC Report as reflecting a serious, objective and scientific approach to a complex problem in California. Whilst it is possible for other scientists and researchers to disagree in good faith with certain of its methodologies, analyses and conclusions, the fact of such disagreement, even if correct, does not warrant this Tribunal in treating the UC Report as part of a political sham by California. In particular, the UC Report was subjected at the time to public hearings, testimony and peer-review ; and its emergence as a serious scientific work from such an open and informed debate is the best evidence that it was not the product of a political sham engineered by California (...). Moreover, in all material respects, the Tribunal is not persuaded that the UC Report was scientifically incorrect : the Tribunal was much impressed by the scientific expert witnesses presented by the USA and tested under crossexamination by Methanex ; and*

[1272] *Ibid.*, §15.

[1273] *Ibid.*, Partie III, chapitre A.

[1274] *Ibid.*, Partie III, Chapitre A, §§9-11. Voir par exemple le paragraphe 10 : « *It is clear that California water resources are being placed at risk by the use of MTBE in gasoline. MTBE has been detected in several water supply systems, which have shut down the contaminated sources, resorting to alternative supplies or treatment. Since both groundwater wells and surface water reservoirs have been contaminated, alternative water supplies may not be an option for many water utilities. If MTBE continues to be used at current levels and more sources become contaminated, the potential for regional degradation of water resources, especially groundwater basins will increase. Severity of water shortages during drought years will be exacerbated. California's water resources are placed at risk by the use of MTBE.* ».

the Tribunal accepts without reservation these experts' conclusions[1275]».

L'étude scientifique a été un élément important pour forger la décision du tribunal qui a conclu à une non-violation des dispositions de l'ALENA, rejetant de ce fait, les demandes de Methanex. Il s'agit là d'un moyen permettant de soutenir et de valoriser des arguments environnementaux liés aux principes du développement durable. L'argument de la protection environnementale a, par ce biais, convaincu, tout comme, par exemple, dans une affaire *Chemtura* — toujours dans le cadre de l'ALENA et selon le règlement CNUDCI[1276]. Il s'agissait d'un investissement d'une société américaine au Canada. Le domaine de l'investissement était la production de lindane, une substance toxique utilisée comme pesticide pour les plantes de canola au Canada[1277] ; en raison de la toxicité du produit, l'État canadien avait adopté une mesure en interdisant l'utilisation sur son territoire[1278]. La mesure fut contestée par l'investisseur qui allégua que le Canada avait, ce faisant, manqué à ses obligations de traitement juste et équitable (article 1105 de l'ALENA), de traitement de la nation la plus favorisée (article 1103 de l'ALENA) et que son activité avait, de même, été expropriée (article 1110 de l'ALENA)[1279]. Aucune violation ne fut reconnue[1280] et pour arriver à cette conclusion, le tribunal a tenu compte de la base scientifique sous-tendant les arguments qui lui avaient été soumis. Il n'a, bien entendu, pas mesuré la justesse des études et des exposés scientifiques présentés, mais il les a uniquement acceptés comme des éléments de preuves et des expertises pouvant l'aider à formuler sa décision en droit[1281].

[1275] *Methanex Corporation c. États-Unis*, CNUDCI, sentence finale sur la compétence et sur le fond, (03/08/2005), (ALENA), Partie III, Chapitre A, §101.

[1276] Voir : ASTERITI (A.), «Metalclad, Methanex and Chemtura : 10 Years of Environmental Issues in Investment Arbitraiton », *Transnational Dispute Management*, vol.9, no.3, avril 2012, p.15 et s.

[1277] *Chemtura Corporation c. Canada*, CNUDCI, sentence (02/08/2010), (ALENA), §6 et s.

[1278] *Ibid.*, §49.

[1279] *Ibid.*, §92.

[1280] *Ibid.*, §266 et la partie V de la sentence.

[1281] *Chemtura Corporation c. Canada*, CNUDCI, sentence (02/08/2010), (ALENA), §134-135 ; voir aussi là-dessus : VIÑUALES (J.), « Foreign Investment and the Environment in International Law : An Ambiguous Relationship », Genève, Center for International Environmental Studies, The Graduate Institute, *Research Paper no.2*, 2010, pp.61-62.

La position de ces tribunaux met en avant certains outils pouvant être utilisés dans le cadre d'une affaire où la protection de l'environnement est soulevée par la partie défenderesse. Une expertise sérieusement menée permet au droit de la protection de l'environnement de jouer un rôle déterminant dans le contentieux dans la mesure où elle absout l'État de toute responsabilité ; l'effet sur les standards de protection est important, car aucune violation ne sera, dans ce cas, reconnue. Cette expertise peut parfois aussi être apportée par les *amici curiæ* qui, contrairement aux experts scientifiques ne sont pas appelés, mais se présentent volontairement devant les tribunaux.

B) Le rôle de l'*amicus curiae* pour avancer vers la conciliation

L'*amici curiæ*[1282] se présente parfois dans le contentieux arbitral comme le représentant — et le défenseur — du développement durable. Certains de ces *amici* sont, d'ailleurs des organisations comme l'Institut international du développement durable ou le *Center for International Environmental Law.* Par leur intervention, les *amicus* font apparaître les considérations du développement durable dans le contentieux arbitral et ils peuvent, de la sorte, contribuer à renforcer l'influence du développement durable sur le contentieux arbitral.

[1282] Sur les questions générales relatives à l'*amici curiæ*, voir : ASCENSIO (H.), « L'*amicus curiæ* devant les juridictions internationales », *Revue générale de droit international public*, vol.105, no.4, 2001, pp.897-930 ; GRISEL (V.), VINUALES (J.E.), « L'amicus curiae dans l'arbitrage d'investissement », *ICSID Review, Foreign Investment Law Journal,* Vol.22, no.2, 2007, pp.380-432 ; HARRISON (J.), « Human Rights Arguments in *Amicus Curiæ Submissions : Promoting Social Justice?*, *in,* DUPUY (P.M.), FRANCIONI (F.), [eds.], *Human Rights in International Investment Law and Arbitration,* Oxford, Oxford University Press, 2009, pp.396-421 ; LEVINE (E.), « *Amicus Curiae* in International Investment Arbitration : The Implications of an Increase in Third-Party Participation », *Berkley Journal of International Law*, vol.29, no.1, 2011, pp.101-125 ; STERN (B.), « Un petit pas de plus : l'installation de la société civile dans l'arbitrage CIRDI entre État et investisseur », *Revue de l'arbitrage*, n°1, 2007, pp.3-44 ; TEYNIER (É.), « L'*amicus curiæ* dans l'arbitrage CIRDI », *Gazette du Palais*, 15 décembre 2005, n°349, p.19.

L'*amicus curiæ* désigne « *la qualité de consultant extraordinaire et d'informateur bénévole en laquelle la juridiction saisie invite une personnalité à venir à l'audience afin de fournir, en présence de tous les intéressés, « toutes les observations propres à éclairer » le juge, l'opinion de l'*amicus *convié ne liant pas le juge (…).*[1283] » Un tribunal a pu le qualifier comme « *a non-party to the dispute* [which], *as a « friend », offers to provide the court or tribunal it special perspectives, arguments, or expertise on the dispute, usually in the form of a written* amicus curiæ *brief or submission*[1284] ». L'*amicus curiæ* présente de la sorte un mémoire sur un point lié au contentieux et ayant normalement — mais pas nécessairement[1285] — un caractère d'intérêt public. Sans être partie au litige, il incitera le tribunal à prendre en compte d'autres intérêts dans sa prise de décision en lui apportant un éclairage différent des éléments factuels ou juridiques[1286]. Parfois, il apporte ses compétences techniques et son expertise dans un domaine spécifique, par exemple, le développement durable[1287]. Dans le cadre du CIRDI, l'intervention des *amici curiæ* est prévue par l'article 37(2) du Règlement d'arbitrage[1288] ; certains

---

1283 CORNU (G.), *Vocabulaire juridique*, Paris, PUF, 7e éd., 2006, p.54 ; voir aussi : EMANUEL (L.), *Latin for* Lawyers, New York, Emanuel Publishing Corp., 1e éd., 1999, p.21 : « *Literally, friend of the court ; applied to anyone who is not a party to the litigation but helps the court to resolve an issue or dispute. Amicus curiae briefs are often submitted in important cases by strangers to the litigation to argue a particular point or rule in which they have an interest.* ».

1284 *Aguas Argentinas, S.A., Suez, Sociedad General de Aguas de Barcelona, S.A. & Vivendi Universal, S.A c. Argentine*, CIRDI n°.ARB/03/19, Ordonnance en réponse de la pétition pour la transparence et pour la participation en tant qu'*amicus curiæ* (19/05/2005), §8.

1285 Par exemple, dans l'affaire *Glamis Gold c. États-Unis*, l'Association nationale des mines des États-Unis a demandé à intervenir comme *amici* pour représenter les intérêts des entreprises travaillant dans ce domaine.

1286 ASCENSIO (H.), « L'*amicus curiæ* devant les juridictions internationales », *Revue générale de droit international public*, vol.105, no.4, 2001, p.897 ; LEVINE (E.), « Amicus Curiae in International Investment Arbitration : The Implications of an Increase in Third-Party Participation », *Berkeley Journal of International Law*, vol.29, no.1, 2011, p.207 ; TEYNIER (É.), « L'*amicus curiæ* dans l'arbitrage CIRDI », *Gazette du Palais*, 15 décembre 2005, n°349, p.19.

1287 L'institut international du développement durable intervient dans ce sens parfois comme *amici* dans le cadre de certains arbitrages.

1288 L'article dispose : «*(2) Après consultation des parties, le Tribunal peut permettre à une personne ou entité qui n'est pas partie au différend (appelée dans le présent article la « partie non contestante ») de déposer une soumission écrite auprès du Tribunal relative à une question qui s'inscrit dans le cadre du différend. Afin de déterminer s'il autorise une telle soumission, le Tribunal*

accords relatif aux investissements mentionnent aussi la capacité de recourir aux *amicus*[1289].

Si leur mission est d'aider le tribunal sur certaines questions spécifiques par une contribution autre que celle fournie par les parties, les *amici* doivent aussi justifier l'intérêt significatif qu'ils portent à l'affaire. Cet intérêt doit avoir une base sérieuse et la prise en compte de l'intérêt public est un motif sérieux[1290]. Certaines activités d'investissement touchent, par leur nature, au développement durable (selon la définition qui a été adoptée dans ce travail) et, partant, elles concernent aussi l'intérêt public[1291]. Les investissements en matière de distribution d'eau en sont des exemples[1292]. Lors de certaines affaires concernant un investissement dans ce domaine, des *amici* ont manisfesté leur volonté d'intervenir à l'arbitrage. Par exemple, dans l'affaire *Biwater Gauff c. Tanzanie*, cinq organisations non

---

considère, entre autres, dans quelle mesure :
(a) la soumission de la partie non contestante assisterait le Tribunal à trancher une question de fait ou de droit relative à l'instance en y apportant un point de vue, une connaissance ou un éclairage particulier distincts de ceux présentés par les parties au différend ;
(b) la soumission de la partie non contestante porte sur une question qui s'inscrit dans le cadre du différend ;
(c) la partie non contestante porte à l'instance un intérêt significatif (...). »

1289 Voir par exemple : l'article 28 de l'Accord modèle des États-Unis de 2012 ; l'article 831 de l'Accord de libre-échange entre le Canada et la Colombie (21/11/2008), l'article 832 entre le Canada et le Pérou (29/05/2008), l'article 10.20 de l'Accord de libre-échange entre l'Australie et le Chili (17/06/2008).

1290 HARRISON (J.), « Human Rights Arguments in *Amicus Curiæ Submissions : Promoting Social Justice?*, *in*, DUPUY (P.M.), FRANCIONI (F.), [eds.], *Human Rights in International Investment Law and Arbitration,* Oxford, Oxford University Press, 2009, p.405.

1291 CORDONIER SEGGER (M.-C.), « Effective Implementation of Intersecting Public International Regimes : Environment, Development and Trade Law », *in*, KOMORI (T.), WELLENS (K.), *Public Interest Rules in International Law : Towards Effective Implementation,* Surrey, Ashgate, 2009, p.246 ; SCHADENDORF (S.), « Human Rights Arguments in *Amicus Curiae* Submissions : Analysis of ICSID and NAFTA Investor-State Arbitration », *Transnational Dispute Management*, vol.10, no.1, 2013, p.2.

1292 Plus généralement sur la question voir : THIELBÖRGER (P.), « The Human Right to Water Versus Investor Rights : Double-Dilemma or Pseudo-Conflict? », *in*, DUPUY (P.M.), FRANCIONI (F.), [eds.], *Human Rights in International Investment Law and Arbitration,* Oxford, Oxford University Press, 2009, pp.487-510.

gouvernementales[1293] ont demandé à intervenir et leur intervention a été acceptée par le tribunal arbitral. Il s'agissait dans cette affaire d'un investissement dans la rénovation et l'expansion de la distribution d'eau et la gestion des eaux usées. Pour ce faire, ce service avait été privatisé et c'est dans ce contexte qu'un investisseur britannique s'était établi à Dar es Salaam pour la mise en œuvre de ces activités. Le différend est né à la suite d'une tentative de renégociation du contrat entre l'investisseur et l'État, le premier considérant après dix-huit mois que le tarif prévu initialement pour l'exécution du projet devait être revu à la hausse. Suite à l'échec d'une médiation entre les deux parties, le gouvernement tanzanien décida de mettre un terme au contrat. Dans leur intervention, les *amicus* expliquaient que lorsque l'investisseur ne remplit pas ses obligations contractuelles dans ce domaine de la distribution d'eau, il ne s'agit pas d'une simple question d'ordre micro-économique ; l'effet s'étend au bien-être de toute la population que la privatisation visait à assurer[1294]. Une partie du mémoire de l'*amici* se focalise sur le droit à l'accès à l'eau qu'il présente comme un droit humain et un impératif du développement durable qui se rattache nécessairement à des considérations allant bien au-delà des limites de l'arbitrage[1295]. Il explique que le respect des droits humains et des principes du développement durable doivent encadrer le régime de responsabilité et de protection des investisseurs, notamment parce que dans le cas d'espèce l'activité litigieuse se trouve au cœur de telles questions, touchant elles-mêmes à l'intérêt fondamental de la population[1296]. L'intérêt fondamental de la population est d'ailleurs l'un des critères favorisant la recevabilité des

---

[1293] The Lawyers' Environmental Action Team (LEAT), The Legal and Human Rights Centre (LHRC), The Tanzania Gender Networking Programme (TGNP), The Center for International Environmental Law (CIEL), The International Institute for Sustainable Development (IISD)

[1294] *Biwater Gauff (Tanzania) Ltd. c. Tanzanie*, CIRDI n°. ARB/05/22, sentence (24/07/08), §377.

[1295] *Biwater Gauff (Tanzania) Ltd. c. Tanzanie*, CIRDI n°. ARB/05/22, mémoire de l'*Amici curiæ* (26/03/2007), §43 et s.
Sur ce sujet : HILDERING (A.), *International Law, Sustainable Development and Water Management*, Deldt, Eburon Publishers, 2004, p.73 et s. ; Voir aussi : la Déclaration de Dublin sur l'eau dans la perspective du développement durable (*disponible sur* : http ://www.wmo.int/pages/prog/hwrp/documents/francais/icwedecf.html).

[1296] *Biwater Gauff (Tanzania) Ltd. c. Tanzanie*, CIRDI n°. ARB/05/22, sentence (24/07/08), §380.

amicus[1297]. Comme le fait valoir les arbitres dans l'affaire *Aguas Provinciales de Santa Fe*, les tribunaux :

> « *have traditionally accepted the intervention of amicus curiae in ostensibly private litigation because those cases have involved issues of public interest and because decisions in those cases have the potential, directly or indirectly, to affect persons beyond those immediately involved as parties in the case. In examining the issues at stake in the present case, the Tribunal finds that the present case potentially involves matters of public interest*[1298] ».

L'institut international du développement durable, intervenant aussi comme *amicus curiae* dans l'affaire *Methanex* justifiait son intervention sur l'importance de l'affaire aux yeux du public en général et non des seules parties ; il expliquait aussi que la sentence rendue aurait un impact considérable sur la réglementation de l'environnement et du bien-être public en général dans la région couverte par l'ALENA. L'*amicus* défendait la prise en compte des questions du développement durable et de la protection de l'environnement dans l'arbitrage et en particulier, dans l'arbitrage ALENA, notamment après que la sentence *Metalclad* ait méconnu de telles considérations[1299]. La présence d'un intérêt public était dans ce cas indéniable[1300]. L'*amicus* affirmait, dans la même veine, que l'interprétation de la partie de l'ALENA relative aux investissements devait refléter les principes juridiques rattachables au développement durable et que, pour ce faire, il pouvait assister le tribunal en tant

---

[1297] STERN (B.), « Un petit pas de plus : l'installation de la société civile dans l'arbitrage CIRDI entre État et investisseur », *Revue de l'arbitrage*, n°1, 2007, p.19.

[1298] *Aguas Provinciales de Santa Fe S.A., Suez, Sociedad General de Aguas de Barcelona S.A. & InterAguas Servicios Integrales del Agua S.A. c. Argentine*, CIRDI n°.ARB/03/17, Ordonnance en réponse de la pétition pour la transparence et pour la participation en tant qu'*amicus curiæ* (17/03/2006), §18 (voir aussi §§19-20).

[1299] *Methanex Corporation c. États-Unis*, CNUDCI, Décision du tribunal sur la recevabilité des tiers intervenant comme *amicus curiæ* (15/01/2001), §6.

[1300] HARRISON (J.), « Human Rights Arguments in *Amicus Curiæ Submissions : Promoting Social Justice?*, *in*, DUPUY (P.M.), FRANCIONI (F.), [eds.], *Human Rights in International Investment Law and Arbitration,* Oxford, Oxford University Press, 2009, p.402.

qu'ami[1301]. En agissant de la sorte, l'ami de la cour plaide indirectement pour la lecture et l'interprétation des principes du droit international des investissements à la lumière de ceux appartenant à d'autres branches du droit et pouvant être pertinents à cet effet — le droit international de l'environnement, souvent utilisé par les *amici,* en est un exemple. Les *amici* poussent dans ce sens la réflexion et les débats sur cette ouverture souhaitée du droit international des investissements à d'autres considérations et à domaines du droit international[1302]. Dans son mémoire d'*amicus* présenté lors de l'affaire *Glamis Gold*, la tribu Quechan faisait valoir ce principe d'intégration. Elle soutenait que selon l'article 1131 (1) de l'ALENA, le tribunal doit appliquer ce dernier texte de même que les principes applicables du droit international. De plus, l'article 102 (2) de l'ALENA dispose que toute interprétation doit aussi prendre en compte les principes applicables du droit international. L'*amicus* se fondait simultanément sur l'article 31 (3) (C) de la Convention de Vienne sur le droit des traités afin d'appuyer son argumentation[1303]. Il voulait convaincre le tribunal que :

> « *In any dispute that directly involves the rights and/or interests of indigenous peoples, it is patent that international law norms establishing or otherwise concerning indigenous peoples should be considered as being included in the "rules of international law" that are "applicable" with respect to that dispute. This is true regardless of whether indigenous peoples serve as parties to an international dispute ; or the dispute is between two States ; or the dispute involves the claim of an investor brought pursuant to an agreement between two States providing for the adjudication of its claim. In all circumstances, if a dispute directly involves the rights and/or*

[1301] *Methanex Corporation c. États-Unis*, CNUDCI, Mémoire d'*amici curiæ* par l'Institut international du développement durable (09/03/2004), §27 ; *Methanex Corporation c. États-Unis*, CNUDCI, Décision du tribunal sur la recevabilité des tiers intervenant comme *amicus curiæ* (15/01/2001), §5.

[1302] Voir plus généralement : ASCENSIO (H.), « L'*amicus curiæ* devant les juridictions internationales », *Revue générale de droit international public*, vol.105, no.4, 2001, pp.924-925.

[1303] *Glamis Gold, Ltd. c. États-Unis d'Amérique,* CNUDCI, Mémoire d'*amici curiæ* du Peuple Quechan, p.8.

interests of indigenous peoples, a body of international law exists that must be considered in resolution of that dispute[1304] ».

L'*amicus curiae* affirmait, en citant un nombre important de textes, de principes et de coutumes, que les normes obligeant les États à sauvegarder les droits et les intérêts des peuples indigènes font partie de l'ordre public[1305]. Par leur présence et par leur présentation, les *amicus* semblent faire valoir une troisième voix — une troisième force — lors du contentieux arbitral. Il est vrai, cependant, que leurs positions se rapprochent souvent de celles des États et la ligne de démarcation est parfois ténue entre leur mémoire en *amicus* et un mémoire en accusation contre les investisseurs. Il n'en reste pas moins que c'est un moyen juridique qui existe et qui est utilisable — et utilisé. Cette utilisation contribue à intégrer certains principes du développement durable dans le cadre des arbitrages. L'*amicus curiæ* en tant que possibilité offerte par le droit international des investissements permet, dans cette optique, de constater comment les principes du développement durable peuvent, par un autre canal, exercer une influence — même minime — sur le droit international des investissements. Même si les effets des *amici curiæ* sur la prise de décision sont encore incertains[1306], la structure et la teneur visuelles de l'arbitrage s'en trouvent modifiées. La seule présence des principes du développement durable fait apparaître des intérêts autres que ceux qui peuplent traditionnellement le droit international des investissements et c'est en cela que les *amici* exercent une fonction non négligeable. Ces intérêts sont ceux du public, potentiellement et indirectement affectés par la nature même de plusieurs affaires relatives aux investissements[1307].

[1304] *Glamis Gold, Ltd. c. États-Unis d'Amérique,* CNUDCI, Mémoire d'*amici curiæ* du Peuple Quechan, p.8.

[1305] *Ibid.*, pp.8-9.

[1306] HARRISON (J.), « Human Rights Arguments in *Amicus Curiæ Submissions : Promoting Social Justice?*, *in,* DUPUY (P.M.), FRANCIONI (F.), [eds.], *Human Rights in International Investment Law and Arbitration,* Oxford, Oxford University Press, 2009, pp.411-412.

[1307] *Aguas Argentinas, S.A., Suez, Sociedad General de Aguas de Barcelona, S.A. & Vivendi Universal, S.A c. Argentine*, CIRDI n°.ARB/03/19, Ordonnance en réponse de la pétition pour la transparence et pour la participation en tant qu'*amicus curiæ* (19/05/2005), §19.

La doctrine commence maintenant à s'intéresser de plus près à cette influence du développement durable sur le droit international des investissements[1308]. Elle continuera, sans aucun doute, à le faire en observant le contentieux futur, car les nouveaux accords relatifs à la protection des investissements affichent eux-mêmes des préoccupations liées au développement durable. Il en va de même pour certaines organisations comme la CNUCED qui, dans ses rapports récents, souligne la prise en compte urgente d'autres valeurs dans les accords relatifs aux investissements. Cette intégration des principes du développement durable en leur sein facilitera peut-être une meilleure conciliation avec la protection des investissements.

Paragraphe 2 : Les moyens conventionnels utilisés pour faciliter la conciliation

Nombreux sont les récents accords relatifs aux investissements à obéir dans leur structure et dans leurs dispositions à un principe d'intégration dans le sens où ils intègrent des principes relatifs au développement durable à ceux, plus classiques, de la protection des investissements. La tendance est à une ouverture graduelle à ces principes. La volonté des États signataires va clairement dans le sens de leur intégration et du non-isolement du droit international des investissements autour de ses propres principes. Les récents accords de coopération et de facilitation des investissements du Brésil révèlent la dernière tendance en la matière avec une première : la prise en compte de la responsabilité sociale des entreprises[1309].

[1308] Pour un travail récent, voir : CORDONIER SEGGER (M-C.), GEHRING (M.W.), NEWCOMBE (A.) [eds.], *Sustainable Development in World Investment Law*, Alphen aan den Rijn, Kluwer Law International, 2011, 976p.

[1309] MONEBHURRUN (N.), "Novelty in International Investment Law: The Brazilian Agreement on Cooperation and Facilitation of Investments as a Different International Investment Agreement Model", *Journal of International Dispute Settlement*, v. 7, 2016 (édition en ligne) ; MONEBHURRUN (N.), "A inclusão daresponsabilidade social das empresas nos novos Acordos de Cooperação e de Facilitação dos Investimentos do Brasil: uma revolução", *Brazilian Journal of International law / Revista de Direito Internacional*, vol.12., no.1, 2015, pp.33-38.

L'intégration des principes du développement durable ne constitue pas une contrainte exercée sur la protection des investissements. Elle ne se lit pas non plus selon la grille que certains qualifient — à tort sans doute — de fragmentation du droit international. Ces principes se présentent plutôt, dans certains cas, comme de nouveaux indicateurs de l'interprétation des standards de protection ; ce sont des ajustements qui y sont apportés et c'est aussi dans ce sens que le présent travail chercher à faire ressortir la fonction du développement durable dans le droit international des investissements. Il en ressort que l'intégration des principes du développement durable dans les accords relatifs aux investissements n'entrave aucunement les standards de protection des investissements, mais constitue une autre modalité de leur application (A), elle-même facilitée par certaines techniques juridiques d'interprétation permettant d'intégrer le développement durable dans le contentieux arbitral (B).

A) L'intégration des principes du développement durable dans les accords relatifs aux investissements

Cette partie se concentrera principalement sur la configuration des accords relatifs aux investissements se référant au développement durable afin de démontrer la présence croissante des principes du développement durable en leur sein, mais aussi afin de faire ressortir que, textuellement et théoriquement, il n'existe pas de conflits entre ces principes et l'objectif de la protection des investissements. Un accord international ne peut avoir des objectifs contradictoires. Partant, la présence de ces principes ne saurait être interprétée comme une limite aux standards de protection. Et même si elle l'était, ce serait, dans ce cas, une limite volontaire, voulue par les États signataires. Dans les accords portant sur les investissements internationaux faisant référence au développement durable, l'objectif est de concilier les principes du développement durable avec ceux de la protection des investissements. Il est conséquemment attendu que toute interprétation se fasse dans ce sens : après le seul développement, le développement durable devient à son tour une finalité de ces accords. Par la protection des investissements étrangers, il y a une attente à ce que ces derniers circulent de manière plus fluide et à ce qu'ils contribuent au développement de l'État d'accueil[1310]. Le

[1310] C'est ce que précise le préambule de la Convention de Washington instituant le

développement serait une conséquence potentielle de l'existence des accords relatifs aux investissements — une conséquence de l'objectif de protection des investissements. Cependant, si des clauses se référant spécifiquement aux principes du développement durable sont maintenant incluses au sein de certains accords, cela démontre que leur objectif demeure, bien entendu, la protection des investissements, mais aussi et en même temps, la réalisation du développement durable, ou, du moins, une contribution dans ce sens. Ce sont surtout les accords les plus récents et les accords modèles de certains États[1311] qui font ressortir cette prise en compte du développement durable et comme peu d'études existent à leur sujet et qu'ils sont parfois peu connus, il est important d'en expliquer la teneur. Ils suivent un modèle d'intégration en articulant en leur sein des considérations de droit économique, mais aussi environnemental et social : ils démontrent comment les principes du développement durable qui y figurent ne s'imposent pas comme des contraintes pesant sur les investissements et leur protection, et comment ils s'articulent avec les standards de protection. Souvent, la présence de ces principes se comprend négativement, c'est-à-dire, par ce qu'ils ne sont pas : ainsi, leur mise en œuvre par l'État n'est, par exemple, pas qualifiable de contraintes d'exploitation ou d'expropriation ou d'entraves à la protection des investissements (i) ; par ailleurs, cette tendance se généralise de plus en plus à plusieurs niveaux, en allant, notamment, au-delà des seules relations bilatérales (ii).

(i) L'absence de contraintes des principes du développement durable sur la protection des investissements

Il n'y a pas de contraintes, car au sein des accords, les principes du développement durable sont présentés comme des exceptions au principe de la protection des investissements internationaux. L'utilisation des régimes d'exception est une technique juridique communément utilisée. L'exception relève d'un régime qui déroge à la norme, mais qui est prévue par elle. Elle est parfois un moyen permettant de définir complètement la norme, car elle

---

CIRDI.

[1311] BERNASCONI-OSTERWALDER (N.), JOHNSON (L.), « Belgium's Model Bilateral Investment Treaty : A review », *Draft for Discussion*, Institut International du Développement durable, mars 2010, p.20.

constitue, de manière négative, une modalité de sa mise en œuvre[1312]. Dans ce sens, l'exception n'est pas une contradiction de la norme ; elle en est une composante. Un principe juridique conditionné par une exception ne signifie pas nécessairement qu'il en est limité ; cela signifie que le principe n'est pas absolu et qu'il laisse une marge pour d'autres possibilités. Par exemple, l'interdiction d'une expropriation indirecte peut être considérée comme un principe. Cependant, une exception peut être rattachée au principe : ainsi une mesure adoptée en vue de la protection de l'environnement peut en être une exception. L'exception est ici un outil permettant de dissocier un principe de la protection des investissements d'un principe du développement durable sans qu'ils ne soient en conflit.

Plusieurs accords nouvellement signés présentent certains principes du développement durable comme une exception à ceux de la protection des investissements. Le droit est lui-même de plus en plus structuré pour éviter que l'application de l'un soit en contradiction avec celle de l'autre. Les accords qui se réfèrent aux principes du développement durable en facilitent dans ce sens la lecture et l'interprétation pour éviter toute contrainte sur la protection des investissements. Cela facilite en même temps quelque peu le travail des tribunaux arbitraux qui disposent — maintenant — de règles spécifiques pour concilier développement durable et protection des investissements. L'agencement de ces règles peut être éclairé en expliquant le contenu et la structure de certains accords. Il ne s'agit pas de faire une revue de tous les accords existants, mais uniquement de démontrer une tendance dans la prise en compte des principes du développement durable comme exception dans le droit international des investissements. Dès lors, cette présentation mettra en avant la manière par laquelle ces principes s'alignent aux côtés des standards de protection sans pour autant rendre leur relation conflictuelle.

Certains accords, comme l'accord modèle des États-Unis de 2012, soulignent dans leur préambule que l'objectif de la protection et de la libre circulation des investissements internationaux doit être réalisé de manière à respecter la protection de la santé, de la sûreté, de

[1312] LE COUSTUMER (J.-C.), « La norme et l'exception. Réflexions sur le rapport du droit avec la réalité », *Cahiers de la recherche sur les droits fondamentaux*, no.6, 2007, pp.19-28.

l'environnement et les droits du travail internationalement reconnus[1313]. Le préambule est un outil utile de l'interprétation[1314] et dans le cadre de cet accord, cela implique que les arbitres ne peuvent interpréter les standards de protection de manière à ignorer les principes du développement durable. Plus substantiellement, il existe des accords dans lesquels les contraintes d'exploitation (« *performance requirements* »), normalement interdites, contiennent une exception : ils énoncent que cette interdiction ne sera pas interprétée de manière à empêcher les parties à l'accord d'adopter ou de maintenir des mesures justifiées et non arbitraires pouvant être de nature environnementales et qui sont nécessaires pour la protection des êtres humains, des animaux, de la flore ou de la santé et aussi pour la conservation des ressources humaines exhaustives, vivantes ou non [1315]. Ces mesures relèvent par leur nature du développement durable et leur mise en œuvre ne saurait être interprétée comme une contrainte d'exploitation imposée à l'investisseur. Tout conflit potentiel est résolu à la base : les principes du développement durable sont techniquement utilisables et ne seront pas considérés comme étant des contraintes d'exploitation dont ils sont les exceptions. Une annexe B — relatif à l'expropriation — jointe à l'accord modèle des États-Unis de 2012 précise que dans certaines circonstances des mesures non-discriminatoires de l'État visant la protection de l'environnement comme partie intégrante de l'intérêt général ne constituent pas une expropriation indirecte[1316]. L'accord marque son inscription dans le registre du développement durable en se référant aussi à ses aspects sociaux, notamment dans le domaine de la protection des droits du

---

[1313] Accord modèle de promotion et de protection des investissements des Etats-Unis, 2012, préambule (*disponible sur* : www.ustr.gov/sites/default/files/BIT%20text%20for%20ACIEP%20Meeting.pdf) ; voir aussi, le préambule de l'ALENA (*disponible sur : http ://www.nafta-sec-alena.org/fr/view.aspx?conID=590&mtpiID=ALL*). Voir dans le même sens : les récents accords de coopération et de facilitation des investissements signés en 2015 par le Brésil notamment avec le Malawi, l'Angola, le Mozambique et le Mexique [Ces accords sont disponibles sur : http://investmentpolicyhub.unctad.org/IIA/CountryOtherIias/27#iiaInnerMenu].

[1314] REZEK (J.F.), *Direito internacional público : curso elementar*, São Paulo, Saraiva, 9e édition, 2002, pp.44-45.

[1315] Accord modèle de promotion et de protection des investissements des Etats-Unis, 2012, article 8 (c) (ii), (iii).

[1316] Accord modèle de promotion et de protection des investissements des Etats-Unis, 2012, annexe B.

travail[1317]. Les parties à cet accord doivent s'engager à respecter la Déclaration de l'Organisation internationale du Travail relative aux principes et aux droits fondamentaux au travail[1318]. Très proche de celui des États-Unis, le modèle canadien considère aussi, dans l'optique du développement durable, les mesures pour la protection de l'environnement comme une exception aux contraintes d'exploitations [1319]. En matière d'expropriation, les mesures étatiques adoptées de bonne foi pour la protection de l'environnement ne sont, une fois de plus, pas considérées, aux termes de l'accord, comme ayant des effets équivalents à une expropriation[1320]. La protection de l'environnement dans un objectif de développement durable se présente comme une exception uniquement si la condition de la bonne foi est respectée[1321]. L'esprit de ces accords est de procéder à la libéralisation et à la protection des investissements tout en conciliant cet objectif avec le respect des principes du développement durable[1322] — une conciliation du droit économique avec le droit environnemental et social. La protection de l'environnement sous réserve de mesures justifiées et non arbitraires n'est, de même, pas considérée comme étant une contrainte d'exploitation dans l'accord nippo-colombien[1323]. L'article 21 de l'accord énonce que la promotion des investissements ne peut être faite en négligeant, entre autres, les droits du travail, la santé ou la protection de l'environnement ; l'accord nippo-péruvien va dans le même sens[1324] ; celui signé avec la Corée du Sud contient des dispositions similaires[1325]. Plus récemment, les accords de coopération

---

1317 Accord modèle de promotion et de protection des investissements des Etats-Unis, 2012, article 13.

1318 La Déclaration de l'OIT relative aux principes et droits fondamentaux au travail est disponible sur : www.ilo.org/declaration/lang--fr/index.htm

1319 Accord modèle de promotion et de protection des investissements du Canada, 2004, article 7, alinéa 2.

1320 *Ibid.*, Annexe B.13(1) sur l'expropriation, partie (c).

1321 Voir aussi par exemple : Accord modèle de promotion et de protection des investissements de la Colombie, 2007, article 6 (2) (c) (*disponible sur* : www.iisd.org/pdf/2007/inv_model_bit_colombia.pdf).

1322 Accord entre le Japon et le Pérou pour la promotion, la protection et la libéralisation des investissements (21/11/2008), *préambule* ; Accord entre le Japon et la Colombie pour la promotion, la protection et la libéralisation des investissements (12/09/2011), *préambule.*

1323 Accord entre le Japon et la Colombie pour la promotion, la protection et la libéralisation des investissements (12/09/2011), article 5, §6.

1324 Accord entre le Japon et le Pérou pour la promotion, la protection et la libéralisation des investissements (21/11/2008), article 26.

1325 Accord entre le Japon et la Corée du Sud pour la promotion, la protection et la

et de facilitation des investissements du Brésil ont fait un pas de plus sur cette question en y incluant des dispositions relatives à la responsabilité sociale des entreprises. Les investisseurs doivent, par ce biais, déployer tous leurs efforts pour que leurs activités soient respectueuses — au plus haut niveau — d'un développement durable. Ils s'engagent (volontairement) à adopter des pratiques saines pour l'environnement, à ne pas rechercher des exemptions pour contourner le droit de l'environnement ; ces pratiques doivent aussi être respectueuses des droits humains et du droit du travail[1326]. S'il s'agit là d'engagements volontaires, cela n'en constitue pas moins une évolution en droit international des investissements. En matière de responsabilité sociale des entreprises, si le droit national des États hôtes n'offre pas une protection suffisante de l'environnement, des droits humains ou des droits sociaux, il y a une attente à ce que les entreprises adoptent des standards de comportement qui soient plus rigoureux que le droit national. Un comportement socialement irresponsable de l'investisseur pourrait être une cause d'irrecevabilité de leur demande — ici, demande de protection diplomatique dans la mesure où les accords brésiliens ne prévoient qu'un arbitrage État-État.

Les accords de libre-échange caractérisent, depuis récemment et dans un silence relatif, les relations économiques internationales. Leur nombre est suffisamment important pour que mention en soit faite ; leur teneur est, de même, suffisamment pertinente dans le contexte de la présente étude pour que leur contenu soit brièvement présenté. Par ailleurs, les accords bilatéraux d'investissements ont remplacé les accords d'amitié, de navigation et de commerce ; ceux sur le libre-échange remplaceront peut-être les accords bilatéraux relatifs aux investissements. Les accords de libre-échange, de plus en plus nombreux, contiennent des dispositions ou un chapitre sur les investissements internationaux. Plusieurs d'entre eux encadrent les activités de commerce ou d'investissements dans le sens du

---

libéralisation des investissements (22/03/2002), voir article 21 ; voir, dans le même sens : Accord entre l'Union économique belgo-luxembourgeoise et la République de Madagascar concernant l'encouragement et la protection réciproques des investissements (19/09/2005), article 3.

[1326] Article 9 de l'accord Brésil-Malawi (25/06/2015), article 13 de l'accord Brésil-Mexique (26/05/2015), article 10 et annexe II des accords Brésil-Mozambique (30/03/2015) et Brésil-Angola (01/04/2015).

développement durable. Une fois de plus, les principes du développement durable auxquels référence est faite se présentent comme une exception à la libre circulation des investissements. Ainsi, l'accord de libre-échange entre les États-Unis et le Pérou du 12 avril 2006 souligne, par exemple, dans son préambule que l'accord doit être appliqué en tenant compte de la promotion du développement durable [1327]. L'accord contient un chapitre 10 sur les investissements et un article relatif aux contraintes d'exploitations contient une exception liée à la réglementation environnementale[1328] ; un article 10.11 fait ressortir la relation critique entre la protection des investissements et celle de l'environnement[1329]. L'annexe 10 B relatifs à l'expropriation soulève aussi que l'adoption de mesures pour réglementer l'environnement n'a pas l'effet d'une expropriation indirecte si tant est que la bonne foi de l'État ne soit pas mise en cause[1330]. L'accord contient aussi un chapitre 17 sur la protection sociale des droits du travail et un chapitre 18 sur la protection de l'environnement où plusieurs références au développement durable apparaissent. Les accords de libre-échange des États-Unis suivent ce même modèle et il est inutile de les détailler ici ; il est surtout important de retenir leur existence, leur propagation grandissante et la conciliation qu'ils tentent d'établir entre standards de protection des investissements et développement durable. Ainsi, pour montrer leur existence dans plusieurs régions et leur distribution géographique, suffit-il de mentionner l'accord de libre-échange entre les États-Unis et le Maroc, entre les États-Unis et l'Oman ou encore d'autres accords du même État signés avec le Panama, le Chili, la République Dominicaine et l'Amérique centrale, la Corée du Sud, le Singapour ou l'Australie[1331]. Ce dernier État développe aussi un réseau d'accords de libre-échange contenant des dispositions relatives aux investissements internationaux et aux principes du développement durable. L'Australie a dans ce sens signé de tels accords avec, par exemple, la Thaïlande, le Singapour, le Chili ou la Nouvelle-Zélande[1332]. Dans la même

---

[1327] Voir Accord de libre-échange entre les États-Unis et le Péru (12/04/2006), préambule (*disponible sur* : http ://www.ustr.gov/trade-agreements/free-trade-agreements/peru-tpa/final-text).

[1328] *Ibid.*, article 10.9, §3 (c).

[1329] *Ibid.*, article 10.11.

[1330] *Ibid.*, Annexe 10 B.

[1331] Ces accords sont disponibles sur : http ://www.ustr.gov/trade-agreements/free-trade-agreements.

[1332] Ces accords sont disponibles sur : http ://www.dfat.gov.au/fta/index.html.

tendance, ces accords intègrent à la fois des considérations économiques, environnementales et parfois sociales pour aller dans le sens du développement durable. Il convient aussi de noter que la région asiatique connaît depuis récemment une propagation d'accords de libre-échange. La Chine a, par exemple, commencé à négocier et à signer des accords de libre-échange ; elle en a signé avec le Pakistan, le Chili, la Nouvelle-Zélande, le Singapour, le Pérou ou avec le Costa Rica. D'autres sont en négociations ou sous considérations avec des États comme l'Australie, la Norvège, l'Inde, la Corée du Sud ou la Suisse[1333]. La Malaisie dispose aussi d'un nombre d'accords signés notamment avec la Japon, la Nouvelle-Zélande, le Chili ou avec l'Inde et dans lesquels figurent les mêmes références au développement dans un objectif de durabilité[1334]. Le Japon a, de son côté, quelques accords de partenariat économique avec la Malaisie, le Chili, la Thaïlande, l'Indonésie, les Philippines, la Suisse, l'Inde ou le Pérou[1335] ; la prise en compte du développement durable s'y retrouve. Dans le même esprit et sur un autre continent, le Canada dispose un réseau d'accords de libre-échange avec le Honduras, le Panama, la Jordanie, la Colombie, le Pérou, le Costa Rica et le Chili[1336]. Il est intéressant de souligner que les accords de libre-échange canadiens sont parallèlement signés et accompagnés d'un accord sur la coopération environnementale et d'un autre sur la coopération en matière de droits du travail[1337]. Ces accords sont des accords d'intégration, intégrant des questions d'ordre du droit international économique et d'autres relevant du développement durable. Et l'intégration est faite de sorte que tout conflit potentiel soit évité[1338].

1333 Ces accords sont disponibles sur : http ://fta.mofcom.gov.cn/english/fta_qianshu.shtml.

1334 Ces accords sont disponibles sur : www.miti.gov.my/cms/content.jspid=com.tms.cms.section.Section_8ab55693-7f000010-72f772f7-46d4f042

1335 Ces accords sont disponibles sur : http ://www1.iws.mofa.go.jp/policy/economy/fta/index.html.

1336 Ces accords sont disponible sur : www.international.gc.ca/trade-agreements-accords-commerciaux/agr-acc/index.aspx?view=d.

1337 Ces accords sont disponibles sur : www.international.gc.ca/trade-agreements-accords-commerciaux/agr-acc/index.aspx?view=d.

1338 Les États-Unis proposent et signent depuis récemment des Accords-cadres sur le commerce et les investissements (*Trade and Investment Framework Agreements -TIFA*). Il s'agit d'accords-cadres prévoyant la mise en œuvre d'une coopération élaborée en matière de commerce, d'investissement et de développement avec d'autres États et sont, par conséquent, substantiellement peu élaborés. Les

Ce réseau d'accords caractérise les relations économiques que les États souhaitent entretenir à l'avenir. Ils ne concernent pas qu'une catégorie d'États et cela est corroboré par leur présence entre États de divers continents et de diverses régions. La constellation d'accords témoigne de leur volonté d'articuler le développement durable et la protection des investissements. Ils imposent aux États de réglementer les investissements sur leur territoire sans préjudicier les principes du développement durable. Cette constatation n'est pas uniquement relative aux accords bilatéraux relatifs à la protection des investissements ou aux accords de libre-échange ; elle caractérise l'évolution du droit international économique.

(ii) Des avancées confirmées à plusieurs niveaux : une tendance générale à l'intégration des principes du développement durable dans le droit international économique

Le droit international des investissements ne se limite pas et ne se résume pas aux seuls accords bilatéraux relatifs aux investissements. Plusieurs instruments ne revêtant pas une nature bilatérale y font référence. Ces instruments contiennent aussi des dispositions relatives aux principes du développement durable. La relation entre développement durable et protection des investissements obéit à la même logique que celle susmentionnée : celle d'une compatibilité. Cela se vérifie à la fois au niveau régional (a) et au niveau mondial (b), les deux, sur un plan multilatéral.

---

négociations futures en la matière en révéleront le contenu de manière détaillée. Cependant, convient-il de noter que ces accords-cadres intègrent d'ores et déjà le développement durable en leur sein, ce qui signifie que les futurs accords négociés sur cette base aligneront des éléments à la fois économiques, environnementaux et sociaux et que leur application obéira à cette logique. Ces 'TIFA' sont très nombreux et ont été signés avec plusieurs États de tous les continents. Ils confirment la tendance suivie par les nouveaux accords principalement économiques dans lesquels sont incorporés certains principes du développement durable. Ces Accords cadrent sur le commerce et les investissements sont disponibles sur : http ://www.ustr.gov/trade-agreements/trade-investment-framework-agreements

(a) L'articulation des principes du développement durable avec les standards de protection des investissements au niveau régional

Plusieurs accords multilatéraux relatifs aux investissements se réfèrent au développement durable sans que ce dernier ne soit mis en conflit avec la protection des investissements. Ils ne font que confirmer la tendance à aligner et à concilier les principes de ces deux domaines. Leur mention est utile dans la mesure où, une fois de plus, ils sont rarement mis en avant dans les études portant sur le droit international des investissements et le développement durable. Si plusieurs de ces accords n'ont pas encore connu une interprétation et une application par un tribunal, leur existence n'en demeure pas moins concrète dans le droit positif. Pour cette raison, mention doit en être faite.

Le préambule de l'ALENA fait, dans cette optique, bien ressortir qu'un des objectifs de l'accord est la promotion du développement durable[1339] ; le chapitre 11 de l'ALENA relatif à la protection des investissements doit être lu à la lumière du préambule. L'article 104 de l'ALENA prévoit des solutions en cas d'incompatibilités entre ses propres dispositions et celles de certains accords environnementaux en fournissant une règle de conflit ; il précise que ces dernières prévaudront en cas de conflit si les mesures adoptées par les États pour se conformer aux conventions environnementales sont celles considérées comme étant les moins restrictives à la liberté du commerce et des investissements[1340]. L'accord prévoit lui-même la technique d'articulation. L'application de l'ALENA n'est, en soi, pas incompatible avec la capacité des États membres à réglementer leur domaine environnemental et dans tous les cas, ils ne peuvent assouplir leur législation afin de la rendre plus attirante pour les investissements[1341]. L'ALENA s'accompagne d'un Accord nord-américain de coopération dans le domaine de l'environnement (ANACE), entré en vigueur tout comme lui en 1994,

---

[1339] L'accord est disponible sur : http ://www.nafta-sec-alena.org/fr/view.aspx?conID=590&mtpiID=ALL

[1340] Voir ALENA, article 104.
Voir aussi : CONDON (B.J), « NAFTA and the Environment : A Trade-Friendly Approach », *Northwestern Journal of International Law & Business*, vol.14, no.3, p.531.

[1341] ALENA, article 1114.

et ayant pour objectif d'encadrer son application en considérant les principes du développement durable[1342]. L'ANACE, qui se réfère dans son préambule aux Déclarations de Stockholm et de Rio, prévoit une série d'obligations incombant aux parties afin de contribuer au développement durable. Si la protection de l'environnement n'est pas l'objectif principal de l'ALENA[1343], les impératifs du développement durable sont dûment envisagés lors de son application et tous les efforts sont déployés dans ce sens[1344]. Ainsi, l'ANACE s'applique conjointement à l'ALENA ; il fait partie du contexte de l'ALENA et ne peut, partant, être incompatible avec le texte de l'ALENA ; dans la mesure où leurs dispositions se réfèrent à certains principes du développement durable — la protection de l'environnement et des droits sociaux du travail — l'objectif du développement durable s'aligne sur celui de la protection des investissements.

Il existe d'autres accords de libre-échange régionaux qui marquent, de la part de plusieurs États, la volonté d'une intégration régionale ; ils contiennent souvent des dispositions relatives à la libre circulation et à la protection des investissements et se présentent de même selon une logique intégrée, c'est-à-dire, en alignant des éléments économiques à côté de considérations environnementales et, parfois, sociales. C'est le cas de l'Association des Nations d'Asie du sud-est (ANASE/ASEAN) qui a adopté un accord sur les investissements le 26 février 2009[1345]. L'accord qui a, selon son préambule, l'objectif de consolider le développement économique et

---

1342 L'Accord nord-américain de coopération dans le domaine de l'environnement est disponible sur : http ://www.worldtradelaw.net/nafta/naaec.pdf.

1343 STENZEL (P.L.), « Can NAFTA's Environmental Provisions Promote Sustainable Development », *Albany Law Review*, vol.59, no.2, 1995, p.434.

1344 HOUSMAN (R.F.), ORBUCH (P.M.), « Integrating Labor and Environmental Concerns into the Northern American Free Trade Agreement : A Look Back and A Look Ahead », *The American University Journal of International Law and Policy*, vol.8, no.4, 1993, pp.721-768 ; LUDWISZEWSKI (R.B.), « "Green" Language in the NAFTA : Reconciling Free Trade and Environmental Protection », *The International Lawyer*, vol.27, no.3, 1993, pp.691-706 ; MANN (H.), « NAFTA and the Environment : Lessons for the Future », *Tulane Environmental Law Journal*, vol.13, 2000, pp.387-410 ; VEGA-CANOVAS (G.), « NAFTA and the Environment », *Denver Journal of International Law and Policy*, vol.30, no.1, 2001, pp.55-62.

1345 L'Accord sur les investissements de l'ANASE (*ASEAN Comprehensive Investment Agreement*) du 26 février 2009 est disponible sur : http ://www.asean.org/documents/FINAL-SIGNED-ACIA.pdf

social des États membres de l'ANASE contient, en soi, quelques dispositions relatives à la protection de la santé humaine, de la faune et de la flore ou à la conservation et la protection des ressources naturelles ou archéologiques conformément aux principes du développement durable[1346]. Il prévoit aussi l'existence d'un traitement spécial et différencié des États en fonction de leur niveau de développement[1347] ce qui rappelle le Principe 7 de la Déclaration de Rio sur la responsabilité commune, mais différenciée[1348]. En cas de besoin, un recours aux experts pour des questions d'ordre environnemental est aussi prévu par l'accord[1349]. Les États membres de l'ANASE ont aussi adopté une déclaration sur le développement durable le 8 décembre 2003 : la Déclaration de Yanong sur le développement durable[1350]. Elle n'en représente qu'une de plus dans la lignée de déclarations adoptées dans ce sens par l'ANASE ; les dernières datent de 2006 et de 2007[1351]. Ces politiques démontrent une configuration maintenant commune de plusieurs intégrations régionales pensées sur une base qui intègre des objectifs, certes principalement économiques, mais aussi environnementaux et sociaux.

L'accord de Cotonou régissant la coopération régionale entre l'Union européenne et les États d'Afrique, des Caraïbes et du Pacifiques (ACP) et signé le 23 juin 2000[1352] puis révisé le 25 juin 2005 et le 22 juin 2010[1353] est très complet sur les questions de l'intégration des principes du développement durable dans un instrument unique. L'accord en question contient des dispositions

---

1346 Voir : Accord sur les investissements de l'ANASE (26/02/2009), article 17.

1347 Accord sur les investissements de l'ANASE (26/02/2009), article 23.

1348 Voir Déclaration de Rio sur l'environnement et le développement, 1992, article 17, *disponible sur* : www.un.org/french/events/rio92/rio-fp.htm

1349 Accord sur les investissements de l'ANASE (26/02/2009), article 38.

1350 La Déclaration de Yanong sur le développement durable est disponible sur : www.aseansec.org/15522.htm

1351 Ces déclarations sont disponibles sur : http ://environment.asean.org/index.php?page=agreements

1352 L'accord de Cotonou (23/06/2000) est disponible sur www.ec.europa.eu/europeaid/where/acp/overview/documents/cotonou-consolidated-fin-ap-2012_fr.pdf

1353 Voir : Journal officiel de l'Union européenne, 04 novembre 2011, L287/4 (*disponible sur* : www.ec.europa.eu/europeaid/work/procedures/legislation/legal_bases/documents/accord_cotonou_revise_2010_fr.pdf).

relatives à la protection des investissements[1354] et souligne, en même temps, l'importance d'une protection complémentaire de l'environnement[1355] et les droits humains dans lesquels se placent les droits sociaux[1356].

Depuis l'adoption du Traité de Lisbonne, dans le contexte du transfert de compétences en matière d'investissements directs étrangers des États membres de l'Union européenne vers cette dernière, l'Union dispose de la compétence exclusive pour négocier les traités relatifs aux investissements directs des États membres. L'article 3 du Traité sur le fonctionnement de l'Union européenne lui confère une compétence exclusive en matière de politique commerciale et l'article 207 énonce que cette dernière englobe les investissements directs étrangers[1357]. Par conséquent et selon les textes, l'Union européenne devra être la seule compétente pour négocier des accords liés à de tels investissements avec des États tiers ; en même temps, les accords relatifs aux investissements entre les États membres doivent aussi et toujours selon cette nouvelle configuration juridique, être à moyen terme dénoncés pour un transfert complet de compétences. Ce sujet, très problématique, est beaucoup

[1354] Accord de Cotonou (23/06/2000), article 21, article 78, voir aussi annexe II, chapitre 5.

[1355] *Ibid.*, voir par exemple : préambule, articles 1, 20, 22, 29, 32, 32A, 49.

[1356] *Ibid.*, préambule, articles 9, 13, 33, 96 et l'annexe VII.

[1357] Traité sur le fonctionnement de l'Union européenne (ancien traité instituant la Communauté européenne avant l'entrée ne vigueur du Traité de Lisbonne le 01 décembre 2009), article 3, article 207 (*disponible sur* : http ://eur-lex.europa.eu/fr/treaties/index.htm#founding).

débattu dans le cadre de la doctrine[1358] et des tribunaux internationaux[1359] ; la Commission européenne a, de même, déjà publié une communication affirmant la volonté d'une politique européenne globale et unique en matière d'investissements internationaux[1360]. Si le droit des investissements des États membres de l'Union européenne est communautarisé comme le souhaite cette dernière, le régime juridique des investissements s'appliquera parallèlement aux autres régimes juridiques de l'Union. Dans cette mesure, le traité sur l'Union européenne précise à l'article 3 qu'elle œuvre dans l'objectif d'un développement durable[1361]. Le traité sur le fonctionnement de l'Union européenne souligne quant à lui à l'article 11 que « [l]*es exigences de la protection de l'environnement doivent être intégrées dans la définition et la mise en œuvre des politiques et actions de l'Union, en particulier afin de promouvoir le développement durable.*[1362] » et reconnaît aussi la nécessité de protéger

[1358] Voir par exemple : BURGSTALLER (M.), «European Law and Investment Treaties », *Journal of Investment Arbitration*, vol.26, no.2, 2009, pp.181-216 ; CEYSSENS (G.), «Towards a Common Foreign Investment Policy ? - Foreign Investment in the European Constitution », *Legal Issue of Economic Integration*, vol.32, no.3, 2005, pp.259-291 ; GAILLARD (E.), « Menace sur la protection des investissements en Europe », *Droit et Expertise*, 11 mai 2011, p.8 ; LAVRANOS (N.), « New Developments in the Interaction between International Investment Law and EU Law », *The Law and Practice of International Courts and Tribunals*, vol.9, 2010, pp.409-441 ; POTESTA (M.), «Bilateral Investment Treaties and the European Union. Recent Developments in Arbitration and Before the ECJ », *The Law and Practice of International Courts and Tribunals*, vol.8, no.2, 2009, pp.225-245 ; SHAN (W.), ZHANG (S.), « The Treaty of Lisbon : Half Way toward a Common Investment Policy », *European Journal of International Law*, vol.21, no.4, 2011, p.1049–1073

[1359] Voir par exemple : Cour de Justice de l'Union européenne, *Commission c. Finlande*, C-118/07 (19/11/2009) [*disponible sur* : http ://curia.europa.eu/jcms/jcms/j_6/] ; *Eureko B.V. c. Slovaquie*, Décision sur la compétence, Arbitrabilité et suspension, CPA no.2008-13, CNUDCI (26/10/2010).

[1360] Communication de la Commission au Conseil, au Parlement européen, au Comité économique et social européen et au Comité des régions, COM(2010) 343 final, 7 juillet 2010 : *Vers une politique européenne globale en matière d'investissements internationaux.*

[1361] Traité sur l'Union européenne du 07 février 1992 tel que modifié par le Traité de Lisbonne, *Journal officiel de l'Union européenne*, 30 mars 2010, 2010/C 83/01, articles 3.3., 3.5.

[1362] Traité sur le fonctionnement de l'Union européenne (ancien traité instituant la Communauté européenne avant l'entrée ne vigueur du Traité de Lisbonne le 01 décembre 2009), article 11.

les droits sociaux[1363]. La Charte des droits fondamentaux de l'Union européenne repose parallèlement sur une volonté de développement durable[1364]. Elle souligne à l'article 19 qu' « *[u]n niveau élevé de protection de l'environnement et l'amélioration de sa qualité doivent être intégrés dans les politiques de l'Union et assurés conformément au principe du développement durable.*[1365] ». Et l'article 6 du Traité sur l'Union européenne dispose que l'U.E. « *reconnaît les droits, les libertés et les principes énoncés dans la Charte des droits fondamentaux de l'Union européenne du 7 décembre 2000, telle qu'adaptée le 12 décembre 2007 à Strasbourg, laquelle a la même valeur juridique que les traités*[1366] ». Les éventuels accords relatifs aux investissements qui seront négociés par l'Union ne pourront pas méconnaître la base environnementale et sociale dans la poursuite de coopérations économiques avec des États non membres ; l'Union européenne s'est, par exemple, engagée à soutenir le développement durable de ses partenaires en voie de développement dans le cadre de leurs relations[1367]. Elle intégrera ainsi nécessairement des principes du développement durable dans l'élaboration de tout régime d'investissement intra ou extra communautaire[1368].

A côté de ces réseaux d'accords multilatéraux régionaux, d'autres accords, moins nombreux, existent au niveau mondial. Ils ont

---

1363 *Ibid.*, article 151.

1364 Charte des droits fondamentaux de l'Union européenne, 7 décembre 2000, *Journal officiel de l'Union européenne*, 18 décembre 2000, (2000/C 364/01), préambule.

1365 *Ibid.*, article 37.

1366 Traité sur l'Union européenne du 07 février 1992 tel que modifié par le Traité de Lisbonne, *Journal officiel de l'Union européenne*, 30 mars 2010, 2010/C 83/01, article 6.1.

1367 *Ibid.*, article 21 (2) (d).

1368 L'Association européenne de libre échange (l'AELE) composée de l'Islande, du Liechtenstein, de la Norvège et de la Suisse a aussi négocié et signé quelques accords de libre-échange avec des États ou d'autres associations d'États en vue de la libéralisation du commerce et des investissements ; ces accords encadrent toute coopération économique dans l'objectif et par certains principes du développement durable. L'AELE dispose d'un réseau d'accords notamment avec l'Albanie, le Canada, le Chili, la Colombie, la Croatie, l'Egypte, la Chine, le Conseil de Coopération du Golfe, Israël, la Jordanie, la Corée du Sud, le Liban, la Macédonie, le Mexique, le Monténégro, le Maroc, l'Autorité palestinienne, le Pérou, la Serbie, le Singapour, la Tunisie, la Turquie, l'Ukraine et l'Union douanière d'Afrique australe. Les accords de libre-échange de l'AELE sont disponibles sur : www.efta.int/free-trade/free-trade-agreements.aspx

été signés par un nombre plus important d'États et les principes du développement durable y sont parfois incorporés.

(b) L'articulation des principes du développement durable avec les standards de protection des investissements au niveau mondial

Au niveau des accords mondiaux, il convient surtout de se référer à ceux de l'OMC qui seront ici considérés, notamment l'accord général sur le commerce et les services (GATS) et l'accord sur les mesures concernant les investissements et liés au commerce (TRIMS/MIC). L'objectif n'est pas de faire une étude détaillée et approfondie du régime des investissements au sein de l'OMC, mais plus simplement de démontrer qu'il existe un tel régime et que ce dernier n'est pas isolé des autres composantes du droit de l'OMC qui se réfèrent parfois, et même si c'est dans une moindre mesure[1369], aux principes du développement durable.

Le commerce de services est un commerce invisible se concrétisant par des offres de prestations qui ne s'accompagnent pas d'un transfert de propriété de l'objet de l'offre[1370]. La télécommunication en est un exemple. Il existe quatre modes de fourniture de services en droit de l'OMC. Celui qui se rapproche le plus du domaine des investissements est celui englobant la fourniture d'une prestation par un Membre de l'OMC par la présence commerciale sur le territoire de tout autre Membre[1371]. Le GATS se réfère, d'ailleurs, aux investissements étrangers dans un article relatif à la prohibition de limiter le capital de participation étranger lors de la création d'une société[1372]. Dans le contexte du GATS, les investissements sont considérés comme faisant partie du commerce

1369 VARELLA DIAS (M.), *L'inégalité Nord-Sud et la construction juridique du « développement durable » dans le droit international*, Thèse, Université Paris I, Panthéon-Sorbonne, 2002, p.451 et S.

1370 CARREAU (D.), JUILLIARD (P.), *Droit international économique*, Dalloz, Paris, 2e éd., 2005, p.261 ; voir aussi, ABU-AKEEL (A..K.), « Definition of Trade in Services under the GATS : Legal Implications », *George Washington Journal of International Law and Economics*, vol.32, 1999, pp.190-191.

1371 Voir : Accord général sur le commerce des services, Annexe 1B à l'Accord instituant l'Organisation mondiale du Commerce, article I (2) (c).

1372 *Ibid.*, article XVI (2) (f).

des services[1373]. L'accord sur les mesures concernant les investissements et liés au commerce (MIC) établit aussi la relation entre investissements et commerce : les États membres de l'OMC se sont engagés à ne pas adopter de MIC qui soient incompatibles avec le traitement national et les restrictions quantitatives, soit aux articles III et XI du GATT[1374]. Dans le cadre de leur application, ces accords s'inscrivent sous le régime juridique général de l'OMC et, partant, dans la lignée jurisprudentielle de l'Organe de Règlement des Différends. Par conséquent, ils se conjuguent automatiquement avec les principes du développement durable qui en ressortent[1375]. L'Accord de Marrakech énonce ainsi dans son préambule que les ressources mondiales doivent être utilisées dans l'objectif du développement durable[1376]. Plus substantiellement, l'article XX du GATT sur les exceptions générales à la liberté du commerce et qui s'applique aussi à l'accord MIC[1377] contient des dispositions relatives à la protection de l'environnement ; une disposition similaire figure à l'article XIV du GATS, toujours en tant qu'exceptions générales à la liberté du commerce des services. Ces articles disposent que :

> *« Sous réserve que ces mesures ne soient pas appliquées de façon à constituer soit un moyen de discrimination arbitraire ou injustifiable entre les pays où les*

1373 BREWER (T.L.), YOUNG (S.), « Investment Issues at the WTO : The Architecture of Rules and Settlement of Disputes », *Journal of International Economic Law*, vol.1, no.3, p.460 ; KURTZ (J.), « A General Investment Agreement in the WTO? Lessons from Chapter 11 of NAFTA and OECD Multilateral Agreement on Investment », *University of Pennsylvania Journal of International Economic Law*, vol.23, no.4, 2002, p.723.

1374 Voir : Accord sur les mesures concernant les investissements et liés au commerce établit aussi la relation entre investissements et commerce, article 2 (*disponible sur* : http ://www.wto.org/french/docs_f/legal_f/18-trims.pdf).

1375 ALA'I (P.), «Free Trade or Sustainable development? An Analysis of the WTO Appellate Body's Shift To A More Balanced Approach to Trade Liberalization », *American University International Law Review*, vol.14, no.4, 1999, p.1131 ; KRAJEWSKI (M.), « Environmental Services of General Interest in the WTO : No Love at First Sight », *Journal for European Environmental & Planning Law*, vol.1, no.2, pp.103-115.

1376 Voir : Accord de Marrakech instituant l'Organisation Mondiale du Commerce, préambule, paragraphe premier (*disponible sur* : http ://www.wto.org/french/docs_f/legal_f/04-wto.pdf).

1377 Accord sur les mesures concernant les investissements et liés au commerce établit aussi la relation entre investissements et commerce, article 3.

mêmes conditions existent, soit une restriction déguisée au commerce international, rien dans le présent Accord ne sera interprété comme empêchant l'adoption ou l'application par toute partie contractante des mesures :

b) nécessaires à la protection de la santé et de la vie des personnes et des animaux ou à la préservation des végétaux (…)

(g) se rapportant à la conservation des ressources naturelles épuisables, si de telles mesures sont appliquées conjointement avec des restrictions à la production ou à la consommation nationales (…)[1378] ».

Le droit de l'OMC contient de même un Accord sur les mesures sanitaires et phytosanitaires ; les membres de l'organisation ont le droit d'adopter de telles mesures pour la protection et la santé des personnes et des animaux et aussi pour la conservation des espèces végétales dans la mesure où elles ne constituent pas une restriction déguisée au commerce[1379]. Par ailleurs et comme il a déjà été mentionné dans ce travail, le développement durable a déjà marqué sa présence au sein des rapports de l'Organe de règlement des différends ; il est maintenant l'un des objectifs de l'OMC[1380]. Dans une affaire *Restrictions à l'importation de Thon,* l'organe de règlement des différends du GATT s'est référé à l'objectif du développement durable reconnu et accepté par tous les États membres[1381]. En interprétant l'article XX du GATT, l'Organe d'Appel a aussi mis en avant l'importance du respect des ressources naturelles limitées en fonction de l'objectif du développement durable[1382]. Il a, dans d'autres affaires,

---

[1378] Voir : Accord général sur les tarifs douaniers et le commerce, article XX, Annexe 1A à l'Accord instituant l'Organisation mondiale du Commerce ; Accord général sur le commerce des services, Annexe 1B à l'Accord instituant l'Organisation mondiale du Commerce, article XIV (Ces accords sont disponible sur : http ://www.wto.org/french/docs_f/legal_f/legal_f.htm#goods).

[1379] Voir : Accord sur les mesures sanitaires et phytosanitaires (*disponible sur* : www.wto.org/french/docs_f/legal_f/15-sps.pdf).

[1380] QURESHI (A.H.), « International Trade for Development : The WTO as a Development Institution? », *Journal of World Trade*, vol.43, no.1, 2009, p.182.

[1381] *États-Unis, Restrictions à l'importation de thon*, Rapport, (DS29/R), 16 juin 1994, §5.42 , *disponible sur* : http ://www.worldtradelaw.net/reports/gattpanels/tunadolphinII.pdf

[1382] *États-Unis, Restrictions à l'importation de crevettes et de produits à base de crevettes*, Rapport de l'Organe d'appel, WT/DS58/AB/R, 12 octobre 1998, §129, §153.

insisté sur l'existence de certains principes du développement durable comme, par exemple, la responsabilité commune, mais différenciée[1383].

Le droit de l'OMC n'est effectivement pas isolé de ces considérations du développement durable et il en ressort que le régime relatif aux investissements qui a été présenté s'inscrit dans cette même configuration.

Le traité sur la Charte de l'énergie signé par cinquante et un États et l'Union européenne et suivi par vingt-quatre États observateurs et environ dix organisations internationales dans le même rôle obéit aussi à la logique d'intégration. Il contient quelques dispositions visant la protection de l'environnement pendant son application et il se réfère, par ailleurs aux conventions internationales sur l'environnement dont les États signataires sont parties. Il précise que cette prise en compte se fait dans l'objectif du développement durable. Les activités dans le domaine de l'énergie, protégées par la Charte, et toute politique énergétique des États signataires doivent être mises en œuvre avec un impact minimal sur l'environnement et tous les moyens préventifs doivent être utilisés afin de prévenir d'éventuels dommages ; la charte met aussi en avant le principe de pollueur-payeur[1384]. A conditions qu'elles soient justifiées et non-discriminatoires, les États demeurent libre d'adopter des mesures pour la protection de la vie et de la santé humaine, de celles des animaux et des plantes ; ils peuvent aussi adopter toute réglementation visant à sauvegarder les investissements de populations indigènes ou de tout

---

1383 Voir : *États-Unis – prohibition à l'importation de certaines crevettes et de certains produits à base de crevette*,Recours de la Malaisie à l'article 21 :5 du Mémorandum d'accord sur le règlement des différends, Rapport de l'Organe d'appel, WT/DS58/AB/RW, 22 octobre 2001, §9 (*disponible sur* : www.wto.org/french/tratop_f/dispu_f/cases_f/ds58_f.htm).
Voir aussi : *Communautés européennes- conditions d'octroi de préférences tarifaires aux pays en développement*, Rapport de l'Organe d'appel, WT/DS246/AB/R, 7 avril 2004, §94 ; *Brésil - Mesures visant de pneumatiques réchapés*, Rapport du Groupe spécial, WT/DS332/R, 12 juin 2007, §i.489 ; *Chine – Mesures liées à l'exportation de matières premières diverses*, Rapports de l'Organe d'appel, WT/DS394/AB/R, WT/DS395/AB/R, WT/DS398/AB/R, 30 January 2012, §306.

1384 Traité sur la Charte de l'énergie, Lisbonne, 17 décembre 1994, article 19 (*disponible sur* : www.encharter.org/fileadmin/user_upload/Publications/FR.pdf).

groupe économiquement et socialement défavorisé[1385].

Dans la mesure du possible, tous ces textes intègrent les principes du développement durable en leur sein. Ils sont souvent objet de critiques, car certains considèrent qu'ils ne vont pas suffisamment loin dans ce processus d'intégration. Cependant, ces accords sont avant tout de nature économique et n'ont pas pour vocation première la protection de l'environnement. Les traités relatifs aux investissements ont pour objet la protection des investissements et il serait peu judicieux de vouloir les modifier en traité de promotion du développement durable. Il est plus raisonnable, comme le font les États, d'y inclure des dispositions relatives aux principes du développement durable en les présentant comme des éléments à prendre en considération pour interpréter les standards de protection des investissements. C'est une technique juridique appropriée permettant au développement durable d'être dûment considéré lors de l'application de ces accords. Par ce biais, le développement durable est forcément pris en compte par l'investisseur avant même qu'il ne s'implante dans un État donné. Il structurera son activité en fonction du développement durable dans la mesure où il sait, par avance, qu'une mesure environnementale nationale ne sera pas toujours considérée comme attentatoire à son investissement. Cela peut peut-être permettre d'éviter des conflits, car l'état du droit se précise. Toutefois, il existe toujours plusieurs accords qui ne contiennent pas de telles références en leur sein. Dans ce cas, même si ces accords se focalisent sur la protection des investissements, il demeure possible de se référer à certaines techniques herméneutiques qui sont normalement utilisées pour concilier la protection des investissements avec la protection de l'environnement lorsque ces deux principes figurent dans deux accords différents.

B) Des moyens conventionnels rendus effectifs par des techniques d'interprétation

L'interaction grandissante entre le principe de la protection de l'environnement et le droit international des investissements est palpable (i), et même dans l'hypothèse où l'on déciderait de le mettre à l'écart, il est certain qu'il réapparaîtrait dans un proche futur, que ce

[1385] *Ibid.*, article 24.

soit lors de l'application des nouveaux accords portant sur les investissements ou lors de l'application des accords plus classiques. Il est, dans ce sens, utile de réfléchir aux méthodes permettant de les interpréter en conciliant le principe de la protection des investissements avec celui de la protection de l'environnement. La technique de l'intégration systémique peut ici s'avérer utile (ii).

(i) L'interaction grandissante entre le droit international des investissements et le principe de protection de l'environnement

En droit international, des questions relatives à la protection de l'environnement ont parfois été soulevées dans un contentieux non environnemental, et ce, bien avant que cette problématique ne colore le droit international des investissements. Par exemple, dans une affaire de 1893, dite *L'affaire des Phoques à fourrure de la mer de Behring*[1386] une partie de la problématique transparaissait déjà dans un

[1386] Sentence du Tribunal d'arbitrage constitué en vertu du traité conclu à Washington, le 29 février 1892, entre les États-Unis d'Amérique et Sa Majesté la Reine du Royaume-Uni de Grande-Bretagne et d'Irlande (*au sujet des droits de juridiction des États-Unis dans les eaux de la mer Behring et relativement à la préservation des Phoques à fourrure*), décision du 15 août 1893, *disponible sur* : http ://untreaty.un.org/cod/riaa/cases/vol_XXVIII/263-276.pdf
Au-delà de la sentence, c'est l'argumentation du représentant des États-Unis, Monsieur Carter, qui rend l'affaire intéressante par sa vision quasi prophétique. Quoique longue, une partie du mémoire des États-Unis mérite d'être citée :
« [n]*o possessor of property has an absolute title to it – his title is coupled with a trust for the benefit of mankind...things themselves are not given to him, but only the* usufruct *or the increase – he holds the thing in trust for the present and the future generation of man. The idea of the gift in common is reconciled...with that of exclusive possession by the instrumentality of commerce which springs into existence with the beginnings of civilization as a part of the order of nature. Every nation, so far as it possesses more than enough of the fruits of the earth to satisfy its own needs, is a* trustee *of the surplus for the benefit of those in other parts of the world who need them and who are willing to give in exchange for them the products of their own labour, and this trust is* obligatory. *No nation...is permitted to interdict all commerce with foreign nations. Nor is the trust in question limited to a nation's surplus ; it extends to its means and capabilities of production. To destroy the sources from which any human blessing flows is a* crime. *For these reasons, the only title to things that nature confers is the* usufruct. *The earth being designed for the permanent abode of man, each generation is entitled to its* use, *and the law of nature forbids that any waste should be committed to the disadvantage of the succeeding tenants. The obligation not to invade the stock provided for the support of human life is*

état précoce[1387]. Dans l'affaire *Gabcikovo-Nagymaros*, la Cour internationale de Justice expliquait que :

> « *Au cours des âges, l'homme n'a cessé d'intervenir dans la nature pour des raisons économiques et autres. Dans le passé, il l'a souvent fait sans tenir compte des effets sur l'environnement. Grâce aux nouvelles perspectives qu'offre la science et à une conscience croissante des risques que la poursuite de ce s interventions a un rythme inconsidéré et soutenu représenterait pour l'humanité — qu'il s'agisse des générations actuelles ou futures -, de nouvelles normes et exigences ont été mises au point, qui ont été énoncées dans un grand nombre d'instruments au cours des deux dernières décennies. Ces normes nouvelles doivent être prises en considération et ces exigences nouvelles convenablement appréciées non seulement lorsque des États envisagent de nouvelles activités, mais aussi lorsqu'ils poursuivent des activités qu'ils ont engagées dans le passé. Le concept de développement durable traduit bien cette nécessité de concilier développement économique et protection de l'environnement*[1388] ».

L'opinion dissidente émise par le Juge Weerammantry dans cette affaire éclaire, de même, le problème à travers cette portée du développement durable[1389]. Il estime que le développement durable

---

especially imposed on civilized nations, for the danger proceeds almost wholly from them (…). » (voir : ROBB (C.A.R.), *International Environmental Law Reports. Early Decisions*, Cambridge, *Lauterpacht Center for International Law*, Vol.1, 1999, p.56.)

[1387] DAILLIER (P.), FORTEAU (M.) & PELLET (A.), *Droit International Public*, Paris, L.G.D.J., 8e, 2009, p.1446 ; SANDS (P.), « Litigating Environmental Disputes : Courts, Tribunals And The Progressive Development of International Environmental Law. *The Policy Framework for Investment : The Social and Environmental Dimensions* », *Global Forum on International Investment*, OCDE, 27-28 mars 2008, p.3 (*disponible sur* : http ://www.oecd.org/dataoecd/45/7/40311090.pdf) ; SCHRIJVER (N.), *The Evolution of Sustainable Development in International Law : Inception, Meaning and Status,* The Hague, Pocketbooks of the Hague Academy of International Law, 2008, p.33.

[1388] *Affaire relative au Projet Gabcikovo-Nagymaros (Hongrie / Slovaquie)*, arrêt, C.I .J., Recueil 1997, §140.

[1389] *Affaire relative au Projet Gabcikovo-Nagymaros (Ho n g r i e / S l o v a q u i*

n'est pas un simple concept,[1390] mais un principe de valeur normative crucial qui sera appelé à avoir une fonction primordiale dans le règlement des différends relatifs à l'environnement[1391]. Dans l'affaire du *Rhin de fer* ayant eu lieu sous les auspices de la Cour permanente d'arbitrage, le développement durable a aussi été considéré comme abritant un principe de droit international général[1392]. En 2010, dans l'affaire des *Pâtes à papier* opposant l'Argentine à l'Uruguay, la Cour internationale de Justice s'est référée une fois de plus au développement durable en considérant que le statut du fleuve Uruguay, objet de discussions entre les parties, visait la conciliation des intérêts des États riverains dans une logique d'utilisation et en même temps de protection des eaux selon l'esprit du développement durable. Ainsi, ajoute-t-elle, « *la Cour est-elle d'avis que l'article 27* [du statut] *traduit ce lien étroit entre l'utilisation équitable et raisonnable d'une ressource partagée et la nécessité de concilier le développement économique et la protection de l'environnement qui est au cœur du développement durable*[1393] ».

En observant l'évolution du droit international à la lumière des questions du développement durable, il est possible d'affirmer que ce dernier s'enracine de plus en plus dans l'espace normatif international

e), arrêt du 25 septembre 1997, opinion individuelle du Juge Weerammantry, C.I. J., Recueil 1997, p.97.

1390 *Affaire relative au Projet Gabcikovo-Nagymaros (Ho n g r i e / S l o v a q u i e)*, arrêt du 25 septembre 1997, p.78.

1391 *Affaire relative au Projet Gabcikovo-Nagymaros (Ho n g r i e / S l o v a q u i e)*, arrêt du 25 septembre 1997, opinion individuelle du Juge Weerammantry, C.I. J., Recueil 1997, p.88, p.92.

1392 *L'arbitrage relatif à la ligne du Rhin de Fer (« Ijzeren Rin ») [Belgique c. Pays-Bas]*, Cour permanente d'arbitrage, 24 mai 2005, §59, *disponible sur :* www.pca-cpa.org/upload/files/Iron_Rhine_French_award.pdf

1393 *Affaire relative à des usines de pâte à papier sur le fleuve Uruguay (Argentine c. Uruguay)*, arrêt, 20 avril 2010, C.I.J.Recueil 2010, p.53, §170.
Voir aussi : McINTYRE (O.), «The World Court's Ongoing Contribution to International Water Law : The Pulp Mills Case between Argentina and Uruguay », *Water Alternatives*, vol.4, no.2, 2011, p.139. Il faut noter que la CIJ est dotée d'une Chambre spéciale pour les questions de l'environnement qui n'a jamais été sollicitée, voir : Monsieur le Juge RANJEVA (R.), «L'environnement, la Cour internationale de Justice, et la Chambre spéciale pour les questions de l'environnement », *Annuaire Français de droit international,* vol.40, 1994, pp.433-441.

1394 Par exemple : LUFF (D.), « An Overview of International Law if Sustainable Development And A Confrontation Between WTO Rules and Sustainable

. Le droit de l'environnement s'autonomise, par exemple, comme une branche du droit international, mais en même temps, les principes de protection de l'environnement s'infiltrent dans les branches du droit international déjà existantes. Les accords relatifs aux investissements internationaux ou au commerce mentionnés dans la partie précédente illustrent cela — la conséquence étant que ces domaines du droit international ont dans certains cas été examinés à la lumière du principe de la protection de l'environnement. Et cela ne concerne pas que le droit international économique : certaines affaires liées aux droits humains ont fait apparaître des questions environnementales[1395]. Dans le contexte du droit international des investissements, il devient parfois important de lire et d'appliquer les principes classiques de cette branche du droit en les conciliant avec ceux du développement durable. Une technique d'interprétation proposée pour ce faire est celle de l'intégration systémique.

(ii) Une conciliation possible par la technique de l'intégration systémique

Certaines techniques permettent d'intégrer les principes juridiques du développement durable lors de l'interprétation des accords relatifs à la protection des investissements. Il en existe plusieurs et toutes ne pourront être invoquées ici. L'objectif est de fournir certaines pistes de réflexion afin d'aider à comprendre le processus d'intégration du développement durable et ses effets dans l'application du droit international des investissements. La prise en compte du développement durable par un tribunal tout comme le rôle que peuvent jouer les principes du développement durable dans l'application d'un texte sont toujours des sujets soulevant une certaine polémique. Il n'existe certes pas de tribunaux internationaux spécialisés en la matière, mais cela n'empêche pas les principes du développement durable, comme la protection de l'environnement,

---

Development », *Revue Belge de Droit* International, vol.1, 1996, pp.91-144 ; VOIGT (C.), *Sustainable development as a principle of international law – Resolving conflict between climate measures and WTO law*, Leiden, M. Njihoff, 2009, 426p

1395 Par exemple : *Affaire Tătar c. Roumanie*, CEDH, Requête no.67021/01, arrêt, 06 juillet 2009. Sur ces questions : BOYLE (A.), « Human Rights and the Environment : Where Next? » *European Journal of International Law*, vol.23, no.3, 2012, pp.613-642.

d'être invoqués devant des tribunaux ayant d'autres spécialités. Cela est normal dans la mesure où les impératifs environnementaux sont très liés, par exemple, à ceux de l'ordre économique et considérant que la protection de l'environnement est une préoccupation grandissante, sa mention apparaît de plus en plus dans le cadre des contentieux relevant du droit international économique. La question est alors de savoir si de tels arguments sont juridiquement recevables, par quels moyens ils le sont et surtout quelle en est l'influence sur l'application du droit et sur la protection des investissements. La difficulté s'installe parfois justement en raison de la spécialisation de certains tribunaux. Dans le droit international des investissements, les tribunaux arbitraux sont constitués par les parties afin de résoudre un différend portant sur la violation de la protection due à l'investisseur étranger et non sur la protection de l'environnement, des droits humains ou des droits du travail. Du moins, ainsi était traditionnellement la mission de ces tribunaux. Cette mission est toutefois évolutive dans la mesure où les arguments qui leur sont soumis le sont aussi : les arguments évoluent, car le droit évolue. Cependant des techniques classiques peuvent être utilisées pour permettre à ces nouveaux arguments fondés sur le développement durable d'avoir un plein effet lors de la lecture des accords portant sur les investissements internationaux.

Dans ce sens, l'intégration systémique est une technique d'interprétation permettant de rechercher une solution juridique dans le droit international général lorsque le droit spécial applicable ne confère aucune réponse appropriée[1396], c'est-à-dire, lorsque l'accord litigieux ne contient pas de dispositions relatives aux prétentions d'une des parties. L'expression peut paraître sophistiquée, mais l'idée en est simple : la résolution harmonisée de questions relevant de plusieurs domaines du droit international qui surgissent dans le cadre d'une seule affaire. Selon cette théorie, tous les sous-systèmes du droit international ne sont pas isolés, mais unifiés sous l'égide d'un système unique, celui du droit international public général. Toutefois, il ne

---

1396 KOSKENNIEMI (M) [dir.], *Fragmentation du droit international : difficultés découlant de la diversification et de l'expansion du droit international*, Genève, Rapport du Groupe d'Étude de la Commission du droit international, A/CN.4/L.682, 2006, §§413-414 ; McLACHLAN (C.), « The Principle of Systemic Integration and Article 31.3 C) of the Vienna Convention », *International and Comparative Law Quarterly,* vol.54, 2005, p.280.

s'agit pas ici de hiérarchiser les principes applicables. Dans ce sens, l'argument du *lex specialis generalibus derogant* n'est ici pas applicable, car il n'est pas demandé aux tribunaux de choisir entre l'application du droit international des investissements et celle du droit international de l'environnement. Leur relation juridique n'est pas conflictuelle et l'un ne doit pas être préféré à l'autre. Le droit international des investissements est et demeure le droit applicable par principe ; le droit de l'environnement ne sera, quant à lui, invoqué uniquement pour inciter le tribunal, d'appliquer le premier en tenant compte du deuxième. Il lui appartiendra, en d'autres termes, de mesurer la responsabilité internationale de l'État vis-à-vis de l'investisseur en prenant en considération les autres obligations de l'État d'accueil — en l'espèce, les obligations internationales environnementales qui le lient. La configuration peut prendre l'apparence d'un conflit, mais elle n'en est pas un, car le tribunal arbitral peut refuser la prise en compte de tout argument qui ne serait pas de l'ordre du droit international des investissements – comme certains l'ont déjà fait. Il peut estimer que les questions de l'ordre environnemental ne font pas partie de sa mission et que les parties n'ont pas forcément consenti à lui soumettre un différend environnemental, mais un litige qui relève du droit international des investissements, ce qui ne serait pas techniquement erroné[1397]. Les tribunaux peuvent ainsi faire valoir que toutes questions relatives au droit de l'environnement relèveraient de la compétence d'un autre tribunal, un tribunal national par exemple. Toutefois, le non-isolement du droit international des investissements implique la possibilité de prendre en compte d'autres normes qui lui sont extérieures. Pour ce faire, il est possible de se référer tant aux moyens disponibles dans le droit international des investissements qu'à ceux du droit international public général.

Premièrement et si l'on se place dans le contexte du CIRDI, l'article 42 de la Convention de Washington dispose que les tribunaux statuent « *sur le différend conformément aux règles de droit adoptées par les parties* [et que] [f]*aute d'accord entre les parties, le Tribunal applique le droit de l'Etat contractant partie au différend - y compris*

[1397] Pour un raisonnement similaire voir : *Affaire des Plateformes pétrolières* (*République islamique d'Iran c. États-Unis d'Amérique*), arrêt, C. I. J., Recueil 2003, §43 : « *La Cour demeure consciente qu'elle n'a que la compétence que lui confère le consentement des parties* ».

les règles relatives aux conflits de lois - ainsi que les principes de droit international en la matière[1398] ». Dans certains accords bilatéraux, ces règles de droit adoptées par les parties se réfèrent elles-mêmes au droit international public général[1399]. D'autres accords multilatéraux, comme la Charte de l'énergie ou l'ALENA, prévoient aussi l'application du droit international général lors des arbitrages[1400]. Cependant, plusieurs accords ne contiennent pas le choix du droit applicable tel que déterminé par les parties et dans ce sens, la référence aux principes du droit international de l'article 42 revêt une grande importance[1401]. Par droit international, il faut comprendre toutes les sources du droit international tel que prévu par l'article 38 du Statut de la Cour international de Justice[1402]. Par ailleurs, le tribunal arbitral est un tribunal international et son statut — que ce soit celui du CIRDI ou de la CNUDCI — relève du droit international. Dans son

---

1398 Voir : article 42 de la Convention de Washington instituant le CIRDI (18 mars 1965). L'expression « *en la matière* » peut limiter cette référence au droit international dans la mesure où la disposition peut être interprétée comme signifiant les principes du droit international applicables uniquement en matière d'investissements. La version anglaise de cette disposition est légèrement différente et peut-être un peu plus large dans la mesure où elle dispose qu'il s'agit de « *suchrules of international law as may be applicable* ». « [A]*s may be applicable* » peut s'interpréter comme une référence au différend et non seulement à la matière du droit international des investissements.

1399 Voir par exemple l'accord entre l'Argentine et le Canada du 05 novembre 1991, article X(4), l'accord entre l'Union économique belgo-luxembourgeoise et l'Albanie du 18 septembre 2002, article 11(5), l'accord entre le Chili et l'Égypte du 05 août 1999, article 9(6), l'accord entre la Chine et la Bulgarie du 25 juin 1989, article 9(5), l'accord entre la France et la République dominicaine du 04 janvier 1999, article 7(2).

1400 Voir article 26(6) de la Charte de l'énergie ; article 1131 de l'ALENA. Dans un autre contexte, la même logique existe, par exemple, au sein du Statut de Rome instituant la Cour pénale internationale ; cela est confirmé à l'article 21 du Statut.

1401 GAILLARD (E.), BANIFATEMI (Y.), « The Meaning of "and" in Article 42(1), Second Sentence, of the Washington Convention : The Role of International Law in the ICSID Choice of Law Process », *ICSID Review, Foreign Investment Law Journal*, vol.18, 2003, p.379.

1402 DUPUY (P.M), «Unification rather than Fragmentation of International Law? The Case of International Investment Law and Human Rights », *in*, DUPUY (P.M.), FRANCIONI (F.), [eds.], *Human Rights in International Investment Law and Arbitration,* Oxford, Oxford University Press, 2009, pp.56-57 ; GAILLARD (E.), BANIFATEMI (Y.), « The Meaning of "and" in Article 42(1), Second Sentence, of the Washington Convention : The Role of International Law in the ICSID Choice of Law Process », *ICSID Review, Foreign Investment Law Journal*, vol.18, 2003, p.397.

fonctionnement, le tribunal peut, si besoin est, se référer à toute source du droit international. Un principe du droit environnemental rattaché à l'une des sources susmentionnées et intimement lié à un différend donné peut, dans cette optique, être invoqué afin de justifier, par exemple, l'adoption d'une mesure environnementale que l'investisseur considérerait comme attentatoire à ses droits. Ce serait un moyen de démontrer que la mesure environnementale se rattache à une source du droit international reconnue par les États : l'État d'accueil de l'investissement et l'État de nationalité de l'investisseur. Il s'agirait d'un moyen qui, par ses effets, appuierait le pouvoir réglementaire environnemental national. Si l'accord relatif aux investissements applicable ne contient pas de dispositions dans ce sens, il est alors de toute façon possible d'avoir recours au droit international public général.

Dans le même esprit, pour les besoins de l'interprétation de son propre statut ou de tout accord relatif aux investissements applicable, tout tribunal demeure lié par les principes d'interprétation de la Convention de Vienne sur le droit des traités. L'article 31 (3) (c) de cette convention donne, dans cette mesure, la technique permettant de comprendre le non-isolement des principes du droit international des investissements dans le contexte du droit international. Il dispose que lors de l'interprétation d'une convention :

> « *Il sera tenu compte, en même temps que du contexte* :
>
> (…)
>
> *c) De toute règle pertinente de droit international applicable dans les relations entre les parties*[1403] ».

La disposition se présente comme un pont ou « une passerelle » entre les diverses branches du droit international[1404]. En

---

1403 Article 31 3 (c) de la Convention de Vienne sur le droit des traités de 1969.

1404 CAZALA (J.), « Le rôle de l'interprétation des traités à la lumière de toute autre « règle pertinente de droit international applicable entre les parties » en tant que « passerelle » jetée entre systèmes juridiques différents », *in*, RUIZ FABRI (H.), GRADONI (L.), *La circulation des concepts juridiques : le droit international de l'environnement entre mondialisation et fragmentation*, Paris, Société de

filigranes de l'accord relatif aux investissements, figurent les principes de droit international applicables entre les parties. Ainsi, ce ne sont pas que les seules normes invoquées par une partie lors d'une affaire donnée qui sont juridiquement pertinentes : toutes les autres normes liant les parties le sont également et potentiellement[1405]. Ce principe est ancien. Dans une vieille affaire devant la Commission franco-mexicaine des réclamations, cette dernière notait que « [t]*oute convention internationale doit être réputée s'en référer tacitement au droit international commun, pour toutes les questions qu'elle ne résout pas elle-même en termes exprès et d'une façon différente*[1406] ». L'ordre juridique international est, en effet, unifié ; il dispose certes de plusieurs sous-systèmes, mais ces derniers se composent et se juxtaposent juridiquement de manière cohérente et coordonnée en application de l'article le 31 (3) (c)[1407]. C'est lui qui permet l'intégration des systèmes, l'intégration systémique. C'est une sorte de clé de voûte et il dispose, qui plus est, d'une valeur coutumière[1408]. Son utilisation facilite ainsi théoriquement l'articulation et l'embranchement entre les systèmes de droit international spécialisés, comme le droit international des investissements ou le droit du commerce international, avec la matrice du droit international général

---

législation comparée, 2009, p.97.

1405 McLACHLAN (C.), « The Principle of Systemic Integration and Article 31.3 C) of the Vienna Convention », *International and Comparative Law Quarterly,* vol.54, 2005, p.280 ; YASSEEN (K.M.), « L'interprétation des traités d'après la Convention de Vienne sur le droit des traités », *R.C.A.D.I.*, Tome III, vol.151, 1976, p.62.

1406 *George Pinson (France) c. Mexique*, Commission franco-mexicaine des réclamations, Décision n°1 (19/10/1928), Recueil des sentences arbitrales, vol.V, p.422, §50 (4).

1407 CAZALA (J.), « Le rôle de l'interprétation des traités à la lumière de toute autre « règle pertinente de droit international applicable entre les parties » en tant que « passerelle » jetée entre systèmes juridiques différents », *in*, RUIZ FABRI (H.), GRADONI (L.), *La circulation des concepts juridiques : le droit international de l'environnement entre mondialisation et fragmentation*, Paris, Société de législation comparée, 2009, pp.98-99 ; DUPUY (P.M), «Unification rather than Fragmentation of International Law? The Case of International Investment Law and Human Rights », *in*, DUPUY (P.M.), FRANCIONI (F.), [eds.], *Human Rights in International Investment Law and Arbitration,* Oxford, Oxford University Press, 2009, pp.45-62 ; voir de manière plus générale : DUPUY (P.M.), « L'unité de l'ordre juridique international : cours général de droit international public », *R.C.A.D.I.*, vol.297, 2002, pp.9-489.

1408 *Différend territorial (Jamahiriya arabe libyenne/Tchad),* arrêt du 3 février 1994, C.I.J. Recueil 1994, §41.

en en assurant la cohérence[1409]. Il s'agit là d'une « [r]*ègle fondamentale dont la seule existence suffirait à faire comprendre la débilité conceptuelle et la non-conformité au droit positif de l'idée même de «régime auto-suffisant»* [1410]». L'analogie faite à ce sujet avec le droit des contrats par le Professeur McLachlan est ici instructive. Si les contrats sont les instruments formant la loi applicable entre les parties, ils n'en demeurent pas moins juridiquement et nécessairement rattachés au système juridique national dans lequel ils existent ; un contrat ne saurait aller à l'encontre de cet ordre juridique — par exemple, à l'encontre de l'ordre public national. De manière similaire, un traité bilatéral relatif aux investissements constitue certes le droit applicable entre les parties l'ayant ratifié et aussi entre les parties à l'arbitrage, mais restent néanmoins rattaché à l'ordre juridique dans lequel le traité prend naissance, celui du droit international public[1411]. Lors de l'interprétation d'un engagement conventionnel de l'État devant un tribunal, ses autres engagements juridiques ne s'effacent pas automatiquement et peuvent, dans certains cas, contribuer au travail d'interprétation, car il est attendu que l'application d'un accord accepté par l'État ne produise pas d'effets contraires aux objectifs des autres accords signés par lui. Les États ne s'engagent pas dans un accord en ignorant les autres conventions par lesquelles ils sont juridiquement liés[1412]. La Cour internationale de Justice a déjà souligné que l'interprétation doit « *produire des effets conformes et non pas contraires au droit existant* [1413]». L'interprétation n'est pas

[1409] DO AMARAL (A.Jr.), « A integração entre o comércio internacional e a protcção do meio ambiente », *Revista de Derecho Económico Internacional*, Vol. 1 No. 1, 2010, pp.24-25 ; DUPUY (P.M.), « L'unité de l'ordre juridique international : cours général de droit international public », *R.C.A.D.I.*, vol.297, 2002, p.456.

[1410] DUPUY (P.M.), « L'unité de l'ordre juridique international : cours général de droit international public », *R.C.A.D.I.*, vol.297, 2002, p.456.

[1411] McLACHLAN (C.), « The Principle of Systemic Integration and Article 31.3 C) of the Vienna Convention », *International and Comparative Law Quarterly,* vol.54, 2005, p.287.

[1412] CAZALA (J.), « Le rôle de l'interprétation des traités à la lumière de toute autre « règle pertinente de droit international applicable entre les parties » en tant que « passerelle » jetée entre systèmes juridiques différents », *in*, RUIZ FABRI (H.), GRADONI (L.), *La circulation des concepts juridiques : le droit international de l'environnement entre mondialisation et fragmentation*, Paris, Société de législation comparée, 2009, p.106.

[1413] *Affaire du droit de passage sur territoire indien (Exceptions préliminaires)*, arrêt du 26 novembre 1957 : C. I. J . Recueil 1957, p.142.

une abstraction et elle vise une solution pratique et logique[1414].

Plusieurs juridictions suivent ce principe. Selon l'Organe d'appel de l'OMC, l'interprétation des accords de l'OMC ne doit pas isoler cliniquement le système juridique de l'OMC du reste du droit international[1415]. La Cour européenne des droits de l'Homme adopte le même principe de conciliation : celle de la Convention européenne des droits de l'Homme et des libertés fondamentales avec le droit international public général. Elle précise que cette convention « *doit autant que faire se peut s'interpréter de manière à se concilier avec les autres règles du droit international, dont elle fait partie intégrante* (...)[1416] ». Ainsi, la prise en compte de toutes les normes du droit international pertinente pour le problème de droit qui lui est soumis fait partie intégrale du travail d'interprétation des tribunaux internationaux[1417]. Max Huber explique très clairement le procédé de la sorte :

> « *Il faut donc chercher la volonté des parties dans le texte conventionnel, d'abord dans les clauses relatives à la contestation, ensuite dans l'ensemble de la convention, ensuite dans le droit international général, et enfin dans les principes généraux de droit reconnus par les nations civilisées. C'est par cet encerclement concentrique que le juge arrivera dans beaucoup de cas à établir la volonté présomptive des parties 'conformément aux exigences fondamentales de la plénitude du droit et de la justice internationale'* [1418]».

Ce principe de conciliation est un principe communément admis.[1419] L'interprétation d'un accord relatif aux investissements peut

---

[1414] *États-Unis – prohibition à l'importation de certaines crevettes et de certains produits à base de crevette*, WT/DS58/R, Rapport du Groupe spécial (15/05/1998), §3.157.

[1415] *États-Unis - Normes concernant l'essence nouvelle et ancienne formules*, Rapport de l'Organe d'appel, WT/DS2/AB/R, 29 avril 1996, p.19.

[1416] *Affaire Al-Adsani c. Royaume-Uni,* Cour européenne des droits de l'Homme, n°35763/97, arrêt (21/11/2001), §55.

[1417] *Affaire des Plateformes pétrolières* (*République islamique d'Iran c. États-Unis d'Amérique*), arrêt, C. I. J., Recueil 2003, §41.

[1418] *Annuaire de l'Institut de droit international*, vol.1, 1952, pp.200-2001.

[1419] CRAWFORD (J.), *Brownlie's Principles of Public International Law*, Oxford, Oxford University Press, 8e édition, 2012, p.381.

impliquer la prise en compte de toute autre règle de droit international pertinente et applicable entre les parties — ce qui permet de lire les standards de protection des investissements avec les principes de la protection de l'environnement issus du droit international. Partant, il faut savoir de quelle règle il s'agit, mais aussi de quelles parties. Cela s'analyse sous trois ordres : *ratione materiœ*, *ratione temporis* et *ratione personœ*. Une règle relative à la protection de l'environnement doit, pour être intégrée au droit international des investissements, respecter ces trois séries de conditions ; c'est cela qui pourra déterminer l'influence que peut avoir *in fine* le développement durable à ce niveau.

Ratione materiœ *:* Dans le contexte du droit international des investissements et du contentieux arbitral, l'expression « *toute règle* » telle qu'elle figure au sein de la Convention de Vienne ouvre le champ de références à d'autres branches du droit international. Interprétée selon son sens normal et ordinaire, l'expression ne met pas l'emphase sur une règle ou sur une catégorie de règles en particulier. Elle généralise la portée de la règle et se borne à en préciser l'ordre : celui du droit international. Par conséquent, elle se réfère, une fois de plus, aux règles étant rattachées aux sources du droit international public[1420] telles qu'elles figurent à l'article 38 du Statut de la Cour internationale de Justice. Il peut s'agir d'une règle conventionnelle, d'une règle coutumière si l'une des parties n'en est pas un objecteur persistant[1421] ; il peut aussi s'agir d'un principe général de droit. Ainsi, dans le contentieux arbitral, il pourrait s'agir d'une règle environnementale revêtant lesdites caractéristiques et qui serait pertinente pour l'interprétation des dispositions d'un accord relatif aux investissements. La pertinence de la règle signifie que la règle

[1420] GARDINER (R.K.), *Treaty Interpretation*, Oxford, Oxford University Press, 2008, pp.260-261 ; YASSEEN (K.M.), « L'interprétation des traités d'après la Convention de Vienne sur le droit des traités », *R.C.A.D.I.*, Tome III, vol.151, 1976, p.63.

[1421] Voir là-dessus : BARSALOU (O.), « La doctrine de l'objecteur persistant en droit international public », *Revue québécoise de droit international*, vol.19, no.1, 2006, pp.1-18. Voir aussi l'affaire *Amoco International Finance Corporation c. Iran*, Tribunal des réclamations irano-américain, sentence 310-56-3 (14/07/1987), §112 : « (...) *the rules of customary law may be useful in order to fill in possible lacunae of the Treaty, to ascertain the meaning of undefined terms in its text or, more generally, to aid interpretation and implementation of its provisions.* ».

« extérieure » qui est invoquée doive avoir une relation étroite et nécessaire avec la disposition objet de l'interprétation. La partie devra donc prouver pourquoi la règle invoquée remplit les critères de la pertinence. Dans le contentieux arbitral, l'utilisation d'une référence environnementale pour l'interprétation d'un accord relatif aux investissements doit, dans cette mesure, être dûment justifiée ; la relation entre les deux textes doit être démontrée. Pour cela, il suffit de prouver que le traité environnemental se rattache aussi, sous un autre angle et de manière parallèle, à l'affaire en cause. Il ne sera pas demandé au tribunal de substituer l'accord relatif aux investissements par celui relatif à la protection de l'environnement, mais d'utiliser ce dernier pour l'interprétation du premier. Il appartiendra au tribunal de déterminer à quel point l'application de l'un est préjudiciable à la réalisation de l'objectif de l'autre, en sachant que l'interprétation ne peut produire des effets contraires au droit existant[1422]. Ainsi, par exemple, lors de l'interprétation de la clause relative au traitement juste et équitable, référence peut être faite à une règle « extérieure » relative, elle, à la protection de l'environnement. En utilisant l'article 31 (3) (c), la compréhension de ce qui constitue un traitement juste et équitable ne se limite pas au seul milieu du droit international des investissements, mais s'étend vers un environnement normatif plus large : dès lors, le calcul des attentes légitimes de l'investisseur ne se limitera pas à la recherche des promesses et des représentations faites par l'État, mais tiendra aussi compte des autres obligations de ce dernier. L'investisseur ne peut ignorer que l'État est lié par une multitude d'obligations. Cela ne signifie aucunement que la violation des droits des investisseurs par l'État ne sera pas reconnue. Il est difficile de penser que l'invocation d'une règle « extérieure » relative à la protection de l'environnement exonérerait complètement l'État défendeur de sa responsabilité envers l'investisseur, car s'il a manqué à ses devoirs prévus dans un accord relatif aux investissements, il devra réparation. L'utilisation de l'article 31 (3) (c) aura alors éventuellement pour objectif de limiter la responsabilité de l'État et la compensation due à l'investisseur. Cette première condition *ratione materiæ* est cependant cumulative avec une deuxième série de conditions, cette fois, *ratione temporis.*

Ratione Temporis : L'article en question ne précise en rien

[1422] *Affaire du droit de passage sur territoire indien (Exceptions préliminaires)*, arrêt du 26 novembre 1957 : C. I. J . Recueil 1957, p.142.

l'élément temporel de la règle pertinente applicable, or, cette question se pose en pratique. Si lors de l'interprétation d'un accord relatif aux investissements, la partie défenderesse se réfère à un accord environnemental dans l'esprit de l'intégration systémique, il importe de savoir si ce dernier est recevable *ratione temporis*. En d'autres termes, dans ce contexte du droit inter-temporel, il faut savoir si référence est faite à un accord qui était en vigueur au moment de la conclusion du traité sur les investissements ou à un accord, en vigueur au moment de l'interprétation du traité litigieux sur les investissements[1423]. En effet, plusieurs accords internationaux portant sur l'environnement n'existaient pas au moment de l'adoption de ceux relatifs aux investissements et, ils peuvent dans ce cas être considérés comme irrecevables pour les besoins de l'interprétation. Dans l'affaire de l'île de Palmas, l'arbitre Max Huber expliquait dans sa sentence qu'« *un acte juridique doit être apprécié à la lumière du droit de l'époque, et non à celle du droit en vigueur au moment où s'élève ou doit être réglé un différend relatif à cet acte*[1424] ». Cette position peut cependant être nuancée. Au moment de cette sentence, la Convention de Vienne sur le droit des traités n'avait pas encore été adoptée. Dans sa version actuelle, cette convention n'impose aucune limite temporelle à l'article 31 (3) (c). Si la volonté des parties avait été d'inclure une limite dans ce sens, elles l'auraient fait ; *a contrario*, cela implique que là n'était pas leur volonté. La Commission du droit international n'a, d'ailleurs, pas fait mention de quelque élément temporel dans son projet final relatif à cette convention[1425]. Juridiquement, rien n'empêche alors la prise en compte d'un accord récent lors de l'interprétation d'un accord antérieur — si tant est qu'il

[1423] CAZALA (J.), « Le rôle de l'interprétation des traités à la lumière de toute autre « règle pertinente de droit international applicable entre les parties » en tant que « passerelle » jetée entre systèmes juridiques différents », *in*, RUIZ FABRI (H.), GRADONI (L.), *La circulation des concepts juridiques : le droit international de l'environnement entre mondialisation et fragmentation*, Paris, Société de législation comparée, 2009, pp.124-125 ; YASSEEN (K.M.), « L'interprétation des traités d'après la Convention de Vienne sur le droit des traités », *R.C.A.D.I.*, Tome III, vol.151, 1976, pp.64-65.

[1424] *Affaire de l'île de Palmas (ou Minagas)* [*États-Unis c. Pays-Bas*], Cour Permanente d'arbitrage, sentence (04/04/1928), p.16. Dans le même sens : *Affaire relative aux droits des ressortissants des États-Unis d'Amérique au Maroc,* Arrêt du 27 août 1952 : C.I.J. Recueil 1952, p.189.

[1425] YASSEEN (K.M.), « L'interprétation des traités d'après la Convention de Vienne sur le droit des traités », *R.C.A.D.I.*, Tome III, vol.151, 1976, p.65.

lie les parties à ce dernier[1426].

Dans le droit international des investissements, les accords relatifs aux investissements reflètent l'intention des parties en matière de protection des investissements ; ce faisant, ils ne figent cependant pas l'interprétation de leurs dispositions qui contiennent elles-mêmes des standards textuellement peu définis et donc ouverts à plus d'une interprétation. Dans un sens similaire le Professeur Yasseen expliquait que :

> «(...) *l'effet de la règle nouvelle sur le traité dépend également de cette règle elle-même, de sa valeur et de sa portée. Il est donc nécessaire d'apprécier ce que le traité prévoit à la lumière de la règle nouvelle, que cette règle soit conventionnelle, coutumière ou un principe général de droit ; la source formelle,* (...) *ne préjuge pas la valeur hiérarchique de la règle de droit international. C'est l'attitude des Etats à l'égard de cette règle ou à l'égard de la pratique constitutive de cette règle qui révèle la valeur et la portée de celle-ci et détermine par conséquent son rapport avec le traité antérieur* [1427] ».

En tout état de cause, la question du développement durable est contextuellement une préoccupation de tous les États. Partant, il ne serait aucunement contraire à leur volonté actuelle d'interpréter une disposition d'un accord portant sur les investissements à la lumière d'un autre lié à la protection de l'environnement. L'évolution du droit international des investissements suit celle de la réalité des investissements et cette dernière est, de nos jours, inséparable du

---

[1426] Voir dans ce sens : *Conséquences juridiques pour les Etats de la présence continue de l'Afrique du Sud en Namibie (Sud-Ouest africain) nonobstant la résolution 276 (1970) du Conseil de sécurité*, avis consultatif, C.I.J. Recueil 1971, p.31 ; *Affaire relative au Projet Gabcikovo-Nagymaros (Hongrie / Slovaquie),* arrêt, C.I.J., Recueil 1997, §140 ; *Affaire Tyrer c. Royaume-Uni*, Cour européenne des droits de l'Homme, Requête n° 5856/72, arrêt (25/04/1978), §31 ; *Affaire relative à l'accès à l'information en vertu de l'article 19 de la Convention Ospar (Irlande c. Royaume-Uni)*, Cour permanente d'arbitrage, sentence (02/07/2003), §103 ; *ffaire relative au Projet Gabcikovo-Nagymaros (Ho n g r i e / S l o v a q u i e)*, arrêt du 25 septembre 1997, opinion individuelle du Juge Weerammantry, C.I. J., Recueil 1997, p.115.

[1427] YASSEEN (K.M.), « L'interprétation des traités d'après la Convention de Vienne sur le droit des traités », *R.C.A.D.I.*, Tome III, vol.151, 1976, p.67.

principe de protection de l'environnement. Il est dans ce sens possible de tenir compte d'une règle environnementale adoptée après l'entrée en vigueur d'un accord sur les investissements lors de l'interprétation de cette dernière. Cela est juridiquement faisable, surtout pour éviter que les effets de l'application d'un accord relatif à la protection des investissements ne soient contraires aux dispositions d'un accord relatif à la protection de l'environnement — et dès lors pour donner un sens et une cohérence aux engagements de l'État. Le Juge Weerammantry qualifiait cela de « *principe de la contemporanéité dans l'application des normes écologiques*[1428] ». Finalement, il convient aussi que l'interprétation remplisse une condition *ratione personæ.*

Ratione personæ *:* La règle pertinente de droit international, une fois qu'elle est déterminée, doit être applicable entre les parties. L'expression « *les parties* » signifie normalement les parties étatiques à l'accord litigieux – et non les parties au contentieux. La raison en est simple : aux termes de l'article 2 (1) (g) de la Convention de Vienne sur le droit des traités, « [l]'*expression « partie » s'entend d'un État qui a consenti à être lié par le traité et à l'égard duquel le traité est en vigueur* (...). ». Juridiquement, les parties sont des États[1429] et qui plus est, ceux qui sont liés à la fois par le traité à interprété et par celui qui doit être pris en compte pour l'interprétation du premier. Partant, dans le cadre de l'application d'un traité bilatéral relatif aux investissements, il s'agira de savoir si l'État d'accueil et si l'État de nationalité de l'investisseur sont liés par un accord relatif à la protection de l'environnement ou éventuellement à une norme coutumière en la matière. Dans le cadre d'un accord multilatéral – l'ALENA ou la Charte de l'énergie par exemple – toutes les parties doivent, de même, être parties au traité relatif à l'environnement utilisé pour l'interprétation. Cela peut limiter l'utilisation du recours à l'article 31 (3) (c), car il suffit qu'une partie signataire du premier accord ne soit pas partie au deuxième pour que ce dernier soit

---

[1428] *Affaire relative au Projet Gabcikovo-Nagymaros (Hongrie / Slovaquie)*, arrêt du 25 septembre 1997, opinion individuelle du Juge Weerammantry, C.I. J., Recueil 1997, p.115.

[1429] GARDINER (R.K.), *Treaty Interpretation*, Oxford, Oxford University Press, 2008, p.263 ; YASSEEN (K.M.), « L'interprétation des traités d'après la Convention de Vienne sur le droit des traités », *R.C.A.D.I.*, Tome III, vol.151, 1976, p.63.

irrecevable[1430]. Par exemple, dans un différend sous l'égide de l'ALENA opposant un investisseur canadien au Mexique, un accord environnemental ne pourra être invoqué uniquement si les États-Unis – État non partie au différend – en est le signataire tout comme le Canada et le Mexique. Cet engagement multilatéral doit donc être prouvé même si, selon la Commission du droit international, « *une meilleure solution consisterait à autoriser la référence à un autre traité à condition que les* parties au différend *soient aussi parties à cet autre traité*[1431] ». Ainsi, dans un contexte multilatéral, l'article 31 (3) (c) serait pratiquement plus opérationnel et aurait un effet plus utile si référence était faite uniquement aux parties du différend.

Par ce biais, en respectant ces trois conditions *ratione materiæ, ratione temporis* et *ration personæ*, il est juridiquement possible de bâtir une interprétation qui tiendrait compte d'un engagement international environnemental. L'article 31 (3) (c) est un moyen permettant d'intégrer les principes du développement durable dans le droit international des investissements. Il peut permettre de comprendre l'influence et les effets du développement durable sur ce domaine du droit international. Il n'est pas sûr que la technique soit dans tous les cas efficace. Cependant, la démonstration confirme une fois de plus que pour exercer toute influence, le développement *lato sensu* requiert le support d'un moyen qui soit lui-même fondé en droit. C'est ici un point fondamental mis en avant dans ce travail : l'efficacité du recours au concept du développement pour interpréter le droit international des investissements repose sur la disponibilité de principes juridiques dont la teneur est propice à l'intégration du concept dans le monde du droit.

[1430] McLACHLAN (C.), « The Principle of Systemic Integration and Article 31.3 C) of the Vienna Convention », *International and Comparative Law Quarterly,* vol.54, 2005, p.314.

[1431] KOSKENNIEMI (M.) [dir.], *Fragmentation du droit international : difficultés découlant de la diversification et de l'expansion du droit international*, Genève, Rapport du Groupe d'Étude de la Commission du droit international, A/CN.4/L.682, 2006, §472 ; voir aussi : McLACHLAN (C.), « The Principle of Systemic Integration and Article 31.3 C) of the Vienna Convention », *International and Comparative Law Quarterly,* vol.54, 2005, p.314.

Conclusion du Chapitre 2

Si l'influence du développement durable sur le droit international des investissements demeure pour le moment modérée, cela est lié à la nouveauté de l'interaction entre ces deux domaines. La pratique aiguisera les techniques facilitant leur dialogue et il faut s'attendre à ce que les principes du développement durable — comme la protection de l'environnement — surgissent comme des questions de droit importantes pour la pratique à venir. Si cette relation peut initialement s'avérer conflictuelle, il est certain que les acteurs et les sujets de cette branche du droit préfèrent que cette dernière soit prévisible et stable : ils ne manqueront pas de contribucr à unc meilleure intégration du développement durable dans le droit international des investissements.

Conclusion du Titre 2

Il est regrettable de constater que le développement durable est surtout examiné par la doctrine au niveau du contentieux du droit international des investissements alors qu'il est fortement présent sur le plan du financement et de la garantie des investissements internationaux — et avec une efficacité relativement plus importante. L'influence du développement durable est à ce niveau assez remarquable dans la mesure où elle a conduit à une évolution des normes applicables en matière de protection financière des investissements. Elle permet, dès lors, à l'investissement de se placer dans un registre de durabilité à sa source. Si l'investisseur accepte de se plier aux principes du développement durable afin de bénéficier d'un prêt ou d'une garantie, il est possible de s'attendre, en toute cohérence, à ce qu'il soit sensible à la volonté de son État d'accueil de réglementer dans le domaine environnemental. Et beaucoup d'investisseurs le sont en pratique[1432], ce qui prouve que l'influence sur la norme a un effet sur le comportement des sujets concernés. Si cette influence demeure pour le moment modérée, la raison est davantage liée à la nouveauté de la matière qu'à l'indisponibilité d'outils techniques.

[1432] Voir par exemple : *Peter A. Allard c. La Barbade*, Avis de différend (08/09/2009) [l'avis est disponible sur : http ://graemehall.com/legal/papers/BIT-Complaint.pdf] ; *Reinhard Hans Unglaube et Marion Unglaube c. Costa Rica*, CIRDI n°.ARB/08/1, ARB/09/20, sentence (16/05/2012), §§38-39.
Voir aussi : VIÑUALES (J.), « Foreign Investment and the Environment in International Law : An Ambiguous Relationship », Genève, Center for International Environmental Studies, The Graduate Institute, *Research Paper no.2*, p.11.

Conclusion de la Deuxième Partie

Les effets du concept du développement *lato sensu* sur le droit international des investissements sont ainsi, de toute façon, potentiellement plus marquants lors de la protection des investissements internationaux que lors de leur définition. Le niveau du développement et le développement durable peuvent techniquement permettre de moduler l'application du droit international des investissements. La raison qui a été mise en avant pour justifier cela est le recours à certaines techniques juridiques qui agissent comme des clés permettant d'ouvrir les portes du droit international des investissements au développement. Ces techniques sont notamment, les attentes légitimes contextualisées et la *diligentia quam in suis* lors de l'application respective du standard du traitement juste et équitable et celui de la protection pleine et entière — et le principe de protection de l'environnement dans le cadre de l'interaction entre le développement durable et la protection des investissements.

Le concept du développement qui n'a pas une véritable acception juridique se heurte au droit et ne peut y pénétrer de manière efficiente s'il n'est pas aidé... par le droit. Les réflexions sur ce sujet ne doivent pas se limiter au seul développement et encore moins au seul droit international des investissements : elles doivent aller au-delà, à la recherche de moyens offerts par le droit et qui permettent d'établir entre eux une relation juridiquement défendable juridiquement. C'est uniquement de la sorte qu'il est techniquement possible d'évaluer à quel point le développement influence ou redéfinit la protection des investissements internationaux.

CONCLUSION GÉNÉRALE

Le développement a été présenté dans un rapport fonctionnel avec le droit international des investissements : l'étude a mis en avant le développement comme un indicateur utilisé dans l'interprétation et dans l'application des normes de cette branche du droit en proposant d'examiner sa raison d'être, son utilité et son efficacité. La conclusion doit, dès lors, faire ressortir dans quelle mesure le recours à cet indicateur permet de mieux expliquer – ou d'expliquer autrement – certains pans obscurs du droit international des investissements ou certaines problématiques qui y demeurent sans réponse claire. Ces différentes problématiques ont été traitées sous deux angles : l'identification et la protection des investissements. Pour conclure sur la fonction du développement dans ces domaines, il faut constater qu'il a une fonction contestable dans l'identification des investissements internationaux (I), alors que sous d'autres formes, il se présente comme une technique potentiellement exploitable pour redéfinir l'étendue de la protection due aux investisseurs internationaux et à leurs investissements (II).

I. La fonction contestable du critère du développement dans l'identification d'un investissement

Le développement a été présenté comme un possible critère permettant d'identifier un investissement. Certains tribunaux se réfèrent à la contribution d'une activité au développement de l'État d'accueil pour la qualifier d'investissement. En agissant comme un critère d'identification d'un investissement, le développement faciliterait, avec l'aide des autres critères, le tri des activités éligibles à la protection juridique. Si le critère est parfois contesté par d'autres tribunaux arbitraux, cela ne freine aucunement son invocation. Plusieurs États continuent d'ailleurs à s'y référer lors du contentieux sur la compétence. Ce travail a démontré que certaines techniques d'interprétation, notamment l'interprétation contextuelle et le recours aux travaux préparatoires, peuvent juridiquement justifier la référence à ce critère. C'est toutefois une chose d'expliquer pourquoi selon les textes juridiques la contribution au développement d'un État d'accueil est un critère potentiel des investissements internationaux ; c'en est une autre de prouver — par le droit — que la contribution a effectivement eu lieu et que, par conséquent, l'activité litigieuse doit être qualifiée d'investissement. Peu de discussions existent sur la preuve réelle de la contribution ou de l'absence de contribution au développement d'un État devant les tribunaux arbitraux. Cela est sans doute normal, car cette preuve ne s'apporte pas par le droit, mais par d'autres moyens, notamment et entre autres, par l'expertise économique. La contribution réelle d'une activité quelconque au développement d'un État s'évalue uniquement après une étude économique rigoureuse et complète tenant compte — au niveau macro ou au niveau micro — des revenus réels générés et de leur distribution, de l'effet sur l'emploi, sur l'utilisation des ressources étatiques, sur l'environnement et le bien-être de la société et, plus généralement, de tous les paramètres mis en avant dans l'introduction de ce travail. Toutefois, de telles études n'accompagnent jamais l'utilisation qui est faite du critère de la contribution au développement. La contribution est à vrai dire présumée, mais elle est présentée, en pratique, comme acquise, comme certaine. Partant, les affirmations de contribution ou de non-contribution au développement sont peu convaincantes, car le développement est réduit, excessivement et strictement, à un indicateur théorique, débarrassé de toute sa portée réelle.

Il en ressort que toute conclusion construite sur cette base est fragile et pour cette raison, l'utilisation du critère du développement a été considérée comme très contestable. Un moyen existe pour remédier à la situation et réside dans le recours aux experts en matière de développement pour aider les tribunaux afin que le critère soit utilisé avec plus de rigueur et avec des effets vérifiables. Puisque la prise en compte du développement est d'une telle importance dans l'identification d'un investissement, il est possible de penser à une re-configuration des tribunaux arbitraux qui seraient, selon la volonté des parties, toujours composés d'un économiste, expert en développement. Cela ne serait pas véritablement une nouveauté. Par exemple, dans le système juridictionnel du droit de la concurrence du Brésil, du Mexique, de la France ou du Chili, la formation de jugement est toujours composée de trois économistes et de trois juristes en plus du Président. Faisant plus largement partie du droit économique, certaines problématiques du droit de la concurrence se résolvent de manière plus efficiente avec le concours d'économistes. La même logique peut s'appliquer au droit international des investissements. Une limite s'impose cependant : il n'est pas sûr que les arbitres ou que les parties souhaitent que la procédure sur la compétence s'éternise (sur la question du développement) et la référence systématique aux rapports d'experts, à leur réfutation, de même que l'interrogatoire et le contre-interrogatoire systématiques d'experts sur des questions liées au développement lors du contentieux sur la compétence risquent de prolonger cette phase des débats et retarder les discussions sur le fond, sans compter les coûts que cette procédure implique. Pour toutes ces raisons théoriques et pratiques, la véritable utilité du recours au critère du développement peut être remise en cause. Dans la mesure où plusieurs tribunaux arbitraux reconnaissent leur compétence sans y recourir, il est parfaitement possible de l'exclure des débats sans que cela ne soit véritablement préjudiciable à une quelconque partie ; cela n'affectera pas forcément les pays en développement, car, de toute façon, le développement est, à ce niveau, traité avec une certaine superficialité et sa mention – même multiple – dans une décision arbitrale ne signifie pas qu'il se réalise concrètement. Que l'on s'y réfère ou pas, dans l'état actuel des choses cela n'influence aucunement le développement des États ; cela donne simplement l'impression qu'il y a une prise en compte du développement — tout se passe en apparence. La première conclusion de la thèse consiste, dès lors, à dénier toute utilité au critère du développement en raison de sa fonction très contestable dans l'identification d'un investissement. La référence au développement se dessine cependant de manière relativement plus convaincante lorsqu'il s'agit de penser le contenu de la protection due aux investissements internationaux.

II. La référence au développement, une technique potentiellement exploitable pour redéfinir le contenu de la protection due aux investissements internationaux

Tout d'abord, le niveau de développement de certains États a été considéré comme un indicateur permettant qu'un traitement différencié leur soit parfois accordé : les investisseurs ne devraient, de la sorte, pas s'attendre au même niveau de protection selon que l'État soit hautement industrialisé ou faiblement développé. En d'autres termes, le niveau de protection légitimement attendu pourrait varier en fonction des moyens de l'État. Cela s'est vérifié en étudiant principalement deux types de standards de protection dont l'interprétation a laissé entrevoir une possible prise en compte du niveau de développement des États d'accueil. Il s'agit du standard du traitement juste et équitable et de celui de protection et sécurité pleines et entières. Ces deux standards sont caractérisés par une certaine flexibilité liée à la difficulté qu'il y a à les définir de manière définitive. Les critères qui sont normalement utilisés pour les définir sont modulables et permettent une prise en compte de l'état du développement de l'État récepteur de l'investissement. Dans ce sens, le traitement juste et équitable est surtout défini par les attentes légitimes de l'investisseur alors que la protection et la sécurité pleines et entières sont définies par le principe de la diligence requise. Les attentes légitimes et la diligence requise sont à leur tour des principes pourvus d'une certaine flexibilité permettant une contextualisation de la protection offerte à l'investisseur. Le développement peut ici agir comme un indicateur pour fournir une autre lecture de ces principes. Il a, dans ce sens, été démontré que le niveau de développement des États peut, dans certaines circonstances, atténuer la légitimité des attentes ou le niveau de diligence due par l'État. La possibilité d'une application différenciée et contextualisée de ces standards de protection est offerte par leur propre laconisme qui ouvre les voies à diverses interprétations ; ces voies n'ont cependant pas beaucoup été exploitées par les pays en développement. L'objectif n'est pas de s'abriter derrière leur faible niveau de développement pour excuser toute violation de leurs engagements internationaux. Il s'agit au contraire de rationaliser l'interprétation de ces engagements en les mettant en rapport avec la capacité réelle des États à offrir une protection aux investissements internationaux. Cela s'inscrit, en même temps et indirectement, dans la coopération pour le développement par le biais des investissements telle que prévue dans le préambule de nombreux accords relatifs à la protection des investissements. De la sorte, le rapport entre droit international des investissements et développement devient plus palpable : il produit des effets juridiques en ce que le niveau de développement des États permet de moduler les standards susmentionnés ; il a une portée pratique en ce que la réalité des pays en développement est prise en compte, ce qui peut contribuer à rehausser leur confiance dans le système du droit international des investissements souvent critiqué pour son déséquilibre. Dans ce même contexte de la protection des investissements, la relation avec le développement prend une forme relativement plus précise lorsqu'il est considéré dans son acception durable.

L'étendue de la protection est aussi, dans certains cas, fonction de la composante environnementale du développement durable. La protection est ici entendue de manière *lato sensu* et ne se limite pas au seul cadre des standards de protection, mais implique aussi la protection financière : la protection de l'environnement par l'investisseur détermine de plus en plus le financement et la garantie qui sont susceptibles d'être accordés à son activité par des institutions financières internationales. Pour des institutions comme la Banque mondiale, il s'agit là d'une condition du financement et de la garantie d'un investissement. Le développement durable détermine ainsi, en amont, l'existence même de l'investissement. La durabilité de l'activité devient une condition *sine qua non* pour une activité concourant à un financement et à une garantie auprès des institutions financières internationales. Par conséquent, le droit régissant ces aspects financiers des investissements internationaux s'en trouve influencé et modifié. L'influence du développement durable s'étend aussi, plus loin, sur le pouvoir réglementaire des États hôtes. Dans plusieurs affaires, une mesure réglementaire étatique portant protection de l'environnement a été considérée par l'investisseur comme étant attentatoire à ses droits protégés par un accord relatif à la protection des investissements, et plusieurs arbitrages sont nés d'un tel contexte où les normes relatives à la protection des investissements sont lues à la lumière de celles relatives à la protection de l'environnement. Le développement durable, représenté par sa composante environnementale, influence ainsi l'interprétation des normes de protection et même si ses effets sont pour le moment relativement limités, c'est là une question qui colorera sans aucun doute les procédures arbitrales dans le futur. En effet, les nouveaux accords relatifs aux investissements contiennent tous des références au développement durable et surtout, à la protection de l'environnement : cette dernière, est-il dit, ne doit pas être entravée par la protection des investissements. Le contentieux à venir confirmera dans ce sens, sans doute, les effets que peut exercer le développement durable sur la protection des investissements. Il est cependant certain que le développement durable dispose d'un poids suffisant pour redéfinir graduellement les limites de la protection due à un investisseur. Pour cette raison, la thèse s'est attardée sur certaines techniques juridiques permettant de lier raisonnablement développement durable et protection des investissements pour que les effets de l'un se concilient avec la réalisation de l'autre.

Le développement a été présenté comme un concept présent dans aspects du droit international des investissements afin d'aider à l'éclaircissement du champ d'application de certaines normes. Il ne revêt pas encore toutes les caractéristiques d'un concept pivot, mais considérant qu'il est, sous plusieurs formes, fortement enraciné dans le droit international des investissements, sa raison d'être pour le droit et sa véritable utilité ne peuvent être dégagées qu'en lui accordant la fonction d'un instrument de l'interprétation. C'est cette perspective que défend la thèse : repenser le développement dans le droit et accepter qu'il ne soit pas seulement un objectif passif attendant – souvent en vain – d'être réalisé, mais qu'il se présente aussi comme un guide, comme un instrument d'interprétation permettant d'avoir une autre lecture du droit international des investissements.

ANNEXE 1 : *PRÊTS DE LA BANQUE MONDIALE PAR SECTEUR. EXERCICE 06-11 (EN MILLIONS DE DOLLARS)*[1433].

Secteur	Ex.06	Ex.07	Ex.08	Ex.09	Ex.10	Ex.11
Agriculture, pêche et foresterie	1752	1 717	1 361	3400	2618	2128
Éducation	1991	2022	1927	3445	4945	1733
Énergie et mines	3030	1784	4180	6267	9925	5807
Finances	2320	1614	1541	4236	9137	897
Santé et autres services sociaux	2132	2752	1608	6305	6792	6707
Industrie et commerce	1542	1181	1544	2806	1251	2167
Information et communication	81	149	57	329	146	640
Droit, justice et administrations publics	5858	5468	5296	9492	10828	9673
Transports	3215	4949	4830	6261	9002	8638
Eau, assainissement et protection contre les inondations	1721	3059	2360	4365	4103	4617
TOTAL	23641	24696	24702	46906	58747	43006

[1433] Source : Banque Mondiale, *Rapport annuel,* 2011, p.4.

RÉFÉRENCES et BIBLIOGRAPHIE

I. ACCORDS INTERNATIONAUX

*De manière générale, tous les accords relatifs à la protection des investissements ont été consultés sur le site (*www.unctadxi.org/templates/DocSearch___779.aspx*) de la CNUCED ou sur le site* www.italaw.com *du Professeur Andrew Newcombe.*

- Accord modèle des États-Unis concernant l'encouragement et la protection réciproque des investissements, 2012.
- Accord de prêt entre la BIRD et El Salvador (Projet :Education Quality Improvement Project), No. de prêt 8110-SV, 14 mars 2012.
- Accord entre le Japon et la Colombie pour la promotion, la protection et la libéralisation des investissements (12/09/2011).
- Accord de prêt entre la BIRD et le Pérou (Projet : Second Rural Electrification Project), No. de prêt 8034-PE, 5 juillet 2011.
- Accord de prêt entre la BIRD et l'Argentine (Projet : Norte Grande Road Infrastructure Project), No. de prêt 7991 AR, 11 avril 2011.
- Accord de prêt entre la BIRD et le Mexique (Projet : (Efficient Lighting and Appliances Project), No. de prêt 7996-MX, 08 décembre 2010.
- Accord de prêt entre la BIRD et la Bulgarie (Projet : Municipal Infrastructure Development Project), No. de prêt 7834-BG, 01 février 2010.
- L'Accord sur les investissements de l'ANASE (*ASEAN Comprehensive Investment Agreement*), 26 février 2009.
- Accord entre le Japon et le Pérou pour la promotion, la protection et la libéralisation des investissements (21/11/2008).
- Accord de Partenariat économique entre le CARIFORUM et l'Union européenne (15/10/2008).
- Accord relatif aux investissements entre le Japon et l'Ouzbékistan (15/08/2008).
- Accord modèle de promotion et de protection des investissements de la Colombie, 2007.
- Traité sur l'Union européenne du 07 février 1992 tel que

modifié par le Traité de Lisbonne du 13 décembre 2007.

- Traité de Lisbonne modifiant le traité sur l'Union européenne et le traité instituant la Communauté européenne, Lisbonne, 13 décembre 2007.
- Accord de l'Association des Nations d'Asie du sud-est, Singapore, 20 novembre 2007.
- Le Pacte sur la sécurité, la stabilité et le développement dans la Région des Grands Lacs, Nairobi, 15 décembre 2006.
- Accord de libre-échange entre les États-Unis et le Péru (12/04/2006).
- Convention-cadre sur la protection de l'environnement marin de la mer Caspienne, Tehran, 4 novembre 2005.
- Convention des Nations unies contre la corruption, New York, 14 décembre 2005.
- Accord entre l'Union économique belgo-luxembourgeoise et la République de Madagascar concernant l'encouragement et la protection réciproques des investissements (19/09/2005).
- Accord relatif aux investissements entre la Corée du Sud et la République démocratique du Congo (17/03/2005).
- Traité relatif à la Conservation et à la Gestion Durable des Écosystèmes Forestiers d'Afrique Central et instituant la Commission des forêts d'Afrique Centrale, Brazzaville, 5 février 2005.
- Accord modèle de promotion et de protection des investissements du Canada, 2004.
- Accord relatif aux investissements entre le Bénin et la Chine (18/02/2004).
- Protocole à la Charte africaine des droits de l'Homme et des Peuples relatif aux droits de la femme en Afrique, Maputo, 11 juillet 2003.
- Protocole à la Convention sur l'évaluation de l'impact sur l'environnement dans un contexte transfrontière, relatif à l'évaluation stratégique environnementale, Kiev, 31 mai 2003.
- Convention-cadre sur le développement durable des Carpathes, Kiev, 22 mai 2003.
- Convention-cadre de l'Organisation Mondiale de la Santé pour la lutte anti-tabac, Genève, 21 mai 2003.
- Accord relatif aux investissements entre le Royaume-Uni et le Vietnam du 1er août 2002.

- Le Protocole relatif à la conservation de la biodiversité et du paysage de la Mer noire, Sofia, 14 juin, 2002.
- Accord de l'Association des Nations de l'Asie du sud-est sur la pollution transfrontière de brume, Kuala Lumpur, 10 juin 2002.
- Accord entre le Japon et la Corée du Sud pour la promotion, la protection et la libéralisation des investissements (22/03/2002).
- Convention pour la coopération dans la protection et le développement durable de la marine et de l'environnement côtier du Nord-est du Pacifique, Antigua, 18 février 2002.
- Traité de Chaguaramas établissant la Communauté Caraïbéenne incluant le marché et l'économie unique du CARICOM, Nassau, 5 juillet 2001.
- Convention de Stockholm sur les polluants organiques persistants, Stockholm, 22 mai 2001.
- Convention sur la conservation et la gestion des ressources halieutiques de l'Atlantique Sud-Est, Windhoek, 20 avril 2001.
- Charte des droits fondamentaux de l'Union Européenne, 7 décembre 2000.
- Convention européenne du paysage, Florence, 20 octobre 2000.
- Accord relatif aux investissements entre République Tchèque et le République Algérienne démocratique et populaire (22/09/2000).
- Convention sur la conservation et la gestion des stocks de poissons hautement migrateurs le Pacifique ouest et central, Honolulu, 5 septembre 2000.
- Accord-cadre sur la conservation des ressources marines vivantes des Hautes mers du Pacific-Sud, Santiago, 14 août 2000.
- Acte constitutif de l'Union Africaine, Lomé, Togo, 11 juillet 2000.
- Accord de Cotonou, Cotonou, 23 juin 2000.
- Accord relatif aux investissements entre la France et le Cambodge du 16 juin 2000.
- Accord relatif aux investissements entre le Danemark et l'Ethiopie du 24 avril 2001.
- Accord de prêt entre le Tchad et la Banque internationale pour la reconstruction et le développement pour le développement

pétrolier et le projet d'oléoduc, No. de prêt 4558 CD, 29 mars 2001.

- Protocole de Carthagène sur la prévention des risques biotechnologiques, Montréal, 29 janvier 2000.
- Traité établissant la Communauté d'Afrique Australe, Arusha, 30 novembre 1999.
- Protocole sur l'eau et la santé, Londres, 17 juin 1999.
- Convention pour la protection du Rhin, Bern, 12 avril 1999.
- Convention de Rotterdam sur la procédure de consentement préalable en connaissance de cause applicable à certains produits chimiques et pesticides dangereux qui font l'objet d'un commerce international, Rotterdam, 10 décembre 1998.
- Convention d'Aarhus sur l'accès à l'information, la participation du public au processus décisionnel et l'accès à la justice en matière d'environnement, Aarhus, 25 juin 1998.
- Protocole de Kyoto à la Convention-cadre des Nations unies sur les changements climatiques, Kyoto, 11 décembre 1997.
- Traité d'Amsterdam modifiant le Traité sur l'Union Européenne et les Traités instituant les Communautés Européennes, Amsterdam, 2 octobre 1997.
- Accord relatif aux investissements entre l'Allemagne et l'Algérie du 11 mars 1996.
- Accord relatif aux investissements entre le Royaume-Uni et le Chili du 8 janvier 1996.
- Accord aux fins de l'application des dispositions de la Convention des Nations unies sur le droit de la mer du 10 décembre 1982 relatives à la conservation et à la gestion des stocks de poissons dont les déplacements s'effectuent tant à l'intérieur qu'au-delà de zones économiques exclusives (stocks chevauchants) et des stocks de poissons grands migrateurs, New York, 4 décembre 1995.
- Accord relatif aux investissements entre la France et l'Albanie (13/06/1995)
- Traité sur la zone exempte d'armes nucléaires en Afrique, Addis-Ababa, 21 juin 1995.
- Convention sur la protection du milieu marin et du littoral de la Méditerranée, Barcelone, 10 juin 1995.
- Protocole relatif aux aires spécialement protégées et à la diversité biologique en Méditerranée, Barcelone, 10 juin 1995.

- Traité sur la Charte de l'Énergie, Lisbonne, 17 décembre 1994.
- Accord relatif aux investissements entre l'Indonésie et la Malaysie (22/10/1994).
- Accord de Lusaka sur les opérations concertées de coercition visant le commerce illicite de la Faune et de la Flore Sauvages, Lusaka, 8 septembre 1994.
- Convention sur la coopération pour la protection et l'utilisation durable du Danube, Sofia, 29 juin 1994.
- Convention des Nations unies contre la désertification, Paris, 17 juin 1994.
- Accord sur la protection de la Meuse et du Scheldt, Charleville-Mézières, 26 avril 1994.
- Accord relatif aux investissements entre la Chine et l'Egypte (21/04/1994)
- Accord de Marrakech instituant l'Organisation Mondiale du Commerce, Marrakech, 15 avril 1994.
- Accord sur la coopération pour le développement durable du bassin de la rivière Mékong, Chieng Rai, 5 avril 1994.
- Accord International sur les bois tropicaux, Genève, 26 janvier 1994.
- Accord portant création de la Commission des thons de l'Océan indien, Rome, 25 novembre 1993.
- Traité Instituant le Marché Commun de l'Afrique de l'Est et l'Afrique Australe (COMESA), Kampala, 5 novembre 1993.
- Convention régionale concernant la gestion et la conservation des écosystèmes forestiers naturels et le développement des plantations forestières, Guatelamala City, 29 octobre 1993.
- Accord nord-américain de coopération dans le domaine de l'environnement, Washington, 14 septembre 1993.
- Convention de Lugano sur la responsabilité civile des dommages résultant d'activités dangereuses pour l'environnement, 21 juin 1993.
- Convention pour la conservation du thon à nageoire bleu du sud, Canberra, 10 mai 1993.
- Accord de libre-échange nord-américain, Ottawa, Mexico, Washington, 17 décembre 1992.
- Convention pour la protection du milieu marin de l'Atlantique nord-est, Paris, 22 septembre 1992.
- Traité du *Southern African Development Community* (SADC),

Windhoek, 17 août 1992.

- Convention des Nations unies sur la biodiversité, Rio de Janeiro, 5 juin 1992.
- Convention concernant la conservation de la biodiversité et la protection des aires forestières prioritaires de l'Amérique Centrale, Managua, 5 juin 1992.
- Convention-cadre des Nations unies sur les changements climatiques, Rio de Janeiro, 9 mai 1992.
- Convention de Helsinki sur la protection et l'utilisation des cours d'eau transfrontières et des lacs, Helsinki, 17 mars 1992.
- Accord relatif aux investissements entre l'Argentine et les États-Unis (14/11/1991).
- Accord relatif à la protection des investissements entre l'Argentine et la France (03/07/1991).
- Accord entre la France et l'Argentine sur l'encouragement et la protection réciproques des investissements (03/07/1991).
- Accord entre le Gouvernement de la Confédération suisse et le Gouvernement de la Jamaïque concernant la promotion et la protection réciproques des investissements (11/12/1990).
- Convention de Bâle sur le Contrôle des Mouvements Transfrontières de Déchets Dangereux et de leur élimination, 22 mars 1989.
- Accord relatif aux investissements entre le Royaume-Uni et l'île Maurice (20/05/1986).
- Convention de Séoul du 11 octobre 1985 instituant l'Agence multilatérale de garantie des investissements.
- Accord relatif aux investissements entre la France et la Chine du 30 mai 1984.
- Convention de Montego Bay sur le droit de la mer, 10/12/1982.
- Convention de Vienne sur le droit des traités du 23 mai 1969.
- Convention de Washington instituant le CIRDI (18/03/1965).

II. DÉCISIONS DES JURIDICTIONS INTERNATIONALES.

1. Cour permanente de Justice internationale.

- *Affaire relative au décrets de nationalité promulgués en Tunisie et au Maroc*, avis consultatif du 7 février 1923, Cour Permanente de justice internationale, Série B, no.4, p.23.
- *Affaire du Vapeur « Wimbledon »*, arrêt du 17 août 1923, Cour Permanente de justice internationale, Série A., p.15.
- *Affaire relative à la Compétence de l'OIT pour réglementer accessoirement le travail personnel du patron*, Avis consultatif du 23 juillet 1926, C.P.J.I., Série B, no.13, p.19.
- *Affaire du Lotus (France c. Turquie)*, arrêt, 7 septembre 1927, Série A., no.10, p.4.
- *Affaire relative aux droits des minorités en Haute-Silésie (écoles minoritaires)*, arrêt du 26 avril 1928, C.P.J.I., Série 1, no.15, Recueil des arrêts no.12, p.27.
- *Affaire relative à l'usine de Chorzow (demande en indemnité)*, arrêt du 13 septembre 1928 (fond), C.P.J.I., Série A., no.17, p.5.
- *Affaires relative aux Zones franches de la Haute-Savoie et du Pays de Gex*, Ordonnance du 19 août 1929, C.P.J.I., Série A, no.22, p.13.
- *Interprétation de la convention de 1919 concernant le travail de nuit des femmes*, Avis consultatif du 15 novembre 1932, C.P.J.I., Séries A/B, opinion dissidente (Anzilotti), pp.383-389.
- *Affaire Oscar Chinn,*CPJI, arrêt du 12 décembre 1934, série A/B, p.65.

2. Cour internationale de Justice.

- *Admission d'un État aux Nations unies (Charte,article 4),* avis consultatif du 28 mai 1948 : C. I. J. Recueil, 1948, p.57
- *Affaire relative à la Réparation* des dommages su*bis au service des Nations Unies*, Avis consultatif du 11 avril 1949, C.I.J., Recueil 1949, p.174.
- *Affaire du Détroit de Corfou*, Arrêt du 9 avril 1949, C.I.J., Recueil 1949, p.4.
- C.I.J., *Interprétation des Traités de Paix conclus avec la Bulgarie, la Hongrie et la Roumanie*, avis consultatif (Deuxième phase), 18 juillet 1950.
- *Affaire colombo-péruvienne relative au droit d'asile,* Arrêt du 20 novembre 1950 : C.I.J. Recueil 1950, p.266.
- *Réserves à la Convention sur le Génocide,* avis consultatif du 28 mai 1951,C.I.J. Recueil 1951, p.15.
- *Affaire relative aux droits des ressortissants des États-Unis d'Amérique au Maroc,* Arrêt du 27 août 1952 : C.I.J. Recueil 1952, p. 176.
- *Affaire du droit de passage sur territoire indien (Exceptions préliminaires)*, arrêt du 26 novembre 1957 : C. I. J . Recueil 1957, p.125.
- *Affaire relative à l'incident aérien du 27 juillet 1955 (Israël c. Bulgarie)*, Exceptions préliminaires, arrêt (26/05/1959), Opinion dissidente collective des Juges Lauterpacht, Ko et Spender, C.I .J. Recueil 1959, p.127.
- *Sud-Ouest africain*, deuxième phase, arrêt, C.I.J. Recueil 1966, p.6.
- *Affaire relative* à *l'application de la Convention de 1902 pour régler la tutelle des mineurs (Pays-Bas c. Suède),* Arrêt du 28 novembre 1958 : C.I.J. Recueil 1958, p.55.
- *Conséquences juridiques pour les Etats de la présence continue de l'Afrique du Sud en Namibie (Sud-Ouest africain) nonobstant la résolution 276 (1970) du Conseil de sécurité*, avis consultatif, C.I.J. Recueil 1971.
- *Compétence en matière de pêcheries (Royaume-Uni c. Islande),* Fond, Arrêt du 2 février 1973, C.I.J. Recueil 1974, p.3.
- *Essais nucléaires (Australie c. France),* arrêt du 20 décembre 1974, C.I.J. Recueil 1974, p.253.

- *Personnel diplomatique et consulaire des Etats-Unis à Téhéran*, arrêt (24/05/1980), C.I.J. Recueil 1980, p.3.
- *Plateau continental (Tunisie/Jamahiriya arabe libyenne)*, arrêt, C. I. J. Recueil 1982, p.18.
- *Activités militaires et paramilitaires au Nicaragua et contre celui-ci (Nicaragua c. Etats-Unis d'Amérique), compétence et recevabilité,* arrêt du 26 novembre 1984, C.I.J. Recueil 1984, p.392.
- *Actions armées frontalières et transfrontalières (Nicaragua c. Honduras),* compétence et recevabilité, arrêt du 20 décembre 1988, C.I.J.Recueil 1988,p.69.
- *Affaire Elettronica Sicula S.P.A. (ELSI)*, arrêt, C.I.J. Recueil 1989, p.15.
- *Différend territorial (Jamahiriya arabe libyenne/Tchad),* Arrêt, 3 février 1994 C.I.J. Recueil 1994, p.6
- *Plates-formes pétrolières (République islamique d'Iran c. Etats-Unis d'Amérique),* exception préliminaire, arrêt du 12 décembre 1996, C.I.J. Recueil 1996, p.803.
- *Différend territorial (Jamahiriya arabe libyenne/Tchad),* arrêt du 3 février 1994, C.I.J. Recueil 1994, p.6.
- *Licéité de la menace ou de l'emploi d'armes nucléaires*, avis consultatif, 8 juillet 1996, C.I.J. Recueil 1996, p.226.
- *Affaire relative au Projet Gabcikovo-Nagymaros (Ho n g r i e / S l o v a q u i e),*
  arrêt, C. I . J. Recueil 1997, p. 7.
- Affaire relative à la *Souveraineté sur Pulau Ligitan et Pulau Sipadan (IndonésielMalaisie),* arrêt, 17 décembre 2002, C.I.J. Recueil 2002, p.625.
- *Affaire des Plateformes pétrolières* (*République islamique d'Iran c. Etats- Unis d'Amérique*), arrêt, C. I. J., Recueil 2003, p.161.
- *Usines de pâte à papier sur le fleuve Uruguay (Argentine c. Uruguay)*,mesures conservatoires, ordonnance du 13 juillet 2006,C.I.J. Recueil 2006, p.113.
- *Application de la convention pour la prévention et la répression du crime de génocide (Bosnie-Herzégovine c. Serbie-et-Monténégro)*,arrêt (26/02/2007), C.I.J. Recueil 2007, p.43.
- *Certaines questions concernant l'entraide judiciaire en*

matière pénale (Djibouti c. France), arrêt, C.I.J. Recueil 2008, p.177.

- *Affaire relative à des usines de pâte à papier sur le fleuve Uruguay (Argentine c. Uruguay)*, arrêt, 20 avril 2010, C.I.J.Recueil 2010, p.1.

3. Cour permanente d'arbitrage.

- *Affaire de l'île de Palmas (ou Minagas)* [*États-Unis c. Pays-Bas*], Cour Permanente d'arbitrage, sentence (04/04/1928).
- *Affaire relative à l'accès à l'information en vertu de l'article 19 de la Convention Ospar (Irlande c. Royaume-Uni)*, Cour permanente d'arbitrage, sentence (02/07/2003).
- *L'arbitrage relatif à la ligne du Rhin de Fer (« Ijzeren Rin ») [Belgique c. Pays-Bas]*, Cour permanente d'arbitrage, 24 mai 2005.

4. Décisions et sentences arbitrales (relatifs aux investissements internationaux).

- *William Ralph Clayton, William Richard Clayton, Douglas Clayton, Daniel Clayton et Bilcon of Delaware, Inc. c. Canada*, Cour Permanente d'Arbitrage, no. 2009-04, sentence (17/03/2015).
- *Philip Morris Brands Sarl, Philip Morris Products S.A. et Abal Hermanos S.A. c. Uruguay*, CIRDI n°. ARB/10/7, décision sur la compétence (2/07/2013)
- *M. Franck Charles Arif c. Moldavie*, CIRDI no.ARB/11/23, sentence (08/04/2013).
- *Ambiente Ufficio S.p.A. et autres c. Argentine,* CIRDI no.ARB/08/9, Décision sur la compétence (08/02/2013).
- *Electrabel S.A. c. Hongrie,* CIRDI n°.ARB/07/19, Décision sur la compétence, sur le droit applicable et sur la responsabilité (30/11/2012).
- *Deutsche Bank AG c. Sri Lanka*, CIRDI no.ARB/09/2, sentence (31/10/2012).
- *Quiborax S.A., Non Metallic Minerals S.A. & Allan Fosk Kaplún c. Bolivie* CIRDI n°.ARB/06/2, Décision sur la compétence (27/09/2012).
- *AES Summit Generation Ltd et AES-Tisza Eromu Kft. c.*

Hongrie, CIRDI n°. ARB/07/22, décision d'annulation (29/06/2012).

- *Antoine Goetz & Others and S.A. Affinage des Métaux c. Burundi,* CIRDI n°.ARB/01/2, sentence (21/06/2012).
- *Ulysseas, Inc. c. Équateur*, CNUDCI, sentence (12/06/2012).
- *SAUR International S.A. c. Argentine*, CIRDI no.ARB/04/4 (12/06/2012).
- *EDF International S.A., SAUR International S.A.and León Participaciones Argentinas S.A. c. Argentine*, CIRDI n°.ARB/03/23, sentence (11/06/2012).
- *Toto Costruzioni Generali S.p.A. c. Liban,* CIRDI n°. ARB/07/12, sentence (07/06/2012).
- *Reinhard Hans Unglaube et Marion Unglaube c. Costa Rica*, CIRDI n°.ARB/08/1, ARB/09/20, sentence (16/05/2012).
- *Spyridon Roussalis c. Roumanie*, CIRDI n°.ARB/06/01, sentence (07/12/2011).
- *El Paso Energy International Company c. Argentine*, CIRDI n°. ARB/03/15, sentence (31/10/2011).
- *Impregilo S.p.A. c. Argentine*, CIRDI n°. ARB/07/17, Sentence (21/06/2011).
- *Joseph Charles Lemire v. Ukraine*, CIRDI n°. ARB/06/18, sentence (28/03/2011).
- *Frontier Petroleum Services Ltd. c. République Tchèque*, CNUDCI, sentence (12/11/2010).
- *AES Summit Generation Ltd et AES-Tisza Eromu Kft. c. Hongrie*, CIRDI n°. ARB/07/22, sentence (23/09/2010).
- *Abaclat et autres c. Argentine*, CIRDI n°. ARB/07/5, Décision sur la compétence (04/08/2011).
- *Alpha Projekholding GmbH c. Ukraine,* CIRDI n°.ARB/07/16, sentence (08/11/2010).
- *Eureko B.V. c. Slovaquie*, Décision sur la compétence, Arbitrabilité et la suspension, CPA no.2008-13, CNUDCI (26/10/2010).
- *Ioannis Kardassopoulos et Ron Fuchs c. République de Géorgie*, CIRDI n° ARB/05/18 & ARB/07/15, sentence (03/03/2010).
- *Joseph Charles Lemire c. Ukraine*, CIRDI n°.ARB/06/18, décision sur la compétence et sur la responsabilité (14/01/2010)

- *ATA Construction, Industrial and Trading Company c. Royaume de Jordanie*, CIRDI n°. ARB/08/2, sentence (18/05/2010)
- *AES Summit Generation Ltd et AES-Tisza Eromu Kft. c. Hongrie*, CIRDI n°. ARB/07/22, sentence (23/09/2010).
- *Chemtura Corporation c. Canada*, CNUDCI, sentence (02/08/2010).
- *Enron Corporation and Ponderosa Assets, L.P. v. Argentine,* CIRDI n°. ARB/01/3, Décision d'annulation (30/07/2010).
- *Mr Saba Fakes v. Republic of Turkey*, ICSID Case No. ARB/07/20, Award (14/07/2010).
- *Pan American Energy LLC et BP Argentina Exploration Company c. Argentine*, CIRDI no. ARB/03/13, Décision sur les objections préliminaires (27/07/2010).
- *Suez Sociedad General de Aguas de Barcelona S.A. et InterAguas Servicios Integrales del Agua S.A. c. Argentine,* CIRDI n° ARB/03/19, Décision sur la responsabilité (30/06/2010)..
- Romak S.A. c. Ouzbékistan, CPA no.AA280, CNUDCI, sentence (26/11/2009).
- *EDF (Services) Limited c. Roumanie,* CIRDI n°.ARB/05/13, sentence (08/10/2009).
- *Peter A. Allard c. La Barbade*, Avis de différend (08/09/2009).
- *Toto Costruzioni Generali S.p.A. c. Liban,* CIRDI no.ARB/07/12, Décision sur la compétence (11/09/09).
- *Pantechniki S.A. Contractors & Engineers c. Albanie*, CIRDI n°. ARB/07/21, sentence (30/07/2009)
- *Walter Bau c. Thailande*, CNUDCI, sentence (01/07/2009).
- *Saipem c. Bangladesh*, CIRDI no.ARB/05/07, sentence (30/06/2009).
- *Glamis Gold, Ltd. c. États-Unis d'Amérique,* CNUDCI, Sentence (08/06/2009).
- *Phoenix Action, Ltd. c. République Tchèque*, CIRDI no.ARB/06/5, sentence (15/04/09).
- *Malaysian Historical Salvors, SDN, BHD c. Malaisie,* CIRDI no.ARB/05/10, Décision d'annulation (16/04/2009).

- *Malaysian Historical Salvors, SDN, BHD c. Malaisie,* CIRDI no. ARB/05/10, Décision d'annulation (16/04/2009), Opinion dissidente du Juge Shahabuddeen.

- *Chevron Corporation et Texaco Petroleum Corporation c. Équateur*, CNUDCI, sentence partielle (01/12/08).
- *L.E.S.I. S.p.A. et ASTALDI S.p.A. v. Algérie*, CIRDI no.ARB/05/3, sentence (12/11/08).
- *National Grid plc c. Argentine,* CNUDCI, Sentence (03/11/2008).
- *Continental Casualty Company c. Argentine*, CIRDIn°. ARB/03/9, sentence (05/09/08).
- *loan Micula, Viorel Micula, S.C. European Food S.A, S.C. Starmill S.R.L. et S.C. Multipack S.R.L. c. Roumanie*, CIRDI no.ARB/05/20, Décision sur la compétence et sur la recevabilité (24/09/08).
- *Duke Energy Electroquil Partners and Electroquil S.A. c. Équateur,* CIRDI n°. ARB/04/19, sentence (18/08/2008).
- *Biwater Gauff (Tanzania) Ltd. c. Tanzanie*, CIRDI n°. ARB/05/22, sentence (24/07/08).
- *Rumeli Telekom A.S. and Telsim Mobil Telekomunikasyon Hizmetleri A.S. c, Kazakhstan*, CIRDI n°. ARB/05/16, sentence (29/07/2008).
- *Helnan International Hotels A/S c. Égypte*, CIRDI no.ARB/05/19, sentence (03/07/08).
- *Plama Consortium Limited c. Bulgarie*, CIRDI n°. ARB/03/24, sentence (27/08/2008).
- *African Holding Company of America, Inc. et Société Africaine de Construction au Congo S.A.R.L. c. République Démocratique du Congo*, CIRDI no. ARB/05/21, sentence sur les déclinatoires de compétence et sur la recevabilité (29/07/2008).
- *Victor Pey Casado et President Allende Foundation c. Chile*, CIRDI no. ARB/98/2, sentence (08/05/08).
- *Noble Energy, Inc. et Machalapower CIA. LTDA c. Équateur et Consejo Nacional de Electricidad*, CIRDI no. ARB/05/12, Décisionsur la compétence (05/03/08).
- *BG Group Plc c. Argentine*, CNUDCI, sentence (24/12/2007).
- *Oko Pankki Oyj, VTB Bank (Deutschland) AG and Sampo Bank Plc c. Estonie,* CIRDI n°. ARB/04/6, sentence (19/11/2007).

- SEMPRA *Energy International c. Argentine,* CIRDI n°. ARB/02/16 (28/09/2007).
- *Parkerings-Compagniet AS c. Lituanie*, CIRDI n°. ARB/05/8, sentence (11/09/07)
- *Compañiá de Aguas del Aconquija S.A. and Vivendi Universal c. Argentine* CIRDI no. ARB/97/3, sentence (20/08/07).
- *ENRON Corp. Ponderosa Assets L.P. c. Argentine,* CIRDI n°. ARB/01/3, sentence (22/07/2007).
- *M.CI Power Group LC and New Turbine, Inc.* c. *Équateur*, CIRDI n°. ARB/03/6, sentence (31/07/2007).
- *Malaysian Historical Salvors, SDN, BHD c. Malaisie,* CIRDI no.ARB/05/10, Décision sur la compétence (17/05/07).
- *Biwater Gauff (Tanzania) Ltd. c. Tanzanie*, CIRDI n°. ARB/05/22, mémoire de l'*Amici curiæ* (26/03/2007).
- *Siemens c. Argentine*, CIRDI n°. ARB/02/8, Sentence (06/02/2007).
- *Repsol YPF Ecuador, S.A c. Équateur*, CIRDI n°. ARB/01/10, Décision d'annulation (28/01/2007).
- *PSEG Global, Inc., The North American Coal Corporation, et Konya Ingin Electrik Uretim ve Ticaret Limited Sirketi c. Turquie*, CIRDI n°. ARB/02/5, sentence (19/01/2007).
- *Patrick Mitchell c. République Démocratique du Congo*. CIRDI no.ARB/99/7, Décision sur l'annulation de la sentence (01/11/2006).
- *ADC Affiliate Limited and ADC & ADMC Management Limited c. Hongrie*, CIRDI n°. ARB/03/16, sentence (02/10/2006).
- *LG&E Energy Corp. c. Argentine*, CIRDI n°. ARB/02/1, Décision sur la responsabilité (03/10/2006).
- *Mytilineos Holdings SA c. Serbie & Montenegro*, CNUDCI, sentence sur la compétence (08/09/06).
- *Total S.A. c. Argentine*, CIRDI no.ARB/04/01, Décision sur les objections à la compétence (25/08/06).
- *Inceysa Vallisoletana S.L. c. El Salvador*, CIRDI n°.

ARB/03/26, sentence (02/08/2006).

- *Azurix c. Argentine*, CIRDI n°ARB/01/12, sentence (14/07/2006).
- *BP America Production Co. and Others c. Argentine,* CIRDI no.ARB/04/8, Décision sur l'objection préliminaire (27/07/06).
- *Jan de Nul N.V. and Dredging International N.V. c. ÉgyptE*, CIRDI no. ARB/04/13, Décision sur la compétence (16/06/06).
- *Saluka Investments c. République Tchèque,* CNUDCI, sentence partielle (17/03/2006).
- *F-W Oil Interests, Inc v. Republic of Trinidad & Tobago,* ICSID Case No. ARB/01/14, Award (03/03/06).
- *Continental Casualty Company c. Argentine,* CIRDI no. ARB/03/9, Décision sur la compétence (22/02/06).
- *S.A. & InterAguas Servicios Integrales del Agua S.A. c. Argentine*, CIRDI n°.ARB/03/17, Ordonnance en réponse de la pétition pour la transparence et pour la participation en tant qu'*amicus curiæ* (17/03/2006).
- *Duke Energy International Peru Investments No. 1, Ltd. c. Pérou*, CIRDI no. ARB/03/28, Décision sur la compétence (01/02/06).
- *International Thunderbird Gaming Corporation c. Mexique,* CNUDCI, sentence (26/01/2006).
- *International Thunderbird Gaming Corporation c. Mexique*, CNUDCI, Opinion dissidente de l'arbitre Thomas Wälde (01/12/2005).
- *Bayindir Insaat Turizm Ticaret Ve Sanayi A.S. c. Pakistan*, CIRDI no. ARB/03/29, Décision sur la compétence (14/11/05).
- *Noble Ventures c. Roumanie,* CIRDI n°. ARB/01/11, sentence (17/10/2005).
- *Methanex Corporation c. États-Unis d'Amérique*, CNUDCI, sentence finale sur la compétence et sur le fond, (03/08/2005).
- *Aguas Argentinas, S.A., Suez, Sociedad General de Aguas de Barcelona, S.A. & Vivendi Universal, S.A c. Argentine*, CIRDI n°.ARB/03/19, Ordonnance en réponse de la pétition pour la transparence et pour la participation en tant qu'*amicus curiæ* (19/05/2005).
- *CMS Gas Transmission Company c. Argentine,* CIRDI n°. ARB/01/8, sentence (12/05/2005).
- *GAMI Investments Inc. c. Mexique,* CNUDCI, sentence

(15/11/2004).
- *AES Corporation c. Argentine,* CIRDI n°. ARB/02/17, Décision sur la compétence (26/04/2005).
- *Consortium Groupement L.E.S.I.- DIPENTA v. Algeria*, CIRDI no.ARB/03/08, Sentence (10/01/05).
- *Joy Mining Machinery Limited c. Égypte*, CIRDI no.ARB/03/11, Décision sur la compétence (06/08/04).
- *Occidental Exploration and Production Company (OEPC) c. Équateur*, CNUDCI, sentence (01/07/2004).
- *PSEG Global, Inc., The North American Coal Corporation, et Konya Ingin Electrik Uretim ve Ticaret Limited Sirketi c. Turquie*, CIRDI n°. ARB/02/5, Décision sur la compétence 04/06/2004.
- *MTD Equity Sdn. Bhd. & MTD Chile S.A. c. Chili,* CIRDI n°. ARB/01/7, sentence (25/05/04).
- *Methanex Corporation c. États-Unis*, CNUDCI, Mémoire d'*amici curiæ* par l'Institut international du développement durable (09/03/2004).
- *SGS Société Générale de Surveillance S.A. c. Philippines*, CIRDI no. ARB/02/6, Décision sur la compétence (29/01/04).
- *Generation Ukraine, Inc. c. Ukraine,* CIRDI n°. ARB/00/9, sentence (16/09/2003).
- *William Nagel c. République Tchèque*, Chambre de Commerce de Stockholm affaire n°. 049/2002, sentence (09/09/2003).
- *Loewen Group, Inc. et Raymond L. Loewen c. Etats-Unis,* CIRDI n° ARB(AF)/98/3 (ALENA), sentence, 26 juin 2003.
- *CME Czech Republic B.V. c. République Tchèque,* CNUDCI, sentence (14/05/2003).
- *Técnicas Medioambientales Tecmed, S.A. c. Mexique*, CIRDI n° ARB(AF)/00/2), sentence (29/05/2003).
- *Aguas del Tunari S.A. c. Bolivie*, CIRDI n°. ARB/02/3, Réponse à la requête de l'*amici curiæ* portant participation à l'arbitrage (29/01/2003) (Lettre du Professeur David Caron en sa qualité de Président du Tribunal).
- *ADF Group Inc. c. États-Unis d'Amérique,* CIRDI n°. ARB/(AF)/00/1, sentence (09/01/2003).
- *Marvin Roy Feldman Karpa c Mexique*, CIRDI n°ARB(AF)/99/1, sentence (16/12/2002).
- *Aguas del Tunari S.A. c. Bolivie*, CIRDI n°. ARB/02/3 Pétition

pour l'acceptation d'un *amici curiae* (29/08/2002).

- *Ronald S.Lauder, c. République Tchèque,* CNUDCI, sentence (03/09/2001).
- *Eudoro Armando Olguin c. Paraguay*, CIRDI n°.ARB/98/5, sentence (26/07/2001).
- *Salini Construtorri S.p.A. et Italstrade S.p.A. c. Maroc*, CIRDI no.ARB/00/4, Décision sur la compétence (23/07/01).
- *Consortium R.F.C.C. c. Maroc*, CIRDI no.ARB/00/6, Décision sur la compétence (17/07/01).
- *Alex Genin, Eastern Credit Limited, Inc. and A.S. Baltoil c. Estonie,* CIRDI n°. ARB/99/2, sentence (25/06/2001).
- *Methanex Corporation c. États-Unis*, CNUDCI, Décision du tribunal sur la recevabilité des tiers intervenant comme *amicus curiæ* (15/01/2001).
- *Wena Hotels Ltd. c. Égypte*, CIRDI n°. ARB/98/4, sentence (08/12/2000)
- *SD Myers c. Canada*, CNUDCI, sentence partielle (13/12/2000).
- *Emilio Agustín Maffezini c. Espagne*, CIRDI n°. ARB/97/7, sentence (13/11/2000).
- *Metalclad Corporation c. Mexique*, CIRDI n° ARB/AF/97/1, sentence, (30/08/2000).
- *Compañia del Desarrollo de Santa Elena, S.A., c. Costa Rica,* CIRDI n°.ARB/96/1, Sentence (17/02/2000).
- *S.D. Myers Inc. c. Canada*, CNUDCI, Contre-mémoire du Canada, (05/10/1999).
- *Robert Azinian, Kenneth Davitian, & Ellen Baca c. Mexique*, CIRDI n°. ARB (AF)/97/2, sentence (01/11/1999).
- *Ceskoslovenska Obchodni Banka, a.s. c. Slovaquie*, CIRDI no.ARB/97/4, Décision sur l'objection à la compétence (24/05/1999).
- *Sedelmayer c. Russie,* Cour d'arbitrage de la Chambre de Commerce de Stockholm, sentence (07/07/1998).
- *Fedax N.V. c. Vénézuéla*, CIRDI no.ARB/96/3, Décision sur la compétence (11/07/97).
- *American Manufacturing & Trading c. Zaire*, CIRDI n° ARB/93/1, sentence (21/02/1997).

- *Southern Pacific Properties (Middle East) Ltd c. Egypt*, CIRDI n°.ARB/84/3, Sentence (20/05/1992).
- *Asian Agricultural Products Ltd. c. Sri Lanka*, CIRDI n°. ARB/87/3, sentence (27/06/1990).
- *Asian Agricultural Products Ltd. c. Sri Lanka*, CIRDI n°. ARB/87/3, Opinion dissidente de l'arbitre Samuel K.B. Asante (15/06/1990).
- Affaire *Texaco Calasiatic c. Libye*, sentence (29/01/1977), reproduit *in Journal du droit international,* 1977, p.350 et s.

5. Tribunal des réclamations irano-américain.

- *Too c. États-Unis d'Amérique,* Tribunal des réclamations irano-américain, *sentence n°. 460-880-2 (29/12/1989).*
- *Amoco International Finance Corporation c. Iran*, Tribunal des réclamations irano-américain, sentence 310-56-3 (14/07/1987).
- *Sea-Land Services, Inc. c. Iran,* Tribunal des réclamations irano-américain, sentence (20/06/1984), *Iran-US Claims Tribunal Reports*, vol.6, 1984, p.149.
- Benjamin R. Isaiah c. Bank Mellat (ayant succédé à la Banque internationale de l'Iran), Tribunal irano-américain des réclamations, affaire n°.219, sentence n°35-219-2 (30/03/1983), *Iran-US Claims Tribunal Reports*, vol.2, p.232.
- *Affaire relative à compétence du tribunal concernant les requêtes iraniennes contre les citoyens américains*, sentence du 21 décembre 1982 (signée le 13 janvier 1982), Tribunal des réclamations irano-américain, *International Legal Materials*, vol.21, 1982, pp.78-91.

6. Commission générale des réclamations américano-mexicaines.

- *L. F. H. Neer and Pauline Neer (États-Unis) c. Mexique*, Commission générale des réclamations américano-mexicaine, sentence (15/10/1926), Recueil des sentences arbitrales, vol.IV, pp.60-66.
- *Laura M. B. Janes et al. (États-Unis) c. Mexique*, Commission générale des réclamations américano-mexicaine, sentence (16/11/1925), Recueil des sentences arbitrales, vol.IV, p.82.

7. Commission franco-mexicaine des réclamations.

- *George Pinson (France) c. Mexique*, Commission franco-mexicaine des réclamations, Décision n°1 (19/10/1928), Recueil des sentences arbitrales, vol.V, pp.327-446.

8. Commission des réclamations (Italie-Vénézuéla).

- *Affaire Sambiaggio*, Commission des réclamations (Italie-Vénézuéla), sentence (1903), Recueil des sentences arbitrales, vol.X, p.499.

9. Rapports de l'Organe de Règlement des différends de l'OMC.

Organe d'appel

- *États-Unis – Imposition de droits compensateurs sur certains produits en acier au carbone, plomb et bismuth laminés à chaud originaires du Royaume-Uni*, WT/DS138/AB/R, Rapport de l'Organe d'appel (10/05/2000).
- *Etats-Unis, Restrictions à l'importation de thon*, Rapport, (DS29/R), 16 juin 1994.
- *États-Unis - Normes concernant l'essence nouvelle et ancienne formules*, Rapport de l'Organe d'appel, WT/DS2/AB/R, 29 avril 1996
- *Etats-Unis, Restrictions à l'importation de crevettes et de produits à base de crevettes*, Rapport de l'Organe d'appel, WT/DS58/AB/R, 12 octobre 1998.
- *Communautés européennes- conditions d'octroi de préférences tarifaires aux pays en développement*, Rapport de l'Organe d'appel, WT/DS246/AB/R, 7 avril 2004.
- *États-Unis – prohibition à l'importation de certaines crevettes et de certains produits à base de crevette*, Recours de la Malaisie à l'article 21 :5 du Mémorandum d'accord sur le

règlement des différends, Rapport de l'Organe d'Appel, WT/DS58/AB/RW, 22 octobre 2001.

- *Brésil - Mesures visant de pneumatiques réchapés*, Rapport du Groupe spécial, WT/DS332/R, 12 juin 2007.
- *Brésil - Mesures visant de pneumatiques réchapés*, Rapport de l'Organe d'appel, WT/DS332/AB/R, 03/12/2007.
- *Chine – Mesures liées à l'exportation de matières premières diverses*, Rapports de l'Organe d'appel, WT/DS394/AB/R, WT/DS395/AB/R, WT/DS398/AB/R, 30 January 2012.

Groupes spéciaux

- *Communautés européennes – subventions à l'exportation de sucre*, Rapport du Groupe spécial, WT/DS266/R, 15 octobre 2004.

Arbitrage (OMC)

- *Etats-Unis – Subvention concernant le coton Upland*, Recours des États-Unis à l'arbitrage au titre de l'article 22 :6 du Mémorandum d'accord sur le règlement des différends et de l'article 4.11 de l'*Accord SMC,* Décision de l'arbitre, WT/DS267/ARB/1, 31 août 2009.

10. Cour de Justice de l'Union européenne.

- Cour de Justice de l'Union européenne, *Commission c. Finlande*, C-118/07 (19/11/2009).

11. Cour européenne des droits de l'Homme.

- *Affaire Tătar c. Roumanie*, CEDH, Requête no.67021/01, arrêt, 06 juillet 2009.
- *Affaire E. Et autres c. Royaume-Uni*, Cour européenne des droits de l'Homme, n°.33218/96, arrêt (26/11/2002).
- *Affaire Al-Adsani c. Royaume-Uni,* Cour européenne des droits de l'Homme, n°35763/97, arrêt (21/11/2001)
- *Affaire Osman c. Royaume Uni,* Cour européenne des droits de l'Homme, n°.87/1997/871/1083, arrêt (28/10/1998).
- *Lobo Machado c. Portugal*, Cour européenne des droits de l'Homme, n° 21/1994/468/549, arrêt (20/02/1996).
- Affaire Tyrer c. Royaume-Uni, Cour européenne des droits de l'Homme, Requête n° 5856/72, arrêt (25/04/1978).

12. Système Interaméricain des droits de l'Homme.

Commission interaméricaine des droits de l'Homme

- *Yanomami c. Brésil*, Commission interaméricaine des droits de l'Homme, Résolution n°12/85, Affaire n°7615 (Brésil), 5 mars 1985.

Cour interaméricaine des droits de l'Homme

- *Affaire Velásquez-Rodríguez c. Honduras*, Cour interaméricaine des droits de l'Homme, arrêt (29/07/1988).

13. Tribunal international du droit de la mer.

- *Responsabilité et obligations des États qui patronnent des personnes et entités dans le cadre d'activités menées dans la zone*, Chambre pour le règlement des différends relatifs aux fonds marins du Tribunal international du droit de la mer, affaire n°.17, Avis consultatif (01/02/2011).

14. Tribunal pénal international pour l'ex-Yougoslavie.

- *Procureur c. Dusko Tadic*, TPIY, affaire n°.IT-94-1-A, arrêt (15/07/1999), Opinion individuelle du Juge Shahabuddeen.

15. Autres arbitrages.

- *Affaire concernant les problèmes nés entre la Nouvelle-Zélande et la France relatifs à l'interprétation ou à l'application de deux accords conclus le 9 juillet 1986, lesquels concernaient les problèmes découlant de l'affaire du Rainbow Warrior*, sentence du 30 avril 1990, *Recueil des sentences arbitrales des Nations unies*, vol.XX, pp.215-284.
- *Affaire des biens britanniques au Maroc espagnol (Espagne c. Royaume-Uni)*, sentence (01/05/1925), *Recueil des sentences arbitrales*, vol.11, pp.617-742.
- *Affaire Ambatielos* (Grèce, Royaume-Uni et Irlande du Nord), sentence, Opinion dissidente du Professeur Spiropoulos (06/03/1956), *Recueil des sentences arbitrales des Nations unies*, vol.XII, pp.83-153.
- *Réclamations britanniques dans le Maroc espagnol* (01/05/1925), *Recueil des sentences arbitrales*, Vol.II, pp.615-742.
- *Affaire concernant un litige entre la République argentine et la République du Chili relatif au canal de Beagle*, Recueil des sentences arbitrales, vol.XXI, 18 février 1977, pp.53-264.

III. DÉCISIONS DES JURIDICTIONS NATIONALES.

- Cour *Suprême des Etats-Unis,The Paquete Habana,* 175 U.S., 677, 1900 , *disponible sur* : http ://supreme.justia.com/us/175/677/case.html.
- *Juan Antonio Oposa et al., v. The Honorable Fulgencio S. Factoran, Jr., in his capacity as the Secretary of the*

Department of Environment and Natural Resources, and the Honorable Eriberto U. Rosario, Presiding Judge of the RTC, Makati, Branch 66. [G.R. No. 101083, 30 juillet1993]

- *NARMADA BACHAO ANDOLAN c. UNION OF INDIA*, Cour suprême de l'Inde, Writ petition (civil) No.319 of 1994, arrêt du 18 October 2000, AIR 2000 SC 3751
- *Fuel Retailers Association of Southern Africa c. Director-General : Environmental Management, Department of Agriculture, Conservation and Environment, Mpumalanga Province et autres*, Case CCT 67/06 , ZACC 13, 7 juin 2007.

IV. DOCTRINE

1. Ouvrages Généraux : traités, cours, manuels.

- ADELMAN (I.), *Teorias de desenvolvimento econômico*, Rio de Janeiro, Forense, 1972, 152p.
- ALECHINA (I.), « The Contribution of the United Nations System to Formulating Development Concepts », *in*, *Different Theories and Practices of Development*, Paris, UNESCO, 1982, pp.9-68.
- ALLAIN (S.), « Investissements privés et développement », in, *Pays en voie de développement et transformation du droit international*, Société Française de droit international, Colloque d'Aix-en-Provence, Paris, Pédone, 1974, p.251-271.
- ALLAND (D.), RIALS (S.), *Dictionnaire de la culture juridique*, Paris, PUF-LAMY, 2003, 1649p.
- ASSIDON (E.), *Les théories économiques du développement*, Paris, La Découverte, 3e, 2002, 123p.
- AMADIO (M.), *Le contentieux international de l'investissement privé et la convention de la Banque mondiale du 18 mars 1965*, Paris, L.G.D.J., 1967, 276p.
- AMERASINGHE (C.F.), *State Responsibility for Injuries to Aliens*, U.K., Clarendon P., 1967, 324p.
- ANZILOTTI (D.), *Cours de droit international,* Paris, LGDJ, 534p.
- ARISTOTE, *Éthique de Nicomaque*, Paris, GF Flammarion, 1992, 346p. (trad. Jean Voilquin).
- ARMINJON (P.), NOLDE (B.), WOLFF (M.), *Traité de droit* comparé, Paris, LGDJ, Tome 1, 1950, 540p.
- ASSOGBA (Y.), *Sortir l'Afrique du gouffre de l'histoire. Le défi éthique du développement et de la renaissance de l'Afrique noire*, Saint-Nicolas, Les Presses de l'Université Laval, 2004, 200p.
- AUSTIN (J.), *The Province of Jurisprudence Determined*, Londres, 2e édition, John Edward Taylor, 1861, 338p.
- AUSTRY (J.), *Le scandale du développement*, Genève, Slatkine, 1987, 559p.
- AZOULAY (G.), *Les théories du développement. Du rattrapage des retards à l'exception des inégalités*, Rennes, Presses Universitaires de Rennes, 2002, 332p.

- BAETENS (F.), « The Kyoto Protocol in Investor-State Arbitration : Reconciling Climate Change and Investment Protection Objectives », *in*, CORDONIER SEGGER (M-C.), GEHRING (M.W.), NEWCOMBE (A.) [eds.], *Sustainable Development in World Investment Law*, Alphen aan den Rijn, Kluwer Law International, 2011, pp.683-715.
- BARKER (K.), « Understanding the Unjust Enrichment Principle in Private Law : A Study of the Concept and its Reasons », *in*, NEYERS (J.W.), McINNES (M.), PITEL (S.G.A.) [eds.], *Understanding Unjust Enrichment*, Portland, Hart Publishing, 2004, pp.79-106.
- BARRAL (V.), « Le rayonnement intrasystémique du concept de développement durable », *in*, RUIZ FABRI (H.), GRADONI (L.), *La circulation des concepts juridiques : le droit international de l'environnement entre mondialisation et fragmentation*, Paris, Société de législation comparée, 2009, pp.371-396.
- BARRIERE (A.), *Le développement divergent. Essai sur la richesse et la pauvreté des nations*, Paris, Economica, 1978, 213p.
- BARTOLI (H.), *Repenser le développement. En finir avec la pauvreté.* Paris, Editions UNESCO, Economica, 1999, 205p.
- BEDJAOUI (M.), *Pour un nouvel ordre économique international*, Paris, Unesco, 1979, 295p.
- BENCHENEB (A.), « Sur l'évolution de la notion d'investissement », *in*, *Souveraineté étatique et marchés internationaux à la fin du 20e siècle*, Mélanges Kahn, Dijon, Litec, 2000, pp.177-196.
- BENCHIKH (M.), *Droit international du sous-développement*, Paris, Berger Levrault, 1983, 331p.
- BENCHIKH (M.), CHARVIN (R.), DEMICHEL (F.), *Introduction critique au droit international*, Lyon, Collection « Critique du droit », PUL, 1986, 134p.
- BEN HAMIDA (W.), « Le système actuel est-il déséquilibré en faveur de l'investisseur privé étranger et au détriment de l'Etat d'accueil ? » (Table Ronde), *in*, LEBEN (C.) [dir.], *Le contentieux arbitral transnational relatif à l'investissement. Nouveaux Développements*, Paris, L.G.D.J., 2006, pp.200-202.
- BENNOUNA (M.), *Droit international du développement. Tiers monde et interpellation du droit international*, Paris,

Berger Levrault, 1983, 335p.

- BERNASCONI-OSTERWALDER (N.), JOHNSON (L.) [eds.], *International Investment Law and Sustainable Development. Key Cases From 2000-2010*, International Institute for Sustainable Development, 2011, pp.12-178.
- BETHLEHEM (D.) [ed.], *The Oxford handbook of international trade law*, Oxford, Oxford University press, 2009, 801p.
- BETTATI (M.), *Le nouvel ordre économique international*, Paris, PUF, Que sais-je ?, 1985, 127p.
- BEURIER (J.-P.), *Droit international de l'environnement*, Paris, Pédone, 4e édition, 2010, 588p.
- BISHOP (R.D.), CRAWFORD (J.), REISMAN (W.M.), *Foreign Investment Disputes – cases, materials and commentary*, The Hague, Kluwer Law International, 2005, 1653p.
- BJORKLUND (A.K.), « Investment Treaty Decisions as Jurisprudence Constante », *in*, PICKER (C.B.), BUNN (I.D.), ARNER (D.W.), *International Economic Law : The State and Future of the Discipline*, Oxford, Hart Publishing, 2008, pp.265-280.
- BOISSON DE CHAZOURNES (L.), « The World Bank Inspection Panel : About Public Participation and Dispute Settlement », *in*, TREVES (T.) et al., *Civil society, international Courts and Compliance Body.*, La Haye, T.M.C. Asser Press, 2005, pp.187-203.
- BOISSON DE CHAZOURNES (L.), « Public Participation in Decision-Making : The World Bank Inspection Pane », *in*, BROWN WEISS (E.), RIGO SUREDA (A.), BOISSON DE CHAZOURNES (L.), *The World Bank, International Financial Institutions, and The Development of International Law*, A symposium held in honor of Ibrahim F.I. Shihata, Washington, *American Society of International Law*, 22 mars 1999, pp.84-94.
- BOUHACENE (M.), *Droit International de la coopération industrielle*, Paris, Publisud-Paris, 1982, 488p.
- BOURDON (W.), *Face aux crimes du marché. Quelles armes juridiques pour les citoyens?*, Paris, La Découverte, 2010, 333p.
- BRADLOW (D.D.), ESCHER (A.) (eds.), *Legal Aspects of*

Foreign Investment, Netherlands, Kluwer Law International 1999, 616p.

- BRAND (W.), *Desenvolvimento e padrão de vida. O problema nas regiões subdesenvolvidas*, São Paulo, Editora Fundo de Cultura, 1964, 426p.
- BROCHES (A.), *Selected Essays. World Bank, ICSID, and Other Subjects of Public and Private International Law*, Dordrecht, Martinus Nijhoff, 1995, 545p.
- BROWNLIE (I.), *Principles of Public International Law*, Oxford University Press, 5th ed., 2003, 742p.
- BURDEAU (G.), « Le système actuel est-il déséquilibré en faveur de l'investisseur privé étranger et au détriment de l'Etat d'accueil ? » (Table Ronde), *in*, LEBEN (C.) [dir.], *Le contentieux arbitral transnational relatif à l'investissement. Nouveaux Développements*, Paris, L.G.D.J., 2006, pp.187-190.
- CAMUS (A.), *Le mythe de Sisyphe*, Paris, Gallimard, 1942, 187p.
- CARDOSO (F.H.), *Les idées à leur place. Le concept de développement en Amérique Latine*, Paris, A.M. Métaillé, 201p.
- CARDOZO (B.N.), *The Nature of the Judicial Process*, New haven, Yale University Press, 1921, 180 p.
- CARREAU (D.), JUILLIARD (P.), *Droit International Economique*, Dalloz, Paris, 2e éd., 2005, 718p.
- CARREAU (D.), JUILLIARD (P.), *Droit International Economique*, Dalloz, Paris, 3e éd., 2007, 744p.
- CASSAN (H.), *Contrats internationaux et pays en développement*, France, Economica, 1989, 284p.
- CASSESE (A.), *International Law*, Oxford, Oxford University Press, 2e, 2005, 558p.
- CASSESE [A.], *Le droit international dans un monde divisé*, Paris, Berger-Levrault [Monde en devenir XIX], 1986, 375p.
- CATTAN (H.), *The Law of Oil Concessions in the Middle East and North Africa*, 1967, New York, Oceana Publications, 200p.
- CAZALA (J.), « Le rôle de l'interprétation des traités à la lumière de toute autre « règle pertinente de droit international applicable entre les parties » en tant que « passerelle » jetée entre systèmes juridiques différents », *in*, RUIZ FABRI (H.), GRADONI (L.), *La circulation des concepts juridiques : le*

droit international de l'environnement entre mondialisation et fragmentation, Paris, Société de législation comparée, 2009, pp.95-136.

- CHAISSE (J.), *Essays on the future of the World Trade Organization*, Lugano, Edis, 2008, 424p.
- CHANG (H-.J.), *Chutando a escada. A estratégia do desenvolvimento em perspectiva histórica*, São Paulo, Fundação editora da UNESP, 2002, 266 p.
- CHARTIER (E.) [Alain], *Propos de littérature*, Paris, Paul Hartmann, 1934, 324p.
- CHARTIER (E.) [Alain], *Propos sur l'éducation*, Paris, PUF, 13ème éd., 1967, 202p.
- CHARTIER (A.M.), *Essai critique sur le concept de développement*, Grenoble, PUG, 1996, 141p.
- CHAYES (A.), CHAYES (A.T.), *The New Sovereignty : Compliance with International Regulatory Agreements*, Harvard University Press, 1995, 417p.
- CHEMILLIER-GENDREAU (M.), « Droit du développement et effectivité de la norme », *in*, FLORY (M.) *et al.*, *La formation des normes en droit international du développement*, Paris, Éditions du CNRS, 1984, pp.272-281.
- CHEMILLIER-GENDREAU (M.), *Humanités et souverainetés : essai sur la fonction de droit*, Paris, La Découverte, 1995, 382p.
- CHAUMONT (A.C.), *L'objectif de développement durable de l'Organisation mondiale du commerce*, Paris, L'Harmattan, 2008, 278p.
- CHENG (B.), « Justice and Equity in International Law », *in*, KEETON (G.), SCHWARZENBERGER (G.) [eds.], *Current Legal Problems*, London, Stevens & Sons ltd., 1955, vol.8, pp.185-211.
- COE (J.Jr), RUBINS (N.), « Regulatory Expropriation and the TECMED Case : Context and Contributions », *in*, WEILER (T.), *International Law and Arbitration : Leading Cases from the ICSID, NAFTA, Bilateral Treaties and Customary International Law*, Londres, Cameron May, 2005, pp.597-668.
- COHEN (J.), « O interêsse público na opinião de um advogado », *in*, FRIEDRICH (C.J.), *O interêsse público,* Rio de Janeiro, Cruzeiro, 1966, pp.159-164.

- COLM (G.), « O interêsse público : chave essencial da política pública », *in,* FRIEDRICH (C.J.), *O interêsse público,* Rio de Janeiro, Cruzeiro, 1966, pp.122-134.
- COMBACAU (J.), SUR (S.), *Droit International Public,* Paris, Montchrestien, 8e ed., 2008, 818p.
- CORDERO MOSS (G.), « Full Protection and Security », *in,* REINISCH (A.), *Standards of Investment Protection*, Oxford, Oxford University Press, 2008, 264p.
- CORNU (G.), *Vocabulaire juridique*, Paris, PUF, 7e éd., 2006, 970p.
- COSTA de OLIVEIRA (C.), DA ROCHA SAMPAIO (R.S.) [orgs.], *Instrumentos Jurídicos para a implementação do desenvolvimento sustentável / Legal Instruments for the Implementation of Sustainable Development*, Rio de Janeiro, FGV-Publication, June 2012, 406p
- COUPLET (X.), HEUCHENNE (D.), *Religions et développement*, Paris, Economica, 1998, 352p.
- CORDONIER SEGGER (M-C.), GEHRING (M.W.), NEWCOMBE (A.) [eds.], *Sustainable Development in World Investment Law*, Alphen aan den Rijn, Kluwer Law International, 2011, pp.265-294.
- CORDONIER SEGGER (M.C.), KHALFAN (A.), *Sustainable Development Law : Principles, Practices, and Prospects*, Oxford, Oxford University Press, 2004, 464p.
- CORDONIER SEGGER (M-C.), NEWCOMBE (A.), « An Integrated Agenda for Sustainable Development in International Investment Law », *in,* CORDONIER SEGGER (M-C.), GEHRING (M.W.), NEWCOMBE (A.) [eds.], *Sustainable Development in World Investment Law*, Alphen aan den Rijn, Kluwer Law International, 2011, pp.101-142.
- CORDONIER SEGGER (M.-C.), « Effective Implementation of Intersecting Public International Regimes : Environment, Development and Trade Law », *in,* KOMORI (T.), WELLENS (K.), *Public Interest Rules in International Law : Towards Effective Implementation*, Surrey, Ashgate, 2009, pp.213-257.
- CORTEN (O.), « Les techniques reproduites aux articles 31 à 33 des Conventions de Vienne : approche objectiviste ou approche volontariste de l'interprétation?, *Revue générale de droit international public*, vol.2, 2011, pp.351-366.
- COWEN (M.), SHENTON (R.), « The Invention of

Development », *in*, CRUSH (J.), *Power of Development*, New York, Routeledge, 1995, pp.27-43.

- CRAVERO (J.L.), *Développement et prospérité des nations. Pour un nouveau paradigme en économie.* Paris, L'harmattan, 2008, 183p.
- DABIN (J.), *La philosophie de l'ordre juridique positif spécialement dans les rapports de droit privé*, Paris, Sirey, 1929, 790p.
- DAILLIER (P.) & PELLET (A.), *Droit International Public*, Paris, L.G.D.J., 7e, 2002, 1510p.
- DAILLIER (P.), FORTEAU (M.) & PELLET (A.), *Droit International Public*, Paris, L.G.D.J., 8e, 2009, 1709p.
- DAVID (R.), *Les grands systèmes de droit contemporains (Droit comparé)*, Paris, Dalloz, 3e édition, 1969, 646p.
- DE BRADANDERE (E.), « Human Rights Considerations in International Investment Arbitration » *in*, FITZMAURICE (M.), MERKOURIS (P.) (dir.), *The Interpretation and Application of the European Convention of Human Rights: Legal and Practical Implications*, Leiden / Boston, Martinus Nijhoff Publishers, 2012, pp.183-215.
- DE LACHARRIÈRE (G.), «Identification et statut des pays « moins développés » », *Annuaire français de droit international*, vol.17, 1971, pp.461-482
- DE LACHARRIÈRE (G.), « La catégorie juridique des pays en développement », in, *Pays en voie de développement et transformation du droit international*, Société Française de droit international, Colloque d'Aix-en-Provence, Paris, Pédone, 1974, pp.41-46.
- DE LUPIS (I.D.), *Finance and Protection of Foreign Investment in Developing Countries*, U.K., Gower, 2nd Ed.1987, 183p.
- DELMAS-MARTY (M.), *Les forces imaginantes du droit (II). Le pluralisme ordonné*, Paris, Seuil, 2006, 303p.
- DEL VECCHIO (G.), *Justice – Droit – État. Études de philosophie juridique*, Paris, Sirey, 1938, 385p.
- DEMOGUE (R.), *Les notions fondamentales du droit privé. Essai critique*, Paris, Éditeur Arthur Rousseau, 1911, 681p.
- DESCARTE (R.), *Discours de la méthode*, Paris, Éditions classiques (dir. E. Lefranc), 1866, 56p.

- DESCARTES (R.), *Règles pour la direction de l'esprit*, Paris, Classiques Garnier, 1997, 256p.
- DE THEUX (A.), KOVALOVSKY (I.), BERNARD (N.), *Précis de méthodologie juridique. Les sources documentaires du droit*, Bruxelles, Publications des Facultés universitaires Saint-Louis, 2e édition, 2000, 750p.
- DE VATTEL (E.), *Du droit des gens, ou principes de la loi naturelle appliquée, à la conduite et aux affaires des nations souveraines*, Paris, Tome II, Guillaumin & cie Libraires, 1863, 501p.
- DE VISSCHER (C.), *Théories et réalités du droit international public,* Paris, Pédone, 4e éd., 1970, 450p.
- D'HERBES (J.), TOUSCOZ (J.), *Les contrats internationaux de coopération industrielle et le nouvel ordre économique international*, Paris, PUF, 1980, 350p.
- DIAS VARELLA (M.), *Direito Internacional Econômico Ambiental*, Belo Horizonte, Del Rey, 2003, 425p.
- DICKE (D.C.), "Unjust enrichment and compensation", *in*, DICKE (D.C.) [eds.], *Foreign Investment in the Present and A New International Economic Order*, Fribourg, University Press Fribourg Switzerland, 1987, pp.269-280.
- DIEHL (A.), *The Core Standard of International Investment Protection : The Fair and Equitable Treatment*, Kluwer Law International, 2012, 622p.
- DINSTEIN (Y.), TABORY (M.) [eds], *International Law at a Time of Perplexity : Essays in Honour of Shabtai Rosenne,* Dordretcht, Nijoff, 1990, 1056p.
- DOLZER (R.), SCHREUER (C.), *Principles of International Investment Law,* New York, Oxford University Press, 2009, 433p.
- DOMENACH (J.M.), *L'aide au développement, obligation morale?*, New York, Etude rédigée pour le Centre de l'Information économique et sociale des Nations Unies, 1971, 31p.
- DUGAN (C.), WALLACE (D.), RUBINS (N.), SABAHI (B.), *Investor-State Arbitration*, New York, Oxford University Press, 2008, 791p.
- DUPREY (P.), « Do Arbitral Awards Constitute Precedents? Should Commercial Arbitration be distinguished in this Regard

from Arbitration Based on Investment Treaties?", *in*, Anne Véronique Schlaepfer, Philippe Pinsolle, Louis Degos (eds.), *Towards a uniform International Arbitration law?*, New York, General Editor : Emmanuel Gaillard, IAI Series on International Arbitration, n°3, 2005, p.262.

- DUPUY (P.M.), « Due Diligence in the International Law of Liability », *in*, *Legal Aspects of Transfrontier Pollution*, Paris, O.C.D.E., 1977, pp.369-379.
- DUPUY (P.-M), « Sur la spécificité de la norme en droit international du développement », *in,* FLORY (M.) *et al.*, *in*, *La formation des normes en droit international du développement*, Paris, Éditions du CNRS, 1984, pp.131-143.
- DUPUY (P.M), «Unification rather than Fragmentation of International Law? The Case of International Investment Law and Human Rights », *in*, DUPUY (P.M.), FRANCIONI (F.), [eds.], *Human Rights in International Investment Law and Arbitration,* Oxford, Oxford University Press, 2009, pp.45-62.
- DWORKIN (R.), *Taking Rights Seriously*, Massachussets, Harvard University Press, 1978, 371p.
- DWORKIN (R.), *Law's Empire*, Portland, Hart Publishing, 1998, 470p.
- ENDICOTT (M.), « The Definition of Investment in ICSID Arbitration : Development Lessons for The WTO ?, *in*, GEHRING (M.W.), SEGGER CORDONIER (M.-C.), *Sustainable Development in World Trade Law*, The Hague, Kluwer Law International, 2005, p.379-410.
- FLORY (M.), *Droit International du Développement*, Paris, P.U.F, *Collection Thémis*, 1977, 336p.
- EBERHARDT (P.), OLIVET (C.), *Profiting From Injustice. How Law Firms, Arbitrators and Financiers Are Fuelling An Investment Arbitration Boom*, Bruxelles/Amsterdam, Corporate Europe Observatory and the Transnational Institute, novembre 2012, 73p.
- EISENMANN (C.), « Quelques problèmes de méthodologie des définitions et des classifications en science juridique », *Ecrits de théorie du droit, de droit constitutionnel et d'idées politiques*, (Textes réunis par Charles Leben), Paris, Ed. Panthéon-Assas, 2002, 668p.
- EMANUEL (L.), *Latin for* Lawyers, New York, Emanuel Publishing Corp., 1re éd., 1999, 450p.

- ESTEVA (G.), « Development », *in*, SACHS (W.) [ed.], *The Development Dictionary. A Guide to Knowledge as Power*, Londres, Zed Books, 1992, pp.6-25.
- FASTENRATH (U.), « A Political Theory of Law : Escaping the Aporia of the Debate on the Validity of Legal Argument in Public International Law », *in*, FASTENRATH (U.), GEIGER (R.), KHAN (D.E.), PAULUS (A.), SCHORLEMER (S.V.), VEDDER (C.), *From Bilateralism to Community Interest. Essays in Honour of Judge Bruno Simma*, Oxford, Oxford University Press, 2011, pp.58-78.
- FLORY (M.), « Introduction Générale », *in, La formation des normes en droit international du développement*, Centre de recherches et d'études sur les sociétés méditerranéennes, Table Ronde franco-maghrébine, Aix-en-Provence, Editions du CNRS, 7 et 8 octobre 1982, pp.9-13.
- FORD (A.W.), *The Anglo-Iranian oil dispute of 1951-1952 : a study of the role of law in the relations of states*, Berkeley, University of California Press, 1954, 348p.
- FREYSSINET (J.), *Le concept de sous-développement*, Paris, Mouton & Cie, 1966, 368p.
- FRIEDMANN (W.), *The Changing Structure of International Law*, New York, Columbia University Press, 1964, 410p.
- FEUER (G.), « Les principes fondamentaux dans le droit international du développement », *in*, *Pays en développement et transformation du droit international*, Colloque de la Société française pour le droit international- d'Aix-en-Provence, Paris, Pédone, 1973, pp.191-234.
- FOURASTIÉ (J.), *Les conditions de l'esprit scientifique*, Paris, Gallimard, 1966, 254p.
- FURTADO (C.), *Développement et sous-développement*, Paris, PUF, 1966, 226p.
- FURTADO (C.), *Teoria e política do desenvolvimento econômico*, São Paulo, Editora Nacional, 1967, 262p.
- GAILLARD (E.), « Reconnaître ou définir ? Réflexions sur l'évolution de la notion d'investissement dans la jurisprudence du CIRDI », *in*, *Le droit international économique à l'aube du XXIe siècle. En Hommage aux professeurs Dominique Carreau et Patrick Juillard,* Textes réunis par Jean-Marc Sorel, Paris, Pédone 2009, pp.17-32.
- GAILLARD (E.), « Identify or define? Reflections on the

evolution of the concept of investment in ICSID practice », *in*, BINDER (C.) *et al.*[eds.], *International Investment Law for the 21st Century. Essays in Honour of Christoph Schreuer*, Oxford, Oxford University Press, 2009, pp.403-416.

- GAILLARD (E.), « International Arbitration as a Transnational System of Justice », *in*, VAN DEN BERG (A.), *Arbitration – The Next Fifty Years*, Aalphen Aan Den Rijn, Kluwer Law International, 2012, pp.66-73.
- GAILLARD (E.), *La jurisprudence du CIRDI*, Pedone, Paris, 2004, 1105p.
- GALLAGHER (N.), WENHUA (S.), *Chinese investment treaties : policy and practice*, Oxford, Oxford University press, 2009, 592p.
- GAO (Z.), *Environmental Regulation of Oil and Gas*, London, Kluwer Law International, 1998, 615p.
- GARDINER (R.K.), *Treaty Interpretation*, Oxford, Oxford University Press, 2008,407p.
- GEHRING (M.W.), « The Impact Assessments of Investment Treaties », *in*, CORDONIER SEGGER (M-C.), GEHRING (M.W.), NEWCOMBE (A.) [eds.], *Sustainable Development in World Investment Law*, Alphen aan den Rijn, Kluwer Law International, 2011, pp.149-170.
- GEHRING (M.W.), NEWCOMBE (A.), « An Introduction to Sustainable Development in World Investment Law », *in*, CORDONIER SEGGER (M-C.), GEHRING (M.W.), NEWCOMBE (A.) [eds.], *Sustainable Development in World Investment Law*, Alphen aan den Rijn, Kluwer Law International, 2011, pp.3-11.
- GRADONI (L.), « Systèmes juridiques internationaux : une esquisse », in, RUIZ FABRI (H.), GRADONI (L.), *La circulation des concepts juridiques : le droit international de l'environnement entre mondialisation et fragmentation*, Paris, Société de législation comparée, 2009, pp.27-51.
- Gray (J.) [ed.], *John Stuart Mill. On Liberty and Other Essays*, Oxford, Oxford University Press, 1998, 592p.
- GROTIUS (H.), *Le droit de la guerre et de la paix*, Tome I, Amsterdam, Pierre de Coup, Livre II, chapitre XV (Traités Publics), 587p. [Trad. Jean Barbeyrac].
- GUILLAUME (G.), *Les grandes crises internationales et le droit*, Paris, Seuil, 1994, 318p.

- HARRISON (J.), « Human Rights Arguments in *Amicus Curiæ Submissions : Promoting Social Justice?*, *in,* DUPUY (P.M.), FRANCIONI (F.), [eds.], *Human Rights in International Investment Law and Arbitration,* Oxford, Oxford University Press, 2009, pp.396-421.
- HART (H.L.A.), *The Concept of Law,* Oxford, Oxford University Press, 1961, 263p.
- HART (H.L.A.), *The Concept of Law,* Oxford, Oxford University Press, 2nd, 1994, 315p.
- HART (H.L.A.), *Essays in Jurisprudence and Philosophy*, New York, Oxford University Press, 1983, 396p.
- HEIDEGGER (M.), *Le principe de la raison*, Gallimard, 1962, 270p.
- HILDERING (A.), *International Law, Sustainable Development and Water Management*, Deldt, Eburon Publishers, 2004, 226p.
- HIRSCH (W.Z.), *Law and Economics. An Introductory Analysis*, San Diego, Academic Press, Inc., 2nd ed., 1988, 409p.
- HIRSCH (M.), « Interactions Between Investment and Non-Investment Obligations », *in*, MUCHLINSKI (P.), ORTINO (F.), SCHREUER (C.) [eds.], *The Oxford Handbook of International Investment Law*, Oxford, Oxford University Press, 2008, pp.154-181.
- HOEKMAN (B.), KOSTECKI (M.), *The Political Economy of the World Trading System : the WTO and beyond*, Oxford, Oxford University Press, 2nd Ed., 2001, 547p.
- HORCHANI (F.) [dir.], *Où va le droit de l'investissement ? Désordre normatif et recherche d'équilibre*, Acte de colloque, Tunis, 3 et 4 mars 2006, Pédone, 338p.
- HOSSAIN (K.), *Law and Policy in Petroleum Development : Changing relations between transnationals*, New York, Nichols, 1979, 284p.
- HUNTINGTON (S.P.), *Le choc des civilisations*, Paris, Odile Jacob, 1997, 402p.
- JAMES (W.), *Le Pragmatisme*, Paris, Le Monde-Flammarion, 2010, 295p.
- JENNINGS (R.Y.), « Treaties », *in*, BEDJAOUI (M.) [eds.], *International Law : Achievements and prospects,* Paris, UNESCO, Vol. I,1991, pp.135-177.

- JEZEWSKI (M.), « Development Considerations in Defining Investment », *in*, CORDONIER SEGGER (M-C.), GEHRING (M.W.), NEWCOMBE (A.) [eds.], *Sustainable Development in World Investment Law*, Alphen aan den Rijn, Kluwer Law International, 2011, pp.215-235.
- JESSUP (P.C.), WOLFGANG (G.F.), HENKIN (L.), LISSITZYN (O.J.), *Transnational Law in a changing society : essays in honour of Philip C. Jessup*, New York, Columbia University Press, 1972, 324p.
- JESSUP (P.C.), *The Use of International Law*, University of Michigan, The Thomas M. Cooley Lectures, 8th series, 1958, 164p.
- JOUBIN-BRET(A.), REY (M.E.),WEBER (J.), «International Investment Law and Development », *in*, CORDONIER SEGGER (M-C.), GEHRING (M.W.), NEWCOMBE (A.) [eds.], *Sustainable Development in World Investment Law*, Alphen aan den Rijn, Kluwer Law International, 2011, pp.15-31.
- JUILLARD (P.), « Le système actuel est-il déséquilibré en faveur de l'investisseur privé étranger et au détriment de l'Etat d'accueil ? » (Table Ronde), *in*, LEBEN (C.) [dir.], *Le contentieux arbitral transnational relatif à l'investissement. Nouveaux Développements*, Paris, L.G.D.J., 2006, pp.190-193.
- KAO (C.K.), *International petroleum contracts : current trends and new directions,* Boston, Graham & Trotman, M. Nijhoff, 1994, 257p.
- KAHN (P.), «L'extension de la notion d'investissement », *in*, BOURRINET (J.) [dir.], *Les investissements français dans le tiers-monde,* Centre d'études et de recherches internationales et communautaires, Université Aix-Marseille III, Paris, Economica, 1984, pp.111-117.
- KANT (E.), *Éléments métaphysiques de la doctrine du droit (Première Partie de la métaphysique des mœurs)*, Paris, Aguste Durand, 1853, 392p. (trad. de l'allemand de Jules Barni).
- KANT (E.), *Fondements de la métaphysique des mœurs*, Paris, Librairie générale française (Les Classiques de la philosophie), éd. 1993, 252p.
- KELSEN (H.), *Théorie pure du droit,* Neuchâtel, Editions de la Baconnière, 1953, 205p.
- KOLB (R.), *La bonne foi en droit international public :*

contribution à l'étude des principes généraux du droit, PUF, Paris, 2000, 756p.

- KOUL (A.K.), *Guide to the WTO and GATT, Economics, Law and Politics*, The Hague, Kluxer Law International, 2005, 632p.
- KRASNER (S.), *Structural Conflict : Third World against Global Liberalism*, University of California Press, 1985, 363p.
- KRONFOL (Z.), *Protection of Foreign Investment : a study in international Law*, A. W. Sijthoff, 1972, 176p.
- LAUTERPACHT (H.), *The Development of International Law by the International Court*, Cambridge, Grotius Publications Limited, 1982, 408p.
- LAVIEC (P.), *Protection et Promotion des Investissements : Etude de Droit International Economique*, Genève, Publications de l'institut universitaire de hautes études internationales, PUF, 1985, 331p.
- LEBEN (C.) [dir.], *Le contentieux arbitral transnational relatif à l'investissement. Nouveaux Développements*, Paris, L.G.D.J., 2006, 396p.
- LEBEN (C.) [dir.], *La procédure arbitrale relative aux investissements internationaux*, Paris, L.G.D.J., 2010, 346p.
- LE BOUTHILLIER (Y.), « Article 32 – Convention de 1969 », *in*, CORTEN (O.), KLEIN (P.), *Les conventions de Vienne sur le droit des traités : commentaires article par article*, Bruxelles, Bruylant, vol.II, 2006, pp.1339-1371.
- LEFEBVRE (M.), *Le jeu du droit et de la puissance. Précis de relations internationales*, Paris, PUF, 3e, 2007, 632p.
- LEGEAIS (R.), *Grands systèmes de droit contemporains. Approche comparative*, Paris, Litec, 2008, 494p.
- LOWENFELD (A .F.), *International Economic Law*, Oxford, Oxford University Press, 2002, 776p.
- MAHIOU (A.), « Une finalité entre le développement et la dépendance» ,*in*, *La formation des normes en droit international du développement*, Centre de recherches et d'études sur les sociétés méditerranéennes, Table Ronde franco-maghrébine, Aix-en-Provence, Editions du CNRS, 7 et 8 octobre 1982, pp.18-27.
- MALLOY (R.P.), EVENSKY (J.) [eds.], *Adam Smith and the Philosophy of Law and Economics*, Dordrecht, Kluwer

Academic Publishers, 1994, 225p.

- MANCEBO (F.), *Développement durable*, Paris, Armand Collin, 2008, 124p.
- MANCIAUX (S.), *Investissements étrangers et arbitrage entre Etats et ressortissants d'autres Etats. Trente années d'activité du CIRDI*, Dijon, Litec-CREDIMI, 2004, 727p.
- MANN (H.), VON MOLKE (K.), PETERSON (L.E.), COSBEY (A.), *IISD Model International Agreement on Investment for Sustainable Development. Negotiators' Handbook,* Manitoba, 2e éd., Institut international du développement durable, 2006, 90p.
- MATSUSHITA (M.), SCHOENBAUM (T.J.), MAVROIDIS (P.C.), *The World Trade Organization – law, practie and policy*, Oxford, Oxford University Press, 2006, 989p.
- McEWAN (C.), *Postcolonialism and Development*, Oxon, Routeledge, 2009, 376p.
- McNAIR (Lord), *The Law of* Treaties, Oxford, Clarendon Press, 1961, 789p.
- MEIER (G.M.), BALDWIN (R.E.), *Economic development : Theory, History, Policy*, NewYork, John Wiley & Sons, 1963, 588p.
- MEIER (G.M.), *The International Economics of Development : Theory and Policy*, New York, Harper & Row, 1968, 338p.
- MENTRI (M.), « Le concept de droit international du développement : son évolution et la question de sa spécificité », *in,* FLORY (M.) *et al.*, *in*, *La formation des normes en droit international du développement*, Paris, Éditions du CNRS, 1984, pp.53-69.
- MERLOZ (G.), *La CNUCED. Droit international et développement*, Bruxelles, Bruylant, 1980, 460p.
- MONTGOMERY (J.D.) « O interêsse público nas ideologias do desenvolvimento nacional », *in,* FRIEDRICH (C.J.), *O interêsse público,* Rio de Janeiro, Cruzeiro, 1966, pp.219-236.
- MUCHLINSKI (P.), *Multinational Enterprises and the Law*, Oxford, Oxford University Press, 2007, 767p.
- MUCHLINSKI (P.), « Corporate Social Responsibility, *in*, MUCHLINSKI (P.), ORTINO (F.), SCHREUER (C.) [eds.], *The Oxford Handbook of International Investment Law*, Oxford, Oxford University Press, 2008, pp.638-687.

- MUCHLINSKI (P.), ORTINO (F.), SCHREUER (C.) [eds.], *The Oxford Handbook of International Investment Law*, New York, Oxford University Press, 2008, 1282p.
- NASSAR (N.), *Sanctity of Contrats Revisited : A Study in the Theory and Practice of Long-Term International Commercial Transactions*, Dordrecht, M. Nijhoff, 1995, 292p.
- NEWCOMBE (A.), PARADELL (L.), *Law and Practice of Investment Treaties : standards of Treatment*, Alphen Aan Den Rijn, Kluwer Law International, 2009, 614p.
- NIETZSCHE (F.), *L'Antéchrist*, Paris, Union générale d'éditions, 1967, 182p.
- NOZARI (F.), *Unequal Treaties in International Law*, Stockholm, S-Bryan Sundt & Co., 1971, 333p.
- O'CONNELL (D.P.), *International* Law, Londres, Steven & Sons, 2e édition, vol.1, 1970, 595p.
- OPPENHEIM (L.), *International Law : A Treaties*, vol. I-Peace, Londres, Ronald F. Roxburg, 3e éd., 2008, 773p.
- OPPETIT (B.), « Philosophie de l'arbitrage commercial international », *in*, *Un siècle d'études du droit international : choix d'articles parus au « Clunet »*, Paris, Litec, 2006, pp.543-556.
- PAULSSON (J.), *Denial of Justice in International Law*, Cambridge, Cambridge University Press, 2005, 279p.
- PAULUS (A.), « Reciprocity Revisited », *in*, FASTENRATH (U.), GEIGER (R.), KHAN (D.E.), PAULUS (A.), SCHORLEMER (S.V.), VEDDER (C.), *From Bilateralism to Community Interest. Essays in Honour of Judge Bruno Simma*, Oxford, Oxford University Press, 2011, pp.113-137.
- PEET (R.), HARTWICK (E.), *Theories of Development. Contentions, Arguments, Alternatives*, New York, The Guilford Press, 2ème éd. 2009, 352p.
- PELLET (A.), *Droit International du développement*, Paris, P.U.F, *Collection « Que sais-je »*, 1978, 125p.
- Pellet (A.), «Contre la tyrannie de la ligne droite - Aspects de la formation des normes en droit international de l'économie et du développement», *in*, *Thesaurus Acroasium*, vol. XIX, 1992, pp.287-355 (Cours à l'Institut de droit international public et des relations internationales de Thessalonique, 1988).
- PELLET (A.), « Note sur quelques aspects juridiques de la

notion de droit au développement », i*n*, *La formation des normes en droit international du développement*, Centre de recherches et d'études sur les sociétés méditerranéennes, Table Ronde franco-maghrébine, Aix-en-Provence, Editions du CNRS, 7 et 8 octobre 1982, pp.71-85.

- PELLET (A.), « The Effects of Palestine's Recognition of the International Criminai Court's Jurisdiction », *in*, MELONI (C.), TOGNONI (G.) [eds], *Is There a Court for Gaza? A Test Bench for International Justice*, La Haye, T.M.C. Asser Press, 2012, pp. 409-428.
- PERELMAN (C.), *Logique juridique, nouvelle rhétorique,* Paris, Dalloz, 1976, 193p.
- PETERSON (L.E.), *Human Rights and Bilateral Investment Treaties. Mapping the role of human rights law within investor-State arbitration*, Montréal, Rights & Democracy (International Centre for Human Rights and Democracy), 2009, 45p.
- PIETERSE (J.N.), *Development Theory*, Londres, SAGE Publications Limited, 2ème éd., 2010, 272p.
- PREBISCH (R.), *The Economic Development of Latin America and Its Principal Problems*, New York, Département des Nations unies pour les affaires économiques, 1950, 59p.
- PRITCHARD (ed.), *Economic development, Foreign Investment and the Law* : issues *of* private sector involvement, foreign investment *and t he* rule *of* law *in a*new era, London, Kluwer Law International, 259p.
- QURESHI (A.H.), ZIEGLER (A.R.), *International Economic Law*, London, Sweet & Maxwell, 2007, 548p.
- RABBANI (M.J.), *The Development and Antidevelopment Debate. Critical Reflections on the Philosophical Foundations*, Surrey, Ashgate Publishing, 2011, 184p.
- RAMA-MONTALDO (M.), «La codification du droit international comme instrument de la justice internationale », *Les Cahiers de droit*, vol. 42, n° 3, 2001, pp.711-723.
- RAPLEY (J.), *Understanding Development : Theory and Practice in the Third World*, Boulder, Lynne Rienner Publishers, 3e éd., 2007, 265p.
- RAY (D.), *Development Economics*, New Jersey, Princeton University Press, 1998, 848p.

- RAWLS (J.), « The Idea of Public Reason Revisited », *in*, FREEMAN (S.), [ed.], *John Rawls - Collected Papers*, Cambridge, Massachussetts, Harvard University Press, 1999, pp.573-615.
- REINISCH(A.), « The Changing International Legal Framework for Dealing with Non-State Actors », *in*, ALSTON (P.), *Non-State Actors and Human Rights*, Oxford, Oxford University Press, 2005, pp.37-89.
- REINISCH (A.), *Recent Developments in International Investment Law*, Paris, Pédone, 2009, 81p.
- REZEK (J.F.), *Direito internacional público : curso elementar,* São Paulo, Saraiva, 9e édition, 2002, 403 p.
- RIST (G.), « Sortir du développement », *Défaire le développement, refaire le monde*, Paris, UNESCO, 2002, p.23
- RIST (G.), *Le développement. Histoire d'une croyance occidentale*, Paris, Presse de la Fondation Nationale des Sciences Politiques, 2007, 483p.
- RIST (G.), *The History of Development. From Western Origins to Global Faith* », New Delhi, Academic Foundation, 3e, 2009, 302p.
- RIVERO (J.), *Sur le droit au développement*, document 55/78 – Conf. 630/2- Réunion d'experts de l'Unesco, Paris, 1978.
- ROBB (C.A.R.), *International Environmental Law Reports. Early Decisions*, Cambridge, *Lauterpacht Center for International Law*, Vol.1, 1999, 650p.
- ROBBINS (L.), *The Theory of Economic Development in the History of Economic Thought*, MacMillan, St Martin's Press, 1968, 185p.
- RODMAN (K.A.), *Sanctity Versus Sovereignty : The United States and Nationalization of Natural Ressources Investments*, New York, Columbia University Press, 1988, 403p.
- ROGERS (C.A.), ALFORD (R.P.) [eds.], *The future of investment arbitration*, New York, Oxford University Press, 2009, 375p.
- ROSTOW (W.W.), *Les étapes de la croissance économique*, Paris, Seuil, 1963, 252p.
- ROUSSEAU (C.), *Droit international public*, Paris, Sirey, Tome I (Introduction et sources), 1970, 464p.
- ROUSSEAU (J.J), *Discours sur l'origine et les fondements de*

l'inégalité parmi les hommes, Paris, Librairie Générale Française, Classiques de Poche, 1996, 157p.

- ROUSSEAU (J.J.), *Du contrat social*, Paris, Flammarion, éd. 2001, 256p.
- SAINT AUGUSTIN, *La création du monde et le Temps*, Paris, coll. Gallimard, 1993, 141p. (extraits de *Confessions*).
- SALACUSE (J.), *Law of Investment Treaties*, Oxford, Oxford University Press, 2010, 517p.
- SALEM (M.), HERMITTE (M.A.), *Les contrats « clés en main » et les contrats « produits en mains », Technologie et vente de développement*, Paris, Litec 1979, 212p.
- SANDS (P.), « Environmental Protection in the Twenty-First Century : Sustainable Development and International Law », *in*, REVESZ (R.L.), SANDS (P.), STEWART (R.B.), *Environmental Law, the Economy and Sustainable Development*, New York, Cambridge University Press, 2000, pp.369-409.
- SANSON (H.), « Le droit au développement comme norme métajuridique en droit du développement », *in*, *La formation des normes en droit international du développement*, Centre de recherches et d'études sur les sociétés méditerranéennes, Table Ronde franco-maghrébine, Aix-en-Provence, Editions du CNRS, 7 et 8 octobre 1982, pp.61-69.
- SCELLE (G) , Précis *de* droit *des* gens : principes *et* systématique, Paris, Dalloz, 312p.
- SCELLE (G.), *Manuel de droit international public*, Paris, Domat-Montchrestien, 1948, 1008p.
- SCELLE (G.), *Droit International Public,* Paris, Domat-Monchrestien, 1944, 764p.
- SCHADENDORF (S.), « Human Rights Arguments in *Amicus Curiae* Submissions : Analysis of ICSID and NAFTA Investor-State Arbitration », *Transnational Dispute Management*, vol.10, no.1, 2013, pp.1-23.
- SCHAFER (H.B.), RAJA (A.V.), *Law and economic development*, Cheltenham, Elgar Reference collection, 2006, 661p.
- SCHILL (S.W.), *The multilateralization of international investment law*, Cambridge, Cambridge University Press,, 2009, 451p.

- SCHILL (S.), « "Fair and Equitable Treatment" as an Embodiment of the Rule of Law », *in* Hofmann, Rainer / Tams, Christian J. (eds), *The International Convention on the Settlement of Investment Disputes, Taking Stock after 40 years*, Germany, NOMOS, Schriften zur Europäischen Integration und internationalen Wirtschaftsordnung 2007, pp.31-72.
- Schlaepfer (A.V.), Pinsolle (P.), Degos (L.) (eds.), *Towards a uniform International Arbitration law?*, New York, General Editor : Emmanuel Gaillard, IAI Series on International Arbitration, n°3, 2005, 344p.
- SCHLEMMER (E.C.), « Investment, Investor, nationality, and shareholders », *in*, MUCHLINSKI (P.), ORTINO (F.), SCHREUER (C.) [eds.], *The Oxford Handbook of International Investment Law*, Oxford, Oxford University Press, 2008, pp.51-88.
- SCHLEMMER-SCULTE (S.) & TUNG (K.Y.) [eds.], *Liber Amicorum, Ibrahim F.I. Shihata*, The Hague, Kluwer Law International, 2001, 908p
- SCHOKKAERT (Y.), HECKSCHER (Y.O.), *International Investment Protection : comparative law analysis of bilateral and multilateral interstate conventions, doctrinal texts and arbitral jurisprudence concerning foreign investment*, Bruxelles, Bruylant, 2009, 739p.
- SCHREUER (Ch.), *The ICSID Convention : A Commentary,* Cambridge University Press, 2001, 1466p.
- SCHREUER (Ch.), *The ICSID Convention : A Commentary,* Cambridge University Press, 2009, 1524p.
- SCHREUER (C.), WEINIGER (M.), "A Doctrine of Precedent?", *in* MUCHLINSKI (P.), ORTINO (F.), SCHREUER (C.) [eds.], *The Oxford Handbook of International Investment Law*, Oxford, Oxford University Press, 2008, pp.1189-1206.
- SCHREUER (C.), KRIEBAUM (U.), « From Individual to Community Interest in International Investment Law », *in*, FASTENRATH (U.), GEIGER (R.), KHAN (D.E.), PAULUS (A.), SCHORLEMER (S.V.), VEDDER (C.), *From Bilateralism to Community Interest. Essays in Honour of Judge Bruno Simma*, Oxford, Oxford University Press, 2011, pp.1079-1096.
- SCHRIJVER (N.), *The Evolution of Sustainable Development*

in International Law : Inception, Meaning and Status, The Hague, Pocketbooks of the Hague Academy of International Law, 2008, 265p.

- SCHRIJVER (N.), *Sovereignty over Natural Ressources : Balancing Rights and Duties*, Cambridge, Cambridge University press, 1997, 452p.
- SEIDL-HOHENVELDERN (I.), *Collected Essays on International Investments and on International Organizations,* The Hague/London/Boston : Kluwer Law International, 1998, 465 p.
- SEN (A.), *Development as Freedom*, New York, Anchor Books, 2000, 366p.
- SHAW (M.N.), *International Law*, Cambridge, Cambridge University Press, 6e édition, 2008, 1542p.
- SHIHATA (I.F.I.), *Multilateral Investment Guarantee Agency and Foreign Investment*, Dordrecht, Martinus Nijhoff, 1988, 540p.
- SMITH (A.), *The Wealth of Nations. Books I-III*, Middlesex, Penguin Books, 1974,537p.
- SOREL (J.-M.), « Article 31 – Convention de 1969 », *in*, CORTEN (O.), KLEIN (P.), *Les conventions de Vienne sur le droit des traités : commentaires article par article*, Bruxelles, Bruylant, vol.II, 2006, pp.1289-1338.
- SORENSEN (M.), *Manual de derecho internacional público*, Mexique, Fondo de cultura económico, 1973, 819p.
- SORNARAJAH (M.), *The Pursuit of Nationalized Property*, Dordretch, M. Nijhoff, 1986, 354p.
- SORNARAJAH (M.), *The Law of International Joint Ventures*, Singapore, Longman Singapore, 1992, 358p.
- SORNARAJAH (M.), *The Settlement of Foreign Investment Disputes*, The Hague, Kluwer Law International, 2000, 390p.
- SORNARAJAH (M.), *The clash of Globalisations : Its impact on the International Law of Foreign Investment*, The Simon Reisman Lecture on International Trade Policy, The Norman Paterson School of International Affairs, Centre of Trade Policy and Law, Ottawa, 12 September 2002, 39p. *Disponible sur* : http ://www.carleton.ca/ctpl/pdf/papers/sornarajah.pdf.
- SORNARAJAH (M.), *The International Law On Foreign Investment*, U.K., Cambridge University Press, 2nd, 2004,

525p.

- SORNARAJAH (M.), *The International Law On Foreign Investment*, U.K., Cambridge University Press, 3e édition, 2010, 554p.
- STERN (B.), « Le droit international du développement, un droit de finalité ? », *in, La formation des normes en droit international du développement*, Centre de recherches et d'études sur les sociétés méditerranéennes, Table Ronde franco-maghrébine, Aix-en-Provence, Editions du CNRS, 7 et 8 octobre 1982, pp.41-51.
- STERN (B.), *O contencioso dos investimentos internacionais*, São Paulo, Manole, 2003, 142p.
- STIGLITZ (J.E.), *La grande désillusion*, Paris, Fayard, 2002, 407p.
- SUR (S.), *L'interprétation en droit international*, Paris, L.G.D.J., 1974, 449p.
- THIELBÖRGER (P.), « The Human Right to Water Versus Investor Rights : Double-Dilemma or Pseudo-Conflict? », *in*, DUPUY (P.M.), FRANCIONI (F.), [eds.], *Human Rights in International Investment Law and Arbitration,* Oxford, Oxford University Press, 2009, pp.487-510.
- TUCKER (V.), « The Myth of Development : A Critique of a Eurocentric Discourse », *in*, MUNCK (R.), O'HEARN (D.) [eds.], *Critical Development Theory. Contributions To A New Paradigm*, New York, Zed Books, 1999, pp.1-26.
- TUNC (A.), *Les aspects juridiques du développement économique, Etudes à la requête de l'UNESCO*, Paris, Dalloz, 1966, 206p.
- UDET (P), KAHN (Ph.), KISS (A.C.) [dir.], *Transferts de technologie et développement*, Institut de Droit International de Dijon, Dijon, Paris, Litec, 1977, 562p.
- VADI (S.), « Reconciling Public Health and Investor Rights : The Case of Tobacco », *in*, DUPUY (P.M.), FRANCIONI (F.), [eds.], *Human Rights in International Investment Law and Arbitration,* Oxford, Oxford University Press, 2009, pp.453-486.
- VANDEVELDE, *United States Investment Treaties : policy and practice*, Deventer, Kluxer law and Taxation, 1992, 232p.
- VAZQUEZ-BARQUERO (A.), *Endogenous Development. Networking, Innovation, Institutions and Cities*, New York,

Routeledge, 2002, 240p.

- VERHOEVEN (J.), *Droit international public*, Bruxelles, Larcier, 2000, 856p.
- VOIGT (C.), *Sustainable development as a principle of international law – Resolving conflict between climate measures and WTO law*, Leiden, M. Njihoff, 2009, 426p.
- WALDE (T.), "Nouveaux horizons pour le droit international des investissements dans le contexte de la mondialisation de l'économie », Paris, Cours I.H.E.I., Pédone, 2004, 77p.
- WALDE (T.), « « Equality of Arms » in Investment Arbitration : Procedural Challenges », *in*, YANNACA-SMALL (K.) [eds.], *Arbitration Under International Investment Agreements. A guide to the Key Issues*, New York, Oxford University Press, 2010, pp.161-188.
- WEIL (P.), *Ecrits de droit international*, Paris, PUF, 2000, 423 p.
- WHITEMAN, *Digest of International Law*, vol.8, 1967, 1291p.
- WILLIAMS (D.A.), « Jurisdiction and Admissibility », *in*, MUCHLINSKI (P.), ORTINO (F.), SCHREUER (C.) [eds.], *The Oxford Handbook of International Investment Law*, Oxford, Oxford University Press, 2008, pp.868-931.
- YOU (P.), *Le préambule des traités internationaux*, Fribourg, Librairie de l'université, 1941, 146p.
- ZERMEÑO (F.), *Lecciones de desarrollo económico*, Mexico, Playa y Valdés, 2004, 260p.
- ZIEGLER (J.), *La haine de l'occident*, Paris, Albin Michel, 2008, 344p.
- ZIEGLER (A.R.), GRATTON (L-P.), « Investment Insurance », *in*, MUCHLINSKI (P.), ORTINO (F.), SCHREUER (C.) [eds.], *The Oxford Handbook of International Investment Law*, Oxford, Oxford University Press, 2008, pp.526-546.
- ZIMMERMANN (R.), *The Law of Obligations : Roman Foundations of the Civilian Traditions*, Oxford, Oxford University Press, 1996, 1241p.

2. Recueil des Cours de l'Académie de Droit International de La Haye.

- ABI-SAAB (G), « Cours général de droit international public, *R.C.A.D.I.*, Tome VII, vol.207, 1987, pp.9-463.
- ANAND (R.P.), « Sovereign equality of States in international law », *R.C.A.D.I.*, Tome II, vol.197, 1986, pp.9-228.
- ARANJIO-RUIZ (G.), « Le domaine réservé : l'organisation internationale et le rapport entre droit international et droit interne : cours général de droit international public, *R.C.A.D.I.*, Tome VI, vol.225, 1990, pp.9-484.
- BASDEVANT (J.), « Règles générales du droit de la paix », *R.C.A.D.I*, Tome IV, vol.58, 1936, pp.471-692.
- BEDJAOUI (M.), « L'humanité en quête de paix et de développement (II) : Cours général de droit international public », *R.C.A.D.I.,* Tome 325, 2006, 536p.
- BISHOP (W.W), « General course of Public International Law », *R.C.A.D.I*, Tome II, vol.115, 1965, pp.147-470.
- BOUTROS-GHALI (B.), « Le principe d'égalité des États et les organisations internationales », *R.C.A.D.I.*, Tome II, vol.100, 1960, pp.1-73.
- BROCHES (A.), « International Legal Aspects of the Operations of the World Bank », *R.C.A.D.I.*, Tome III, vol.98, 1959, pp.297-409.
- BROCHES (A.), « The Center for the Settlement of Investment Disputes Between States and Nationals of Other States », *R.C.A.D.I.*, Tome II, vol.136, 1972, 410p.
- BROWNLIE (I.), « International Law at the Fiftieth Century of the Anniversary of the United Nations : General Course on Public International Law », *R.C.A.D.I.*, vol.255, 1995, p.9-228.
- CARABIBER (C.), « L'arbitrage international entre gouvernements et particuliers », *R.C.A.D.I.*, Tome 1, vol.76, 1950, pp.218-318.
- DE LACHARRIÈRE (G.L.), « L'influence de l'inégalité de développement des Etats sur le droit international », *R.C.A.D.I.*, Tome II, vol.139, 1973, pp.227-268.
- DUPUIS (C.), « Règles générales du droit de la paix », *R.C.A.D.I.*, Tome II, 1930.
- DUPUY (R.J.), « Communauté internationale et disparités de

développement : cours général de droit international public », *R.C.A.D.I.*, Tome IV, Volume 165, 1979, pp.9-232.

- DUPUY (P.M.), « Le fait générateur de la responsabilité internationale des États », *R.C.A.D.I.*, Tome V, vol.188, 1984, pp.9-133.
- DUPUY (P.M.), « L'unité de l'ordre juridique international : cours général de droit international public », *R.C.A.D.I.*, vol.297, 2002, pp.9-489.
- FITZMAURICE (M.A.), « International Protection of the Environment », *R.C.A.D.I.*, vol.293, 2001, pp.9-488.
- FLORY (M.), « Souveraineté des Etats et coopération pour le développement », *R.C.A.D.I.*, Tome I, vol. 141, 1974, 255-329.
- FREEMAN (A.W.), « Responsibility of the State for Unlawful Acts of Their Armed Forces », *R.C.A.D.I.*, Tome II, vol.88, 1955, pp.263-416.
- GAILLARD (E.), « Aspects philosophiques du droit de l'arbitrage international », *R.C.A.D.I.*, Tome 329, 2007, pp.49-216.
- GILBERT (G.), « Droits et devoirs des nations : la théorie classique des droits fondamentaux des Etats », *R.C.A.D.I.*, Tome V, vol.10, 1925, pp.537-597.
- HYDE (J.N.), « Economic Development Agreements», *RCADI*, Tome I, vol. 105, 1962, pp.270-374.
- JUILLARD (P.), «L'évolution des sources du droit des investissements », *R.C.A.D.I.*, Tome VI, vol.250, 1994, 215p.
- KELSEN (H.), « Les rapports de système entre le droit interne et le droit international public", *R.C.A.D.I.*, Tome IV, Vol. 14, 1926, pp.231–331.
- KELSEN (H.), « Théorie générale du droit international public : problèmes choisis », *R.C.A.D.I.*, Tome IV, vol.42, 1932, pp.117-351.
- KELSEN (H.), «Théorie générale du droit international public», *R.C.A.D.I.*, Tome IV, vol.42, 1953, p. 261s.
- KOROWICS (M.S.), « Some present aspects of sovereignty in international law », *R.C.A.D.I.*, Tome I, vol.102, 1961, pp.1-120
- KRYLOV (S.), « La notion principale du droit des gens : (la doctrine soviétique du droit international) », *R.C.A.D.I.*, Tome I, vol.70, 1947, pp.407-476.

- LALIVE (J.F.), "Contrats entre Etats ou enterprises étatiques et personnes privées. Développements récents », *R.. C.A.D.I.*, Tome 181 (1983), p.9-234.
- LAUTERPACHT (H.), « Les travaux préparatoires et l'interprétation des traités », *R.C.A.D.I.*, Tome II, vol.48, 1934, pp.709-817.
- LEBEN (C.), « La théorie du contrat d'Etat et l'évolution du Droit International des Investissements », *R.C.A.D.I.*, 2003, Tome 302, pp.201-377.
- LONG (O), « La place du droit et ses limites dans le système commercial multilatéral du GATT », *R.CA.D.I.*, Tome IV, vol. 182, 1983, pp.9-142.
- MAHIOU (A.), « Le cadre juridique de la coopération Sud-Sud. Quelques expériences ou tentatives d'intégration », *R.C.A.D.I.*, Tome 241, 1993-IV, 193p.
- NOLDE (B.) « Droits et techniques des traités de commerce », *R.C.A.D.I.,* Tome II, vol.3, pp.295-461.
- ROUSSEAU (C.), « Principes de droit international public », *R.C.A.D.I.*, Vol.93, Tome I, 1958 pp.369-550.
- SACERDOTI (G.), « Bilateral treaties and multilateral instruments on investment protection », *R.C.A.D.I.*, Volume 269, 1997, pp.261-460.
- SCHINDLER (D.), « Contribution à l'étude des facteurs sociologiques et psychologiques du droit international », *R.C.A.D.I.*, Tome IV, vol.46, 1933, pp.229-326.
- SCOTT (J.B.), « Le principe de l'égalité juridique dans les rapports internationaux », *R.C.A.D.I.*, Tome IV, vol.42, pp.467-630.
- SHAWCROSS (H.W.), « Le problème des investissements à l'étranger en droit international », *R.C.A.D.I.*, Tome I, vol.102, 1961, pp.365-393.
- SHIHATA (F.I.), «T he Multilateral Investment Guarantee Agency (MIGA) and the legal treatment of foreign investment », *R.C.A.D.I.*, Tome III, vol.203, 1987, pp.95-320.
- SIMMA (B.), « From Bilateral to Community Interest in International Law », *R.C.A.D.I.*, Tome VI,vol.250, 1994, pp.217-384.
- STRISOWER (L.), « L'extraterritorialité et ses principales applications », *R.C.A.D.I.*, Tome 1, vol.1, 1923, pp.233-287.

- VERDROSS (A.), « Règles générales du droit international de la paix », *R.C.A.D.I.*, Tome V, vol.30, 1929, pp.271-517.
- VIRALLY (M.), «Le principe de réciprocité dans le droit international contemporain », *R.C.A.D.I.*, Tome III, vol.122, pp.1-105.
- WANG (T.), « International law in China : historical and contemporary perspectives ». R.C.A.D.I., Tome II, vol.221, 1990, pp.195-369.
- WEIL (P.), « Problèmes relatifs aux contrats passés entre un Etat et un particulier », *R.C.A.D.I.*, Tome 128 (1969), pp.96-240.
- WEIL (P.), « Le droit international en quête de son identité : Cours général de droit international public », *R.C.A.D.I.*,Tome VI, vol.237, 1992, pp.9-370.
- YASSEEN (K.M.), « L'interprétation des traités d'après la Convention de Vienne sur le droit des traités », *R.C.A.D.I.*, Tome III, vol.151, 1976, pp.1-114.

3. Ouvrages spéciaux : Thèses, mémoires, monographies.

- ADEFOLAKE OYEWANDE (A.), *Corporate Social Responsibility of Multinational Corporations in Developing Countries : How Far Do Their Responsibility Stretch?*, Thèse, Université nationale du Singapour, 2008, 338p.
- DIAS VARELLA (M.), *L'inégalité Nord-Sud et la construction juridique du « développement durable » dans le droit international*, Thèse, Paris I, 2002, 629 p.
- DUPUY (F.), *La protection de l'attente légitime des parties au contrat – Etude de droit international des investissements à la lumière du droit comparé*, Thèse, Paris II, 2007, 439p.
- BEN HAMIDA (W.), *L'arbitrage transnational unilatéral – réflexion sur une procédure réservée à l'initiative d'une personne privée contre une personne publique*, Thèse de doctorat, Paris II, 2003, 728p.
- GILLES (A.), *La définition de l'investissement international. Essai sur un concept juridique incertain*, Thèse, Paris I, 2010, 487p.
- JAIME (M.L.), *L'apport des traités régionaux et multilatéraux à l'évolution du droit de l'arbitrage et du droit international des investissements*, Thèse de doctorat, Paris II, 2008, 1030p.
- PROTOPSALTIS (P.M.), *Les devoirs internationaux des investisseurs directs étrangers. Réflexions sur un cadre*

juridique inachevé, Thèse de doctorat Paris 1, 2008
- RAUX (M.), *La responsabilité de l'État sur le fondement des traités de promotion et de protection des investissements*, Thèse, Paris II, 2010,
- ROBERT-CUENDET (S.), *Protection de l'environnement et investissement étranger : les règles applicables à la dépossession du fait de la réglementation environnementale*, Thèse, Paris 1, 2008, 530p.
- TRKULJA (S.), *Analyse comparative des politiques du développement territorial*, Thèse, Institut des sciences et industries du vivant et de l'environnement, AgroParisTech, 2009, 103p.

4. Articles et Chroniques.

- ABI-SAAB (G.), « De l'evolution de la Cour Internationale de Justice. Reflexions sur. quelques tendances recentes », *RGDIP*, vol.96, 1992, no.2, pp.274-295.
- ABI-SAAB (G.), « Wither The International Community », *European Journal of International law*, vol.9, 1998, pp.248-265.
- ABRAHAM (C.M.), ABRAHAM (S.), « The Bhopal Case and the Development of Environmental Law in India », *International and Comparative Law Quarterly*, vol.40, 1991, pp.334-365.
- ABU-AKEEL (A.. K.), « Definition of Trade in Services under the GATS : Legal Implications », *George Washington Journal of International Law and Economics*, vol.32, 1999, pp.189-210.
- ADEOYE IDOWU (A.), « Human Rights, Environmental Degradation and Oil Multinational Companies in Nigeria : The Ogoniland Episode », *Netherlands Quarterly of Human Rights*, vol.17, no.2, 1999, pp.161-184.
- ADJOVI (R.), « Le panel d'inspection de la Banque mondiale : développements récents », *Revue d'analyse juridique de l'actualité internationale*, février 2001, 9p. (*disponible sur* : http ://www.ridi.org/adi/200102a1.pdf)
- ALA'I (P.), «Free Trade or Sustainable development? An Analysis of the WTO Appellate Body's Shift To A More Balanced Approach to Trade Liberalization », *American*

University International Law Review, vol.14, no.4, 1999, pp.1129-1171.

- ALVAREZ (J.E.), « The Return of the State », *Minnesota Journal of International Law*, vol.20, no.2, 2011, pp.223-264.
- ALVAREZ-JIMINEZ (A.), « Foreign Investment Protection and Regulatory Failures as States' Contribution to the State of Necessity Under Customary International Law. *A New Approach Based on the Complexity of the Argentina's 2001 Crisis* », *Journal of International Arbitration*, vol.27, no.2, 2010, pp.141-177.
- ALEXANDER (E.A.), «Taking Account of Reality : Adopting Contextual Standards for Developing Countries in International Investment Law », *Virginia Journal of International Law*, vol.48, pp.817-841.
- AMSELEK (P.), « L'évolution générale de la technique juridique dans la société occidentale », *RDP*, 1982, p.275.
- ANDRE (L.), DUTRY (J.), « La responsabilité internationale des Etats dans les situations d'extrême pauvreté », *Revue Belge de droit international*, 1999-1, pp. 58-85.
- ASCENSIO (H.), « L'*amicus curiæ* devant les juridictions internationales », *Revue générale de droit international public*, vol.105, no.4, 2001, pp.897-930.
- ASTERITI (A.), «Metalclad, Methanex and Chemtura : 10 Years of Environmental Issues in Investment Arbitraiton », *Transnational Dispute Management*, vol.9, no.3, avril 2012, pp.1-21.
- BACHAND (R.), GALLIE (M.), ROUSSEAU (S.), « Droit de l'investissement et droits humains dans les Amériques », *AFDI*, 2003, pp.575-610.
- BAIROCH (P.), « Les écarts des niveaux de développement économique entre pays développés et pays sous-développés de 1770 à 2000 », *Tiers-Monde,* Tome 12, n°47, 1971, pp. 497-514.
- BALORO (J.), « Aspects of the Law on the Responsibility of a Host State For Injuries to Foreign Investment During Internal Armed Conflicts : The ICSID Award in *Asian Agricultural Products Limited v. Republic of Sri Lanka* », *South African Yearbook of International Law*, vol.18, 1993, pp.105-126.
- BAGRICHEVSKY DE SOUZA (P.), « As Instituições Financeiras e a Proteção ao Meio Ambiente », *Revista do*

BNDES, vol.12, no.23, 2005, pp.267-300.

- BANIFATEMI (Y.), « Unresolved issues in Investment Arbitration », Modern Law for Global Commerce, Congress to celebrate the fortieth session of UNCITRAL, Vienna, 9-12 July 2007, p.1-14.
- BARNIDGE (R.P. Jr), « The Due Diligence Principle Under International Law », *International Community Law Review*, vol.8, 2006, pp.81-121.
- BARRAL (V.), « Sustainable Development in International Law : Nature and Operation of an Evolutive Legal Norm », *European Journal of International Law*, vol.23, no.2, 2012, pp.377-400.
- BARSALOU (O.), « La doctrine de l'objecteur persistant en droit international public », *Revue québécoise de droit international*, vol.19, no.1, 2006, pp.1-18.
- BARTENSTEIN (C.), « De Stockholm à Copenhague : Genèse et évolution des responsabilités communes, mais différenciées dans le droit international de l'environnement », *Revue de droit de McGill*, vol.56, no.1, 2010, pp.177-228.
- BASTID (S.), « Le droit international public dans la sentence arbitrale de l'Aramco », *AFDI*, 1961, pp.300-311.
- BEGIN (L.), « L'impartialité des juges et la lecture morale des droits », *Les Cahiers de droit*, vol.38, no.2, 1997, pp.417-336.
- BELOHLAVEK (A.), « Public Policy and Public Interest in International Law and EU Law », *Czech Yearbook of International Law*, 2012, pp.117-144.
- BENCHIKH (M.), « Bilan du droit international du développement », *Cours Euro-Méditerranéens Bancaja de Droit International*, 1998, Vol.II, pp.271-303.
- BEN HAMIDA (W.), « L'arbitrage investisseur-Etat cherche son équilibre perdu : Dans quelle mesure l'Etat peut introduire des demandes reconventionnelles contre l'investisseur privé », *International Law FORUM du droit international*, no.7, 2005, pp.261-272.
- BEN HAMIDA (W.), « Two Nebulous ICISID Features : The Notion of Investment and the Scope of Annulement Control : *Ad Hoc Committee's Decision in Patrick Mitchell v. Democratic Republic of Congo*», *Journal of International Arbitration*, 2007, pp.287-306.
- BEN HAMIDA (W.), « La notion d'investissement : La notion

maudite du système CIRDI ? », *Gaz. Pal.,* nov-déc 2007, pp.33-39.

- BEN HAMIDA (W.), « La prise en compte de l'intérêt général et les impératifs de développement dans le droit des investissements », Genève, CNUCED, Réunion d'experts sur les incidences sur le développement de l'élaboration de règles régissant l'investissement international, 28-29 juin 2007, *disponible sur* : http ://www.unctad.org/sections/wcmu/docs/c2em21p11_fr.pdf
- BERGER (K.P.), « The New Multilateral Investment Guarantee Agency Globalising the Investment Insurance Approach Towards Development », *Syracuse Journal of International Law and Commerce*, vol.15, 1988, pp.13-58
- BERNARDI (P.), « The renegociation of investment contract », *ICSID Review, Foreign Investment Law Journal*, vol.13, No.2, fall 1998, pp.411-425.
- BERNASCONI-OSTERWALDER (N.), JOHNSON (L.), « Belgium's Model Bilateral Investment Treaty : A review », *Draft for Discussion,* Institut International du Développement durable, mars 2010, pp.1-28.
- BERNASCONI-OSTERWALDER (N.), COSBEY (A.), JOHNSON (L.), VIS-DUNBAR (D), *Investment Treaties and Why They Matter to Sustainable Development : Questions and Answers*, Manitoba, Institut International pour le Développement Durable, 2012, pp.1-59.
- BINIAZ (S.), « Common But Differentiated Responsibility » [Remarks], *American Society of International law Proceedings*, vol.96, 2002, pp.358-368.
- BOCKSTIEGEL (K.H.), « Settlement of disputes between parties from developing and industrial countries », *ICSID Review, Foreign Investment Law Journal*, Vol.15, No.2, Fall 2000, pp.275- 287.
- BOED (B.), « State of Necessity as a Justification for Internationally Wrongful Conduct », *Yale Human Rights and Development Law Journal*, vol.3, 2000, pp.1-43.
- BOLESŁAW (D.), KRZYSZTOF (G.), « Multiplier Effect in Local and Regional Development », *Quaestiones Geographicœ* ; vol.29, no.2, 2010, pp.27-37.
- BOLGAR (V.), « L'intérêt général dans la théorie et la pratique », *Revue internationale de droit comparé*, vol.17,

no.2, avril-juin 1965, pp.329-363.

- BOSSUYT (M.J.), « La nationalisation des sociétés pétrolières françaises en Algérie et le droit international. », *Revue Belge de droit international*, 1972-2, pp. 482-502.
- BOYLE (A.E.), « Environment and Development : Accountability through International Law », *Third World Legal Studies*, 1993, p.95-106.
- BOYLE (A.), « Human Rights and the Environment : A Reassessment », *Communication pour le Programme des Nations unies pour l'environnement*, 2010 (mise à jour de l'article publié dans le *Fordham Environmental Law Review*, vol.18, 2008, pp. 471-511), pp.1-39.
- BOYLE (A.), « Human Rights and the Environment : Where Next? » *European Journal of International Law*, vol.23, no.3, 2012, pp.613-642.
- BRADLOW (D.D), « The World Bank, the IMF and Human Rights », *Transnational Law & Contemporary Problems*, vol.6, 1996, pp.47-90.
- BRADLOW (D.D.), « Development Decision-Making and the Content of International Development Law », *Boston College International & ComparativeLaw Review*, vol.27, 2004, pp.195-217.
- BRADLOW (D.B.), « Differing Conceptions of Development and the content of International Development Law », *South African Journal of Human Rights*, vol.21, 2005, pp.47-85.
- BRAZIL-DAVID (R), « An Examination of the Law and Practice of International Commercial Arbitration in Brazil », *Arbitration International*, Vol.7, No.1, 2011, pp.57-72.
- BREWER (T.L.), YOUNG (S.), « Investment Issues at the WTO : The Architecture of Rules and Settlement of Disputes », *Journal of International Economic Law*, vol.1, no.3, p.457-470.
- BROLMANN (C.), « Law-Making Treaties : Form and Function in International Law », *Nordic Journal of International Law*, vol.74, 2005, pp.383-404.
- BRONFMAN (M.K.), « Fair and Equitable Treatment : An Evolving Standard », *Max Planck Yearbook of United Nations Law,* Volume 10, 2006, p.609-680.
- BUFFARD (I.), ZEMANEK (K.), « The « Object and Purpose » of a Treaty : An Enigma? », *Austrian Review of*

International and European Law, vol.3, no.3, 1998, pp.311-343.

- BURCHARD (C.), « Interlinking the domestic with the international : Carl Schmitt on democracy and international relations », *Leiden Journal of international law*, March 2006, No.1, Vol. 19, pp.9-40.
- BURDEAU (G.), "Nouvelles perspectives pour l'arbitrage dans le contentieux économique intéressant les Etats", *Revue de l'arbitrage*, 1995, No.1, p.9.
- BURGSTALLER (M.), «European Law and Investment Treaties », *Journal of Investment Arbitration*, vol.26, no.2, 2009, pp.181-216
- CABRERA DIAZ (F.), «ALBA moves forward with plan to create regional investment arbitration alternative to ICSID at 7th Summit », *Investment Treaty News*, 1 novembre 2009 (*disponible sur* : http ://www.iisd.org/itn/2009/11/01/alba-moves-forward-with-plan-to-create-regional-investment-arbitration-alternative-to-icsid-at-7th-summit-3/)
- CAMERON BLAKE (R.), «The World Bank's Draft Comprehensive Development Framework and the Micro-Paradigm of Law and Development », *Yale Human Rights and Development Law Journal*, vol.3, 2000, pp.159-189.
- CANS (C.), « Le développement durable en droit interne : apparence du droit et droit des apparences », *AJDA*, 2003, p.210 et s.
- CARRASCOTT (E.R.), GUERNSEY (A.K.), « The World Bank's Inspection Panel : Promoting True Accountability Through Arbitration », *Cornell Journal of International Law*, vol.41, no.3, 2008, pp.578-629.
- CARREAU (D.), « Investissements », *Répertoire de droit international,* Dalloz, août 2008, pp.1-52.
- CASTANEDA (J.), La Charte des droits et des devoirs économiques des États. Note sur son processus d'élaboration, *Annuaire français de droit international*, volume 20, 1974, pp.31-56.
- CAZALA (J.), « Le traitement juste et équitable : Transparence et protection des attentes légitimes de l'investisseur », *Gazette du Palais*, 15 décembre 2007, N° 349, p. 44.
- The Center for Economic and Social Rights, *Rights Violations*

in the Ecuadorian Amazon : The Human Consequences of Oil Development, Rapport, New York, mars 1994, 66p.

- CEYSSENS (G.), «Towards a Common Foreign Investment Policy ? - Foreign Investment in the European Constitution », *Legal Issue of Economic Integration*, vol.32, no.3, 2005, pp.259-291.
- CHARPENTIER (J.), « De la non-discrimination dans les investissements », *AFDI*, 1963, pp.35-63.
- CHATTERJEE (S.K.), « The Convention Establishing the Multilateral Investment Guarantee Agency », *International and Comparative Law Quarterly*, vol.36, pp.76-91.
- CHAUMONT (Ch.), « Méthode d'analyse du droit international », *Revue Belge du droit international*, 1975-1, pp. 32-37.
- CHEMILLIER-GENDREAU (M.), « A propos de l'effectivité en droit international », *Revue Belge de droit international*, 1975-1, pp. 38-46.
- CHOUDHURY(B.), « Recapturing Public Power : Is Investment Arbitration's Engagement of the Public Interest Contributing to the Democratic Deficit? », *Vanderbilt Journal of Transnational Law*, vol.41, no.3, 2008, pp.775-832.
- CHENG (B.), « Justice and Equity in International Law », *in*, KEETON (G.), SCHWARZENBERGER (G.) [eds.], *Current Legal Problems*, London, Stevens & Sons ltd., 1955, vol.8, pp.185-211.
- CHENG (T.), « Precedent and Control in Investment Treaty Arbitration », *Transnational Dispute Management*, vol.5, n°3, 2008, pp.1014-1049. (*disponible sur* : http ://www.transnational-dispute-management.com).
- CLARK (D.L.), « The World Bank and Human Rights : The Need for Greater Accountability », *Harvard Human Rights Journal*, vol.15, 2002, pp.205-226.
- COLE (J.F.), «The Treaty of Friendship, Commerce and Navigation in the Modern Era», *Columbia Journal of Transnational Law*, vol.51, 2013, pp.302-359.
- COLLINS (D.), « A New role for the WTO in International Investment Law : Public Interest in Neo-Liberal Period », *Connecticut Journal of International Law*, vol.25, no.1, pp.1-35.
- COMMISSION (J.P.), « Precedents in investment treaty

arbitration, *A citation Analysis of a developing jurisprudence*", *JIA*, Netherlands, Kluwer Law International, 24 (2), 2007, p.129-158.

- CONDON (B.J), « NAFTA and the Environment : A Trade-Friendly Approach », *Northwestern Journal of International Law & Business*, vol.14, no.3, pp.528-548.
- CRAVEN (M.), « What Happened to Unequal Treaties? The Continuities of Informal Empire », *Nordic Journal of International Law*, vol.74, 2005, pp.335-382.
- COSBEY (A.), MANN (H.), PETERSON (L.E.), VON MOLTKE (K.), *Investment and Sustainable Development. A Guide to the Use and Potential of IIAs*, Manitoba, Institut International du Développement Durable, 2004, pp.1-37.
- COSBEY (A.), « International Investment Agreements and Sustainable Development : Achieving the Millennium Development Goals », *Institut International du Développement Durable*, septembre 2005, pp.1-39.
- Cour permanente de justice internationale. Comité consultatif de juristes, *Procès-verbaux des séances du comité*, 16 juin-24 juillet 1920, New Jersey, The Lawbook Exchange (réimpression), 779p.
- CULLET (P.), « Differential Treatment in International Law : Towards a Paradigm of Inter-State Relations », *European Journal of International Law*, vol.10, no.3, 1999, pp.549-582.
- CUTLER (A.C.), « Public meets Private : The International Unification and Harmonisation of Private International Trade Law », 1999, 15, *Global Society*, 1469-798X, Volume 13, Issue 1, 1999, pp. 25 – 48.
- D'AGOSTINO (J.), « Rescuing International Investment Arbitration : Introducing Derivative Actions, Class Actions, and Compulsort Joinder », *Virginia Law* Review, vol.98, 2012, pp.177-230.
- DAVID (E.), « Quelques réflexions sur l'égalité économique des Etats », *Revue Belge de droit international*, 1974-2, pp. 399-424.
- DAVIS (K.E.), TREBILCOCK (M.J.), « The Relationship Between Law and Development : Optimists versus Skeptics », *The American Journal of Comparative Law*, vol.56, 2008, pp.895-946.
- DESGAGNE (R.), « Integrating Environmental Value into the

European Convention on Human Rights », *The American Journal of International Law*, vol.89, 1995, pp.263-294 ;

- DEKKER (I.F.), « The new international economic order and the legal relevance of structural violence », *Revue Belge de droit international*, 1976-2, pp. 456-498.
- DELAUME (G.R.), « Des stipulations de droit applicable dans les accords de prêt et de développement économique et de leur rôle », *Revue Belge de droit international*, 1968-2, pp. 336-364.
- DELAUME (G.R.), « Le Centre International pour le Règlement des Différends relatifs aux investissements », *JDI*, 1982, No.4, pp.775-868.
- DE LOUBRESSE (C.G.), « Les nationalisations cubaines », *AFDI*, 1961, pp.215-226.
- DEL RISCO YERA (Y.), MUNFET I. CERDAN (L.), « El turismo como estrategia del desarrollo en Cuba », *Estudos Geográficos*, vol.66, 2005, pp.293-318
- DETTER (I.), « The Problem of Unequal Treaties », *International and Comparative Law Quarterly*, vol.15, 1966, pp.1069-1089.
- DE VEY MESTDAGH (V.K.), « The right to development », *Netherlands International Law Review*, vol. XXVIII, 1981/1, pp.30-53.
- DHOOGE (L.G.), «The North American Free Trade Agreement and the Environment : The Lessons of *Metalclad Corporation v. United Mexican* States », *Minnesota Journal of Global Trade*, vol.10, 2001, pp.209-289.
- DICKSON (B.), « Unjust Enrichment Claims : A Comparative Overview », *Cambridge Law Journal*, vol.54, no.1, 1995, pp.100-126.
- DI LEVA (C.E.), « Environmentally Sustainable Development and the World Bank », *International Business Lawyer*, mars 1997, p.115-118.
- DI LEVA (C.E), « International Environmental Law and Development », *Georgetown International Environmental Law Review*, vol.10, no.2, 1998, pp.501-549.
- DIAS VARELLA (M.), « La complexité croissante du système juridique international : Certains problèmes de cohérence systémique », *Revue Belge de droit international*, 2003-2, pp. 331-376.

- DO AMARAL (A.Jr.), « A integração entre o comércio internacional e a proteção do meio ambiente », *Revista de Derecho Económico Internacional*, Vol. 1 No. 1, 2010, pp.16-31.
- DONAHEY (S.), « *The Independence and Neutrality of Arbitrators* », *Journal of International Arbitration*, Vol.9, n°4, 1992, pp.31-42.
- DUMAS (M.), « Qu'est-ce que le nouvel ordre économique international?, *Tiers Monde*, Tome 17, no.66, 1976, pp.265-288.
- DUPUY (R.J.), « L'adaptation de la Cour Internationale de Justice au monde d'aujourd'hui », *Revue Belge de droit international*, 1966-1, pp. 28-49.
- DURUIGBO (E.), « The World Bank, Multinational Oil Corporations, and the Resource Curse In Africa », *University of Pennsylvania Journal of International Economic Law*, vol.26, 2005, pp.1-67.
- EATON (P.J.), « The Nigerian Tragedy, Environmental Regulation of Transnational Corporations, and the Human Right to a Healthy Environment », *Boston University International Law Journal*, vol.15, 1997, pp.261-307.
- ECCLES (R.G.), IOANNOU (I.), SERAFEIM (G.), « The Impact of a Corporate Culture of Sustainability on Corporate Behavior and Performance », *Harvard Business School*, Working Paper 12-035, 09 mai 2012, 56p (*disponible sur* : http ://www.hbs.edu/research/pdf/12-035.pdf).
- EL BOUDOUHI (S.), « L'intérêt général et les règles substantielles de protection des investissements », *Annuaire Français de droit international*, vol.51, 2005, pp.542-563.
- EL KOSHERI (A.S.), RIAD (T.), « The Law Governing a New Generation of Petroleum Agreements », *ICSID Review, Foreign Investment Law Journal*, Vol.1, 1986, pp.257-288.
- EPAULARD (A.), « Croissance et réduction de la pauvreté dans les pays en développement et dans les pays en transition », *Reflets et perspectives de la vie économique*, Vol.2, Tome XLII, 2003, pp.9-20.
- ESCOBAR (A.), « The Invention of Development », *Current History*, vol.98, novembre 1999, pp.382-386.
- EWELUKWA (U.), «Special And Differential Treatment in International Trade Law : A Concept in Search of Content »,

North Dakota Law Review, vol.71, 2003, pp.831-878.

- FACH GOMEZ (K.), « Latin America and ICSID : David versus Goliath », *Law and Business Review of the Americas,* vol.17, 2011, pp.195-230.
- FATOUROS (A.A.), « Le projet de code international de conduite sur les enterprises transnationales : essai préliminaire d'évaluation », *JDI,* 1980, No.1, pp.5-47.
- FATOUROS (A.A.), «Towards an International Agreement on Foreign Direct Investment? », *ICSID Review, Foreign Investment Law Journal*, Vol.10, No.2, Fall 1995, pp. 181-207.
- FAUCHALD (O.K.), STIGEN (J.), « Corporate Responsibility Before International Institutions », *George Washington International Law Review*, vol.40, no.4, 2009, pp.1025-1100.
- FEUER (G.), « Les différentes catégories de pays en développement – Genèse. Evolution. Statut », *JDI,* 1982, No.1, pp.5-53.
- FEUER (G.), « L'Uruguay Round et les Pays en voie de Développement », *Annuaire français de droit international,* volume 40, 1994. pp.758-775.
- FEUER (G.), « Libéralisme, mondialisation et développement – A propos de quelques réalités ambiguës », *AFDI,* 1999, pp.148-163.
- FIEVET (G.), « Réflexions sur le concept de développement durable : Prétention économique, principes stratégiques et protection des droits fondamentaux », *Revue Belge de droit international*, 2001-1, pp. 128-184.
- FITZMAURICE (M.), «Case Note : The European Court of Human Rights, Environmental Damage and the Applicability of Article 8 of the European Convention on Human Rights and Fundamental Freedoms », *Environmental Law Review*, vol.13, 2011, pp.107-114.
- FINKELSTEIN (J.F.), «An Examination of the Treaties Governing The Far-Eastern Sino-Soviet Border in light of The Unequal Treaties Doctrine », *Boston College of International and Comparative Law Review*, vol.2, no.2, 1979, pp.445-475.
- FITZPATRICK (P.), « Gods would be needed…' : American Empire and the Rule of (International) Law », *Leiden Journal of International law*, October 2003, No. 3, Vol. 16, pp. 429-466.
- FLORY (T.), « Chronique de droit international économique »,

Annuaire français de droit international, vol.32, 1986, pp.603-662.

- FORGET (L.), « « Le *panel* d'inspection » de la Banque mondiale », *Annuaire français de droit international*, vol.42, 1996, pp.645-661.
- FOUCAULT (M.), « Le jeu de Michel Foucalt. Entretien avec A. Grosrichard et autres », *Ornicar?, Bulletin Périodique du champ freudien*, no.10, juillet 1977, pp.62-93.
- FOURET (J.), KHAYAT (D.), « Centre international pour le règlement des différends relatifs aux investissements (CIRDI) », *Revue québecoise de droit international*, vol.20, no.1, 2007 pp.403-410.
- FOURET (J.), KHAYAT (D.), « International Centre for Settlement of Investment Disputes (ICSID) Case Law Review », *The Law and Practice of International Courts and Tribunals*, vol.11, 2012, pp.137-198.
- FRANK (S.D.), « Development and outcomes of investment treaty arbitration », *Harvard International Law Journal*, Vol. 50, No.2, 2009, pp.201-255.
- FRANCK (S.D.), « The ICSID Effect? Considering Potential Variations in Arbitration Awards », *Virginia Journal of International Law*, vol.51, no.4, 2011, pp.825-914.
- FRENCH (D.), « Developing States and International Environmental Law : The Importance of Differentiated Responsibilities », *International and Comparative Law Quarterly,* vol.49, no.1, 2000, pp.35-60.
- FREYER (D.H.), HERLIHY (D.), « Most-Favored-Nation Treatment and Dispute Settlement in Investment Arbitration : Just how "favored" is "Most-Favored"?», *ICSID Review, Foreign Investment Law Journal*, Vol.20, No.1, Spring 2005, pp.58-83.
- FRIEDMANN (W.), « Droit de coexistence et droit de coopération. Quelques observations sur la structure changeante du droit international. », *Revue Belge de droit international*, 1970-1, pp. 1-9.
- FROWEIN (J.A.), « Is Public International Law dead? », *German Yearbook of International Law*, Vol.46, 2003, pp. 9-16.
- GAILLARD (E.), BANIFATEMI (Y.), « The Meaning of "and" in Article 42(1), Second Sentence, of the Washington

Convention : The Role of International Law in the ICSID Choice of Law Process », *ICSID Review, Foreign Investment Law Journal*, vol.18, 2003, pp.375-411.

- GAILLARD (E.), « Centre International pour le règlement des différends relatifs aux investissements - Chroniques des sentences arbitrales », *Journal du droit international*, n°1, 2007, pp.255-373.
- GAILLARD (E.), « Anti-Arbitration Trends in Latin America », *New York Law Journal*, vol.239, no.108, 5 juin 2008.
- GAILLARD (E.), « Chronique de sentences arbitrales du Centre International pour le Règlement des différends relatifs aux investissements », *Journal du droit international*, 2008, pp.311-364.
- GAILLARD (E.), « Centre International pour le règlement des différends relatifs aux investissements - Chroniques des sentences arbitrales », *Journal du droit international*, 2009, No.1, pp.333-416.
- GAILLARD (E.), « Menace sur la protection des investissements en Europe », *Droit et Expertise*, 11 mai 2011, p.8
- GALLAGHER (K.), SHRESTHA (E.), "Investment Arbitration and Developing Countries : A Re-Appraisal», *GLOBAL DEVELOPMENT AND ENVIRONMENT INSTITUTE*, Working Paper No. 11-01, Tufts University, mai 2011, pp.2-12 (*disponible sur* : http ://ase.tufts.edu/gdae/Pubs/wp/11-01TreatyArbitrationReappraisal.pdf).
- GALLUS (N.), « The Influence of the Host State's Level of Development on International Investment Treaty Standards of Protection », *The Journal of World Trade and Investment*, vol.6, no.5, 2005, pp.711-729.
- GANN (P.B.), « The US Bilateral Investment Treaty Program », *Stanford Journal of International Law*, vol.21, 1985, pp.373-459.
- GARCIA-BOLIVAR (O.E.), « The surge of investment disputes : Latin America testing the international law *of foreign investments », The Second Biennial General Conference Of the Asian Society of International Law,* 1-2 août, Tokyo, 2009, pp.1-9.
- GAUTIER (C.), VALLUY (J.), « Générations futures et intérêt

général Éléments de réflexion à partir du débat sur le «développement durable» », *Politix*, vol.11, n°42, 1998, pp.7-36.

- GAZZINI (T.), « General Principles of law in the field of foreign investment », *JWIT*, 2009, Vol.10, Issue 1, pp.103-119.
- GIVEN (J.P.), « Malaysia Historical Salvors Sdn., Bhd. v. Malaysia : An End to the Liberal Definition of "Investment" in ICSID Arbitrations? », *Loyola Los Angeles International and Comparative Law Review*, vol.31, 2009, pp.467-500.
- GILIKER (P.), « A role for tort in pre-contractual negociations? An examination of English, French and Canadian law », *ICLQ*, Vol.52, Part 4, October 2003, pp.969-994.
- GORDON (R.E), SYLVESTER (J.H.), « Deconstructing Development », *Wisconsin International Law Journal*, vol.2, no.1, 2004, pp.1-98.
- GOTANDA (J.), « An Efficient Method for Determining Jurisdiction in International Arbitrations », *Columbia Journal of Transnational law,* Vol.40, no.1, 2001, pp.12-42.
- GOZARD (G.), « La Convention de la BIRD pour le règlement des différends relatifs aux investissements », *Tiers-monde,* 1965, Tome 6, n°24, p. 991 (*disponible sur* : http ://www.persee.fr)
- GATTINI (A), « La notion de faute à la lumière du Projet de convention de la Commission du Droit international sur la responsabilité internationale », *European Journal of International Law*, vol.3, no.2, 1992, pp.253-284.
- GATTINI (A.), « Sense and Quasisense of Schmitt's *grobraum* theory in international law – A rejoinder to Carty' "Carl Schmitt's critique of liberal international legal order », *Leiden Journal of International Law*, 2002, No. 1, Vol. 15, pp.53-68.
- GRAY (K.R.), « World Summit on Sustainable Development : Accomplishments and new Directions? », *ICLQ*, Vol.52, Part 1, January 2003, pp.256-268.
- GREENBERG (K.A.), «Hong Kong's Future : Can the People's Republic of China Invalidade the Treaty of Nanking As an Unequal Treaty? », *Fordham International Law Journal*, vol.7, 1984, pp.534-560.
- GRÉGOIRE (E.), « Développement touristique et reproduction sociale à l'île Maurice », *Civilisations – Revue internationale d'anthropologie et de sciences humaines*, vol.57, 2008, pp.91-

106.

- GRISEL (V.), VINUALES (J.E.), « L'amicus curiae dans l'arbitrage d'investissement », *ICSID Review, Foreign Investment Law Journal,* Vol.22, no.2, 2007, pp.380-432.
- HARDENBROOK (A.), « The Equator Principles : The Private Financial Sector's Attempt at Environmental Responsibility », *Vanderbilt Journal of Transnational* Law, vol.40, no.1, 2007 pp.198-232.
- HARDING (T.), JAVORCIKR (B.S.), « Developing Economies and International Investors :Do Investment Promotion Agencies Bring Them Together? », World Bank, Policy Research Working Paper, 4339, 207, pp.2-50
- HARDISTY (J.), « Reflections on *Stare Decisis* », *Indiana Law Journal*, vol.55, 1980, pp.41-69.
- HART (H.L.A), « Positivism and the Separation of Law and Morals », *Harvard Law Review*, Vol. 71, No. 4., février 1958, pp.593-629.
- HART (M.), DYMOND (B.), « Special and Differential Treatment and the Doha "Development" Round », *Journal of World Trade*, vol.37, no.2, 2003, pp.395-415.
- HASAN (P.), « The Investment Multiplier in an Underdeveloped Economy », *Economic Digest*, vol.3, no.4, 1960, pp.21-29.
- HAUSMANINGER (H.), « *Diligentia quam in suis* : A Standard of Contractual Liability From Ancient Rome to Modern Soviet Law », *Cornell Journal of International Law*, vol.18, no.2, 1985, pp.179-202.
- HECTORS (K.), « The Chartering of Environmental Protection : Exploring the Boundaries of Environmental Protection as Human Right », *European Energy and Environmental Law Review*, vol.17, juin 2008, pp.165-175.
- HELLIO (H.), « L'Etat, un justiciable de second ordre ? A propos des demandes étatiques dans le contentieux arbitral transnational relatif aux investissements étrangers », *RGDIP*, Tome 113, n°3, 2009, pp.589-620.
- HEISKANEN (V.), « Of Capital Import : The Definition of « Investment » in International Investment Law », *in*, HOFFMAN (A.K.), [eds.], *Protection of Foreign Investment Through Modern Treaty Arbitration*, Association Suisse de l'Arbitrage Series No.34, mai 2010, pp.51-73.

- HESSBRUEGGE (J.A.), « The Historical Development of the Doctrines of Attribution and Due Diligence in International Law », *International Law and Politics*, vol.36, 2004, pp.265-306.
- HO (J.), « The Meaning of 'Investment' in ICSID Arbitrations », *Arbitration International*, Vol.6, No.4, 2010, pp.633-647.
- HOLMES Jr. (O.W), «The Path of Law», *Harvard Law Review*, vol.10, 1897, pp.457-497.
- HORCHANI (F.), « Le droit international des Investissements à l'heure de la mondialisation », *JDI*, Paris, JurisClasseur, Avril-mai-Juin 2004, pp. 367-417.
- HORTA(K.), « Rhetoric and Reality : Human Rights and the World Bank », *Harvard Human Rights Journal*, vol.15, 2002, pp.227-243.
- HOUSMAN (R.F.), ORBUCH (P.M.), « Integrating Labor and Environmental Concerns into the Northern American Free Trade Agreement : A Look Back and A Look Ahead », *The American University Journal of International Law and Policy*, vol.8, no.4, 1993, pp.719-815.
- HUGON (P.), « Droit, droits et économie du développement » Illustration à propos de l'alimentation, *Monde en développement,* vol.1, no.129, 2005, pp.13-40.
- HUYSER (K.), «Sustainable Development : Rhetoric and Reform at the World Bank », *Transnational Law and Contemporary* Problems, vol.4, no.1, 1994, pp.253-277.
- IGBOKWE (V.C.), « Determination, Interpretation and Application of Substantive Law in Foreign Investment Treaty Arbitrations », JIA, Vol. 23, N° 4, August 2006, *kluwer Law International*, pp.267-299.
- ISRAEL (J.J.), « Le Droit au Développement », Paris, *RGDIP*, Tome 86/1983/1, pp.5-41.
- JACKSON (J.H.), « Sovereignty-Modern : A new Approach to an Outdated concept », *AJIL*, Vol.97, October 2003, No.4, pp. 782-802.
- JODOIN (S.), « International law and Alterity : The State and the Other », *Leiden Journal of international law*, March 2008, No.1, Vol.21, pp. 1-28.
- JOUANNET (E.), « A quoi sert le droit international ? Le droit

international providence du XXIe siècle », *Revue Belge de droit international*, 2007-1, pp. 5-52.

- JUILLARD (P.), «Investissements privés », *in*, CARREAU (D.), FLORY (T.), JUILLARD (P.), « Chronique de droit international économique », *AFDI,* volume 30, 1984, pp.773-792.
- JUILLARD (P.) « Freedom of establishment, freedom of capital movements, and freedom of investment », *ICSID Review, Foreign Investment Law Journal*, Vol.15, No.2, Fall 2000, pp.322-339.
- KAHN (P.), « Transfert de technologie et division internationale du travail. Pour une politique juridique », *Revue Belge de droit international*, 1976-2, pp. 451-455.
- KAHN (P.), « L'interprétation des contrats internationaux », *JDI*, 1981, No.1, pp.5-28.
- KAUFFMAN-KOHLER (G.), « Arbitral Precedent : Dream, Necessity or Excuse ?, The 2006 Freshfields Lectures, *Arbitration International*, Vol. 23 Issue 3, 2007, p.357-378.
- KAHALE III(G.), « A Problem in Investor-State Arbitration », *Transnational Dispute Settlement*, Vol.6, Issue 1, Mars 2009, pp.1-5, *disponible sur* : http ://www.curtis.com/siteFiles/Publications/TransNational%20Dispute %20Management%20(Kahale)%20(March%202009).pdf
- KALICKI (J.), MEDEIROS (S.), « Investment Arbitration in Brazil. Revisiting Brazil's Traditional Reluctance Towards ICSID, BITS and Investor-State Arbitration », *Arbitration International*, vol.24, no.3, 2008, pp.424-445.
- KAMIJYO (M.), « « The Equator Principles » : Improved Social Responsibility in the Private Finance Sector », *Sustainable Development Law and Policy*, vol.4, 2004, pp.35-39.
- KAHN (R.F.), « Relation of Home Investment to Unemployment », *Economic Journal*, vol.40, no.162, 1931, pp.173-198.
- KAPELIUK (D.), « The Repeat Appointment Factor : Exploring Decision Patterns of Elite Investment Arbitrators », *Cornell Law Review*, vol.96, 2010-2011, pp.47-89.
- KILL (T.), « Don't Cross the Stream : Past and Present Overstatement of Customary International Law in Connection with Conventional Fair and Equitable Treatment Obligations »,

Michigan Law Review, Vol.106, pp.853-880.
- KIMERLING (J.), « Transnational Operations, Bi-national Injustice : ChevronTexaco and Indigenous Huaorani and Kichwa in the Amazon Rainforest in Ecuador », *American Indian Law Review*, vol.31, no.2, 2007, pp.445-508.
- KNIGHT (M.), « Les pays en développement ou en transition devant la libéralisation financière », *Finances & Développement,* juin 1999, pp.32-35.
- KNUTSSON (B.), « The Intellectual History of Development. Towards a Widening Potential Repertoire », *Perspective*, no.13, avril 2009, pp.2-46
- KOIVUROVA (T.), « Due Diligence », *The Max Planck Encyclopedia of Public International Law*, Oxford University Press, article de 2010, édition en ligne [*disponible* sur : www.mpepil.com]
- KRAJEWSKI (M.), « Environmental Services of General Interest in the WTO : No Love at First Sight », *Journal for European Environmental & Planning Law*, vol.1, no.2, pp103-115.
- KSENTINI (F.Z.) [Rapporteur Spéciale], «Droit de l'homme et environnement », *Commission des Droits de l'Homme des Nations unies,sous-commission de la lutte contre les mesures discriminatoires et de la protection des minorités*, 46e session, E/CN.4/Sub.2/1994/9, 6 juillet 1994, *disponible sur* : http ://www.unhchr.ch/huridocda/huridoca.nsf/88b2ee85676902f3c 1256991004df004/6b639c972cd855278025675f003233d3? OpenDocument).
- KINDT (J.W.), « Providing for Environmental Safeguards in the Development Loans Given by The World Bank Group to the Developing Countries », *Georgia Journal of International and Comparative Law*, vol.5, 1975, pp.540-557.
- KU (C.), «Abolition of China's Unequal Treaties and The Search For Regional Stability in Asia, 1919-1943 », *Chinese/Taiwan Yearbook of International Law and Affairs*, vol.12, 1992-1994, pp.67-86.
- KUOKKANEN (T.), « International law and the expropriation of natural ressources », *Finnish Yearbook of International Law*, Vol. XI, 2000, pp. 325-358.
- KURTZ (J.), « A General Investment Agreement in the WTO? Lessons from Chapter 11 of NAFTA and OECD Multilateral

Agreement on Investment », *University of Pennsylvania Journal of International Economic Law*, vol.23, no.4, 2002, pp.713-789.

- LAGOMARSINO (J.), « WTO Dispute Settlement and Sustainable Development : Legitimacy Through Holistic Treaty Interpretation », *Pace Environmental Law Review*, vol.28, no.2, 2011, pp.545-567.
- LAMBOOY (T.), RANCOURT (M.E.), « Shell in Nigeria : From Human Rights Abuse to Coporate Social Responsibility », *Human Rights and International Legal Discourse*, vol.2, no.2, 2008, pp.229-275.
- LEADER(S.), « Le juge, la politique et la neutralité. A propos des travaux de Ronald Dworkin », *Droit et société*, vol.2, 1986, pp.29-52 (trad. Françoise Michaut).
- LEBEN (C.), « Les modes de coopération entre pays en développement et entreprises multinationales dans le secteur de la production des matières premières minérales », *JDI,* 1980, No.3, pp.540-604.
- LEBEN (C.), « Les investissements miniers internationaux dans les pays en développement : réflexions sur la décennie écoulée (1976-1986) », *JDI*, 1986, No.4, pp.895-957.
- LEBEN (C.), « La responsabilité internationale de l'Etat sur le fondement des traités de promotion et de protection des investissements », *AFDI*, CNRS éd., 2004, pp. 683-714.
- LEBEN (C.), « Un nouveau bilan des théories et réalités du droit international : le cours général de Pierre-Marie Dupuy », *RGDIP*, Tome 109/2005/1, pp.75-99.
- LEBLANC (G.), « Peut-on encore parler d'un droit du développement ? », *JDI*, 118, No.4, 1991, pp.903-945.
- LEBOULANGER (P.), « État, politique et arbitrage. L'affaire du Plateau des Pyramides », *Revue de l'Arbitrage*, vol.1, 1986, pp.3-28.
- LEE (Y.S.), « Foreign Direct Investment and Regional Trade Liberalization : A Viable Answer for Economic Development?», *Journal of World Trade*, vol.39, no.4, 2005, pp.701-717.
- LEE (V.), «Enforcing the Equator Principles : An NGO's Principled Effort to Stop the Financing of a Paper Pulp Mill in Uruguay », *Northwestern Journal of International Human Rights*, vol.6, no.2, 2008, pp.355-373.

- LENZERINI (F.), « The Interplay Between Environmental Protection and Human and Peoples' Rights in International Law », *African Yearbook of International law,* vol.10, 2002, pp.65-108.
- LEVINE (E.), « *Amicus Curiae* in International Investment Arbitration : The Implications of an Increase in Third- Party Participation », *Berkley Journal of International Law*, vol.29, no.1, 2011, pp.101-125.
- LICHTENSTEIN (N.G.), « Law in China's Economic Development : An essay from Afar », *ICSID Review, Foreign Investment Law Journal*, Vol.17, No.1, Spring 2002, pp.1-20.
- LALIVE (P.), « Some Threats to International Investment Arbitration », *ICSID Review, Foreign Investment Law Journal*, Vol.1, no.1, pp.26-40.
- LATOUCHE (S.), « Développement durable, un concept alibi », *Tiers Monde*, Tome 35, n°137, 1994, pp.77-94.
- LAUBNER (T.), « World Summit on sustainable development, Johannesburg, South Africa, 26 August – 4 September 2002 : "People, planet and prosperity".» *German Yearbook of International Law*, vol.45, 2002, pp.417-430.
- LAVRANOS (N.), « New Developments in the Interaction between International Investment Law and EU Law », *The Law and Practice of International Courts and Tribunals*, vol.9, 2010, pp.409-441.
- LE COUSTUMER (J.-C.), « La norme et l'exception. Réflexions sur le rapport du droit avec la réalité », *Cahiers de la recherche sur les droits fondamentaux*, no.6, 2007, pp.19-28.
- LEVINE (E.), « Amicus Curiae in International Investment Arbitration : The Implications of an Increase in Third-Party Participation », *Berkeley Journal of International Law*, vol.29, no.1, 2011, pp.200-224.
- L'Huillier (H.), « Qu'est-ce que le développement durable ? », *Autres Temps. Cahiers d'éthique sociale et politique.* N°78, 2003, pp.81-91.
- LOGIE (J.), « Les contrats pétroliers iraniens », *Revue Belge de droit international*, 1965-2, 392-428.
- LONCLE (J.M.), « La notion d'investissement dans les décisions du CIRDI », *Revue de droit des affaires* internationales,n°3, 2006, p.

- LOQUIN (E.), « Le pouvoir des arbitres internationaux à la lumière de l'évolution récente du droit de l'arbitrage international », *JDI*, 1983, No.2, pp.293-345.
- LOWENFELD (A.F.), « Public Policy and Private Arbitrators : Who Elected Us and What Are We Supposed to Do? », *Transnational Dispute Management*, vol.3, no.5, décembre 2006 (*disponible sur* : http ://www.transnational-dispute-management.com).
- LUDWISZEWSKI (R.B.), « "Green" Language in the NAFTA : Reconciling Free Trade and Environmental Protection », *The International Lawyer,* vol.27, no.3, 1993, pp.691-706.
- LUFF (D.), « An Overview of International Law if Sustainable Development And A Confrontation Between WTO Rules and Sustainable Development », *Revue Belge de Droit* International, vol.1, 1996, pp.91-144.
- LYONS (M.), « A Case Study in Multinational Corporate Accountability. Ecuador's Indigenous Peoples' Struggle for Redress **»,** *Denver Journal of International Law and Policy*, vol.32, no.4, 2004, pp.701-732.
- MACHADO (D.), « Ecuador y la denuncia de losTratados Bilaterales deInversión », *CATDM,* 7 décembre 2009 (*disponible sur* : http ://www.cadtm.org/Ecuador-y-la-denuncia-de-los).
- MAGRAW (D.B.), « Legal Treatment of Developing Countries : Differential, Contextual, and Absolute Norms », *Colorado Journal of International Law and Policy*, vol.1, no.1, 1990, pp.60-99.
- MAHIOU (A.), « Droit International et développement », Cours Euro-Méditerranéens Bancaja de Droit International, 1999, Vol.III, pp.23-141.
- MALIK (M.), «South-South Bilateral Investment Treaties : The Same Old Story? », IV Annual Forum for Developing Country Investment Negotiators Background Papers New Delhi, October 27-29, 2010, publié par L'institut international du développement durable, 2011, pp.1-5 (*disponible sur* : http ://www.iisd.org/pdf/2011/dci_2010_south_bits.pdf).
- MANN (F.A), SEILD-HOHENVELDERN (I.), LALIVE (P.), VAN HECKE (G.), « Contrats entre Etats et personnes privées étrangères », *Revue Belge de droit international*, 1975-2, pp. 562-594.

- MANN (H.), « NAFTA and the Environment : Lessons for the Future », *Tulane Environmental Law Journal*, vol.13, 2000, pp.387-410.
- MAHIOU (A.), « Les implications du nouvel ordre économique et le droit international », *Revue Belge de droit international*, 1976-2, pp. 421-450.
- MARCO (M.), « Accountability in International Project Finance : The Equator Principles and the Creation of Third-Party-Beneficiary Status for Project-Affected Communities », *Fordham International Law Journal*, vol.34, no.4, 2011, pp.452-503.
- MARONG (A.B.M.), « From Rio to Johannesburg : Reflections on the Role of International Legal Norms in Sustainable Development », *The Georgetown International Environmental Law Review*, vol.16, 2003-2004, pp.21-76.
- MASSER (A.L.), « The Nexus of Public and Private in Foreign Direct Investment : An Analysis of IFC,MIGA, and OPIC », *Fordham Journal of International Law*, vol.32, no.5, 2008, pp.1698-1743.
- MATES (C.M.), « Project Finance in Emerging Markets-The Role of the International Finance Corporation », *Transnational Lawyer*, vol.18, 2004, pp.165-171.
- MAUREL (O.), *La responsabilité des entreprises en matière de droits de l'homme. I. Nouveaux enjeux, nouveaux Rôles*, Étude de la Commission Nationale Consultative des Droits de l'Homme, Paris, La Documentation Française, 2009, pp.1-426.
- MAVROIDIS (P.C.), « Cosi Fan Tutti [sic]- Tales of Trade and Development, Development and Trade », *German Yearbook of International Law*, vol.47, 2004, pp.39-62.
- MAYER (P.), « La neutralisation du pouvoir normatif de l'Etat en matière de contrats d'Etat », *JDI*, 1986, No.1, pp.5-107.
- MAYER (P.), « *Contract claims* et clauses juridictionnelles des traits relatifs à la protection des investissements », *JDI*, 2009, No.1, pp.71-96.
- M'BAYE (K.), « Le droit au développement, comme un droit de l'homme », *Revue Des Droits de l'Homme*, 1972, p.505.
- MBENGUE (M.M), « Preamble », *The Max Planck Encyclopedia of Public International Law*, Oxford University Press, 2006, édition en ligne [*disponible* sur : www.mpepil.com]

- McINTYRE (O.), « Environmental Protection of International Rivers. Case Analysis of the ICJ Judgment in the Case Concerning the Gabcikovo-Nagymaros Project (Hungary/Slovakia), *Journal of Environmental law*, vol.10, 1998, pp.79-91.
- McINTYRE (O.), «The World Court's Ongoing Contribution to International Water Law : The Pulp Mills Case between Argentina and Uruguay », *Water Alternatives*, vol.4, no.2, 2011, pp.124-144.
- McLACHLAN (C.), « The Principle of Systemic Integration and Article 31.3 C) of the Vienna Convention », *International and Comparative Law Quarterly,* vol.54, 2005, pp.279-319.
- McLACHLAN (C.), « Investment Treaties and general international law », *ICLQ*, Volume 57, Part 2, April 2008, pp.361-402.
- LORD McNAIR, « The General Principles of Law Recognised by Civilised Nations », *British Yearbook of International Law*, vol.33, 1957, pp.1-19.
- MEKAY (E.), « Bias seen in International Dispute Arbiters », *Inter Press Service*, 19 juin 2007 (*disponible sur* : http ://ipsnews.net/news.asp?idnews=38229)
- MERRYMAN(J.H.), « Comparative Law and Social Change : On the Origins, Style, Decline & Revival of the Law and Development Movement », *American Journal of Comparative Law*, vol.25, 1977, pp.457-491.
- MILES (K.), « Transforming Foreign Investment : Globalisation, The Environment, and A Climate of Controversy », *Macquarie Law Journal*, vol.7, 2007, pp.81-105.
- MOLOO (R.), JACINTO (J.), « Environmental and Health Regulation : Assessing Liability Under Investment Treaties », *Berkley Journal of International Law*, vol.29, no.1, 2011, pp.101-165.
- MONSHIPOURI (M.), WELCH Jr. (C.E.), KENNEDY (E.T.), « Multinational Corporations and the Ethics of Global Responsibility : Problems and Possibilities », *Human Rights Quarterly*, vol.25, no.4, 2003, pp.965-989.
- MORGERA (E.), « Significant Trends in Corporate Environmental Accountability : The New Performance Standards of the International Finance Corporation »,

Colorado Journal of International Environmental Law and Policy, vol.18, 2007, pp.151-188.

- MOROSINI (F.), « Trade and Climate Change : Unveiling The Principe of Common But Differentiated Responsibilities From The WTO Agreements », *The George Washington International Law Review*, vol.42, no.4, 2010, pp.713-748.
- MORTENSON (J.D.), « The Meaning of "Investment" : ICSID's Travaux and the Domain of International Investment Law », *Harvard Journal of International Law*, vol.51, no.1, 2010, pp.257-318.
- MUCHLINSKI (P.), « Caveat Investor? The Relevance of the Conduct of the Investor under the Fair and Equitable Treatment Standard », *ICLQ*, Vol.55, 2006, pp. 527-558.
- MUTHARIKA (A.P.), « Creating an attractive investment climate in the Common Market for Eastern and Sourthern Africa (COMESA) Region », *ICSID Review, Foreign Investment Law Journal*, Vol.12, No.2, Fall 1997, pp. 237-286.
- NARIMAN (F.), « East meets West : Tradition, Globalization and the future of arbitration », *Arbitration International*, Vol.20, No.2, 2004, pp.123-138.
- NARLIKAR (A), « Peculiar chauvinism or strategic calculation? Explaining the negotiating strategy of a rising India », *International Affairs*, vol.82, no.1, 2006, pp.59-76.
- NECHIFOR (I.), « Culture, développement et tiers monde », UNESCO, Etudes et rapports de l'Unité de recherche et de gestion culturelle - No 6, Document CLT/CIC/CRM/98/033, 1998, 69p.
- NOWZAD (B.), « Tratamento diferential de comércio para os PMDs », *Finanças & Desenvolvimento*, 1978, pp.30-34.
- O'CONNELL (D.P.), "Unjust Enrichment", *The American Journal of Comparative Law*, Vol.V., 1956, pp.2-17.
- ODUNTAN (G.), « The Emergent Legal Regime For Exploration of Hydrocarbons in the Gulf of Guinea : Imperative Considerations for Participating States and Multinationals », *International and Comparative Law Quarterly*, vol.57, no.2, 2008, p., pp.253-302.
- ODYSSEOS (L), PETITO (F.), « Introducing the international theory of Carl Scmitt : International law, international relations and the present global predicament(s) », *Leiden Journal of international law*, March 2006, No. 1, Vol.19, pp. 1-8.

- OHNESORGE (J.K.M.), « Developing Development Theory : Law and Development Orthodoxies and the Northeast Asian Experience », *University of Pennsylvania Journal of International Economic Law*, vol.2, no.28, 2007, pp.219-308.
- OLIVARES (G.), « The essence of economic globalization : The lagal dimension », *Revue Belge de droit international*, 2003-1, pp. 56-91.
- OSHIONEBO (E.), « World Bank and Sustainable Development of Natural Resources in Developing Countries », *Journal of Energy and Natural Resources Law*, vol.27, no.2, 2009, pp.193-227.
- OUDBEJI (M.), « Les principes contemporains de la coopération internationale sur le commerce des produits de base », *Les Cahiers de droit*, vol. 32, n° 3, 1991, pp.711-728.
- PAATII OFOSU AMAAH (W.), « Reforming Business-Related Laws to Promote Private Sector Development : The World Bank Experience in Africa », *ICSID Review-Foreign Investment Law Journal*, vol.15, no.1, 2000, pp.1-58.
- PARK (S.), « The World Bank, Dams and the Meaning of Sustainable Development in Use », *Journal of International Law and International Relations*, vol.5, no.1, pp.93-122.
- PARRA (A.R.), "Provisions on the Settlement of Investment Disputes in modern investment laws, bilateral investment treaties and multilateral instruments on investment », *ICSID Review, Foreign Investment Law Journal*, Vol.12, No.2, Fall 1997, pp.287-364.
- PAUL (J.C.N.), «The United Nations and the Creation of an International Law of Development», *Harvard Journal of International Law*, vol.6, no.2, 1996, pp.307-328.
- PAULSSON (J.), « Arbitration without Privity », *ICSID Review, Foreign Investment Law Journal*, Vol.10, No.2, Fall 1995, pp.232-361.
- PAULSSON (J.), « International Arbitration and the Generation of Legal Norms : Treaty Arbitration and International Law », *Transnational Dispute Management*, Vol.3, no.5, 2006 (*disponible sur* : http ://www.transnational-dispute-management.com).
- PAYNE (C.), « Mastering the Evidence : Improving Fact Finding by International Courts », *Environmental Law*, vol.41, 2011, p.1191-1220.

- PELLET (A.), « Le sage, le Prince et le Savant (A propos de « La politique juridique extérieure » de Guy Lacharrière) », *JDI*, 1985, No.2, pp.407-414.
- PEREZ (J.), GISTELINCK (M.), KARBALA (D.), « Sleeping LionsInternational investment treaties, stateinvestor disputes and access to food, land and water, *Oxfam discussion paper,* mai 2011, pp.1-37.
- PETERSON (L.E.), *Bilateral Investment Treaties and Development Policy-Making*, International Institute for Sustainable Development, 2004, p.4-40 (*disponible sur* : http ://www.iisd.org/pdf/2004/trade_bits.pdf)
- PETERSON (L.E), « Archaeological and environmental differences distinguish FDI projects », *Investment Treaty* News, 28 septembre 2007.
- PETERS (A.), « Unequal Treaties », *The Max Planck Encyclopedia of Public International Law*, Oxford University Press, 2011, édition en ligne [*disponible* sur : www.mpepil.com], pp.1-14.
- PETIT (Y.), « Environnement », *Répertoire international Dalloz*, janvier 2010, pp.1-31.
- PIMENTEL PUGA (F.), BORÇA JUNIOR (G.R.), MACHADO NASCIMENTO (M.), «O Brasil diante de um novo ciclo de investimento e crescimento econômico», *in*, ALEM (A.C.), GIAMBIAGI (F.) [dir.], *O BNDES em um Brasil em transição*, Rio de Janeiro, BNDES, 2010, pp.59-72.
- POGGE (T.), « Recognized and violated by international law : The human rights of the global poor », *Leiden Journal of international law*, December 2005, No.4, Vol.18, pp. 717-746.
- PORTER (M.), « The Ethiopian Investment law », *ICSID Review, Foreign Investment Law Journal*, Vol.14, No.2, Fall 1999, pp.362-380.
- POTESTA (M.), «Bilateral Investment Treaties and the European Union. Recent Developments in Arbitration and Before the ECJ », *The Law and Practice of International Courts and Tribunals*, vol.8, no.2, 2009, pp.225-245
- POULAIN (B.), « Quelques interrogations sur le statut des traits bilatéraux de promotion et de protection des investissements au sein de l'Union Européenne », *RGDIP*, Tome 111/2007/4, pp.803-827.
- PREISWERK (R.), « New developments in Bilateral

Investment Protection », *Revue Belge de droit international*, 1967-1, pp. 173-195.

- Justice PRESTON (B.J.), «The Role of the Judiciary in Promoting Sustainable Development : The Experience of Asia and the Pacific », *The University of Sydney Legal Studies Research Paper*, n°08/46, avril 2008, pp.1-79.
- PREUSS (U.K.), «Equality of States-Its Meaning in a Constitutionalized Global Order », *Chicago Journal of International Law*, vol.9, 2008-2009, pp.17-49.
- PROTOPSALTIS (P.M.), «Les conditions d'éligibilité et de maintien des garanties de l'Agence Multilatérale de Garantie des Investissements. Essai de déchiffrement des principes d'évaluation des projets d'investissement soumis à l'AMGI en vue de la délivrance d'une garantie ainsi que des obligations de conduite des titulaires de garanties », *Revue Hellénique de Droit International*, vol.53, no.1, 2000, pp.135-168.
- PRUJINER (A.), « L'expropriation, l'ALENA et l'affaire Metalclad », *InternationaL Law Forum de Droit International*, vol.5, 2003, pp. 205-214.
- PUPPIM DE OLIVEIRA (J.A.), « Governmental Responses to Tourism Development :
- Three Brazilian Case Studies », *Tourism* Management, vol.24, 2003, pp.97-110.
- PUTNEY (A.), « The Termination of Unequal Treaties », *American Journal of International Law Proceedings*, vol.21, 1927, pp.87-100.
- QUERE-MESSING (M.), « Le rôle de l'arbitrage dans l'assistance aux pays sous-développés », *AFDI*, 1960, pp.435-443.
- QURESHI (A.H.), « International Trade for Development : The WTO as a Development Institution? », *Journal of World Trade*, vol.43, no.1, 2009, pp.173-188.
- RAMBAUD (P.), « L'affaire des « Pyramides » : suite et fin », *Annuaire français de droit international,*vol.39, 1993, pp.567-576.
- Monsieur le Juge RANJEVA (R.), «L'environnement, la Cour internationale de Justice, et la Chambre spéciale pour les questions de l'environnement », *Annuaire Français de droit international,* vol.40, 1994, pp.433-441.
- RATTNER (H.), « Tendances et perspectives du

développement durable en Amérique latine », *Revue Tiers Monde*, vol.33, no.130, 1992, pp.329-338.

- RAUSTIALA (K.), « Form and substance in International Agreements », *AJIL*, Vol.99, July 2005, No.3, pp.541-580.
- REDFERN (A.), « The Arbitration between the Government of Kuwait and Aminoil, *The British Yearbook of International Law* 1984, volume 55 , p. 65-110.
- REISMAN (W.M.) « 'Case Specific Mandates' versus 'Systemic Implications' : How Should Investment Tribunals Decide? The Freshfields Arbitration Lecture », *Arbitration International*, vol.29, no.2, 2013, pp.131-151.
- REISMAN (W.M.), « The Regime for Lacunae in the ICSID Choice of Law Provision and the Question of Threshold », *ICSID Review, Foreign Investment Law Journal*, vol.15, no.2, 2000, pp.362-381.
- RICH (B.M.), « The Multilateral Development Banks, Environmental Policy, and the United States », *Ecology Law Quarterly*, vol.12, no.4, 1985, pp.681-745.
- RIS (M.), « Treaty Interpretation and ICJ Recourse to Travaux Préparatoires : Towards a Proposed Amendment of Articles 31 and 32 of the Vienna Convention on the Law of Treaties », *Boston College International and Comparative Law Review*, vol.14, no.1, 1991, pp.111-136.
- ROGERS (C.A.), « The Vocation of the International Arbitrator », *American University International Law Review*, vol.20, no.5, 2005, pp.957-1020.
- ROOT (E.), « The Basis of Protection to Citizens Residing Abroad », *American Journal of International Law*, vol.4, 1910, pp.517-528.
- ROSENBERG (M.F.), CHEAH (M.A.), « Arbitrating environmental disputes », *ICSID Review, Foreign Investment Law Journal*, Vol.16, Np.1, Spring 2001, pp.39-60.
- ROWAT (M.D.), « Multilateral Approaches to Improving the Investment Climate of Developing Countries : The Cases of ICSID and MIGA », *Harvard International Law Journal*, vol.33, no.1, 1992, pp.103-136.
- SALACUSE (J.W.), «BIT by BIT : The Growth of Bilateral Investment Treaties and Their Impact on Foreign Investment in Developing Countries », *The International Lawyer*, vol.24, 1990, pp.657-675.

- SALACUSE (J.W.), « Direct Foreign Investment and the law in developing countries », *ICSID Review, Foreign Investment Law Journa*l, Vol.15, No.2, Fall 2000, pp. 382-400.
- SALEM (M.), « Le développement de la protection conventionnelle des investisseurs étrangers », *JDI*, 1986, No.3, pp. 579-626.
- SALOMON (C.T.), « Selecting an International Arbitrator : Five Factors to Consider », *Mealey's International Arbitration Report*, Vol.17, n°10, Octobre 2002,pp.1-4, *disponible sur* : http ://www.arbitralwomen.org/files/publication/0405202743129.pdf
- SALMON (J.. A.), « Lc procédé de la fiction en droit international public », *Revue Belge de droit international*, 1974-1, pp. 11-35.
- SALMON (J.A.), "Des mains propres comme conditions de recevabilité des réclamations internationales", *Annuaire français de droit international*, vol.10, 1964, pp.225-266
- SANDS (P.), « International Courts and the Application of the Concept of "Sustainable Development" », *Max Planck Yearbook of United Nations Law*, vol.3, 1999, pp.389-405.
- SANDS (P.), « Litigating Environmental Disputes : Courts, Tribunals And The Progressive Development of International Environmental Law. *The Policy Framework for Investment : The Social and Environmental Dimensions* », *Global Forum on International Investment*, OCDE, 27-28 mars 2008, pp.1-10(*disponible sur* : http ://www.oecd.org/dataoecd/45/7/40311090.pdf)
- SANDS (P.H.), « International Environmental Law after Rio », *European Journal of International* Law, vol.4, no.3, 1993, pp.377-389.
- SHAPOVALOV (A.), "Should a Requirement of "Clean Hands" be a Prerequisite to the Exercise of Diplomatic Protection? Human Rights Implications of the International Law Commission's Debate", *American University International Law Review*, vol.20, 2005, pp.829-866.
- SCHREUER (C.H.), « Unjustifies Enrichment in International Law », *The American Journal of Comparative Law*, Vol.22, 1974, pp.281-301.
- SCHREUER (C.), « Fair and Equitable Treatment in Arbitral Practice », *JWIT*, Vol. 6, No. 3, June 2005, pp.357-386.

- SCHREUER (C.), « Full Protection and Security », *Journal of International Dispute Settlement*, vol.1, no.2, 2010, pp.1-17.
- SCOTT (S.V.), « The Problem of Unequal Treaties in Contemporary International Law : How the Powerful have Reneged on the Political Compacts within which Five Cornerstone Treaties of Global Governance are Situated », *Journal of International Law and International Relations*, vol.4, no.2, pp.101-126.
- SCHOLTZ (W.), « Different countries, one environment : A critical Southern discourse on the common but differentiated responsibilities principle », *South African Yearbook of International Law*, vol.33, 2008, pp.113-136.
- SEONG WOOK (H.), « The Concept of "Public Interest" Demonstrated in Korean Court Precedents », *Journal of Korean Law*, vol.6, no.1, 2006, pp.91-109.
- SHAN (W.), ZHANG (S.), « The Treaty of Lisbon : Half Way toward a Common Investment Policy », *European Journal of International Law*, vol.21, no.4, 2011, p.1049–1073.
- SHANY (Y.), « Contract claims vs. Treaty claims : Mapping conflicts between ICSID decisions on multisource investment claims », *AJIL*, Vol.99, October 2005, No.4, pp.835-851.
- SHELTON (D.), « Human Rights, Environmental Rights, and the Right to Environment », *Stanford Journal of International Law*, vol.28, 1991-1992, pp.103-138.
- SHELTON (D.) « Human Rights and the Environment : Jurisprudence of Human Rights Bodies », *Joint UNEP-OHCHR Expert Seminar on Human Rights and the Environment, Genève, Background Paper No. 2 14-16 January 2002*, pp.1-15
- SHERMAN (F.C.), « Law and Development Today : The New Developmentalism », *German Law Journal*, vol.10, no.9, pp.1257-1273.
- SHIHATA (I.), « L'Agence multilatérale de garantie des investissements », *Annuaire français de droit international*, vol.33, 1987, pp.601-613.
- SHIHATA (I.F.I.), « The World Bank and the Environment : A Legal Perspective », *Maryland Journal of International Law and Trade*, vol. 16, no. 1, 1992, pp.1-42.
- SHIHATA (I.F.I.), « Implementation, Enforcement, and Compliance With International Environmental Agreements -

Practical Suggestions in Light of the World Bank's Experience », *Georgetown International Environmental Law Review*, vol.9, no.1, 1996, pp.37-51.

- SIMMA (B.) « Recriprocity », *The Max Planck Encyclopedia of Public International Law*, Oxford University Press, 2008, édition en ligne [*disponible* sur : www.mpepil.com].
- SINHA (S.P.), « Perspective of the Newly Independent States on the Binding Quality of International Law », *International and Comparative Law Quarterly*, vol.14, 1965, pp.121-131.
- **SINGER** (H.W.), « La création de la CNUCED et l'évolution de la pensée contemporaine sur le développement », *Revue Tiers Monde,* Tome 35, no.139, pp.489-498.
- SMETS (P.), « La pratique belge en matière de protection bilatérale des investissements privés étrangers », *Revue Belge de droit international*, 1973-1, pp. 28-49.
- SCHNEIDERMAN (D.), « Judicial Politics and International Investment Arbitration : Seeking an Explanation for Conflicting Outcomes », Northwestern Journal of International Law & Business, Vol. 30, No. 2, 2010, pp.1-33.
- SOOPRAMANIEN (R.), « Economic impact of proper administration of justice », *ICSID Review, Foreign Investment Law Journal*, Vol.13, No.2, Fall 1998, pp.426-439.
- SOREL (J.M.), « L'évolution des institutions financières internationales : entre redéploiement et fragilité, une restructuration systémique en chantier », *AFDI*, vol.52, 2006, pp.481-504.
- SORNARAJAH (M.), « The Clash of Globalisations and the International Law of Foreign Investments », Ottawa, *The Simon Reisman Lecture in International Trade Policy*, The Norman Paterson School of International Affairs 12 September 2002, pp.1-39
- SORNARAJAH (M.), « Power and Justice : Third World Resistance in International Law », *Singapore Yearbook of International Law*, vol.10, 2006, pp.19-57.
- STENZEL (P.L.), « Can NAFTA's Environmental Provisions Promote Sustainable Development », *Albany Law Review*, vol.59, no.2, 1995, pp.423-480.
- STERN (B.), « Un petit pas de plus : l'installation de la société civile dans l'arbitrage CIRDI entre État et investisseur », *Revue de l'arbitrage*, n°1, 2007, pp.3-44.

- STERN (B.), A propos d'une sentence d'un Tribunal des différends irano-américain", *Annuaire français de droit international*, vol.28, 1982, pp.425-453.
- STERN (B.), « Are Some Issues Too Political to Be Arbitrable? », *ICSID Review, Foreign Investment Law Journal*, vol.24, No.1, Spring 2009, pp.90-108.
- STERN (B.), « The Contours of the Notion of Protected Investment », *ICSID Review, Foreign Investment Law Journal*, vol.24, No.2, Fall 2009, pp.534-551.
- STOEBUCK (W.B.), « Police Power, Takings, and Due Process », *Washington and Lee Law Review*, vol.37, no.4, 1980, pp.1057-1099.
- STONE (C.D.), « Common But Differentiated Responsibilities in International Law », *American Journal of International Law*, vol.98, no.2, 2004, pp.276-301.
- SUBEDI (S.P.), « The Road from Doha : The issues for the Development Round of the WTO and the future of international trade », *ICLQ*, Vol. 52, Part 2, April 2003, pp.425-446.
- SUBRAMANIAN (S.R.), « Too Similar or Too Different : State of Necessity as a Defence under Customary International Law and the Bilateral Investment Treaty and their Relationship », *Manchester Journal of International Economic Law*, vol.9, no.1, 2012, pp.68-91.
- SUNTOO (R.), « The Impact and Influence of Tourism in Mauritius : The Case of Flic en Flac », *The International Journal's Research Journal of Economics and Business Studies*, vol.1, no.3, 2012, pp.22-29.
- SUR (S.), « L'Etat entre l'éclatement et la mondialisation », *Revue Belge de droit international*, 1997-1, pp. 5-20.
- SCHWARTZ (J.Z.) *et al.*, « Crisis in Latin America
- Infrastructure Investment, Employment and the Expectations of Stimulus », Banque mondiale, *Policy Research Working Paper*, WPS5009, juillet 2010, pp.1-20.
- TEITELBAUM (R.), « A Look At The Public Interest In Investment Arbitration : Is It Unique? What Should We Do About It? », *Berkley Journal of International Law Publicist*, vol.5, 2010, pp.54-62.
- TEYNIER (É.), « L'*amicus curiæ* dans l'arbitrage CIRDI »,

Gazette du Palais, 15 décembre 2005, n°349, p.19.
- TIENHAARA (K.S.), « Unilateral Commitments to Investment Protection : Does the Promise of Stability Restrict Environmental Policy Development? », *Yearbook of International Environmental Law*, vol.17, 2006, pp.139-167.
- TIETJE (C.), NOWROT (K.), WACKERNAGEL (C.), « Once and Forever? The Legal Effect of the Denunciation of ICSID », *Beiträge zum Transnationalen Wirtscheftsrecht*, Institute of Economic Law, TELC School of Law, Martin Luther University Halle-Wittenberg, mars 2008, pp.1-37 (*disponible sur* : http ://www.wirtschaftsrecht.uni-halle.de/sites/default/files/altbestand/Heft74.pdf).
- TCHIVOUNDA (G.P.), « Prospectives des intégrations régionales du Tiers-Monde », *JDI*, 1984, No.2, pp.280-290.
- THOMAS (A.V.W.), THOMAS (A.J. Jr), «Equality of States in International Law - Fact or Fiction?», *Virginia Law Review*, vol.37, no.6, 1951, pp.791-823.
- THOMAS (J.), « Reflections on Article 1105 of NAFTA : History, State Practice and the Influence of Commentators », *CSID Review, Foreign Investment Law Journal*, vol.17, no.1, 2002, pp.21-101.
- THOMAS (W.), « The need to be sustainable - New environmental rules are forcing banks to change the way they look at the real cost of project finance », *International Financial Law Review*, vol.25, 2006, pp.62-65.
- THORME (M.), « Establishing Environment as a Human Right », *Denver Journal of International Law and Policy*, vol.19, no.2, 1991, pp.301-342.
- TLADI (D.), «Sustainable development, integration and international law and policy : Sombre reflections on World Bank efforts », *South African Yearbook of International Law*, vol.29, 2004, pp.164-192.
- TOUSCOZ (J.), « Les opérations de l'Agence Multilatérale de Garantie des Investissements (A.M.G.I.) », *JDI*, 1987, No.4, pp.901-925.
- TOUZET (A.), « Droit et développement durable », *Revue de droit public et de la science politique en France et à l'étranger*, no.2, 2008, p.453 et s.
- TROPER (M.), «Le positivisme», *Droit et société*, vol.1, 1985, pp.35-60.

- TRUBEK (D.M.), « The Owl and the Pussy-Cat : Is There a Future for « Law and Development »? », *Wisconsin International Law Journal*, vol.25, no.2, 2007, pp.235-242.
- TSAGOURIAS (N.), « Globalization, Order and the Rule of law », *Finnish Yearbook of International Law*, Vol. XI, 2000, pp. 247-264.
- TULLY (S.), « The 2000 Review of the OECD Guidelines for Multinational Enterprises », *ICLQ*, Vol.50, Part 2, April 2001, pp. 394-403.
- TURINOV (A.), « 'Investment' and 'Investor' in Energy Charter Treaty Arbitration : Uncertain Jurisdiction », *Journal of International Arbitration*, Vol.26, Issue 1, 2009, pp.1-23.
- VANDERVELDE (K.J.), « The political economy of Bilateral Investment Treaty », *AJIL*, Vol.92, October 1998, No.4, pp. 621-641.
- VANDEVELDE (K.J.), « A Brief History of International Investment Agreements », *University of California Davis Journal of International Law and Policy*, vol.12, 2005, pp.157-194.
- VAN HARTEN (G.), « The public-private distinction in the international arbitration of the individual claims against the State », *ICLQ*, Vol. 56, Part 2, April 2007, pp. 371- 394.
- VAN HARTEN (G.), « Five Justifications for Investment Treaties : A Critical Discussion », *Trade, Law and Development*, vol.2, no.1, 2010 (*disponible sur* : http ://www.tradelawdevelopment.com/index.php/tld/article/view/2(1)%20TL%26D%2019%20(2010)/38).
- VAN AAKEN (A.), « Fragmentation of international law : The case of international investment law », *in*, *Post-ILC debate in Fragmentation of International law, Finnish Yearbook of International Law*, Vol. XVII, 2006, pp. 91-130.
- VAN WYNEN THOMAS (A.), THOMAS (A.J.), « Equality of States in International Law – Fact or Fiction? », *Virginia Law Review*, vol.37, no.6, octobre 1951, pp.791-823.
- VEGA-CANOVAS (G.), « NAFTA and the Environment », *Denver Journal of International Law and Policy*, vol.30, no.1, 2001, pp.55-62.
- VERHOEVEN (J.), « Droit international des contrats et droit des gens », *Revue Belge de droit international*, 1978-1979-1, pp. 209-230.

- VERHOOSEL (G.), «Foreign Direct Investment and Legal Constraints on Domestic Environmental Policies : Striking A « Reasonable » Balance Between Stability and Change », *Law and Policy in International Business*, vol.29, no.4, 1998, pp.451-479.
- VIGNER (C.), « L'accord franco-algérien du 26 juin 1963 en matière d'arbitrage pétrolier pour le respect des droits acquis au Sahara », *AFDI*, 1964, pp.383-395.
- VILLALPANDO (S.), « The Legal Dimension of the International Community : How Community Interests Are Protected in International Law », *The European Journal of International Law*, Vol. 21, no. 2, 2010, pp.387-419.
- VINCENT (P.), « L'impact des négociations de l'Uruguay Round sur les pays en développement », *Revue Belge de droit international*, 1995-2, 486-513.
- VINCENT (P.), « Les résultats de la quatrième conférence ministérielle de l'OMC – vers un cycle du développement ? », *Revue Belge de droit international*, 2003-1, pp. 111-130.
- VIÑUALES (J.), « Foreign Investment and the Environment in International Law : An Ambiguous Relationship », Genève, Center for International Environmental Studies, The Graduate Institute, *Research Paper no.2*, pp.1-74.
- VIÑUALES (J.E.), « Access to Water in Foreign Investment Disputes », *The Georgetown International Environmental law Review*, vol.21, no.4, 2009, pp.733-759.
- VIRALLY (M.), « Vers un droit international du développement » *Annuaire français de droit international*, vol.11, 1965, pp.3-12.
- VIS-DUNBAR (D.), « Analysis : Latin America's new model bilateral investment treaties », *Investment Treaty News*, 17 juillet 2008 (*disponible sur* : http ://www.iisd.org/itn/2008/07/17/in-depth-latin-america-s-new-model-bilateral-investment-treaties/).
- VIS-DUNBAR (D.), « Malaysian Historical Salvors Jurisdictional Award Annulled ; Committee Split on Question of Economic Development as Criteria of ICSID Investments » *Investment Treaty News*, mai 2009, p.1, p.11 (*disponible sur* : http ://www.iisd.org/itn/wp-content/uploads/2009/05/ITN-May-2009.pdf).
- VOHRYZEK (A.), « Unjust Enrichment Unjustly Ignored : Opportunities and Pitfalls in Bringing Unjust Enrichment

Claims under ICSID », *Loyola of Los Angeles International and Comparative Law Review*, vol.3, 2009, pp.501-580.

- WAELBROECK (O.), « La réparation des atteintes aux investissements étrangers : le discounted-cash-flow », *Revue Belge de droit international*, 1990-2, 464-475.
- WAELDE (T.W.) « Procedural Challenge in Investment Arbitration Under the Shadow of the Dual role of States. Asymmetries and Tribunals' Duty to Encure Pro-Actively, the Equality of Arms », *Arbitration International,* vol.26, no.1, 2010, pp.3-42.
- WAELDE (T.), KOLO (A.), « Environmental Regulation, Investment Protection and 'Regulatory Taking' in International Law », *International and Comparative Law Quarterly*, vol.50, no.4, 2001.
- WAELDE (T.W.), « Nouveaux Horizons pour le Droit International des Investissements dans le contexte de la Mondialisation de l'Economie », *Transnational Dispute Management*, 2003, pp.1-60.
- WAGNER (J.M.), « International Investment, Expropriation and Environmental Protection », *Golden Gate University Law Review*, vol.29, no.3, 1999, pp.465-527.
- WAIBEL (M.), « Two worlds of necessity in ICSID arbitration : *CMS* and *LG&E* », *Leiden Journal of international law*, October 2007, No.3, Vol.20, pp. 637-648.
- WALDRON (J.), « Can There Be a Democratic Jurisprudence », *Emory Law Journal*, vol.58, 2009, pp.675-712.
- WALKER (H.Jr), « Modern Treaties of Friendship, Commerce and Navigation », *Minnesota Law Review,* vol.42, 1958, pp.805-824.
- WANG (G.), « China's practice in international investment law : from participation to leadership in the world economy», *The Yale journal of international law,* 2009, Vol.4, issue 2, pp.575-588.
- WEIL (P.), « Towards Relative Normativity in International Law? », *American Journal of International Law*, vol.77, 1983, pp.413-442.
- WEIL (P.), «The State, the foreign investor and international law : the no longer stormy relationship of a *ménage à trois* », *ICSID Review, Foreign Investment Law Journal*, Vol.15, No.2,

Fall 2000, pp.401-416.

- WEIDNER (J.N.), « World Bank Study », *Buffalo Human Rights Law Review,* vol.7, 2001, pp.194-226.
- WELLS Jr. (T.L.), WINT (A.G.), « Facilitating Foreign InvestmentGovernment Institutions to Screen, Monitor, and Service Investment from Abroad», Banque mondiale, *Foreign Investment Advisory Service*, Occasional Paper, pp.1-43.
- WENGLER (W.), « Nouveaux aspects de la problématique des contrats entre Etats et personnes privées », *Revue Belge de droit international*, 1978-1979-2, pp. 415-424.
- WESTON (B.H.), « Constructive Takings Under International Law : A Modest Foray Into the Problem "Creeping Expropriation," », *Virginia Journal of International Law*, vol.16, no.1, 1975, pp.103-175.
- WHITSITT (E.), VIS-DUNBAR (D.), « Investment Arbitration in Brazil : Yes or No? », *Investment Treaty News*, 30 novembre 2008 (*disponible sur* : http ://www.iisd.org/itn/2008/11/30/investment-arbitration-in-brazil-yes-or-no/)
- WIGGINS (A.), « Indian Rights and the Environment », *Yale Journal of International Law*, vol.18, 1993, pp.345-354.
- WILLIAMS (J.), « Regulating Multinational Polluters in a Post-Nafta Trade Regime : The Lessons of *Metalclad v. Mexico* and a Case for a « Takings » Standard », *UCLA Journal of International Law and Foreign Affairs*, vol.8, 2003, pp.473-502.
- WOOLSEY (L.H.)[intervention], « The Termination of Unequal Treaties », *American Society of International Law Proceedings*, vol.21, 1927, pp.96-99.
- WOUTERS (J.), CHANET (L.), « Corporate Human Rights Responsibility : A European Perspective », Northwestern Journal of International Human Rights , vol.6, no.2, 2008, pp.262-303.
- YALA (F.), « The Notion of 'Investment' in ICSID Case Law : A Drifting Jurisdictional Requirement? Some « un-conventional » thoughts on *Salini, SGS* and *Mihaly* », *Journal of International Arbitration,* Vol.2, Issue 2, pp.105-126.
- YANNACA-SMALL (C.), « «L'expropriation indirecte » et le « droit de réglementer » dans le droit international des investissements », *OCDE,* Document de travail sur l'investissement international, no.2004/4, septembre 2004,

pp.1-22.
- YANNACA-SMALL (C.), *International Investment Law : Understanding Concepts and Tracking Innovations*, OCDE, 2008, 340p.
- ZARMANIAN (T.), « Carl Schmitt and the problem of legal order : From domestic to international », *Leiden Journal of international law*, March 2006, No.1, Vol.19, pp.41-68.
- ZEITLER (H.E.), « The Guarantee of "Full Protection and Security" Investment Treaties Regarding Harm Caused by Private Actors », *Stockholm International Arbitration Review*, vol.3, 2005, pp.1-34.
- ZERK (J.A.), « Extraterritorial Jurisdicion : Lessons for the Business and Human Rights Sphere from Six Regulatory Areas », *Rapport du Harvard Corporate Social Responsibility Initiative*, document no.59, juin 2010, 222p.
- ZORRILLA (C.), « The role of The World Bank in Promoting Sustainable Development in Latin America », *Michigan State Journal of International Law*,vol.14, no.1, 2006, pp.541-556.

V. RÉSOLUTIONS DE L'ASSEMBLÉE GÉNÉRALE DES NATIONS UNIES.

- Résolution de l'Assemblée générale des Nations unies, *L'avenir que nous* voulons, A/RES/66/288 (11/09/2012).
- A/RES/38/161, *Elaboration d'une étude sur les perspectives de l'environnement jusqu'à l'an 2000 et au-delà*, 19 décembre 1983.
- A/RES/S-19/2, *Programme relatif à la poursuite de la mise en œuvre d'Action 21*, 19 septembre 1997.
- Résolution 3201 (S-VI), *Déclaration concernant l'instauration d'un nouvel ordre économique international*, 01/05/1974.
- Résolution 2542 (XXIV), *Déclaration sur le progrès et le développement dans le domaine social*, 11/12/1969.
- Résolution 1803 (XVII) de l'Assemblée générale des Nations unies du 14 décembre 1962, «*Souveraineté permanente sur les ressources naturelles*».

VI. RAPPORTS DE L'ORGANISATION DES NATIONS UNIES.

- *Intégration régionale et investissement étranger direct dans les pays en développement et les pays en transition*, CNUCED,

Document TD/B/C.II/MEM/4/2, 03 décembre 2012, 21p.

- PNUD, *Rapport sur le développement humain. Durabilité et équité : un avenir meilleur pour tous,* New York, Publié par le Programme des Nations unies pour le développement, 2011
- CNUCED, *World Investment Report 2011 : Non-Equity Modes of International Production and Development*, 2011(*disponible sur* : http ://www.unctad-docs.org/files/UNCTAD-WIR2011-Full-en.pdf)
- Rapport du Représentant spécial du Secrétaire général des Nations unies sur les droits de l'Homme et les entreprises transnationales et autres entreprises (Rapport Ruggie), A/HRC/14/27 [09/04/2010], 24 p.
- CNUCED, *World Investment Report : Investing in a Low-Carbon Economy*, 2010.
- CNUCED, *The development dimension of international investment agreements*, TD/B/C.II/MEM.3/2, 2008, pp.1-18.
- CNUCED, *Development Implications of International Investment Agreements. IIA Monitor 2 – International Investment Agreements*, Genève, UNCTAD/WEB/ITE/IIA/2007/2, 2007(*disponible sur* : http ://www.unctad.org/en/docs/webiteiia20072_en.pdf)
- *Enquêtes sur les ménages dans les pays en développement et les pays en transition*, Études méthodologiques, Série F, n°.6, Nations unies, Département des affaires économiques et sociales, 2007, 583p.
- CNUCED, *Bilateral Investment Treaties 1995-2006 : Trends in Investment Treaty Rule-Making*, UNCTAD/ITE/IIA/2006/5, 2006, 172p.
- CNUCED, Questions concernant les accords internationaux d'investissement. *Différends entre investisseurs et Etats, et conséquences générales*, TD/B/COM.2/62, 11 janvier 2005, 16p.
- DUGARD (J.) (rapporteur spécial), « Sixth report on diplomatic protection », *Commission du Droit International*, DOCUMENT A/CN.4/546 (11/08/2004) [*disponible sur* : http://legal.un.org/ilc/documentation/english/a_cn4_546.pdf]:
- CNUCED, *Course on Dispute Settlement, ICSID*, New York, Geneva, UNCTAD/EDM/Misc.232, 2003.
- *Projet d'articles sur la responsabilité de l'État pour fait internationalement illicite*, Rapport de la Commission à

l'Assemblée générale sur les travaux de sa cinquante-troisième session, *Annuaire de la Commission du droit international*, A/CN.4/SER.A/2001/Add.1, vol.II, deuxième partie, 2001, 224p.

- CNUCED, *International Investment Agreements : Flexibility for Development*, UNCTAD/ITE/IIT/18, 2000, 175p.
- CNUCED, *Fair and Equitable treatment*, New York/Geneva : UNCTAD Series on issues in international investment agreements, UNCTAD/ITE/IIT.11 (Vol. III)U.N. Publications, 1999.
- *Rapport du Sommet des Nations unies pour le développement social*, Copenhague, A/CONF.166/9, 19 avril 1995, §26 (a) [*disponible sur* : http ://daccess-dds-ny.un.org/doc/UNDOC/GEN/N95/116/52/PDF/N9511652.pdf?OpenElement]
- Commission mondiale sur l'environnement, Our Our Common Future : Report of the World Commission on Environment and Development, A/42/427, *(disponible sur* : http ://www.un-documents.net/ocf-ov.htm).
- *Décennie des Nations Unies pour le développement. Mesures Proposées,* rapport du secrétaire général E/3213, 22 mai 1962, p.144.
- La lettre de Monsieur Kofi A. Annan, ancien Secrétaire général des Nations unies, au président du Conseil de Sécurité, 16 octobre 2002, Document NU S/2002/1146, notamment l'Annexe III du document (*disponible sur* : http ://daccess-dds-ny.un.org/doc/UNDOC/GEN/N02/621/80/IMG/N0262180.pdf?OpenElement)
- CNUCED, *Foreign Direct Investment and Performance Requirements : New Evidence from Selected Countries*, New York, Genève, 2003, 306p.
- KOSKENNIEMI (M) [dir.], *Fragmentation du droit international : difficultés découlant de la diversification et de l'expansion du droit international*, Genève, Rapport du Groupe d'Étude de la Commission du droit international, A/CN.4/L.682, 2006, 279p.
- GARCIA AMADOR (F.V.), « Sixième rapport sur la responsabilité internationale. Responsabilité de l'État à raison des dommages causés sur son territoire à la personne ou aux biens des étrangers : la réparation du dommage »,

DOCUMENT A/CN.4/134 ET Add.l (26/01/1961), *Annuaire de la Commission du droit international,* vol.II, 1961, 181p.

VII. DOCUMENTS DE L'OCDE.

- MANN (H.), « International Investment Agreements, Business and Human Rights : Key Issues and Opportunities. *Session 2.2. : The policy framework for investment : the social and environmental dimensions*, OECD Global Forum on International Investment, 27-28 mars 2008, pp.1-42.
- OCDE, « Transparence et participation de tierces parties aux procédures de règlement des différends entre investisseurs et États », Document de travail sur l'investissement international, n°2005/1, avril 2005, 27p.
- YANNACA-SMALL (C.), «La norme du traitement juste et équitable dans le droit international des investissements», OCDE, Document de travail sur l'investissement international, no.2004/3, septembre 2004, pp.2-44.
- OMAN (C.) *et al.*, « La gouvernance d'entreprise dans les pays en développement, en transition et les économies émergentes », *Cahier de politique économique no.23*, Centre de développement de l'OCDE, 2003, pp.5-55.
- MORAN (T.),« Foreign Direct Investment and Development : A Reassessment of the Evidence and Policy Implications», *OECD Conference on the Role of International Investment in Development, Corporate Responsibilities and the OECD Guidelines for Multinational Enterprises*, Paris, 20-21 Septembre 1999, pp.1-11 (*disponible sur* : http ://www.oecd.org/dataoecd/9/3/2089864.pdf)
- OCDE, « L'importance de l'investissement privé pour le développement », *Revue de l'OCDE sur le développement*, vol.2, no.6, 2005, p.19-23
- OCDE (Rapport de Eckhard Deutscher, Président du Comité d'Aide au Développement), *Coopération pour le développement. Rapport 2010*, pp.31-32. (*disponible sur* : http ://www.oecd-ilibrary.org/fr/development/cooperation-pour-le-developpement-rapport_20747748).

VIII. RAPPORT DE LA BANQUE MONDIALE.

- Discours prononcé par Monsieur Robert Mcnamara devant le Conseil économique et social des Nations unies à New York le 13 novembre 1970, p.6 (*disponible sur* : http ://www.worldbank.org/).
- Banque mondiale, *Legal Framework for the Treatment of Foreign Investment,* Report to the Development Committee and Guidelines on the Treatment of Foreign Direct Investment, Guidelines, vol.II, 1992, 44p.
- Banque mondiale, *Manuel de décaissement*, Washington, Publication de la Banque mondiale, 1993, 105p., *(disponible sur* : http ://siteresources.worldbank.org/PROJECTS/Resources/Disbursement-HB/DisbursementHBFrench.pdf).
- World Bank Environment Department, *Resettlement and Development - The Bankwide Review of Projects Involving Involuntary Resettlement 1986-1993*, Banque mondiale, Rapport no.032, 1996, 188p.(*disponible sur* : http ://www-wds.worldbank.org/external/default/WDSContentServer/WDSP/IB/1996/03/01/000009265_3980728143956/Rendered/PDF/multi_page.pdf)
- World Bank Evaluation Department, *1999 Annual Review of Development Effectiveness*, 20180, novembre 1999, pp.1-4, *disponible sur* : http ://go.worldbank.org/Z2M8K72ED0.
- *Accord de prêt entre le Tchad et la Banque internationale pour la reconstruction et le développement pour le développement pétrolier et le projet d'oléoduc*, No. de prêt 4558 CD, 29 mars 2001, section 4.10 (*disponible sur* : http ://siteresources.worldbank.org/INTCHADCAMPIPE/Resources/td_la_en.pdf)
- Banque mondiale, « Environment Action Plan », *Manuel des politiques opérationnelles*, OP 4.02, février 2000 (*disponible sur* : http ://siteresources.worldbank.org/OPSMANUAL/Resources/EntireOM_External.pdf).
- *République libanaise- Conseil du développement et de la reconstruction, Beyrouth, Liban. Projet de gestion environnementale et de déchets solides. Etude d'impact de la décharge controlée de Hbaline (Jbeil)*, Documents de la Banque mondiale, avril 2002, (*disponible sur* : http ://www.worldbank.org/).

- BIRD, *General Conditions Applicable to Loan and Guarantee Agreements for Single Currency Loans*, 30 mai 1995 (modifié le 01 mai 2004), (*disponible sur* : http ://siteresources.worldbank.org/INTLAWJUSTICE/Resources/IBRD_SCL_04.pdf)
- BANQUE MONDIALE, *Rapport sur le développement dans le monde 2005 : Un meilleur climat de l'investissement pour tous,* Publication de la Banque mondiale, Ed. De Bœck, 2005, pp.1-271.
- Banque mondiale, « Piloting the Use of Borrower Systems to Address Environmental and Social Safeguard Issues in Bank Supported Projects », *in*, *Manuel des politiques opérationnelles*, , OP 4.00, mars 2005 (*disponible sur* : http ://siteresources.worldbank.org/OPSMANUAL/Resources/EntireOM_External.pdf
- BIRD / IDA, *Management Report and Recommendation in Response to the Inspection Panel Investigation Report – Ghana : West African Gas Pipeline Project* (IDA Guarantee No. B-006-0-GH), Insp/42664-GH, 27 juin 2008, p.6 (*disponible sur* : http ://siteresources.worldbank.org/EXTINSPECTIONPANEL/Resources/Management_Report_Final_June_30_2008.pdf)
- The Inspection Panel, *Accountability at the World Bank. The Inspection Panel at 15 Years*, Washington, BIRD/IDA, 2009, 224p.
- The Inspection Panel, *Annual Report*, Washington, BIRD, 01 juillet 2010 - 30 juin 2011, 50p.
- Banque mondiale, *Rapport annuel,* 2011(*disponible sur* : http ://go.worldbank.org/OLEGCEUWZ0)
- IFC, *IFC Sustainability Framework - Policy and Performance Standards on Environmental and Social Sustainability Access to Information Policy*, 01/01/2012, 77p.

IX. DOCUMENTS DE L'ORGANISATION MONDIALE DU COMMERCE.

- *Traitement spécial et différencié pour les Pays les moins avancés*, OMC, Comité du commerce et du développement, Note du Secrétariat, WT/COMTD/W/135, 5 octobre 2004, 26

p.

- *Mise en œuvre des dispositions relatives au traitement spécial et différencié figurant dans les accords et décisions de l'OMC*, OMC, Comité du commerce et du développement, WT/COMTD/W/77, 25 octobre 2000
- *Traitement différencié et plus favorable, réciprocité et participation plus complète des pays en voie de développement*, Décision du 28 novembre 1979, (L/4903) [*disponible sur* : www.wto.org/french/docs_f/legal_f/enabling_f.pdf].

X. ARTICLES DE PRESSE.

- GARRIC (A.), « Mobilisation pour l'Amazonie équatorienne, déchirée entre pétrole et biodiversité », *Le Monde*, 26 février 2013 (édition en ligne).
- PARANAGUA (A.P.), « À Cuba, l'ultime bataille de Raul Castro », *in*, *Le Monde*, 22 février 2013 (édition en ligne).
- « Pollution pétrolière au Nigeria : la justice néerlandaise condamne la filiale de Shell », *Le Monde*, 30 janvier 2013 (édition lemonde.fr).
- SOARES (P.), « Brasil é o quarto país mais desigual da América Latina, diz ONU », *Folha de São Paulo* (12/08/2012) [*disponible sur* : http ://www1.folha.uol.com.br/].
- « Le Brésil devient la 6e puissance économique mondiale », *Le Monde* (26/12/2011) [*disponible sur* : www.lemonde.fr].
- « Un tribunal équatorien condamne le groupe Chevron à 8 milliards de dollars d'amende », *Le Monde,* 14 février 2011 (*disponible sur :* www.lemonde.fr).
- « Chevron fined $8bn over Amazon 'contamination », *The Guardian*,14 février 2011 (*disponible sur* : www.guardian.co.uk).
- « Ecuador Judge Orders Chevron To Pay $9 billion », *The New York Times,* 14 février 2011 (*disponible sur* : www.nytimes.com).
- « O BNDES e sua política socioambiental : Uma crítica sob a perspectiva da sociedade civil organizada », *Repórter Brasil,* Centro de Monitoramento de Agrocombustíveis, février 2011, 25p. (*disponible sur* : www.reporterbrasil.org.br).
- ROSSI (C.), « Des riches plus riches, des pauvres toujours pauvres », *Courrier international* (30/09/2010) [*disponible sur* : www.courrierinternational.com].

- « Île Maurice. C'étaient de si belles plages, souvenez-vous », *Courrier international*, 29 juillet 2010 (édition en ligne).

XI. ENTRETIENS.

- Mme Ana Claudia Alem, Économiste et conseillère du Président de la *Banco nacional de desenvolvimento econômico e social* (Banque nationale du développement économique et social) du Brésil, Rio de Janeiro (25/11/2011).
- M. Le Professeur M.Sornarajah, Cambridge, Angleterre (07/05/2011).
- M. Le Juge A. Cançado Trindade, Juge à la Cour internationale de Justice, (La Haye, Pays-Bas, août 2010).
- Mme Sabrina Robert-Cuendet, maître de conférences, Université Paris 1, Panthéon-Sorbonne. (Paris)
- Mme La Professeure Sinzingdre, chargée de recherches au CNRS, Professeur d'Economie à l'Université Paris 10, Nanterre, Professeur visitante à la *School of Oriental and African Studies* de Londres. (Paris).
- M. Pekar ROSTISLAV, *Avocat*, Squire Sanders [Prague, République Tchèque, 14 septembre 2009].
- M. Ashvine BUDLOO, '*Investment Executive*', *Board of Investment* de l'Ile Maurice[Port-Louis, Ile Maurice, 27/08/2009].

Table des matières

Questions juridiques aux éditions L'Harmattan

Dernières parutions

CONCILIATION ET MÉDIATION DEVANT LA JURIDICTION ADMINISTRATIVE
Actes du colloque du Conseil d'État du 17 juin 2015
Sous la direction de Jacques Biancarelli et Béatrice Blohorn-Brenneur
Voici près de 25 ans que le Conseil d'État, confronté à une judiciarisation croissante de la société, réfléchit aux modes alternatifs de règlement des différends afin de les pacifier et de rendre les justiciables davantage confiants en la justice administrative. Après avoir rappelé le contexte juridique et les enjeux d'une telle impulsion, un bilan comparatif des pratiques du juge administratif et du juge judiciaire a permis de mesurer combien il est nécessaire et urgent de compléter la boîte à outils dont dispose le premier. Voici une réflexion, les références et les outils nécessaires à la juridiction administrative.
(Coédition GEMME, 24.00 euros, 246 p.)
ISBN : 978-2-343-07270-8, ISBN EBOOK : 978-2-336-39774-0

L'ERREUR JUDICIAIRE
Apprendre à douter pour lutter contre les erreurs judiciaires
Sous la direction de Xavier Pin
L'erreur judiciaire hante autant qu'elle jalonne l'histoire de notre justice pénale. Nous avons tous en mémoire de retentissants procès ayant vu des individus accusés ou condamnés, avant d'être disculpés, graciés ou réhabilités. Le législateur y est sensible au point de réformer régulièrement la procédure pénale pour tenter d'éviter, de corriger ou de réparer, autant que possible, de telles erreurs. Une loi du 20 juin 2014 réforme les procédures de révision et de réexamen des condamnations pénales définitives : elle est l'occasion d'essayer de comprendre ces fiascos judiciaires.
(Coll. Droit privé et sciences criminelles, 15.00 euros, 126 p.)
ISBN : 978-2-343-07284-5, ISBN EBOOK : 978-2-336-39807-5

LE DROIT CONSTITUTIONNEL DE LA Ve RÉPUBLIQUE
(Treizième édition)
Lascombe Michel, Toulemonde Gilles
Cet ouvrage s'adresse aux étudiants en droit, aux élèves des instituts d'études politiques et aux candidats aux concours administratifs. Il couvre l'essentiel du programme de droit constitutionnel, c'est-à-dire aussi bien les constitutions françaises depuis 1789 que l'actuel texte constitutionnel. Cette nouvelle édition tient compte des derniers développements induits par les changements politiques, des dernières réformes des règlements des assemblées et de la jurisprudence la plus récente.
(Coll. Logiques Juridiques, 42.00 euros, 506 p.)
ISBN : 978-2-343-07916-5, ISBN EBOOK : 978-2-336-39877-8

LA PROXIMITÉ EN DROIT INTERNATIONAL PRIVÉ DE LA FAMILLE
Bouyahia Sabrine Maya - Préface de Lotfi Chedly et Marie Goré
Parmi les méthodes proposées pour trancher les litiges présentant un élément d'extranéité, figure celle reposant sur le principe de proximité. L'étude porte sur deux systèmes de droit international privé de la famille différents (droit français et droit tunisien) pour mettre en exergue d'une

part l'adaptation de cette méthode aux spécificités de chaque ordre étatique et d'autre part son adéquation avec tous les différents systèmes de droit.
(Coll. Logiques Juridiques, 54.00 euros, 618 p.)
ISBN : 978-2-343-05464-3, ISBN EBOOK : 978-2-336-39866-2

QUARTIER-FEMMES ÉCROU 10970
Boh-Petit Dominique
Cellule 24 : une femme dit toute sa souffrance d'être enfermée. Elle a tué. Son histoire est à la rubrique des faits divers. La Cour d'assises la jugera. Bien des années plus tard, elle est libérée. La vie doit reprendre. Ce récit est parfaitement conforme à la réalité. Tout a existé et existe encore.
(Coll. La justice au quotidien, 15.00 euros, 130 p.)
ISBN : 978-2-343-07436-8, ISBN EBOOK : 978-2-336-39812-9

GABELOUS ET CONTREBANDIERS
Histoire des fermiers généraux de Dijon (1760-1780)
Evrard Sébastien - Préface de Marc Fradet
En exhumant un registre du personnel de la direction des fermes de Dijon, l'auteur retrace, entre 1760 et 1780, la vie méconnue de centaines d'agents au service du doit et de l'impôt. Ces derniers servaient un système protecteur (la retraite fait son apparition dès 1768), parfois très rémunérateur, mais qui s'avère aussi, sous certains aspects, une machine à broyer les hommes : le régime des sanctions que met en place la Ferme est d'une efficacité redoutable. En définitive, la Ferme présente un aspect mitigé.
(Coll. Mémoires des Douanes, 28.50 euros, 278 p.)
ISBN : 978-2-343-06683-7, ISBN EBOOK : 978-2-336-39845-7

DICTIONNAIRE OHADA
(3e édition)
Bitsamana Hilarion Alain
Ce dictionnaire spécial du droit des affaires OHADA propose une définition claire et précise, avec tous les compléments nécessaires, des principaux termes utilisés tous les jours se rapportant à l'OHADA. Un ouvrage de référence permettant de décoder l'OHADA, accessible à toute personne s'intéressant au monde des affaires en Afrique comme à l'étranger.
(39.00 euros, 398 p.)
ISBN : 978-2-343-07656-0, ISBN EBOOK : 978-2-336-39786-3

LA DÉJUDICIARISATION ET LES PROCÉDURES NON CONTENTIEUSES EN AFRIQUE
Amboulou Hygin Didace
La déjudiciarisation comprend l'ensemble des mécanismes de gestion des différends en rationalisant les moyens matériels et humains de la justice, afin de pallier les déficiences du système judiciaire et de limiter les surcharges des juridictions. Les institutions de nombreux pays sont analysées et les déjudiciarisations en droit public et en droit privé sont abordées.
(Coll. Études africaines, 17.50 euros, 156 p.)
ISBN : 978-2-343-06928-9, ISBN EBOOK : 978-2-336-39805-1

COMMENT RENFORCER L'INDÉPENDANCE DE LA MAGISTRATURE AU SÉNÉGAL ?
Ngom Babacar
Préface de Amadou Mahtar Mbow
L'ouvrage présente dans une première partie les garanties légales d'indépendance de la justice, notamment la règle de la séparation des pouvoirs, le principe de la soumission des juges à l'autorité de la loi et celui de l'inamovibilité du magistrat du siège. Après une analyse critique de ces dispositions, l'auteur formule des propositions de renforcement de l'indépendance de la magistrature.
(13.50 euros, 124 p.)
ISBN : 978-2-343-05158-1, ISBN EBOOK : 978-2-336-39837-2

LE DROIT PÉNAL DES AFFAIRES AU CAMEROUN
Djila Kouayi Kemajou Rose
Préface de Victor-Emmanuel Bokalli
Dans le domaine des affaires, la liberté d'entreprendre et d'investir comporte de nombreux risques, au rang desquels le risque pénal. La délinquance en col blanc n'étant plus réservée aux grandes sociétés commerciales, les moyens de lutte et de sécurisation des investisseurs nécessitent un droit pénal des affaires dont l'objectif est la recherche d'une éthique dans ce domaine.
(Coll. Études africaines, 35.50 euros, 350 p.)
ISBN : 978-2-343-07840-3, ISBN EBOOK : 978-2-336-39777-1

50 ANS DE MARIAGE
Réflexions d'un notaire sur l'évolution du couple ces cinquante dernières années
Dauptain Pierre
De la pilule contraceptive jusqu'au mariage pour tous, l'auteur nous propose une réflexion sur les lois qui ont accompagné l'évolution du couple au cours des cinquante dernières années. Il analyse cette évolution pour aborder les problématiques juridiques et morales qui font tant débat de nos jours. Il s'appuie sur des travaux de juristes ou de sociologues, des articles de presse, mais aussi sur les chansons et les films qui ont marqué ces années et qui témoignent de façon si éclairante des changements de mentalités.
(Éditions Pepper, 16.50 euros, 148 p.)
ISBN : 978-2-343-07677-5, ISBN EBOOK : 978-2-336-39690-3

MÉTHODOLOGIE ET ASPECTS FORMELS DE LA RECHERCHE
Petit manuel à l'usage des juristes
Marain Gaëtan
L'ouvrage propose un véritable apprentissage du formalisme qui doit permettre aux étudiants et aux professionnels confrontés à la rédaction d'une thèse ou d'un mémoire juridique d'aborder ce travail avec sérénité. L'auteur donne une méthode de recherche pour définir le sujet, trouver et compulser les références utiles, échafauder un plan. Il aborde également les thèmes des citations d'auteur, notes de bas de page, mise en page. Il traite enfin du travail de relecture et de l'épreuve de soutenance.
(19.00 euros, 178 p.)
ISBN : 978-2-343-07638-6, ISBN EBOOK : 978-2-336-39556-2

RISQUES, ACCIDENTS ET CATASTROPHES
Liber amicorum
En l'honneur de Madame le professeur Marie-France Steinlé-Feuerbach
Sous la direction Hervé Arbousset, Caroline Lacroix et Benoît Steinmetz
L'étude et l'analyse des risques sont au cœur des réflexions du Professeur Steinlé-Feuerbach. Ses nombreux écrits de doctrine sur la thématique des accidents et des catastrophes ont amené à ce que ses collègues et amis lui dédient cet ouvrage. Ces mélanges donnent une vue d'ensemble d'une matière devenue une véritable discipline transcendant le clivage droit public-droit privé.
(Coll. Sciences criminelles, 34.00 euros, 334 p.)
ISBN : 978-2-343-07169-5, ISBN EBOOK : 978-2-336-39677-4

ÉTAT, COLLECTIVITÉS TERRITORIALES ET DROITS SOCIAUX
Étude du droit comparé
Sous la direction d'Olivier Lecucq
Comment, selon leur organisation territoriale respective, La France, l'Espagne et l'Italie œuvrent à la satisfaction des droits sociaux. Quels sont les rôles de l'État en ce domaine ? Quelles sont les actions qui en découlent et comment se coordonnent-elles ? Quelles en sont les implications en termes d'égalité des citoyens et des territoires ? L'ouvrage tente de répondre à ces questions en interpellant la réalisation de l'État social dans un contexte de crise, de réduction des déficits et de maîtrise des dépenses.
(Coll. Bibliothèques de droit, 22.50 euros, 221 p.)
ISBN : 978-2-343-07585-3, ISBN EBOOK : 978-2-336-39683-5

LE PRINCIPE DE PRÉCAUTION
Au carrefour de la philosophie, du droit et des sciences
Calderaro Norbert
La notion de principe de précaution, qui donne lieu à beaucoup de controverses, nécessite de la part d'un juriste une analyse objective pour écarter ce qu'elle n'est pas et définir son contenu véritable. Après un aperçu des sources philosophiques, l'auteur réalise une synthèse du principe de précaution en droit international, européen, en droit comparé et en droit interne. Il intègre notamment les tout derniers développements de la jurisprudence du Conseil d'État.
(18.50 euros, 180 p.)
ISBN : 978-2-343-05457-5, ISBN EBOOK : 978-2-336-39452-7

LES COLLECTIVITÉS TERRITORIALES ET LA SPÉCULATION
Goasdoué Mélissa - Avant-propos de Michel Verpeaux
Préface de Julien Martin
L'ancien dispositif empêchant la conclusion d'opérations financières spéculatives par les collectivités locales ayant échoué, un nouveau dispositif fonctionnant au cas par cas a été mis en place. Après une étude des imperfections de la notion de spéculation puis des liens unissant ces imperfections à l'échec du précédent dispositif dans la protection des collectivités contre les risques spéculatifs, le présent ouvrage s'attache à démontrer comment et dans quelle mesure cette protection est désormais rendue possible.
(Coll. Droit des collectivités territoriales, série Travaux, 15.00 euros, 140 p.)
ISBN : 978-2-343-07619-5, ISBN EBOOK : 978-2-336-39520-3

LE DROIT DE LA GUERRE
Traité sur l'emploi de la force armée en droit international (3 volumes)
Cumin David
Aussi ancien que la guerre et que le droit international dont il constitue le cœur historique, le droit de la guerre existe. Croisant droit et polémologie, portant sur les conflits armés internationaux et internes, ce traité expose, explique et reconstruit l'ensemble du droit international contemporain relatif à l'emploi de la force armée - auteurs et acteurs de la belligérance, ses buts, moyens, théâtres, régimes - et propose une analyse critique de la responsabilité réparatrice et punitive.
Volume 1 (Coll. Droit comparé, 46.00 euros, 458 p.)
ISBN : 978-2-343-06498-7, ISBN EBOOK : 978-2-336-39588-3
Volume 2 (Coll. Droit comparé, 60.00 euros, 760 p.)
ISBN : 978-2-343-07707-9, ISBN EBOOK : 978-2-336-39589-0
Volume 3 (Coll. Droit comparé, 48.00 euros, 468 p.)
ISBN : 978-2-343-07708-6, ISBN EBOOK : 978-2-336-39590-6

LA RESPONSABILITÉ DE PROTÉGER
Nouvelle approche du droit international
Gandou D'Isseret Crépin Gyscard
Le droit d'ingérence humanitaire se comprend comme une éthique de détresse, une obligation de protéger les personnes en danger de mort. La responsabilité de protéger traduit en acte la nécessité impérative de prendre soin de l'homme, ou de la collectivité humaine en général, quand les conditions de son existence connaissent une détérioration significative ou quand elles sont sur le point de le devenir.
(Coll. Harmattan Congo, 16.50 euros, 152 p.)
ISBN : 978-2-343-06724-7, ISBN EBOOK : 978-2-336-39575-3

L'HARMATTAN ITALIA
Via Degli Artisti 15; 10124 Torino
harmattan.italia@gmail.com

L'HARMATTAN HONGRIE
Könyvesbolt ; Kossuth L. u. 14-16
1053 Budapest

L'HARMATTAN KINSHASA
185, avenue Nyangwe
Commune de Lingwala
Kinshasa, R.D. Congo
(00243) 998697603 ou (00243) 999229662

L'HARMATTAN CONGO
67, av. E. P. Lumumba
Bât. – Congo Pharmacie (Bib. Nat.)
BP2874 Brazzaville
harmattan.congo@yahoo.fr

L'HARMATTAN GUINÉE
Almamya Rue KA 028, en face
du restaurant Le Cèdre
OKB agency BP 3470 Conakry
(00224) 657 20 85 08 / 664 28 91 96
harmattanguinee@yahoo.fr

L'HARMATTAN MALI
Rue 73, Porte 536, Niamakoro,
Cité Unicef, Bamako
Tél. 00 (223) 20205724 / +(223) 76378082
poudiougopaul@yahoo.fr
pp.harmattan@gmail.com

L'HARMATTAN CAMEROUN
BP 11486
Face à la SNI, immeuble Don Bosco
Yaoundé
(00237) 99 76 61 66
harmattancam@yahoo.fr

L'HARMATTAN CÔTE D'IVOIRE
Résidence Karl / cité des arts
Abidjan-Cocody 03 BP 1588 Abidjan 03
(00225) 05 77 87 31
etien_nda@yahoo.fr

L'HARMATTAN BURKINA
Penou Achille Some
Ouagadougou
(+226) 70 26 88 27

L'HARMATTAN SÉNÉGAL
10 VDN en face Mermoz, après le pont de Fann
BP 45034 Dakar Fann
33 825 98 58 / 33 860 9858
senharmattan@gmail.com / senlibraire@gmail.com
www.harmattansenegal.com

L'HARMATTAN BÉNIN
ISOR-BENIN
01 BP 359 COTONOU-RP
Quartier Gbèdjromèdé,
Rue Agbélenco, Lot 1247 I
Tél : 00 229 21 32 53 79
christian_dablaka123@yahoo.fr

Achevé d'imprimer par Corlet Numérique - 14110 Condé-sur-Noireau
N° d'Imprimeur : 131481 - Dépôt légal : septembre 2016 - *Imprimé en France*

www.ingramcontent.com/pod-product-compliance
Lightning Source LLC
LaVergne TN
LVHW011221061026
849535LV00001BA/121

* 9 7 8 2 3 4 3 0 8 3 7 2 8 *